New Star
新星数学竞赛丛书

数学竞赛问题与感悟

第二卷：研究文集（上）

主　编　冷岗松

编　委　冯跃峰　张瑞祥

　　　　聂子佩　邹　瑾

　　　　王广廷　吴尉迟

华东师范大学出版社

·上海·

图书在版编目（CIP）数据

数学竞赛问题与感悟. 第二卷, 研究文集 / 冷岗松
主编. —上海: 华东师范大学出版社, 2019
（新星数学竞赛丛书）
ISBN 978-7-5675-8876-9

Ⅰ. ①数… Ⅱ. ①冷… Ⅲ. ①中学数学课—高中—教
学参考资料 Ⅳ. ①G634.603

中国版本图书馆 CIP 数据核字(2019)第 061107 号

数学竞赛问题与感悟(第二卷：研究文集)

主　　编　冷岗松
总 策 划　倪　明
责任编辑　孔令志
装帧设计　高　山

出版发行　华东师范大学出版社
社　　址　上海市中山北路 3663 号　邮编 200062
网　　址　www.ecnupress.com.cn
电　　话　021-60821666　行政传真 021-62572105
客服电话　021-62865537　门市(邮购)电话 021-62869887
地　　址　上海市中山北路 3663 号华东师范大学校内先锋路口
网　　店　http://hdsdcbs.tmall.com

印 刷 者　常熟市文化印刷有限公司
开　　本　787 毫米×1092 毫米　1/16
印　　张　37.75
字　　数　737 千字
版　　次　2019 年 4 月第 1 版
印　　次　2023 年 2 月第 2 次
书　　号　ISBN 978-7-5675-8876-9/G・11883
定　　价　105.00 元(全二册)

出 版 人　王　焰

（如发现本版图书有印订质量问题，请寄回本社客服中心调换或电话 021-62865537 联系）

序 言

数学新星网创办于 2014 年元月. 创办的宗旨是为参加国内外高层次的数学竞赛学生和他们的老师提供一个网上交流平台. 五年多来, 它坚持严格的择文标准, 宁缺毋滥, 因此成长为一个高质量的中学数学竞赛网. 现在, 它既是反映中学生数学创新能力的一个窗口, 又引导师生在数学竞赛活动中进行"研究型学习".

五年多来, 数学新星网共发表各类文章 180 余篇, 新星征解问题 30 期 (共计 120 个问题).

数学新星网中最有特色的专栏是数学新星问题征解, 供题者有在读的中学生、教练员及年轻的数学家 (他们不少是当年的数学竞赛选手, 有些甚至是当年的国家队队员). 从第十三期开始, 新星征解栏由牟晓生 (2008 年 IMO 满分金牌获得者, 哈佛大学博士) 主持, 题目的新颖度和难度更是有了大的提升, 获得了广泛赞誉.

数学新星网中另一个亮丽的专栏是学生作品专栏. 学生投稿踊跃, 其中不少文章具有新的观点、新的视野及新的方法, 反映出中学生极强的创新能力. 不少学生作品被一些专家和学者关注、讨论、精心修改. 在这里, 我们要特别感谢那些幕后的专家和学者的无私奉献. 也正是因为这样, 学生们的研究兴趣被大大激发, 研究能力也得到相应的提升. 现在, 学生们以能在新星网学生专栏中发表文章为荣. 我们也会为收到一篇优秀的学生作品而兴奋不已.

数学新星网的所有文章将分别在两个出版社正式出版. 其中有 27 篇学生作品将发表在由熊斌教授主编的《数学竞赛与初等数学研究》一书中, 由高等教育出版社出版. 其他的大多数文章和新星征解题都将收录新星系列丛书《数学竞赛问题与感悟》, 分三卷在华东师大出版社出版. 第一卷书名为《征解题集》, 主编: 牟晓生; 第二卷书名为《研究文集》, 主编: 冷岗松; 第三卷书名为《真题集锦》, 主编: 羊明亮.

在新星系列丛书出版之时, 我们特别感谢中国数学奥林匹克的创始人之一裘宗沪先生, 他一直关注数学新星网的创建和发展, 多次献计献策, 使我们备受鼓舞. 我们还要特别感谢华东师范大学的熊斌教授, 他一直特别关心新星网的建设, 给予很多鼓励, 在新星网文的出版过程中更是鼎力支持.

我们还要感谢余红兵、李伟固、吴建平、冯志刚、朱华伟、瞿振华、艾颖华、何忆捷、张思汇、付云皓、王彬、冯跃峰、萧振纲、边红平、张瑞祥、聂子佩、邹瑾、张端阳、李先颖等老师多年来对新星网的支持和厚爱. 我们还要感谢华东师大出版社教辅分社倪明社长和孔令志副社长, 他们的辛勤劳动和支持使得这套系列丛书能够顺利出版. 我们也要感谢仁慧书院的张慧伦先生为新星网的宣传和传播所做的贡献.

最后我们还要感谢新星网的一些编辑人员: 施柯杰、杜昌敏、王广廷、席东盟、李晋、罗振华、吴尉迟、孙孟越、叶思及一些其他工作人员.

永无踌躇和休止, 不断追求和创新. 祝愿新星网越办越好!

冷岗松

2019 年 4 月

目 录

二、研究小品

三、解题方法探讨

三、解题方法探讨（续）

四、几何园地

五、竞赛新视野

一、感悟随笔 ①

数学阅读的三个层次

冯跃峰

（深圳市高级中学，518040）

数学解题学习与研究中，少不了大量的阅读. 常言道，它山之石，可以攻玉. 阅读不仅可以增长见识，更重要的是提高我们的思维能力.

那么，数学解题中应如何阅读呢？ 也许有人认为，把相关内容读懂就是了，其实不然. 我们认为，阅读至少有以下三个层次的要求.

第一个层次："读懂"，这是阅读最基本的要求. 它包括理解相关知识，把握核心想法，熟悉推理过程.

第二个层次："索源"，这是阅读的核心要求. 所谓"索源"，就是探索问题解答中一些关键步骤的发现过程，它包括以下两个方面：一是怎么想到这些步骤的；二是可否不这样做，也就是说，能否用其他方式处理也能达到相同的效果.

第三个层次："创新"，这是阅读的最高要求. 它包括"新写"、"新法"与"新题"三个方面.

所谓"新写"，就是重新书写问题的解答，但它并不同于抄写，也不是给出新的解法，而是"他石我用"：方法还是原来的方法，但表述有所不同. 其"不同"应体现在"过程更简洁明了"，"思路更流畅自然".

所谓"新法"，就是发现与原解有本质区别新的解法. 它常常需要突破原有解答的思路，换一个角度看问题，或改变立足点与切入口.

所谓"新题"，就是讨论问题的一些变化，得出一些新的结论. 或是改变原题的条件，或是改变原题的结论，最常见的两种方式是将命题加强或推广.

值得指出的是，并非每个题都可以进行创新，特别是"新法"与"新题"更不是普遍要求，但其中"新写"倒可不妨多作尝试.

下面以 2015 年全国高中数学联赛加试中的一个试题为例，作些具体说明.

题(2015 年全国高中数学联赛加试试题) 设 $S = \{A_1, A_2, \cdots, A_n\}$,其中 $A_1, A_2, \cdots, A_n$ 是 n 个互不相同的有限集合 $(n \geqslant 2)$,满足对任意 $A_i, A_j \in S$,均有 $A_i \bigcup A_j \in S$. 若 $k = \min\limits_{1 \leqslant i \leqslant n} |A_i| \geqslant 2$. 证明:存在 $x \in \bigcup\limits_{i=1}^{n} A_i$,使得 x 属于 $A_1, A_2, \cdots, A_n$ 中的至少 $\dfrac{n}{k}$ 个集合,这里 $|X|$ 表示有限集合 X 的元素的个数.

命题组提供的解答如下:

证明 不妨设 $|A_1| = k$. 设在 $A_1, A_2, \cdots, A_n$ 中与 A_1 不相交的有 s 个,重新记为 $B_1, B_2, \cdots, B_s$,设包含 A_1 的有 t 个,重新记为 $C_1, C_2, \cdots, C_t$. 由已知条件,$B_i \bigcup A_1 \in S$,即 $B_i \bigcup A_1 \in \{C_1, C_2, \cdots, C_t\}$. 这样我们得到一个映射

$$f : \{B_1, B_2, \cdots, B_s\} \to \{C_1, C_2, \cdots, C_t\}, \quad f(B_i) = B_i \bigcup A_1.$$

显然 f 是单映射,于是 $s \leqslant t$.

设 $A_1 = \{a_1, a_2, \cdots, a_k\}$. 在 $A_1, A_2, \cdots, A_n$ 中除去 $B_1, \cdots, B_s, C_1, \cdots, C_t$ 后,在剩下的 $n - s - t$ 个集合中,设含 a_i 的有 x_i 个 $(1 \leqslant i \leqslant k)$. 由于剩下的 $n - s - t$ 个集合中每个集合与 A_1 的交非空,即包含某个 a_i,从而

$$x_1 + x_2 + \cdots + x_k \geqslant n - s - t.$$

不妨设 $x_1 = \max\limits_{1 \leqslant i \leqslant k} x_i$,则由上式知,$x_1 \geqslant \dfrac{n - s - t}{k}$,即在剩下的 $n - s - t$ 个集合中,包含 a_1 的至少有 $\dfrac{n - s - t}{k}$ 个. 又由于 $A_1 \subseteq C_i (i = 1, 2, \cdots, t)$,故 $C_1, C_2, \cdots, C_t$ 都包含 a_1,因此包含 a_1 的集合个数至少为

$$\frac{n - s - t}{k} + t = \frac{n - s + (k-1)t}{k}$$

$$\geqslant \frac{n - s + t}{k} \text{(利用 } k \geqslant 2)$$

$$\geqslant \frac{n}{k} \text{(利用 } t \geqslant s).$$

□

本题属于中档难度的问题,读懂其解答并不难,但至少有以下 3 点值得我们探索:

(1) 为什么一开始就将所有集合 $A_1, A_2, \cdots, A_n$ 分为 3 类:与 A_1 不相交的集合 $B_1, B_2, \cdots,$

B_s；包含 A_1 的集合 C_1，C_2，$\cdots$，C_t 及其他集合？

（2）怎样想到建立前两类集合之间的映射？

（3）最让我们感到奇怪的是，为什么要先去掉前两类集合，在"剩余集合"中设包含 a_i 的集合个数为 x_i？

撇开这些疑问，后面的估计倒是比较自然，利用的是整体估计的思想（平均值抽屉原理）. 读到这里，我们也许会恍然大悟：本题的关键，是从整体上估计"A_1 中各数"出现的次数的和，这才是原解答的核心想法.

既然这样，我们有什么必要去掉一些集合呢？ 直接估计"A_1 中各数"出现的次数的和不是更直截了当吗？

下面，我们以这一核心想法为主线（"他石我用"），发掘和优化上述解法的思维过程.

"新写"分析 为了叙述问题方便，记 x 在 A_1，A_2，$\cdots$，A_n 中出现的次数为 $d(x)$. 考虑到解题目标，我们只需要证明存在 x，使得 $d(x) \geqslant \dfrac{n}{k}$.

注意到"$\dfrac{n}{k}$"的结构特征（以 k 为分母），它可以看作是将"n"平均分给某 k 个量. 由此想到从整体上估计某 k 个元素 x_1，x_2，$\cdots$，x_k 在集合 A_1，A_2，$\cdots$，A_n 中出现的总次数 f，期望证明：

$$f = d(x_1) + d(x_2) + \cdots + d(x_k) \geqslant n. \tag{*}$$

估计哪 k 个元素合适呢？ ——考察 k 的实际意义：题目告诉我们，

$$k = \min_{1 \leqslant i \leqslant n} |A_i| \geqslant 2.$$

这自然想到估计 A_1（不妨设 $A_1 = \{x_1$，x_2，$\cdots$，$x_k\}$ 最小）中元素出现的总次数.

直接估计每个元素出现的次数比较困难，换一个角度：研究集合与元素的关系，常可从元素的角度考虑，也可从集合的角度考虑. 现在从每个集合 A_1，A_2，$\cdots$，A_n 考虑：估计每个集合 A_i 能包含 A_1 的多少个元素，我们称之为 A_i 对 f 的"贡献".

由此想到将所有集合 A_1，A_2，$\cdots$，A_n 按其贡献大小分为如下 3 类：

第一类（贡献最小）：与 A_1 不相交的集合 B_1，B_2，$\cdots$，B_s（设这样的集合有 s 个）. 因为 A_1 中的元素都没有在这些集合中出现，第一类集合对 f 的贡献为 0.

第二类（贡献最大）：包含 A_1 的集合 C_1，C_2，$\cdots$，C_t（设这样的集合有 t 个）. 因为 A_1 中的元素在这些集合的每一个中都出现，每一个这样的子集对 f 的贡献为 k，所以第二类集合对 f 的贡献为 kt.

第三类（贡献不确定）：与 A_1 相交但不包含 A_1 的集合，这样的集合有 $n - s - t$ 个. 因为每一个这

样的集合至少包含 A_1 的一个元素,即对 f 的贡献至少为 1,所以第三类集合对 f 的贡献至少为 $n-s-t$. 于是,

$$f = d(x_1) + d(x_2) + \cdots + d(x_k)$$

$$\geqslant kt + (n-s-t)(因为\ k \geqslant 2)$$

$$\geqslant 2t + (n-s-t) = n+t-s.$$

与目标 $(*)$ 比较,下面只需证明 $t-s \geqslant 0$.

明确 s、t 的意义,只需建立 B_1,B_2,$\cdots$,B_s 到 C_1,C_2,$\cdots$,C_t 的单射.

注意到 $B_i(1 \leqslant i \leqslant s)$ 与 A_1 不相交,要由 B_i 得到 C_j(其中 C_j 包含 A_1),这自然是将 B_i 并上 A_1 即可,因为 $B_i \bigcup A_1$ 必定包含 A_1.

由条件,对任意的 $1 \leqslant i \leqslant s$,均有 $B_i \bigcup A_1 \in S$. 而 B_i 包含 A_1,从而 $B_i \bigcup A_1 \in \{C_1, C_2, \cdots, C_t\}$,这样便建立了 B_1,B_2,$\cdots$,B_s 到 C_1,C_2,$\cdots$,C_t 的映射.

这个映射显然是单射,因为当 $B_i \neq B_j$ 时,$B_i \bigcup A_1 \neq B_j \bigcup A_1$. 所以 $s \leqslant t$,故 $f \geqslant n+t-s \geqslant n$. 由平均数原理,必存在一个 $i(1 \leqslant i \leqslant k)$,使得

$$d(x_i) \geqslant \frac{n}{k},$$

即 x_i 属于 A_1,A_2,$\cdots$,A_n 中的至少 $\frac{n}{k}$ 个集合,命题获证. □

下面重新书写一下我们的解答,它与原解答稍有区别.

"新写"一 记 x 在 A_1,A_2,$\cdots$,A_n 中出现的次数为 $d(x)$,不妨设 $|A_1| = k$,$A_1 = \{x_1, x_2, \cdots, x_k\}$,考察 $f = d(x_1) + d(x_2) + \cdots + d(x_k)$.

设与 A_1 不相交的集合有 s 个,记为 B_1,B_2,$\cdots$,B_s,这类集合对 f 的总贡献为 0.

设包含 A_1 的集合有 t 个,记为 C_1,C_2,$\cdots$,C_t,这类集合对 f 的总贡献为 kt.

剩下的 $n-s-t$ 个集合都与 A_1 相交但不包含 A_1,每一个这样的集合至少包含 A_1 的一个元素,所以这类集合对 f 的总贡献至少为 $n-s-t$. 于是

$$f \geqslant kt + (n-s-t) \geqslant 2t + (n-s-t)(因为\ k \geqslant 2) = n+t-s.$$

由条件,对任意的 $1 \leqslant i \leqslant s$,均有 $B_i \bigcup A_1 \in S$,而 $B_i \bigcup A_1$ 包含 A_1,从而 $B_i \bigcup A_1 \in \{C_1, C_2, \cdots, C_t\}$.

构造 $\{B_1, B_2, \cdots, B_s\}$ 到 $\{C_1, C_2, \cdots, C_t\}$ 的映射 $f: B_i \rightarrow B_i \bigcup A_1$,这个映射显然是单射,因为当 $B_i \neq B_j$ 时,$B_i \bigcup A_1 \neq B_j \bigcup A_1$. 所以 $s \leqslant t$,故 $f \geqslant n+t-s \geqslant n$. 由平均数原理,必存在一个

$i(1 \leqslant i \leqslant k)$,使 $d(x_i) \geqslant \dfrac{n}{k}$,命题获证.　□

如果我们将上面的解答用图的语言书写,则更直观明了.但其解法本质上是一致的,只是换一个说法而已.

"新写"二　不妨设 $|A_1|=k$, $A_1=\{x_1, x_2, \cdots, x_k\}$,用 k 个红点表示元素 $x_1, x_2, \cdots, x_k$,用 n 个蓝点表示集合 $A_1, A_2, \cdots, A_n$.如果 $x_i \in A_j$,则将红点 x_i 与蓝点 A_j 用一条边连结,得到一个二部分图 G.

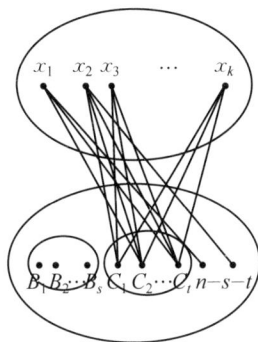

我们估计边的总数 $\|G\|$,它恰好是所有蓝点的度的和.

设度为 0 的蓝点有 s 个,重新记为 $B_1, B_2, \cdots, B_s$;度为 k(与每个红点都相连)的蓝点有 t 个,重新记为 $C_1, C_2, \cdots, C_t$,其余的蓝点有 $n-s-t$ 个.于是,

$$\|G\| \geqslant 0+(k+k+\cdots+k)+(1+1+\cdots+1)$$
$$=kt+(n-s-t) \geqslant 2t+(n-s-t)$$
$$=n+t-s(\text{因为 } k \geqslant 2).$$

由条件,对任意的 $1 \leqslant i \leqslant s$,均有 $B_i \cup A_1 \in S$,而 $B_i \cup A_1$ 包含 A_1,从而 $B_i \cup A_1 \in \{C_1, C_2, \cdots, C_t\}$.

构造 $\{B_1, B_2, \cdots, B_s\}$ 到 $\{C_1, C_2, \cdots, C_t\}$ 的映射 $f: B_i \rightarrow B_i \cup A_1$,这个映射显然是单射,因为当 $B_i \neq B_j$ 时,$B_i \cup A_1 \neq B_j \cup A_1$,所以 $s \leqslant t$.故

$$d(x_1)+d(x_2)+\cdots+d(x_k)=\|G\| \geqslant n+t-s \geqslant n.$$

由平均数原理,必存在一个 $i(1 \leqslant i \leqslant k)$,使得 $d(x_i) \geqslant \dfrac{n}{k}$,命题获证.　□

注　本题解答中只用到条件 $k \geqslant 2$,但并没有用到"k 是最小的"这一条件.因此,本题的结论可以改为:对每个集合 $A_i(|A_i| \geqslant 2)$,其元素出现的总次数不少于 n.

数学竞赛心态调节经验谈

张瑞祥

（普林斯顿大学，snowingpku@gmail.com）

数学竞赛中的"竞赛"二字足以说明，这是一项竞技性的活动. 因此，它也就具有竞技活动的共同特点. 常看体育比赛的同学一定知道，选手们的心态是很关键的. 而在水平差不多的人或队之间，心态更常是胜负的决定性因素.

数学竞赛也一样. 随着大家进入到竞赛越来越高级的阶段（冬令营、集训队、国家队），就会有越来越多这方面的体验. 心态对一个人的具体影响非常难以捉摸，但确是实实在在的. 保证良好的心态也就成了大家竞赛之路上的"后勤"保障.

作为数学竞赛选手，大到我们角逐集训队资格、国家队名额直至最终在 IMO 上获得好成绩，小到我们在场上场下有效地调动思维资源解题并享受比赛和集训的过程，良好的心态都像润滑剂一样，起着至关重要的作用. 作为一个竞赛经历十分丰富，三次一路入选国家集训队的老队员和 2008 年 IMO 中国队队长，我对竞赛可以说有着比较丰富的个人经历和体会，也算是了解了许多竞赛选手们的想法和体验. 在此可以很负责任地说：对于多数人而言，培养良好的心态虽然并非易事，但也没有那么难. 我也相信这方面有不少经验对多数人是相通的. 那么今天我就来一次时间旅行——回到十年前，以一个参赛选手的角度，和大家分享我个人在竞赛时代关于心态养成方面的一些经验. 作为亲爱的读者，具体到你个人来讲我的经验未必都适用，不过我在写作中会争取使它们有普适性！

由于我非常幸运地拥有足够多的国家集训队经历，以下相当一部分例子会直接取自集训队. 这个级别由于竞争激烈而持久，选手水平高、互相之间思想碰撞多，无疑是我们心态上最艰苦的阶段. 对于平时的其他参赛经历，我们都可举一反三. 如果大家在心态上能有通过这最难一关的水准，那么任何时候都不会有问题的.

想清动机

人生中迷茫的时刻在所难免，碰巧迷茫是我们竞赛生涯里常见的大敌. 为了避免在竞赛的关键时期心理出现波动导致自己陷入迷茫之中,一个行之有效的做法是在备战时就打个预防针.英语里有个词叫 well-motivated,是指做一件事情时我们对自己为什么做这件事情非常清楚,从而使得我们更容易自愿地、全身心地投入其中.我们到了数学竞赛的高级阶段,一个非常有必要做的事情就是在紧张的比赛或集训之前,想清楚自己做这件事的动机,并且说服自己:由于某某某原因,我乐于进行接下来的训练或比赛.这样一来,我们在比赛真正到来之时就更容易少一分迷茫,多一分投入.

就拿集训队员举例来说吧.能走到这一步已经充分证明你当初确实是深爱着数学竞赛的,不过大家若真要踏上集训队征程,我推荐在出发前花上一分钟想想自己的初心是什么.

陶哲轩曾对中国的数学竞赛爱好者说过:我很高兴自己有参加中学数学竞赛的经历,与一群兴趣相同、水平相当的人一起竞赛,就像学校里任何其他的体育赛事一样,有一定的刺激.而且参加奥赛还可以有机会去国内外旅行,这种经历我想对所有的中学生强力推荐.

这就是动机的一些很好的例子.无论你是想享受超越多数人的刺激,绞尽脑汁的快感,做出一个个问题的成就感,还是想享受竞赛带给志同道合伙伴们的友谊,这段自由的时光,超棒的"免费旅游"机会,都是非常非常好的正当理由.

如果你以后回头看,竞赛生涯这几年其实过得很快,在人生中也是很短的经历.所以我们在想清楚动机时,不需要太过"上纲上线","深谋远虑".如果数学竞赛能给你一个开心的理由,那就值得全心全意去享受,不是吗?

相信自己

在考前,自信的状态非常有助于我们的发挥.毕竟无论拿到看上去多可怕的题目,理想的状态都应该是仔细地去一步步分析而不是被吓住.不过人不是自动就拥有自信,这是需要刻意培养的心理素质.依我看培养自信的最正之途,是多去挑战有趣又有一定难度的问题,获得第一手的解题经验(要注意循序渐进哦).随着你会的题目数量和类型越来越多,自信心的上升也是必然的.我对于数学竞赛总体的理解是:如探索法(见《数学竞赛研究教程》),从特殊性看问题这样整体上普遍意义的思维方法和如组合恒等式中的"万金油"方法这样在一个学科内部有普遍意义的解题办法其实并不多,因此一段时间下来当你发现对这些常用思想都掌握得比较好时,自然会充满自信了.

当然,培养自信也有一些特殊的技巧可以寻找.例如

● 一旦你第一次想通了数学竞赛的题目都是为了让有人能在四个半小时内做出来的,并且题目的解答通常都不会过长,你的自信心就会得到很大的加强.

● 高一我初进冬令营时,老师们曾经对我说冬令营前的两三个月进步会很快,所以只要努力就会

没问题,这大大提升了我当时的自信心.

- 而在大赛前的两三天,老师们也会和我们说:这几天没有必要再拼命做题了,放松心情最重要,毕竟你们要相信该有的功力都已经具备了. 如果你在生活中也遇到这样的提升自信的机会,请不要错失它们.

重视交流

如果你乐意让所有人做自己的老师,你最终一定也能成为所有人的老师. 在我们的竞赛生涯中,和同样高水平选手的交流至关重要. 毕竟人无完人,别人习以为常的想问题方式,可能对你来说非常新奇和有启发性,甚至就是你最主要的软肋. 反过来也一样. 如果你们交换了思想,那双方都能得到提升. 我和杨奔在学会了三元对称齐次不等式证明的"黑科技"后,就再也没有怕过此类问题,这便是一个很好的例子.

通过与别人的交流,你也会有机会接触到许多一个人根本无缘得见的好题妙解. 这些题目既已经过对方的筛选,那必是相当有启发性的. 2007 年我和牟晓生作为热门却双双落选国家队,但却由此建立了患难之交的友谊. 时年他高一我高二,我们都还有机会. 此后的一年中,我们每周会通一个多小时电话,讨论彼此近期做到的有意思的问题. 后来的故事大家也都知道了,这样定期的通信,显著增强了我们的实力. 在 2008 年的集训队中,我们都以稳定而出色的发挥进入国家队,而牟晓生更在当年 IMO 中获得了满分的好成绩. 这些交流对我有着非同凡响的意义,这一段经历我也因此永生难忘.

这就自然地引出了交流的另一个好处. 仍以集训队为例,大家若是进入集训队,希望你们把集训队友们当成真正值得交的朋友而不是敌人,原因很简单——你们的敌人只有考试里的那些题. 通过与同龄高手的交流,你们可以彼此建立深厚的"战友"之谊. 这种友谊一旦建立,便会超越这短短几年而在你们之后的生活中延续,更可能会在未来的某个时刻带来意想不到的惊喜. 即使你觉得自己再不善交际,在集训队里也总会有几个你最值得深交的朋友. 对想从事数学研究的同学们剧透一下,这条建议即使在今后的科研生活中,也是非常有用的哦!

对抗压力

数学竞赛由于其竞争的特性——时间上的紧迫感和做不出题的挫败感——选手们很容易就感受到压力. 但另一方面,如果你能在数学竞赛的这段日子里培养出抗压能力,那么对以后的工作和生活都是有好处的.

对一般人而言,最有效的减压方式也许就是放松了.我们在考试中已经那么全神贯注地投入到问题中去了,那么考完之后不妨放松一下.我不知道大家现在有什么常用的放松方式,反正我们那时候打牌、电脑游戏,甚至饭后睡前大家天南地北地闲聊都是少不了的.听老师们说,更老一辈的队员们会在赛前读武侠小说,这里的"原理"都是相通的.当然了,放松的目的是让咱忘记之前的考试,以便投入到接下来的学习中去.如果还有计划要做,那你也就别太贪玩啦.一般来说,保持一颗平常心是减压的最好措施.我们大家多少都会有些过往光环和功利想法.殊不知这些都是平常心的最大敌人——不妨找些东西把它们挤出大脑吧!比如在考试的时候,大家可以试着培养自己只集中精力于最本原的目的——解决卷子上的问题.一旦你专心去想它们,各种乱七八糟的想法也就自然被抛诸脑后了.毕竟就像我当年在人大附中认识的一位老师汤步斌说的那样:只要竭尽全力,就无怨无悔.

考试时,时间压力恐怕是最切实的压力了.为了把自己锻炼到还剩下半个小时的心态与还剩下四个半小时的心态无差别的境界,唯一有效的训练方法恐怕就是增加经验了.大家不妨在平时练习时就给自己设定一下时间限制,严格按照时间要求去做.我们不愁练手的机会,现在的竞赛资料很多,光是冬令营和集训队的试题想必就足够训练相当多次了.一旦大家习惯了这种"限时训练",也就更能充分利用你们在赛场上的每一分钟了.顺便说一句,我知道的最后半小时翻盘的例子可是很多的哦.

既然我们的身体承担着重要的竞技任务,那可就千万别委屈着它了.该喝水或补充营养时一定要及时,饮食上最好得到充分的保证.毕竟我们对付压力的有力"硬件"支持,全靠良好的身体素质和健康状况.

乐于总结

曾经读到过单墫老师的一句话:解题,切莫忘记总结!

今天我也特别想把这句话送给大家.越是到了高水平的阶段,大家越会有更多解决难题的经验.然而也许比解题更重要的是这之后你的总结.对于很难、很有意思或者做不出的题更是如此.

在技术上,总结对于自己做出的题而言,是看这题的解法当中有没有新奇的地方,以及自己走了哪些弯路;对于自己未解出无奈看答案或问同学的题而言,是看这题的解法中你想到了什么,还差什么没想到.如果你觉得这题的解法教会了你以前不具备的某项重要技能,更需要记录下来便于日后查找.例如数论中"阶"的概念,"把东西分成两组用不同方法估计"的思想,我第一次掌握这些都是多亏了总结呢.

我们不仅可以总结具体数学问题,还可以总结数学之外的东西.比如你现在读到的这篇文章便是一篇我关于心态调节的完整总结.每次我做冬令营培训时,总会把以前教练们、老师们和我自己的重要总结,如"冬令营第1、2、4、5题一般都是不太难的题,应当争取全部拿下";"注意函数方程的检验";"注意讨论平凡情况";"没做完一道题时尽量把你的中间结果都写上";"数论只有三招——同余、因式分解和估计"这些经验之谈告诉同学们.

总结并非直接和培养心态相关,它更像是数学硬实力的一部分.不过一旦你习惯了对自己做不出或花时间过长的题目逐一总结,你就会发现自己的一些明显的弱项.这时你可以在做题前刻意提醒自己避免犯之前的错误.例如我早期很容易忘记数学归纳法,发现这一点后我每次考前都会提醒自己别忘了数学归纳法.这种自己为自己准备的"小贴士"会让你有运筹帷幄之感,对于进入状态、树立自信都是很有帮助的.

控制情绪

偶发的一些事件,常常会给我们带来情绪上的波动.我此刻没有情绪波动,因此可以理性地告诉你:这时候一定要调节好自己的心态,继续走下去.可对正处在波动中的人,如何去做常常并不那么显然.丰富的竞赛经验仍然可以在这方面起到不小的作用.你的参赛经验越多,就越容易明白胜败乃兵家常事,一时的失意并不就此决定你的一生.另一方面,你也会慢慢总结出更多释放负面情绪的办法,例如出去走走,和"战友"们倾诉等等.

如果你的经验少一些,遇到情绪波动也不必慌张.想想自己平时是怎么释放负面情绪的.比方说,如果你是第一次进集训队的话,也不用觉得两眼一抹黑,可以看看上一段说的两种方法有没有适合你的? 无论如何,有了"负能量"一定要尽早释放.释放得越早,你恢复正常状态的时间也就越早,千万别一直憋在心里啊!

说了这么多,我觉得基本上也涵盖到我所想的方方面面了.需要注意的是,以上各部分之间是可以有联动的.

● 比方说,我自己看书时,常常会觉得我做不出的题的解法像是天上掉下来的;但每当我和会做这些题的其他选手交流,则可以听到或问出他们最原始的想法.这些想法就通常没有那么神秘了,完全想通后我也就有了自己下次也能做出的自信.这说明交流是可以培养自信的.

● 又如,随着你总结得越来越多和重点查缺补漏的进行,你就会发现你的弱项在一天天减少,这对于培养自信心是不是也很有帮助呢?

● 再比如说,我们在情绪波动时会变得比较脆弱,抗压能力下降,因而处理自己情绪波动的能力也可说是抗压能力的一部分.

对于上面说的这些,诸位也都有自己的思考吧.如果大家读完本文能在良好心态的养成方面有一些新的收获,那我就会很开心了.

后记

完成本文后,我想到了自己在 2008 年国家队选拔考试第二天的一段惊险经历,于是从电脑里把自己当年记录的情形翻了出来抄录在下面. 2006 年和 2007 年的国家队选拔考的第二天,我都发挥得很不好,2007 年更是很大程度上因此与国家队遗憾错过. 2008 年这次考试也是我集训队生涯中的最后一场考试,却出乎意料地困难. 我当时写道:

前 50 分钟我还没有任何想法,这个失常的情况让我一下着了慌,此刻我最怕的莫过于前两年大考第二天的魔咒重演. 但我很快镇定了下来,告诉自己,进不进国家队现在已经不重要了. 用游戏的心态享受考试吧,仔细看看条件,看看能得到什么.

奇迹发生了,我放松下来后,原本一片模糊的大脑忽然感到第五题想通了,紧接着第四题也有了想法. 这时的我更加轻松,用最自然的方法在半个小时内就解出了本应是最难的第六题. 不知不觉中,我竟然把第二天的三道题都做了出来,当时的感觉真的很奇妙. 后来我听说那天的题确实难,也暗暗庆幸正是当时没有太多想法、放手一搏的心态才使自己最终晋级国家队,在卧薪尝胆三年后终于实现了自己的 IMO 梦想.

最终我以大考满分顺利入选当年国家队,这一次也是我个人调节心态的得意和巅峰之作.

彩蛋思考题:大家不妨想想,上面这段我的经历是在哪些层面上,践行了正文中的哪些经验呢?

韦东奕的妙解

冷岗松

（上海大学，200444）

一提起韦东奕，我回忆的闸门就会兴奋地打开，一组组镜头就会呈现在眼前.

A

2008 年 3 月，苏州，国家集训队第二次小考，李伟固教授出了一道代数难题：

1. 设 z_1、z_2、z_3 是 3 个模不大于 1 的复数，w_1、w_2 是方程

$$(z - z_1)(z - z_2) + (z - z_2)(z - z_3) + (z - z_3)(z - z_1) = 0$$

的两个根. 证明：对 $j = 1, 2, 3$，都有

$$\min\{|z_j - w_1|, |z_j - w_2|\} \leqslant 1.$$

下午阅卷时，李教授非常兴奋地告诉我，做出了这个难题的三位学生是张瑞祥、牟晓生和韦东奕. 前面两位分别是来自北京和上海的高手，早已名声在外. 来自山东的高一学生韦东奕完全不在我们的视野中. 发现"黑马"了，教练们都很高兴. 特别是韦的解答用纯代数方法完成（李教授提供的解答[1]和张、牟的方法都用到了几何方法），反映出很强的分析硬功夫. 李教授赞叹不已，并以"山东神人"称呼韦. 这是韦初出茅庐的第一刀！

B

还是在 2008 年国家集训队集训期间，第五次小考，我把德国数学家 Alzer 得到的凸序列上的反向柯西不等式作为第三题. 该题叙述如下：

2. 设 $0 < x_1 \leqslant \dfrac{x_2}{2} \leqslant \cdots \leqslant \dfrac{x_n}{n}$，$0 < y_n \leqslant y_{n-1} \leqslant \cdots \leqslant y_1$. 证明：

$$\left(\sum_{k=1}^{n} x_k y_k\right)^2 \leqslant \left(\sum_{k=1}^{n} y_k\right)\left(\sum_{k=1}^{n}\left(x_k^2 - \frac{1}{4} x_k x_{k-1}\right) y_k\right),$$

其中 $x_0 = 0$.

考完收卷后，我问韦这个不等式难吗？"很简单"，他作了一个令我惊讶的回答. 最后，这个题大概有七八人做出来. 还是一个难题，在我们预估的范围里. 但韦给出两种解法，均比标准答案简单. 由此可见，韦认为这题简单确实是实话. "山东神人"在代数（严格讲应是分析）上的功夫再次使人折服.

C

2008 年 6 月，上海，国家队培训，我从美国数学月刊（AMM）上找来了如下问题作为训练题：

3. 设 F 是一个由整数组成的有限集，满足 (i) 对任意 $x \in F$，存在 $y, z \in F$ 使得 $x = y + z$；(ii) 存在 n，使得对任何正整数 $k(1 \leqslant k \leqslant n)$ 及 F 中的任意 k 个 $x_1, x_2, \cdots, x_k$ 都有 $\sum_{i=1}^{k} x_i \neq 0$. 证明：$|F| \geqslant 2n + 2$.

大多数同学都提供的是图论证法. 唯独韦提供了一个非常直白的方法，仅用了一下极端分析，自然而优雅. 直到现在，我还经常向竞赛刚入门的学生讲解这个方法，并常戏称这是"韦方法".

D

2009 年 3 月，武汉，国家集训队的第一次小考. 这次小考的三个题的综合难度很高，余红兵教授和付云皓（曾两次获得 IMO 满分金牌）都预估可能没有人完全做对三个题. 收卷时，脸上略带兴奋表情的韦走过来对我说："今天的题有点意思."我问他做完三题花了多少时间，他说花了一个半小时. 果然，这次小考韦得到满分. 后来的几场考试，韦更是神勇（监考老师告诉我，韦每次做题时间不超过一小时），均是满分. 韦严谨清晰的表达，使我们实在找不到扣掉他一分的理由. 于是，中国数学奥林匹克的历史上，产生了第一个在国家集训队的所有考试中均获得满分的选手. 这是韦创造的纪录，而且这个纪录至今没有被打破.

韦的传奇还包括两次 IMO 满分金牌（第 49 届和第 50 届），2013 年获丘成桐大学生数学竞赛个人全能奖（金奖），并获得五个单项奖中的四个金奖和一个银奖.

E

2009 年 6 月,武汉,国家队培训.我第一天拿了四个题,其中一道题很有趣且难度颇大,它是匈牙利 2000 年 Minklòs Schweitzer 比赛(大学生数学竞赛)的一个问题,可叙述为:

4. 设 $a_1 < a_2 < a_3$ 是正整数.证明:存在不全为 0 的整数 x_1、x_2、x_3 使得

$$a_1 x_1 + a_2 x_2 + a_3 x_3 = 0,$$

且 $\max\{|x_1|, |x_2|, |x_3|\} \leqslant \dfrac{2}{\sqrt{3}}\sqrt{a_3}$.

韦因回校参加毕业会考,第二天早上才风尘仆仆赶到武汉.他花了一个小时做好了第二天的题,然后花了一个多小时完成第一天的题.对于上述难题,他提出了一个简单的证法(见 G),但其中二元点集 A 的构造有点"旱地拔葱"(李伟固原创的语言)的感觉,令人折服!

F

2009 年 7 月,北京,国家队出国前休整.一天,我拿到了当年保加利亚国家队选拔考试试题(没有解答),其中有一道不等式是这样的:

5. 设 $a_1, a_2, \cdots, a_n, b_1, b_2, \cdots, b_n$ 是实数,$c_1, c_2, \cdots, c_n$ 是正实数.证明:

$$\left(\sum_{i,j=1}^{n} \frac{a_i a_j}{c_i + c_j}\right)\left(\sum_{i,j=1}^{n} \frac{b_i b_j}{c_i + c_j}\right) \geqslant \left(\sum_{i,j=1}^{n} \frac{a_i b_j}{c_i + c_j}\right)^2. \tag{1}$$

我问韦这道题的做法.韦思考了几分钟后说:"只需说明左边的项均是非负的便可."我期待着他的进一步解释,然而他便无语了.我一脸茫然,但也不便再问,苦苦思考了一个下午,我最终证明了它,明白了韦的话道出了本质.事实上,只要证明了下面结论:设 $x_1, x_2, \cdots, x_n \in \mathbf{R}$,$c_1, c_2, \cdots, c_n$ 是正实数,则

$$\sum_{i,j=1}^{n} \frac{x_i x_j}{c_i + c_j} \geqslant 0. \tag{2}$$

则在(2)中令 $x_i = a_i x + b_i$,$i = 1, 2, \cdots, n$.便得

$$Ax^2 + 2Cx + B \geqslant 0, \ \forall x \in \mathbf{R}. \tag{3}$$

其中

$$A = \sum_{i,j=1}^{n} \frac{a_i a_j}{c_i + c_j}, \ B = \sum_{i,j=1}^{n} \frac{b_i b_j}{c_i + c_j}, \ C = \sum_{i,j=1}^{n} \frac{a_i b_j}{c_i + c_j}.$$

再由(3)的判别式 $\Delta \leqslant 0$ 便得(1).

这说明二次型 $\sum_{i,j=1}^{n} \frac{x_i x_j}{c_i + c_j}$ 的非负性的判定是问题的关键,韦的话正确. 当然这个二次型的非负性判定并不是新的,本质上等同于早年(1992)波兰的一道竞赛试题:

设 $a_1, a_2, \cdots, a_n \in \mathbf{R}$. 证明: $\sum_{i,j=1}^{n} \frac{a_i a_j}{i + j} \geqslant 0$.

对于上述问题,尽管韦只花了几分钟,我却花了几个小时. 但我心里仍然充满了快乐. 我想:面对一般的问题,天才和凡人或许只有时间的差别,勤能补拙!

G

在这一节,我们介绍 C 中题 3 和 E 中题 4 韦的解法. 至于 A 中题 1 和 B 中题 2 韦的解法,我的记忆很模糊了(当时没有记录),且试卷被封存而无法查找. 本文只能暂缺.

C 中题 3 的解:

由条件(ii)知 $0 \notin F$.

若 F 中的数全为正数,设其中最小的为 x_0. 由条件(i)知存在 $y, z \in F$ 使得 $x_0 = y + z$,其中 y、z 是正数. 因此 $x_0 > y$,与 x_0 的最小性矛盾. 这说明 F 中的数不全为正数. 同理 F 中的数不能全为负数.

记 $F^+ = F \cap \mathbf{R}^+$, $F^- = F \cap \mathbf{R}^-$,则 F^+、F^- 非空.

现任取一个正数 $a_1 \in F^+$,则由(i)知存在 $a_2 \in F^+$ 使得 $a_1 = a_2 + z_1$,其中 $z_1 \in F$. 再由(i)知存在 $a_3 \in F^+$ 使得 $a_2 = a_3 + z_2$,其中 $z_2 \in F$. 如此下去,我们可构造出 F^+ 的一个无穷序列 $\{a_n\}$ 使得

$$a_n = a_{n+1} + z_n, \tag{4}$$

其中 $\{z_n\}$ 是 F 的序列.

注意到 F^+ 是有限集,因此由抽屉原理知存在 $j > i$ 使得

$$a_i = a_j. \tag{5}$$

现选择使得(5)成立的"跨度" $j - i$ 最小的数对 (i, j),则这时 $a_i, a_{i+1}, \cdots, a_{j-1}$ 是两两不同的 F^+

中的实数. 又(5)可重写为

$$(a_i - a_{i+1}) + (a_{i+1} - a_{i+2}) + \cdots + (a_{j-1} - a_j) = 0,$$

故由(4)便知

$$z_i + z_{i+1} + \cdots + z_{j-1} = 0.$$

再由(ii)知 $z_i, z_{i+1}, \cdots, z_{j-1}$ 的个数必须 $\geq n+1$, 亦即 $j-i \geq n+1$. 这亦说明 $a_i, a_{i+1}, \cdots, a_{j-1}$ 是 F^+ 的两两不相同的元且个数 $\geq n+1$. 因此 $|F^+| \geq n+1$.

同理 $|F^-| \geq n+1$.

故 $|F| = |F^+| + |F^-| \geq 2n+2$. 证毕. □

E 中题 4 的解:

设 $k = \left[\dfrac{2}{\sqrt{3}}\sqrt{a_3}\right]$, 则 $k \in \mathbf{N}_+$ 且 $k+1 > \dfrac{2}{\sqrt{3}}\sqrt{a_3}$.

记

$$A = \left\{(i, j) \mid i, j \in \mathbf{Z}, 0 \leq i \leq k, 0 \leq j \leq k, \left[\frac{k}{2}\right] \leq i+j \leq \left[\frac{3}{2}k\right]\right\},$$

则

$$|A| = (k+1)^2 - \binom{\left[\frac{k}{2}\right]+1}{2} - \binom{k-\left[\frac{k}{2}\right]}{2}$$

$$= (k+1)^2 - \frac{\left[\frac{k}{2}\right]^2 + \left[\frac{k}{2}\right] + \left(k-\left[\frac{k}{2}\right]\right)^2 + \left(k-\left[\frac{k}{2}\right]\right)}{2}$$

$$= (k+1)^2 - \frac{\left(k-2\left[\frac{k}{2}\right]\right)^2 + k^2 + 2k}{4}$$

$$\geq (k+1)^2 - \frac{1 + k^2 + 2k}{4}$$

$$= \frac{3}{4}(k+1)^2 > \frac{3}{4}\left(\frac{2}{\sqrt{3}}\sqrt{a_3}\right)^2 = a_3.$$

上面的第一个不等号成立是因为 $\left(k-2\left[\frac{k}{2}\right]\right)^2 \leq 1$ (由于 $k-2\left[\frac{k}{2}\right] = 0$ 或 1).

故 $|A|$ 个数 $ia_1 + ja_2$, $(i, j) \in A$ 必有两个除以 a_3 的余数相同. 不妨设

$$i_1a_1 + j_1a_2 \equiv i_2a_1 + j_2a_2 \pmod{a_3}, \tag{6}$$

其中 $(i_1, j_1), (i_2, j_2) \in A, (i_1, j_1) \neq (i_2, j_2)$.

再由(6)设

$$(i_1a_1 + j_1a_2) - (i_2a_1 + j_2a_2) = na_3, \tag{7}$$

其中 $n \in \mathbf{Z}$.

再注意到 $(i_1, j_1), (i_2, j_2) \in A, 0 < a_1 < a_2 < a_3$.

若 $i_1 \leqslant i_2$,则

$$\begin{aligned}
na_3 &= (i_1a_1 + j_1a_2) - (i_2a_1 + j_2a_2) \\
&= (i_1 - i_2)a_1 + (j_1 - j_2)a_2 \\
&\leqslant (j_1 - j_2)a_2 \\
&\leqslant (k - 0)a_2 \\
&= ka_2 < ka_3,
\end{aligned}$$

可得 $n < k$.

若 $i_1 \geqslant i_2$,则

$$\begin{aligned}
na_3 &= (i_1a_1 + j_1a_2) - (i_2a_1 + j_2a_2) \\
&= (i_1 + j_1)a_2 - i_1(a_2 - a_1) - (i_2 + j_2)a_2 + i_2(a_2 - a_1) \\
&= ((i_1 + j_1) - (i_2 + j_2))a_2 - (i_1 - i_2)(a_2 - a_1) \\
&\leqslant \left(\left[\frac{3}{2}k\right] - \left[\frac{k}{2}\right]\right)a_2 - 0 \\
&= ka_2 < ka_3,
\end{aligned}$$

可得 $n < k$.

综上说明不论何种情况总有 $n < k$.

同理可证 $n > -k$.

故

$$|n| < k. \tag{8}$$

又注意到 $(i_1, j_1), (i_2, j_2) \in A$ 且不同及 $i_1, j_1, i_2, j_2 \in \{0, 1, \cdots, k\}$. 所以

$$|i_1 - i_2| \leqslant k, \ |j_1 - j_2| \leqslant k, 且 \ i_1 - i_2, j_1 - j_2 \in \mathbf{Z} \ 且不都为 0. \tag{9}$$

这样取 $x_1 = i_1 - i_2$，$x_2 = j_1 - j_2$，$x_3 = -n$，由(7) 便得

$$x_1 a_1 + x_2 a_2 + x_3 a_3 = 0.$$

由(8)、(9)知这样的 x_1、x_2、x_3 不全为 0，且其绝对值均 $\leqslant k \leqslant \dfrac{2}{\sqrt{3}}\sqrt{a_3}$，证毕。　□

参考文献

[1] 2008 IMO 中国国家集训队教练组. 走向 IMO：数学奥林匹克试题集锦(2008)[M]. 上海：华东师范大学出版社，2008.

张瑞祥的两个问题

冷岗松

（上海大学，200444）

张瑞祥是 2008 年国家队队员. 他给人的印象是：才华横溢，激情四射. 如果你和他讨论数学问题，一定会被他的热情感染，被他的广阔视野和敏捷的反应折服. 他善于变换问题，常常带给你正面的结果和意外的惊喜.

有一次，我见到了罗马尼亚的一道试题（RomTST，1998，Vasile Pop 供题）：

设 n 是素数，整数 $a_1 < a_2 < \cdots < a_n$. 证明：$a_1, a_2, \cdots, a_n$ 是等差数列当且仅当存在集合 $N = \{0, 1, 2, \cdots\}$ 的一个分划 $A_1, A_2, \cdots, A_n$ 使得 $a_1 + A_1 = a_2 + A_2 = \cdots = a_n + A_n$. 其中 $a_i + A_i = \{a_i + x \mid x \in A_i\}$.

我非常喜欢这个问题，于是交给张瑞祥，希望他提供一个新解法. 令我吃惊的是，几天后我收到了一篇题为"终极归纳法"的小论文，手写的，字迹整齐（但不漂亮），篇幅大概有七八页. 显然，这个问题诱发了他对归纳法运用模式的新思考.

张瑞祥是一个解题高手（每位国家队队员似乎都可配得上这样的称号），但他似乎更专注、更热衷提出问题和研究问题. 2008 年，他赠送过我他的一个笔记本（复印件），笔记本中全是他创作的问题和评注. 里面有不少漂亮的问题，当然也有一些不成熟甚至幼稚的题，从中可感受到思考的快乐、研究的快乐！

张瑞祥应当是研究型学习的典范. 他的经验提醒那些整天埋头"扫题"的奥数选手，或许你应做一些调整：多欣赏，多阅读，多回味，多去思考问题的关键、问题之间的联系、问题的拓广等.

张瑞祥现在在世界顶尖的普林斯顿大学数学系读博士，他的导师是著名数学家 Peter Sarnak（沃尔夫奖获得者）.

这篇短文的两个问题选自张瑞祥当年的笔记本. 作为一个高中生，能创作出这样优雅的问题，实属不易. 让我们欣赏之.

问题 1　设 m、n 是正整数，$P(x)$ 是一个首 1 的 n 次复系数多项式. 证明：

$$\sum_{k=1}^{m} \mid P(k) \mid \geqslant \frac{n!}{2^{n-1}}(m-n).$$

证明这个不等式的一个自然想法是对次数用归纳法，并辅之差分多项式方法便可. 因为差分多项式方法可降低次数（一个 n 次多项式 $f(x)$ 的差分多项式 $\Delta f(x) = f(x+1) - f(x)$ 是一个 $n-1$ 次多项式），方便用归纳假设. 张瑞祥本人的解答便源于这个想法.

解法一　显然只要考虑 $m > n$ 的情况. 我们用归纳法证明下面更一般的结论：设 $m, n \in \mathbf{N}_+$，n 次多项式 $f(x) \in \mathbf{C}[x]$，$f(x)$ 的首项系数为 a_n，则

$$\sum_{k=1}^{m} \mid f(k) \mid \geqslant \frac{n!}{2^{n-1}}(m-n) \mid a_n \mid. \tag{1}$$

当 $n = 1$ 时，记 $f(x) = a_1 x + a_0$，这时

$$\sum_{k=1}^{m} \mid f(k) \mid \geqslant \mid f(1) \mid + \mid f(m) \mid \geqslant \mid f(m) - f(1) \mid = (m-1) \mid a_1 \mid,$$

结论成立.

假设 (1) 式对 n 成立，现考虑 $n+1$ 的情况. 设 $f(x)$ 是一个首项为 a_{n+1} 的 $n+1$ 次多项式. 记 f 的差分多项式 $\Delta f(x) = f(x+1) - f(x)$，则 $\Delta f(x)$ 是一个首项系数是 $(n+1)a_{n+1}$ 的 n 次多项式. 故

$$
\begin{aligned}
\sum_{k=1}^{m} \mid f(k) \mid &\geqslant \frac{1}{2} \sum_{k=1}^{m-1} (\mid f(k) \mid + \mid f(k+1) \mid) \\
&\geqslant \frac{1}{2} \sum_{k=1}^{m-1} \mid f(k+1) - f(k) \mid \\
&= \frac{1}{2} \sum_{k=1}^{m-1} \mid \Delta f(k) \mid \\
&\geqslant \frac{n!}{2^n}(m-n-1) \mid (n+1)a_{n+1} \mid \\
&= \frac{(n+1)!}{2^n}(m-(n+1)) \mid a_{n+1} \mid.
\end{aligned}
$$

上面最后一个不等式是对 $\Delta f(x)$ 用归纳假设. 这证明了 (1) 式对 $n+1$ 成立.　□

下面我们考虑问题 1 的另外一种解法.

首先回忆著名的欧拉 (Euler) 恒等式 ([1])：

$$\sum_{i=0}^{n} (-1)^i \mathrm{C}_n^i i^m = \begin{cases} 0, & \text{若 } m < n; \\ (-1)^n n!, & \text{若 } m = n. \end{cases} \tag{2}$$

它有一个熟知的推广:设 $f(x)$ 是 m 次多项式,首项系数为 a_m,则

$$\sum_{i=0}^{n}(-1)^{n-i}C_n^i f(x+i)=\begin{cases} 0, & 若 m<n; \\ m!\,a_m, & 若 m=n. \end{cases} \tag{3}$$

事实上,取 $f(x)=x^m$,并在上面等式(3)中取 $x=0$,即得欧拉恒等式(2).

如果我们把 $f(x+1)-f(x)$ 称为 $f(x)$ 的(一阶)差分,并记为 $\Delta f(x)$. $\Delta f(x)$ 的差分我们记为 $\Delta^2 f(x)$,称为 $f(x)$ 的二阶差分. 一般可定义 $f(x)$ 的 n 次差分 $\Delta^n f(x)=\Delta(\Delta^{n-1} f(x))$. 通过计算不难得到

$$\Delta^n f(x)=\sum_{k=0}^{n}(-1)^{n-k}C_n^k f(x+k).$$

利用它立得(3).

现在我们从(3)出发来证明张瑞祥的不等式. 对首 1 的 n 次多项式 $f(x)$,(3)式可写为

$$\sum_{i=0}^{n}(-1)^{n-i}C_n^i f(x+i)=n!. \tag{4}$$

特别值得注意的是,(4)中的 x 具有任意性,因此(4)的函数值是任意的 $n+1$ 个连续取值,即具有某种意义上的平移不变性.

解法二 只须考虑 $m>n$ 的情况. 由(4)知,对任意 $i\in\{1,2,\cdots,m-n\}$ 有

$$\sum_{k=0}^{n}(-1)^k C_n^k P(n+i-k)=n!.$$

令 $i=1,2,\cdots,m-n$,再将所得等式相加便得

$$(m-n)n!=\sum_{i=1}^{m-n}\sum_{k=0}^{n}(-1)^k C_n^k P(n+i-k)$$

$$=\sum_{j=1-n}^{m-n}\Big(\sum_{k=0}^{p}(-1)^k C_n^k\Big)P(n+j), \tag{5}$$

其中 $p=\min\{n,m-n-j\}$. 又

$$\sum_{k=0}^{p}(-1)^k C_n^k=\sum_{k=0}^{p}(-1)^k(C_{n-1}^k+C_{n-1}^{k-1})$$

$$=-\sum_{k=1}^{p+1}(-1)^k C_{n-1}^{k-1}+\sum_{k=0}^{p}(-1)^k C_{n-1}^{k-1}$$

$$=-(-1)^{p+1}C_{n-1}^p,$$

故

$$\mid \sum_{k=0}^{p} (-1)^k C_n^k \mid = C_{n-1}^p \leqslant 2^{n-1}. \tag{6}$$

由 (5)、(6),我们可得

$$(m-n)n! \leqslant \sum_{j=1-n}^{m-n} \mid \sum_{k=0}^{p} (-1)^k C_n^k \mid \cdot \mid P(n+j) \mid$$

$$\leqslant \sum_{j=1-n}^{m-n} 2^{n-1} \mid P(n+j) \mid$$

$$= \sum_{k=1}^{m} 2^{n-1} \mid P(k) \mid.$$

这就是所要证的结果. □

注 张瑞祥在这个问题的后面加了一个注,其中有几句话对理解这个问题或许有帮助,抄录如下:本题在 m 很大时很弱. 韦东奕在 $m=2n-1$ 时用步长为 2 的差分可估计到 $n!$ 级别. 另一方面,$m=n+1$ 时,用插值公式可看出结论很强.

问题 2 对数集 A,定义 $d(A)=\{\mid x-y \mid \mid x, y \in A, x \neq y\}$. 试问能否将正整数集 $\mathbf{N}_+$ 分拆为有限个集合 $M_1, M_2, \cdots, M_n (n>1)$,使得 n 个非空集合 $d(M_1), d(M_2), \cdots, d(M_n)$ 两两不交?

这是张瑞祥本人比较满意的问题. 笔者也认为这是一个自然的问题:$\mathbf{N}_+$ 能分拆为有限个两两不交的集合,它们的"差集"能否仍然保持两两不交呢? 这是值得探讨的. 当然,这也是一个难度适中的问题,相当于 CMO 第 2、5 题的水平.

这个问题的答案是否定的,即不存在这样的分拆,笔者个人不太喜欢"不存在"的答案. 因此,觉得张瑞祥的问题 2 改写为下面的等价形式可能更好.

问题 2′ 对数集 A,定义 $d(A)=\{\mid x-y \mid \mid x, y \in A, x \neq y\}$. 对正整数集 $\mathbf{N}_+$ 的任意有限分拆 $M_1, M_2, \cdots, M_n (n>1)$,若对任意 $1 \leqslant i \leqslant n$ 均有 $\mid M_i \mid \geqslant 2$,则存在 $1 \leqslant i < j \leqslant n$ 使得

$$d(M_i) \bigcap d(M_j) \neq \varnothing.$$

现在讨论一下问题 2 的解答.

下面的解法一属于张瑞祥自己.

解法一 答案是不能.

用反证法. 假设有 $M_1, M_2, \cdots, M_n$ 满足要求. 对任意 $i \in \mathbf{N}_+$,设 $i \in M_{f(i)}$,$f(i) \in \{1, 2, \cdots, n\}$.

若有无穷多个 $i \in \mathbf{N}_+$ 使得 $f(i) \neq f(i+1)$,则由于数对 $(f(i), f(i+1))$ 在 $f(i) \neq f(i+1)$

时仅有 $n(n-1)$ 种可能. 故存在 $i < i'$, i, $i' \in \mathbf{N}_+$ 使得

$$\begin{cases} (f(i), f(i+1)) = (f(i'), f(i'+1)), \\ f(i) \neq f(i+1), f(i') \neq f(i'+1). \end{cases}$$

这样就有 $i'-i \in d(M_{f(i)}) \bigcap d(M_{f(i+1)})$, 矛盾!

因此, 当 $i \in \mathbf{N}_+$ 充分大时, $f(i)$ 均等于 $f(i+1)$, 即当 i 充分大时, $f(i)$ 为某一固定值. 不妨设存在正整数 N 使对任何 $i > N$ 均有 $i \in M_1$, 则任取 $d(M_2)$ 的一个元 r, 有

$$r = |(N+1) - (N+r+1)| \in d(M_1),$$

矛盾! □

这个证明是漂亮的, 但技巧性稍强, 下面的解法更直白一些.

解法二 答案是不能.

用反证法, 假设 $\mathbf{N}_+$ 能分拆成 n 个集合 M_1, M_2, $\cdots$, $M_n (n>1)$ 满足要求. 因 $\mathbf{N}_+$ 是无限集, 故 M_i 中必存在一个为无限集. 不妨设 M_1 为无限集.

现在在 M_1 中取 n 个不同的元 a_1, a_2, $\cdots$, a_n. 由于 $d(M_2)$ 非空, 设 $x \in d(M_2)$, 则

$$a_1+x, a_2+x, \cdots, a_n+x \notin M_1,$$

否则, 设 $a_i+x \in M_1$, 则 $(a_i+x)-a_i = x \in d(M_1)$, 这与 $d(M_1) \bigcap d(M_2) = \varnothing$ 矛盾!

这样 a_1+x, a_2+x, $\cdots$, a_n+x 属于 M_2, $\cdots$, M_n 这 $n-1$ 个集合中, 由抽屉原理知存在 $1 \leqslant i < j \leqslant n$ 使得 a_i+k 和 a_j+k 属于同一个 $M_k (2 \leqslant k \leqslant n)$ 中.

故

$$|a_j - a_i| = |(a_j+x) - (a_i+x)| \in d(M_k).$$

又 $|a_j - a_i| \in d(M_1)$, 故 $d(M_k) \bigcap d(M_1) \neq \varnothing$. 矛盾! □

关于问题 2, 一个自然的问题是: 如果将正整数集 $\mathbf{N}_+$ 分划为无限多个集合, 又有什么结果呢? 人大附中的李秋生老师探讨了这个问题并得到下面美妙的结果:

问题 3 对于数集 A, 定义 $d(A) = \{|x-y| \mid x, y \in A, x \neq y\}$. 问能否将正整数 $\mathbf{N}_+$ 分拆为无限多个集合 M_1, M_2, $\cdots$, M_n, $\cdots$, 使得每个集合都有无限多个元素, 且 $d(M_1)$, $d(M_2)$, $\cdots$, $d(M_n)$, $\cdots$ 两两不交?

下面的解答也属于李秋生.

解 答案是肯定的.

记 (k, i) 为集合 M_k 的第 i 个元素(从小到大排列),我们将所有集合的所有元素按如下顺序排列:

$$(1, 1) \to (1, 2) \to (2, 1) \to (1, 3) \to (2, 2) \to (3, 1) \to (1, 4) \to \cdots,$$

这是一个从 $\mathbf{N}_+$ 到 $\{(x, y) \mid x \in \mathbf{N}_+, y \in \mathbf{N}_+\}$ 的一一映射,记为 f(例如 $f(3) = (2, 1)$,即 M_2 的第一个元素).

下面给出具体的构造(只需同时兼顾遍历所有的位置和遍历所有的正整数):

1) 第 1 步:将数字 1 放在第一个集合 M_1 的第一个位置,即 $(1, 1)$;

2) 假设在前 $k-1$ 步中,位置 $f(1)$, $f(2)$, $\cdots$, $f(k-1)$ 上都已放置了正整数,且 1, $\cdots$, $k-1$ 也都已放在某些恰当位置上(未必都在位置 $f(1)$, $f(2)$, $\cdots$, $f(k-1)$ 上). 则在第 k 步中,我们将把正整数 k 放在某个恰当的位置,并在位置 $f(k)$ 上放置一个恰当的数:

首先,考察位置 $f(k)$:如果已有正整数被放在这个位置上,则接下来考察正整数 k;如果还没有正整数被放在这个位置上,则在这个位置上放置一个充分大的正整数,使得它与这个集合中已有数的差都大于各个集合已有的差.

其次,考察正整数 k,如果它已经被放置在某个位置上,则第 k 步已经完成;如果 k 还没有被放置过,则将它放在还没有任何元素的脚标最小的那个集合中.

由此可见,在第 k 步中,我们没有放入重复的正整数,也没有放置重复的位置.

按此方法,正整数 k 将在前 k 步中被放入某个集合,所以所得到的是正整数集合 $\mathbf{N}_+$ 的一个分拆;位置 $f(k)$ 也在前 k 步中被放入了某个正整数,所以有无穷多个集合,每个集合有无穷多个元素.

由上述构造知,$d(M_1)$, $d(M_2)$, $\cdots$, $d(M_n)$, $\cdots$ 都是两两不交的. □

参考文献

[1] 余红兵. 奥数教程(高三年级)[M]. 第四版. 上海:华东师范大学出版社,2008.

柳智宇的两个妙解

冷岗松

（上海大学，200444）

柳智宇是 2006 年 IMO 中国国家队队员，在第 31 届 IMO 中获得满分金牌. 作为该年国家队的副领队和教练，柳智宇的数学才华给我留下了深刻印象.

他和人讨论几何题，不画图不看图，但是口中便能准确无误说出诸多点线的位置，从不忘记和混乱，真可谓"心中有图"，令人惊诧. 他的几何和组合都十分突出，因此造就了一个少见的组合几何高手. 集训队选拔时的几个组合几何难题能解出者寥寥无几，他提供的解却令人拍案叫绝！碰巧当年 IMO 第 6 题是一个组合几何难题，来自各国的所有参赛者仅 3 人做对，其中就有柳智宇. 协调组专家们认为他的解法比标准答案还漂亮.

2006 年 9 月，柳智宇进入北京大学数学系. 此后不断传来他的好消息：成绩优异，科研上也是崭露头角，大学毕业前，他成功申请到麻省理工学院（MIT）全额奖学金. 然而，最后传来了一个准确但令人吃惊的消息：大学毕业后，柳来到北京龙泉寺，成为一名修行居士，之后出家为僧，法号贤宇.

对于他的出家，我无语也不妄评. 或许他的人生注定与佛有缘而最终与数学无缘.

本短文仅介绍柳智宇对于两个组合几何问题的妙解.

2006 年 6 月 15 日至 7 月 5 日中国国家队在清华附中集训. 集训期间，我选用的训练题中包含了数学家 Granville 和 Roésler 的一个结果.

问题 1(Granville-Roésler) 设 A 是坐标平面上的一个有限点集. 对任意 $\alpha_1 = (x_1, y_1)$，$\alpha_2 = (x_2, y_2) \in A$，定义
$$d(\alpha_1, \alpha_2) = (c_1, c_2),$$
其中 $c_1 = \max\{0, x_1 - x_2\}$，$c_2 = \max\{0, y_1 - y_2\}$. 记
$$D(A) = \{d(\alpha_1, \alpha_2) \mid \alpha_1 \in A, \alpha_2 \in A\}.$$

证明：
$$|D(A)| \geqslant \left(\frac{1}{2}|A|\right)^{\frac{2}{3}}. \tag{1}$$

我们简称这个问题为 G-R 问题. G-R 问题的背景及相关讨论可见[1].

这个问题有相当的难度,笔者和几位国家队队员进行过多次讨论. 最后,柳智宇提出了一个精妙的想法. 根据柳智宇的思路另一位来自天津耀华中学的国家队队员任庆春整理出如下优雅的解法:

解 将 A 中各点的横坐标构成的集合记为 X,A 中各点的纵坐标构成的集合记为 Y. 为证(1)式,我们只须证明更强的结论

$$|D(A)| \geqslant \left(\frac{|A|}{|X|+|Y|}\right)^2. \tag{2}$$

事实上,若 $|X|$、$|Y|$ 中有一个大于等于 $\left(\frac{1}{2}|A|\right)^{\frac{2}{3}}$,则由明显的不等式 $|D(A)| \geqslant |X|$,$|D(A)| \geqslant |Y|$ 知(1)显然成立. 若 $|X| < \left(\frac{1}{2}|A|\right)^{\frac{2}{3}}$ 且 $|Y| < \left(\frac{1}{2}|A|\right)^{\frac{2}{3}}$,这时由(2)便知(1)成立.

下面证明(2)成立.

先证如下引理.

引理 设 $x_0 > x_1 > x_2 > \cdots > x_s$,$y_0 < y_1 < y_2 < \cdots < y_t$,$B = \{(x_0, y_i) \mid i = 1, 2, \cdots, t\} \bigcup \{(x_i, y_0) \mid i = 1, 2, \cdots, s\}$,则 $|D(B)| \geqslant st$.

事实上,对任意 $1 \leqslant i \leqslant s$ 和 $1 \leqslant j \leqslant t$ 有

$$d((x_0, y_i), (x_i, y_0)) = (x_0 - x_i, y_i - y_0),$$

因此

$$|D(B)| \geqslant |\{(x_0 - x_i, y_j - y_0) \mid 1 \leqslant i \leqslant s, 1 \leqslant j \leqslant t\}| = st.$$

回到原题.

因 A 是有限集,不妨设 $X = \{x_1, x_2, \cdots, x_p\}$ 且 $x_1 > x_2 > \cdots > x_p$, $Y = \{y_1, y_2, \cdots, y_q\}$ 且 $y_1 < y_2 < \cdots < y_q$. 记 $k = \frac{|A|}{|X|+|Y|} = \frac{|A|}{p+q}$,下面只须证明

$$|D(A)| \geqslant k^2. \tag{$*$}$$

下面用归纳法证明($*$)成立.

当 $p = 1$ 时,此时所有点都在 $x = x_1$ 这条直线上,因此 $|A| \leqslant q < p + q$,这时 $k < 1$,而 $D(A)$ 中至少包含 $(0, 0)$,故($*$)显然成立. 同理当 $q = 1$ 时,($*$)也成立.

假设($*$)对 $(p-1, q)$ 和 $(q, p-1)$ 成立,其中 $p, q \geqslant 2$. 下证($*$)对 (p, q) 成立.

设 $C_1 = \{(x_1, y_i) \mid i = 1, 2, \cdots, q\}$,$C_2 = \{(x_i, y_1) \mid i = 1, 2, \cdots, p\}$,下面分两种情况讨论:

1) 如果 $|C_1| > k$ 且 $|C_2| > k$,令 $C = C_1 \bigcup C_2$,则由引理知 $|D(C)| \geqslant k^2$,因此更有 $|D(A)| \geqslant |D(C)| \geqslant k^2$.

2) 如果 $|C_1| \leqslant k$ 或 $|C_2| \leqslant k$,由对称性,不妨设 $|C_1| \leqslant k$,这时记 $A' = A \backslash C_1$,则

$$|A'| = |A| - |C_1| \geqslant |A| - k.$$

对 A' 用归纳假设可得

$$|D(A')| \geqslant \left(\frac{|A| - k}{p - 1 + q}\right)^2 = \left(\frac{k(p+q) - k}{p + q - 1}\right)^2 = k^2,$$

故

$$|D(A)| \geqslant |D(A')| \geqslant k^2,$$

结论成立.

综上便知 $(*)$ 对 (p, q) 成立,$(*)$ 得证. $\square$

另一个问题则是 2006 年 3 月在沈阳东北育才中学举行的国家集训队的选拔考试第 4 次小考中,林常教授提供的如下问题:

问题 2(林常) 给定正整数 m、n. 将 $m \times n$ 棋盘上的 mn 个 1×1 方格交替地染成红蓝两色(有公共边的任两个方格不同色,左下角方格为红色). 此时从左下到右上的对角线被染成一些红、蓝线段(每条线段与它所在的方格同色),试求所有红色线段的长度之和.

这是一个颇有难度的问题,得满分者不多. 这个问题的背景分析可见[2]. 柳智宇提供了一个精妙的解法,它不仅简单,而且很好地揭示了问题的本质:对于 $a \times b$ 棋盘,其中,$\gcd(a, b) = 1$,如果将对角线 ab 等分,则红线段长度比蓝线段长度恰好多一个等分单位.

解 考虑 $a \times b$ 棋盘,其中,$\gcd(a, b) = 1$,且 a、b 均为大于 1 的奇数.

将对角线 ab 等分,记第 i 等分的线段为 $d_i (i = 1, 2, \cdots, ab)$,$i$ 除以 a、b 的最小正余数分别为 p_i、q_i. 容易证明,当且仅当 $p_i + q_i$ 为偶数时,d_i 为红色.

实际上,当 d_i 的右端点不在格线上时,d_i 与 d_{i+1} 同色. 此时,$p_{i+1} = p_i + 1$,$q_{i+1} = q_i + 1$ 同时成立,所以,

$$p_i + q_i \equiv p_{i+1} + q_{i+1} \pmod{2}.$$

当 d_i 的右端点在格线上时,d_i 与 d_{i+1} 异色. 此时,$p_{i+1} = p_i + 1$(p_i、p_{i+1} 不同奇偶),$q_{i+1} = 1$,$q_i = b$(q_i、q_{i+1} 同为奇),或者 $q_{i+1} = q_i + 1$(q_i、q_{i+1} 不同奇偶),$p_{i+1} = 1$,$p_i = a$(p_i、p_{i+1} 同为奇),于是,

$$p_i + q_i \equiv 1 + p_{i+1} + q_{i+1} \pmod 2.$$

所以,当且仅当 $p_i + q_i$ 与 $p_{i+1} + q_{i+1}$ 同奇偶时,d_i 与 d_{i+1} 同色. 又 d_1 为红色,$p_1 + q_1 = 2$ 为偶数,因此,当且仅当 $p_i + q_i$ 为偶数时,d_i 为红色.

对任何数对 (s, t),其中 $s \in \{1, 2, \cdots, a\}$,$t \in \{1, 2, \cdots, b\}$,因为 $(a, b) = 1$,由中国剩余定理,都有唯一的 $i \in \{1, 2, \cdots, ab\}$,使

$$i \equiv s \pmod a \text{ 且 } i \equiv t \pmod b.$$

由于 a、b 为奇数,所以,$\{1, 2, \cdots, a\}$ 中共有 $\dfrac{a+1}{2}$ 个奇数,$\dfrac{a-1}{2}$ 个偶数;$\{1, 2, \cdots, b\}$ 中有 $\dfrac{b+1}{2}$ 个奇数,$\dfrac{b-1}{2}$ 个偶数. 因此,使 s、t 同奇偶的数对 (s, t) 的个数为

$$\frac{b+1}{2} \cdot \frac{a+1}{2} + \frac{b-1}{2} \cdot \frac{a-1}{2} = \frac{ab+1}{2}.$$

于是,有 $\dfrac{ab+1}{2}$ 条等分线段为红色.

而每条等分线段的长度为 $\dfrac{\sqrt{a^2 + b^2}}{ab}$,故

$$S_{\text{红}} = \frac{ab+1}{2} \cdot \frac{\sqrt{a^2 + b^2}}{ab} = \frac{ab+1}{2ab}\sqrt{a^2 + b^2}.$$

□

参考文献

[1] A. Granville, F. Roesler. The Set of Diffierences of a Given Set. Amer. Math. Monthly. 106 (1999), 338 - 344.

[2] 冯跃峰. 2006 中国国家集训队测试题欣赏. 中等数学. 4(2007), 15 - 22.

Dan Schwarz 的数学问题

冷岗松

（上海大学，200444）

Dan Schwarz 先生去世了！6 月 5 日他还在 Math Link 网站上发表评论，6 月 9 日却传来了他的死讯.

Dan Schwarz 先生是罗马尼亚数学竞赛最活跃的，也应当是最出色的命题专家之一. 他为罗马尼亚的数学竞赛（RMO，Rom TST，Stars MC，IMAR MC），罗马尼亚大师杯，欧洲女子竞赛等都作出了巨大的贡献.

作为命题者，他的名字出现的频率特别高. 如 2012 年欧洲女子竞赛的 8 道试题中，3 道较难的题都是他提供的；又如 2010 年罗马尼亚大师杯（这可是一个有中、美、俄等大国参加的赛事）的 6 道试题中有 2 道是他提供的. 他提供的问题大多自然而高雅，品着它们，你会赞叹，你会心情愉悦.

我不曾与 Dan Schwarz 先生谋面，也不曾有过任何交流，我对他的职业、年龄等一点都不了解. 但我喜欢他的题，更喜欢看他的解题网上的各种解答和评论的帖子. 他是一个狂热的解题者，他在著名的解题网站"Art of Problem Solving"上发表了大量的帖子（数量为 15 191 之巨）. 他的网名是 mavropnevma，头像是一只跳跃的猫.

我上美国数学会的数据库寻找 Dan Schwarz 先生的学术论文，只找到 4 篇，内容都比较初等. 或许他在数学家的"圈子里"是寂寞的，但在数学奥林匹克的"圈子里"却是"叱咤风云"的人物，他的知音绝对是一个基数很大的集合.

作为 Dan Schwarz 先生的 Fan，我为他的离去而痛心，并写此文以纪念他. 下面，让我们欣赏 Dan Schwarz 先生的一些问题. 当然，我们选择的是他的难度稍低一点的问题，这样的问题更能看出美和雅.

问题 1（Rom District，2007）　设 u、v、w 是模为 1 的复数，证明：我们总能选择"＋"号或"－"号使得

$$|\pm u \pm v \pm w| \leqslant 1.$$

（Dan Schwarz）

证明 仍用 u、v、w 表示复数 u、v、w 在复平面上对应的点,则 $\triangle uvw$ 的垂心 H 对应的复数为 $u+v+w$.

下分两种情况:

(1) 当 $\triangle uvw$ 是锐角三角形(或直角三角形)时,这时它的垂心 H 位于 $\triangle uvw$ 内(或顶点),当然更位于 $\triangle uvw$ 的外接圆(单位圆)内. 故

$$|u+v+w| \leqslant 1.$$

结论成立.

(2) 当 $\triangle uvw$ 是钝角三角形时,不妨设 v 是钝角顶点. 这时作 v 关于原点的对称点 $-v$,则 $-v$ 仍位于单位圆上,且以 u、$-v$、w 为顶点的三角形是锐角三角形. 由上面的(1)知

$$|u-v+w| \leqslant 1.$$

结论成立. $\qquad\qquad\qquad\qquad\qquad\qquad\qquad\qquad\qquad\qquad\qquad\qquad\qquad\qquad\qquad\square$

我们认为 Dan Schwarz 的这个问题是一个数学上优雅的且具有教育功能的好问题. 在教学过程中,我们发现相当多的同学不知道三角形垂心的复数表示,而知道重心的复数表示. 那么怎么由重心的复数表示推出垂心的复数表示呢? 这是不难的. 事实上,注意到 $\triangle uvw$ 的外心在原点,对应复数 o,重心对应的复数为 $\frac{1}{3}(u+v+w)$,再由欧拉定理(外心、重心、垂心三点共线,且重心把外心和垂心的连线段分成 $1:2$ 的比)便可得 $\triangle uvw$ 的垂心的复数表示为 $u+v+w$.

问题 2(Stars MC, 2012) 求最大的常数 λ 使得不等式

$$\left|\frac{a+b}{a-b}\right| + \left|\frac{b+c}{b-c}\right| + \left|\frac{c+a}{c-a}\right| > \lambda$$

对任意不同的非负实数 a、b、c 成立.

(Dan Schwarz)

这是一个简单(但绝非平凡)而有趣的问题. 因为对任意非负实数 a、b 总有 $|a+b| \geqslant |a-b|$,故不等式左边明显大于 3. 但 3 是最优的吗? 心中开始有疑问,还得仔细将左边作恒等变形才会看出端倪.

解 由对称性,不妨设 $0 \leqslant a < b < c$. 这时,

$$\left|\frac{a+b}{a-b}\right| + \left|\frac{b+c}{b-c}\right| + \left|\frac{c+a}{c-a}\right| = 3 + \frac{2a}{b-a} + \frac{2b}{c-b} + \frac{2a}{c-a} > 3.$$

下面说明 3 是最优的.

事实上,取 $a=0$, $c=(2n+1)b$,其中 $n \in \mathbf{N}_+$. 这时,

$$\frac{2a}{b-a}+\frac{2b}{c-b}+\frac{2a}{c-a}=\frac{1}{n} \to 0.$$

这说明 3 确实不能被更小的正常数替代.

故 $\lambda_{\max}=3$. $\qquad\qquad\qquad\qquad\qquad\qquad\qquad\qquad\qquad\qquad\qquad\qquad$ $\square$

问题 3(IMAR MC,2008) 证明:对任何函数 $f:(0,+\infty) \to (0,+\infty)$ 存在正实数 x 和 y 使得

$$f(x+y) < yf(f(x)).$$

(Dan Schwarz)

这是一个新颖的函数不等式问题. 容易想到的思路是用反证法,由 $f(x+y) \geqslant yf(f(x))$ 对任意正实数 x 和 y 成立推出对充分大的 x 总有

$$f(x) > x+c(\forall c \geqslant 0). \qquad\qquad\qquad\qquad\qquad (*)$$

这时,再作如下处理:

$$f(f(x))=f(x+(f(x)-x)) \geqslant (f(x)-x)f(f(x)),$$

便得 $f(x) \leqslant x+1$. 矛盾!

要得 $(*)$,关键在于说明对充分大的 x 有 $f(f(x)) > 1$.

证明 假设结论不成立,则对任意的 x,$y>0$ 有

$$f(x+y) \geqslant yf(f(x)). \qquad\qquad\qquad\qquad\qquad (1)$$

记 $a=f(f(1))$,则当 $t>1$ 时有

$$f(t)=f(1+(t-1)) \geqslant a(t-1). \qquad\qquad\qquad\qquad\qquad (2)$$

因此,对任意的 $t \in \left(1+\dfrac{1}{a},+\infty\right)$ 有

$$f(t) > 1.$$

故由(1)式和(2)式知

$$f(f(t))=f(1+(f(t)-1)) \geqslant a(f(t)-1) \geqslant a(a(t-1)-1)=a^2(t-1)-a.$$

由此知对任意的 $t \in \left(1 + \dfrac{1}{a} + \dfrac{1}{a^2}, +\infty\right)$ 有

$$f(f(t)) > 1. \tag{3}$$

取 $x > t_0 + \dfrac{t_0 + 1}{f(f(t_0)) - 1}$，其中 t_0 是 $\left(1 + \dfrac{1}{a} + \dfrac{1}{a^2}, +\infty\right)$ 中的某一个数. 因此,由(3)式便知 $x > t_0$. 故

$$f(x) = f(t_0 + (x - t_0)) \geqslant f(f(t_0))(x - t_0) > x + 1. \tag{4}$$

另一方面,对这样的 x 又有

$$f(f(x)) = f(x + (f(x) - x)) \geqslant (f(x) - x)f(f(x)),$$

即 $f(x) \leqslant x + 1$,这与(4)式矛盾! 证毕. □

问题 4(Rom Master,2008) 已知边长为 n 的正方形内部有 $(n+1)^2$ 个点,其中无三点共线. 证明:可以选取其中的三个点,以这三个点为顶点的三角形的面积不超过 $\dfrac{1}{2}$.

(Dan Schwarz)

这是一个优雅的组合几何问题.

求解过程中一个自然的想法是:首选考虑这 $(n+1)^2$ 个点的凸包 P(凸包起定位作用). 设 P 是一个凸 k 边形,自然要考虑两种可能:

(i) 当 k 较小时,极端情况为 P 是三角形,这时 P 的内点足够多,于是将 P 剖分成小三角形(足够多),找面积最小的便可;

(ii) 当 k 较大时,极端情况为 P 是一个凸 $(n+1)^2$ 边形 $A_1 A_2 \cdots A_{(n+1)^2}$,这时从侧边三角形(形如 $A_i A_{i+1} A_{i+2}$ 的三角形) 中找最小的便可.

证明 考虑这 $(n+1)^2$ 个点的凸包 P,则 P 是一个凸 k 边形,其中 k 为某个正整数$(k \geqslant 3)$.

下面分两种情况:

(i) 当 $k < 4n$ 时;

任取 P 的一个顶点,从这个顶点出发的 $k - 3$ 条对角线将其分成了 $k - 2$ 个三角形. 这时除去 P 的 k 个顶点,剩下的 $(n+1)^2 - k$ 个点都是这 $k - 2$ 个三角形的内点. 将这些内点给定一种编号方式,记为 $I_1, I_2, \cdots, I_{(n+1)^2 - k}$. 再按照这个编号逐次进行如下操作:第 i 步是将 I_i 与含它的最小的三角形的三个顶点连线,其中 $i = 1, 2, \cdots, (n+1)^2 - k$.

每进行一次操作增加两个小三角形,且这些小三角形互不重叠.于是,对所有点 I_i 操作完后共得到

$$(k-2)+2[(n+1)^2-k]=2n^2+4n-k>2n^2$$

个小三角形.但所有这些小三角形的面积之和不超过 n^2.故由抽屉原理知存在一个小三角形的面积 $\leqslant \frac{1}{2}$.此时结论成立.

(ii) 当 $k \geqslant 4n$ 时;

注意到一个常用的事实:若一个凸多边形 P_1 覆盖另一个凸多边形 P_2,则 P_1 的周长 $\geqslant P_2$ 的周长.因 P 包含在题给的正方形中,故

$$P \text{ 的周长} \leqslant 4n. \tag{5}$$

设 P 的顶点(顺次编号)为 $A_1, A_2, \cdots, A_k$.记 $a_i = A_i A_{i+1}$, $i=1, 2, \cdots, k$,其中 $A_{k+1} = A_1$,则(5)式可写为

$$\sum_{i=1}^{k}(a_i + a_{i+1}) \leqslant 8n.$$

故由抽屉原理知存在 $1 \leqslant j \leqslant k$ 使得

$$a_j + a_{j+1} \leqslant 2.$$

现考虑以 A_j、A_{j+1}、A_{j+2} 为顶点的三角形,记其面积为 S,则

$$S \leqslant \frac{1}{2} a_j a_{j+1} \leqslant \frac{1}{2}\left(\frac{a_j + a_{j+1}}{2}\right)^2 \leqslant \frac{1}{2}.$$

结论成立. $\qquad\qquad\qquad\qquad\qquad\qquad\qquad\qquad\qquad\qquad\qquad\qquad\square$

问题 5(Stars MC, 2012) 设 X 是一个 n 元集合,由 X 的不同子集构成的一个集族 F 被说成具有性质 H:如果存在 $A, B \in F$ 使得 $A \subseteq B$ 且 $|B \backslash A|=1$.试决定最小的 m,使得对任何满足 $|F|>m$ 的集族 F 具有性质 H.

(Dan Schwarz)

解 所求的 $m=2^{n-1}$.

先证当 $|F|>2^{n-1}$ 时,F 总具有性质 H.事实上,设 $P(X)$ 表示 X 的所有子集的集合.取 $x_0 \in X$,考虑 2^{n-1} 个子集对:

$$\{S, S \cup \{x_0\}\},$$

其中 $S \in P(X \setminus \{x_0\})$. 显然这些子集对构成 $P(X)$ 的一个分划,即

$$P(X) = \bigcup_{S \in P(X \setminus \{x_0\})} \{S, S \cup \{x_0\}\}.$$

由抽屉原理知当 $|F| > 2^{n-1}$ 时,F 一定包含一个子集对 $\{S_0, S_0 \cup \{x_0\}\}$. 这时取 $A = S_0$,$B = S_0 \cup \{x_0\}$,就有 $A \subseteq B$,且 $|B \setminus A| = 1$. 故 F 具有性质 H.

另一方面,再说明存在集族 F 满足 $|F| = 2^{n-1}$ 且不具有性质 H. 事实上,如果我们把元素个数为偶数的子集叫做偶子集,且记 F_e 为 X 的所有偶子集的集族. 显然 $|F_e| = 2^{n-1}$,且对任何 $A, B \in F_e$ 有 $|B \setminus A| \geqslant 2$. 这说明 F_e 不具有性质 H. 故 F_e 就是我们要找的集合. $\square$

李雨红和笔者研究了 Dan Schwarz 问题的"对偶"情况,提出并解决了如下问题:

设 $X = \{1, 2, \cdots, n\}$,X 的一个不同子集构成的集族 F 满足:对任意的 $A, B \in F$,只要 $A \subseteq B$ 就有 $|B \setminus A| = 1$. 求 $|F|$ 的最大值.

答案:$|F|_{\max} = \begin{cases} 2\mathrm{C}_{2k+1}^k, & \text{当 } n = 2k+1; \\ \mathrm{C}_{2k}^k + \mathrm{C}_{2k}^{k+1}, & \text{当 } n = 2k. \end{cases}$

详细解答可见《中等数学》2014 年第 12 期李雨红的问题(高 406).

问题 6(Rom TST, 2007) 求所有多项式 $f(x) \in \mathbf{Z}[x]$ 使得满足:存在正整数 N 使得对任何素数 $p > N$,$|f(p)|$ 也是素数.

(Dan Schwarz)

解 若满足要求的正整数 N 存在,取素数 $p > N$,这时 $|f(p)| = q$ 也是素数.

如果 $q \neq p$,则由狄利克雷(Dirichlet)定理知,等差数列 $\{p + mq\}_{m=0}^{\infty}$ 中包含无穷多个素数,即存在无穷子序列 $\{p + m_i q\}_{i=0}^{\infty}$,其中每一项均为素数. 注意到 $p + m_i q > N$,所以 $f(p + m_i q)$ 也是素数. 又

$$f(p + m_i q) \equiv f(p) \equiv 0 \pmod{q}.$$

故必须 $|f(p + m_i q)| = q$ 对所有 $m_i (i = 0, 1, 2, \cdots)$ 都成立. 因此,多项式 $f(x)$ 一定是常数,即 $f(x) = \pm q$. 反过来,形如 $f(x) = c$(c 为素数)的函数均满足要求.

如果对所有的 $p > N$ 都有 $|f(p)| = p$,则 $f(x)$ 一定是 $f(x) = \pm x$.

综上,满足要求的多项式 $f(x)$ 是 $f(x)=c$,其中 c 为素数和一次多项式 $f(x)=\pm x$. □

上面的巧妙解答(源于罗马尼亚的几位参赛学生)中用到了著名的狄利克雷定理:

一个首项和公差都是整数的等差数列中一定存在无穷多个与首项和公差都互素的素数.

Dan Schwarz 提供的另一个问题也与该定理的应用相关,这就是 2008 年罗马尼亚大师杯的试题:

给定整数 $a>1$,证明:对任何正整数 N,序列 $a_n=\left\lfloor\dfrac{a^n}{n}\right\rfloor (n=1, 2, \cdots)$ 一定包含 N 的一个倍数.

纪念 Dan Schwarz 先生的短文就这样匆匆地写完了. 我想如果他泉下有知,知道在遥远的东方——中国有一个同行把他的名字和题一起介绍给了中国年轻的数学爱好者,他一定会十分欣慰的. Dan Schwarz 先生走好!

2015.6.14

匈牙利数学竞赛问题赏析

——重读《匈牙利数学竞赛题解》

冷岗松 叶 思

（上海大学，200444）

匈牙利是国际上开展数学竞赛最早的国家. 匈牙利最著名的数学竞赛是 Kürschák 竞赛，它起源于 1894 年，迄今已有 120 多年的历史了. 1979 年科学普及出版社出版了由库尔沙克等编著，胡湘陵译的《匈牙利数学竞赛题解》. 该书介绍了 Kürschák 竞赛从 1894 年到 1974 年的试题及解答，并有大量的点评. 这是一本高质量的书. 书中的解答清晰流畅，展现了想法的自然性，许多题还有多种解法. 书中的点评更是精彩！作者娓娓道来，既揭示问题的背景及与研究前沿的关系，又注重挖掘问题之间的联系.

我们认为 Kürschák 竞赛问题的风格可概括为四个字，这就是：厚重优雅. 所谓厚重是指这些问题数学上意义丰富、背景深刻，而优雅是指这些问题简洁、自然且不落俗套.

本文从该书中选取若干问题，以现代的语言重写了解答，并加以点评，供大家欣赏. 点评中的不少观点还是源于该书. 值得说明的是，由于篇幅所限，本文仅挑选了我们感兴趣的部分问题，不少精彩的问题没能选入. 当然，我们最担心的是本文的注记是否有曲解之处.

1. 整点多边形

题 1(1939 年)   若整点平行四边形的内部或边上还有另外的整点，则这个平行四边形的面积大于 1.

解法提示   将这个整点与平行四边形的 4 个顶点连结起来，则将该平行四边形至少划分为三个非蜕化的整点三角形，然后说明每一个非蜕化的整点三角形的面积不小于 $\frac{1}{2}$ 便可.

点评   该结论的否命题也是成立的：如果整点平行四边形内部或边界上不再含其他整点，则它的面积等于 1. 这通常表述为：一个基本的整点平行四边形的面积等于 1. 这已是组合几何中的基本结论. 它的代数等价形式是下面的题 2.

题 2(1942 年)　设 a、b、c、d 是整数且使得方程组

$$ax + by = m, \; cx + dy = n$$

对所有的整数 m、n 都有整数解. 证明：$ad - bc = \pm 1$.

题 3(1955 年)　证明：如果一个整点三角形的三边上不再含有其他的整点，但在三角形内有唯一的一个整点，则这个三角形的重心和这个内部的整点重合.

解法提示　注意到下面两个基本结论可立得本题的论断：

第一个基本结论是 Kürschák 竞赛 1936 年的问题：若 $\triangle ABC$ 内部的一点 S 使得 $\triangle ABS$、$\triangle BCS$、$\triangle ACS$ 的面积相等，则 S 是 $\triangle ABC$ 的重心；

第二个基本结论是：基本整点三角形的面积等于 $\dfrac{1}{2}$. 这本质上就是上面两题的结论.

点评　(1) 本题结论有一个有趣的等价描述：若整点平行四边形的边界上没有另外的整点，且在内部有两个整点，则这两个整点在平行四边形的对角线上且把它分成相等的三部分.

(2) 大多数关于三角形重心的结果似乎都能发展到空间，但稍使我们诧异的是，本题的断言的空间类比是不成立的. 即存在这样的整点四面体其边界面不含有其他的整点，且在它的内部只有一个整点，但它并不是重心. 例子：$A(0, 0, 0)$、$B(1, 0, 0)$、$C(0, 1, 0)$、$D(2, 2, 5)$ 为顶点的四面体，它的内部只有一个整点 $R(1, 1, 2)$，但它显然不是这个四面体的重心.

(3) 下面我们讨论本题与法雷(Farey)序列的关系. 所谓法雷序列可以这样定义：对任意给定的正整数 n，我们把所有分母小于或等于 n 的真分数按增加顺序排列，且在第一个分数的前面加上数 $\dfrac{0}{1}$，而在最后一个分数的后面加上数 $\dfrac{1}{1}$，这样得到的一组数通常称为 n 级法雷序列.

例如，F_7 就是：

$$\frac{0}{1}, \frac{1}{7}, \frac{1}{6}, \frac{1}{5}, \frac{1}{4}, \frac{2}{7}, \frac{1}{3}, \frac{2}{5}, \frac{3}{7}, \frac{1}{2}, \frac{4}{7}, \frac{3}{5}, \frac{2}{3}, \frac{5}{7}, \frac{3}{4}, \frac{4}{5}, \frac{5}{6}, \frac{6}{7}, \frac{1}{1}.$$

首先我们来研究法雷序列 F_n 中真分数的个数是多少？设 F_n 中真分数的个数为 $\varphi(n)$，注意到 $\varphi(n)$ 比 $\varphi(n-1)$ 增加的个数是分母是 n，分子比 n 小且与 n 互素的数的个数，这正是欧拉函数 $\phi(n)$，因此

$$\varphi(n) = \varphi(n-1) + \phi(n).$$

由这个递归关系易得

$$\varphi(n) = 1 + \sum_{k=1}^{n} \phi(k).$$

现在我们研究法雷序列的整点表示:对 F_n 中的每一个真分数 $\dfrac{h}{k}(0 < h \leqslant k \leqslant n)$,让其对应着整点 (k, h). 分数 $\dfrac{h}{k}$ 的不可约性意味着在连接整点 (k, h) 和坐标原点 O 的线段上再没有其他整点. 关于这个点可以形象地说,从坐标原点 O 可以看见它,因此常称它为可见点.

设法雷序列 F_n 中相邻两项 $\dfrac{h}{k}$ 和 $\dfrac{h'}{k'}$ 对应的整点分别为 P 和 P',则可以证明下面重要的事实:

三角形 OPP' 是一个基本整点三角形,从而面积等于 $\dfrac{1}{2}$.

从这个几何事实出发,我们可以证明法雷序列的两个常用性质:

性质 1 对 F_n 中相邻两项 $\dfrac{a}{b}$ 和 $\dfrac{c}{d}$ 有:

$$bc - ad = 1.$$

性质 2 对 F_n 中相邻三项 $\dfrac{a}{b}$、$\dfrac{c}{d}$、$\dfrac{e}{f}$ 有:

$$\frac{c}{d} = \frac{a + e}{b + f}.$$

性质 2 可用几何语言描述如下:

如果一个整点三角形包含和它的顶点不同的整点,且这些整点分布在通过三角形的一个顶点的直线上,则这条直线和三角形的中线重合.

由这个几何事实便可立得本题的结论. 因此,本题是上述法雷序列性质 2 的一个推论.

法雷序列是处理整点问题的强有力工具. 有兴趣者还可研究怎样用法雷序列求解 2011 年 IMO 中国国家队选拔考试题:

直角坐标平面上的一个点列 $(A_0, A_1, \cdots, A_n)$ 称为"有趣的",如果每个 A_i 的横坐标与纵坐标都是正整数,直线 $OA_0, OA_1, \cdots, OA_n$ 的斜率严格递增(O 是原点),并且三角形 $OA_i A_{i+1}(0 \leqslant i \leqslant n-1)$ 的面积均为 $\dfrac{1}{2}$. 现在一个点列 $(A_0, A_1, \cdots, A_n)$ 的某相邻两点 A_i、A_{i+1} 之间插入一个点 A,满足 $\overrightarrow{OA} = \overrightarrow{OA_i} + \overrightarrow{OA_{i+1}}$,则称新点列 $(A_0, \cdots, A_i, A, A_{i+1}, \cdots, A_n)$ 为原点列的一次"扩张". 设 $(A_0, A_1, \cdots, A_n)$ 与 $(B_0, B_1, \cdots, B_m)$ 是任意两个有趣点列. 证明:若 $A_0 = B_0$,$A_n = B_m$,则可对两个点列

分别作有限次扩张得到相同的点列.

2. 对称点集

题 4(1935 年)   如果集 H 的任意一点关于点 O 的对称点仍然属于 H,则称 O 是 H 的对称中心.证明:有限点集不可能有两个不同的对称中心.

证明   设点集 H 有两个对称中心 O_1 和 O_2.任取 $P_1 \in H$,设 P_1' 是 P_1 关于 O_1 的对称点,P_2 是 P_1' 关于 O_2 的对称点,P_2' 是 P_2 关于 O_1 的对称点,P_3 是 P_2' 关于 O_2 的对称点.(如图 1)

注意到 $O_1 O_2$ 分别是 $\triangle P_1 P_1' P_2$ 和 $\triangle P_2 P_2' P_3$ 的中位线,因此 $P_1 P_2 /\!/ P_2 P_3 /\!/ O_1 O_2$,且 $P_1 P_2 = P_2 P_3 = 2 O_1 O_2$.故线段 $P_2 P_3$ 是线段 $P_1 P_2$ 的等长延伸.

现在从点 P_3 开始,作出它关于 O_1 的对称点,然后再作所得到的点关于 O_2 的对称点,如此等等,无限重复下去,我们就会得到直线 $P_1 P_2$ 上的无穷多个线段,其长度都等于线段 $P_1 P_2$ 的长,而且是一个接着一个地延伸.这与 H 为有限点集矛盾! 这说明有限点集 H 只有一个对称中心.

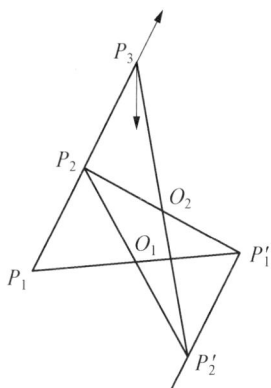

图 1

点评   (1) 从上面的证明我们还可得到:

(a) 任何点集若有两个对称中心,则它是无穷集合;

(b) 如果一个点集的对称中心多于一个,则这个点集是无界的,亦即:有界点集至多只有一个对称中心;

(c) 如果一个点集有两个对称中心,那么它有无穷多个对称中心.

(2) 现在我们再研究具有对称中心的有限点集的特征.先引进有限点集质心的定义:设 $\Gamma = \{P_1, P_2, \cdots, P_n\}$ 是一个有限点集.选取任意一个始点 O,作矢径 $\overrightarrow{OP_i} = \boldsymbol{p}_i$,$i = 1, 2, \cdots, n$.若点 S 的矢径 $\overrightarrow{OS} = \boldsymbol{s}$ 满足关系式

$$\boldsymbol{s} = \frac{\boldsymbol{p}_1 + \boldsymbol{p}_2 + \cdots + \boldsymbol{p}_n}{n},$$

则点 S 叫做点集 Γ 的质心.

下面证明质心 S 的定义与始点 O 的选取无关.事实上,将定义中的关系式写成形式

$$(\boldsymbol{p}_1 - \boldsymbol{s}) + (\boldsymbol{p}_2 - \boldsymbol{s}) + \cdots + (\boldsymbol{p}_n - \boldsymbol{s}) = \vec{0},$$

进一步,根据矢量的减法可写成形式

$$\overrightarrow{SP_1}+\overrightarrow{SP_2}+\cdots+\overrightarrow{SP_n}=\vec{0}. \tag{$*$}$$

此式说明点 S 的定义与始点 O 的选取无关.

现在我们来证明:若有限点集 Γ 具有对称中心 O,则 O 和 Γ 的质心 S 重合.事实上,只要注意到任何关于 O 对称的两个点 A 和 B 均有 $\overrightarrow{OA}+\overrightarrow{OB}=\vec{0}$,当把 Γ 的所有点分成关于对称中心 O 对称的点对时,便知 O 使得($*$)成立,因此 O 和质心 S 重合.

因为有限点集只有一个质心,上面的结论也说明一个有限点集至多有一个对称中心.

3. 完全图问题

题 5(1947 年) 证明:在任何 6 人中总存在 3 人彼此认识或 3 人彼此不认识.

解法提示 考虑从一点出发的 5 条线段两染色后,同色的三条线段的端点三角形便可.

点评 (a) 这个断言可用图论语言叙述为:设 G 是任意一个有 6 个顶点的图,则要么是图 G,要么是它的补图 $\overline{G}$ 包含一个完全子图 K_3.

(b) 这个结论也用图论语言可叙述为不太对称的形式:如果在 6 个顶点的图中,任何 3 个顶点之间有 2 个顶点有边相连,则它包含一个完全子图 K_3.

(c) 进一步,我们可提出较(b)更一般的问题:是否对每个正整数 k 都存在数 $n(k)$,使得在至少有 $n(k)$ 个顶点的图中,若任何三个顶点中有两个顶点有边相连,则这样的图包含一个完全子图 K_k? 如果这样的 $n(k)$ 存在,其最小的值是多少?

利用上面题 5 的结论,可对(c)中问题作一个初步的回答:$n(k)$ 的最小值不能小于 $3k-3$.先看下面的:

题 6(1952 年) 设 $n>1$,$n\in\mathbf{N}_+$,$X=\{1,2,\cdots,3n\}$.证明:若 A 是 X 的 $n+2$ 元子集,则存在 $a,b\in A$ 使得 $n<b-a<2n$.

证明 不妨设 A 中最大的数为 $3n$,否则作一平移变换使 A 中最大数变为 $3n$,而不影响问题的结论.

下分两种情况:

1) 若 $n+1$,$n+2$,$\cdots$,$2n-1$ 中的某一个属于 A,则 $3n$ 与这个数满足要求.

2) 若 A 不包含 $n+1$,$n+2$,$\cdots$,$2n-1$ 中的任何一个,这说明 A 中除 $3n$ 的另外 $n+1$ 个元来自

数对:

$$(1,2n),(2,2n+1),\cdots,(n,3n-1).$$

因上面的数对总共只有 n 对,所以由抽屉原理知 A 中必有两数来自同一个数对,从而这两个数满足要求. □

点评　由本题我们可推出如下的结论:

对任意正整数 $n \geqslant 2$,存在一个 $3n$ 个顶点的图使得其中任何 3 个顶点中有 2 个顶点有边相连,而且不包含完全子图 K_{n+2}.

事实上,我们可如此构造 $3n$ 个顶点且满足要求的图:沿着单位圆周彼此等距离放置 $3n$ 个点作为图的顶点,并用 1 到 $3n$ 的自然数来编号,而且每一个顶点和 n 个前面的顶点及 n 个后面的顶点用边连接. 这时,两个顶点之间没有连边当且仅当它们的编号之差大于 n 而小于 $2n$. 因此由本题的结论知,在这 $3n$ 个点中的任何 $n+2$ 个点中总可找到两个没有边相连的顶点. 另一方面,在任何三个顶点中总存在两个顶点有边相连,这是因为如果三个顶点的编号 $a < b < c$ 且 $c-a < 2n$,那么差 $b-a$ 和 $c-b$ 中总有一个小于 n. 这样就完成了上述结论的证明.

利用这个结论,我们可立得题 5 中问题 (c) 要求的 $n(k)$ 的最小值 $\geqslant 3k-3$.

4. 从匹配到哈密尔顿图

题 7(1964 年)　某工厂生产由六种不同颜色的纱织成的双色布. 在这个工厂所生产的双色布中,每一种颜色至少和三种其他的颜色搭配. 证明:可以挑出三种不同的双色布,它们含有所有六种颜色.

先把问题翻译成图论语言. 把每一种颜色和图的顶点相对应,连接一对顶点之间的边表示工厂所生产的布的花色. 这样本题可用图论语言叙述如下:

若 6 个顶点的简单图 G 的每一个顶点的度不小于 3,那么从图的边中可以挑选出三条端点都不相同的边.

这个结论还可更一般化,即有下面的定理:

定理 A　如果一个简单图 G 至少有 $2n$ 个顶点,且每一个顶点的度不小于 n,那么从图的边中可以挑选出 n 条端点互不相同的边.

证明　我们将图的边一个接一个地选出来,要求后面选出来的边和所有前面选出的边没有公共端点. 这样一直进行下去,直到再选不出这样的边为止. 假设我们能选出 k 条边. 如果 $k \geqslant n$,那么结论就证明了. 因此不妨设 $k < n$,且在选出了边 $P_1 P_2$, $P_3 P_4$, $\cdots$, $P_{2k-1} P_{2k}$ 之后,在其他的边中,每一条边

至少有一个端点和点 P_1, P_2, $\cdots$, P_{2k} 中的某一个重合. 这时顶点 P_{2k+1} 与 P_{2k+2} 均至少和 P_1, P_2, $\cdots$, P_{2k} 中的 n 个顶点相连 (这时必有 $2k \geqslant n$ 成立).

现在我们来证明断言:在被选出的边中有这样一条边,它的一个端点和顶点 P_{2k+1} 相连,而另一个端点和顶点 P_{2k+2} 相连. 事实上,由于选出的边只有 k 条,而从 P_{2k+1} 和 P_{2k+2} 发出的边总共不少于 $2n$ 条. 于是在这些 $2n$ 条以上的边中,至少有 3 条边的端点和同一条选出的边的端点重合,否则,从 P_{2k+1} 和 P_{2k+2} 发出的边不得多于 $2k < 2n$ 条,矛盾!于是,在所选取的边中有一条边,它的一个端点和 P_{2k+1} 相连,而另一个端点和 P_{2k+2} 相连.

再回转来证明定理就变得十分容易了. 这是因为若从被选出的边中去掉刚才说的这条边,而补充两条新的边:一条是所去掉的这条边的一个端点和 P_{2k+1} 连成的边,另一条是所去掉的这条边的另一个端点和 P_{2k+2} 连成的边,这时所选取的边的个数增加了 1,且只要所选取的边的个数不等于 n,我们就一直可以进行下去,直到定理的结论成立为止. □

一个图 G 的一个匹配是由其一组没有公共端点的边构成的集合. 定理 A 说明:若一个简单图的顶点数大于或等于 $2n$,且最小度大于或等于 n,则这个图有一个包含至少 n 条边的匹配.

现换一个角度来看本题中的问题. 若一个图存在包含每个顶点恰好一次的环路,则我们把它叫做哈密尔顿图. 本题上面的图论版本可等价叙述为:

具有 6 个顶点且每一个顶点的度不小于 3 的简单图是哈密尔顿图.

比这个断言更一般的是著名的狄拉克 (Dirac) 定理,可叙述如下:

定理 B 如果简单图 G 有 n 个 ($n \geqslant 3$) 顶点,且每一个顶点的度不小于 $\dfrac{n}{2}$,那么图 G 是哈密尔顿图.

下面介绍 Pósa (当时是一位中学生) 的巧妙证法. 他证明的是定理 B 的等价命题:

如果简单图 G 有 n 个 ($n \geqslant 3$) 顶点,并且不是哈密尔顿图,那么 G 存在一个顶点的度小于 $\dfrac{n}{2}$.

证明 设 G 不是哈密尔顿图,则 G 至少有两个顶点没有边相连 (因完全图是哈密尔顿图),我们把这两个顶点用边连起来. 如果这条边连接以后,所得的图仍不是哈密尔顿图,就照此重复做下去,因为 G 是一个有限图,这样我们经过有限步后,总可作出一个哈密尔顿图. 现在我们去掉最后所连的一条边,设这条边是 $P_1 P_n$. 并用 G_1 表示去掉这条边后的图.

注意到图 G_1 和原来的图 G 有同样多个顶点,而且从图 G 变到图 G_1 时,任何一个顶点的度没有减少. 因此,只要证明图 G_1 中可以找到一个度小于 $\dfrac{n}{2}$ 的顶点便可.

由图 G_1 的构造易知,在图 G_1 中存在一条从 P_1 到 P_n 的路径经过这个图的所有顶点而且每个顶点仅经过一次. 设 P_1, P_2, $\cdots$, P_n 是将 G_1 的顶点按在这条路径出现的先后顺序的一个排列, 因此图 G_1 包含边 $P_i P_{i+1}$, $i=1,2,\cdots,n-1$.

设顶点 P_1 的度为 k, 顶点 P_n 的度为 l. 我们用 P_{i_1}, P_{i_2}, $\cdots$, P_{i_k} 表示和顶点 P_1 有边相连的顶点, 其中 $i_1=2<i_2<\cdots<i_k\leqslant n-1$. 这时顶点 P_{i_j-1}, $j=2,3,\cdots,k$ 均不能和顶点 P_n 有边相连, 否则, 图 G_1 包含哈密尔顿环路

$$P_1 P_2 \cdots P_{i_j-1} P_n P_{n-1} \cdots P_{i_j} P_1,$$

矛盾! 故顶点 P_n 至少和顶点 P_1, P_2, $\cdots$, P_{n-1} 中的 k 个顶点没有边相连. 因此,

$$l \leqslant n-1-k,$$

亦即 $l+k \leqslant n-1$. 故 k 和 l 中至少有一个小于 $\dfrac{n}{2}$. □

经常有一些组合问题可转化为寻找匹配或哈密尔顿路的问题. 有兴趣者可研究 2014 年 CMO 的试题:

设集合 $X=\{1,2,\cdots,100\}$, 函数 $f:X\to X$ 同时满足:

(1) 对任意 $x\in X$, 都有 $f(x)\neq x$;

(2) 对 X 的任意一个 40 元子集 A, 都有 $A\bigcap f(A)\neq\varnothing$.

求最小的正整数 k, 使得对任意满足上述条件的函数 f, 都存在 X 的 k 元子集 B, 使得 $B\bigcup f(B)=X$.

5. 抽屉原理

题 8(1948 年) n 个给定的正整数中存在若干个数其和能被 n 整除.

这个现在常用的漂亮结果厄尔多斯(Erdös)把它归功于 Andrew Vazsonyi Marta Sved. 下面是他们当年写的证明(选自 Martin Aigner 等著的《数学天书中的证明》, 中译本, 高等教育出版社, 2011).

证明   置 $N=\{0,1,\cdots,n\}$ 及 $R=\{0,1,\cdots,n-1\}$. 考虑映射 $f:N\to R$, 其中 $f(m)$ 是 $a_1+\cdots+a_m$ 被 n 除的余数. 由 $|N|=n+1>n=|R|$, 由抽屉原理知一定存在两个和 $a_1+\cdots+a_k$, $a_1+\cdots+a_l (k<l)$ 有相同的余数. 以上第 1 个和可能是空的, 此时取为 0. 于是

$$\sum_{i=k+1}^{l} a_i = \sum_{i=1}^{l} a_i - \sum_{i=1}^{k} a_i$$

除 n 余数为 0. 故结论成立. □

题 9(1927 年)　设 a 是任意的正数，$A = \{a, 2a, \cdots, (n-1)a\}$，证明：存在 A 中的一个元使得它和与它最近的整数之差不超过 $\dfrac{1}{n}$.

证明　设 $\{x\} = x - \lfloor x \rfloor$，其中 $\lfloor x \rfloor$ 表示不超过 x 的最大整数，则 $\{x\} \in [0, 1)$. 现将区间 $[0, 1)$ 划分为 n 个子区间 $A_i = \left[\dfrac{i-1}{n}, \dfrac{i}{n} \right)$，$i = 1, 2, \cdots, n$.

若存在 $i \in \{1, 2, \cdots, n-1\}$ 使得 $\{ia\} \in A_1$ 或 $\{ia\} \in A_n$，这时 $ia \in A$ 满足要求.

下设所有 $\{a\}$，$\{2a\}$，$\cdots$，$\{(n-1)a\}$ 均不属于 A_1 和 A_n，则它们均属于集合 A_2，A_3，$\cdots$，A_{n-1}. 由抽屉原理知，其中必有两个，设为 $\{ka\}$，$\{ja\}$（$1 \leqslant k < j \leqslant n-1$），落在同一个 A_i 中，则

$$| \{ja\} - \{ka\} | \leqslant \frac{1}{n}.$$

注意到 $(j-k)a = m + \{ja\} - \{ka\}$，其中 m 是整数. 因此

$$| (j-k)a - m | \leqslant \frac{1}{n}.$$

又 $(j-k)a \in A$，故结论成立. □

点评　本题构造抽屉的方法是十分常用的. 如用类似的方法可解第 67 届普特南大学生数学竞赛中的如下试题：

对每个 n 元实数集 X，证明：存在 X 的一个非空子集 S 和一个整数 m 使得

$$\left| m + \sum_{s \in S} s \right| \leqslant \frac{1}{n+1}.$$

6. 费马数

题 10(1940 年)　设 m、n 是两个不同的正整数. 证明：

$$2^{2^m} + 1, \quad 2^{2^n} + 1$$

不可能有大于 1 的公因子.

点评　通常把 $F_k = 2^{2^{k-1}} + 1$ 称为费马数. 费马曾猜测 F_k 都是素数，并验证了当 $k = 0, 1, 2, 3, 4$ 时，它们确实是素数. 但欧拉证明了 F_5 是合数，从而否定了费马的猜测. 但当 $k > 5$ 时是否有素的费马数，还是数论中一个著名的未解决问题.

关于本题,我们陈述两个有趣的事实:

(1) 利用下面的恒等式(这也是同年 Kürschák 比赛中的试题):

$$\prod_{i=0}^{k-1}(1+x^{2^i}) = \sum_{i=0}^{2^k-1}x^i.$$

可给出本题的另一个证法. 事实上,在恒等式中令 $x=2$ 且两边同时加 2 可得

$$F_1F_2\cdots F_k + 2 = F_{k+1}.$$

因此当 $j \leqslant k$ 时,数 F_j 和 F_{k+1} 的最大公约数应该是 2 的约数,但 F_j 和 F_{k+1} 都是奇数,所以它们的最大公约数只能等于 1. 证毕.

(2) 我们可利用本题的结论来证明:在自然数中存在无穷多个素数. 事实上,任何两个具有不同下标的费马数没有公因子,因此它们的标准分解式含有不同的素数. 这说明后面的费马数的素因子都是不同的,因此素数有无穷多个. 证毕.

7. 圆上的近整点

题 11(1973 年) 设 $\delta(r)$ 表示圆心在原点、半径为 r 的圆与距离它最近的整点的距离. 证明:当 $r \to \infty$ 时,$\delta(r) \to 0$.

先解释一下平面上点到圆的距离的定义:通过给定点和圆心的直线与圆有两个交点,则给定点与其中最近交点的距离叫做该点到圆的距离. 此外,用 $O(r)$ 表示圆心在原点、半径为 r 的圆.

证明 我们只须证明:对任意正数 ε,存在一个正数 R,使得对任意 $r > R$,都有 $\delta(r) < \varepsilon$.

现从和 y 轴平行的直线中选取那样的直线,它和圆 $O(r)$ 有公共点,且和 y 轴的距离取最大的整数. 如果 u 是这条直线和 y 轴之间的距离,则

$$u \leqslant r < u+1,$$

其中 u 是整数.

因此这条直线和圆 $O(r)$ 的交点位于以两个整点 (u, v) 和 $(u, v+1)$ 为端点的线段上,且满足不等式:

$$u^2 + v^2 \leqslant r^2 < u^2 + (v+1)^2,$$

其中 v 是整数.

现考虑圆外的整点 $A = (u, v+1)$,则

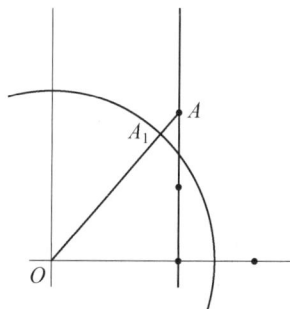

图 2

$$\delta(r) \leqslant OA - r = \sqrt{u^2 + (v+1)^2} - r$$

$$= \frac{2v + 1 - (r^2 - u^2 - v^2)}{\sqrt{u^2 + (v+1)^2} + r} < \frac{2v+1}{2r}.$$

注意到
$$v \leqslant \sqrt{r^2 - u^2} = \sqrt{(r-u)(r+u)} < \sqrt{1 \cdot (r+r)} = \sqrt{2r}.$$

因此,如果 $r > 1$,则

$$\delta(r) < \frac{2\sqrt{2r}+1}{2r} < \frac{2}{\sqrt{r}}.$$

这样,只要取 $R = \max\left\{\dfrac{4}{\varepsilon^2}, 1\right\}$,则当 $r > R$ 时便有 $\delta(r) < \varepsilon$. □

点评 本题的一个有趣的直观的几何描述是:一个半径充分大的圆上(几乎)存在整点. 此外,由本题可推出下面数论结果:

对任意正整数 n,存在区间 $[n, n+\sqrt{8}\sqrt[4]{n}]$ 上的整数,它可以表示成两个整数的平方和.

事实上,仿照本题上面的证法,取圆的半径 r 等于 $\sqrt{n}$(即取 $r^2 = n$). 设 $m = u^2 + (v+1)^2$ 是与 n 最接近的可表示成两个整数的平方和形式的整数,则

$$m - n = u^2 + (v+1)^2 - r^2 < 2v + 1,$$

又因 $m - n$ 是整数,所以

$$m - n \leqslant 2v < 2\sqrt{2r} = \sqrt{8}\sqrt[4]{n}.$$

故在 n 和 $n + \sqrt{8}\sqrt[4]{n}$ 之间总包含满足要求的整数. 证毕.

8. 差集

题 12(1966 年) 设 A 是一个整数集,其中既包含正整数,也包含有负整数,且对任意 $a, b \in A$,有 $2a \in A$ 和 $a + b \in A$. 证明:$A - A \subseteq A$.

这是一个小巧而有趣的组合问题.

证明 先注意到一个简单的事实:若 $c \in A$,则对任意正整数 n 有 nc 属于 A. 事实上,注意到 $2c \in A$ 及 $(n+1)c = nc + c$,对 n 用归纳法便知结论成立.

设 a 是集合 A 中的最小正整数,b 是 A 中绝对值最小的负整数,则 $a + b \in A$ 且 $b < a + b < a$. 但 A 中不可能含有小于 a 的正数和大于 b 的负数. 因此,$a + b = 0$. 亦即有 $b = -a$. 又由上述已证结论

知对所有的正整数 n、na、nb 均属于 A,故对任意整数 m、ma 均属于 A.

下面我们进一步证明:除了 a 的整数倍以外,A 不包含其他元素.若不然,设 $x \in A$,且 $qa < x < (q+1)a$,其中 q 是整数.又 x 可写成下面的形式

$$x = qa + r(0 < r < a).$$

因此

$$r = x + (-q)a \in A.$$

这与 a 的最小性矛盾!

综合上面的结论知 $A = \{ma \mid m \in \mathbf{Z}\}$,故 $A - A \subseteq A$. □

9. 平行四边形的特征

题 13(1967 年) 证明:若凸四边形 $ABCD$ 的任意一个顶点到不通过它的两边的距离之和均相等,则 $ABCD$ 是平行四边形.

下面介绍一个简洁的利用向量的做法.

证明 显然,条件"任意一个顶点到不通过它的两边的距离之和均相等"换为"任意一个顶点到四边的距离之和均相等",问题是完全等价的.

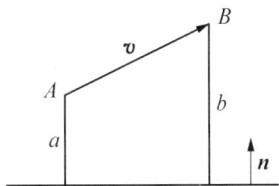

图 3

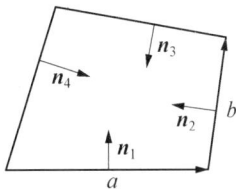

图 4

设 n 是一条直线 l 的单位法矢量,方向指向以 l 为边界的半平面(如图 3),A 和 B 是属于半平面的点,a 和 b 分别是点 A 和 B 到直线 l 的距离,则 $b-a$ 可表示成数量积

$$b - a = \boldsymbol{v} \cdot \boldsymbol{n}. \tag{$*$}$$

设 $\boldsymbol{n}_1$、$\boldsymbol{n}_2$、$\boldsymbol{n}_3$、$\boldsymbol{n}_4$ 是四边形 $ABCD$ 各边的单位法矢量(所有的法矢量指向四边形内部),如图 4,而 $\boldsymbol{a}$ 和 $\boldsymbol{b}$ 是四边形的两个相邻的边矢量.由条件知,矢量 $\boldsymbol{a}$ 的始点与终点到四边形各边的距离之差的和等于 0.应用($*$),这可写成下面的形式

$$a \cdot n_1 + a \cdot n_2 + a \cdot n_3 + a \cdot n_4 = 0,$$

亦即

$$a \cdot (n_1 + n_2 + n_3 + n_4) = 0.$$

同理

$$b \cdot (n_1 + n_2 + n_3 + n_4) = 0.$$

这说明矢量 $n_1 + n_2 + n_3 + n_4$ 和两个不平行的矢量 a 和 b 都垂直,因此

$$n_1 + n_2 + n_3 + n_4 = 0.$$

　　这意味着把矢量 n_1、n_2、n_3、n_4 平移到首尾相接时,我们得到了一个封闭的四边形.因为它的所有边的长都等于 1,因此所得到的四边形是菱形,于是它的对边平行.再注意到四边形 $ABCD$ 的边和矢量 n_1、n_2、n_3、n_4 对应垂直,所以也是一个平行四边形. □

　　点评　可以证明,本题中的凸性要求是多余的,因为对于非凸的四边形,题中的条件是不可能实现的.事实上,假设四边形 $ABCD$ 其顶角 $\angle C$ 大于平角.过点 C 作一直线和 $\angle DAB$ 的平分线垂直.由于四边形 $ABCD$ 在顶点 C 处是非凸的,所以这条直线至少将四边形的一个顶点(例如顶点 B,如图 5)和顶点 A 分离开来.

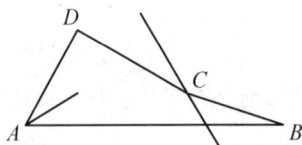

图 5

　　这时

$$(C, \angle DAB) < (B, \angle DAB), \qquad\qquad (**)$$

其中 $(C, \angle DAB)$ 表示 C 到 $\angle DAB$ 的两边的距离之和.又注意到 $(**)$ 的右边等于 B 到边 AD 的距离,它小于点 B 到边 AD、CD 的距离,故顶点 B、C 不满足条件.

　　本题一个有趣的等价描述是 2003 年西部数学奥林匹克的试题:证明:若凸四边形 $ABCD$ 内任意一点 P 到四条边 AB、BC、CD、DA 的距离之和为定值,则 $ABCD$ 是平行四边形.

10. 覆盖

　　题 14(1947 年)　问一个半径为 r 的大圆盘最少要用多少个半径为 $\dfrac{r}{2}$ 的小圆盘才能将其盖住?

　　解　答案是 7 个.如图 6,将 7 个小圆盘作如下分布:把 6 个小圆盘的圆心和大圆盘的内接正六边形的边的中点重合,第 7 个小圆盘的圆心和大圆盘的圆心重合.

下面证明这样放置的 7 个小圆盘确实盖住了大圆盘. 事实上,设 AB 是大圆的内接正六边形的一条边,C 是它的中点. 显然,只需研究大圆的一部分,即在 $\angle BOC$ 内且在以 O 为圆心,$\dfrac{r}{2}$ 为半径的圆外的那一部分.

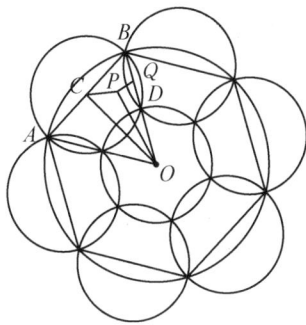

图 6

这样,我们需要证明:如果点 P 在 $\angle BOC$ 内或边界上,且 $\dfrac{r}{2} < OP \leqslant r$,那么 $CP \leqslant \dfrac{r}{2}$. 现在半径 OB 上取线段 $OQ = OP$,这时点 Q 落在线段 BD 上,其中 D 是半径 OB 的中点. 现考察 $\triangle COP$ 和 $\triangle COQ$,它们的两组边对应相等,且它们的夹角满足:$\angle COP \leqslant \angle COQ$,所以 $CP \leqslant CQ$. 这样,只要证明:$CQ \leqslant \dfrac{r}{2}$ 就行了. 而注意到 $\triangle BCD$ 是边长等于 $\dfrac{r}{2}$ 的等边三角形,便知要证的不等式显然成立.

当然还需证明用少于 7 个小圆盘,不能盖住大圆. 这只要注意到半径为 $\dfrac{r}{2}$ 的小圆中两点之间的最大距离为 r,而大圆弧长为圆周长 $\dfrac{1}{6}$ 的两点之间的直线距离正好等于 r,所以一个小圆只能盖住大圆周不超过整个圆周长的 $\dfrac{1}{6}$ 的一部分. 因此,为了盖住大圆的圆周,至少必须用 6 个小圆. 但这 6 个小圆不能盖住大圆的圆心,因若某个小圆盖住了圆心,那么这个小圆最多和大圆的圆周有一个公共点. 这说明用 6 个小圆是不能盖住大圆的. □

题 15(1974 年)　给定边长为 $1,\dfrac{1}{2},\dfrac{1}{3},\cdots,\dfrac{1}{n},\cdots$ 的正方形的无穷序列. 证明:存在这样一个正方形,可以把序列中所有的正方形互不重叠地放在它的内部,并求能将序列中所有正方形容纳下的最小正方形的边长.

解　先叙述一个引理:

引理　包含给定正方形的所有直角三角形中,以直角顶点和正方形的一个顶点重合,且斜边上的中线与正方形的对角线重合的直角三角形的面积最小,最小值等于给定正方形面积的两倍.

该引理可用几何方法直接证明,也可看作一个著名结论:"任何三角形的内含平行四边形的面积不超过该三角形面积的一半"的推论(注意它的反问题:"任何平行四边形的内含三角形的面积不超过该平行四边形面积的一半",也是一个经典结论,且是 Kürschák 竞赛 1918 年的试题).

回到原题. 我们将证明步骤分成两步:

(a) 证明边长为 $1, \dfrac{1}{2}, \dfrac{1}{3}, \cdots, \dfrac{1}{n}, \cdots$ 的所有正方形可以互不重叠地放在边长为 $\dfrac{3}{2}$ 的正方形内；

(b) 不能把边长为 1 和 $\dfrac{1}{2}$ 的正方形互不重叠放进边长比 $\dfrac{3}{2}$ 更小的正方形内.

先证(a)：在边长为 1 的正方形的旁边放边长为 $\dfrac{1}{2}$ 的正方形，在它们所构成的角落上放边长为 $\dfrac{1}{3}$ 的正方形（如图 7）.

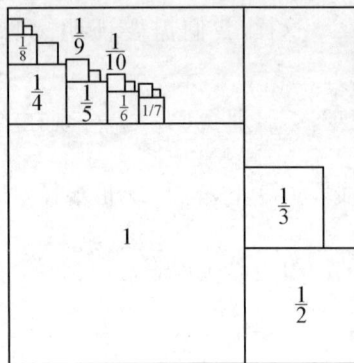

因为

$$\frac{1}{4} + \frac{1}{5} + \frac{1}{6} + \frac{1}{7} < 1,$$

我们能在单位正方形上面放边长为 $\dfrac{1}{4}$、$\dfrac{1}{5}$、$\dfrac{1}{6}$、$\dfrac{1}{7}$ 的正方形. 又因

$$\frac{1}{2k} + \frac{1}{2k+1} < \frac{1}{k},$$

我们能在边长为 $\dfrac{1}{k}(k=4,5,6,7)$ 的正方形上面并排放边长为 $\dfrac{1}{2k}$ 和 $\dfrac{1}{2k+1}$ 的正方形. 因而放好了边长为 $\dfrac{1}{8}, \cdots, \dfrac{1}{15}$ 的正方形. 如此下去，下一排放的是边长为 $\dfrac{1}{16}, \cdots, \dfrac{1}{31}$ 的正方形，等等.

注意到

$$\frac{1}{k} + \frac{1}{2k} + \frac{1}{4k} + \cdots = \frac{2}{k} < \frac{1}{2},$$

故放在单位正方形上面的正方形的"高"之和不超过 $\dfrac{1}{2}$.

故以给定的无穷序列为边长的所有正方形可以互不重叠地放在边长为 $\dfrac{3}{2}$ 的正方形内.

再证(b)：设把边长为 1 的正方形 N_1 和边长为 $\dfrac{1}{2}$ 的正方形 N_2 放在某一个正方形 N 内使 N_1 和 N_2 没有公共内点. 这时存在一直线 e 分离 N_1 和 N_2. 下分两种情况：

1) 若直线 e 平行于正方形 N 的一条边（如图 8），这时易见 N 不小于 N_1 和 N_2 的边长之和，结论成立.

2) 若直线 e 不平行于正方形 N 的边，即和 N 的边或它的延长线相交. 这时从 N 的两个顶点 C_1 和 C_2 沿着 N 的边发出的射线和 e 交成两个直角三角形 H_1 和 H_2（如图 9），它们分别包含了正方形

N_1 和 N_2. 现在应用引理知正方形 N_1 和 N_2 的对角线均与分别包含它们的最小直角三角形 H_1 和 H_2 的斜边上的中线重合,其和等于正方形 N 的对角线 C_1C_2,这说明要包含 N_1 和 N_2,正方形 N 的对角线的长至少要等于 N_1 和 N_2 的对角线长之和,从而它的边长至少也要等于 N_1 和 N_2 的边长之和,因此结论成立.

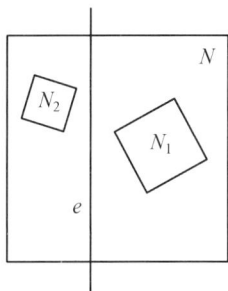
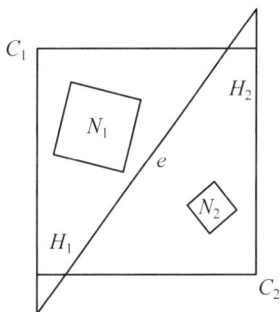

图 8 图 9

由 (a) 和 (b) 立得满足要求的最小正方形的边长等于 $\dfrac{3}{2}$. □

11. 多项式不等式

题 16(1974 年)   证明:对所有的整数 $k \geqslant 1$ 和实数 x,有不等式

$$P_{2k}(x)=1-x+\frac{x^2}{2!}-\frac{x^3}{3!}+\frac{x^4}{4!}+\cdots+\frac{x^{2k}}{(2k)!}>0.$$

证法 1   注意到一个明显的事实:当 $x \leqslant 0$ 时,$P_{2k}(x) \geqslant 0$. 因此我们仅需证明:当 $x \geqslant 0$ 时,也有 $P_{2k}(x) \geqslant 0$. 这样,我们可转而证明:

$$P_{2k}(x)P_{2k}(-x)>0, \ \forall x \in \mathbf{R}.$$

下面计算乘积 $P_{2k}(x)P_{2k}(-x)$ 中 x^j 的系数,分两种情况:

1) 当 $1 \leqslant j \leqslant 2k$ 时,x^j 的系数等于

$$1 \cdot \frac{1}{j!}-1 \cdot \frac{1}{(j-1)!}+\frac{1}{2!} \cdot \frac{1}{(j-2)!}+\cdots+(-1)^j \frac{1}{j!} \cdot 1=\frac{1}{j!}\sum_{i=0}^{j}(-1)^i C_j^i=0;$$

2) 当 $2k+1 \leqslant j \leqslant 4k$ 时,x^j 的系数等于

$$(-1)^{j-2k}\frac{1}{(j-2k)!}\cdot\frac{1}{(2k)!}+(-1)^{j-2k+1}\frac{1}{(j-2k+1)!}\cdot\frac{1}{(2k-1)!}$$

$$+\cdots+(-1)^{2k}\frac{1}{(2k)!}\cdot\frac{1}{(j-2k)!}$$

$$=\frac{1}{j!}\sum_{i=j-2k}^{2k}(-1)^i C_j^i.$$

注意到上面组合和式中与两端等远的项其绝对值相等. 因此,又有两种情况:

a) 当 j 是区间 $[2k+1,\,4k]$ 上的奇数时,

$$\sum_{i=j-2k}^{2k}(-1)^i C_j^i=0.$$

这时 x^j 的系数等于 0.

b) 当 j 是区间 $[2k+1,\,4k]$ 上的偶数时,注意到下面两个常用的组合恒等式:

$$\sum_{i=0}^{j}(-1)^i C_j^i=0,$$

$$\sum_{i=0}^{m}(-1)^i C_j^i=(-1)^m C_{j-1}^m,$$

我们有

$$\sum_{i=j-2k}^{2k}(-1)^i C_j^i=\sum_{i=0}^{j}(-1)^i C_j^i-2\sum_{i=0}^{j-2k-1}(-1)^i C_j^i=2C_{j-1}^{j-2k-1}.$$

这时 x^j 的系数等于

$$2\frac{1}{j!}\cdot C_{j-1}^{j-2k-1}=\frac{2}{j}\cdot\frac{1}{(2k)!\,(j-2k-1)!}.$$

综上,我们有

$$P_{2k}(x)P_{2k}(-x)=1+\frac{x^{2k+2}}{(2k)!\,(k+1)}+\frac{x^{2k+4}}{(2k)!\,3!\,(k+2)}+\cdots+\frac{x^{4k}}{(2k)!^2}>0.$$

$\square$

证法 2 因 $x<0$ 时结论显然成立,我们仅须考虑 $x\geqslant 0$ 的情况.

1) 当 $x\geqslant 2k$ 时,P_{2k} 的项可以组合重写为

$$P_{2k}(x)=1+\sum_{i=1}^{k}\frac{x^{2i-1}}{(2i)!}(x-2i)\geqslant 1.$$

2) 当 $0\leqslant x\leqslant 2k$ 时,则 P_{2k} 是闭区间 $[0,\,2k]$ 上的连续函数,从而在该区间上必有最小值. 若在区

间端点 0 或 $2k$ 处取到最小值,结论显然成立. 下考虑 P_{2k} 在区间 $[0, 2k]$ 的某一个内点 x_0 处取得最小值,这时在点 x_0 的某个邻域中的任何异于 x_0 的 x 有 $P_{2k}(x) > P_{2k}(x_0)$,从而 $P'_{2k}(x_0) = 0$,即

$$0 = P'_{2k}(x_0) = \sum_{i=1}^{2k} (-1)^i \frac{x_0^{i-1}}{(i-1)!} = \frac{x_0^{2k}}{(2k)!} - P_{2k}(x_0),$$

因此

$$P_{2k}(x_0) = \frac{x_0^{2k}}{(2k)!} > 0.$$

这说明 $P_{2k}(x)$ 在 $[0, 2k]$ 上的最小值大于 0,故 $P_{2k}(x)$ 在 $[0, 2k]$ 上恒大于 0. □

点评　本题是一个有较高难度的分析不等式. 上面证法 1 的巧妙之处在于将问题转化为研究 $P_{2k}(x)$ 和 $P_{2k}(-x)$ 的"耦"$P_{2k}(x)P_{2k}(-x)$ 的非负性. 而证法 2 的妙处在于发现了 $P'_{2k}(x_0)$ 和 $P_{2k}(x_0)$ 的关系

$$P'_{2k}(x_0) = \frac{x_0^{2k}}{(2k)!} - P_{2k}(x_0),$$

居然把最小值求出来了!

12. 中线不等式问题——一个研究范例

题 17(1963 年)　证明:如果三角形不是钝角三角形,那么它的中线和不小于外接圆半径的四倍.

证明　如果 $\triangle ABC$ 不是钝角三角形,那么它的外心 O 属于 $\triangle SAB$、$\triangle SBC$、$\triangle SCA$ 中的一个,其中 S 是 $\triangle ABC$ 的重心. 不妨设 O 属于 $\triangle SAB$. 如图 10 所示.

因为 $\triangle SAB$ 包含 $\triangle OAB$,所以

$$SA + SB \geqslant OA + OB,$$

而且等号仅当点 O 和点 S 重合时成立. 亦即

$$m_a + m_b \geqslant 3R. \tag{1}$$

图 10

此外,如果点 O 和点 C_1 重合,则有 $CO = CC_1$. 否则作线段 OC_1 的中垂线 e,则 e 分离 AB 和顶点 C. 因此

$$m_c = CC_1 \geqslant CO = R, \tag{2}$$

而且等号仅当点 O 和点 C_1 重合时成立.

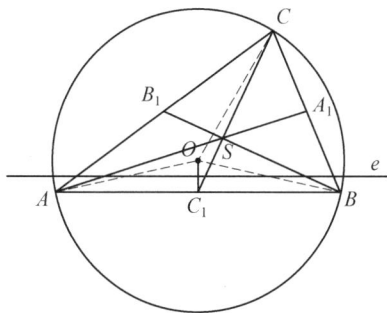

将(1)式和(2)式相加得

$$m_a + m_b + m_c \geqslant 4R. \tag{3}$$

但上面等号是不可能取到的,因为外心不可能同时和两个不同的点 S 以及 C_1 都重合,所以(3)式为严格不等式.　□

本题可从下面不同的角度进行研究:

(1) 条件是否必要,即非钝角三角形的条件是否可以去掉?

(2) 不等式的最优性讨论,即系数 4 是最优的吗?

(3) 反向不等式研究,即是否可用三角形的外径和给出其中线和的上界估计?

(4) 此结果是否可推广到空间中去?

下面逐一回答这些问题:

(1) 非钝角三角形的条件不能去掉.

下面说明存在钝角三角形 $\triangle ABC$ 使得

$$m_a + m_b + m_c < 4R.$$

对任给的钝角 $\angle ABC > 90°$,取定 A 点并记 $AB = c$. 如图 11,假设 O_1 是过 AB 的中点 C_1 且与 AB 垂直的直线和过点 B 且与 BC 垂直的直线的交点.

在 BC 上选取一点 C,使线段 $BC = a$ 满足不等式

$$a + c < 2 \cdot BO_1, \tag{1.1}$$

这样我们就构造出了一个钝角三角形 $\triangle ABC$. 设 R 是这个三角形的外接圆半径,O 为其外心,则

$$R = BO > A_1O > BO_1, \tag{1.2}$$

其中 A_1 为 BC 的中点. 上面不等式的最后一个不等式用了 $\angle ABC$ 为钝角的条件. 又注意到在 $\triangle ABA_1$、$\triangle BC_1B_1$、$\triangle CBC_1$ 中分别有

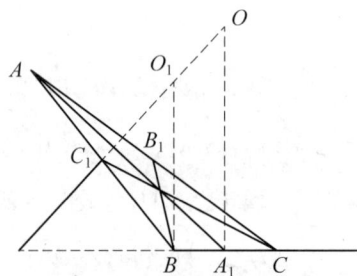

图 11

$$m_a < \frac{a}{2} + c, \quad m_b < \frac{a}{2} + \frac{c}{2}, \quad m_c < a + \frac{c}{2},$$

将它们相加并利用(1.1)式和(1.2)式可得

$$m_a + m_b + m_c < 2(a + c) < 4BO_1 < 4R.$$

□

（2）4 是使得这个不等式成立的最优常数.

如图 12，设 $2d$ 是一个等腰 $\triangle ABC$ 的底边 AB 的长，h 是底边上的高. 并设 AA_1 是 $\triangle ABC$ 的中线，D 是由 A_1 向 AB 所作垂线的垂足. 在 $\triangle AA_1D$ 中易知

$$m_a = m_b < \frac{h}{2} + \frac{3}{2}d.$$

又注意到 $m_c = h$，因此

$$m_a + m_b + m_c < 2h + 3d. \tag{2.1}$$

又在 $\triangle ABC$ 中显然有

$$2R > h. \tag{2.2}$$

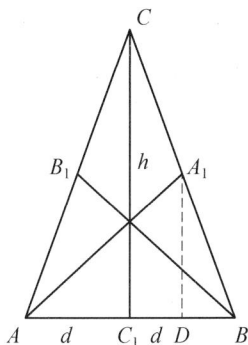

图 12

这样由（2.1）式和（2.2）式可得

$$m_a + m_b + m_c < \left(4 + 6\frac{d}{h}\right)R. \tag{2.3}$$

假设 $\lambda = 4 + \varepsilon$（其中 ε 是大于 0 的某个整数），将高 h 固定，并选取 d 使得

$$d < \min\left\{h, \frac{\varepsilon h}{6}\right\},$$

这时 $\triangle ABC$ 仍为锐角三角形且有

$$4 + 6\frac{d}{h} < \lambda. \tag{2.4}$$

这时由（2.3）式和（2.4）式知

$$m_a + m_b + m_c < \lambda R.$$

这说明比 4 大的常数 λ，总可以找到一个锐角三角形，原结论不再成立，因此 4 是最优的常数.　□

（3）对任意 $\triangle ABC$ 有上界估计：

$$m_a + m_b + m_c \leqslant 4.5R.$$

事实上，设 P 是 $\triangle ABC$ 的平面上的任意一点，S、O 分别是 $\triangle ABC$ 的重心和外心.

并记 $a(P) = \dfrac{PA + PB + PC}{3}$，$q(P) = \sqrt{\dfrac{PA^2 + PB^2 + PC^2}{3}}$，则 $a(P) \leqslant q(P)$.

现引进向量

$$\overrightarrow{SA} = a, \quad \overrightarrow{SB} = b, \quad \overrightarrow{SC} = c, \quad \overrightarrow{SP} = p,$$

注意到 $a + b + c = 0$，则

$$3q^2(S) = a^2 + b^2 + c^2,$$

$$q^2(P) = \frac{1}{3}\left[(a-p)^2 + (b-p)^2 + (c-p)^2\right]$$

$$= \frac{1}{3}(a^2 + b^2 + c^2) - \frac{2}{3}p(a+b+c) + p^2$$

$$= q^2(S) + p^2 \geqslant q^2(S).$$

因此有

$$m_a + m_b + m_c = \frac{9}{2}a(S) \leqslant \frac{9}{2}q(S) \leqslant \frac{9}{2}q(O) = \frac{9}{2}R.$$

□

（4）包含外心的四面体的中线之和大于其外接球半径的 4 倍，且系数 4 是最优的.

这里我们不加证明地叙述结果.

上面几何不等式的研究是初等数学研究的一个范例，值得我们仔细体会.

贺嘉帆的组合妙解

吴　苗

（湖南省雅礼中学，410007）

贺嘉帆是我的师兄，他在 2015 年 IMO 比赛中获得了金牌. 在与他一起学习数学竞赛的时候，我被他惊人的组合天赋深深折服. 他的很多组合题的解法和参考答案不一样，既简洁又新奇，更加接近问题的本质. 本短文介绍他关于两个组合问题的妙解.

问题 1　证明或否定：存在各个顶点度数均为 2015 的简单图 G，满足：对于任意的去掉 G 若干条边（至少一条，但不能全部去掉）形成的生成子图，其顶点度数不全相等.

（2015 中国国家队培训　何忆捷　供题）

证明　答案是肯定的. 首先注意到如下引理.

引理　若简单图 G 各顶点度数均为偶数，则 G 的边一定能划分为若干个不交圈.

我们来证明这一引理. 先证明 G 中有圈 C.

设 G 中度数大于 0 的顶点为 V_1，V_2，$\cdots$，V_m，则 $d(V_i) \geqslant 2$. 从 V_1 出发，构造下面的链：

$$V_1 \rightarrow V_{a_2} \rightarrow V_{a_3} \rightarrow \cdots,$$

这里 $V_{a_{i+1}}$ 是与 V_{a_i} 相邻且与 $V_{a_{i-1}}$ 不同的顶点. 由 $d(V_i) \geqslant 2$，这可以做到.

由于顶点数是有限的，故必存在 $a_i = a_j$. 由于 $V_{a_{i+2}} \neq V_{a_{i+1}} \neq V_{a_i}$，故 V_{a_i}，$V_{a_{i+1}}$，$\cdots$，V_{a_j} 中至少有 3 个顶点. 因此 $V_{a_i} \rightarrow V_{a_{i+1}} \rightarrow \cdots \rightarrow V_{a_j}$ 构成圈 C.

考虑 G 去掉 C 后形成的图 G'. 注意到 G 去掉 C 后顶点度数减去 2 或者不变，因此 G' 的顶点度数均为偶数. 故而从 G' 中继续去掉一个圈，重复上述操作，直至无边可去.

此时去掉的所有圈两两不交，且它们的并为 G 的边集. 引理得证.

回到原题. 由引理知，如果 G 的生成子图顶点度数均为偶数，那么它由若干个圈组成. 特别地，过它的每个顶点都有圈. 所以如果图 G 过某个顶点没有圈，那么它就没有顶点度数均为相等的偶数的生成子图. 同样，G 也没有顶点度数均为相等的奇数的生成子图，否则考虑关于 G 的补图，它是一个顶点度数均为相等的偶数的图,矛盾.

所以我们只需构造一个顶点度数均为 2015,且过其中一个顶点没有圈的图.为此我们构造一个其中一个顶点度数为 2014,其余顶点度数均为 2015 的图 T,然后 G 取成这样的图:取 2015 个 T,然后再取 T 外的一个顶点 V,连接这 2015 个 T 中那个度为 2014 的顶点即可.显然图 G 没有过 V 的圈.

这样的图 T 是容易构造的:考虑一个完全图 K_{2017},并将其顶点记为 V_1,V_2,$\cdots$,V_{2017},然后我们从这个图中去掉连接顶点 V_i 和 V_{i+1} 的边($i=1, 3, 5, \cdots, 2017$,$V_{2018}=V_1$).所得图记为 T,则图 T 中 V_1 的度数是 2014,其余顶点的度数是 2015,满足要求.这就证完了. □

问题 2 在 99×99 的国际象棋盘内的每一个方格都有一只甲虫.在某一时刻,甲虫都飞了起来,并且又重新落回棋盘上的方格中;于是同一个方格有可能落入好几只甲虫.已知对于任意两只原来处于相邻方格中的甲虫,在起飞后仍然落在相邻的方格中或落在同一个方格(称具有公共顶点或公共边的方格为相邻的).证明:必有一只甲虫落回原来的方格中或落入与原来相邻的方格中.

(第 10 届全苏联数学奥林匹克)

问题 2 也不是一个容易的问题:甲虫之间的运动是难以刻画的,并且条件十分难以运用.贺嘉帆给出的下列解法,巧妙地运用了条件,顺利解决了问题.

证明 考虑方格表中一只甲虫和其落下的位置.将初始位置放入一个白王,落下的位置放入一个黑王.王的行动按国际象棋里王的行动方式,即王每一步可以横着、竖着或斜着走一格,且王可以不动.

我们考虑白王抓黑王,白王先走,黑王后走.黑王每步就往白王新到的格子中原来那只甲虫飞向的格子走,因为相邻的甲虫落在相邻的方格或同一个方格内,故黑王的操作可以做到.我们如果能设计一个方案,使得某一步黑王行动后与白王相邻或在同一个方格,则此时取出白王所在方格的甲虫就满足条件.

白王每一步按如下操作:不妨设白王在黑王上方,白王每步就往正下方走.那么,由于黑王不可能一直往下,必然存在某个时刻黑王要往上或在竖直方向不动.于是白王与黑王竖向距离在减小.这样操作若干次后,必然会存在一次操作,使得白王在竖直方向上与黑王距离至多为 1.

接下来,假设白王在黑王右方.每一步操作白王往左方向走,同时保持白王行动后与黑王在同一条水平线上.由于白王与黑王竖直方向距离至多为 1,则上述白王操作可行.那么同之前的讨论,黑王与白王水平方向的距离也在减少.故必在某次黑王操作后,白王在横向上与黑王距离至多为 1.由于此时竖向距离也至多为 1,因而此时黑王与白王相邻或位于同一方格内.此时白王所在格子中的甲虫即符合题意要求. □

问题 2 的证明十分巧妙,定义的白王与黑王令人叹为观止.

注 本短文在作者投稿后,由上海大学博士施柯杰与南京外国语学校丁力煌同学和杭州二中蔡天乐同学共同讨论审核,并对原稿加以修改校对.

几道国家集训队平面几何题的命题经历

何忆捷　林天齐

（华东师范大学，200241）

我们先来看几组有趣的图片：

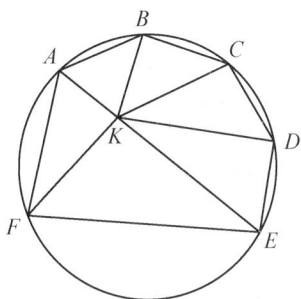

图 1：海螺

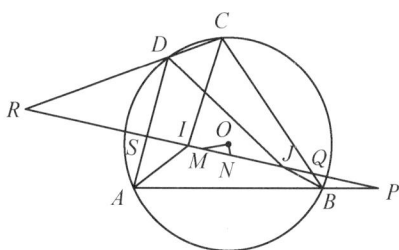

图 2：鲨鱼

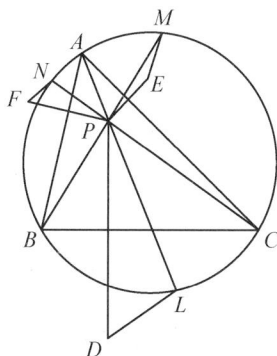

图 3：风车

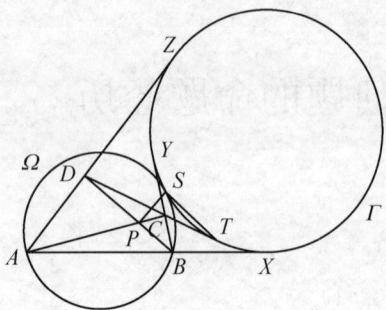

图 4：蜗牛

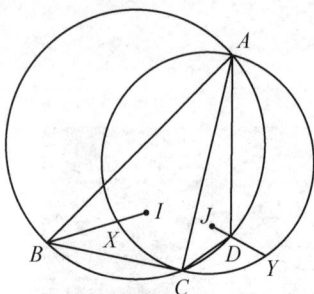

图 5：帆船

以上每组图片中,左侧的图正是 2016 年中国国家集训队测试题的图形(见文献[1, 2]).有意思的是,在集训队前期准备与命题讨论中,我们发现这些图形似乎均有生动的实物特征,便给它们取了"海螺"、"风车"等代号,以方便讨论.实际上,除了"鲨鱼"这一代号是事后补上的,其余代号已为本届集训队教练组所熟知.

这 5 道题中,"海螺"、"鲨鱼"、"蜗牛"、"帆船"是本文两位作者的创作与讨论成果.下面依次介绍这 4 道题的由来.

1. "海螺"的来历

创作本题的原始想法是:在 $\triangle ABC$ 的边 BC 上取一点 D,外接圆弧 $\overset{\frown}{BC}$ 上取点 E、F,使得 $\triangle DEF$ 与 $\triangle ABC$ 具有位似关系,考虑此时点 D 的性质.

笔者试图用 $\triangle ABC$ 的基本量来表示 $\dfrac{BD}{DC}$,以刻画点 D 的位置,但发现结果十分复杂.这时突然想尝试一下,如果在 $\overset{\frown}{AB}$、$\overset{\frown}{AC}$ 所在弓形内,按类似方式取出两个与 $\triangle ABC$ 位似的三角形,并设它们在边 AB、AC 上的顶

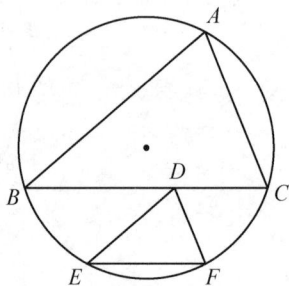

图 1 - 1

点分别是 X、Y，那么 AD、BY、CX 三线是否共点？换言之，$\dfrac{BD}{DC}$、$\dfrac{CY}{YA}$、$\dfrac{AX}{XB}$ 这三个复杂式子的乘积有没有可能恰好可约分？

笔者试图通过几何画板作近似图（鉴于 D、X、Y 的刻画比较麻烦）来排除这种可能性，但反而越来越觉得像共点，便将精度调细，尺寸调大，并使三边长度两两相差较大，几经拖动观察后，确信结论并不正确（图 1-2 是笔者的实验数据）.

$\overline{BC}$ 的斜率 $=-0.000\,09$
$\overline{i}$ 的斜率 $=-0.000\,09$
$\overline{BA}$ 的斜率 $=0.465\,91$
$\overline{TU}$ 的斜率 $=0.465\,88$
$\overline{AC}$ 的斜率 $=-1.074\,78$
$\overline{VW}$ 的斜率 $=-1.074\,72$

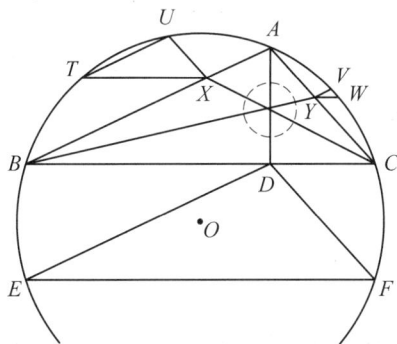

图 1-2

于是笔者另起炉灶. 鉴于 $\triangle ABC$ 与 $\triangle DEF$ 位似，如果再反向延长 DF、DE，与 $\triangle ABC$ 的外接圆分别交于点 P、Q，那么就有 $\overparen{AP}=\overparen{CF}=\overparen{BE}=\overparen{AQ}$. 再取出 $\overparen{BC}$ 的中点 M，那么 (DP,DA,DQ) 与 (DE,DM,DF) 似乎具有某种对等关系.（如图 1-3）

经过思考发现，还需补上一个条件 $\overparen{PQ}=\overparen{EF}$，方可产生对称关系，进而得到 $\angle BAD=\angle ADQ=\angle MDF$，$\angle CAD=\angle ADP=\angle MDE$. 通过对条件的修饰，便初步得到如下问题：

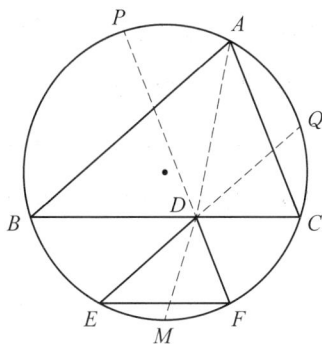

图 1-3

问题 1.1 在圆内接六边形 $ABEMFC$ 中，$BE=EM=MF=FC$，过 E、F 分别作 AB、AC 的平行线，两者交于点 D. 若 D 恰好在线段 BC 上，证明：$\angle BAD=\angle MDF$.（如图 1-4）

该问题相对容易，那么它的逆命题是否也成立？难度如何？

若隐去平行关系，并将 $\angle BAD=\angle MDF$，$\angle CAD=\angle MDE$ 作为条件给出，那么可以反过来证得两组平行关系. 但如果直接要求证明 $AB\ /\!/\ DE$，相当于给出了如何刻画 D 的提示，这样题目的难度上升不明显. 因此再进行探索，同时修改了题目中的字母，得到如下两种"版本"：

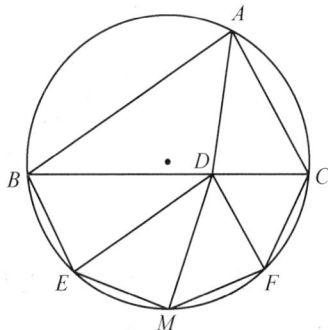

图 1-4

问题 1.2　在圆内接六边形 $ABCDEF$ 中，$AB=BC=CD=DE$. 若线段 AE 内一点 K 满足 $\angle BKC=\angle KFE$，$\angle CKD=\angle KFA$，证明：AB、FK、DE 三线共点.

问题 1.3　在圆内接六边形 $ABCDEF$ 中，$AB=BC=CD=DE$. 若线段 AE 内一点 K 满足 $\angle BKC=\angle KFE$，$\angle CKD=\angle KFA$，证明：$KC=KF$.

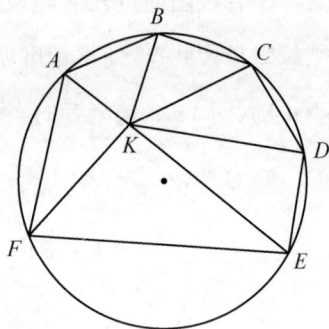

图 1 - 5

最终教练组选择了问题 1.3 作为集训队测试题. 为增加图形的活泼性，在作图时让 AE 有所倾斜，而 KA、KB、KC、KD、KE 逐渐伸展，犹如海螺的形态（如图 1-5）.

2. "鲨鱼"的来历

在任意三角形中，三条内角的平分线交于一点——内心. 然而在四边形里，仅有圆外切四边形具有类似性质. 笔者将"圆外切四边形"的性质弱化，研究一般情形下四边形各内角平分线产生的交点的性质，随后又添加了"四边形有外接圆"这一条件，这样便能通过圆弧的相等，从侧面反映"角平分线"这一属性，使各几何对象之间的关联性质较为丰富.

不难发现，图 2-1 中圆内接四边形 $ABCD$ 各内角平分线围成的凸四边形有外接圆. 其证明不难，且这一性质本质上并不依赖于四边形 $ABCD$ 是否有外接圆.

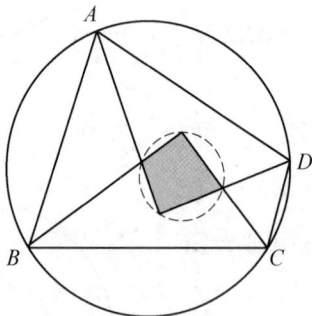

图 2 - 1

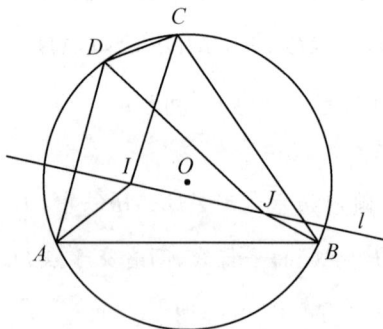

图 2 - 2

笔者转向一个更有意思的问题——如果考虑对角的角平分线的交点，这样的交点有什么样的性质呢？（参考图 2-2）

如图 2-3 所示，I、J 就是要研究的新点. 不妨将直线 IJ（记为 l）作为研究的对象. 为了更充分地利用圆的性质,将四个内角的角平分线延长,与圆 O 产生四个交点 A_1、B_1、C_1、D_1,易知它们是一个矩形的四个顶点.

通过几何画板可以明显发现,直线 l 与四边形 $ABCD$ 四边所在直线的交点实际上在矩形 $A_1B_1C_1D_1$ 的四边所在直线上. 至此已隐含地得到了如下结论:

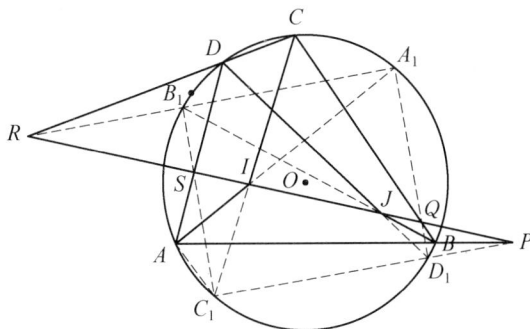

图 2 - 3

问题 2.1　四边形 $ABCD$ 内接于圆 O,$\angle A$、$\angle C$ 的平分线相交于点 I,$\angle B$、$\angle D$ 的平分线相交于点 J,CI、DJ 的延长线与圆 O 分别交于点 C_1、D_1.证明:AB、C_1D_1、IJ 三线共点或相互平行.

起初笔者给出了一个复数证明,后来又发现了一种利用笛沙格定理的巧妙证法.

问题 2.1 中,点 C_1、D_1 对解题的提示较强.为了隐藏矩形 $A_1B_1C_1D_1$,取 PR 的中点 M,则直线 OM 与矩形的一边平行;取 QS 的中点 N,则 ON 与矩形的另一边平行.这样便得到 $OM \perp ON$.至此"鲨鱼"的形状初现端倪,而 OM、ON 则如一对锋利的牙齿.笔者将问题整理如下:

问题 2.2　如图 2 - 4,四边形 $ABCD$ 内接于圆 O,$\angle A$、$\angle C$ 的平分线相交于点 I,$\angle B$、$\angle D$ 的平分线相交于点 J,直线 IJ 不经过点 O,且与边 AB、CD 的延长线分别交于点 P、R,与边 BC、DA 分别交于点 Q、S.线段 PR、QS 的中点分别为 M、N.证明:$OM \perp ON$.

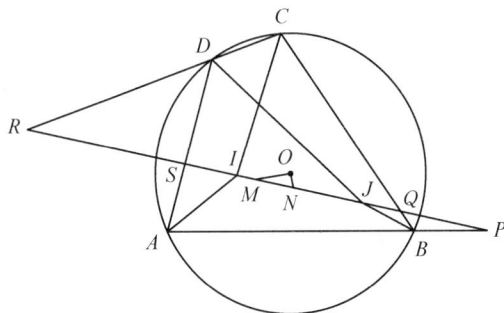

图 2 - 4

3. "蜗牛"的来历

本题源于对双圆四边形的研究.起初是考虑双圆四边形内切圆在一边上的切点具有哪些性质,通过探索切点在内切圆上的对径点,偶然发现了如下结论:

问题 3.1　如图 3 - 1,在双圆四边形 $ABCD$ 中,T 是内切圆 ω 在 CD 边上的切点,TU 是 ω 的直径,P 是对角线 AC、BD 的交点,SU 是 ω 内过点 P 的弦.证明:$\triangle SAB$ 的外接圆 π 与圆 ω 相切于点 S.

该结论是对双圆四边形切点性质的一个刻画. 笔者借助"阿波罗尼斯圆"的相关知识给出了该结论的证明.

接下来进行的改造是重新刻画点 S 的性质——将圆 π 描述成:"过点 A、B,且与 ω 相切的圆"(可以证明这样的圆是唯一确定的),将证明的结论改述成垂直关系:$SP \perp ST$,这样就可以达到隐藏直径 TU 的目的(不过这种描述对于利用相切两圆位似来解决问题提供了便利).至此形成如下问题:

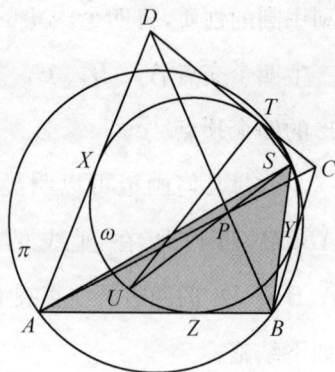

图 3 - 1

问题 3.2 在双圆四边形 $ABCD$ 中,T 是内切圆 ω 在 CD 边上的切点,P 是对角线 AC、BD 的交点,一个圆 π 经过 A、B 两点,且与圆 ω 内切于点 S. 证明:$SP \perp ST$.

此后,考虑到题目的图形过于拥挤,不够舒展美观,便通过类比,将"内切圆"改为"旁切圆",提出下述问题:

问题 3.3 如图 $3-2$,圆内接四边形 $ABCD$ 的对角线相交于点 P,存在一个圆 Γ 与 AB、BC、AD、DC 的延长线分别相切于点 X、Y、Z、T.圆 Ω 经过 A、B 两点,且与圆 Γ 外切于点 S. 证明:$SP \perp ST$.

经过验证,问题 3.3 的结论仍是正确的,证明思路与问题 3.2 相仿.这样,"蜗牛"便从壳里探出脑袋,与集训队队员正式见面了.

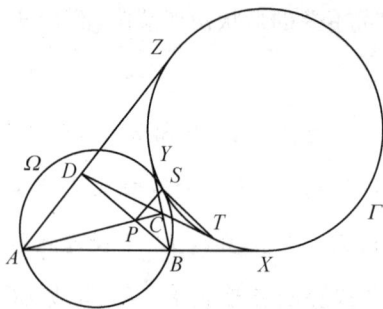

图 3 - 2

4. "帆船"的来历

本题创作的原始想法是:在圆内接四边形 $ABCD$ 中,研究 $\triangle ABC$、$\triangle ADC$ 的内心 I、J 所具有的性质.

笔者考虑"B、I、J、D 四点共圆"的等价命题.通过角度计算发现,这等价于 $IJ \perp AC$,进而又等价于 $ABCD$ 有内切圆,即 $ABCD$ 是双圆四边形.于是得到一个相对平凡的问题:

问题 4.1 如图 $4-1$,在圆内接四边形 $ABCD$ 中,I、J 分别为 $\triangle ABC$、$\triangle ADC$ 的内心.证明:$ABCD$ 有内切圆,当且仅当 B、I、J、D 四点共圆或共线.

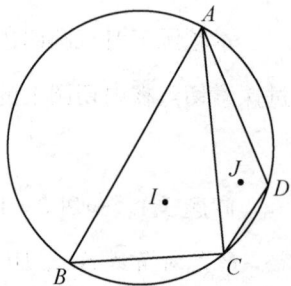

图 4 - 1

由于圆内接四边形 $ABCD$ 中关于 $\triangle ABC$、$\triangle BCD$、$\triangle CDA$、$\triangle DAB$ 的内心的关联性质早已有不少结果,笔者一直没想到新的命题突破口.经过长时间的盲目状态后,突然意识到,本图形的性质曾在自己改编的一个问题中出现过!

问题 4.2 如图 4 - 2,在锐角 $\triangle ABC$ 中,$AB > AC$,I 为内心,$ID \perp BC$ 于点 D,ID 延长线上一点 E 满足 $\angle BEC = 180° - \frac{1}{2}\angle BAC$,线段 AI 内一点 F 满足 $\angle BFC = 90°$.证明:A、F、D、E 四点共圆.

问题 4.2 当时是从下述题目改编的:

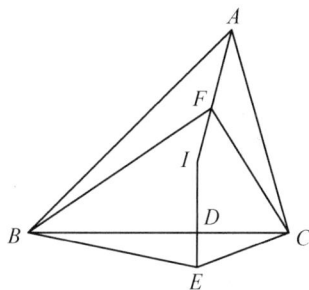

图 4 - 2

问题 4.3 如图 4 - 3,在锐角 $\triangle ABC$ 中,$AB > AC$,I 为内心,线段 ID 与 BC 垂直相交,且满足 $\angle IBD + \angle ICD = 90°$.作 $DP \perp BI$ 于点 P,$DQ \perp CI$ 于点 Q.证明:$\angle BAP = \angle IAQ$.

在改编过程中,问题 4.2 中对点 E、F 的刻画"$\angle BEC = 180° - \frac{1}{2}\angle BAC$"及"$\angle BFC = 90°$"令笔者印象颇深.仔细对比发现,问题 4.1 中"I 为 $\triangle ABC$ 的内心","$IJ \perp AC$",以及"$\angle AJC = 90° + \frac{1}{2}\angle ADC = 180° - \frac{1}{2}\angle ABC$"这样的性质,与问题 4.2 的图形性质刚好匹配.

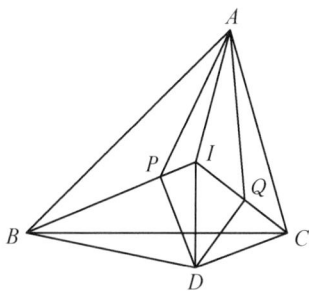

图 4 - 3

于是在问题 4.1 的基础上,作以 AC 为直径的圆,与射线 IB、JD 分别交于点 X、Y,并记 $IJ \perp AC$ 于点 P(如图 4 - 4 所示),那么可以推出 B、X、P、J 四点共圆,且同理得 D、Y、I、P 四点共圆.

结合 B、I、J、D 共圆,进一步可知,$\angle IPX = \angle IBJ = \angle IYJ = \angle JPY$,这也等价于 X、Y 关于 AC 对称.至此发现了以下结论:

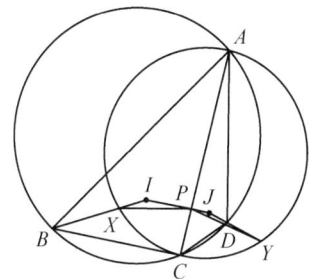

图 4 - 4

问题 4.4 如图 4 - 5,圆内接四边形 $ABCD$ 中,$AB > BC$,$AD > DC$,I、J 分别是 $\triangle ABC$、$\triangle ADC$ 的内心.以 AC 为直径的圆与线段 IB 交于点 X,与 JD 的延长线交于点 Y.证明:若 B、I、J、D 共圆,则 X、Y 关于 AC 对称.

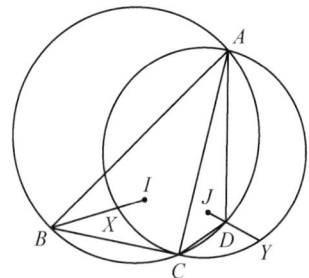

图 4 - 5

在问题 4.4 中,"$AB > BC$, $AD > DC$"仅用于限定图形位置关系,而非本质条件. 图 4-5 十分简洁, $\triangle ABC$、$\triangle ADC$ 胜似两片风帆. 在问题 4.3 与问题 4.2 的助推下,"帆船"扬帆起航!

参考文献

[1] Telv Cohl. 2016 年中国国家队选拔考试平面几何试题评析[J]. 数学新星网·学生专栏, 2016 - 04 - 13.

[2] 熊斌. 2016 中国国家集训队选拔考试[J]. 中等数学, 2016 - 05 期, 23 - 27.

一道西部竞赛命题的来"龙"去脉

邹 瑾

（北京高思教育，100083）

在 2014 年的西部数学邀请赛上，第一天的第四题是由我提出的：

问题 1 （CWMO2014—4） 给定正整数 n，设 a_1，a_2，$\cdots$，a_n 是非负整数序列，若其中连续若干项（可以只有一项）的算术平均值不小于 1，则称这些项组成一条"龙"，其中第一项称为"龙头"，最后一项称为"龙尾"．已知 a_1，a_2，$\cdots$，a_n 中每一项都是"龙头"或者"龙尾"，求 $\sum\limits_{i=1}^{n} a_i$ 的最小值．

这个问题的形式比较新颖，其中结论和构造相对容易，因此得分率达到了 19%，在所有八道试题中得分率是第三低．但本题证明的难度较大，最终此题完整做对的学生只有 6 人，是所有试题中做对人数最少的．

命制这道题的想法，来自于下面这个问题：

问题 2 设 $a_i \in [0,1]$ $(i=1,2,\cdots,n)$．求证：存在 $x \in (0,1)$，使得

$$\sum_{i=1}^{n} \frac{1}{|x-a_i|} \leqslant 8n \sum_{i=1}^{n} \frac{1}{2i-1}.$$

表面上看来，问题 1 与问题 2 似乎毫无关联，分别是纯粹的组合问题和代数问题，但这恰恰就是数学的奇妙之处！

问题 2 是 2008 年国家队队员牟晓生在某年给国家队训练时讲解的一道例题（据他说是在 2004 年国家队队员林运成的笔记上发现的）．当时我给 2014 年国家队的四名队员测试了一下，居然只有一名同学完成了解答，本题的难度可见一斑！

问题 2 标准解答如下：

问题 2 的证明一 将 $[0, 1]$ 平均分为 $2n$ 段：$\left[0, \frac{1}{2n}\right)$，$\left[\frac{1}{2n}, \frac{2}{2n}\right)$，$\cdots$，$\left[\frac{2n-1}{2n}, 1\right]$. 则 a_1，a_2，$\cdots$，a_n 至多出现在其中 n 段内，故还有至少 n 段内不包含 a_1，a_2，$\cdots$，a_n，不妨从中取出 n 段 $\left[\frac{t_j}{2n}, \frac{t_j+1}{2n}\right)(j=1, 2, \cdots, n)$，并取每段的中点 $x_j = \frac{2t_j+1}{4n}(j=1, 2, \cdots, n)$.

对每个 a_i，考虑 $|a_i - x_j|(j=1, 2, \cdots, n)$，有 $|a_i - x_j| \geqslant \frac{1}{4n}$，且取等号的情况至多只有两种.

其余 $|a_i - x_j| \geqslant \frac{3}{4n}$，同样此时取等号的情况至多也只有两种. 剩下的 $|a_i - x_j| \geqslant \frac{5}{4n}$······以此类推.

故有

$$\sum_{j=1}^{n} \frac{1}{|a_i - x_j|} \leqslant 2 \times \left(4n + \frac{4n}{3} + \frac{4n}{5} + \cdots + \frac{4n}{2n-1}\right) = 8n \sum_{i=1}^{n} \frac{1}{2i-1},$$

于是有

$$\sum_{i=1}^{n} \sum_{j=1}^{n} \frac{1}{|a_i - x_j|} \leqslant 8n^2 \sum_{i=1}^{n} \frac{1}{2i-1};$$

即

$$\sum_{j=1}^{n} \sum_{i=1}^{n} \frac{1}{|x_j - a_i|} \leqslant 8n^2 \sum_{i=1}^{n} \frac{1}{2i-1}.$$

再根据抽屉原理，必存在某一个 k，使得 $\sum_{i=1}^{n} \frac{1}{|x_k - a_i|} \leqslant 8n \sum_{i=1}^{n} \frac{1}{2i-1}$，此时取 $x = x_k$ 即可.（注：对一般的 n，此不等式等号无法取到. 2015 年国家队队员王正将此方法做了适当调整，可以将原不等式右端的系数 8 改进为 6，更进一步可改进为 $4 + \varepsilon$，证明留给读者.） $\square$

上面的证明看起来似乎平淡无奇，但思想极为巧妙. 把寻找一个点的局部问题转化为找到 n 个点的整体估算，再用抽屉原理证明其中一定存在一个满足要求的点.

在讨论本题的过程中，2014 年国家队队员周蕴坤给出了另一种思路，将 $[0, 1]$ 区间分成 $n+1$ 段，取 x 为其中不含 a_i 的一段的中点，通过局部调整的方法最终完成了证明. 因为这种证明过程过于复杂，我与另一位 2014 年国家队队员浦鸿铭在讨论过程中提出了一种简化方案，证明如下：

问题 2 的证明二 将 $[0, 1]$ 分为 $2n$ 段：$\left[0, \frac{1}{2n}\right)$，$\left[\frac{1}{2n}, \frac{2}{2n}\right)$，$\cdots$，$\left[\frac{2n-1}{2n}, 1\right]$. 记 a_1，a_2，$\cdots$，a_n 在第 1 段内有 b_1 个，在第 2 段内有 b_2 个······在第 $2n$ 段内有 b_{2n} 个. 于是 $b_1 + b_2 + \cdots + b_{2n} = n$.

引理 一定存在某个 b_k，使得 $b_k = 0$，且在 b_1，b_2，$\cdots$，b_{2n} 中，以 b_k 开头的任意连续 m 项之和都小

于 m，以 b_k 结尾的任意连续 m 项之和也都小于 m.（引理证明略）

根据引理，取第 k 段的中点 $x = \dfrac{2k-1}{4n}$，有 $|x - a_i| \geqslant \dfrac{1}{4n}$，满足 $|x - a_i| < \dfrac{3}{4n}$ 的至多 2 项，满足 $|x - a_i| < \dfrac{5}{4n}$ 的至多 4 项……

于是有

$$\sum_{i=1}^{n} \frac{1}{|x - a_i|} \leqslant 2 \times \left(4n + \frac{4n}{3} + \frac{4n}{5} + \cdots + \frac{4n}{2n-1}\right) = 8n \sum_{i=1}^{n} \frac{1}{2i-1}.$$

$\square$

这个证明的关键在于，要想得到最终的不等式，经过推导发现，只需要完成其中的引理. 而此引理并没有太强的代数味道，更像是一个组合问题. 于是，我们对这个引理做了一个简单的"包装"，它就摇身一变，成为了文章最开头的"问题 1"!

问题 1 的证法有很多种，原来给出的是归纳法的证明，下面给出另一种更简单的极端原理证明：

问题 1 的解答　$\displaystyle\sum_{i=1}^{n} a_i$ 的最小值为 $\left[\dfrac{n}{2}\right] + 1$.

（构造较简单，略，以下为证明 $\displaystyle\sum_{i=1}^{n} a_i \geqslant \left[\dfrac{n}{2}\right] + 1$.）

将以 a_i 为龙头，a_j 为龙尾的龙记为 $l = (a_i, a_{i+1}, \cdots, a_j)$，称龙的长度为它包含的项数.

由于所有项不是龙头就是龙尾，所以一定存在 m 条龙 $l_1, l_2, \cdots, l_m$ 包含整个数列，设 m 为满足此条件的最小整数.

记龙 l_k 的龙头为 a_{i_k}，龙尾为 a_{j_k}. 不妨设 $a_{i_1} < a_{i_2} < \cdots < a_{i_m}$. 由于 m 取最小值，则必有 $a_{j_1} < a_{j_2} < \cdots < a_{j_m}$，（为什么？）且 $a_{j_k} < a_{i_{k+2}}$（$k = 1, 2, \cdots, m-2$）（为什么？）

于是数列的每一项在 $l_1, l_2, \cdots, l_m$ 中至多有两条龙中出现.

由 $l_1, l_2, \cdots, l_m$ 包含整个数列，可知所有龙的长度之和应该不小于 n. 而根据龙的定义，每条龙所有项之和应该不小于其长度，故 $l_1, l_2, \cdots, l_m$ 的所有项之和应该不小于 n.

于是 $2\displaystyle\sum_{i=1}^{n} a_i \geqslant n$，即 $\displaystyle\sum_{i=1}^{n} a_i \geqslant \dfrac{n}{2}$. 注意等号成立时所有龙的长度之和恰好等于 n，即每一项恰好只能出现一次，故等号无法成立. 于是 $\displaystyle\sum_{i=1}^{n} a_i > \dfrac{n}{2}$，即 $\displaystyle\sum_{i=1}^{n} a_i \geqslant \left[\dfrac{n}{2}\right] + 1$. $\square$

到此为止，关于问题 1 的来"龙"去脉已经讲完了，但是故事并没有结束.

在西部竞赛之后，我又一次偶然翻阅历届 CMO 试题资料，竟然看到了一道很类似的关于"龙"的问题：

问题 3　（CMO 1988—3）　在有限项的实数列 a_1，a_2，$\cdots$，a_n（＊）中，如果有一段数 a_k，$\cdots$，a_{k+l-1} 的算术平均值大于 1988，那么我们把这段数叫做一条"龙"，并把 a_k 称为这条龙的"龙头"（如果某一项 $a_m > 1988$，那么单独这一项也是龙）．假定数列（＊）中至少存在一条龙，证明：（＊）中全体可以作为龙头的项的算术平均值也必定为大于 1988.

问题 3 和问题 1 的条件几乎是一样的！幸好两个问题的结论不同，不然可成为一次"命题事故"了！后来经过认真的思考，发现利用问题 3 的结论，也可以给出问题 1 的另一种证明，具体的过程留给读者们自己思考吧．

第 32 届中国数学奥林匹克试题评析

瞿振华

（华东师范大学，200241）

第 32 届中国数学奥林匹克于 2016 年 11 月 21 日至 25 日在湖南省长沙市雅礼中学举办. 本文就本次赛事试题的解题思路及一些不同方法作一些介绍，并略作评论，不妥之处，敬请指正.

第 1 题 已知数列 $\{u_n\}$，$\{v_n\}$ 满足

$$u_0 = u_1 = 1, \ u_n = 2u_{n-1} - 3u_{n-2}(n \geqslant 2);$$

$$v_0 = a, \ v_1 = b, \ v_2 = c, \ v_n = v_{n-1} - 3v_{n-2} + 27v_{n-3}(n \geqslant 3).$$

假设存在正整数 N，使得当 $n \geqslant N$ 时，v_n 均是整数并且可被 u_n 整除. 证明：$3a = 2b + c$.

解答思路 题中并没有说 a、b、c 是整数，但由 v_n 在 n 充分大时是整数，反推可知 a、b、c 都是有理数. u_n 整除 v_n 的条件一时间也用不上. 先尝试利用特征方程求得 $\{u_n\}$ 与 $\{v_n\}$ 的通项公式，分别为

$$u_n = \frac{1}{2}((1 + \sqrt{2}\,\mathrm{i})^n + (1 - \sqrt{2}\,\mathrm{i})^n),$$

$$v_n = c_1(-1 + 2\sqrt{2}\,\mathrm{i})^n + c_2(-1 - 2\sqrt{2}\,\mathrm{i})^n + c_3 3^n.$$

通过初值列出方程组

$$v_0 = c_1 + c_2 + c_3 = a,$$

$$v_1 = (-1 + 2\sqrt{2}\,\mathrm{i})c_1 + (-1 - 2\sqrt{2}\,\mathrm{i})c_2 + 3c_3 = b,$$

$$v_2 = (-7 - 4\sqrt{2}\,\mathrm{i})c_1 + (-7 + 4\sqrt{2}\,\mathrm{i})c_2 + 9c_3 = c.$$

从中解出 c_1、c_2 是共轭复数的形式，且具有如下形式：$c_1 = r + s\sqrt{2}\,\mathrm{i}$，$c_2 = r - s\sqrt{2}\,\mathrm{i}$，且 c_3 也是有理数，记 $c_3 = t$，则 $r, s, t \in \mathbf{Q}$. 如果记 $\alpha = 1 + \sqrt{2}\,\mathrm{i}$，$\bar{\alpha} = 1 - \sqrt{2}\,\mathrm{i}$，则 $\alpha^2 = -1 + 2\sqrt{2}\,\mathrm{i}$，$\bar{\alpha}^2 = -1 - 2\sqrt{2}\,\mathrm{i}$.

$$u_n = \frac{1}{2}(\alpha^n + \bar{\alpha}^n),$$

$$v_n = (r + s\sqrt{2}\,\mathrm{i})\alpha^{2n} + (r - s\sqrt{2}\,\mathrm{i})\bar{\alpha}^{2n} + t3^n.$$

怎么将 v_n 除以 u_n？注意到 v_n 的两个虚特征根恰好是 α^2 和 $\bar{\alpha}^2$，可设

$$w_n = 2((r + s\sqrt{2}\,\mathrm{i})\alpha^n + (r - s\sqrt{2}\,\mathrm{i})\bar{\alpha}^n).$$

那么

$$v_n = u_n w_n + (2r - t)3^n.$$

$\{w_n\}$ 满足 $w_0 = 4r$，$w_1 = 4(r - 2s)$，$w_n = 2w_{n-1} - 3w_{n-2}$，$n \geq 2$. 选取一个正整数 k，使得 kr、ks、kt 都是整数，那么 kw_0、kw_1 都是整数，结合递推关系，可知 kw_n 都是整数. 从而

$$kv_n = ku_n w_n + k(2r - t)3^n,$$

由条件可知，当 $n \geq N$ 时，$u_n \mid k(2r - t)3^n$.

由 $(u_n, 3) = 1$，可得 $u_n \mid k(2r - t)$，$n \geq N$. 再证明 $\{u_n\}$ 无界，从而有 $2r - t = 0$，由此便不难推出结论. □

评注 这是一道比较常规的递推数列的问题，方法直接，容易上手. 但是有一定计算量，考生有回避计算的倾向，在决定是否要解出具体的通项公式时，很多同学犹豫了以后去尝试其他方法，在其他方法走不通后再回到解方程组上. 并且需要观察到特征根之间的平方关系，之后还有许多细节需要仔细论证. 作为第一题，复杂度略高，需要不少时间. 考生的解答都与参考解答大同小异. 本题的平均分为 6.0 分.

第 2 题 如图 1 所示，锐角 $\triangle ABC$ 中，$AB > AC$，$\odot O$ 和 $\odot I$ 分别是 $\triangle ABC$ 的外接圆和内切圆，$\odot I$ 与边 BC 相切于点 D，直线 AO 与边 BC 相交于点 X，AY 是边 BC 上的高，$\odot O$ 在点 B、C 处的切线相交于点 L，PQ 是过点 I 的 $\odot O$ 直径. 证明：A、D、L 三点共线当且仅当 P、X、Y、Q 四点共圆.

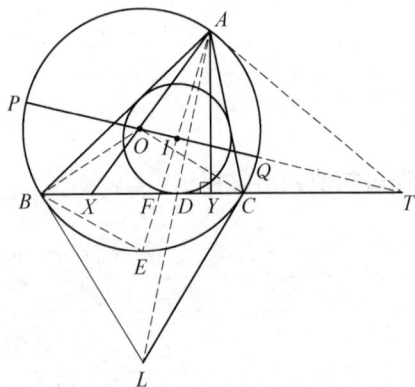

图 1

解答思路 本题的解答由几个相对独立的部分组合而成.

第一，A、D、L 三点共线等价于 $b^2 + c^2 = a(b + c)$.

（参考答案中利用 A、D、L 共线 $\Leftrightarrow \dfrac{S_{\triangle ABL}}{S_{\triangle ACL}} = \dfrac{BD}{CD}$，再用正弦定理计算.）

第二，P、X、Y、Q 四点共圆等价于 P、Q、O、I、T 共线，这里 T 是外接圆在 A 处的切线与 BC 的交点.（参考答案中考虑三个圆并用根心定理.）

第三,O、I、T 三点共线等价于 $b^2+c^2=a(b+c)$.(标答中利用梅涅劳斯(Menelaus)定理,O、I、T 三点共线等价于 $\dfrac{AO}{OX} \cdot \dfrac{XT}{TF} \cdot \dfrac{FI}{IA}=1$. 再通过计算.) □

评注 本题是中等难度的几何题,或多或少需要计算. 熟悉某些几何性质,会在某些步骤上较快地突破. 例如,在第一步中,设 AD 延长线与 △ABC 的外接圆交于点 E. 则 A、D、L 共线等价于 $ABEC$ 是调和四边形,等价于 $\dfrac{AB}{AC}=\dfrac{EB}{EC}=\dfrac{\sin\angle BAD}{\sin\angle CAD}$,由此通过正弦定理即得 $b^2+c^2=a(b+c)$. 在第三步中,也可以作 $OO' \perp BC$,$II' \perp BC$,利用 O、I、T 三点共线等价于 $\dfrac{OO'}{II'}=\dfrac{O'T}{I'T}$,再通过计算. 本题平均分为 9.1 分.

第 3 题 矩形 R 被分割成 2016 个小矩形,每个小矩形的边都平行于 R 的边,小矩形的顶点称为结点. 一条在小矩形边上的线段,若其两个端点都是结点,并且其内部不含其他结点,则称这条线段为基本线段. 考虑所有分割方式,求基本线段条数的最大值和最小值.

例如,在图 2 中,矩形 R 被分割成 5 个小矩形,共有 16 条基本线段. 线段 AB 和 BC 是基本线段,线段 AC 不是基本线段.

解答思路 以所有结点作为顶点,基本线段作为边,作一个图 G. G 的 2 度顶点 4 个,设 3 度和 4 度顶点分别为 x 和 y 个,边数为 N,即基本线段的条数. 通过计算度每个小矩形的所有顶点总和以及度与边的关系,可得两个基本等式: $\quad 2016 \times 4=4+2x+4y \Leftrightarrow x+2y=4030$.

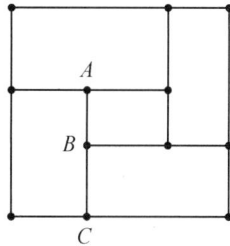

图 2

以及

$$N=\frac{1}{2}(4 \times 2+3x+4y)=4+\frac{3}{2}x+2y=4034+\frac{1}{2}x.$$

求 N 的最大值和最小值转化为求 x 的最大值和最小值. x 的最大值为 4030,此时 $y=0$,在 1×2016 的划分中取到,$N_{\max}=6049$. 要求 x 的最小值,考虑在 R 内部的基本线段落在 s 条水平直线和 t 条垂直直线上,可在每条直线上找到至少两个 3 度顶点,并且互不相同,从而 $x \geqslant 2s+2t$,另一方面 $(s+1)(t+1) \geqslant 2016$,这可推出 $x \geqslant 176$,从而 $N \geqslant 4122$,等号在 42×48 的划分中取到. □

评注 求最大值部分较容易,有多种其他做法. 例如,对 n 归纳证明将一个矩形划分成 n 个小矩形时,基本线段的条数不超过 $3n+1$. 当 $n=1$ 时结论显然. 假设 $n \geqslant 2$,且结论在小于 n 时成立. 考虑 R 被划分成了 $n \geqslant 2$ 个小矩形,共有 N 条基本线段. 不妨设有一条水平基本线段在矩形内部. 将 R 的底边 ℓ

向上平移至 ℓ'，第一次碰到 R 内部的水平基本线段，设恰有 k 个小矩形其两条边分别在 ℓ 和 ℓ' 上，用 ℓ' 将原矩形分成两部分，上半部分矩形 R' 被划分成 $n-k$ 个小矩形，共有 N' 条基本线段. 可证明 $N \leqslant N'+3k$. 由归纳假设 $N' \leqslant 3(n-k)+1$，从而 $N \leqslant 3n+1$.

还可以利用欧拉公式. 矩形 R 外部区域看作一个面，则共有 $f=2017$ 个面，e 条边（即基本线段），v 个顶点. 欧拉公式给出 $v-e+f=2$. 另一方面，v 个顶点中，除了 4 个度为 2 的顶点，其余顶点度至少为 3，故 $e \geqslant \dfrac{1}{2}(4 \cdot 2 + 3(v-4))$. 代入即得 $e \leqslant 6049$.

求最小值部分都需要一个关键想法，即将一条基本线段向两端延长总会到达两个 3 度顶点，以此来估计 3 度顶点个数的下界. 该题总体是中等难度的组合极值问题，部分同学可能被前两题拖累而没有时间思考此题，本题平均分为 7.5 分.

第 4 题　设整数 $n \geqslant 2$. 对于 $1, 2, \cdots, n$ 的任意两个排列 $\alpha=(a_1, a_2, \cdots, a_n)$ 和 $\beta=(b_1, b_2, \cdots, b_n)$，若存在正整数 $k \leqslant n$ 使得

$$b_i = \begin{cases} a_{k+1-i}, & 1 \leqslant i \leqslant k; \\ a_i, & k+1 \leqslant i \leqslant n, \end{cases}$$

则称 α 和 β 互为翻转. 证明：可以把 $1, 2, \cdots, n$ 的所有排列适当记为 $P_1, P_2, \cdots, P_m$，使得对于每个 $i=1, 2, \cdots, m$，P_i 与 P_{i+1} 互为翻转，这里 $m=n!$ 且规定 $P_{m+1}=P_1$.

解答思路　以 $n!$ 个排列作为顶点，两个排列互为翻转就连边，这个问题相当于证明这个图中含有哈密尔顿（Hamilton）圈. 这是一个 $n!$ 阶 $n-1$ 正则图，图论中能够证明含有哈密尔顿圈的一般性结论（例如 Dirac 定理或 Ore 定理）在这里用不上. 只能对这个特殊的图具体处理. 尝试 n 较小的情况，容易想到归纳法. 在从 n 过渡到 $n+1$ 时，需将 $n+1$ 个圈剪开拼成一个大圈. 从哪里剪开？如果加强命题，要求 $P_1=(1, 2, \cdots, n)$，$P_m=(n, \cdots, 2, 1)$，那么就能顺利地构造 $n+1$ 个圈，第 i 个圈上的排列是所有以 i 为结尾的排列，并且在第 i 个圈上 $(i+1, \cdots, n+1, 1, \cdots, i)$ 和 $(i-1, \cdots, 1, n+1, \cdots, i+1, i)$ 相邻，从这里剪开，再适当地拼成一个圈.　　　　□

评注　本题是一个构造性的组合题，通过对 n 较小情形的尝试，不难发现构造方法，并且不止一种构造方法. 本题是这次冬令营中唯一的可算是容易的题目，平均分达到 18.3 分.

第 5 题　用 D_n 表示正整数 n 的所有正约数构成的集合. 求所有正整数 n，使得 D_n 可以写成两个不相交的子集 A 和 G 的并，且满足：A 和 G 均含有至少三个元素，A 中元素可以排列成一个等差数列，并且 G 中元素可以排列成一个等比数列.

解答思路 通过对 $n = p^\alpha$ 和 $n = p^\alpha q$ 等特例的探索,发现很难找到满足要求的 n. 猜测不存在这样的 n. 反证法,假设存在. 分四步:

第一: $n \in G$,并且由此可得 G 的公比 λ 是正整数.

第二: $n \neq p^\alpha$.

第三:参考答案的主要想法是说明 A 中被某个素数整除的数超过一半,从而推出 A 中所有数均被 p 整除. 取素数 $p \mid \lambda$, $n = p^\alpha m$, $p \nmid m$, $\alpha \geqslant 2$. $m \geqslant 2$,设 q 是 m 的一个素因子,$p \neq q$. 1、q 中至少有一个属于 A. G 中至多 $\alpha + 1$ 个数,至多 α 个被 p 整除,推出 A 中至少 $\alpha\tau(m) - \alpha$ 个被 p 整除. 在 $\tau(m) \geqslant 3$ 时,可证明

$$\alpha\tau(m) - \alpha \geqslant \frac{1}{2} \mid A \mid + 1,$$

从而 A 中有相邻两数均被 p 整除,推出 A 中所有数均被 p 整除,与 1、q 之一属于 A 矛盾.

第四:最后讨论 $n = p^\alpha q$ 的情况. □

评注 还有几种可行的办法,例如通过讨论 A 中的最小两数的情况,对 A 的公差 d 给出上界估计. 再讨论 A 的最大数,从而可得 A 的元素个数的估计,在大部分情况下,可证明此时 A 的元素个数已超过 $\mid D_n \mid - 3$. 再对剩余情况讨论. 具体来讲,可按下述步骤证明:同参考答案一样,先证明 $n \in G$,从而 G 的公比 λ 是正整数. 再证明 $n \neq p^\alpha$,从而 n 至少含有两个不同素因子. 由于 $\mid G \mid \geqslant 3$,故 n 的某个素因子次数不小于 2. 设 $p < q$ 是 n 的最小两个素因子,则 1、p、q 中至少有两个属于 A. 若 $\frac{n}{p} \in G$,即 $\lambda = p$,则 $1, p \in A$,A 的公差 $d = p - 1$,且 $\frac{n}{q} \in A$,从而

$$\mid A \mid \geqslant \frac{\frac{n}{q} - 1}{p - 1} + 1 > \frac{n}{pq}.$$

若 $\frac{n}{p} \in A$,由于 $d \leqslant q - 1$,故

$$\mid A \mid \geqslant \frac{\frac{n}{p} - 1}{q - 1} + 1 > \frac{n}{pq}.$$

可以证明 $\frac{n}{pq} \geqslant \tau(n) - 3$(注意 n 有一个素因子次数不小于 2),除了 $n = 4q$, $8q$,最后再讨论这两个个例,此时必有 $\lambda = 2$.

本题是一个带一点组合味道的数论问题,证明的逻辑过程比较长,讨论的分支也较多,需要缜密的

推理.方法的选择也很重要,优化估计以尽量减少个例的讨论.问题的提出方式以及答案是不存在也给解题带来一定干扰.本题平均分8.7分.

第6题 给定整数 $n \geqslant 2$,以及正数 $a < b$.设实数 $x_1, x_2, \cdots, x_n \in [a, b]$.求

$$\frac{\dfrac{x_1^2}{x_2} + \dfrac{x_2^2}{x_3} + \cdots + \dfrac{x_{n-1}^2}{x_n} + \dfrac{x_n^2}{x_1}}{x_1 + x_2 + \cdots + x_{n-1} + x_n}$$

的最大值.

解答思路 n 是偶数的情况较为容易,可以利用如下不等式,当 $x, y \in [a, b]$ 时,$\dfrac{x}{y} \in \left[\dfrac{a}{b}, \dfrac{b}{a}\right]$,从而

$$\left(\frac{x}{y} - \frac{a}{b}\right)\left(\frac{x}{y} - \frac{b}{a}\right) \leqslant 0,$$

从而

$$\frac{x^2}{y^2} - \left(\frac{a}{b} + \frac{b}{a}\right)\frac{x}{y} + 1 \leqslant 0.$$

取 $x = x_i$,$y = x_{i+1}$,就有

$$\frac{x_i^2}{x_{i+1}} \leqslant \left(\frac{a}{b} + \frac{b}{a}\right)x_i - x_{i+1},$$

对 i 求和即得

$$\sum_{i=1}^{n} \frac{x_i^2}{x_{i+1}} \leqslant \left(\frac{a}{b} + \frac{b}{a} - 1\right)\sum_{i=1}^{n} x_i.$$

不少同学用上面的方法解决了 n 是偶数的情况.但 n 是奇数的情况这个方法不好处理.参考答案的一种方法统一处理了 n 是奇数和偶数的情形.记原分式为 $f(x_1, x_2, \cdots, x_n)$.固定 $x_2, \cdots, x_n$,看作 x_1 的函数,利用两次求导可以证明是下凸函数,从而可将 x_1 调整到 $[a, b]$ 的边界上,使得分式变大.类似处理 $x_2, \cdots, x_n$.因此可以假设 $x_i \in \{a, b\}$.如果有连续三项是 b、b、a 的情况,将其调整为 b、a、a,证明分式变大.因此可以假设没有相邻的 b.现假设有 m 个 b,$m \leqslant \dfrac{n}{2}$.通过计算证明在 $m = \left[\dfrac{n}{2}\right]$ 时取得最大值.

评注　还可以用排序不等式将分子变为下标对称的形式来处理. 将 $x_1, x_2, \cdots, x_n$ 从小到大排列为 $y_1 \leqslant y_2 \leqslant \cdots \leqslant y_n$, 则

$$\frac{\displaystyle\sum_{i=1}^{n} \frac{x_i^2}{x_{i+1}}}{\displaystyle\sum_{i=1}^{n} x_i} \leqslant \frac{\displaystyle\sum_{i=1}^{n} \frac{y_i^2}{y_{n+1-i}}}{\displaystyle\sum_{i=1}^{n} y_i}.$$

当 $n = 2m$ 时, 证明对 $a \leqslant u \leqslant v \leqslant b$, 有

$$\frac{u^2}{v} + \frac{v^2}{u} \leqslant \left(\frac{a}{b} + \frac{b}{a} - 1\right)(u + v).$$

当 $n = 2m + 1$ 时, 证明对 $a \leqslant u \leqslant w \leqslant v \leqslant b$, 有

$$\frac{u^2}{v} + \frac{v^2}{u} + \frac{w}{m} \leqslant \frac{m(a^3 + b^3) + a^2 b}{ab((m+1)a + mb)}\left(u + v + \frac{w}{m}\right).$$

本题考查了基本的分析能力、凸函数、调整方法、排序不等式等, 属于中上难度的不等式问题. 平均分为 5.7 分.

总体评价　本届冬令营试题比较全面地考查了四个板块的内容, 代数和组合各两题, 几何和数论各一题. 难度适中, 没有偏题怪题, 很多题都有部分分. 六题中有一道较容易的题, 外加五道中等或中上难度的题, 没有一道平均分在 3 分以下的难题. 全部考生中有一个满分和一个接近满分. 考试中反映的一些问题, 包括学生的计算能力下降, 对多情况的讨论分类不够仔细, 并且对一份由三道中等难度试题组成的考卷思想准备和策略准备不足. 平时学习时, 应注意四大板块的方法技巧学习要全面, 书写表达要注意逻辑严密, 对于做完的题还应思考是否可以优化表述方法以及证明过程, 一个好的解答应该表述简洁易懂而又不失严密性.

第 56 届 IMO 试题简析

俞辰捷

（华东师范大学第二附属中学，201203）

2015 年的 IMO 试题被评为"历届最难"，最直观的体现是金牌分数线 26 分创历史最低，也就是说传统意义下难度不算太高的第 1、2、4、5 题获得全分也不是易事.

今年的第 3、6 题难度并非超越往年，但由于第 2、5 题的难度增加导致考场心态的波动以及压缩了做第 3、6 题的时间，所以得分率依旧处于较低水平. 此文为笔者简述参加考试时的一些想法与解法，不足之处，企指正以改进.

第 1 题 我们称平面上一个有限点集 S 是平衡的，如果对 S 中任意两个不同的点 A、B，都存在 S 中一点 C，满足 $AC=BC$. 我们称 S 是无中心的，如果对 S 中任意三个不同的点 A、B、C，都不存在 S 中一点 P，满足 $PA=PB=PC$.

（a）证明：对每个整数 $n \geqslant 3$，均存在一个由 n 个点构成的平衡点集.

（b）确定所有的整数 $n \geqslant 3$，使得存在一个由 n 个点构成的平衡且无中心的点集.

（荷兰供题）

IMO 已有多年未将第 1 题设为组合题了. 该组合题形式上算不上新颖，有兴趣的读者可自行搜索一下"祖冲之点集".

（a）问的举例是平凡的. 当 n 是偶数时，利用正奇数边形以及单位圆周上若干对距离为 1 的点再加上圆心的例子即可.

（b）问对于偶数情况的否定是将证明"无中心"转化为没有一个点引出的三条边长度相等. 接下来就是较为平凡的局部估计，也就是"算两次"（此手段在去年 IMO 第 6 题也得到了体现）. 这种处理手段对于中国学生来说较为熟悉，但对部分国外学生可能会较为困难.

第 2 题 确定所有三元正整数组 (a,b,c),使得

$$ab-c,bc-a,ca-b$$

中的每个数都是 2 的方幂.(2 的方幂是指形如 2^n 的整数,其中 n 是非负整数)

(塞尔维亚供题)

第 2 题可谓相当繁琐.如果对几种情况分别讨论,每种情况都算不上很难,但综合在一起难度就骤增,也会消耗掉大部分处理第 3 题的时间.

比较基本的情况是 a、b、c 均为偶数(此时考虑 a、b、c 含 2 的幂次)及 a、b、c 中有二者相等的情况,此时有两组解 $(a,b,c)=(3,2,2)$,$(2,2,2)$.

对于 $a>b>c$ 的情形,若 b、c 均为偶数,则可得 a 为奇数,从而 $a=bc-1$.通过分析 2 的幂次知 $v_2(b)=v_2(c)$(记作 α),最后分析 $(ab-c)-(ac-b)$ 的 2 的幂次知 $ac-b=2^{3\alpha+1}$,放缩知等号恰成立,推知 $b=6,c=2$,从而 $a=11$.

若 b、c 不全为偶数,则 $b+c$,$b-c$ 不全为 4 的倍数. 由 $ac-b<ab-c$ 知 $ac-b\mid ab-c$,即有 $ac-b\mid b^2-c^2$. 从而 $ac-b\leqslant 2(b+c)$,但 $a>b$,讨论 c 的情况即知 $(a,b,c)=(7,5,3)$.

所得四组解检验即可.

第 3 题 在锐角三角形 ABC 中,$AB>AC$.设 Γ 是它的外接圆,H 是它的垂心,F 是由顶点 A 处所引高的垂足.M 是边 BC 的中点.Q 是 Γ 上一点,使得 $\angle HQA=90°$,K 是 Γ 上一点,使得 $\angle HKQ=90°$.已知点 A、B、C、K、Q 互不相同,且按此顺序排列在 Γ 上.

证明:三角形 KQH 的外接圆和三角形 FKM 的外接圆相切.

(乌克兰供题)

第 3 题难度并不一定高于往年,但若做出第 2 题并完整写出过程则留给第 3 题的时间较为紧迫.此题比较周知的是反演与九点圆的做法,下面给出一个共圆的做法. 此题的几何性质不少,方法也较多.例如,作出点 M 在边 AC 上的投影 X 及 H 关于边 BC 的反射点 T,则有 $\triangle QHE \backsim \triangle QFX \backsim \triangle QTC$($E$ 为 BH 在 AC 上的垂足),从而 A、Q、E、X、M 五点共圆.作为一个旋转位似中心,有关点 Q 的很多角度性质便不难得出.

另一种探究点 Q 性质的方法(也是笔者所用的方法)是作出 A、Q 的对径点 A'、Q',从而 Q'、H、K 及 A'、H、Q、M 共线.由于 $AQ'\parallel A'Q$,故容易得到 $\angle HKT=\angle MHF$.延长 QK、BC 交于 L,则有 H、F、L、K 及 M、T、L、K 分别共圆.得出共圆后角度关系便易推了(需用到 H、T 关于 F 对称).

第4题 在三角形 ABC 中,Ω 是其外接圆,O 是其外心. 以 A 为圆心的一个圆 Γ 与线段 BC 交于两点 D 和 E,使得点 B、D、E、C 互不相同,并且按此顺序排列在直线 BC 上. 设 F 和 G 是圆 Γ 和 Ω 的两个交点,并且使得点 A、F、B、C、G 按此顺序排列在 Ω 上. 设 K 是三角形 BDF 的外接圆和线段 AB 的另一个交点. 设 L 是三角形 CGE 的外接圆和线段 CA 的另一个交点.

假设直线 FK 和 GL 不相同,且相较于点 X. 证明:X 在直线 AO 上.

(希腊供题)

第4题这道几何题难度并不高,由于有多条边相等,所以自然联想到利用全等. 设 FK、GL 分别交 AO 于点 Y、Y',发现 $\angle FAY = \angle GAY'$,从而只需证 $\triangle FAY \cong \triangle GAY'$,即证 $\angle AFK = \angle AGL$. 延长 FD、GE 交圆于 S、T,则仅需证 $ST \parallel BC$,这是容易的.

第5题 设 $\mathbf{R}$ 是全体实数的集合. 求所有的函数 $f: \mathbf{R} \to \mathbf{R}$,满足对任意实数 x、y,都有

$$f(x + f(x + y)) + f(xy) = x + f(x + y) + yf(x).$$

(阿尔巴尼亚供题)

这道函数方程问题普遍得分不高,原因是看上去较平凡的解 $f(x) = x$ 难度较 $f(x) = 2 - x$ 高了不少,导致部分考生取舍不当.

首先令 $f(0) = c$,$x = 0$,$y = c$ 可得 $c = 0$ 或 2.

若 $f(0) = 2$,有 $f(f(x)) = f(x) + 2x - 2$. 故 f 的不动点至多只有 $x = 1$. 而 $x + f(x + 1)$ 是不动点,从而 $f(x) = 2 - x$.

若 $f(0) = 0$,一种较普遍的做法是多次赋值解得 f 为奇函数,当然考虑不动点也是可以的. 先解出 $f(-1) = -1$,$f(1) = 1$(有部分考生作出 $f(t) = t$,$\forall\, t \in Z$,这与此做法的想法是类似的),以及 $f(f(x)) = f(x)$.

令 $x = -1$,可得 $f(x) - 1$ 为不动点 $\Rightarrow x - 1$ 为不动点. $(\ast)$

再令 $x = 1$,结合 $x + f(x)$ 与 $x + f(x + 1)$ 均为不动点和 $(\ast)$,可知 x 为不动点(具细节留给读者).

这道题考虑不动点的想法是比较自然的,因为能够得到不动点的信息比较多.

第6题 整数序列 $a_1, a_2, \cdots$ 满足下列条件：

(i) 对每个整数 $j \geqslant 1$，有 $1 \leqslant a_j \leqslant 2015$；

(ii) 对任意整数 $1 \leqslant k < l$，有 $k + a_k \neq l + a_l$．

证明：*存在两个正整数 b 和 N，使得*

$$\left| \sum_{j=m+1}^{n} (a_j - b) \right| \leqslant 1007^2$$

对所有满足 $n > m \geqslant N$ 的整数 m 和 n 均成立．

（澳大利亚供题）

第6题的难度不算很大，入手点是很容易发现的．注意到 $N \backslash \{k + a_k\}$ 是有限集且不超过 2015 元，此集元素个数 b 即为题中的 b．这是因为对足够大的 k，集合 $\{l \mid l + a_l > k\}$ 恰有 $b-1$ 个元素（归纳可证）．而当考虑 $n - m$ 很大的情况时，$\{k + ak \mid m+1 \leqslant k \leqslant n\}$ 取到了 $m+2016$ 至 $n+1$ 的所有元素，故 $\sum\limits_{k=m+1}^{n} (k + a_k)$ 的值变化范围很小，可以唯一确定 b（这也是为什么选择去具体描述 b 的原因）．在确定、刻画出 b 的具体值后，分 $n - m \geqslant 2015 - b$ 及 $n - m < 2015 - b$ 讨论即可，这并不难．

此题关键是前期要建立一个具体刻画 b 的意识，不刻画 b 的话，1007^2 也是很难处理的．

用调整法也可做此题，有兴趣的读者可以一试．

2015 年 IMO 的难点并不是第 3、6 题，而是第 2、5 题难度的逐渐提升．这是需要我们重视的．

二、研究小品

关于单调凸序列的 EST

石泽晖[1]　施柯杰[2]

（1. 吉林大学附属中学，长春，130021；2. 复旦大学附属中学，上海，200433）

1. 引言

1935 年，厄尔多斯（Erdös）和 Szekeres 证明了两个组合学中的重要结果，即现在所熟知的 Erdös-Szekeres 定理[1].

定理 A（Erdös-Szekeres）　对任意正整数 $n \geqslant 3$，令 $N(n)$ 表示满足如下条件的 N 的最小整数：平面上任意 N 个满足无三点共线的点，都能找到 n 个点使其构成一个凸多边形的顶点. 则 $N(n) \leqslant \binom{2n-4}{n-2}+1$.

这个问题受克莱因（Klein）启发，她提出并证明了任意五个满足无三点共线的平面上的点总能找到四个点组成一个凸多边形的顶点. 随后，Szekeres 证明了定理 A 中 $N = N(n)$ 的存在性，并给出了粗略估计；Erdös 用不同的方法证明了 $N(n)$ 的 $\binom{2n-4}{n-2}+1$ 这一上界. 值得一提的是，Szekeres 和克莱因在定理 A 得到圆满解决后不久就喜结连理，故厄尔多斯将定理 A 戏称作是"Happy Ending"定理.

定理 B（Erdös-Szekeres）　设 a、b 为正整数，令 $N(a, b)$ 表示满足下列条件的 N 的最小整数：任意由 N 个不同实数构成的序列必包含长度为 a 的递增子列或长度为 b 的递减子列. 则

$$N(a, b) \leqslant (a-1)(b-1)+1.$$

截至目前，有很多关于定理 B 的不同证明. 如 Steele 在文[2]中收集了 7 个不同证明，包括 Seidenberg 用抽屉原理的简短证明[3]. 最近，文献[4]也给出了定理 B 的新证明.

Erdös-Szekeres 定理因其形式优美，描述初等直观而备受关注，成为组合学中基本定理之一. 它有很多与几何、凸体、抽象组合等相关的推广，可参见文献[2，4，5]等. 而文献[6]是一篇有关在凸位置处的点的 Erdös-Szekeres 定理的非常好的综述.

本文我们主要讨论关于单调凸序列的 Erdös-Szekeres 定理，即考虑如下问题：

问题 1 对任意由 $N = N(r, s)$ 个不同实数构成的序列,均可以选出长度为 r 的单调凸序列或长度为 s 的单调凹序列. 则 $N = N(r, s)$ 的最小值是多少?

我们先叙述凸序列的定义.

若实数序列 $\{x_n\}$ 满足对任意 $k = 1, 2, \cdots$,均有 $x_{k-1} + x_{k+1} \geqslant 2x_k$,则称序列 $\{x_n\}$ 是凸序列. 若实数序列 $\{x_n\}$ 满足 $x_{k-1} + x_{k+1} \leqslant 2x_k$,$k = 1, 2, \cdots$,则称序列 $\{x_n\}$ 是凹序列.

本文我们证明了如下结果:

定理 1 设 r、s 为正整数,令 $N(r, s)$ 表示满足下列条件的 N 的最小整数:对任意由 N 个不同实数构成的序列,均可以选出长度为 r 的单调凸序列或长度为 s 的单调凹序列. 则

$$N(r, s) = \binom{r+s-4}{r-2}^2 + 1.$$

2. 主要结果证明

为证明定理 1,我们需要先证明下面一些引理.

引理 1(Erdös-Szekeres) 设 m、n 为正整数,则任意由 $mn+1$ 个不同实数构成的数列 $a_1, \cdots, a_{mn+1}$ 必包含长为 $m+1$ 的递增子列或长为 $n+1$ 的递减子列.

引理 1 即定理 B,证明可参阅文[3, 7].

类似于拉姆齐(Ramsey)数[8]的定义,对若干个实数构成的序列 A,记 $P(A)$、$Q(A)$ 分别为从 A 中选出的凸子列与凹子列的最大长度,记 $r(p, q)$ 为使 $P(A) = p$,$Q(A) = q$ 的最长不减序列 A 的长度. 称 $r(p, q)$ 为拉姆齐数.

由定义,当 $n \geqslant 2$ 时,$r(n, 2) = r(2, n) = n$.

对于拉姆齐数 $r(p, q)$,我们有如下结论.

引理 2 当 $p \geqslant 2$,$q \geqslant 2$ 时,拉姆齐数 $r(p, q)$ 满足

$$r(p, q) = r(p-1, q) + r(p, q-1).$$

证明 一方面,设 B 为使 $P(B) = p-1$,$Q(B) = q$ 的一个最长不减列,记为

$$B = \{b_1, b_2, \cdots, b_{r(p-1, q)}\}, \quad b_1 \leqslant b_2 \leqslant \cdots \leqslant b_{r(p-1, q)}.$$

设 C 为使 $P(C) = p$,$Q(C) = q-1$ 的一个最长不减列,记为

$$C = \{c_1, c_2, \cdots, c_{r(p, q-1)}\}, \ c_1 \leqslant c_2 \leqslant \cdots \leqslant c_{r(p, q-1)}.$$

不妨令

$$c_1 - b_{r(p-1, q)} > \max\{c_{r(p, q-1)} - c_1, \ b_{r(p-1, q)} - b_1\},$$

否则可将 C 中元素同时加上一个定值. 令 $A = B \bigcup C$,从而 $|A| = |B| + |C|$,则显然满足 $P(A) \geqslant p$,$Q(A) \geqslant q$.

若 $P(A) \geqslant p+1$,则 A 中最长凸子列至少有 B 中一项和 C 中两项,即存在 $1 \leqslant i \leqslant r(p-1, q)$,$1 \leqslant j < l \leqslant r(p, q-1)$,使得 $b_i + c_l \geqslant 2c_j$,但注意到

$$b_{r(p-1, q)} + c_{r(p, q-1)} \geqslant b_i + c_l \geqslant 2c_j \geqslant 2c_1 > b_{r(p-1, q)} + c_{r(p, q-1)},$$

矛盾! 故 $P(A) = p$.

同样地,若 $Q(A) \geqslant q+1$,则 A 中最长凹子列至少有 B 中两项与 C 中一项,即存在 $1 \leqslant i < j \leqslant r(p-1, q)$,$1 \leqslant j \leqslant r(p, q-1)$,使得 $b_i + c_l \leqslant 2b_j$,而

$$b_1 + c_1 \leqslant b_i + c_l \leqslant 2b_j \leqslant 2b_{r(p-1, q)} < b_1 + c_1,$$

矛盾! 故 $Q(A) = q$.

故 A 为使 $P(A) = p$,$Q(A) = q$ 的不减数列,所以

$$r(p, q) \geqslant |A| = r(p-1, q) + r(p, q-1). \tag{1}$$

另一方面,假设存在不减序列 A,使得 $P(A) = p$,$Q(A) = q$,且满足

$$|A| \geqslant r(p-1, q) + r(p, q-1) + 1.$$

记 $A = \{x_1 < x_2 < \cdots < x_{|A|}\}$.

由拉姆齐数 $r(p, q)$ 的定义,对

$$x_1, x_2, \cdots, x_{r(p-1, q)+1}$$

这 $r(p-1, q)+1$ 个数中必有长为 p 的凸子列或长为 $q+1$ 的凹子列,但 $Q(A) = q < q+1$,故 x_1,$x_2, \cdots, x_{r(p-1, q)+1}$ 中必有长为 p 的凸子列,记为

$$x_{i_1} \leqslant x_{i_2} \leqslant \cdots \leqslant x_{i_p}.$$

又对于 $x_{r(p-1, q)+1}, \cdots, x_{r(p-1, q)+r(p, q-1)+1}$ 这 $r(p, q-1)+1$ 个数中必有长为 $p+1$ 的凸子列或长为 q 的凹子列,但 $P(A) = p < p+1$,故

$$x_{r(p-1, q)+1}, \cdots, x_{r(p-1, q)+r(p, q-1)+1}$$

中必有长为 q 的凹子列,记为

$$x_{j_1} \leqslant x_{j_2} \leqslant \cdots \leqslant x_{j_q}.$$

若 $x_1 + x_{r(p-1, q)+r(p, q-1)+1} \geqslant 2x_{r(p-1, q)+1}$,则

$$x_{i_{p-1}} + x_{r(p-1, q)+r(p, q-1)+1} \geqslant x_1 + x_{r(p-1, q)+r(p, q-1)+1}$$

$$\geqslant 2x_{r(p-1, q)+1}$$

$$\geqslant 2x_{i_p},$$

即

$$x_{i_1} \leqslant x_{i_2} \leqslant \cdots \leqslant x_{i_p} \leqslant x_{r(p-1, q)+r(p, q-1)+1}$$

为长为 $p+1$ 的凸子列,与 $P(A) = p$ 矛盾.

若 $x_1 + x_{r(p-1, q)+r(p, q-1)+1} < 2x_{r(p-1, q)+1}$,则

$$x_1 + x_{j_2} \leqslant x_1 + x_{r(p-1, q)+r(p, q-1)+1} < 2x_{r(p-1, q)+1} \leqslant 2x_{j_1},$$

即 $x_1 \leqslant x_{j_1} \leqslant x_{j_2} \leqslant \cdots \leqslant x_{j_q}$ 为长为 $q+1$ 的凹子列,与 $Q(A) = q$ 矛盾.

故假设不成立,即对任意使 $P(A) = p$,$Q(A) = q$ 的不减数列 A,必有:

$$|A| \leqslant r(p-1, q) + r(p, q-1),$$

即

$$r(p, q) \leqslant r(p-1, q) + r(p, q-1). \tag{2}$$

由(1)、(2)可得

$$r(p, q) = r(p-1, q) + r(p, q-1). \qquad \square$$

由引理 2,我们得到使 $P(A) = p$,$Q(A) = q$ 的不减数列 A 一定是存在的,且 $r(p, q) < \infty$.

结合引理 2,注意到组合恒等式

$$\binom{n}{r} + \binom{n}{r+1} = \binom{n+1}{r+1},$$

自然得到如下结果.

引理 3　当 $p \geqslant 2$,$q \geqslant 2$ 时,拉姆齐数 $r(p, q)$ 满足

$$r(p, q) = \binom{p+q-2}{p-1}.$$

下面我们来证明主要定理.

定理 1 设 r、s 为正整数,令 $N(r, s)$ 表示满足下列条件的 N 的最小整数:对任意由 N 个不同实数构成的序列,均可以选出长度为 r 的单调凸序列或长度为 s 的单调凹序列. 则

$$N(r, s) = \binom{r+s-4}{r-2}^2 + 1. \tag{3}$$

要证明定理 1 中的(3)式,只需证明左侧既不小于右侧,又不大于右侧. 即如下两个引理.

引理 4 所求 $N(r, s)$ 满足

$$N(r, s) \leqslant \binom{r+s-4}{r-2}^2 + 1.$$

证明 当 $N = \binom{r+s-4}{r-2}^2 + 1$ 时,记 $m = \binom{r+s-4}{r-2} + 1$,则对任意 N 个实数 $x_1, \cdots, x_N$,由引理 1,存在

$$1 \leqslant i_1 < i_2 < \cdots < i_m \leqslant N,$$

使得 $x_{i_1}, \cdots, x_{i_m}$ 为不增或不减的子列.

若 $x_{i_1}, \cdots, x_{i_m}$ 为不减的数列,则当 $r' \leqslant r-1$,$s' \leqslant s-1$ 时,由引理 3 得

$$r(r', s') \leqslant r(r-1, s-1) = \binom{r+s-4}{r-2} < \binom{r+s-4}{r-2} + 1.$$

由引理 2 知其中必有长为 r 的凸子列或长为 s 的凹子列,且为单调的,满足条件.

若 $x_{i_1}, \cdots, x_{i_m}$ 为不增的数列,取

$$x_i' = x - x_i, x \in \mathbf{R}, i = 1, 2, \cdots, N$$

化为不减数列,则由引理 2 得,序列 $x_{i_1}', \cdots, x_{i_m}'$ 中必有长为 r 的凹子列或长为 s 的凸子列,因此序列 $x_{i_1}, \cdots, x_{i_m}$ 中必有长为 r 的凸子列或长为 s 的凹子列,显然也为单调的,满足条件.

故

$$N(r, s) \leqslant \binom{r+s-4}{r-2}^2 + 1.$$

引理 5　所求 $N(r, s)$ 满足

$$N(r, s) \geqslant \binom{r+s-4}{r-2}^2 + 1.$$

证明　当 $N \leqslant \binom{r+s-4}{r-2}^2$ 时,记 $m = \binom{r+s-4}{r-2}$. 由 $r(s-1, r-1)$ 的定义及存在性知,存在不减数列 $y_1, \cdots, y_m$,其中凸子列最长为 $s-1$,凹子列最长为 $r-1$. 令

$$y = y_m - y_1, \tag{$*$}$$

不妨令 $y_1 = 0$(否则整体平移即可).

注意到引理 2 第一部分证明可加强为:存在 $x_1 < x_2 < \cdots < x_{r(p, q)}$ 及 $\varepsilon > 0$,使得 $2\varepsilon < \min\limits_{i=1, \cdots, r(p, q)-1}\{x_{i+1} - x_i\}$,设

$$T_i = [x_i - \varepsilon, x_i + \varepsilon], i = 1, \cdots, r(p, q), \tag{$**$}$$

则由引理 2,对任意序列 $z_1, \cdots, z_{r(p, q)}$,其中 $z_i \in T_i$,最长凸子列长为 p,最长凹子列长为 q.

同样地,考虑当 $p = r-1, q = s-1, r(p, q) = \binom{r+s-4}{r-2}$ 时,这样一来,不妨令 $\varepsilon > y\left(\text{否则取 } x'_i = tx_i, \varepsilon' = t\varepsilon, t \in \mathbf{N}_+ \text{ 且 } t > \dfrac{y}{\varepsilon}\right)$,取

$$a_{im+j} = x_{i+1} + \varepsilon - y_j (j = 1, 2, \cdots, m, i = 0, 1, \cdots, m-1),$$

由此,对 $a_i, \cdots, a_N$ 而言,每 $\binom{r+s-4}{r-2}$ 个相邻的称为一段,每一段均为不增的,不同段上的点为不减的.

若存在不减的长为 r 的凸子列或长为 s 的凹子列,则它们的项必两两不同段,但此时与($**$)处 x_i 定义矛盾;若存在不增的长为 r 的凸子列或长为 s 的凹子列,则它们必全在一段上,平移后即相当于数列 $y_1, \cdots, y_m$ 中有长为 r 的凸子列或长为 s 的凹子列,这与($*$)处 y_i 定义矛盾. 故此时不满足条件.

由此 $N(r, s) \geqslant \left(\dfrac{r+s-4}{r-2}\right)^2 + 1$.　　　　□

结合引理 4 和引理 5 可知,定理①得证.

参考文献

［1］P. Erdös and G. Szekeres. A combinatorial problem in geometry ［J］. Compos. Math. 2 (1935)，463－470.

［2］J. Steele. Variations on the monotone subsequence theme of Erdös and Szekeres ［J］. In Discrete probability and algorithms (Minneapolis，MN，1993)，111－131，IMA Vol. Math. Appl.，72，Springer，New York，1995.

［3］A. Seidenberg. A simple proof of a theorem of Erdös and Szekeres ［J］. J. London Math. Soc.，34 (1959)，352.

［4］G. Moshkovitz，A. Shapira. Ramsey theory，integer partitions and a new proof of the Erdös-Szekeres theorem ［J］. Adv. Math. 262 (2014)，1107－1129.

［5］J. Fox，J. Pach，B. Sudakov，and A. Suk. Erdös-Szekeres-type theorems for monotone paths and convex bodies ［J］. Proc. London Math. Soc.，105 (2012)，953－982.

［6］W. Morris，V. Soltan. The Erdös-Szekeres problem on points in convex position—a survey ［J］. Bull. Amer. Math. Soc. 37 (2000)，437－458.

［7］施柯杰，冷岗松. 2015 国外组合试题评析 ［J］. 数学新星网·教师专栏，2015－12－30.

［8］R. Graham，B. Rothschild and J. Spencer. Ramsey Theory ［M］. 2nd ed. Wiley，New York，1990.

凹数列的反向柯西不等式

牟晓生

（哈佛大学，xiaoshengmu@fas. harvard. edu）

1. 问题背景

设 $f(x)$、$g(x)$ 是区间 $[0, 1]$ 上的非负函数，那么我们有连续形式的柯西不等式：

$$\int_0^1 f(x)g(x)\mathrm{d}x \leqslant \left(\int_0^1 f^2(x)\mathrm{d}x\right)^{\frac{1}{2}} \cdot \left(\int_0^1 g^2(x)\mathrm{d}x\right)^{\frac{1}{2}}.$$

类似地，如果 a_1，a_2，$\cdots$，a_n；b_1，b_2，$\cdots$，b_n 是两个非负数列，则有：

$$\sum_{i=1}^n a_i b_i \leqslant \left(\sum_{i=1}^n a_i^2\right)^{\frac{1}{2}} \cdot \left(\sum_{i=1}^n b_i^2\right)^{\frac{1}{2}}.$$

反向柯西不等式的研究试图在一定条件下给出与上面反向的不等式，即左边大于等于右边的常数倍. 这方面的第一个结果由波利亚（Polya）和塞戈（Szego）得到：

定理 1（Polya-Szego，1925）　如果 $f(x) \in [a, A]$，$g(x) \in [b, B]$，则有：

$$\int_0^1 f(x)g(x)\mathrm{d}x \geqslant \frac{2\sqrt{abAB}}{ab+AB} \cdot \left(\int_0^1 f^2(x)\mathrm{d}x\right)^{\frac{1}{2}} \cdot \left(\int_0^1 g^2(x)\mathrm{d}x\right)^{\frac{1}{2}}.$$

这个不等式的离散形式也成立.

我们知道柯西不等式在 $\dfrac{f(x)}{g(x)}$ 为常数时取等号. 由于限制 $f(x)$、$g(x)$ 的大小也就限制了它们比值的取值范围，这样上面的结果就很好理解了. 同样地，通过假设 $f(x)$ 与 $g(x)$ 都是凹函数也能起到限制 $\dfrac{f(x)}{g(x)}$ 的效果，从而得到下面的结论：

定理 2（Gruss'35，Bellman'56，Barnes'69，Borell'73）　如果 $f(x)$ 与 $g(x)$ 都是 $[0, 1]$ 区间上非负的凹函数，则有：

$$\int_0^1 f(x)g(x)\mathrm{d}x \geqslant \frac{1}{2} \cdot \left(\int_0^1 f^2(x)\mathrm{d}x\right)^{\frac{1}{2}} \cdot \left(\int_0^1 g^2(x)\mathrm{d}x\right)^{\frac{1}{2}}.$$

注意到这里的常数 $\frac{1}{2}$ 是最优的,在 $f(x)=x$,$g(x)=1-x$ 时取等号.

本文考虑定理 2 的离散形式. 我们将证明:

定理 3 设 a_1,a_2,$\cdots$,a_n;b_1,b_2,$\cdots$,b_n $(n \geqslant 2)$ 是两个非负的凹数列,即对每个 $2 \leqslant i \leqslant n-1$ 有 $2a_i \geqslant a_{i-1}+a_{i+1}$,$2b_i \geqslant b_{i-1}+b_{i+1}$. 则有:

$$\sum_{i=1}^{n} a_i b_i \geqslant \frac{n-2}{2n-1} \cdot \left(\sum_{i=1}^{n} a_i^2\right)^{\frac{1}{2}} \cdot \left(\sum_{i=1}^{n} b_i^2\right)^{\frac{1}{2}}. \tag{1}$$

等号在 $a_i=i-1$,$b_i=n-i$ 时取到.

据笔者所知,定理 3 在现有文献中仍是一个猜想. 巴恩斯(Barnes)曾在论文中指出他关于定理 2 的方法不适用于一般离散的情况,而只能解决两个数列均单调的特殊情况. 下一节我们先给出那个问题的简洁证明.

2. 单调情形的简洁证明

这一节我们假设两个数列都是单调数列,在此附加条件下证明定理 3. 由于可以将一个数列中的每一项乘上常数而不改变问题条件与结论,我们不妨假设 $\sum_{i=1}^{n} a_i = \sum_{i=1}^{n} b_i = \frac{n(n-1)}{2}$. 此时有如下引理:

引理 4 设 a_1,a_2,$\cdots$,a_n 是一个单调的非负凹数列,且满足 $\sum_{i=1}^{n} a_i = \frac{n(n-1)}{2}$. 则

$$\sum_{i=1}^{n} a_i^2 \leqslant \sum_{i=1}^{n} (i-1)^2 = \frac{n(n-1)(2n-1)}{6}. \tag{2}$$

证明 不妨设 $a_1 \leqslant a_2 \leqslant \cdots \leqslant a_n$. 由 Karamata 不等式,只需证明对每个 $1 \leqslant k \leqslant n-1$ 有

$$\sum_{i=k+1}^{n} a_i \leqslant \sum_{i=k+1}^{n} (i-1).$$

注意到对每个 $1 \leqslant j \leqslant k < i \leqslant n$,由凹数列性质有

$$a_j \geqslant \frac{j-1}{i-1} \cdot a_i + \frac{i-j}{i-1} \cdot a_1 \geqslant \frac{j-1}{i-1} \cdot a_i.$$

重写为 $\frac{i-1}{j-1} \cdot a_j \geqslant a_i$,对 i 求和得到

$$\frac{\sum_{i=k+1}^{n}(i-1)}{j-1} \cdot a_j \geqslant \sum_{i=k+1}^{n} a_i, \ \forall 1 \leqslant j \leqslant k.$$

如果 $\sum_{i=k+1}^{n} a_i > \sum_{i=k+1}^{n}(i-1)$，那么由上面的不等式可知 $a_j > j-1$，$\forall 1 \leqslant j \leqslant k$. 这样导致所有 a_i 的和大于 $\sum_{i=1}^{n}(i-1)$，与引理条件矛盾. 于是引理得证! □

回到定理 3 的证明. 我们知道(1)式右边至多是 $\dfrac{n(n-1)(n-2)}{6}$. 另一方面，

$$2\sum_{i=1}^{n} a_i b_i = \sum_{i=1}^{n}(a_i+b_i)^2 - \sum_{i=1}^{n} a_i^2 - \sum_{i=1}^{n} b_i^2$$

$$\geqslant \frac{1}{n}\left(\sum_{i=1}^{n}(a_i+b_i)\right)^2 - \frac{n(n-1)(2n-1)}{3}$$

$$= n(n-1)^2 - \frac{n(n-1)(2n-1)}{3}$$

$$= \frac{n(n-1)(n-2)}{3}.$$

这样就证明了(1)式. □

如果引理 4 的结论对一般凹数列也成立，那么用同样的证明即可得到完整的定理 3. 很遗憾，$\sum_{i=1}^{n} a_i^2$ 的最大值并不在 $a_i = i-1$(或 $a_i = n-i$)时取到. 我们有下面的结论：

引理 5(Khintchine) 设 $a_1, a_2, \cdots, a_n$ $(n \geqslant 3)$ 是一个非负凹数列，且满足 $\sum_{i=1}^{n} a_i = \dfrac{n(n-1)}{2}$. 则

$$\sum_{i=1}^{n} a_i^2 \leqslant \sum_{i=1}^{n-1}\left(\frac{n(i-1)}{n-2}\right)^2 = \frac{n^2(n-1)(2n-3)}{6(n-2)}. \tag{3}$$

证明 我们采取一个间接的策略，假设 $\sum_{i=1}^{n} a_i^2$ 取到最大值，从而导出数列的一些性质以便最后直接验证(3)式. 这个方法之后还会用到.

在所有满足 $\sum_{i=1}^{n} a_i = \dfrac{n(n-1)}{2}$ 的非负凹数列中取一个使得 $\sum_{i=1}^{n} a_i^2$ 最大. 由紧集和连续函数的性质可知，最大值是能取到的.

我们首先证明至多存在一个 j $(2 \leqslant j \leqslant n-1)$，使得 $2a_j > a_{j-1} + a_{j+1}$.

假设不然，则存在 $1 < j_1 < j_2 < n$ 使得

$$2a_{j_1} > a_{j_1-1} + a_{j_1+1} \text{ 且 } 2a_{j_2} > a_{j_2-1} + a_{j_2+1}.$$

考虑一个辅助数列 $\langle \delta_i \rangle_{i=1}^{n}$：当 $1 \leqslant i \leqslant j_1$ 时 $\delta_i = i-1$；当 $j_2 \leqslant i \leqslant n$ 时 $\delta_i = \lambda(i-n)$(其中 λ 是待定的正数)；当 $j_1 < i < j_2$ 时 $\delta_i = \dfrac{j_2-i}{j_2-j_1} \cdot \delta_{j_1} + \dfrac{i-j_1}{j_2-j_1} \cdot \delta_{j_2}$. 从几何角度来说，$n$ 个点 (i, δ_i) 连接成三

个线段,而拐点恰好出现在 $i = j_1, j_2$.

易知存在唯一的 λ 使得 $\sum_i \delta_i = 0$. 这时考虑两个数列 $a_i' = a_i + \epsilon \cdot \delta_i$ 以及 $a_i'' = a_i - \epsilon \cdot \delta_i$, 它们的和都等于 $\dfrac{n(n-1)}{2}$. 注意到数列 $\{a_i\}$ 是凹的,并且在 $i = j_1, j_2$ 处是严格凹的. 而数列 $\pm\{\delta_i\}$ 在 $i \neq j_1$, j_2 处是线性的,所以对充分小的正数 ϵ,数列 $\{a_i'\}$、$\{a_i''\}$ 都是凹的. 又由于 $\delta_1 = \delta_n = 0$, $a_1' = a_1'' = a_1$, $a_n' = a_n'' = a_n$ 都是非负的. 由凹数列的性质可知,$\{a_i'\}$ 与 $\{a_i''\}$ 都是非负的. 故 $\{a_i'\}$、$\{a_i''\}$ 都是符合条件的数列,但是

$$\sum_i a_i'^2 + \sum_i a_i''^2 - 2\sum_i a_i^2 = 2\epsilon^2 \sum_i \delta_i^2 > 0,$$

与 $\sum_i a_i^2$ 的最大性相矛盾!

所以我们证明了存在 $k(1 \leqslant k \leqslant n)$,使得 $a_1, a_2, \cdots, a_k$ 是等差数列,而 $a_k, a_{k+1}, \cdots, a_n$ 也是等差数列. 如果 $k = 1$ 或 $k = n$,那么 $\{a_i\}$ 是单调的.

考虑辅助数列 $\delta_i = i - \dfrac{n+1}{2}$. 如果 $a_1, a_n > 0$,则 $\{a_i \pm \epsilon \delta_i\}$ 都是非负的凹数列,且其中一个的平方和比 $\{a_i\}$ 大. 所以只可能 $a_1 = 0$ 或者 $a_n = 0$,再由 $\sum_i a_i = \dfrac{n(n-1)}{2}$ 可知 $a_i = i - 1$ 或者 $a_i = n - i$.

这样我们再次得到引理 4 的结论,即当 $\{a_i\}$ 单调时 $\sum_i a_i^2$ 的最大值是 $\dfrac{n(n-1)(2n-1)}{6}$ $< \dfrac{n^2(n-1)(2n-3)}{6(n-2)}$.

接下来假设 $1 < k < n$,我们证明 $a_1 = a_n = 0$. 如果 $a_1 > 0$,考虑下面的辅助数列 $\{\delta_i\}$:当 $k \leqslant i \leqslant n$ 时 $\delta_i = n - i$;当 $1 \leqslant i < k$ 时 $\delta_i = n - k - \lambda(k - i)$. 取唯一的 λ 使得 $\sum_i \delta_i = 0$,那么和上面一样可以证明 $\{a_i \pm \epsilon \delta_i\}$ 都是和为 $\dfrac{n(n-1)}{2}$ 的非负凹数列. 这与 $\sum_i a_i^2$ 最大相矛盾!

所以存在 $1 < k < n$ 使得

$$a_i = \frac{i-1}{k-1} \cdot a_k, \quad 1 \leqslant i \leqslant k, \quad \text{以及} \quad a_i = \frac{n-i}{n-k} \cdot a_k, \quad k < i \leqslant n.$$

利用 $\sum_i a_i = \dfrac{n(n-1)}{2}$ 可知 $a_k = n$,于是可以直接求出

$$\sum_i a_i^2 = n^2 \cdot \left(\sum_{i=1}^{k} \left(\frac{i-1}{k-1} \right)^2 + \sum_{i=k+1}^{n} \left(\frac{n-i}{n-k} \right)^2 \right)$$

$$= \frac{n^2}{6} \cdot \left(2n - 2 + \frac{1}{k-1} + \frac{1}{n-k} \right).$$

由于 $\dfrac{1}{x}$ 是凸函数,容易看出上面最右边的式子在 $k=2$ 或 $k=n-1$ 时最大.

最大值是 $\dfrac{n^2}{6} \cdot \left(2n-2+1+\dfrac{1}{n-2}\right) = \dfrac{n^2}{6} \cdot \dfrac{(n-1)(2n-3)}{n-2}$,于是引理得证! □

3. 一般数列的证明

这一节我们证明定理 3 对一般的非负凹数列 $\{a_i\}$、$\{b_i\}$ 都成立.

不妨假设 $\displaystyle\sum_i a_i = \sum_i b_i = \dfrac{n(n-1)}{2}$. 只需证明在这些条件下有

$$\sum_i a_i b_i \geqslant \dfrac{n-2}{2n-1} \sum_i a_i^2. \tag{4}$$

如果(4)式成立,那么对称地有

$$\sum_i a_i b_i \geqslant \dfrac{n-2}{2n-1} \sum_i b_i^2,$$

于是(1)式一定成立.

为证(4)式,用上一节的调整法可知只需考虑三种情况:

(i) $a_i = i-1$,$1 \leqslant i \leqslant n$,

(ii) $a_i = n-i$,$1 \leqslant i \leqslant n$ 或者

(iii) 存在 $1 < k < n$ 使得 $a_i = \dfrac{i-1}{k-1} \cdot n$,$1 \leqslant i \leqslant k$,以及 $a_i = \dfrac{n-i}{n-k} \cdot n$,$k < i \leqslant n$.

先考虑前两种(对称的)情况,此时只要证明

$$\sum_{i=1}^{n} (i-1)b_i \geqslant \dfrac{n(n-1)(n-2)}{6}.$$

由于左边是 b_i 的线性和,我们可以再用调整法使得数列 $\{b_i\}$ 也属于上面三种情况之一,详见角注.[①]

---

① 具体来说,我们可以取数列 $\{b_i\}$ 使得 $\sum_i a_i b_i$ 最大,并在此条件下要求满足 $2b_j > b_{j-1} + b_{j+1}$ 的下标 j 最少(称这样的下标为"拐点"). 如果还有多个数列则尽量要求 b_1、b_n 等于零. 同引理 5 的证明,至多有一个下标 j 使得 $2b_j > b_{j-1} + b_{j+1}$. 否则 $\{b_i \pm \epsilon \delta_i\}$ 也符合条件,并且 $\sum_i a_i(b_i + \epsilon \delta_i) + \sum_i a_i(b_i - \epsilon \delta_i) = 2\sum_i a_i b_i$(辅助数列 δ_i 同引理 5 的证明). 那样由最大性得到 $\sum_i a_i(b_i \pm \epsilon \delta_i) = \sum_i a_i b_i$. 然而通过取适当的 ϵ 可以使得 $\{b_i \pm \epsilon \delta_i\}$ 中的一个数列比 $\{b_i\}$ 少一个拐点,与我们选取 $\{b_i\}$ 的方法矛盾! 于是 $\{b_i\}$ 要么是单调的,要么只有一个拐点. 如果单调,我们可以用同样方法进一步证明 $b_1 = 0$ 或者 $b_n = 0$,于是 $b_i = i-1$ 或者 $b_i = n-i$. 如果 $2b_k > b_{k-1} + b_{k+1}$ 是一个拐点,则可以证明 $b_1 = b_n = 0$. 否则对适当的 ϵ,数列 $\{b_i \pm \epsilon \delta_i\}$ 也达到最大值,并且要么少一个拐点,要么在 b_1、b_n 处多一个零.

如果 $b_i = i-1$，$\sum_i a_i b_i = \dfrac{n(n-1)(2n-1)}{6}$．如果 $b_i = n-i$，$\sum_i a_i b_i = \dfrac{n(n-1)(n-2)}{6}$．最后

假设数列 $\{b_i\}$ 属于情况(iii)，此时我们将 $2\sum_i a_i b_i \geqslant \dfrac{n(n-1)(n-2)}{3}$ 改写为

$$\sum_i (a_i + b_i)^2 \geqslant \sum_i a_i^2 + \sum_i b_i^2 + \frac{n(n-1)(n-2)}{3},$$

也就是

$$\sum_i (a_i + b_i - n + 1)^2 \geqslant \sum_i a_i^2 + \sum_i b_i^2 - \frac{n(n-1)(2n-1)}{3} \tag{5}$$
$$= \sum_i b_i^2 - \frac{n(n-1)(2n-1)}{6}.$$

由于 $a_1 = b_1 = 0$，(5) 式左边至少是 $(n-1)^2$．而由引理 5 知，(5) 式右边至多是

$$\frac{n^2(n-1)(2n-3)}{6(n-2)} - \frac{n(n-1)(2n-1)}{6} = \frac{n(n-1)^2}{3(n-2)} \leqslant (n-1)^2.$$

故定理成立．

　　最后假设 $\{a_i\}$ 属于情况(iii)．由引理 5 知(4)式的右边至多是 $\dfrac{n^2(n-1)(2n-3)}{6(2n-1)}$．

　　于是只要证明 $2\sum_i a_i b_i \geqslant \dfrac{n^2(n-1)(2n-3)}{3(2n-1)}$，即

$$\sum_i (a_i + b_i - n)^2 \geqslant \sum_i a_i^2 + \sum_i b_i^2 + \frac{n^2(n-1)(2n-3)}{3(2n-1)} - n^2(n-2). \tag{6}$$

　　如果 $\{b_i\}$ 属于情况(iii)，那么 $a_1 = b_1 = a_n = b_n = 0$．此时(6)式左边至少是 $2n^2$．而由引理 5 可知(6)

式右边至多是

$$\frac{n^2(n-1)(2n-3)}{3(n-2)} + \frac{n^2(n-1)(2n-3)}{3(2n-1)} - n^2(n-2) = n^2 \cdot \frac{2n^2 - 4n + 1}{(n-2)(2n-1)} \leqslant 2n^2.$$

　　如果 $\{b_i\}$ 属于情况(i)或(ii)，那么(6)式左边至少是 n^2．而由引理 4 和引理 5 可知(6)式右边至多是

$$\frac{n^2(n-1)(2n-3)}{6(n-2)} + \frac{n(n-1)(2n-1)}{6} + \frac{n^2(n-1)(2n-3)}{3(2n-1)} - n^2(n-2)$$

$$= n^2 - \frac{n(n-1)(2n^2 - 6n + 1)}{3(n-2)(2n-1)} \leqslant n^2.$$

故无论如何(6)式都成立，我们也就完成了定理 3 的证明！　　□

一个不等式猜测的证明

牟晓生

（哈佛大学，xiaoshengmu@fas.harvard.edu）

本文给出了赵斌老师在数学新星网第九期问题征解上提出的一个不等式猜想的肯定回答，得到如下定理：

定理 设 n 是正整数，实数 x_1，x_2，$\cdots$，x_n 满足 $0 < x_1 \leqslant x_2 \leqslant \cdots \leqslant x_n$ 且 $x_1 x_2 \cdots x_n = 1$，则不等式

$$x_1 + x_2^2 + \cdots + x_n^n \geqslant x_1^{-1} + x_2^{-2} + \cdots + x_n^{-n}. \tag{1}$$

对所有正整数 n 都成立.

证明 令 $x_k = e^{\alpha_k}$，则条件变为 $\alpha_1 \leqslant \alpha_2 \leqslant \cdots \leqslant \alpha_n$ 且 $\sum_k \alpha_k = 0$. 这个代换将原不等式(1)转化为

$$\sum_{k=1}^{n} (e^{k\alpha_k} - e^{-k\alpha_k}) \geqslant 0. \tag{2}$$

根据熟知的积分公式，(2)式等价于

$$\sum_{k=1}^{n} \int_{-k\alpha_k}^{k\alpha_k} e^y \mathrm{d}y \geqslant 0, \tag{3}$$

也就是

$$\sum_{k=1}^{n} \int_{0}^{k\alpha_k} (e^y + e^{-y}) \mathrm{d}y \geqslant 0. \tag{4}$$

注意在(3)和(4)中，积分的上限有时会小于其下限，但这并不影响正确性.

让我们假设 $\alpha_1 \leqslant \cdots \leqslant \alpha_K < 0 \leqslant \alpha_{K+1} \leqslant \cdots \leqslant \alpha_n$，$1 \leqslant K < n$.[①]那么我们又可以把(4)写为

$$\sum_{k>K} \int_{0}^{k\alpha_k} (e^y + e^{-y}) \mathrm{d}y \geqslant \sum_{k \leqslant K} \int_{0}^{-k\alpha_k} (e^y + e^{-y}) \mathrm{d}y \geqslant 0. \tag{5}$$

此时所有积分区间都包含于 $\mathbf{R}_+$，且上限不小于下限.

---

① 除非 α_k 恒等于零，否则这样的 K 是存在的.

接下来我们关键性地交换求和与积分符号,将(5)等价地变为

$$\int_0^\infty (e^y + e^{-y}) \cdot \Big(\sum_{k>K} \mathbb{I}_{\{y \leqslant k\alpha_k\}} - \sum_{k \leqslant K} \mathbb{I}_{\{y \leqslant -k\alpha_k\}} \Big) \, dy \geqslant 0, \tag{6}$$

其中 $\mathbb{I}_{\{y \leqslant k\alpha_k\}}$ 是 $y \leqslant k\alpha_k$ 的特征函数.

对 $y \geqslant 0$,令 $f(y) = e^y + e^{-y}$,

$$g(y) = \sum_{k>K} \mathbb{I}_{\{y \leqslant k\alpha_k\}} - \sum_{k \leqslant K} \mathbb{I}_{\{y \leqslant -k\alpha_k\}}.$$

注意到 $f(y)$ 是正的,且单调递增,因此为证 $\int_{y \geqslant 0} f(y)g(y) dy \geqslant 0$,利用分部积分公式只需证明[1]

$$\int_{y \geqslant t} g(y) dy \geqslant 0, \ \forall \, t \geqslant 0. \tag{7}$$

根据上面对 g 的定义,要证的不等式(7)可以重写为

$$\sum_{k>K} (k\alpha_k - t)^+ \geqslant \sum_{k \leqslant K} (-k\alpha_k - t)^+, \tag{8}$$

其中 z^+ 表示 $\max\{z, 0\}$.

下面我们证明不等式(8)对每个 $t \geqslant 0$ 成立. 我们将不等式左边的和记为 A,右边的和记为 B. 不妨设 $B > 0$,则一定存在 $l \leqslant K$ 使得 $-l\alpha_l - t \geqslant \dfrac{B}{K}$. 由于 $\alpha_1 \leqslant \alpha_2 \leqslant \cdots \leqslant \alpha_l$,我们得到 $-\sum\limits_{k=1}^{l} \alpha_k - t \geqslant \dfrac{B}{K}$. 再考虑到 $\alpha_{l+1}, \cdots, \alpha_K < 0$,一定有

$$\sum_{k>K} \alpha_k = -\sum_{k \leqslant K} \alpha_k \geqslant -\sum_{k \leqslant l} \alpha_k \geqslant \frac{B}{K} + t. \tag{9}$$

根据(9),以及 $\alpha_{K+1} \leqslant \alpha_{K+2} \leqslant \cdots \leqslant \alpha_n$,不难得到

$$\begin{aligned}
A &\geqslant \sum_{k>K} (k\alpha_k - t) = \Big(\sum_{k>K} k\alpha_k \Big) - (n-K)t \\
&\geqslant \Big(\frac{n+K+1}{2} \cdot \sum_{k>K} \alpha_k \Big) - (n-K)t \\
&\geqslant \Big(\frac{n+K+1}{2} \cdot \Big(\frac{B}{K} + t \Big) \Big) - (n-K)t \\
&= \frac{n+K+1}{2K} \cdot B + \frac{3K+1-n}{2} \cdot t.
\end{aligned} \tag{10}$$

---

[1] 在不等式领域这又被称为"majorization trick".

如果 $n \leqslant 3K+1$，那么由(10)即可推出 $A \geqslant B$．

如果 $n > 3K+1$，此时我们需要将(10)更精细化．事实上对每个 $n \geqslant M \geqslant K$ 都有

$$
\begin{aligned}
A &\geqslant \sum_{k>M}(k\alpha_k - t) = \Big(\sum_{k>M}k\alpha_k\Big) - (n-M)t \\
&\geqslant \Big(\frac{(n+M+1)(n-M)}{2(n-K)} \cdot \sum_{k>K}\alpha_k\Big) - (n-M)t \\
&\geqslant \Big(\frac{(n+M+1)(n-M)}{2(n-K)} \cdot \Big(\frac{B}{K}+t\Big)\Big) - (n-M)t \\
&= \frac{(n+M+1)(n-M)}{2K(n-K)} \cdot B + \frac{(M+2K+1-n)(n-M)}{2(n-K)} \cdot t.
\end{aligned}
\tag{11}
$$

取 $M = n-2K-1 > K$，则由(11)得到 $A \geqslant \dfrac{2K+1}{K}B \geqslant B$．

因此无论如何不等式(8)都成立．证毕． □

一个 Hardy 型不等式的证明

牟晓生

（哈佛大学，xiaoshengmu@fas. harvard. edu）

最近，山西大学附属中学王永喜老师证明了如下非常有意思的不等式：

$$\sum_{k=1}^{n} \frac{k^3}{a_1^3 + \cdots + a_k^3} \leqslant \frac{81}{32} \left(\frac{1}{a_1} + \frac{1}{a_2} + \cdots + \frac{1}{a_n} \right)^3.$$

其中 $a_i > 0$，$i = 1, 2, 3, \cdots, n$.

我们研究了这一不等式，讨论了系数 $\frac{81}{32}$ 的最优性，即考虑如下问题：

问题 设 $a_i > 0$，$i = 1, 2, 3, \cdots, n$，则使不等式

$$\sum_{k=1}^{n} \frac{k^3}{a_1^3 + \cdots + a_k^3} \leqslant c \cdot \left(\frac{1}{a_1} + \frac{1}{a_2} + \cdots + \frac{1}{a_n} \right)^3$$

成立的最优常数 c 为多少？

事实上，我们将证明 $c = 1$ 就够了. 注意到一定有 $c \geqslant 1$，因此最优的常数就是 1. 我们用归纳法证明下面更强的不等式：

$$\sum_{k=1}^{n} \frac{k^3}{a_1^3 + \cdots + a_k^3} \leqslant \left(\frac{1}{a_1} + \frac{1}{a_2} + \cdots + \frac{1}{a_n} \right)^3 - \frac{\lambda_n}{a_1^3 + \cdots + a_n^3}, \quad \forall n \geqslant 2 \qquad (1)$$

其中 $\lambda_n > 0$ 是只与 n 有关的常数，之后确定.

假设（1）式对 $n \geqslant 2$ 成立（我们之后会回过头来检验 $n = 2$ 的情况）. 那么为证 $n + 1$ 的情况，只要证明

$$\frac{\lambda_{n+1} + (n+1)^3}{a_1^3 + \cdots + a_{n+1}^3}$$

$$\leqslant \frac{\lambda_n}{a_1^3 + \cdots + a_n^3} + \left[\left(\frac{1}{a_1} + \cdots + \frac{1}{a_{n+1}} \right)^3 - \left(\frac{1}{a_1} + \cdots + \frac{1}{a_n} \right)^3 \right] \qquad (2)$$

$$= \frac{\lambda_n}{a_1^3 + \cdots + a_n^3} + \frac{3}{a_{n+1}} \left(\frac{1}{a_1} + \cdots + \frac{1}{a_n} \right)^2 + \frac{3}{a_{n+1}^2} \left(\frac{1}{a_1} + \cdots + \frac{1}{a_n} \right) + \frac{1}{a_{n+1}^3}.$$

令 $S = a_1^3 + \cdots + a_n^3$,由赫尔德(Hölder) 不等式知

$$\frac{1}{a_1} + \cdots + \frac{1}{a_n} \geqslant \frac{n^{\frac{4}{3}}}{S^{\frac{1}{3}}}.$$

代入到(2)式,只需证明

$$\frac{\lambda_{n+1} + (n+1)^3}{S + a_{n+1}^3} \leqslant \frac{\lambda_n}{S} + \frac{3n^{\frac{8}{3}}}{a_{n+1}S^{\frac{2}{3}}} + \frac{3n^{\frac{4}{3}}}{a_{n+1}^2 S^{\frac{1}{3}}} + \frac{1}{a_{n+1}^3}.$$

令 $t = a_{n+1}/S^{\frac{1}{3}}$,通分后等价于

$$\lambda_{n+1} + (n+1)^3 \leqslant \lambda_n + \left(\lambda_n t^3 + \frac{3n^{\frac{8}{3}}}{t}\right) + \left(3n^{\frac{8}{3}}t^2 + \frac{3n^{\frac{4}{3}}}{t^2}\right) + \left(3n^{\frac{4}{3}}t + \frac{1}{t^3}\right) + 1. \tag{3}$$

由均值不等式可得

$$\lambda_n t^3 + \frac{3n^{\frac{8}{3}}}{t} \geqslant 4\lambda_n^{\frac{1}{4}}n^2;$$

$$3n^{\frac{8}{3}}t^2 + \frac{3n^{\frac{4}{3}}}{t^2} \geqslant 6n^2;$$

$$3n^{\frac{4}{3}}t + \frac{1}{t^3} \geqslant 4n.$$

将这些代入到(3)式,只要验证

$$\lambda_{n+1} + (n+1)^3 \leqslant \lambda_n + 4\lambda_n^{\frac{1}{4}}n^2 + 6n^2 + 4n + 1, \ \forall n \geqslant 2. \tag{4}$$

现在令 $\lambda_n = \frac{1}{16}n^4$,那么(4) 式变成

$$\frac{3}{4}n^3 + \frac{21}{8}n^2 + \frac{3}{4}n - \frac{1}{16} \geqslant 0,$$

显然对 $n \geqslant 2$ 成立.

最后考虑 $n = 2$. 此时 $\lambda_n = 1$,也即要证:

$$\frac{1}{a_1^3} + \frac{8}{a_1^3 + a_2^3} \leqslant \left(\frac{1}{a_1} + \frac{1}{a_2}\right)^3 - \frac{1}{a_1^3 + a_2^3}.$$

这是因为

$$\frac{9}{a_1^3 + a_2^3} \leqslant \frac{9}{a_1^2 a_2 + a_2^2 a_1} \leqslant \frac{9}{4a_1^2 a_2} + \frac{9}{4a_2^2 a_1} < \frac{3}{a_1^2 a_2} + \frac{3}{a_2^2 a_1}.$$

因此命题得证!　　　　　　　　　　　　　　　　　　　　　　　　　　　□

　　注　用同样的方法可以证明经典的哈代(Hardy)不等式:对 $p > 1$ 我们有

$$\sum_{k=1}^{n} \left(\frac{a_1 + \cdots + a_k}{k}\right)^p \leqslant \left(\frac{p}{p-1}\right)^p \sum_{k=1}^{n} a_k^p - \frac{p}{p-1} n^{-(p-1)} (a_1 + \cdots + a_n)^p. \tag{6}$$

如果令 $a_k = b_k^{\frac{1}{p}}$ 再使 $p \to \infty$,则得到卡莱曼(Carleman)不等式:

$$\sum_{k=1}^{n} (b_1 b_2 \cdots b_k)^{\frac{1}{k}} \leqslant e \sum_{k=1}^{n} b_k - n(b_1 b_2 \cdots b_n)^{\frac{1}{n}}. \tag{7}$$

实际上(5)式对所有 $p < 0$ 也成立.特别地,当 $p = -1$ 时有

$$\sum_{k=1}^{n} \frac{k}{a_1 + \cdots + a_k} \leqslant 2 \sum_{k=1}^{n} \frac{1}{a_k}. \tag{8}$$

令 $a_k = k$ 可知上面的常数 2 是最佳的.

　　受到(1)式与(7)式的启发,我们可以考虑更一般的问题

$$\sum_{k=1}^{n} \frac{k^\beta}{a_1^\beta + \cdots + a_k^\beta} \leqslant c(\beta) \left(\sum_{k=1}^{n} \frac{1}{a_k}\right)^\beta. \tag{9}$$

我们已经知道了最佳常数 $c(1) = 2$, $c(3) = 1$.实际上也有 $c(2) = 1$:可以归纳证明对 $n \geqslant 2$ 有

$$\sum_{k=1}^{n} \frac{k^2}{a_1^2 + \cdots + a_k^2} \leqslant \left(\sum_{k=1}^{n} \frac{1}{a_k}\right)^2 - \frac{1}{8} \cdot \frac{n^3}{a_1^2 + \cdots + a_n^2}. \tag{10}$$

用同样方法应该不难证明 $c(\beta) = 1$, $\forall \beta \geqslant 2$.[①]然而确定 $c(\beta)$ 在区间 $(1, 2)$ 上的值似乎很困难.

　　编者注:

　　山西大学附属中学王永喜老师也来信告诉编辑部,他也得到了 $c(3) = 1$ 的结果.同时他还讨论证明了上述哈代型不等式(8),得到常数 $c(m)$ 的一个估计: $c(m) = \frac{1}{m-1} \left(\frac{2m}{m+1}\right)^{m+1}$, $m \geqslant 2$,特此说明.

---

① 实际上 $\beta \geqslant 2 - \epsilon$ 也足够了.

Gronwall 型不等式的研究

何忆捷

（华东师范大学，200241）

在 2014 年国际数学奥林匹克中国国家集训队选拔[1]中，有如下问题：

问题 1 对任意一个实数列 $\{x_n\}$，定义数列 $\{y_n\}$ 如下：

$$y_1 = x_1,\ y_{n+1} = x_{n+1} - \left(\sum_{i=1}^{n} x_i^2\right)^{\frac{1}{2}},\ n \geqslant 1.$$

求最小的正数 λ，使得对任意实数列 $\{x_n\}$ 及一切正整数 m，均有

$$\frac{1}{m} \sum_{i=1}^{m} r_i^2 \leqslant \sum_{i=1}^{m} \lambda^{m-i} y_i^2.$$

实际上，问题 1 源于对一类离散形式格朗沃尔（Gronwall）型不等式的研究. 本文详细介绍这一研究，并对结果进行若干讨论.

1. 研究背景及本文的主要工作

在 1919 年，T. H. Gronwall[2] 提出了如下定理（Gronwall 引理）：

定理 A 对 $[0, \infty)$ 上的非负可积函数 $u(t)$、$v(t)$ 及非负实数 a，若

$$u(t) \leqslant a + \int_0^t v(s)u(s)\mathrm{d}s,\ t \geqslant 0,$$

则

$$u(t) \leqslant a \exp\left(\int_0^t v(s)\mathrm{d}s\right),\ t \geqslant 0.$$

这一定理在微分方程解的存在性、唯一性、稳定性等研究中具有重要意义.

此后研究者们给出了多种变化形式的 Gronwall 型不等式. 其中，D. Willett 与 J. S. W. Wong[3] 提

出并证明了如下离散化形式的 Gronwall 型不等式:

定理 B 对非负实数 a_n、b_n、c_n、$x_n(n=1,2,\cdots)$ 及实数 $r \geqslant 1$,若

$$x_n \leqslant a_n + b_n \left(\sum_{i=1}^{n-1} c_i x_i^r\right)^{\frac{1}{r}}, \ n=1,2,\cdots,$$

则

$$\sum_{i=1}^{n} c_i x_i^r \leqslant \left(1-(1-p_n)^{\frac{1}{r}}\right)^{-r} \sum_{i=1}^{n} a_i^r c_i p_i, \ n=1,2,\cdots, \tag{1}$$

其中 $p_k = \prod_{i=1}^{k} (1+b_i^r c_i)^{-1}, \ k=1,2,\cdots.$

H. Alzer[4]对[3]的证明方法予以改进,并将(1)加强为

$$\sum_{i=1}^{n} c_i x_i^r \leqslant \left(p_1^{\frac{1}{r}}-(p_1-p_n)^{\frac{1}{r}}\right)^{-r} \sum_{i=1}^{n} a_i^r c_i p_i, \ n=1,2,\cdots, \tag{2}$$

其中,由 $0 < p_n \leqslant p_1 \leqslant 1$ 及 $r \geqslant 1$,可知

$$\left(p_1^{\frac{1}{r}}-(p_1-p_n)^{\frac{1}{r}}\right)^{-r} \leqslant \left(1-(1-p_n)^{\frac{1}{r}}\right)^{-r}.$$

在[4]的这一结果中,若取 $b_n = b > 0$, $c_n = 1(n=1,2,\cdots)$,则得到序列 $\{x_n\}$ 的一个本质估计:

$$\sum_{i=1}^{n} x_i^r \leqslant C(n) \cdot \sum_{i=1}^{n} \frac{a_i^r}{d^i}, \ n=1,2,\cdots, \tag{3}$$

其中 $d=1+b^r$, $C(n) = \left(\left(\frac{1}{d}\right)^{\frac{1}{r}}-\left(\frac{1}{d}-\frac{1}{d^n}\right)^{\frac{1}{r}}\right)^{-r}.$

本文在 $b_n = b > 0$, $c_n = 1(n=1,2,\cdots)$ 这一特殊情况下作进一步研究. 首先证明下述定理.

定理 给定实数 $b > 0$, $r \geqslant 1$,若非负实数列 $\{a_n\}$、$\{x_n\}$ 满足

$$x_n \leqslant a_n + b \cdot \left(\sum_{i=1}^{n-1} x_i^r\right)^{\frac{1}{r}}, \ n=1,2,\cdots, \tag{4}$$

则

$$\sum_{i=1}^{n} x_i^r \leqslant n^{r-1} \cdot \sum_{i=1}^{n} d^{n-i} a_i^r, \ n=1,2,\cdots, \tag{5}$$

其中 $d=1+b^r$.

在此基础上,本文给出如下事实:

(i) 若将(5)中的 $n^{r-1}d^n$ 记为 $C_1(n)$,则当 $r > 1$ 时,有 $\lim_{n\to\infty} \dfrac{C_1(n)}{C(n)} = 0$,这意味着当 n 充分大时,(5)

对(3)的上界估计作了改进. 当 $r=1$ 时,有 $C_1(n) = C(n)$.

(ii) 在(5)中,d 不能改进为更小的正数.

(iii) 在 $r > 1$ 的情况下,对任意正数 M,存在满足(4)的非负实数列 $\{a_n\}$、$\{x_n\}$ 及正整数 m,使得

$$\sum_{i=1}^{m} x_i^r > M \cdot \sum_{i=1}^{m} d^{m-i} a_i^r,$$

这意味着不能将(5)中的 $n^r - 1$ 改进为任意一个常数值 M.

最后,本文说明问题 1 与本研究的关联.

2. 定理的证明及相关讨论

先证明一个引理.

引理 设实数 $r \geqslant 1$,则对任意正数 k、u、v,有

$$(u + v)^r \leqslant (k+1)^{r-1} u^r + \left(1 + \frac{1}{k}\right)^{r-1} v^r. \tag{6}$$

证明 由齐次性,不妨令 $v = 1$,只需证明对一切正数 u,有

$$f(u) = (k+1)^{r-1} u^r + \left(1 + \frac{1}{k}\right)^{r-1} - (u+1)^r \geqslant 0.$$

当 $r = 1$ 时,结论显然成立. 当 $r > 1$ 时,由于

$$f'(u) = r(k+1)^{r-1} u^{r-1} - r(u+1)^{r-1}$$

$$= r((u+ku)^{r-1} - (u+1)^{r-1}) \begin{cases} > 0, & ku > 1, \\ = 0, & ku = 1, \\ < 0, & 0 < ku < 1, \end{cases}$$

所以

$$f(u) \geqslant f\left(\frac{1}{k}\right) = (k+1)^{r-1} \cdot \frac{1}{k^r} + \left(1 + \frac{1}{k}\right)^{r-1} - \left(\frac{1}{k} + 1\right)^r = 0.$$

引理证毕. □

下面给出定理的证明.

定理证明 当 $n = 1$ 时,由(4)知 $x_1^r \leqslant a_1^r$,即(5)成立.

假设(5)在 $n = k$ 时成立,下面考虑 $n = k + 1$ 时的情形.

由(4),并在(6)中令 $u=a_{k+1}$, $v=b\cdot\left(\sum\limits_{i=1}^{k}x_i^r\right)^{\frac{1}{r}}$,可得

$$x_{k+1}^r\leqslant\left(a_{k+1}+b\cdot\left(\sum_{i=1}^{k}x_i^r\right)^{\frac{1}{r}}\right)^r$$

$$\leqslant(k+1)^{r-1}a_{k+1}^r+\left(1+\frac{1}{k}\right)^{r-1}b^r\cdot\sum_{i=1}^{k}x_i^r,$$

结合 $1\leqslant\left(1+\dfrac{1}{k}\right)^{r-1}$, $d=1+b^r$ 及归纳假设,可知

$$\sum_{i=1}^{k+1}x_i^r\leqslant(k+1)^{r-1}a_{k+1}^r+\left(1+\left(1+\frac{1}{k}\right)^{r-1}b^r\right)\cdot\left(\sum_{i=1}^{k}x_i^r\right)$$

$$\leqslant(k+1)^{r-1}a_{k+1}^r+\left(\left(1+\frac{1}{k}\right)^{r-1}d\right)\cdot\left(k^{r-1}\cdot\sum_{i=1}^{k}d^{k-i}a_i^r\right)$$

$$=(k+1)^{r-1}a_{k+1}^r+(k+1)^{r-1}\cdot\sum_{i=1}^{k}d^{k+1-i}a_i^r$$

$$=(k+1)^{r-1}\cdot\sum_{i=1}^{k+1}d^{k+1-i}a_i^r,$$

即(5)在 $n=k+1$ 时也成立. 由数学归纳法知,定理得证. $\square$

以下进行相关的讨论,先对前文所指出的事实(i)、(ii)、(iii)予以证明.

(i)的证明　注意到 $d=1+b^r>1$,有 $\lim\limits_{n\to\infty}\dfrac{1}{d^{n-1}}=0$,于是

$$C(n)=\left(\left(\frac{1}{d}\right)^{\frac{1}{r}}-\left(\frac{1}{d}-\frac{1}{d^n}\right)^{\frac{1}{r}}\right)^{-r}=d\cdot\left(1-\left(1-\frac{1}{d^{n-1}}\right)^{\frac{1}{r}}\right)^{-r}$$

$$\sim d\cdot\left(\frac{1}{r}\cdot\frac{1}{d^{n-1}}\right)^{-r}=d^{(n-1)r+1}\cdot r^r\,(n\to\infty),$$

从而

$$\frac{C_1(n)}{C(n)}\sim\frac{n^{r-1}d^n}{d^{(n-1)r+1}\cdot r^r}=\frac{1}{r^r}\cdot\left(\frac{n}{d^{n-1}}\right)^{r-1}\,(n\to\infty).$$

由于 $\lim\limits_{n\to\infty}\dfrac{n}{d^{n-1}}=0$,这表明当 $r>1$ 时,有 $\lim\limits_{n\to\infty}\dfrac{C_1(n)}{C(n)}=0$.

另一方面,当 $r=1$ 时,显然有 $C_1(n)=d^n=C(n)$. 证毕. $\square$

(ii)的证明　取非负实数列 $\{a_n\}$、$\{x_n\}$ 满足

$$x_1=a_1=1,\ x_n=b\cdot d^{\frac{n-2}{r}},\ a_n=0\ \ (n=2,3,\cdots),$$

则对任意整数 $n \geqslant 2$,有

$$\sum_{i=1}^{n-1} x_i^r = 1 + \sum_{i=2}^{n-1} b^r d^{i-2} = 1 + b^r \cdot \frac{d^{n-2}-1}{d-1} = 1 + (d^{n-2}-1) = d^{n-2},$$

故(4)恰好为等式(因而成立),而当 $n=1$ 时(4)亦成立.

若正数 d_1 满足对任意正整数 n,皆有

$$\sum_{i=1}^{n} x_i^r \leqslant n^{r-1} \cdot \sum_{i=1}^{n} d_1^{n-i} a_i^r,$$

由于此时 $\sum_{i=1}^{n} x_i^r = d^{n-1}$,且 $\sum_{i=1}^{n} d_1^{n-i} a_i^r = n^{r-1} d_1^{n-1}$,代入后整理可得

$$\left(\frac{d}{d_1}\right)^{n-1} \leqslant n^{r-1},$$

故必有 $\frac{d}{d_1} \leqslant 1$,即 $d_1 \geqslant d$. 这表明(5)中的 d 不能改进为更小的正数. 证毕. □

(iii)的证明 取非负实数列 $\{a_n\}$、$\{x_n\}$ 满足

$$x_1 = a_1 = 1, \quad x_n = (\lambda + b) \cdot \mu^{\frac{n-2}{r}}, \quad a_n = \lambda \cdot \mu^{\frac{n-2}{r}} \quad (n = 2, 3, \cdots),$$

其中 $\lambda > 0$ 为待定常数,$\mu = (\lambda + b)^r + 1$. 注意,这里

$$\mu - d = ((\lambda + b)^r + 1) - (1 + b^r) = (\lambda + b)^r - b^r > 0.$$

对任意整数 $n \geqslant 2$,有

$$\sum_{i=1}^{n} x_i^r = 1 + \sum_{i=2}^{n-1} (\lambda + b)^r \cdot \mu^{i-2}$$

$$= 1 + (\lambda + b)^r \cdot \frac{\mu^{n-2}-1}{\mu-1}$$

$$= 1 + (\mu^{n-2}-1) = \mu^{n-2},$$

故

$$a_n + b \cdot \left(\sum_{i=1}^{n-1} x_i^r\right)^{\frac{1}{r}} = \lambda \cdot \mu^{\frac{n-2}{r}} + b \cdot \mu^{\frac{n-2}{r}} = x_n,$$

即(4)恰好为等式(因而成立),而当 $n=1$ 时(4)亦成立.

此时

$$\sum_{i=1}^{n} d^{n-i} a_i^r = d^{n-1} + \sum_{i=2}^{n} d^{n-i} \lambda^r \mu^{i-2}$$

$$= d^{n-1} + \lambda^r \cdot \frac{\mu^{n-1} - d^{n-1}}{\mu - d}$$

$$= c_\lambda \mu^{n-1} + (1 - c_\lambda) d^{n-1},$$

其中 $c_\lambda = \dfrac{\lambda^r}{(\lambda + b)^r - b^r} > 0$. 所以

$$\frac{\sum_{i=1}^{n} d^{n-i} a_i^r}{\sum_{i=1}^{n} x_i^r} = \frac{c_\lambda \mu^{n-1} + (1 - c_\lambda) d^{n-1}}{\mu^{n-1}} = c_\lambda + (1 - c_\lambda)\left(\frac{d}{\mu}\right)^{n-1}. \tag{7}$$

在 $r > 1$ 的情况下,由于

$$(\lambda + b)^r = b^r \cdot \left(1 + \frac{\lambda}{b}\right)^r > b^r \cdot \left(1 + \frac{\lambda r}{b}\right) = b^r + \lambda r b^{r-1},$$

故

$$c_\lambda < \frac{\lambda^r}{(b^r + \lambda r b^{r-1}) - b^r} = \frac{\lambda^{r-1}}{r b^{r-1}}. \tag{8}$$

对任意给定的正数 M,由(8)知,存在充分小的正数 λ,使得 $c_\lambda < \dfrac{1}{2M}$. 再注意到 $0 < d < \mu$,故存在正整数 m,使得

$$(1 - c_\lambda)\left(\frac{d}{\mu}\right)^{m-1} < \left(\frac{d}{\mu}\right)^{m-1} < \frac{1}{2M},$$

从而,对由这样的 λ 所确定的数列 $\{a_n\}$、$\{x_n\}$ 及正整数 $n = m$,(7) 的右端小于 $\dfrac{1}{M}$,此即

$$\sum_{i=1}^{m} x_i^r > M \cdot \sum_{i=1}^{m} d^{m-i} a_i^r.$$

(iii)得证. □

最后讨论本研究与问题 1 的联系.

在定理中限定 $b = 1$, $r = 2$,并结合(ii),可提出如下问题:

问题 2 求最小的正数 λ,使得当非负实数列 $\{x_n\}$、$\{y_n\}$ 满足

$$x_n \leqslant y_n + \left(\sum_{i=1}^{n-1} x_i^2\right)^{\frac{1}{2}},\ n=1,\ 2,\ \cdots, \tag{9}$$

时,必有

$$\sum_{i=1}^{n} x_i^2 \leqslant n \cdot \sum_{i=1}^{n} \lambda^{n-i} y_i^2,\ n=1,\ 2,\ \cdots.$$

问题 2 中,λ 的最小值为 2. 注意到当 $r=2$ 时,(6) 在 u、v 为实数的情形下亦成立,因而若将 (9) 改成

$$|x_n| \leqslant |y_n + \left(\sum_{i=1}^{n-1} x_i^2\right)^{\frac{1}{2}}|\ (n=1,\ 2,\ \cdots),$$

则前文的分析对 $\{x_n\}$、$\{y_n\}$ 为实数列的情形仍是有效的. 特别地,将问题 2 中实数列 $\{x_n\}$、$\{y_n\}$ 的非负条件去掉,并将 (9) 限定为等式,便形成了问题 1.

参考文献

[1] 2014 年 IMO 中国国家集训队教练组. 走向 IMO:数学奥林匹克试题集锦(2014)[M]. 上海:华东师范大学出版社,2014.

[2] T. H. Gronwall. Note on the derivatives with respect to a parameter of the solutions of a system of differential equations[J]. Ann. Math. , 20(1919), 292 - 296.

[3] D. Willett and J. S. W. Wong. On the discrete analogues of some generalizations of Gronwall's inequality[J]. Monatsh. Math. , 69(1965), 362 - 367.

[4] H. Alzer. Discrete analogues of a Gronwall-type inequality[J]. Acta Math. Hungar. , 72(1996), 209 - 213.

一个公开问题的证明

高天伟

（北京五中分校初三年级，100009）

本文解决了赵斌老师在[1]中提出的一个公开问题，得到如下定理：

定理 设 n 是正整数，实数 x_1，x_2，$\cdots$，x_n 满足 $0 < x_1 \leqslant x_2 \leqslant \cdots \leqslant x_n$ 且 $x_1 x_2 \cdots x_n = 1$，则不等式

$$x_1^1 + x_2^2 + \cdots + x_n^n \geqslant x_1^{-1} + x_2^{-2} + \cdots + x_n^{-n} \tag{1}$$

对所有正整数 n 都成立.

证明 我们用数学归纳法证明(1)式对所有正整数 n 成立.

当 $n = 2$ 时，x_1、x_2 满足 $0 < x_1 \leqslant 1 \leqslant x_2$ 且 $x_1 x_2 = 1$，则

$$\frac{1}{x_1} + \frac{1}{x_2^2} = \frac{x_1 + x_2^2}{x_1 x_2^2} = \frac{x_1 + x_2^2}{x_2} \leqslant x_1 + x_2^2,$$

故(1)式成立.

假设结论对 $n-1$ 成立，下面考虑 n 的情形. 我们先证明如下引理.

引理 设 $f(x) = x - \dfrac{1}{x}$，则 $f(x)$ 在 $(0, \infty)$ 上单调递增，且对所有满足 $0 < a \leqslant 1$，$b \geqslant 1$ 且 $ab \geqslant 1$ 的实数 a、b，有

$$f(a) + f(b) \geqslant f(ab).$$

引理证明 $f(x)$ 的单调性是显然的，且对满足条件的实数 a、b，有

$$f(a) + f(b) - f(ab) = a - \frac{1}{a} + b - \frac{1}{b} - \left(ab - \frac{1}{ab}\right)$$

$$= (a + b) - \frac{a + b}{ab} - \left(ab - \frac{1}{ab}\right)$$

$$= (a + b)\left(1 - \frac{1}{ab}\right) - (ab + 1)\left(1 - \frac{1}{ab}\right)$$

$$= -(a - 1)(b - 1)\left(1 - \frac{1}{ab}\right) \geqslant 0.$$

故引理得证.

回到原题. 易知原不等式 (1) 等价于

$$f(x_1) + f(x_2^2) + \cdots + f(x_n^n) \geqslant 0. \tag{2}$$

设 $x_1 \leqslant x_2 \leqslant \cdots \leqslant x_k \leqslant 1 \leqslant x_{k+1} \leqslant \cdots \leqslant x_n$，则

$$x_k^k x_n^n \geqslant x_k x_{k-1} \cdots x_1 \cdot x_{k+1} \cdots x_n \cdot x_n^k \geqslant 1.$$

从而由引理得

$$f(x_k^k) + f(x_n^n) \geqslant f(x_k^k x_n^n). \tag{3}$$

又由于 $x_k \leqslant x_k x_n \leqslant x_n$，下面分情况讨论.

(i) $x_k \leqslant x_k x_n \leqslant x_{k+1}$，此时有

$$x_1 \leqslant x_2 \leqslant \cdots \leqslant x_{k-1} \leqslant x_k x_n \leqslant x_{k+1} \leqslant \cdots \leqslant x_{n-1},$$

且这 $n-1$ 个数乘积为 1，故由归纳假设，得

$$f(x_1) + f(x_2^2) + \cdots + f(x_{k-1}^{k-1}) + f((x_k x_n)^k) + f(x_{k+1}^{k+1}) + \cdots + f(x_{n-1}^{n-1}) \geqslant 0. \tag{4}$$

又因为 $x_k^k x_n^n \geqslant x_k^k x_n^k$，从而由 (3) 式及 $f(x)$ 的单调性，得

$$f(x_k^k) + f(x_n^n) \geqslant f(x_k^k x_n^n) \geqslant f((x_k x_n)^k).$$

结合 (4) 式，得

$$f(x_1) + f(x_2^2) + \cdots + f(x_n^n) \geqslant 0.$$

故 (2) 式成立.

(ii) $x_j \leqslant x_k x_n \leqslant x_{j+1}$，$k+1 \leqslant j \leqslant n-2$，此时有

$$x_1 \leqslant x_2 \leqslant \cdots \leqslant x_{k-1} \leqslant x_{k+1} \leqslant \cdots \leqslant x_j \leqslant x_k x_n \leqslant x_{j+1} \leqslant \cdots \leqslant x_{n-1},$$

且这 $n-1$ 个数乘积为 1，故由归纳假设，得

$$\begin{aligned}
&f(x_1) + f(x_2^2) + \cdots + f(x_{k-1}^{k-1}) + f(x_{k+1}^k) + \cdots \\
&+ f(x_j^{j-1}) + f((x_k x_n)^j) + f(x_{j+1}^{j+1}) + \cdots + f(x_{n-1}^{n-1}) \geqslant 0.
\end{aligned} \tag{5}$$

又因为 $x_k^k x_n^n \geqslant x_k^j x_n^j$，再由 (3) 式及 $f(x)$ 的单调性，得

$$f(x_k^k) + f(x_n^n) \geqslant f(x_k^k x_n^n) \geqslant f((x_k x_n)^j).$$

因此再结合(5)式及 $f(x)$ 的单调性,得

$$f(x_1) + f(x_2^2) + \cdots + f(x_n^n)$$
$$\geqslant f(x_1) + f(x_2^2) + \cdots + f(x_{k-1}^{k-1}) + f(x_{k+1}^{k+1}) + \cdots$$
$$+ f(x_j^j) + f((x_k x_n)^j) + f(x_{j+1}^{j+1}) + \cdots + f(x_{n-1}^{n-1})$$
$$\geqslant f(x_1) + f(x_2^2) \cdots + f(x_{k-1}^{k-1}) + f(x_{k+1}^k) + \cdots$$
$$+ f(x_j^{j-1}) + f((x_k x_n)^j) + f(x_{j+1}^{j+1}) + \cdots + f(x_{n-1}^{n-1}) \geqslant 0.$$

故(2)式成立.

(iii) $x_{n-1} \leqslant x_k x_n$,此时有

$$x_1 \leqslant x_2 \leqslant \cdots \leqslant x_{k-1} \leqslant x_{k+1} \leqslant \cdots \leqslant x_{n-1} \leqslant x_k x_n,$$

且这 $n-1$ 个数乘积为1,故由归纳假设,得

$$f(x_1) + f(x_2^2) \cdots + f(x_{k-1}^{k-1}) + f(x_{k+1}^k) + \cdots + f(x_{n-1}^{n-2}) + f((x_k x_n)^{n-1}) \geqslant 0. \tag{6}$$

又因为 $x_k^k x_n^n \geqslant x_k^{n-1} x_n^{n-1}$,从而

$$f(x_k^k) + f(x_n^n) \geqslant f(x_k^k x_n^n) \geqslant f((x_k x_n)^{n-1}).$$

再结合(6)式及 $f(x)$ 的单调性,得

$$f(x_1) + f(x_2^2) + \cdots + f(x_n^n)$$
$$\geqslant f(x_1) + f(x_2^2) + \cdots + f(x_{k-1}^{k-1}) + f(x_{k+1}^{k+1}) + \cdots + f(x_{n-1}^{n-1}) + f((x_k x_n)^{n-1})$$
$$\geqslant f(x_1) + f(x_2^2) + \cdots + f(x_{k-1}^{k-1}) + f(x_{k+1}^k) + \cdots + f(x_{n-1}^{n-2}) + f((x_k x_n)^{n-1})$$
$$\geqslant 0.$$

故(2)式成立.

综上,不等式(1)对所有正整数 n 成立,证毕. □

参考文献

[1] 数学新星问题征解第九期,数学新星网,2015.06.

编者注：

1. 该问题最早由赵斌老师于 2006 年在解题网 AoPS(Art of Problem Solving)上提出，受到广泛关注，并证明了当 $n \leqslant 3$ 时结论是肯定的.

2. 赵斌老师在命题研讨会上多次征解 $n \geqslant 4$ 的情形，数学新星网问题征解第九期刊登了这一问题.

3. 本文由赵斌老师审阅，由上海大学博士生施柯杰修改校对.

一个组合问题的推广

段钦瀚

（湖南省雅礼中学，410007）

　　组合问题中常出现一些有特定数值的题，若猜想将这个数值变为一般的数，即可以将一个简单问题推广到一个一般问题，当然其中的方法可能类似，也可能需要更具普遍性的思路去解决问题.反过来看，一些题目具有一定的难度，但如果我们对较为简单特殊的情况分析，也许会帮助我们找到思路，得出答案.本文介绍一个实例，由一个较为简单的组合问题引发思考，从而推广到一般情形.首先介绍一个具有特殊值的较易问题：

　　问题 1　一只老鼠吃 $3\times3\times3$ 立方体的乳酪，其方法是借助于打洞通过所有的 27 个 $1\times1\times1$ 小立方体.如果它在一个角开始，然后依次走向未吃的立方体，问它吃完时能否恰在立方体的中心？

　　解　答案是否定的.下面运用反证法证明：假设存在这样一种方法满足题意.

　　定义有公共面的小立方体为"相邻的".如图 1 所示，按如下方式将 $3\times3\times3$ 的立方体染色：任选一个角上的小立方体染为红色（图中用阴影表示），与红色小立方体相邻的小立方体染为蓝色，与蓝色小立方体相邻的小立方体染为红色.则红色小立方体有 14 个，蓝色的有 13 个.中心的小立方体为蓝色.

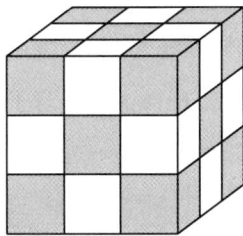

图 1

　　作二部图 $G(V_1, V_2, E)$，点集 V_1 中的每个点对应一个红色小立方体，V_2 中的每个点对应一个蓝色小立方体.当且仅当两小立方体为相邻的时将对应顶点连边.显然老鼠任一种满足题意的走法中，所走的立方体是红蓝相间的，由于第一块立方体是红色的，最后一块立方体是蓝色的.故老鼠必走过偶数块立方体，而有奇数块立方体，则老鼠必定未吃完所有乳酪.矛盾！

　　因此，不存在满足题意的方法.　　　　　　　　　　　　　　　　　□

　　上面这个问题稍加思索就能发现答案是否定的，问题证明的思路也比较自然.但我们注意到"3"这个数字对于这个题的证明似乎意义不大，而结论引发我们思考这样两个问题：

　　(1) 对于怎样的立方体，它不存在这样的一种走法？

（2）对于怎样的立方体，它存在这样的一种走法？

故我们尝试将"3"推广到奇数"n"（n 为奇数保证存在唯一的中心小立方体），从而尝试解决上面提出的两个问题.考虑到上述问题中,悬空的乳酪在题设中是不掉落的,这不符合物理常识,因此我们将背景稍作改动,但不改变题意.

问题 2 某款游戏内每个小方块均为 $1 \times 1 \times 1$ 的立方体并且小方块可以悬浮在空中.现在游戏内有一个由小方块组成的 $n \times n \times n$ 立方体的大方块.定义有公共面的小方块是相邻的.现在需要按如下游戏规则敲掉这个大方块:任选大方块一个角上的小方块并敲去,之后每一次只能敲去与上一次敲去的小方块相邻的一个小方块.求所有的正奇数 n 使得存在一种方法,满足最后敲去的小方块为大方块的中心.

其实根据"3"的情形所运用的方法,我们得到答案并不困难.但对符合条件的 n 的构造需要一些好的想法才能做到.

解 $n = 4k + 1 (k \in \mathbf{N})$ 为所求,理由如下:

当 $n = 4k + 3$ 时不存在这样的方法,证明的方法与问题 1 的证明方法完全相同,这里不再叙述.

当 $n = 4k + 1$ 时,有 $k = 0$ 时显然成立,下考虑 $k \geqslant 1$ 的情形.

首先证明一个引理:

引理 1 若能够按照题目要求的规则敲去一个由小方块组成的 $s \times t \times 1$（s、t 为大于 1 的奇数）长方体方块,则对任意正整数 r,均能按照题目要求的规则敲去一个由小方块组成的 $s \times t \times (4r + 1)$ 长方体方块.

引理证明 对于 $s \times t \times (4r + 1)$ 长方体方块,考虑其俯视图为一个由 st 个 1×1 正方形组成的 $s \times t$ 矩形.

由题意,存在一种敲去 $s \times t \times 1$ 长方体方块方法,不妨设为 M.

如图 2 所示,设 M 中敲去的第一个方块称为 A,第二个方块称为 C,敲去的最后一个方块称为 B.由 s, $t \geqslant 3$ 可知 $B \neq C$.

设从 B 到 A 按 M 原路返回的方法为 N.

M 中从 C 到 B 的方法为 M'（即在 M 中去掉 A）.

N 中从 B 到 C 的方法为 N'（即在 N 中去掉 A）.

设 $s \times t \times (4r + 1)$ 长方体的方块以 $s \times t$ 矩形为底面由下往上数依次为第 1,2,…,$4r + 1$ 层,第 i 层中 A、B、C 对应的方块为 A_i、B_i、C_i（$i = 1$,

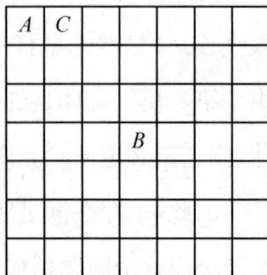

图 2

$2, \cdots, 4r+1$).

下面给出敲去 $s \times t \times (4r+1)$ 长方体的构造.

从 A_1 开始敲, 按照 M 从 A_1 敲到 B_1, 然后敲 B_2(B_2 在 B_1 上方), 再按照 N 从 B_2 敲到 A_2. 再敲 A_3(A_3 在 A_2 上方), 从 A_3 开始重复上述操作可敲到 A_4, 以此类推不断重复上述操作, 则由 A_1 一直敲到 A_{2r}.

由于 A_{i+1} 在 A_i 上方($1 \leqslant i \leqslant 4r$), 则可从 A_{2r} 一直往上敲至 A_{4r+1}, 然后敲 C_{4r+1}(C_{4r+1} 与 A_{4r+1} 相邻).

接下来按照 M' 从 C_{4r+1} 敲到 B_{4r+1}, 然后敲 B_{4r}(B_{4r} 在 B_{4r+1} 下方), 再按照 N' 从 B_{4r} 敲到 C_{4r}. 再敲 C_{4r-1}(C_{4r-1} 在 C_{4r} 下方), 从 C_{4r-1} 开始重复上述操作可敲到 C_{4r-2}, 以此类推不断重复上述操作, 则由 C_{4r+1} 一直敲到 C_{2r+2}.

再敲 C_{2r+1}, 最后按照 M' 从 C_{2r+1} 敲到 B_{2r+1}.

至此我们敲掉了 $s \times t \times (4r+1)$ 长方体的所有小方块.

注意到 B_{2r+1} 为中心的小方块, 故引理得证.

回到原题. 对于 $n = 4k+1$, 由引理 1 只需证明存在方法 M 使得可以按照题意敲去 $n \times n \times 1$ 长方体方块. 运用归纳法证明上述命题对奇数 n 均成立.

当 $n = 1$ 是显然成立. 若对 $n-2$($n \geqslant 3$) 成立, 考虑 n 的情形, 首先依次敲去最外围的 $4n-4$ 个小方块, 剩余部分为 $(n-2) \times (n-2) \times 1$ 长方体, 显然接下来敲去的小方块必为该立方体的一角, 由归纳假设, 对 n 成立.

由此可知, 方法 M 是存在的, 因此 $n = 4k+1$ 为题目所求. □

尽管这个问题做完了, 不过其中有些细节还需要加以说明.

首先, 关于敲去 $n \times n \times 1$ 长方体方块, 构造是显然的(归纳仅是为了方便叙述), 实际上即从最外圈一圈一圈地往里面敲. (如图 3 所示为 $n = 5$ 的情形)

因此, 我们希望引理 1 是成立的. 进一步, 我们发现, 由于上述 n 为奇数时均成立, 故引理 1 的成立, 同样可以推出对于奇数 n 及正整数 r, 我们可以按照规则敲去 "$n \times n \times (4r+1)$" 的长方体方块.

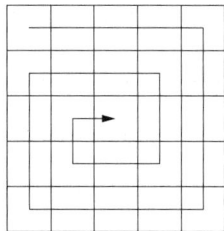
图 3

由此, 我希望找到所有满足条件的长方体, 故将题目进一步推广:

问题 3 某款游戏内每个小方块均为 $1 \times 1 \times 1$ 的立方体并且小方块可以悬浮在空中. 现在游戏内有一个由小方块组成的 $x \times y \times z$(x、y、z 为正奇数) 长方体的大方块. 定义有公共面的小方块是相邻的. 现在需要按如下游戏规则敲掉这个大方块: 任选大方块一个角上的小方块并敲去, 之后每一次只能敲去与上一次敲去的小方块相邻的一个小方块.求所有的(x,y,z)使得存在一种方法,满足最后敲去的小方块为大方块的中心.

首先,我们用与问题 1 同样的方法可以发现,当 $xyz \equiv 3 \pmod 4$ 时是不成立的,那么我们考虑 $xyz \equiv 1 \pmod 4$ 能否成立呢?

首先排除掉一些小情况(有至少两个值为 1 时:全为 1 可以,但恰有两个 1 是不行的),然后注意到,当 x、y、z 中至多一个是 1 且 $xyz \equiv 1 \pmod 4$ 时,x、y、z 中必有一个是模 4 余 1 的,不妨设为 z,我们就会发现,此时如果可以按照规则敲去"$x \times y \times 1$"的长方体方块,那么由引理 1 可知当 $xyz \equiv 1 \pmod 4$ 时是可以满足题意的.事实上这是成立的,并且可与问题 2 中一样运用归纳法说明,有异曲同工之妙.(然而此时直接构造并不显然)

解 满足 $xyz \equiv 1 \pmod 4$ 且 x、y、z 中至多一个为 1 的 (x,y,z) 及 $(1,1,1)$ 为所求.

首先 $(x,y,z)=(1,1,1)$ 显然成立.而当 x、y、z 中恰有两个 1 时显然不成立.

当 $xyz \equiv 3 \pmod 4$ 时不存在这样的方法,证明的方法与问题 1 的证明方法完全相同,这里不再叙述.

当 $xyz \equiv 1 \pmod 4$ 且 x、y、z 中至多一个为 1 时,先证明两个引理:

引理 1 同问题 2 中的引理 1.

引理 2 能够按照题目要求的规则敲去一个由小方块组成的"$x \times y \times 1$"长方体方块,其中 $x \equiv y \pmod 4$ 且 x、y 为大于 1 的正奇数.

引理证明 首先证明,能够按照题目要求的规则敲去一个由小方块组成的"$n \times 3 \times 1$"长方体方块,其中正整数 n 满足 $4 \mid n+1$.设 $n = 4b+3 (b \in \mathbf{N})$.

设第 i 行第 j 列的数为 $a_{ij} (1 \leqslant i \leqslant 3, 1 \leqslant j \leqslant n)$,不妨设首先敲去 a_{11},依次敲去 a_{12},a_{13},$\cdots$,$a_{1(2b+1)}$,进一步敲去 $a_{2(2b+1)}$,$a_{2(2b)}$,$\cdots$,a_{21},再依次敲去 a_{31},a_{32},$\cdots$,a_{3n}.接着依次敲去 a_{2n},a_{1n},$a_{1(n-1)}$,$a_{2(n-1)}$,$a_{2(n-2)}$,$a_{1(n-2)}$,$\cdots$,$a_{1(2b+3)}$,$a_{1(2b+2)}$,$a_{2(2b+2)}$.成立!

(特别地,如图 4 所示为"$7 \times 3 \times 1$"长方体的构造)

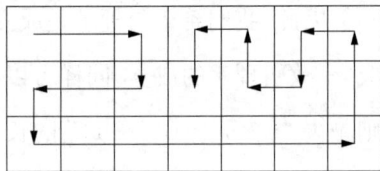

图 4

下面运用数学归纳法证明引理:

不妨设 $x \geqslant y$.对 $m = x+y$ 归纳:

(注意 $m \geqslant 6$ 且 $m \equiv 2 \pmod 4$)

当 $m=6$ 时 $x=y=3$,在上述命题中取 $n=3$,成立.

假设命题对"$m-4$"$(m \geqslant 10)$ 成立,考虑"m"的情形:对于"$x \times y \times 1$"长方体$(m=x+y)$.若 $y=3$,在上述命题中取 $n=m-3$,则 $n \equiv 3 \pmod 4$,成立.

若 $y \geqslant 5$,依次敲去最外围的 $2m-4$ 个小方块,剩余部分为"$(x-2) \times (y-2) \times 1$"长方体,显然

接下来敲去的小方块必为该长方体的一角,由归纳假设,成立.由归纳原理,则引理 2 获证!

回到原题.由 $xyz \equiv 1 (\bmod 4)$ 可知存在 x、y、z 中的一个数模 4 余 1,不妨设为 z,若 x、y、z 中有一个数为 1,由引理 2 知成立.

否则,x,y,$z \geqslant 3$.由引理 2,存在按照题目要求的规则敲去一个由小方块组成的"$x \times y \times 1$"长方体方块的方法,由引理 1,进一步推出存在按照题目要求的规则敲去一个由小方块组成的"$x \times y \times z$"长方体方块的方法.

综上所述,所有满足 $xyz \equiv 1 (\bmod 4)$ 且 x、y、z 中至多一个为 1 的 (x,y,z) 及 $(1,1,1)$ 为所求. □

可以发现,这样的一个三维问题,我们的构造看似复杂,其实是由简单的二维情形入手,分别进行解决,最后通过两个二维问题的构造得到问题的解答.值得注意的是,我们对于证明问题 2 中首先证明的命题的方法,可以用其对引理 2 直接构造证明,当然归纳可以简洁的说明,但归纳的构造又与直接构造有不同之处,因此对于这样的问题,我们需要大胆猜测,大胆构造,便会发现表面上复杂的构造其实上手并不困难,当然或许还有其他更为精巧的证明.

至此,我们成功地将一个简单而有趣的组合问题得到了一个具有一般性的推广,并且推广得到问题 3,这个问题具有一定的难度,是一道不错的训练题.

最后感谢读者的阅读,文中如有不恰当或错误之处,希望读者不吝指正.

一个 Helly 型组合问题

冷岗松[1]　施柯杰[2]

(1. 上海大学，200444；2. 复旦大学附属中学，200433)

匈牙利 Kömal 杂志中的 A608(2014)是一道十分有趣的组合问题,可叙述如下:

问题 1　设平面上的凸多边形 P_1、P_2、P_3 满足对任意的 $A \in P_1$，$B \in P_2$，$C \in P_3$，$\triangle ABC$ 的面积不超过 1. 证明: P_1、P_2、P_3 中某两个的面积之和不超过 8.

供题人是匈牙利的 Tamas Fleiner 教授. Fleiner 教授是近年来 Kürschak competition 委员会的主席,而 Kürschak competition 是匈牙利最重要也是历史最悠久的数学竞赛. Fleiner 教授来信告诉我们,这个 Helly 型组合问题是 Kürschak competition 的预选题,因考虑到它作为考试题可能太难,因而他们提出了一个简化版本作为 2013 年 Kürschak competition 的试题,这就是:

问题 2　设平面上的凸多边形 P_1、P_2、P_3 满足对任意 $A \in P_1$，$B \in P_2$，$C \in P_3$，$\triangle ABC$ 的面积不超过 1. 证明:

(i) P_1、P_2、P_3 中至少有一个面积不超过 4;

(ii) 可以构造具有上述性质的三个凸多边形 P_1、P_2、P_3 使得其中两个的面积都大于 4.

问题 1 的难度真的像 Fleiner 教授所说一样吗? 这两年,我们把这个问题向多位高手征解,但仅有深圳的女学生吴东晓(2015 年中国国家集训队队员)给出了一个解答. 对于中学生来说,这可真是个难题!

问题 1 的解(根据吴东晓解答整理)

不妨设 P_1、P_2、P_3 中 P_1 的直径(即凸多边形内部两点的最大距离)最大,并设 P_1 的直径为 A_1A_2. 设 A_1A_2 所在直线为 x 轴. 对任意一点 M,记 x_M、y_M 分别为 M 的横坐标和纵坐标,则任取 P_2 中一点 B，P_3 中一点 C,下证

$$| y_B - y_C | \leqslant \frac{4}{|A_1A_2|}. \tag{$*$}$$

由对称性不妨设 $|y_B| \geqslant |y_C|$，且 $y_B \geqslant 0$（否则以 x 轴为对称轴翻折图形即可），那么 B、C 的位置关系有以下三种情况：

(i) 点 C 在 $\angle A_1 B A_2$ 内. 此时

$$\frac{1}{2}|A_1 A_2|(y_B - y_C) = S_{A_1 B A_2 C} = S_{\triangle A_1 BC} + S_{\triangle A_2 BC} \leqslant 2.$$

故

$$y_B - y_C \leqslant \frac{4}{|A_1 A_2|}.$$

(ii) 点 C 在 $\angle A_1 B A_2$ 外，且在 x 轴下方. 不妨设 C 与 A_2 在直线 $A_1 B$ 的两侧，此时

$$\frac{1}{2}|A_1 A_2|(y_B - y_C) = S_{\triangle A_1 A_2 B} + S_{\triangle A_1 A_2 C} \leqslant S_{\triangle A_1 BC} \leqslant 1.$$

故

$$y_B - y_C \leqslant \frac{2}{|A_1 A_2|} \leqslant \frac{4}{|A_1 A_2|}.$$

(iii) 点 C 在 $\angle A_1 B A_2$ 外，且在 x 轴上方. 不妨设 C 与 A_2 在直线 $A_1 B$ 的两侧，作平行四边形 $A_1 B' BC$，则 $y_{B'} = y_B - y_C \leqslant y_B$，从而

$$\frac{1}{2}|A_1 A_2|(y_B - y_C) = S_{\triangle A_1 A_2 B'} \leqslant S_{\triangle A_2 BC} \leqslant 1.$$

故

$$y_B - y_C \leqslant \frac{2}{|A_1 A_2|} \leqslant \frac{4}{|A_1 A_2|}.$$

综上便知（＊）式得证.

设 P_2 中纵坐标最大、最小的点分别为 B_1、B_2，P_3 中纵坐标最大、最小的点分别为 C_1、C_2，则

$$y_{B_1} - y_{B_2} + y_{C_1} - y_{C_2} \leqslant |y_{B_1} - y_{C_2}| + |y_{C_1} - y_{B_2}| \leqslant \frac{8}{|A_1 A_2|}.$$

再设 P_2 中横坐标最大、最小的点分别为 B_1'、B_2'，P_3 中纵坐标最大、最小的点分别为 C_1'、C_2'，则由 $|A_1 A_2|$ 的最大性知

$$x_{B_1'} - x_{B_2'} \leqslant |A_1 A_2|, \quad x_{C_1'} - x_{C_2'} \leqslant |A_1 A_2|.$$

故

$$S_{P_2} + S_{P_3} \leqslant (x_{B_1'} - x_{B_2'})(y_{B_1} - y_{B_2}) + (x_{C_1'} - x_{C_2'})(y_{C_1} - y_{C_2})$$

$$\leqslant |A_1 A_2| \cdot \frac{8}{|A_1 A_2|}$$

$$= 8.$$

即 P_2、P_3 的面积之和不超过 8.　　　　　　　　　　　　　　　　　　□

问题 2 的(i)显然是问题 1 的直接推论,(ii)则说明了(i)中结论的某种最优性.

问题 2(ii)的解(根据王逸轩解答整理)

构造 P_1、P_2、P_3 均是以 O 为中心的正八边形,且 P_1、P_2 的外接圆半径均为 $\sqrt{2} - \varepsilon$(P_2 可以是 P_1 的一个旋转像),P_3 的外接圆半径为 ε,其中 ε 是一个充分小的正数.

现对任意 $A \in P_1$, $B \in P_2$, $C \in P_3$,则

$$CA \leqslant CO + OA \leqslant \sqrt{2},$$

$$CB \leqslant CO + OB \leqslant \sqrt{2}.$$

因此 $S_{\triangle ABC} \leqslant \dfrac{AC \cdot AB}{2} \leqslant 1$,且

$$S_{P_1} = S_{P_2} = (\sqrt{2} - \varepsilon)^2 \cdot 8 \cdot \frac{1}{2} \cdot \sin 45°$$

$$= 2\sqrt{2}(\sqrt{2} - \varepsilon)^2$$

$$> 4,\ (当\ \varepsilon \to 0^+\ 时).$$

这说明我们构造的 P_1、P_2、P_3 满足条件且 P_1、P_2 的面积均大于 4.　　□

组合几何中著名的海莱(Helly)定理可叙述为:设 Γ 是 $\mathbf{R}^n$ 中的一个紧凸集族,使得其中任意 $n+1$ 个元素的交非空,则 Γ 中所有元素的交非空.

海莱定理有很多推广和变形.问题 1 这一类型问题出现在最近的海莱定理的相关研究中([1,2]).下面再介绍这方面的一个有趣的结果(这里不介绍证明).

问题 3[2]　　设 $P_1, P_2, \cdots, P_k(k \geqslant 2)$ 是平面上的凸多边形(有界闭集)使得不同集合中的任意两个点的距离不超过 1,则存在 $1 \leqslant i \leqslant k$ 使得 $\bigcup\limits_{j \neq i} P_j$ 能被直径为 1 的三个圆的并集覆盖.

参考文献

［1］A. V. Akopyan. Combinatorial generalizations of Jung's Theorem ［J］. Discrete Compt. Geom. 49 (2013)，478－484.

［2］J. Jerómimo-Castro，A. Magazinov，P. Soberón. On a problem by Dol'nikov ［J］. Discrete Math. 338(2015)，1577－1585.

一道不等式的上界构造的探索过程

孙孟越

（华东师范大学第二附属中学，201203）

笔者在 2016 年 7 月准备全国高中数学联赛的时候，遇到过这样一个问题：

题 A　实数 a、b 满足对任意实数 x，均有 $a\cos x + b\cos 2x \geqslant -1$，求 $a + b$ 的最大值.

原题解答直接令 $x = \dfrac{2\pi}{3}$，得到 $a + b \leqslant 2$.

另外当 $a = \dfrac{4}{3}$，$b = \dfrac{2}{3}$ 时，$a\cos x + b\cos 2x = \dfrac{1}{3}(2\cos x + 1)^2 - 1 \geqslant -1$. 故 $a + b$ 的最大值为 2.

尽管解答的备注指出了想要让 $f(x) = a\cos x + b\cos 2x$，使得 $f\left(\dfrac{2\pi}{3}\right) = 1$，$f'\left(\dfrac{2\pi}{3}\right) = 0$，得到了这个解答. 但是这个 $\dfrac{2\pi}{3}$ 的选取以及 a、b 的构造我认为仍是一个神来之笔.

5 个月之后，我偶然发现 2003 年中国集训队第六次测试中，出现了如下试题：

题 B　设 $g(\theta) = \lambda_1\cos\theta + \lambda_2\cos 2\theta + \cdots + \lambda_n\cos n\theta$，其中 λ_1，λ_2，$\cdots$，λ_n，θ 是实数. 若对所有实数 θ，恒有 $g(\theta) \geqslant -1$，求证：$\lambda_1 + \lambda_2 + \cdots + \lambda_n \leqslant n$.

这个题目的解答过程很短，其核心步骤是发现恒等式

$$g(0) + g\left(\frac{2\pi}{n+1}\right) + g\left(\frac{4\pi}{n+1}\right) + \cdots + g\left(\frac{2n\pi}{n+1}\right) = 0.$$

从而可以推出 $g(0) \leqslant n$.

我想，n 可能就是最佳的上界了. 因为 $n = 2$ 的时候就是题 A. 但是对 n，证明仍然是困难的. 对一般的 n，$g'(\theta)$ 也不好处理. 题 A 备注中的方法难以推广.

先来探求一些 g 的性质，假设这样的一个 g 存在. 我们可以把 $\cos(k\theta)$ 展开成关于 $\cos(\theta)$ 的多项式（即 k 次切比雪夫多项式，也可用归纳法证明存在这个多项式）. 故存在一个 n 次多项式 $f(x)$，使得

$g(\theta)$可以写成$f(\cos\theta)$,其中$f(x)$的自变量x在$[-1,1]$中,且恒有$f(x)\geqslant-1$.

至此,我们把问题转化成为了多项式f上的问题.

仔细观察题B中等号成立条件,我们需要多项式$f(x)+1$在$x=\cos\dfrac{2k\pi}{n+1}(k=1,2,\cdots,n)$的时候都取到极小值$0$.

而$\cos\dfrac{2k\pi}{n+1}(k=1,2,\cdots,n)$在$(-1,1)$内的每个数都出现了两次,所以可以考虑给$f(x)+1$安排一个二次因式$\left(x-\cos\dfrac{2k\pi}{n+1}\right)\left(x-\cos\dfrac{2(n+1-k)\pi}{n+1}\right)$.（注意这里有$\cos\dfrac{2k\pi}{n+1}=\cos\dfrac{2(n+1-k)\pi}{n+1}$,所以$x$在$\cos\dfrac{2k\pi}{n+1}$的邻域变化时,$f(x)+1$是不会变号的)

若数$\cos\dfrac{2k\pi}{n+1}(k=1,2,\cdots,n)$中出现了$-1$,那么给$f(x)+1$安排一个一次因式$(x+1)$即可.（因为有$x\geqslant-1$)

通过这样子的分析,我们可以猜测,如果f存在,那么形式一定是

$$f(x)+1=A\left(x-\cos\dfrac{2\pi}{n+1}\right)\left(x-\cos\dfrac{4\pi}{n+1}\right)\cdots\left(x-\cos\dfrac{2n\pi}{n+1}\right),$$

其中,A是一个待定的,与n有关的正常数.

我们还需要$n=g(0)=f(1)$,从而可以解得$A=\dfrac{2^n}{n+1}$.

但是,g的形式仍然不十分明朗（$\lambda_1,\lambda_2,\cdots,\lambda_n$的存在性仍很难说明).

于是我们对较小的n,把$f(x)$还原成$g(\theta)$.希望能够有一个简单的$\lambda_1,\lambda_2,\cdots,\lambda_n$的刻画.试验后,猜测有:

$$g(\theta)=\dfrac{2}{n+1}(n\cos\theta+(n-1)\cos2\theta+(n-2)\cos3\theta+\cdots+\cos n\theta)$$

$$=\dfrac{1-\cos(n+1)\theta}{(n+1)(1-\cos\theta)}-1.$$

其中,第二个等号在$\cos\theta\neq1$的时候均成立.

至此,我基本得到了等号成立的条件.归纳法应该可以很好地证明上式右端的等号（也可以采用复数证明).稍加分析,这应该也是唯一的等号成立的式子.至此得到了一个新题目.

题C（改编自 2003 中国集训队测试） 已知实数$\lambda_1,\lambda_2,\cdots,\lambda_n$和$g(\theta)=\lambda_1\cos\theta+\lambda_2\cos2\theta+\cdots+\lambda_n\cos n\theta$.若对所有实数$\theta$有$g(\theta)\geqslant-1$,求$\lambda_1+\lambda_2+\cdots+\lambda_n$的最大值.

解 记 $\theta_k = \dfrac{2k\pi}{n+1}$，$k = 0, 1, \cdots, n$. 熟知对 $m = 1, 2, \cdots, n$ 有 $\sum\limits_{k=0}^{n} \cos m\theta_k = 0$. 故有

$$\sum_{k=0}^{n} g(\theta_k) = \sum_{m=1}^{n} \sum_{k=0}^{n} \lambda_m \cos m\theta_k = 0,$$

从而

$$\lambda_1 + \lambda_2 + \cdots + \lambda_n = g(0) = -\sum_{k=1}^{n} g(\theta_k) \leqslant n.$$

下面说明等号可以成立. 取 $\lambda_k = \dfrac{2(n+1-k)}{n+1}$ $(k = 1, 2, \cdots, n)$，有

$$g(\theta) = \frac{2}{n+1}(n\cos\theta + (n-1)\cos 2\theta + (n-2)\cos 3\theta + \cdots + \cos n\theta).$$

下面证明：若 $\cos\theta \neq 1$，就有

$$g(\theta) + 1 = \frac{1 - \cos(n+1)\theta}{(n+1)(1 - \cos\theta)} (\geqslant 0) \tag{1}$$

$$\begin{aligned}
&\Leftrightarrow 2(\cos\theta - 1)(n\cos\theta + (n-1)\cos 2\theta + (n-2)\cos 3\theta + \cdots + \cos n\theta) \\
&= \cos(n+1)\theta + (n+1)(1 - \cos\theta) - 1.
\end{aligned} \tag{2}$$

我们对 n 用数学归纳法来证明(2). 奠基是显然的，设 $n-1$ 时命题成立，考虑 n 时，由归纳假设只要证明

$$2(\cos\theta - 1)(\cos n\theta + \cos(n-1)\theta + \cdots + \cos\theta) = \cos(n+1)\theta - \cos n\theta + 1 - \cos\theta \tag{3}$$

$$\Leftrightarrow \frac{\cos\theta - 1}{\sin\dfrac{\theta}{2}}\left(\sin\left(n + \frac{1}{2}\right)\theta - \sin\frac{\theta}{2}\right) = -2\sin\left(n + \frac{1}{2}\right)\theta \cdot \sin\frac{\theta}{2} + 1 - \cos\theta. \tag{4}$$

由 $1 - \cos\theta = 2\sin^2\dfrac{\theta}{2}$，上式是不难证明的. 故命题对 n 成立，由归纳原理知，(2)式成立.

综上所述，$\lambda_1 + \lambda_2 + \cdots + \lambda_n$ 的最大值为 n. $\qquad\square$

参考文献

[1] 2003 年 IMO 中国国家集训队教练. 走向 IMO：数学奥林匹克试题集锦(2003)[M]. 上海：华东师范大学出版社，2003.

关于棋盘饱和覆盖的一个猜想

冯跃峰

（深圳市高级中学，518040）

在[1]中，我们给出了棋盘饱和覆盖的定义：给定一种图形（称为覆盖形），它由若干方格组成，且每个方格都至少与其中一个方格有公共边.

在 $m \times n$ 的方格棋盘上放置若干个同样规格的图形，每个图形的每个格都恰好完整覆盖棋盘的一个格，且任何两个图形没有覆盖公共的格. 如果棋盘上的任何位置都不能再放进一个该规格的图形，则称上述覆盖为 $m \times n$ 方格棋盘的该图形的饱和覆盖.

最常见的覆盖形有：1×2 骨牌，k-L 形，4-T 形，十字形等.

图 1

对于 $m \times n$ 方格棋盘的饱和覆盖 P，其覆盖形的个数记为 $|P|$，研究 $|P|$ 的最小值是一个相当困难的问题. 即使是最简单的覆盖形：1×2 骨牌，$m \times n$ 方格棋盘的饱和覆盖 P 中 $|P|$ 的最小值也没有解决，我们仅仅得到如下的结论[1]：

定理 1 设 P 是 $m \times n$ 方格棋盘相对于 1×2 骨牌的饱和覆盖，其中 $3 \mid mn$，则 $|P|_{\min} = \dfrac{mn}{3}$.

本文给出如下的猜想.

猜想 设 P 是 $m \times n$ 方格棋盘相对于 1×2 骨牌的饱和覆盖，其中 $2 \leqslant m \leqslant n$，则 $|P|_{\min} = \left\lceil \dfrac{mn}{3} \right\rceil$.

我们的初步结果是：

定理 2 设 P 是 $m \times n$ 方格棋盘相对于 1×2 骨牌的饱和覆盖，其中 $2 \leqslant m \leqslant n$，则 $|P| \geqslant \left\lceil \dfrac{mn}{3} \right\rceil$.

下面介绍我们的研究思路.

【题感】从目标看,研究骨牌数的下界,等价于研究覆盖格的个数的下界. 由此想到将棋盘分为若干块,期望每个小块中覆盖的格数"最优"(至少覆盖格数与总格数之比最大),由此得到下界估计.

如何分块才使小块中覆盖的格数"最优"? 可先研究特例. 我们固定列数为 n,对行数 $m=1,2$,3,… 进行研究.

【研究特例】对于 $1 \times n$ 的块,相邻 2 格有一个格被覆盖即可,此时很"不优"$\left(\text{仅占} \dfrac{1}{2}\right)$. 其中注意骨牌并不限定在块内,只需骨牌在原棋盘内.(如图 2)

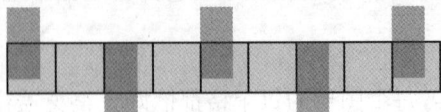 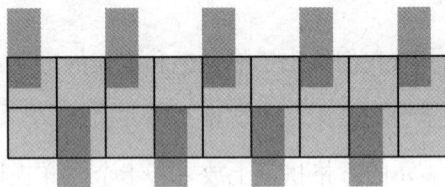

图 2　　　　　　　　　　　　　　　图 3

对于 $2 \times n$ 子棋盘,按如图 3 所示的方式覆盖是饱和的,此时也只覆盖了子棋盘中 $\dfrac{1}{2}$ 的格,很"不优".

【发掘引理】对于 $3 \times n$ 子棋盘,容易发现,至少覆盖总格数的 $\dfrac{2}{3}$(较优). 由此得到一个关键的引理:

引理 1　当 $n \geqslant 3$ 时,对于棋盘饱和覆盖中的任何一个 $3 \times n$ 子棋盘,都至少有 $2n$ 个格被骨牌覆盖.

证明　考察 $3 \times n$ 棋盘中间一行方格在 P 中的覆盖情况.

如果有某两个相邻的方格被同一块横向骨牌盖住,则该骨牌上方和下方的 4 邻格至少有 2 格在 P 中被骨牌盖住,否则 P 是不饱和的. 于是,这块骨牌所在的连续两列在 P 中被盖住的方格不少于它的总格数的 $\dfrac{2}{3}$.

去掉所有这样的连续两列,则剩下的任何列的 3 格中最多有一个空格(未被骨牌盖住的格),被盖住格也不少于 $\dfrac{2}{3}$. 否则只能是两头两个方格为空格,中间一格被横向骨牌盖住,但这是前述被去掉了的情形.

由此可知,$3 \times n$ 棋盘在 P 中被盖住的格数不少于它的总格数的 $\dfrac{2}{3}$,引理 1 获证.　　□

【充分条件分类】当 mn 为 3 的倍数时,由引理 1,不等式显然成立.

剩下的问题是,如果 m、n 模 3 都余 1 或 2,问题如何解决? —— 自然要分割出若干 $3\times n$ 的矩形,剩下一个 $1\times n$ 或 $2\times n$ 的矩形.

这两种情形可以统一:m 模 3 余 2 时,分割出 2 行,剩余的行数为 3 的倍数;m 模 3 余 1 时,将其中"4 行"分割为 2 个"2 行"即可.

于是,当 $m\geqslant 4$,$3\nmid m$ 时,$m\times n$ 棋盘总可以分割为若干个 $3\times n$ 棋盘和一个或两个 $2\times n$ 棋盘. 而且,当有 2 个 $2\times n$ 棋盘时,可将其都放在棋盘的首尾边界上.

由此可知,我们需要研究棋盘边界上的 $2\times n$ 子棋盘在覆盖中至少被覆盖多少个格.

为此,先给出一个定义:对棋盘饱和覆盖中的一个偶行的矩形子棋盘,如果矩形中位线一侧的边界上都没有覆盖骨牌,则称该矩形为"半闭矩形".

【发掘引理】当分割的 $2\times n$ 子棋盘放置在棋盘边界上时,它在覆盖中就是一个"半闭矩形",我们需要研究 $2\times n$"半闭矩形"在覆盖中至少被覆盖多少个格,由此得到如下引理:

引理 2　对棋盘饱和覆盖中任何一个 $2\times r$ 的"半闭矩形"$(1\leqslant r\leqslant n)$,其被覆盖格的个数不少于该矩形格数的 $\dfrac{2}{3}$.

证明　对 r 归纳. 当 $r=1$ 时,结论显然成立;

设结论对小于 r 的自然数成立,考虑 $2\times r$ 的"半闭矩形".不妨设子棋盘上半部边界格线上没有覆盖骨牌,设最上边一行各格依次为 a_1,a_2,$\cdots$,a_r;下边一行各格依次为 b_1,b_2,$\cdots$,b_r.

先考察格 a_1,如果 a_1 被纵向覆盖,则 a_1、b_1 被同一块骨牌纵向覆盖.此时,去掉这一列,则去掉的 2 个格都是被覆盖的,其被覆盖的格的个数不少于这一列格子总数的 $\dfrac{2}{3}$.

此外,剩下的矩形左边界没有被覆盖,它是"半闭矩形",由归纳假设,结论成立.

如果 a_1 被横向覆盖,则只能与 a_2 被同一块骨牌覆盖,此时 b_1、b_2 中至少有一个格被覆盖.去掉这 2 列,则去掉的 4 个格中有 3 个是被覆盖的,其被覆盖的格的个数不少于这 2 列格子总数的 $\dfrac{2}{3}$.

此外,剩下的矩形左边界上半部没有被覆盖,它是"半闭矩形",由归纳假设,结论成立.

如果 a_1 为空格,则 b_1、a_2 都被覆盖.

若 a_2 被横向覆盖,则只能与 a_3 被同一块骨牌覆盖,此时 b_2、b_3 中至少有一个格被覆盖.去掉前 3 列,则去掉的 6 个格中有 4 个是被覆盖的,其被覆盖的格的个数不少于这 3 列格子总数的 $\dfrac{2}{3}$.

此外,剩下的矩形左边界上半部没有被覆盖,它是"半闭矩形",由归纳假设,结论成立.

若 a_2 被纵向覆盖,则 b_1 被横向或纵向覆盖.去掉前 2 列,则去掉的 4 个格中有 3 个是被覆盖的,其被覆盖的格的个数不少于这 2 列格子总数的 $\frac{2}{3}$.

此外,剩下的矩形左边界没有被覆盖,它是"半闭矩形",由归纳假设,结论成立.

综上所述,引理 2 获证. □

【定理 2 的证明】 当 $m=2$ 时,由引理 2,结论成立.

当 $m \geqslant 3$ 时,分三种情况对棋盘进行分割:

如果 $m=3k(k \in \mathbf{N}_+)$,则将棋盘划分为 k 个 $3 \times m$ 棋盘;如果 $m=3k+2(k \in \mathbf{N}_+)$,则将棋盘划分为 k 个 $3 \times m$ 棋盘和一个半闭的 $2 \times m$ 棋盘;如果 $m=3k+1(k \in \mathbf{N}_+)$,则在 $m \times n$ 棋盘上、下方各划分出一个半闭的 $2 \times m$ 棋盘,中间划分为 $k-1$ 个 $3 \times m$ 棋盘.

由引理 1、2,每个 $3 \times m$ 棋盘及每个半闭的 $2 \times m$ 棋盘在饱和覆盖 P 中都至少有 $\frac{2}{3}$ 的格被骨牌覆盖,于是整个 $m \times n$ 棋盘在饱和覆盖 P 中至少有 $\frac{2}{3}$ 的格被骨牌覆盖,从而 $|P| \geqslant mn \times \frac{2}{3} \times \frac{1}{2} = \frac{mn}{3}$,结论成立. □

遗留的问题是,其中等号能否达到?我们猜想是可以的,期望有兴趣的读者给出证明或否定.

此外,我们在[1]中还证明了如下的结论:

定理 3 设 P 是 $m \times n$ 方格棋盘相对于 3-L 形的饱和覆盖,则

$$\frac{2\left[\dfrac{m}{2}\right]\left[\dfrac{n}{2}\right]}{3} < |P|_{\min} \leqslant \frac{\left[\dfrac{m}{2}\right]\left[\dfrac{n}{2}\right] + \left[1-(-1)^{mn}\right]}{2}.$$

我们期盼有读者能改进这一估计.

参考文献

[1] 冯跃峰. 棋盘上的组合数学[M]. 上海:上海教育出版社. 1998.

一道组合问题引发的思考

黎梓浩

（湖南省雅礼中学，410007）

前段时间,笔者做到了冯跃峰老师写的《组合构造》上面的一道题[1]：

问题　某种彩票兑奖号码是 000 到 999 中的一个三位数,如果所填的号码与兑奖号码有两个数位上的数字相同,则中奖.比如,兑奖号码是 123,则所填的 $12\times$,1×3,$\times 23$ 等号码都中奖.若可以适当填写 r 张彩票,使其中至少有一张中奖,求 r 的最小值.

这道题难度不小,冯老师曾在书中的例题提到过这道题的一个特殊情况,书中给出的解答也是类似于这个特殊的情况的证明,进行了一系列较复杂的局部分析,最终获证.书中的解答具体如下：

解　r 的最小值为 50.

用 (a,b,c) 表示 a、b、c 中任何 2 个数的任何位置的彩票都中奖,即当 a、b、c 互异时,它包含这样 6 个号码：$\overline{abc}$、$\overline{acb}$、$\overline{bac}$、$\overline{bca}$、$\overline{cab}$、$\overline{cba}$,当 $a=b\neq c$ 时,它包含这样 3 个号码：$\overline{aac}$、$\overline{aca}$、$\overline{caa}$,当 $a=b=c$ 时,它包含这样 1 个号码：$\overline{aaa}$.

当 $r\geqslant 50$ 时,填写如下 50 张彩票：

$$A=\{(0,0,1),(1,1,2),(2,2,3),(3,3,0),(4,0,2),(4,1,3),(4,4,4)\}$$

$$B=\{(5,5,6),(6,6,7),(7,7,8),(8,8,5),(9,5,7),(9,6,8),(9,9,9)\},$$

其中注意 $(0,0,1)$ 是 3 张彩票：$\overline{001}$、$\overline{010}$、$\overline{100}$,$(4,0,2)$ 是 6 张彩票：$\overline{402}$、$\overline{420}$、$\overline{042}$、$\overline{024}$、$\overline{240}$、$\overline{204}$ 等等,则 $P=(0,1,2,3,4)$ 中任何两个数 x、y（允许 $x=y$）,都至少同时出现在 A 中的 7 个数组的某一个中,$Q=(5,6,7,8,9)$ 中任何两个数 x、y（允许 $x=y$）,都至少同时出现在 B 中的 7 个数组的某一个中.

设中奖的底票是 $\overline{abc}$,将 a、b、c 归入两个集合 P、Q,必定有 2 个数（允许相同）属于同一个集合,这 2 个数都至少同时出现在 14 个数组的某一个中,必然中奖.

另一方面,我们要证明：当 $r\leqslant 49$ 时,可适当填一张底票,使没有一张彩票中奖.

由于只有 $r \leqslant 49$ 张彩票,考察这些彩票的第一位,$X = \{0, 1, 2, \cdots, 9\}$ 的 10 个数中必有一个数,设为 a,它在第一位上出现次数 $d(a)$ 不多于 4(否则,每个都至少出现 5 次,则至少有 $5 \times 10 = 50$ 张彩票,矛盾).

(1) 若 $d(a) = 0$,则将底票的首位填 a,后两位的填法有 $10 \times 10 = 100$ 种.从这 100 种填法中,去掉所填的 39 张彩票末两位完全相同 39 个,至少还剩下 1 个数对,记为 $\overline{bc}$,那么,底票 $\overline{abc}$ 使 49 张彩票中没有一张彩票中奖.

(2) 若 $1 \leqslant d(a) \leqslant 3$,令 A 为所填彩票中第一位为 a 的那些彩票的集合.现将底票的首位填 a,下面填底票的后两位,使 49 张都不中奖.

先使 A 中的彩票不中奖.从最坏的情形考虑:第二位上不填这 $d(a) \leqslant 3$ 张彩票第二位上的数字,于是第二位上至少还有 $10 - 3 = 7$ 个数字可填.第三位上不填这 $d(a) \leqslant 3$ 张彩票第三位上的数字,于是第三位上至少还有 $10 - 3 = 7$ 个数字可填.从而使 A 中彩票不中奖的填法有 $7 \times 7 = 49$ 种.

从这 49 种填法中,去掉与所填的首位不是 a 的至多 48(因为 $d(a) \geqslant 1$)张彩票末两位完全相同 48 个,至少还剩下一个数对,记为 $\overline{bc}$,那么底票 $\overline{abc}$ 使 49 张彩票中没有一张彩票中奖.

实际上,对任意一张所填的彩票,如果第一位数不是 a,则末两位不是 $\overline{abc}$ 的末两位,从而不中奖.如果第一位数是 a,则它的第二位不是 b,第三位不是 c,从而也不中奖.

(3) 若 $d(a) = 4$,令 A 为所填彩票中第一位为 a 的那 4 张彩票的集合.先将底票的首位填 a,下面填底票的后两位,使 A 中 4 张彩票不中奖:第二位上不填这 4 张彩票第二位上的数字,于是第二位上至少还有 $10 - 4 = 6$ 个数字可填.第三位上不填这 4 张彩票第三位上的数字,于是第三位上至少还有 $10 - 4 = 6$ 个数字可填.从而使第一位为 a 的那 4 张彩票不中奖的填法有 $6 \times 6 = 36$ 种.如果有一种填法,比如 $\overline{bc}$,不包含在所填彩票的末两位中,那么,底票 $\overline{abc}$ 使 49 张彩票中没有一张彩票中奖.假定每一种填法都包含在所填彩票的末两位中,则至少有 36 张不属于 A 的彩票.且这 36 张彩票,第二位不含 A 中所有彩票第二位上的数字,第三位不含 A 中所有彩票第三位上的数字.记这 36 张彩票的集合为 B.

再考察 A 中彩票第二位上的数字,如果 4 个数字互异,则每个数字至少出现 4 次(否则,若某个数字至少出现 3 次,则类似于 $d(a) \leqslant 3$ 的情形),这样产生 $4 \times 4 = 16$ 张彩票,其第二位与 A 中某张彩票第二位上的数字相同,于是这些彩票都不属于 B,从而至少有 $36 + 16 = 52$ 张彩票,矛盾.所以,A 中彩票第二位上数字至多 3 个互异.同理,A 中彩票第三位上的数字也至多 3 个互异,这样,我们仍有 $7 \times 7 = 49$ 种使 A 中彩票不中奖的填法,同样有一种填法,使所有彩票都不中奖. □

之后,笔者便想将此题作如下推广:

某种彩票兑奖号码是 $(000)_n$ 到 $(n-1\ n-1\ n-1)_n$ 中的一个三位数,如果所填的号码与兑奖号码有两个数位上的数字相同,则中奖.比如,兑奖号码是 $(123)_n$,则所填的 $(12 \times)_n$,$(1 \times 3)_n$,$(\times 23)_n$ 等号码都中奖. 若可以适当填写 r 张彩票, 使其中至少有一张中奖, 求 r 的最小值. (其中 $(\cdot)_n$ 表示 n 进制)

起初我们认为这道题难度并没有本质上的提高, 于是笔者与一些同学准备仿照冯老师书中给出的解答解决这道题, 结果遇到了很大的麻烦. 原解答中对于十进制这一条件的使用是不平凡的, 解答中分情况讨论的局部分析中出现的不等式大多都基于很小的情况, 这些不等式大多都不具备推广性, 故对于一般的情况基本无法奏效. 所以, 我们可以认为书中给出的解答是不本质的. 但是, 又经过了一段时间的思索后, 笔者发现这个推广的命题和原命题具备一个共同特征, 即都是一个三位数. 这就使笔者联想到了可以将三位数对应到三维空间直角坐标系上的一个坐标, 这样一想我们就可以得到这个推广命题的等价的转化命题:

空间直角坐标系中的 n^3 个点 $(i, j, k)(0 \leqslant i, j, k \leqslant n-1)$ 对应一个 $n \times n \times n$ 的立方体, 点 (i, j, k) 对应的 $1 \times 1 \times 1$ 方格代表一张号码为 $(i, j, k)_n$ 的彩票, 填写一张 $(i_0, j_0, k_0)_n$ 的彩票相当于从 $n \times n \times n$ 的立方体中删去所有由 (i_0, j_0, k_0) 引出的平行于棱的 3 条直线穿过的方格. 若经过 r 次删除后, 仍留下了至少一个小方格, 则让兑奖号码为其中一个方格所对应的号码, 就不会中奖. 若想中奖, 必须要删完所有小方格. 故原命题可等价转化为:

在一个 $n \times n \times n$ 的立方体中选取 r 个 $1 \times 1 \times 1$ 的小方格, 经过它们每一个的中心引平行于棱的 3 条直线, 然后删除所引的直线穿过的小方格 (称为一次操作). 求 r 的最小值, 使得能够去掉所有的小方格.

转化成这个命题之后, 本题并没有什么实质上的推进, 仅仅只是将原题的一些条件在空间直角坐标系中得以形象地体现. 拿到这个等价命题, 笔者回顾了一下 2017 年冬令营的第二题, 那也是一个有关于立方体的问题. 那个问题的解题思路也就是一般关于立方体问题的解题思路——从低维角度入手, 再考虑高维问题, 也就是一种降维的思想. 这种降维的思想在之前我校段钦瀚同学的文章中也有充分体现. 于是我们想将本题转化为如下一个 2 维的问题:

在 $n \times n$ 方格棋盘中选取 r 个格, 然后删去所有由选定格引出的平行于格线的 2 条直线穿过的方格. 若经过 r 次删除后, 能够去掉所有方格, 求 r 的最小值.

解决这个问题并不难, 但难以推广到 3 维的情形. 由此我们想到降维的另一种方式——生成元思想: 将 3 维问题转化为一个 2 维问题, 使 2 维问题的解能生成 3 维问题的解.

对于 2 维问题, 很自然地想到考虑这个立方体的下底面. 为了刻画这个 $n \times n$ 方格表每个方格为下底的 $1 \times 1 \times n$ 棱柱中被选取的方格的数量, 想到要在每个方格内填数, 得到如下的 2 维问题:

在 $n \times n \times n$ 的立方体的下底面的每一个方格中都填入一个自然数, 表示以该方格作为下底的一摞方格 (即一个 $1 \times 1 \times n$ 的长方体) 中所选取的小方格的数目, 所填数的和为 r. 如果能按所填数目在立方体中选取 r 个方格, 且对所选的每个方格都进行一次操作后能去掉所有方格, 求 r 的最小值.

为了使 r 尽可能小,能否每一摆只选取一个格? 这样一想,问题又转化为一个更强的问题:

在 $n \times n \times n$ 的立方体下底面的每一个方格中都填入 0 或 1,所填数的和为 r. 如果某个方格填 $t(t=0,1)$,则可在该格所在一摆中选取 t 个方格,且对所选的每个方格都进行一次操作后能去掉所有方格,求 r 的最小值.

上述填数后的正方形棋盘具有怎样的性质呢? 从极端考虑,我们发现如果有某个方格填 0,为了去掉该方格所在一摆的 n 个小方格,则需要从该方格所在行、列的其余 $2n-1$ 方格对应的 $2n-1$ 摆方格中找到至少 n 个所选取的小方格作为帮手,以去掉该方格所在一摆的 n 个小方格. 也就是说,若某格填 0,则该格所在行与列的填数之和不小于 n.

这使我们马上联想到一个熟知的问题:

在 $n \times n$ 方格棋盘中填数 0 或 1,若某格填 0,则该格所在行与列的填数之和不小于 n. 求证:整个方格表中所填数之和不小于 $\dfrac{n^2}{2}$.

当转化到这个问题时,笔者已经恍然大悟,这道题至此几乎已经要做完了. 因为这个命题是一道比较常见的练习题,手法也十分标准,采用充分条件分类即可. 具体过程如下:

考虑所有的行和与列和,如果它们都不小于 n,则结论显然成立. 否则它们中的最小值 $k<n$,不妨设最小值就是第一行的和,那么该行有不少于 $n-k$ 个 0,在这些 0 所在的列的其余方格中填入的数之和都不小于 $n-k$,其余 k 列的列和显然都不小于 k,所以整个方格表中所填数之和不小于 $(n-k)^2 + k^2 \geqslant \dfrac{n^2}{2}$.

故综上可知 $r \geqslant \dfrac{n^2}{2}$,又 $r \in \mathbf{N}_+$,所以 $r \geqslant \left\lceil \dfrac{n^2}{2} \right\rceil$.

最后我们还需要给出具体的构造,这没有太大的难度,只要分奇偶分别构造即可.

下给出当 $r = \left\lceil \dfrac{n^2}{2} \right\rceil$ 时的构造:

定义在 $n \times n$ 方格表中的一个方格内填入 t,表示选取该方格对应的一摆方格中位于第 t 层的方格,特别地,在 (i, j) 方格内填入 t,表示选取 (i, j, t) 对应的方格;不填数表示不取.

那么,当 $n=2s$ 时,分别将 $1, 2, \cdots, s$ 和 $s+1, s+2, \cdots, 2s$ 填入左下角和右上角处的 $s \times s$ 方格表,使得其中每个数都出现在每一行与每一列中各一次. 此时,对于已经填有数的方格对应的一摆方格,由该摆已经选取的方格删去;对于未填有数的方格,其所在行和列的其余方格中恰好包含 $1, 2, \cdots, 2s$ 各一次,则其对应摆的 $2s$ 个方格恰好被完全删去,符合要求;

当 $n=2s+1$ 时,分别将 $1, 2, \cdots, s$ 和 $s+1, s+2, \cdots, 2s+1$ 填入左下角 $s \times s$ 方格表和右上

角 $(s+1) \times (s+1)$ 方格表,使得其中每个数都出现在每一行与每一列中各一次. 此时,对于已经填有数的方格对应的一摞方格,由该摞已经选取的方格删去;对于未填有数的方格,其所在行和列的其余方格中恰好包含 $1,2,\cdots,2s+1$ 各一次,则其对应摞的 $2s+1$ 个方格恰好被完全删去,符合要求.

这里再将 $n=6,7$ 的情况画图说明构造:

所以 $r_{\min}=\lceil \dfrac{n^2}{2} \rceil$. □

说了这么多,到这里这个推广命题已经彻底做完了. 值得提出的是这个做法应该是本题的较本质的做法. 回溯整个探索的过程,笔者发现这种利用空间直角坐标系转化命题的手法,及在证明转化命题中出现的解决有关立方体的组合问题的降维思想,值得学习与利用. 其往往能将一个复杂的组合问题更加直观形象化,再由低维命题向高维命题逐步逼近,更快抓住问题的本质.

由此,笔者提供下面两道练习题供读者练习.

练习1 设正整数 $n \geqslant 3$. 设 $x_{i,j,k} \in \mathbf{Z}(1 \leqslant i,j,k \leqslant n)$. 定义:

$$I_{j,k}=\sum_{i=1}^{n} x_{i,j,k}, \quad J_{k,i}=\sum_{j=1}^{n} x_{i,j,k}, \quad K_{i,j}=\sum_{k=1}^{n} x_{i,j,k}.$$

$$I^*=\{I_{a,b} \mid 1 \leqslant a,b \leqslant n\},$$

$$J^*=\{J_{a,b} \mid 1 \leqslant a,b \leqslant n\},$$

$$K^*=\{K_{a,b} \mid 1 \leqslant a,b \leqslant n\},$$

问:是否存在互不相等的 $x_{i,j,k}$,使得 $|I^* \bigcup J^* \bigcup K^*|=1$?

分析 此题若将其定义为一道代数题,则极有可能会认为答案是否定的. 我们观察此题的形式,发现 $I_{j,k}$、$J_{k,i}$、$K_{i,j}$ 的定义即为对于一些三维的对象固定两维进行求和,这便使人不禁想到将其转化为一个空间立方体,则 $I_{j,k}$、$J_{k,i}$、$K_{i,j}$ 也就被赋予了明确的组合意义,即对一列方格求和,这为我们解答本题提供了极大的帮助,明确了这题本质是一道组合构造题.

解 存在. 下证明存在互不相等的 $x_{i,j,k} \in \mathbf{Z}$ 使得 $I^* \bigcup J^* \bigcup K^* = \{0\}$.

将原命题作如下转化: 考虑空间直角坐标系内的 n^3 个点 $(i,j,k)(1 \leqslant i,j,k \leqslant n)$, 将这 n^3 个点每点对应成一个 $1 \times 1 \times 1$ 的小立方体, 则这 n^3 个点对应成一个 $n \times n \times n$ 的立方体. 在 (i,j,k) 对应的小立方体内填入 $x_{i,j,k}$, 则 $I^* \bigcup J^* \bigcup K^*$ 即为全体由一列平行于某条棱的 n 个方格内填数之和构成的不可重集. 下只需证存在 n^3 个不同的整数, 使得平行于立方体的任一条棱的 n 个方格内填数之和为 0.

仍考虑降维的思想, 首先若已经存在 n^2 个不同整数, 使得在 $n \times n$ 的方格表中各行和、各列和为 0, 则设此 $n \times n$ 面为"α". 下定义 $n \times n$ 面"$k\alpha$"($k \in \mathbf{Z}$) 表示该 $n \times n$ 面上与 $n \times n$ 面"α"对应位置上填的整数成 k 倍关系, 即 $n \times n$ 面"α"上的数 x 对应 $n \times n$ 面"$k\alpha$"上的数 kx. 则再构造 $n \times n$ 面"$a_1\alpha$", a_1 为一个大于 $n \times n$ 面"α"上所有数的绝对值的正整数, 再构造 $n \times n$ 面"$a_2\alpha$", a_2 为一个大于 $n \times n$ 面"$a_1\alpha$"上所有数的绝对值的正整数, 同理构造 $n \times n$ 面"$a_3\alpha$", $\cdots$, "$a_{n-2}\alpha$"最后构造一个 $n \times n$ 面"$-(1+a_1+a_2+\cdots+a_{n-2})\alpha$". 则用这 n 个 $n \times n$ 面拼成一个 $n \times n \times n$ 立方体, 易知在每个面内的一列 n 个方格填数之和为 0, 在垂直于这些面的一列 n 个方格填数之和等于 $x + a_1x + a_2x + \cdots + a_{n-2}x - (1+a_1+a_2+\cdots+a_{n-2})x = 0$ 符合要求. 故只需证明存在 n^2 个不同整数, 使得在 $n \times n$ 的方格表中各行和、各列和为 0.

继续考虑降维的思想, 若已经存在 n 个不同整数, 使得在 $n \times n$ 的方格表的第一行的行和为 0. 则类似前面的方法, 构造第 2 行的数为第 1 行对应位置的 b_1 倍, 其中 b_1 为一个大于第 1 行所有数的绝对值的正整数. 同理构造第 3 行, $\cdots$, 第 $n-1$ 行, 最后构造第 n 行的数为第 1 行对应位置的 $-(1+b_1+b_2+\cdots+b_{n-2})$ 倍. 则各行和显然为 0, 各列和为 $x + b_1x + \cdots + b_{n-2}x - (1+b_1+\cdots+b_{n-2})x = 0$ 符合要求. 最后仅需构造一行 n 个不同的整数之和为 0, 其实这个构造也用了类似前面的方法, 这里不再赘述, 直接给出构造: $1, 2, \cdots, n-1, -\dfrac{n(n-1)}{2}$.

综上, 存在这样的互不相等的 $x_{i,j,k} \in \mathbf{Z}$ 符合条件. $\square$

小结 本题中 $n \geqslant 3$ 是本质的, 这里请读者自己从解答中体会哪些地方隐隐用到了 $n \geqslant 3$ 这一条件. 本题中多次使用降维思想, 将其与倍乘构造结合解决了问题.

练习 2 已知 $n \in \mathbf{N}_+$, $n \geqslant 3$, 记集合

$$A = \{1, 2, \cdots, n\}, B = \{n+1, n+2, \cdots, 2n\},$$
$$C = \{2n+1, 2n+2, \cdots, 3n\},$$

从 A、B、C 中各选取一个元素 a、b、c 构成有序三元数组 (a,b,c), 用红、蓝两色对所有数组进行染

色,每个数组恰被染为一种颜色,且使得 $S_{(a, a'; b, b'; c, c')}$ 中红色数组的个数为 4 的倍数. 求染色方法数.

$$S_{(a, a'; b, b'; c, c')} = \{(a, b, c), (a, b, c'), (a, b', c), (a, b', c'), (a', b, c),$$
$$(a', b, c'), (a', b', c), (a', b', c')\}$$

$a, a' \in A; b, b' \in B; c, c' \in C, a \neq a', b \neq b', c \neq c'.$

分析 本题最令人感到不适的应当是 $S_{(a, a'; b, b'; c, c')}$ 的复杂定义,再仔细考察 $S_{(a, a'; b, b'; c, c')}$ 的结构,若把这 8 个数组看成 8 个在空间直角坐标系中的点的话,会惊奇地发现它们构成了一个长方体. 在仔细考察 A、B、C 的结构,发现由这三个集合中元素组成的数组,可通过一个映射对应到一个立方体的方格对应的点上,这便将命题转化.

解 建立空间直角坐标系. 设空间中一点 (x, y, z) 对应一个数组,此数组为 $(x+1, y+n+1, z+2n+1)(x, y, z \in \{0, \cdots, n-1\})$,显然这是一个一一对应,则此时 $S_{(a, a'; b, b'; c, c')}$ 中的 8 个数组恰好为空间中某个棱平行于坐标轴的长方体的 8 个顶点. 故此题可表述为:在坐标空间中给定一个点集 E,它由 3 个坐标都是从 0 到 $n-1$ 之间的整数的所有点组成. 将 E 中每点都涂上红、蓝两色之一,使顶点在 E 中而棱平行于坐标轴的每个长方体上的红色顶点数都能被 4 整除. 问这样的不同涂色法共有多少种?

若存在一个矩形,其顶点均在 E 中,且边平行于坐标轴. 但红顶点数为奇数个,设为 $k(k=1, 3)$.

不妨设其 4 个顶点为 $(x_1, y_1, z_1), (x_1, y_1, z_2), (x_1, y_2, z_1), (x_1, y_2, z_2)$.

则考虑 $(x_2, y_1, z_1), (x_2, y_1, z_2), (x_2, y_2, z_1), (x_2, y_2, z_2)$ 这 4 点应恰有 $(4-k)$ 个红顶点.

同理 $(x_3, y_1, z_1), (x_3, y_1, z_2), (x_3, y_2, z_1), (x_3, y_2, z_2)$ 这 4 点应恰有 $(4-k)$ 个红顶点.

故这 8 个点恰为一个顶点在 E 中而棱平行于坐标轴的长方体的 8 个顶点,而其中只有 $(8-2k)$ 个红顶点,但是 $4 \nmid (8-2k)$ 矛盾.

所以

每一个边平行于坐标轴的顶点在 E 中的矩形的红顶点数为偶数个. ①

设

$$f(x, y, z) = \begin{cases} 1, & 点(x, y, z) 为红色, \\ -1, & 点(x, y, z) 为蓝色, \end{cases}$$

则由①易知 $f(x, y_1, z_1) \cdot f(x, y_1, z_2) \cdot f(x, y_2, z_1) = f(x, y_2, z_2)$.

现将 x 轴、y 轴、z 轴上的点任意染色.

因为

$$f(x,y,z) = f(0,y,z) \cdot f(x,0,z) \cdot f(0,0,z)$$

$$= (f(0,y,0) \cdot f(0,0,z) \cdot f(0,0,0))$$

$$\cdot (f(0,0,z) \cdot f(x,0,0) \cdot f(0,0,0)) \cdot f(0,0,z)$$

$$= f(x,0,0) \cdot f(0,y,0) \cdot f(0,0,z),$$

所以点 (x,y,z) 颜色已确定下来.

下面只需证对于任意一个题中所述的长方体,其 8 个顶点中红色顶点数为 4 的倍数. 只需稍微讨论即可,不作太多赘述.

故符合题意的染色方法数为 2^{3n-2} 种. □

小结 此题总的来说不是很难,关键点有三个,一是命题的转化,若不进行这步转化,则不易看清问题的本质. 二是特征函数的建立. 三是进行大胆地猜测,给出染色. 但每一步都较自然,没有什么大的跳跃.

参考文献

[1] 冯跃峰. 高中数学竞赛专题讲座·组合构造[M]. 杭州:浙江大学出版社,2008.

整点凸多边形最小面积的一个估计

谭健翔

(华南师范大学附属中学,510630)

1. 引言

在 2017 年 7 月份的新星夏令营中,冯跃峰老师提出了一个思考题:一个整点凸 N 边形内部及边界上至少有多少个整点?

显然我们可以不妨设该凸 N 边形的边上无除顶点外的整点;再由皮克(Pick)定理,问题转化为"求整点凸 N 边形面积的最小可能值".

当时笔者作了一些思考,得到了一个下界并确定了答案关于 N 的阶.之后这个问题便一直被遗忘了,直到最近又重新翻出来,又运用一些和数论有关的手段构造了一个不太平凡的上界.

方便起见,如无特别声明,规定本文所述的凸形均是紧的.对于关于 n 的函数 h_1、h_2、h_3,我们记 $h_1(n) = h_2(n) + O(h_3(n))$,如果存在与 n 无关的常数 δ,满足 $|h_1(n) - h_2(n)| \leqslant \delta \cdot h_3(n)$ 恒成立.

2. 一个初步的估计

命题 1 记整点凸 N 边形面积的最小值为 $f(N)$,那么

$$\frac{1}{192}N^3 + O(N^2) \leqslant f(N) \leqslant \frac{1}{48}N^3 + O(N^2).$$

证明 笔者偶然在《中等数学》上看到了一道相关题目,该题要求证明 $f(N)$ 的数量级是 $O(N^3)$,对参考答案进行优化后可以得到本命题中的下界.我们只需考察 N 为偶数的情况,记 $N = 2m$,我们有以下两个引理.

引理 1 存在面积为 $f(N)$ 的中心对称的凸 N 边形.

引理 1 的证明 反证法.假设 $P_1 P_2 \cdots P_{2m}$ 是一个面积为 $f(N)$ 的凸 N 边形.连接 $P_i P_{i+m}$ 把该凸 N 边形划分成两部分,其中面积较小者记为 K;如果 P_i 和 P_{i+m} 在 K 中的内角之和小于 π,那么将 K 关

于 P_iP_{i+m} 中点作反射后得到 K', $K \cup K'$ 是面积不大于 $f(N)$ 的整点凸 N 边形, 矛盾.

记 $\alpha_i = \angle P_{i-1}P_iP_{i+m}$, $\beta_i = \angle P_iP_{i+m}P_{i+m+1}$.

下面假设对于每个 $1 \leqslant i \leqslant m$, $\sigma_i = \alpha_i + \beta_i$ 和 σ_{i+m} 中必有一个 $\geqslant \pi$. 不妨设 $\sigma_1 \geqslant \pi$, 那么由 $\sigma_i + \sigma_{i+m+1} = P_i + P_{i+1}$ 知 $\sigma_{m+2} < \pi$, 则 $\sigma_2 \geqslant \pi$; 重复以上讨论知 $\sigma_{m+1} \geqslant \pi$, 但 $\sigma_1 + \sigma_{m+1} = P_1 + P_{m+1} < 2\pi$, 矛盾.

引理 2 设一个中心对称的凸 $2m$ 边形 M 的边所对应的向量为 $\pm\overrightarrow{\alpha_1}, \pm\overrightarrow{\alpha_2}, \cdots, \pm\overrightarrow{\alpha_m}$, 则其面积 $S(M) = \sum\limits_{1 \leqslant i < j \leqslant m} |\overrightarrow{\alpha_i} \times \overrightarrow{\alpha_j}|$.

对 m 用归纳法容易得到引理 2 的证明, 我们在这里略去.

回到原题. 不妨设该凸 N 边形 M 的边所对向量满足 $|\overrightarrow{\alpha_1}| \leqslant |\overrightarrow{\alpha_2}| \leqslant \cdots \leqslant |\overrightarrow{\alpha_m}|$. 在每个 $\overrightarrow{\alpha_j}$ 上都没有除端点外整点的前提下, 我们断言, 对每一个 $1 \leqslant j \leqslant m$, 至多有 4 个 $i < j$ 使 $|\overrightarrow{\alpha_i} \times \overrightarrow{\alpha_j}|$ 都等于同一实数 k. 实际上只需注意到满足 $|\overrightarrow{\alpha_i} \times \overrightarrow{\alpha_j}|$ 相等的 $\overrightarrow{\alpha_i}$ 终点都落在两条平行于 $\overrightarrow{\alpha_j}$ 的直线上即可. 而 $|\overrightarrow{\alpha_i} \times \overrightarrow{\alpha_j}|$ 必为整数, 于是由引理及断言可知

$$S(M) = \sum_{j=1}^{m} \sum_{i<j} |\overrightarrow{\alpha_i} \times \overrightarrow{\alpha_j}| \geqslant \sum_{\substack{j=4u+v \leqslant m \\ 0 \leqslant v \leqslant 3}} \left(\sum_{i \leqslant u} 4i + v(u+1) \right)$$

$$\geqslant \sum_{j=1}^{m} \frac{1}{8}(j+3)(j-1) = \frac{1}{24}m^3 + O(m^2)$$

$$= \frac{1}{192}N^3 + O(N^2).$$

至于上界构造是比较平凡的, 只需把向量 $\{\pm(k, 1) \mid 1 \leqslant k \leqslant m\}$ 按斜率顺序首尾相接构成一个多边形 M_1, 即有

$$f(N) \leqslant S(M_1) = \sum_{1 \leqslant i < j \leqslant m} |(i, 1) \times (j, 1)| = \frac{1}{48}N^3 + O(N^2).$$

$\square$

3. 更加精确的估计

命题 2 $f(N)$ 的定义同上, 则

$$\frac{1}{24\sqrt{3}\pi}N^3 \leqslant f(N) \leqslant \frac{5\pi^2}{2592}N^3 + O(\sqrt{N^5 \ln N}).$$

证明　先证下界.分析上一节的证明,其下界不够精确的原因可能是分开计算外积的过程没有充分利用其凸性.我们希望在一定程度上摆脱"整点"这个限制,从几何的角度考察问题.

引理 3　平面上任何凸形 C 有内接仿射正六边形.

引理 3 的证明　当 C 为平行四边形时,命题显然成立.下设 C 不为平行四边形.

任取一条直线 l,设和 l 平行的 C 的弦长度的上确界为 T,并取待定的 $d < T$.作两条平行于 l 的长度为 d 的弦 AB 和 CD(当 T 在 C 的边界 ∂C 上取到时,允许 AB 或 CD 包含于该边界).设 AD 和 BC 交于 O,并作 XO 和 OY 平行等于 AB.

当 $d \to 0$ 时,由于 $XO \to 0$ 且直线 XY 趋于 C 两条平行于 l 的支撑直线的平分线,所以存在 d 使 X 位于 C 的内部;当 $d \to T$ 时,同理知存在 d 使 X 位于 C 的外部.由连续性知存在合适的 d_1 使 X 在 ∂C 上.

若此时 Y 也在 ∂C 上,则 $ABYCDX$ 即为所求.否则不妨设 Y 在 C 的内部,为方便起见记此时 X、Y 的位置为 X_1、Y_1.注意到可以将 d_1 适当扩大为 d_2 使 Y 在 ∂C 上.考虑将 l 旋转 $180°$ 的过程,旋转的每个时刻都选取合适的 d 使得 Y 在 ∂C 上.那么旋转之后 Y 与 X_1 重合,X 与 Y_1 重合,于是旋转过程中 X 从 C 的外部运动到了 C 的内部,故由连续性知该过程中存在某一时刻使 X 在 ∂C 上,此六边形即为所求.引理证毕.

回到原题.记凸 N 边形 M 为 $P_1 P_2 \cdots P_N$,$S(M)$、$C(M)$ 为其面积和周长;再记 S_i 为 $\triangle P_{i-1} P_i P_{i+1}$ 的面积,a_i 为边 $P_{i-1} P_i$ 的长度.

下面考虑比值 $t = \dfrac{S(M)}{\left(\prod\limits_{i=1}^{N} S_i\right)^{\frac{1}{N}}}$ 的大小.

注意到仿射变换不会改变 t 的值.给 M 内接一仿射正六边形 $Q_1 Q_2 \cdots Q_6$ 并将其仿射成正六边形,为方便起见我们仍沿用仿射前的记号.延长六边形的边交出一个"六角星"$R_1 R_2 \cdots R_6$.过每个 Q_j 作 M 的支撑直线 l_j,则易知 M 含于"六角星"内.设 M 在 $\triangle Q_j R_j Q_{j+1}$ 内部分的面积为 T_j.

在 $\triangle Q_j R_j Q_{j+1}$ 中作 M 平行于 $Q_j Q_{j+1}$ 的支撑直线 $U_j V_j$,并设它与 M 的切点为 W_j(如图 1).设 $U_j V_j$ 与 $Q_j Q_{j+1}$ 的距离为 h_j,$Q_j Q_{j+1} = a$.考虑 l_{j+1} 在"六角星"上所截面积知 $T_j + T_{j+1} \leqslant S_{\triangle Q_j R_j Q_{j+1}}$,结合 $T_j \geqslant S_{\triangle Q_j W_j Q_{j+1}} = \dfrac{1}{2} a h_j$ 知

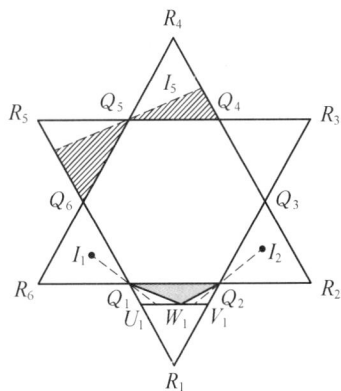

图 1

$$H = \sum_{j=1}^{6} h_j \leqslant \frac{3\sqrt{3}}{2} a.$$

由凸形外包线大于内包线得

$$C(\mathcal{M}) \leqslant \sum_{j=1}^{6}(Q_jU_j + U_jV_j + V_jQ_{j+1}) = 6a + \frac{2}{\sqrt{3}}H.$$

又显然有

$$S(\mathcal{M}) \geqslant 3\sqrt{3}\,a^2 + \frac{1}{2}aH.$$

综合此三式得

$$t = \frac{S(\mathcal{M})}{C(\mathcal{M})^2} \cdot \frac{C(\mathcal{M})^2}{\left(\prod\limits_{i=1}^{N}S_i\right)^{\frac{1}{N}}}$$

$$\geqslant \frac{3\sqrt{3}\,a^2 + \dfrac{1}{2}aH}{\left(6a + \dfrac{2}{\sqrt{3}}H\right)^2} \cdot \frac{\left(\sum\limits_{i=1}^{N}a_i\right)^2}{\dfrac{1}{2}\left(\prod\limits_{i=1}^{N}a_ia_{i+1}\sin P_i\right)^{\frac{1}{N}}}$$

$$\geqslant \frac{3a}{8(3\sqrt{3}\,a + H)} \cdot \frac{2N^2}{\sin\dfrac{\sum\limits_{i=1}^{N}P_i}{N}}$$

$$\geqslant \frac{N^2}{6\sqrt{3}} \cdot \frac{1}{\sin\dfrac{2\pi}{N}}$$

$$\geqslant \frac{1}{12\sqrt{3}\,\pi}N^3.$$

另一方面,由于 $\triangle P_{i-1}P_iP_{i+1}$ 是整点三角形,其面积 $\geqslant \dfrac{1}{2}$,所以 $t \leqslant 2S(\mathcal{M})$,因此 $S(\mathcal{M}) \geqslant$

$\dfrac{1}{24\sqrt{3}\,\pi}N^3$,下界证毕. $\qquad\qquad\Box$

再证上界.一个自然的想法是,使用尽可能短的一些向量作为凸 N 边形的边.为了便于计算,我们选择集合 $\mathscr{A}_n = \{(p,q) \mid \gcd(p,q)=1, \mid p \mid + \mid q \mid \leqslant n\}$ 中的全体向量作为一凸多边形 $\mathcal{M}_2$ 的边,为此需要先估计 $\mathscr{A}_n$ 的元素个数.

引理 4 设 φ 为欧拉函数,并规定 $\varphi(1)=1$,则

$$\sum_{k=1}^{n}\varphi(k) = \frac{3}{\pi^2}n^2 + O(n\ln n).$$

引理 4 的证明　熟知 $n = \sum\limits_{d \mid n} \varphi(d)$，由莫比乌斯(Mobius) 反演得 $\varphi(n) = \sum\limits_{d \mid n} d\mu\left(\dfrac{n}{d}\right)$. 于是

$$\sum_{k=1}^{n} \varphi(k) = \sum_{k=1}^{n} \sum_{d \mid k} \frac{k}{d}\mu(d) = \sum_{d=1}^{n} \mu(d) \sum_{\substack{1 \leqslant k \leqslant n \\ d \mid k}} \frac{k}{d}$$

$$= \frac{1}{2}\sum_{d=1}^{n}\mu(d)\left(\left\lfloor \frac{n}{d} \right\rfloor^2 + \left\lfloor \frac{n}{d} \right\rfloor\right).$$

对 n 用归纳法易得 $\sum\limits_{d=1}^{n} \mu(d)\left\lfloor \dfrac{n}{d} \right\rfloor = 1$，从而

$$\frac{1}{2}\sum_{d=1}^{n}\mu(d)\left(\left\lfloor \frac{n}{d} \right\rfloor^2 + \left\lfloor \frac{n}{d} \right\rfloor\right)$$

$$= \frac{1}{2}\left(\sum_{d=1}^{n}\mu(d)\left(\frac{n}{d} - \left\langle \frac{n}{d} \right\rangle\right)^2 + 1\right) \qquad (*)$$

$$= \frac{1}{2}\left(n^2 \sum_{d=1}^{n}\frac{\mu(d)}{d^2} - 2n\sum_{d=1}^{n}\frac{\mu(d)}{d}\left\langle \frac{n}{d} \right\rangle + \sum_{d=1}^{n}\mu(d)\left\langle \frac{n}{d} \right\rangle^2 + 1\right).$$

注意到

$$\left|\sum_{d=1}^{n}\frac{\mu(d)}{d}\left\langle \frac{n}{d} \right\rangle\right| \leqslant \sum_{d=1}^{n}\frac{d-1}{d^2} \leqslant \ln n + 1$$

以及 $\left|\sum\limits_{d=1}^{n}\mu(d)\left\langle \dfrac{n}{d} \right\rangle^2\right| \leqslant n$；对于主项我们有

$$\sum_{d=1}^{n}\frac{\mu(d)}{d^2} = \sum_{d=1}^{\infty}\frac{\mu(d)}{d^2} - \sum_{d=n+1}^{\infty}\frac{\mu(d)}{d^2}$$

$$= \sum_{d=1}^{\infty}\frac{\mu(d)}{d^2} + \mathcal{O}\left(\frac{1}{n}\right)$$

$$= \prod_{p}\left(1 - \frac{1}{p^2}\right) + \mathcal{O}\left(\frac{1}{n}\right)$$

$$= \frac{1}{\prod\limits_{p}\left(1 + \dfrac{1}{p^2} + \dfrac{1}{p^4} + \cdots\right)} + \mathcal{O}\left(\frac{1}{n}\right)$$

$$= \frac{1}{\sum\limits_{k=1}^{\infty}\dfrac{1}{k^2}} + \mathcal{O}\left(\frac{1}{n}\right)$$

$$= \frac{6}{\pi^2} + \mathcal{O}\left(\frac{1}{n}\right),$$

其中求积符号下的 p 取遍所有素数. 把此三式代入 $(*)$ 即得结论.

下面估 $\mathcal{M}_2$ 的面积. 易知 $\sum_{d|n} \mu(d) = \begin{cases} 1, & n=1, \\ 0, & n>1, \end{cases}$ 并规定 $\mu(0)=1$, 由引理 2 得

$$
\begin{aligned}
S(\mathcal{M}_2) &= \frac{1}{8} \sum_{\substack{(i,j) \in \mathscr{A}_n \\ (k,l) \in \mathscr{A}_n}} |(i,j) \times (k,l)| \\
&= \frac{1}{8} \sum_{\substack{1 \leqslant |i|+|j| \leqslant n \\ \gcd(i,j)=1}} \sum_{\substack{1 \leqslant |k|+|l| \leqslant n \\ \gcd(k,l)=1}} \left\| \begin{matrix} i & j \\ k & l \end{matrix} \right\| \\
&= \frac{1}{8} \sum_{\substack{1 \leqslant |i|+|j| \leqslant n \\ 1 \leqslant |k|+|l| \leqslant n}} \left\| \begin{matrix} i & j \\ k & l \end{matrix} \right\| \sum_{u|\gcd(i,j)} \mu(u) \sum_{v|\gcd(k,l)} \mu(v) \qquad (**) \\
&= \frac{1}{8} \sum_{1 \leqslant u,v \leqslant n} \mu(u)\mu(v) \sum_{\substack{1 \leqslant |i|+|j| \leqslant n \\ u|i,\, u|j}} \sum_{\substack{1 \leqslant |k|+|l| \leqslant n(14) \\ v|k,\, v|l}} \left\| \begin{matrix} i & j \\ k & l \end{matrix} \right\| \\
&= \frac{1}{8} \sum_{1 \leqslant u,v \leqslant n} uv\mu(u)\mu(v) \sum_{1 \leqslant |i|+|j| \leqslant \frac{n}{u}} \sum_{1 \leqslant |k|+|l| \leqslant \frac{n}{v}} \left\| \begin{matrix} i & j \\ k & l \end{matrix} \right\|.
\end{aligned}
$$

接下来考察

$$
g(r,s) = \sum_{1 \leqslant |i|+|j| \leqslant r} \sum_{1 \leqslant |k|+|l| \leqslant s} \left\| \begin{matrix} i & j \\ k & l \end{matrix} \right\|
$$

的大小, 其中 $r,s \in \mathbf{N}_+$. 设 $I_{i,j}$ 为以点 (i,j) 为中心的单位正方形. 注意到对固定的向量 (k,l), 当 (k,l) 所在直线与 $I_{i,j}$ 内部不交时, 有

$$
\left\| \begin{matrix} i & j \\ k & l \end{matrix} \right\| = \iint_{I_{i,j}} \left\| \begin{matrix} x & y \\ k & l \end{matrix} \right\| \mathrm{d}x\,\mathrm{d}y;
$$

而当两者相交时, 记 (k,l) 所在直线在 $I_{i,j}$ 上所截面积较小的部分为 $J_{i,j}$, 则有

$$
\left\| \begin{matrix} i & j \\ k & l \end{matrix} \right\| = \iint_{I_{i,j}} \left\| \begin{matrix} x & y \\ k & l \end{matrix} \right\| \mathrm{d}x\,\mathrm{d}y - 2\iint_{J_{i,j}} \left\| \begin{matrix} x & y \\ k & l \end{matrix} \right\| \mathrm{d}x\,\mathrm{d}y.
$$

为方便起见, 我们补充定义其他的 $J_{i,j} = \varnothing$. 由定义知不同的 (i,j) 对应的 $J_{i,j}$ 是互相不交的, 且 $J_{i,j}$ 中任何一点到 (k,l) 所在直线距离不超过 $\frac{\sqrt{2}}{2}$. 记 T_r 为直线 $\pm x \pm y = r$ 围成的正方形, 则有

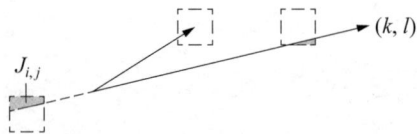

图 2

$$\sum_{1 \leqslant |i+j| \leqslant r} \left\| \begin{matrix} i & j \\ k & l \end{matrix} \right\| = \iint_{\mathcal{T}_r} \left\| \begin{matrix} x & y \\ k & l \end{matrix} \right\| \mathrm{d}x\,\mathrm{d}y + \iint_{(x,\,y) \in \underset{(i,\,j)}{\cup} I_{i,\,j} \backslash \mathcal{T}_r} \left\| \begin{matrix} x & y \\ k & l \end{matrix} \right\| \mathrm{d}x\,\mathrm{d}y - 2 \iint_{\underset{(i,\,j)}{\cup} J_{i,\,j}} \left\| \begin{matrix} x & y \\ k & l \end{matrix} \right\| \mathrm{d}x\,\mathrm{d}y.$$

注意到

$$\iint_{(x,\,y) \in \underset{(i,\,j)}{\cup} I_{i,\,j} \mathcal{T}_r} \left\| \begin{matrix} x & y \\ k & l \end{matrix} \right\| \mathrm{d}x\,\mathrm{d}y \leqslant 2r^2 \cdot \max\{ |i| , |j| \},$$

以及

$$\iint_{\underset{(i,\,j)}{\cup} J_{i,\,j}} \left\| \begin{matrix} x & y \\ k & l \end{matrix} \right\| \mathrm{d}x\,\mathrm{d}y \leqslant \frac{\sqrt{2}\,r(2r+1)}{2};$$

又经计算得对主项有

$$\iint_{\mathcal{T}_r} \left\| \begin{matrix} x & y \\ k & l \end{matrix} \right\| \mathrm{d}x\,\mathrm{d}y = \frac{2(k^2 + |kl| + l^2)}{3(|k| + |l|)} r^3,$$

从而

$$g(r,\,s) = \sum_{1 \leqslant |k+l| \leqslant s} \left(\iint_{\mathcal{T}_r} \left\| \begin{matrix} x & y \\ k & l \end{matrix} \right\| \mathrm{d}x\,\mathrm{d}y + \iint_{(x,\,y) \in \underset{(i,\,j)}{\cup} I_{i,\,j} \backslash \mathcal{T}_r} \left\| \begin{matrix} x & y \\ k & l \end{matrix} \right\| \mathrm{d}x\,\mathrm{d}y - 2 \iint_{\underset{(i,\,j)}{\cup} J_{i,\,j}} \left\| \begin{matrix} x & y \\ k & l \end{matrix} \right\| \mathrm{d}x\,\mathrm{d}y \right)$$

$$= r^3 \sum_{1 \leqslant |k+l| \leqslant s} \frac{2(k^2 + |kl| + l^2)}{3(|k| + |l|)} + \mathcal{O}(r^2 s^3) + \mathcal{O}(r^2 s^2)$$

$$= 4r^3 \sum_{k=1}^{s} \sum_{l=1}^{k} \frac{2(l^2 + l(k-l) + (k-l)^2)}{3k} + \mathcal{O}(r^2 s^3)$$

$$= \frac{20}{27} r^3 s^3 + \mathcal{O}(r^3 s^2) + \mathcal{O}(r^2 s^3).$$

代回(* *)式得

$$S(\mathcal{M}_2) = \frac{1}{8} \sum_{1 \leqslant u,\,v \leqslant n} uv\mu(u)\mu(v) \cdot g\left(\left\lfloor \frac{n}{u} \right\rfloor, \left\lfloor \frac{n}{v} \right\rfloor \right)$$

$$= \frac{1}{8} \sum_{1 \leqslant u,\,v \leqslant n} uv\mu(u)\mu(v) \left(\frac{20}{27} \left\lfloor \frac{n}{u} \right\rfloor^3 \left\lfloor \frac{n}{v} \right\rfloor^3 + \mathcal{O}\left(\left\lfloor \frac{n}{u} \right\rfloor^3 \left\lfloor \frac{n}{v} \right\rfloor^2 \right) \right.$$

$$\left. + \mathcal{O}\left(\left\lfloor \frac{n}{u} \right\rfloor^2 \left\lfloor \frac{n}{v} \right\rfloor^3 \right) \right).$$

注意到

$$\left| \sum_{1 \leqslant u, v \leqslant n} uv\mu(u)\mu(v) \cdot O\left(\left\lfloor \frac{n}{u} \right\rfloor^3 \left\lfloor \frac{n}{v} \right\rfloor^2\right) \right| \leqslant \left(\sum_{u=1}^{n} \frac{1}{u^2}\right)\left(\sum_{v=1}^{n} \frac{1}{v}\right) \cdot O(n^5) \leqslant O(n^5 \ln n),$$

而对主项,利用引理 4 证明过程中得到的结论,有

$$\sum_{1 \leqslant u, v \leqslant n} uv\mu(u)\mu(v) \cdot \left\lfloor \frac{n}{u} \right\rfloor^3 \left\lfloor \frac{n}{v} \right\rfloor^3$$

$$= \sum_{1 \leqslant u, v \leqslant n} uv\mu(u)\mu(v)\left(\frac{n^6}{u^3 v^3} + O(1)\left(\frac{n^3}{u^3} + \frac{n^3}{v^3} + 1\right)\right)$$

$$= n^6 \sum_{u=1}^{n} \frac{\mu(u)}{u^2} \sum_{v=1}^{n} \frac{\mu(v)}{v^2} + O(n^5)$$

$$= n^6 \left(\frac{6}{\pi^2} + O\left(\frac{1}{n}\right)\right)^2 + O(n^5)$$

$$= \frac{36}{\pi^4} n^6 + O(n^5).$$

综合以上几式得 $S(M_2) = \frac{10}{3\pi^4} n^6 + O(n^5 \ln n)$. 所以对 $N = 4 | \mathscr{A}_n |$,

$$f(N) \leqslant S(M_2) = \frac{5\pi^2}{2592} N^3 + O(\sqrt{N^5 \ln N});$$

而对其他的 N 用 $4 | \mathscr{A}_n | < N < 4 | \mathscr{A}_{n+1} |$ 的 n 来放缩就可以得到结论. $\square$

5. 总结

尽管本文中用比较繁琐的方法整点凸多边形最小面积做出了一个估计,但该不等式两边的系数仍然相去甚远. 笔者感觉命题 2 的下界还有很大改进空间,希望各位读者能够继续思考和加强本文中的结论.

6. 致谢

感谢欧阳泽轩、孙孟越、刘润声、张质源同学,以及李晋博士和冷岗松、冯跃峰老师等对文章的修改提出建议和指导.

参考文献

［1］中等数学编辑部.中等数学增刊(二)[J].天津:天津师范大学出版社,2014.

［2］潘承洞,潘承彪.初等数论(第三版)[M].北京:北京大学出版社,2013.

三、解题方法探讨

3

一道伊朗国家队选拔考试数论题的注记

罗振华[1] 付云皓[2]

（1. 上海四季教育，200070；2. 广州第二师范学院，510303）

2018 年伊朗国家队选拔考试第一轮第五题的数论题新颖漂亮，具有一定难度.问题如下：

问题 证明：对每个正整数 m，我们可以找到 m 个连续正整数，使得对其中的每一个数 n，

$$(1^3 + 2018^3)(2^3 + 2018^3)\cdots(n^3 + 2018^3)$$

所表示的数均不是整数的大于 1 次幂.

本文给出两种不同的证法.证法一由罗振华给出，证法二由付云皓给出.

证法一主要利用了高斯(Gauss)二次互反律来分析每一项的素因子的信息，通过取特定的素数 p，使得整个式子含 p 的幂次恰为 1，从而证明了它不是整数的大于 1 次幂.不过二次互反律很多中学生不太熟悉，我国数学竞赛的数论题也很少考查这部分内容，那能否绕开二次互反律证明此题呢？证法二给出了不用二次互反律的新解，此解法技巧性很强.

证法一 先证明如下两个引理：

引理 1 设 p 是大于 2 的素数，则 $\left(\dfrac{-3}{p}\right) = 1$ 当且仅当 $p \equiv 1 \pmod 3$，其中 $\left(\dfrac{d}{p}\right)$ 是勒让德 (Legendre) 符号.

引理 1 的证明 注意到

$$\left(\frac{-3}{p}\right) = \left(\frac{-1}{p}\right) \cdot \left(\frac{3}{p}\right) = (-1)^{\frac{p-1}{2}} \cdot \left(\frac{-3}{p}\right),$$

由高斯二次互反律，

$$\left(\frac{3}{p}\right) \cdot \left(\frac{p}{3}\right) = (-1)^{\frac{3-1}{2} \cdot \frac{p-1}{2}} = (-1)^{\frac{p-1}{2}},$$

故

$$\left(\frac{3}{p}\right)=(-1)^{\frac{p-1}{2}}\left(\frac{p}{3}\right).$$

则有

$$\left(\frac{-3}{p}\right)=(-1)^{p-1}\left(\frac{p}{3}\right)=\left(\frac{p}{3}\right).$$

所以

$$\left(\frac{-3}{p}\right)=1\Leftrightarrow\left(\frac{p}{3}\right)=1\Leftrightarrow p\equiv 1(\bmod 3),$$

引理 1 获证. □

引理 2　对于任意正整数 x，$x^2-2018x+2018^2$ 的素因子只可能是 2、3、1009 和 $3k+1$ 型的素数(其中 k 为正整数).

引理 2 的证明　对任意正整数 x，设素数 $p\mid x^2-2018x+2018^2$，则 $p\mid (x-1009)^2+3\cdot 1009^2$.

当 $p\neq 2,3,1009$ 时，$(x-1009)^2\equiv -3\cdot 1009^2(\bmod p)$. 由 $(p,1009)=1$，可设 1009 模 p 的逆是 a，则

$$(ax-1009a)^2\equiv -3(\bmod p),$$

这说明 $\left(\frac{-3}{p}\right)=1$，由引理 1 有 $p\equiv 1(\bmod 3)$. 故引理 2 获证. □

回到原题. 由狄利克雷(Dirichlet)定理知，$3k-1$ 型的素数有无穷多个，任取其中大于 2018 的素数 p，我们说明对于 $p-2018\leqslant n\leqslant 2p-2019$，

$$(1^3+2018^3)(2^3+2018^3)\cdots(n^3+2018^3)$$

表示的数均不是整数的幂.

注意到

$$\prod_{x=1}^{n}(x^3+2018^3)=\prod_{x=1}^{n}(x+2018)(x^2-2018x+2018^2)$$

$$=\prod_{x=1}^{n}(x+2018)\prod_{x=1}^{n}(x^2-2018x+2018^2),$$

由引理 2，对任意整数 x，大于 2018 的 $3k-1$ 型的素数 p 不是 $x^2-2018x+2018^2$ 的素因子. 注意到 $p-2018\leqslant n\leqslant 2p-2019$，则 2019 至 $n+2018$ 这连续 n 个数中恰有一个是 p 的倍数，就是 p 本身. 故 $(1^3+2018^3)(2^3+2018^3)\cdots(n^3+2018^3)$ 中 p 的幂次恰为 1，不可能是整数的幂.

注意到 $p-2018$ 到 $2p-2019$ 共有 p 个连续自然数. 对于任意正整数 m, 取 $3k-1$ 型的素数 $p>$ $\max\{m,2018\}$ 就可以找到 p 个连续自然数满足题目条件, 当然也有 m 个连续自然数满足题目条件.

综上可知, 命题获证. □

证法二 我们先证明下面的两个引理.

引理 3 设 $f(x)$ 是一个非常数的整系数多项式, 则有无穷多个素数 p 满足如下性质: 存在正整数 n 使得 $p\mid f(n)$.

引理 3 的证明 假设仅有有限多个素数 p 满足上述性质, 设它们是 $p_1,\cdots,p_k$.

设 $\mid f(1)\mid=p_1^{\alpha_1}\cdots p_k^{\alpha_k}$, 其中 $\alpha_1,\cdots,\alpha_k$ 是非负整数, 则由 $m-n\mid f(m)-f(n)$ 可知

$$p_1^{\alpha_1+1}\cdots p_k^{\alpha_k+1}\mid f(Ap_1^{\alpha_1+1}\cdots p_k^{\alpha_k+1}+1)-f(1),$$

其中 A 是任意正整数.

由上式知 $p_1^{\alpha_1}\cdots p_k^{\alpha_k}\mid f(Ap_1^{\alpha_1+1}\cdots p_k^{\alpha_k+1}+1)$, 且

$$p_1\cdots p_k\;\Big|\;\frac{f(Ap_1^{\alpha_1+1}\cdots p_k^{\alpha_k+1}+1)}{p_1^{\alpha_1}\cdots p_k^{\alpha_k}}\pm 1.$$

这说明 $\dfrac{f(Ap_1^{\alpha_1+1}\cdots p_k^{\alpha_k+1}+1)}{p_1^{\alpha_1}\cdots p_k^{\alpha_k}}$ 是一个与 $p_1,\cdots,p_k$ 均互素的整数, 故它仅能为 1 或 -1, 即

$$\mid f(Ap_1^{\alpha_1+1}\cdots p_k^{\alpha_k+1}+1)\mid=p_1^{\alpha_1}\cdots p_k^{\alpha_k}.$$

由 A 的任意性知 f 在无穷多个点处的取值相同, 故 f 仅能为常数, 矛盾!

引理 4 对于任意正整数 a, 存在正整数 M, 使得对任意素数 $p>M$ 和正整数 n, 素数 p 最多整除 $n^2-2018n+2018^2$, $(n+1)^2-2018(n+1)+2018^2$, $\cdots$, $(n+a)^2-2018(n+a)+2018^2$ 中的一个数.

引理 4 的证明 取 $M=(a+2018)^2+4036(a+2018)+4036^2$, 当 $p>M$ 时, 我们证明 p 满足条件. 假设结论不成立, 设素数 p 整除引理 4 中数列的两个不同的数, 不妨设

$$p\mid(n+i)^2-2018(n+i)+2018^2,\quad p\mid(n+j)^2-2018(n+j)+2018^2,$$

其中 $0\leqslant i<j\leqslant a$, 两式相减得 $p\mid(j-i)(2n+i+j-2018)$. 由于

$$p>(a+2018)^2+4036(a+2018)+4036^2>a,$$

由上式可推出 $p\mid 2n+i+j-2018$, 则

$$4((n+i)^2-2018(n+i)+2018^2)$$

$$\equiv(i-j+2018)^2-4036(i-j+2018)+4036^2(\bmod\ p).$$

上面同余式的左边是 p 的倍数,而右边大于 0,故右边不小于 p.注意到

$$p > (a + 2018)^2 + 4036(a + 2018) + 4036^2$$

$$> (i - j + 2018)^2 - 4036(i - j + 2018) + 4036^2,$$

则同余式右边小于 p,矛盾!故假设不成立,引理 4 获证. □

回到原题.在引理 4 中取 $a = m$ 得到相应的 M,在引理 3 中取 $f(x) = x^2 - 2018x + 2018^2$ 知,存在素数

$$p > \max\{M, 2m + 3 \times 2018, 2018^2\}$$

及正整数 n,使得 $p \mid f(n)$.

设最小的满足 $p \mid f(n)$ 的正整数 n 为 n_0,则 n_0 满足 $n_0 \leqslant p$.事实上,若 $n_0 > p$,则

$$f(n_0 - p) \equiv f(n_0) \equiv 0 (\mathrm{mod}\ p),$$

故 $n_0 - p$ 为更小的满足 $p \mid f(n)$ 的正整数,与最小性矛盾.

进一步有 $n_0 \leqslant \dfrac{p + 2018}{2}$.事实上,若 $n_0 > \dfrac{p + 2018}{2}$,则有

$$f(p + 2018 - n_0) \equiv f(2018 - n_0) \equiv f(n_0) \equiv 0 (\mathrm{mod}\ p),$$

而 $p + 2018 - n_0 < n_0$,这说明 $p + 2018 - n_0$ 为更小的满足条件的正整数,矛盾!

由 $p > 2m + 3 \times 2018$ 知

$$n_0 + m + 2018 \leqslant \frac{p + 2018}{2} + m + 2018 < p.$$

结合 $n_0 < p$,$p > 2018^2$ 知

$$0 < f(n_0) < n_0^2 + 2018^2 \leqslant (p - 1)^2 + 2018^2 = p^2 - 2p + 1 + 2018^2 < p^2.$$

考虑

$$(1^3 + 2018^3)(2^3 + 2018^3) \cdots (x^3 + 2018^3),$$

其中 $x \in \{n_0, n_0 + 1, \cdots, n_0 + m\}$,则由上面推理知 $1 + 2018$,$2 + 2018$,$\cdots$,$x + 2018$ 均不是 p 的倍数,而对 $f(r)(r = 1, 2, \cdots, x)$,由 n_0 的最小性知,$r < n_0$ 时 $f(r)$ 不是 p 的倍数,由引理 4 及 $p \mid (n_0)$ 知对 $r = n_0 + 1, \cdots, x$,$f(r)$ 不是 p 的倍数,又 $0 < f(n_0) < p^2$,故

$$(1^3 + 2018^3)(2^3 + 2018^3) \cdots (x^3 + 2018^3)$$

中 p 的幂次为 1,故它不能是任何整数的大于 1 次幂,证毕. □

　　评注　比较一下两种证法,证法一通过分析 $x^2-2018x+2018^2$ 的素因子信息,取素数 p 使得它不是任何 $x^2-2018x+2018^2$ 的素因子,再限定 n 的取值范围,使得 $1+2018,2+2018,\cdots,n+2018$ 只有一个 p 的倍数且幂次为 1,从而证明了题目中的数不是整数的大于 1 次幂.证法二也是取特定的素数 p 使得题设中的数所含 p 的幂次为 1,不过不同于证法一取一次项的素因子,这里 p 取为具有最小性的某个二次项 $x^2-2018x+2018^2$ 的素因子,然后通过很有技巧性的估值排除了 p 是其他项的素因子的可能,从而证得了结论.

组合数的余数分布

王 彬

（北京工商大学数学系，100048）

我们有时会考虑组合数 C_n^k 模某个数 M 的余数. 这类问题的思路一般是先把 M 分解质因数 $M = p_1^{\alpha_1} \cdots p_l^{\alpha_l}$，然后分别考虑组合数 C_n^k 模每个素数幂 $p_i^{\alpha_i}$ 的余数，再利用中国剩余定理计算出组合数模 M 的余数.

在考虑组合数 C_n^k 模 p^α 的余数时，如果是模单素数 p 的话则利用 Lucas 定理可以直接得到结果. 若是模素数幂 p^α 则稍微麻烦一些，这时一般会考虑 $n!$、$k!$、$(n-k)!$ 这三个阶乘所含的 p 的方幂数，以及它们分别除掉自己所含 p 的方幂之后，考虑剩下的部分模 p^α 的余数. 这样的问题有时需要具体分析数字 n、k 与 $n-k$ 的 p 进制展开的"字符串"的排列性质.

本文主要考虑一批组合数除以某个数 M 的余数分布，所谓分布就是说这一批余数中有多少个 1，多少个 2……这样的问题，我们只关心总数，不关心每个余数具体是哪个.（这里分布的概念和概率论中随机变量的分布概念是类似的）所谓"一批"组合数，本文主要是考虑 C_n^0，C_n^1，$\cdots$，C_n^n 这样底数相同的一组组合数. 我觉得它们比较自然，是比较容易想到的一组组合数，同时它们对应的母函数 $(x+y)^n$ 非常简洁.

对于组合数的余数分布问题，如果是一般的模 M，我觉得是比较困难的，目前没有太好的办法. 所以本文只考虑 M 是素数幂并且是很简单的素数幂的情形，主要是考虑模 2 和模 4 的余数分布，以及一部分模 8 的分布问题. 这也算是抛砖引玉，希望有兴趣的读者能够继续探索.

Ⅰ. 模 2 的余数分布

我们先考虑最简单的情形：模 2 的余数也就是奇偶性问题.

对于组合数 C_n^k 的奇偶性问题，一般有两种考虑思路，一个是放在二项式系数中看，一个是考虑

$$C_n^k = \frac{n!}{k! \times (n-k)!}$$ 看分子分母中各含有多少个 2 的方幂.

我们把一个正整数 x 含有 2 的方幂数记作 $\nu_2(x)$. 阶乘 $n!$ 含有多少 2 的方幂？这等于把 1，2，$\cdots$，n 这些数的方幂数加起来，换个方向看就是统计有多少个 2 的倍数，多少个 4 的倍数，$\cdots$，把这些答案加起来(若某个数 k 的 $\nu_2(k)=r$，则它在前 r 个答案中各贡献了 1). 所以

$$\nu_2(n!)=\left\lfloor \frac{n}{2} \right\rfloor + \left\lfloor \frac{n}{4} \right\rfloor + \cdots + \left\lfloor \frac{n}{2^k} \right\rfloor + \cdots.$$

为了计算这个和式，我们一般会考虑 n 的二进制展开(因为除以 2 的操作在二进制下很容易表示，就像十进制下把一个数除以 10 很方便). 为此我们假设：$n=c_m 2^m + c_{m-1} 2^{m-1} + \cdots + c_1 2^1 + c_0 2^0 = (c_m c_{m-1} \cdots c_1 c_0)_2$，其中每一位数字都是 0 或 1，并且记数字和 $s(n)=c_m + c_{m-1} + \cdots + c_1 + c_0$，这样计算 $\nu_2(n!)$ 的结果就变成了：

$$\begin{aligned}
\nu_2(n!) &= \left\lfloor \frac{n}{2} \right\rfloor + \left\lfloor \frac{n}{4} \right\rfloor + \cdots + \left\lfloor \frac{n}{2^k} \right\rfloor + \cdots \\
&= (c_m 2^{m-1} + \cdots + c_1 2^0) + (c_m 2^{m-2} + \cdots + c_2 2^0) + \cdots + (c_m 2^0) \\
&= c_m (2^{m-1} + \cdots + 2^0) + \cdots + c_2 (2^1 + 2^0) + c_1 (2^0) + c_0 (0) \\
&= c_m (2^m - 1) + \cdots + c_1 (2 - 1) + c_0 (1 - 1) \\
&= n - (c_m + \cdots + c_1 + c_0) = n - s(n).
\end{aligned}$$

对于组合数 $C_n^k = \dfrac{n!}{k! \times (n-k)!}$ 的奇偶性问题，需要分别考虑分子分母含有 2 的方幂数并比较大小，分子中 $\nu_2(n!)=n-s(n)$，分母中

$$\nu_2(k! \times (n-k)!) = \nu_2(k!) + \nu_2((n-k)!)$$
$$= k - s(k) + (n-k) - s(n-k).$$

组合数 C_n^k 是奇数等价于分子分母含有 2 的方幂相等，即 $s(k)+s(n-k)=s(n)$，这等价于做二进制加法 $k+(n-k)=n$ 时不进位. (进位次数与数字和很有关系，十进制下做加法每进一次位则数字和减少 9，二进制下每进一次位则数字和减少 1). 这样考虑组合数 C_n^0，C_n^1，$\cdots$，C_n^n 中有多少个奇数等价于：非负整数 $a+b=n$ 二进制加法不进位的情况有多少种.

假设 n 的二进制展开中的所有 $s(n)$ 个 1 的位置分别是 i_1，i_2，$\cdots$，$i_{s(n)}$，即 $n=2^{i_1} + 2^{i_2} + \cdots + 2^{i_{s(n)}}$. 二进制加法不进位，则当 n 的某一数位取 0 时，a、b 在该位置必须都取 0，当 n 的某一数位取 1 时，a、b 在该位置一定是一个 0 和一个 1. 这类似于把 n 看成集合 $C=\{i_1, i_2, \cdots, i_{s(n)}\}$，然后把 C 进行分拆：$C = A \bigcup B$，$A \bigcap B = \varnothing$. 分拆方法数等于集合 C 的子集个数，即 2 的 $s(n)$ 次方.

组合数 C_n^0，C_n^1，$\cdots$，C_n^n 中恰有 $2^{s(n)}$ 个奇数，同时有 $n+1-2^{s(n)}$ 个偶数. 这一点也可以从二项式展

开的角度来看,即 $(x+y)^n$ 的展开式的系数的奇偶性问题. 多项式系数的奇偶性即是把系数模 2 来看,把偶数看成 0,把奇数看成 1,系数的取值范围就是 $\{0,1\}$,(这时多项式被看成是有限域 $F_2=\{0,1\}$ 上的多项式). 这个角度的好处是可以把多项式 $(x+y)^n$ 表示成是若干个因子的乘积,我们设法选取形式简洁的因子,使得乘积的形式简洁. 由于 $(x+y)^n$ 的因子只能是 $(x+y)^k$ 的形式,接下来我们考察 k 取什么值时结果形式简单.(下面式子中的同余符号是系数模 2 意义下的同余)

$$(x+y)^2 = x^2+2xy+y^2 \equiv x^2+y^2;$$

$$(x+y)^3 = x^3+3x^2y+3xy^2+y^3 \equiv x^3+x^2y+xy^2+y^3;$$

$$(x+y)^4 = x^4+4x^3y+6x^2y^2+4xy^3+y^4 \equiv x^4+y^4;$$

$$(x+y)^5 = (x+y)^4(x+y) \equiv (x^4+y^4)(x+y) \equiv x^5+x^4y+xy^4+y^5;$$

$$(x+y)^8 = (x+y)^4(x+y)^4 \equiv (x^4+y^4)(x^4+y^4) = x^8+2x^4y^4+y^8 \equiv x^8+y^8.$$

通过观察可以看出:在系数模 2 意义下,$(x+y)^k$ 的形式在次数 k 是 2 的方幂时最简洁,即 $(x+y)^{2^m} \equiv x^{2^m}+y^{2^m}$. 其余情形可以考虑把 $(x+y)^n$ 分解成几个简洁形式的乘积. 这样,由 $n=2^{i_1}+2^{i_2}+\cdots+2^{i_{s(n)}}$,我们有:

$$(x+y)^n = (x+y)^{2^{i_1}} \times (x+y)^{2^{i_2}} \times \cdots \times (x+y)^{2^{i_{s(n)}}}$$

$$\equiv (x^{2^{i_1}}+y^{2^{i_1}}) \times (x^{2^{i_2}}+y^{2^{i_2}}) \times \cdots \times (x^{2^{i_{s(n)}}}+y^{2^{i_{s(n)}}}).$$

上式右端乘法式子有 $s(n)$ 个括号,每个括号中有两项,乘法展开会得到 $2^{s(n)}$ 个项,由于每一项中 x 的次数都取不同的二进制数,因而 $2^{s(n)}$ 个项的形式互不相同,无法合并同类项. 这样展开式中一共有 $2^{s(n)}$ 个奇数系数,即组合数 C_n^0,C_n^1,$\cdots$,C_n^n 中恰有 $2^{s(n)}$ 个奇数.

Ⅱ. 模 4 的余数分布

我们已经讨论了组合数 C_n^0,C_n^1,$\cdots$,C_n^n 奇偶性的分布,接下来考虑它们模 4 的余数分布. 这一问题相当于继续在 $2^{s(n)}$ 个奇数中区分其中有多少 $4k+1$ 型,有多少 $4k-1$ 型;在 $n+1-2^{s(n)}$ 个偶数中区分其中有多少 $4k+2$ 型,有多少 $4k$ 型. 为了方便叙述,我们考虑一个具体例子,即 C_{2012}^0,C_{2012}^1,$\cdots$,C_{2012}^{2012} 的模 4 余数分布.

这个例子有个小故事:2012 年我首次参加中国女子数学奥林匹克(CGMO)命题,本来计划出一个题是考虑组合数 C_{2012}^0,C_{2012}^1,$\cdots$,C_{2012}^{2012} 模 2012 的余数的加和. 2012 分解质因数为 $2012 = 2^2 \times 503$,组合数模质数 503 的余数分布比较简单,这个题目主要是考查模 4 的余数分布情况. 后来主试委员会觉得这个题目太难,改为考虑组合数中有多少个 2012 的倍数,这样主要是考查 4 的倍数的个数,难度降低很多.

1. 多项式系数的分析

$n=2012$ 二进制表示为:$2012=(11\,111\,011\,100)_2$,数字和 $s(n)=8$,也就是说组合数中有 $2^8=256$ 个奇数,有 $2013-2^8=1757$ 个偶数.考虑模 4 的余数分布,就需要把奇偶性分析的方法再推进一步,我们之前考虑多项式系数的奇偶性,现在就需要进一步考虑多项式系数模 4 的结果,基本思路仍然是把 $(x+y)^n$ 分成一些形式简洁的因子的乘积.模 4 意义下哪些 $(x+y)^k$ 形式简单呢? 答案与之前一样,仍是次数 k 等于 2 的方幂时形式简洁.(下面式子中的同余符号是系数模 4 意义下的同余)

$$(x+y)^2=x^2+2xy+y^2\equiv x^2+y^2;$$
$$(x+y)^4=x^4+4x^3y+6x^2y^2+4xy^3+y^4\equiv x^4+2x^2y^2+y^4;$$
$$(x+y)^8\equiv(x^4+2x^2y^2+y^4)^2=(x^2+y^2)^4\equiv x^8+2x^4y^4+y^8;$$
$$(x+y)^{16}\equiv(x^4+2x^2y^2+y^4)^4=(x^2+y^2)^8\equiv x^{16}+2x^8y^8+y^{16},$$

这样一来,$(x+y)^{2^m}\equiv x^{2^m}+2x^{2^{m-1}}y^{2^{m-1}}+y^{2^m}=(x^{2^{m-1}}+y^{2^{m-1}})^2,$

$$(x+y)^{2012}$$
$$=(x+y)^{1024}(x+y)^{512}(x+y)^{256}(x+y)^{128}(x+y)^{64}(x+y)^{16}(x+y)^8(x+y)^4$$
$$\equiv(x^{512}+y^{512})^2(x^{256}+y^{256})^2(x^{128}+y^{128})^2(x^{64}+y^{64})^2(x^{32}+y^{32})^2$$
$$\times(x^8+y^8)^2(x^4+y^4)^2(x^2+y^2)^2$$
$$=A\times B,$$

其中 $A=(x^{512}+y^{512})^2(x^{256}+y^{256})^2(x^{128}+y^{128})^2(x^{64}+y^{64})^2(x^{32}+y^{32})^2.$

若记 $X=x^{32}$,$Y=y^{32}$,则 $A=(X^{31}+X^{30}Y+\cdots+Y^{31})^2$,$A$ 的展开式的非 0 系数分别为:1,2,3,$\cdots$,31,32,31,$\cdots$,3,2,1,其中模 4 余 1、模 4 余 2、模 4 余 3 的系数各有 16 个,其余系数全是 4 的倍数.且 A 中有效的项的 x 次数与 y 次数都是 32 的倍数(有效的项指系数不是 4 的倍数或者说模 4 非 0 的项).

另一方面,$B=(x^8+y^8)^2(x^4+y^4)^2(x^2+y^2)^2$,$B$ 的展开式中非 0 系数分别为 1,2,$\cdots$,7,8,7,$\cdots$,2,1,这些系数中模 4 余 1、模 4 余 2、模 4 余 3 各有 4 个,其余系数都是 4 的倍数.并且 B 中的项的 x 次数与 y 次数都小于 32,这样当计算 $A\times B$ 时,任意在 A 和 B 中各取一个有效项乘积后的结果形式都互不相同,即不能合并同类项.

我们考虑 $(x+y)^{2012}\equiv A\times B$ 展开式的系数模 4 余数的分布,即考虑各个有效项的乘积搭配结果:

模 4 余 1 的系数可以由 1×1 或 3×3 得到,共 $16 \times 4 + 16 \times 4 = 128$ 项;

模 4 余 3 的系数可以由 1×3 或 3×1 得到,共 $16 \times 4 + 16 \times 4 = 128$ 项;

模 4 余 2 的系数可以由 1×2 或 3×2 或 2×1 或 2×3 得到,共 $16 \times 4 + 16 \times 4 + 16 \times 4 + 16 \times 4 = 256$ 项;

其余二项式系数都是 4 的倍数,共 $2013 - 128 - 128 - 256 = 1501$ 项.

以上就是组合数 C_{2012}^0,C_{2012}^1,$\cdots$,C_{2012}^{2012} 的模 4 余数分布.上面的方法是把 n 的二进制展开式中,连续的 1 对应的因式放在一起相乘来处理.可以看出这样做使得不同的连续的 1 的段对应的乘积因式是相互独立的(即相乘时不会出现合并同类项),因此只需考虑每个连续的 1 的段对应的乘积因式的形式,或其余数分布.

一般情况下,组合数 C_n^0,C_n^1,$\cdots$,C_n^n 中的 $2^{s(n)}$ 个奇数,如果 n 的二进制展开式中有至少连续两个 1,则组合数中 $2^{s(n)}$ 个奇数是 $4k+1$ 型与 $4k-1$ 型各占一半,因为上述方法得到的"连续段乘积"中,至少存在一个是其中的奇数系数 $4k+1$ 型与 $4k-1$ 型各占一半,因此各个"连续段乘积"相乘搭配后,总体的奇数系数中也一定是两种型号各占一半;相反如果 n 的二进制展开式中没有连续两个 1 出现,则每个"连续段乘积"中的奇数系数都是 $4k+1$ 型,这样整体相乘后的 $2^{s(n)}$ 个奇数系数全都是 $4k+1$ 型,没有 $4k-1$ 型.

2. 二进制加法的分析

我们之前用 $C_n^k = \dfrac{n!}{k! \times (n-k)!}$ 的分子分母所含 2 的方幂来分析奇偶性,这一方法也可以进一步分析模 4 余数分布.方幂分析在考虑偶数组合数是 $4k+2$ 型还是 $4k$ 型时比较简便,设 $n = (c_m c_{m-1} \cdots c_1 c_0)_2$,组合数 C_n^0,C_n^1,$\cdots$,C_n^n 中的 $n+1-2^{s(n)}$ 个偶数中,$4k+2$ 型组合数 C_n^a 等价于 $a+b=n$ 时 $\nu_2(n!) = \nu_2(a!) + \nu_2(b!) + 1$,即 $s(a) + s(b) = s(n) + 1$,即二进制加法只进一次位.

设二进制表示 $a = (a_m a_{m-1} \cdots a_1 a_0)_2$,$b = (b_m b_{m-1} \cdots b_1 b_0)_2$,(首位 a_m、b_m 甚至 c_m 可以为 0),考虑这唯一进位的位置,假设是第 i 位向第 $i+1$ 位进位,由于第 $i-1$ 位没有向第 i 位进位,则 $a_i + b_i = c_i + 2$,这只能是 $a_i = b_i = 1$,$c_i = 0$;同时由于第 $i+1$ 位没有向更高位进位,则 $a_{i+1} + b_{i+1} + 1 = c_{i+1}$,这只能是 $a_{i+1} = b_{i+1} = 0$,$c_{i+1} = 1$.这意味着唯一的进位必须发生在 n 的相邻两位是"10"的地方(即 $c_{i+1} = 1$,$c_i = 0$).当位置选定后,那两位的 a、b 均为"01",同时 a、b 的其他位置需满足 $c_i = 0$ 时 a_i、b_i 均为 0,$c_i = 1$ 时 a_i、b_i 一个 0 一个 1 任意选择,这样每个可能进位位置恰好对应 $2^{s(n)-1}$ 个 $a+b=n$.

唯一进位位置的选择方式数等于 n 的展开式中连续的 0 的段数,因为每段连续的 0 恰好对应一个这段开头处的"10".例如 $n = 2012 = (11\,111\,011\,100)_2$ 时,可以在第 1 位向第 2 位进位,或第 5 位向第 6 位进位,一共两个"10"的可选位置,每种进位位置有 $2^{s(n)-1} = 128$ 个 $a+b=n$,因此共有 256 个 $4k+2$

型组合数.

接下来对奇数组合数的模 4 余数分析,仅仅考虑阶乘含 2 的方幂数是不够的,还需要进一步考虑阶乘把所含 2 的方幂除掉之后(简称缩水),剩下的奇数部分是 $4k+1$ 型还是 $4k-1$ 型的.为此我们定义符号:$h(x)\equiv\dfrac{x}{2^{\nu_2(x)}}\pmod 4$ 来表示一个正整数 x 的奇数部分的类型,$h(x)$ 取值为 $\{1,-1\}$,我们注意 h 函数保持乘法关系,即 $h(xy)=h(x)h(y)$.

对于阶乘 $n!$ 的类型,$h(n!)=h(1)\times h(2)\times\cdots\times h(n)$,按照 $1\sim n$ 中的含 2 的方幂分类来看,它等于 $1\sim n$ 中奇数乘积,$1\sim n$ 中 $4k+2$ 型数乘积(等价于 $1\sim\dfrac{n}{2}$ 中所有奇数的乘积),$1\sim n$ 中 $8k+4$ 型数乘积(等价于 $1\sim\dfrac{n}{4}$ 中所有奇数的乘积),$\cdots$,以上这些乘积类型的乘积.我们定义 $f(n)$ 表示 $1\sim n$ 中所有奇数的乘积,则

$$h(n!)\equiv f(n)\times f\left(\left\lfloor\dfrac{n}{2}\right\rfloor\right)\times\cdots\times f\left(\left\lfloor\dfrac{n}{2^m}\right\rfloor\right)\pmod 4.$$

为此我们考虑 $f(n)$ 模 4 的余数与 n 的关系,我们发现连续 4 个奇数乘积模 4 余 1(事实上乘积模 8 也余 1),因此 $f(n+8)\equiv f(n)\pmod 4$,这样只需考虑 n 的二进制展开的末三位 $n\pmod 8\equiv(c_2c_1c_0)_2$ 即可知 $f(n)$ 的类型.同时,$\left\lfloor\dfrac{n}{2}\right\rfloor$ 是 n 的二进制去掉最后一位,$f\left(\left\lfloor\dfrac{n}{2}\right\rfloor\right)$ 只需考虑 $\left\lfloor\dfrac{n}{2}\right\rfloor\pmod 8\equiv(c_3c_2c_1)_2$ 即可,$\cdots$,$f\left(\dfrac{n}{2^m}\right)$ 的类型,只需考虑 $\left\lfloor\dfrac{n}{2^m}\right\rfloor\pmod 8\equiv(00c_m)_2$ 即可.具体计算得到:

$$f(8k)\equiv f(8k+1)\equiv f(8k+2)\equiv f(8k+7)\equiv 1\pmod 4;$$
$$f(8k+3)\equiv f(8k+4)\equiv f(8k+5)\equiv f(8k+6)\equiv -1\pmod 4.$$

我们对二进制中的连续三位定义符号 g:

$$g(000)=+1,\ g(001)=+1,\ g(010)=+1,\ g(011)=-1;$$
$$g(100)=-1,\ g(101)=-1,\ g(110)=-1,\ g(111)=+1.$$

这样对 $n=(c_m\cdots c_1c_0)_2$,$h(n!)\equiv g(c_2c_1c_0)\times g(c_3c_2c_1)\times\cdots\times g(00c_m)$.

若 $C_n^a=\dfrac{n!}{a!\times b!}$ 是奇数 $(a+b=n)$,则二进制加法不进位,

$$(a_ma_{m-1}\cdots a_1a_0)_2+(b_mb_{m-1}\cdots b_1b_0)_2=(c_mc_{m-1}\cdots c_1c_0)_2,$$

不进位的 $2^{s(n)}$ 种情况,相当于把 $n=(c_m\cdots c_1c_0)_2$ 中的 $s(n)$ 个 1 分配到 a、b 两边的方法数.

接下来计算 $h(C_n^a) \equiv \dfrac{h(n!)}{h(a!) \times h(b!)}$ ($h(x)$ 保持乘积关系,这一点很重要).

$$h(C_n^a) \equiv \frac{g(c_2 c_1 c_0)}{g(a_2 a_1 a_0) \times g(b_2 b_1 b_0)} \times \frac{g(c_3 c_2 c_1)}{g(a_3 a_2 a_1) \times g(b_3 b_2 b_1)} \times \cdots \times \frac{g(00 c_m)}{g(00 a_m) \times g(00 b_m)}.$$

记 $g_i = \dfrac{g(c_{i+2} c_{i+1} c_i)}{g(a_{i+2} a_{i+1} a_i) \times g(b_{i+2} b_{i+1} b_i)}$,在 $C = (c_{i+2} c_{i+1} c_i)$ 固定,且 $a+b$ 不进位即 $A+B = (a_{i+2} a_{i+1} a_i) + (b_{i+2} b_{i+1} b_i)$ 不进位的前提下,考虑 g_i 的可能取值:

若 $C = (c_{i+2} c_{i+1} c_i) = (000)$,$(001)$,$(010)$,$(100)$ 时,由于 $A+B=C$ 不进位,A、B 一定是一个为 (000),另一个等于 C,这时 $g_i = +1$;

若 $C = (110)$,$A+B = (000)+(110)$ 或 $(100)+(010)$ 时均有 $g_i = +1$;

若 $C = (101)$,$A+B = (000)+(101)$ 或 $(100)+(001)$ 时均有 $g_i = +1$;

以上的六种情况 g_i 一定等于正 1. 还有两种情况:

当 $C = (011)$ 时,若 $A+B = (000)+(011)$,则 $g_i = +1$;若 $A+B = (010)+(001)$,则 $g_i = -1$;

当 $C = (111)$ 时,若 $A+B = (000)+(111)$ 或 $(100)+(011)$,则 $g_i = +1$;若 $A+B = (110)+(001)$ 或 $(101)+(010)$,则 $g_i = -1$;

在最后的两种情况中,若后两位的 1 被分配在 A、B 两边,则 $g_i = -1$,若后两位的 1 被分配在同一边,则 $g_i = +1$.(g_i 和第一位的 0 或 1 如何分配无关).

总之,若 n 的二进制表示中相邻两位 $c_{i+1} c_i$ 都是 1 且两个 1 被分配在 a、b 两边时,会导致 $g_i = -1$,其余情况都有 $g_i = +1$. 这样,把 $n = (c_m \cdots c_1 c_0)_2$ 中的 $s(n)$ 个 1 分配到 a、b 两边时,总的 $h(C_n^a) \equiv g_0 \times \cdots \times g_m$ 的取值取决于把连续两位的 1 分配在 a、b 两边的情况出现奇数次还是偶数次. 如果 $(c_m \cdots c_1 c_0)$ 中有连续两位的 1,不妨设 $c_{k+1} = c_k = 1$,则当我们把 $(c_m \cdots c_{k+1})$ 中的 1 的归属不变,把 $(c_k \cdots c_0)$ 中的 1 的归属全部改变时,符号 $h(C_n^a) \equiv g_0 \times \cdots \times g_m$ 恰好在 g_k 处改变,其余 g_i 不变,$h(C_n^a)$ 恰好反号,这说明所有 $2^{s(n)}$ 种分配方式中,即 $2^{s(n)}$ 个奇数组合数中,$4k+1$ 型与 $4k-1$ 型之间可以一一对应,因此各占一半. 如果 $(c_m \cdots c_1 c_0)$ 没有连续两位的 1,则 $h(C_n^a) \equiv g_0 \times \cdots \times g_m$ 中所有 $g_i = +1$,即所有 $2^{s(n)}$ 个奇数组合数都是 $4k+1$ 型的.

3. 一个投机取巧的方法

对于 $n = 2012 = (11\,111\,011\,100)_2$,显然是有连续的 1 的情况,因此 256 个奇数组合数中,$4k+1$ 型与 $4k-1$ 型各占一半,各 128 个. 关于 2012 的例子有一个"投机取巧"的方法,由于 C_{2012}^k 是奇数则 k 一定是 4 的倍数,这样只需证明 C_{2012}^{8k} 与 C_{2012}^{8k+4} 中若至少有一个是奇数,则一定都是奇数且模 4 余 1 和余 3 各一个即可. 为此只需证明 $4 \mid C_{2012}^{8k} + C_{2012}^{8k+4}$:

$$C_{2012}^{8k} \times (2012 - 8k)(2010 - 8k)(2009 - 8k)$$

$$= C_{2012}^{8k+4} \times (8k + 1)(8k + 2)(8k + 3)(8k + 4),$$

两边除掉一些 2 的方幂后得到：

$$C_{2012}^{8k} \times (503 - 2k)(2011 - 8k)(1005 - 4k)(2009 - 8k)$$

$$= C_{2012}^{8k+4} \times (8k + 1)(4k + 1)(8k + 3)(2k + 1),$$

两边模 4 之后可得：

$$C_{2012}^{8k} \times (2k + 3) \times 3 \times 1 \times 1 \equiv C_{2012}^{8k+4} \times 1 \times 1 \times 3 \times (2k + 1) \pmod 4.$$

$(2k + 1)$ 与 $(2k + 3)$ 模 4 恰好是一个余 1 一个余 3，可推出：$4 \mid C_{2012}^{8k} + C_{2012}^{8k+4}$.

这个"投机取巧"的方法实际上是由于 2012 模 16 余 12，即二进制后四位是"1100"，$8k$ 与 $8k + 4$ 之间恰好是改变了倒数第三位的 1 的归属.

Ⅲ. 模 8 的余数分布

前面分析奇数组合数模 4 的余数时，我们考虑阶乘的奇数部分的类型，这一方法还可以进一步分析组合数模 8 的余数. 我们目前可以得到 $C_n^0, C_n^1, \cdots, C_n^n$ 中的 $2^{s(n)}$ 个奇数的模 8 余数分布，其余的偶数组合数仍需要在 $4k + 2$ 型中区分 $8k + 2$ 与 $8k + 6$，以及在 $4k$ 型中区分 $8k + 4$ 与 $8k$，这部分工作可能结果比较繁琐，目前尚未展开.

当考虑模 8 的余数时，把 $h(x)$ 函数的设定扩展一下，$h(x) \equiv \dfrac{x}{2^{v_2(x)}} \pmod 8$，$h(x)$ 取值为 $\{1, 3, 5, 7\}$，并且仍然保持乘法关系：$h(xy) \equiv h(x)h(y)$，集合 $\{1, 3, 5, 7\}$ 也就是模 8 的缩系比较有意思：$3^2 \equiv 5^2 \equiv 7^2 \equiv 1$，$3 \times 5 \times 7 \equiv 1$，它实际上是一个同构于 $\mathbf{Z}_2 \times \mathbf{Z}_2$ 的群，3、5、7 在乘法计算中上具有对称的地位.

我们仍然有：

$$h(n!) \equiv f(n) \times f\left(\left\lfloor \frac{n}{2} \right\rfloor\right) \times \cdots \times f\left(\left\lfloor \frac{n}{2^m} \right\rfloor\right) \pmod 8,$$

并且 $f(n + 8) \equiv f(n) \pmod 8$，再模 8 具体计算可得：

$$f(8k) \equiv f(8k + 1) \equiv f(8k + 2) \equiv f(8k + 7) \equiv 1 \pmod 8;$$

$$f(8k + 3) \equiv f(8k + 4) \equiv 3 \pmod 8;$$

$$f(8k + 5) \equiv f(8k + 6) \equiv 7 \pmod 8.$$

重新定义符号：

$$g(000) \equiv 1, \; g(001) \equiv 1, \; g(010) \equiv 1, \; g(011) \equiv 3,$$
$$g(100) \equiv 3, \; g(101) \equiv 7, \; g(110) \equiv 7, \; g(111) \equiv 1.$$

我们仍然有：

$$h(C_n^a) \equiv \frac{g(c_2 c_1 c_0)}{g(a_2 a_1 a_0) \times g(b_2 b_1 b_0)} \times \frac{g(c_3 c_2 c_1)}{g(a_3 a_2 a_1) \times g(b_3 b_2 b_1)} \times \cdots \times \frac{g(00c_m)}{g(00a_m) \times g(00b_m)}.$$

仍然考虑在 $C = (c_{i+2} c_{i+1} c_i)$ 固定，且 $A + B = (a_{i+2} a_{i+1} a_i) + (b_{i+2} b_{i+1} b_i)$ 不进位的情况下，考虑 $g_i = \dfrac{g(c_{i+2} c_{i+1} c_i)}{g(a_{i+2} a_{i+1} a_i) \times g(b_{i+2} b_{i+1} b_i)}$ 的可能取值.

若 A、B 之一取 (000)，则另一个等于 C，此时 $g_i = 1$. 当 C 中至多只有一个 1 时，即 $C = (000)$，(001)，(010)，(100) 时一定是这种情况.

若 $C = (110)$，$A + B = (100) + (010)$ 时，$g_i = 5$；

若 $C = (101)$，$A + B = (100) + (001)$ 时，$g_i = 5$；

若 $C = (011)$，$A + B = (010) + (001)$ 时，$g_i = 3$；

若 $C = (111)$，$A + B = (100) + (011)$ 时，$g_i = 1$；

若 $C = (111)$，$A + B = (110) + (001)$ 或 $(101) + (010)$ 时，$g_i = 7$.

设 $n = (c_m \cdots c_1 c_0)_2$ 中的 $s = s(n)$ 个 1 的位置从后往前依次为 $\{i_1, i_2, \cdots, i_s\}$，$a + b = n$ 不进位的所有情形即对应把这 s 个 1 分配到 a、b 两边. 我们注意到，g_i 的取值与位置相邻或靠近的两个 1 的归属有关，若两个 1 归属相同即同时属于 a 或同时属于 b 时，g_i 一定等于 1，若归属不同则 g_i 可能取其他值. 因此我们记录 1 的归属，用 $\alpha_1, \cdots, \alpha_{s-1}$ 表示 $s - 1$ 对邻近的 1 的归属是否相同，即对 $k = 1, \cdots, s-1$，若 c_{i_k} 与 $c_{i_{k+1}}$ 处的 1 都属于 a 或都属于 b 则记 $\alpha_k = 0$，若归属不同则记 $\alpha_k = 1$. 这样 a，b 的 1 的分配情况由 $\alpha_1, \cdots, \alpha_{s-1}$ 及首个 1 的归属情况所决定. 这样遍历所有 2^s 个 $a + b = n$ 不进位情形相当于两倍的遍历 $\alpha_1, \cdots, \alpha_{s-1}$ 的所有取值 $\{0, 1\}^{s-1}$，注意这时各个 α 之间取值有独立性. 下面我们具体分析每个 g_i 与这些 α 之间的关系.

若 $C = (110)$，设这两个 1 是 $c_{i_{k+1}}$ 与 c_{i_k} 位置，则此 $g_i = 5^{\alpha_k}$，因为若两个 1 归属相同，$\alpha_k = 0$，$g_i = 5^{\alpha_k} = 1$，若两个 1 归属不同，$\alpha_k = 1$，$g_i = 5^{\alpha_k} = 5$；

若 $C = (101)$，设这两个 1 是 $c_{i_{k+1}}$ 与 c_{i_k} 位置，则此 $g_i = 5^{\alpha_k}$；

若 $C = (011)$，设这两个 1 是 $c_{i_{k+1}}$ 与 c_{i_k} 位置，则此 $g_i = 3^{\alpha_k}$；

若 $C = (111)$，设这三个 1 是 $c_{i_{k+2}}$、$c_{i_{k+1}}$ 与 c_{i_k} 位置，则 $g_i = 7^{\alpha_k}$，这是因为后两个 1 归属相同则

$g_i=1$,归属不同则 $g_i=7$,与第一个 1 的归属无关.

我们注意到所有 g_i 的形式都是指数上关于 α_1,$\cdots$,α_{s-1} 线性的,因此乘起来之后 $h(C_n^a)\equiv$ $g_0\times\cdots\times g_m$ 仍然是指数上关于 α_1,$\cdots$,α_{s-1} 线性,比如类似于 $h(C_n^a)\equiv 3^\alpha\times 5^\beta\equiv 3^{\alpha+\beta}\times 7^\beta\equiv 5^{\alpha+\beta}\times$ 7^α 的形式,其中 α,β 是 α_1,$\cdots$,α_{s-1} 的线性组合,这里线性很重要.下面我们具体考虑每个 α_k 对 $h(C_n^a)$ 的影响:

考虑 α_k,即 c_{i_k} 与 $c_{i_{k+1}}$ 处的 1 的归属情况,若 $i_{k+1}-i_k\geqslant 3$,即这两个 1 之间距离至少隔着两个 0,这时 α_k 的取值与所有 g_i 无关;

若 $i_{k+1}-i_k=2$,则局部是"101"的形状,这时 $g_{i_k}=5^{\alpha_k}$,其余 $g_i(i\neq i_k)$ 与 α_k 无关,α_k 对 $h(C_n^a)$ 的贡献是 5^{α_k};

若 $i_{k+1}-i_k=1$,则局部是"11",还需考虑"11"两侧是 0 还是 1:

若是"0110",则 α_k 影响 $g_{i_k}=3^{\alpha_k}$, $g_{i_{k-1}}=5^{\alpha_k}$, α_k 的总贡献是 7^{α_k};

若是"0111",则 α_k 影响 $g_{i_k}=3^{\alpha_k}$, $(g_{i_{k-1}}=7^{\alpha_{k-1}})$, α_k 的总贡献是 3^{α_k};

若是"1110",则 α_k 影响 $g_{i_k}=7^{\alpha_k}$, $g_{i_{k-1}}=5^{\alpha_k}$, α_k 的总贡献是 3^{α_k};

若是"1111",则 α_k 影响 $g_{i_k}=7^{\alpha_k}$, $(g_{i_{k-1}}=7^{\alpha_{k-1}})$, α_k 的总贡献是 7^{α_k};

此外还有个特殊情况就是 i_{k+1}、i_k 恰好是最后两位,即 $k=1$, $i_1=0$, $i_2=1$,这时若 n 的后三位是 "011" 则 $\alpha_k=\alpha_1$ 影响 $g_0=3^{\alpha_k}$,对 $h(C_n^a)$ 的总贡献是 3^{α_k};若 n 的后三位是"111"则 $\alpha_k=\alpha_1$ 影响 $g_0=$ 7^{α_k},总贡献是 7^{α_k}.

每个 α_k 对 $h(C_n^a)$ 的贡献都是 $c^{\alpha_k}(c\in\{1,3,5,7\})$ 的形式,我们把这个 c 称作 α_k 的贡献因子.若邻近两个 1 之间距离大于 2 则贡献因子等于 1;若邻近两个 1 之间距离等于 2 则贡献因子等于 5;若邻近两个 1 之间距离等于 1 则贡献因子等于 3 或 7.

$h(C_n^a)$ 的分布由 $s-1$ 个贡献因子的情况决定:

若所有贡献因子都是 1,即 $h(C_n^a)\equiv 1$,这时所有奇数组合数都是 $8k+1$ 型;

若贡献因子中有 3,但没有 5 和 7,即 $h(C_n^a)\equiv 3^\alpha$,这时所有奇数组合数是 $8k+1$ 型与 $8k+3$ 型各占一半;

若贡献因子中有 5,但没有 3 和 7,即 $h(C_n^a)\equiv 5^\beta$,这时所有奇数组合数是 $8k+1$ 型与 $8k+5$ 型各占一半;

若贡献因子中有 7,但没有 3 和 5,即 $h(C_n^a)\equiv 7^\gamma$,这时所有奇数组合数是 $8k+1$ 型与 $8k+7$ 型各占一半;

若贡献因子中含有 $\{3,5,7\}$ 中的至少两个,即 $h(C_n^a)$ 可以表示为:$3^\alpha\times 5^\beta$ 或 $3^\alpha\times 7^\gamma$ 或 $5^\beta\times 7^\gamma$ 或

$3^{\alpha} \times 5^{\beta} \times 7^{\gamma}$ 的形式,这时所有奇数组合数是四种类型各占四分之一.以上 α, β, γ 表示 α_1, $\cdots$, α_{s-1} 的非 0 线性组合.

我们从连续的 1 的段的角度来看贡献因子,若某一段只有一个 1,则没有贡献因子;若这段有两个 1,则有一个贡献因子 7;若这段有三个 1,则有两个贡献因子 3;若这段有四个或更多的 1,则会出现贡献因子 3 和 7.一个特殊情况是对于末尾的最后一段 1(后面没有 0),若是连续两个 1 则贡献因子只有一个 3,连续三个或更多 1 则贡献因子既有 3 又有 7.两段 1 之间由一些 0 隔开,若隔着一个 0 则这里出现一个贡献因子 5;若隔着两个或更多的 0 则只有贡献因子 1.

对于 $n = (c_m \cdots c_1 c_0)_2$ 我们可以总结出组合数 C_n^0, C_n^1, $\cdots$, C_n^n 中的 $2^{s(n)}$ 个奇数组合数的模 8 余数分布情况:

- 全是 $8k+1$ 型,即贡献因子全是 1,即二进制表示中所有 $s(n)$ 个 1 都分开且两两之间都至少隔着两个 0;

- $8k+1$ 型与 $8k+5$ 型均分,即贡献因子全是 1 或 5,即所有 $s(n)$ 个 1 都分开且存在两个 1 之间只隔着一个 0;

- $8k+1$ 型与 $8k+3$ 型均分,即贡献因子全是 1 或 3,即所有连续的 1 的段都是单独的"$\cdots010\cdots$"或三连的"$\cdots01110\cdots$"(若是最后一段 1 且之后没有 0 则必须是"$\cdots011$"),同时两个连续的 1 的段之间都至少隔着两个 0;

- $8k+1$ 型与 $8k+7$ 型均分,即贡献因子全是 1 或 7,即所有连续的 1 的段都是单独的"$\cdots010\cdots$"或二连的"$\cdots0110\cdots$"(若是最后一段 1 且之后没有 0 则必须是"$\cdots01$"),同时两个连续的 1 的段之间都至少隔着两个 0;

- $8k+1$, $8k+3$, $8k+5$, $8k+7$ 四种类型均分,即贡献因子包含 $\{3,5,7\}$ 中的至少两个,即除了上述几种情况以外的所有情形.

至此,我们得到了 C_n^0, C_n^1, $\cdots$, C_n^n 中奇数组合数的模 8 余数分布.对于偶数组合数的余数情况,我们尚需要对 $a+b=n$ 只进了一次位的 $4k+2$ 型组合数继续分析其奇数部分是 $4k+1$ 型还是 $4k-1$ 型,以及分析 $a+b=n$ 恰好进两次位的情况总数.后续这些问题的结果我估计仍然是可以转化为与 n 的二进制表示中连续的 1 的段有关的情况,但结果可能比较繁琐.这些问题留给有兴趣的读者吧.

IV. 后续的问题

我们考虑了组合数 C_n^0, C_n^1, $\cdots$, C_n^n 模 2、模 4 与模 8 的余数分布的问题.这些问题的结果比较简洁,尤其是奇数组合数的余数分布比较整齐,这某种意义上得益于余数可以表示成指数部分是线性的形式,或者说做到了分离变量. 我感觉如果是模 16 就不一定有这么好的运气了.

　　有兴趣的读者也可以考虑组合数 C_n^0, C_n^1, $\cdots$, C_n^n 模奇素数 p 或奇素数平方 p^2,比如模 3 或模 9 的余数分布. 这个问题可能比模 8 的问题更难一些,因为连续九个整数中的六个不是 3 的倍数的数的乘积是模 9 余 -1 的,这样 f 函数的周期性就会差一些,原来的进制加法分析的套路可能失效.

　　其实对于组合数的余数分布,如果模不是素数幂的话将会非常困难. 比如考虑模 6 的余数分布,这相当于考虑模 2 的余数分布与模 3 的余数分布之间的相依结构,或者说这两者的联合分布. 直观地看,模 2 和模 3 的余数分别与二进制和三进制有关,但一个数的二进制表示与三进制表示之间好像很难找到关系.

2015 年国外组合题评析

施柯杰　冷岗松

（上海大学，200444）

本文的 6 个组合题，均取自 2015 年国外数学奥林匹克竞赛的试题，我们给出解答与评析，供有兴趣者参考．

首先介绍两道捷克-波兰-斯洛伐克三国联考的组合试题．捷克-波兰-斯洛伐克数学竞赛在每年 6 月份举行，由以上三国的国家队队员参加，作为参加 IMO 之前的培训．近两年，该比赛贡献了不少好题，颇具影响力．

问题 1　一个集族 $\mathcal{F}$ 叫作"完美的"，如果对任何三个集合 X_1，X_2，$X_3 \in \mathcal{F}$，集合 $(X_1 \backslash X_2) \bigcap X_3$ 和 $(X_2 \backslash X_1) \bigcap X_3$ 中至少有一个是空集．证明：若 $\mathcal{F}$ 是一个有限集 U 的完美子集族，则 $|\mathcal{F}| \leqslant |U| + 1$．

（捷克-波兰-斯洛伐克数学竞赛）

证法一　设 $\mathcal{F}$ 是 U 的完美子集族，我们对 $|U|$ 归纳证明 $|\mathcal{F}| \leqslant |U| + 1$．

若 $|U| = 0$，即 $U = \varnothing$，此时 $|\mathcal{F}| \leqslant 1$，成立．

假设结论对 $|U| = k - 1 (k \geqslant 1)$ 成立，下面考虑 $|U| = k$ 的情形．

取 $\mathcal{F}$ 中元素个数最多的元 A，则 $|A| \geqslant 1$，且 A 不包含于 $\mathcal{F}$ 的其他元中．下面证明 A 中必有元素不在 $\mathcal{F}$ 的其他元中．

(i) 若 A 与 $\mathcal{F}$ 的其他元都不交，则 A 中元素都不在 $\mathcal{F}$ 的其他元中；

(ii) 若 A 与 $\mathcal{F}$ 中的一些元交非空，则取 $\mathcal{F}$ 中与 A 相交元素个数最多的元 B．由于 A 是 $\mathcal{F}$ 中元素个数最多的元，则存在 $x \in A$，而 $x \notin B$．可以证明 x 不属于 $\mathcal{F}$ 的其他所有元．否则，存在 $C \in \mathcal{F}$，使得 $x \in C$，则 $x \in (C \backslash B) \bigcap A$．又因为 B 是与 A 交集元素个数最多的集合，从而 $(B \backslash C) \bigcap A \neq \varnothing$．这与 $\mathcal{F}$ 是 U 的完美子集族矛盾！故 $x \in A$ 且 x 不属于 $\mathcal{F}$ 的其他所有元．

因此 A 中必有一元素不在 $\mathcal{F}$ 的其他元中，记该元素为 x．易知 $\mathcal{F} \backslash A$ 是集合 $U \backslash \{x\}$ 的完美子集族．由归纳假设，

$$| \mathcal{F} \backslash A | \leqslant | U \backslash \{x\} | + 1 = k - 1 + 1 = k.$$

故 $| \mathcal{F} | = | \mathcal{F} \backslash A | + 1 \leqslant k + 1$. 因此当 $| U | = k$ 时,结论成立.

综上所述,结论对任意有限集 U 都成立. □

上述证明过程自然而优雅,两次使用最优化思想,选取元素个数最多的集合 A 和与之相交元素个数最多的集合 B,利用完美子集族的性质顺利得到结论. 自然地,也可选取子集族中元素个数最少的非空集合来证明该问题.

证法二 设 $\mathcal{F}$ 是 U 的完美子集族,我们对 $| U |$ 归纳证明 $| \mathcal{F} | \leqslant | U | + 1$.

若 $| U | = 0$,即 $U = \varnothing$,此时 $| \mathcal{F} | \leqslant 1$,成立.

假设结论对所有 $| U | \leqslant k - 1 (k \geqslant 1)$ 都成立,下面考虑 $| U | = k$ 的情形.

取 $\mathcal{F}$ 中元素个数最少的非空元 Z.

可以证明,对于 $\mathcal{F}$ 中的其他任意两个非空元 $X \neq Y$,有 $X \backslash Z \neq Y \backslash Z$. (∗)

否则,存在非空元 $Y_1 \neq Y_2 \in \mathcal{F}$,使得 $Y_1 \backslash Z = Y_2 \backslash Z$. 从而 $Y_1 \backslash Z \subseteq Y_2$,于是 $Y_1 \backslash Y_2 \subseteq Z$. 同理 $Y_2 \backslash Y_1 \subseteq Z$. 不妨假设存在 $x_1 \in Y_1 \backslash Y_2$,则 $x_1 \in Z \backslash Y_2$. 由于 Z 是 $\mathcal{F}$ 中元素个数最少的元,从而 $| Z | \leqslant | Y_2 |$,且 $Z \nsubseteq Y_2$,于是 $Y_2 \backslash Z \neq \varnothing$. 因此存在 $x_2 \in Y_2 \backslash Z = Y_1 \backslash Z$,故

$$x_1 \in (Z \backslash Y_2) \bigcap Y_1,$$
$$x_2 \in (Y_2 \backslash Z) \bigcap Y_1.$$

这与 $\mathcal{F}$ 是 U 的完美子集族矛盾! 因此(∗)得证.

令

$$\mathcal{F}' = \{Y \backslash Z : Y \in \mathcal{F}, Y \neq \varnothing\},$$

则 $\mathcal{F}'$ 是 $U \backslash Z$ 的完美子集族,而 $| U \backslash Z | \leqslant k - 1$,故由归纳假设,

$$| \mathcal{F}' | \leqslant | U \backslash Z | + 1 \leqslant k - 1 + 1 = k.$$

由(∗),且 $\mathcal{F}$ 中可能有空集 $\varnothing$,得

$$| \mathcal{F} | \leqslant | \mathcal{F}' | + 1 \leqslant k + 1 = | U | + 1.$$

因此当 $| U | = k$ 时,结论成立.

综上所述,结论对任意有限集 U 都成立. □

问题 2 设正整数 $n \geqslant 2$ 是偶数. 黑板上写有 n 个实数, 每次操作可以任意擦去两个数 a、b, 再写上这两个数的乘积 ab、ab. 证明: 不论初始时黑板上写有哪些实数, 总可以经过有限次操作, 使得黑板上的 n 个数全相等.

（捷克-波兰-斯洛伐克数学竞赛）

这一题是捷克-波兰-斯洛伐克数学竞赛的第六题, 非常有难度. 用数学归纳法, 在得到 $n=2$, $n=4$ 成立后, 关键是 $n=6$ 的操作. 下面的证明, 本质上就是以 $n=6$ 的操作方法推及到 $n=k$ (k 为偶数) 的一般情形.

证明 用数学归纳法证明对所有偶数 $n \geqslant 2$ 结论都成立.

当 $n=2$ 时, (a, b) 经过操作变成 (ab, ab), 结论成立.

假设当 $n=k$ ($k \geqslant 2$ 为偶数) 时结论成立. 考虑 $n=k+2$ 时的情形.

由归纳假设, 黑板上的初始数组 T_0 经过操作可以变成

$$T_1 = (\underbrace{a, \cdots, a}_{k}, b, b).$$

考虑数组 T_1, 对每个 $i=3, 4, \cdots, k$, 每一步对第 i 个数和第 $k+1$ 个数操作. 这样, 第 $k-2$ 步之后数组 T_1 变为

$$T_2 = (a, a, ab, a^2 b, \cdots, a^{k-2} b, a^{k-2} b, b).$$

再对最后两个数操作, 得

$$T_3 = (a, a, ab, a^2 b, \cdots, a^{k-2} b, a^{k-2} b^2, a^{k-2} b^2).$$

观察数组 T_3, 对每个 $i=1, 2, \cdots, \dfrac{n}{2}$, 每一步对第 i 个数和第 $n+1-i$ 个数操作. 这样, 第 $\dfrac{n}{2}$ 步之后, 数组 T_2 变成

$$T_4 = (a^{k-1} b^2, a^{k-1} b^2, \cdots, a^{k-1} b^2, a^{k-1} b^2).$$

即为所求.

因此对所有偶数 n, 结论成立. □

评注 1 当 $n \geqslant 3$ 为奇数时, 结论不成立. 考虑 $(\underbrace{3, \cdots, 3}_{n-1}, 2)$, 令 m 为最大元素出现的个数, 即此时 $m=n-1$. 每一次操作后, m 始终是偶数, 因此不能使这 n 元数组每个元素都达到最大.

评注 2 若将问题 2 中的求证的提问方式变成求 n 解的提问方式, 难度会在原有基础上再提升一个台阶. 绝大多数同学会估计此题的解为 $n=2^k$ ($k \geqslant 1$), 他们也可以证明此时结论成立. 但他们无法给出 n 为其余值的反例, 特别是 $n=2^k q$ ($k \geqslant 1$, q 为奇数) 时的反例, 只好在此停下脚步.

问题 3 令 $n > 3$ 是一给定的整数. 求最大的整数 d, 满足对所有由 n 个整数组成的集合 S, 存在四个不同的非空子集(相交可以非空), 使得每个子集的元素之和都被 d 整除.

（新加坡数学奥林匹克）

解 满足条件的最大的整数 $d = n - 2$.

令 $S = \{a_1, a_2, \cdots, a_n\}$, 为方便计, 集合 A 的元素和记为 $S(A)$.

当 $d \geqslant n$ 时, 令 $a_i \equiv 1 \pmod{n}$, $i = 1, \cdots, n$. 则集合 S 的元素和 $S(S) \equiv n \pmod{d}$. 设 $T \subseteq S$, 且 $S(T) \equiv 0 \pmod{d}$, 则只能有 $d = n$, $T = S$. 因此当 $d \geqslant n$ 时, 不存在四个不同的集合, 不合题意.

当 $d = n - 1$ 时, 令 $a_1 \equiv 0 \pmod{d}$, $a_i \equiv 1 \pmod{d}$, $i = 2, \cdots, n$. 此时仅存在三个不同子集 $\{a_1\}$, $\{a_2, \cdots, a_n\}$ 和 S 满足元素和被 d 整除, 不合题意.

下面考虑 $d = n - 2$ 的情形.

先证明如下著名的厄尔多斯(Erdös)引理.

引理(Erdös) 任意 n 元整数集都存在非空子集, 满足其元素和被 n 整除.

引理证明: 对集合 $S = \{a_1, a_2, \cdots, a_n\}$, 考虑 $a_1, a_1 + a_2, \cdots, a_1 + \cdots + a_n$. 若这 n 个和中有一元素被 n 整除, 则引理得证. 反之, 存在 $1 \leqslant i < j \leqslant n$, 使得

$$a_1 + \cdots + a_i \equiv a_1 + \cdots + a_j \pmod{n},$$

从而 $a_{i+1} + \cdots + a_j \equiv 0 \pmod{n}$. 此时集合 $T = \{a_{i+1}, \cdots, a_j\}$ 符合要求. 引理得证.

回到原题. 当 $d = n - 2$ 时, 由引理知, 存在非空集 $T_1 \subseteq S \backslash \{a_{n-1}, a_n\}$, 使得 $d \mid S(T_1)$. 取 $a_i \in T_1$, 由引理知, 存在非空集 $T_2 \subseteq S \backslash \{a_i, a_n\}$, 使得 $d \mid S(T_2)$. 显然 $T_1 \neq T_2$.

(i) 若 $T_1 \cap T_2 = \varnothing$. 令 $T_3 = T_1 \cup T_2$, 则 $T_3 \neq T_1, T_2$, 且 $d \mid S(T_3)$. 取 $a_i \in T_1$, $a_j \in T_2$, 则 $a_i \neq a_j$. 由引理知, 存在非空集 $T_4 \subseteq S \backslash \{a_i, a_j\}$, 使得 $d \mid S(T_4)$. 显然 $T_4 \neq T_1, T_2, T_3$. 从而 T_1、T_2、T_3、T_4 是符合要求的 4 个不同的子集.

(ii) 若 $T_1 \cap T_2 \neq \varnothing$. 取 $a_r \in T_1 \cap T_2$, 由引理知, 存在非空集 $T_3 \subseteq S \backslash \{a_r, a_n\}$, 使得 $d \mid S(T_3)$, 且 $T_3 \neq T_1, T_2$. 取 $a_s \in T_3$, 则 $a_s \neq a_r$. 由引理知, 存在非空集 $T_4 \subseteq S \backslash \{a_r, a_s\}$, 使得 $d \mid S(T_4)$. 显然 $T_4 \neq T_1, T_2, T_3$. 从而 T_1、T_2、T_3、T_4 是符合要求的 4 个不同的子集.

综上所述, $d = n - 2$ 时结论成立. 故 $d_{\max} = n - 2$. □

问题 3 是 2015 年新加坡公开赛的最后一题. 该题证明中厄尔多斯引理起到了至关重要的作用, 反复运用厄尔多斯引理, 证明过程自然流畅, 一气呵成. 巧的是, 2015 年捷克和斯洛伐克数学竞赛 A 组的最后一题, 是同问题 3 类似的问题, 只是要求"存在三个不同的非空集合", 具体的是:

令 $n > 3$ 是一给定的整数. 求最大的整数 d, 满足对所有由 n 个整数组成的集合 S, 存在三个不同

的非空子集(相交可以非空),使得每个子集的元素之和都被 d 整除.

该题满足条件的最大的整数 $d=n-1$. 方法跟问题 3 类似,厄尔多斯引理仍是证明的关键. 详细解答留给感兴趣的读者.

问题 4 称 n 元数组 $(a_1, \cdots, a_n)$ 是"间或周期"的,如果存在非负整数 i 和正整数 p,满足 $i+2p \leqslant n$,且对所有的 $j=1, 2, \cdots, p$,都有

$$a_{i+j} = a_{i+p+j}.$$

令 k 是一给定的正整数,求最小的正整数 n,使得 n 元数组 $(a_1, \cdots, a_n)$ 不是间或周期的(其中 $a_i \in \{1, 2, \cdots, k\}$),而它的延拓 $(a_1, \cdots, a_n, a_{n+1})$ 对任意 $a_{n+1} \in \{1, 2, \cdots, k\}$ 都满足是间或周期的.

(爱沙尼亚国家队选拔考试)

问题 4 是 2015 年爱沙尼亚国家队选拔考试最后一题,该题需正确理解"间或周期"定义,观察间或周期数组的性质. 每个 $a_{n+1}=i$,对应周期长度 p_i,找出不同 p_i 和 p_j 的大小关系(若 $p_i > p_j$,则 $p_i \geqslant 2p_j$),$i \neq j \in \{1, 2, \cdots, k\}$. 从而由最大的周期长度 $p_{\max}$ 来得到数组个数 n 的大小.

解 满足条件的最小的正整数 $n=2^k-1$.

称题中的 p 为数组的周期长度. 设 $a_{n+1}=i(i=1, 2, \cdots, k)$ 的周期长度为 p_i,则若 $i_1 \neq i_2 \in \{1, 2, \cdots, k\}$,有 $p_{i_1} \neq p_{i_2}$. 否则,

$$i_1 = a_{n+1} = a_{n+1-p_{i_1}} = a_{n+1-p_{i_2}} = a'_{n+1} = i_2,$$

矛盾! 故不妨设 $p_{i_1} < p_{i_2}$. 若 $p_{i_2} < 2p_{i_1}$,则对任意的 $1 \leqslant j \leqslant p_{i_2} - p_{i_1} < p_{i_1}$,有

$$a_{n+1-2p_{i_1}+j} = a_{n+1-p_{i_1}+j} = a_{n+1-p_{i_2}+(p_{i_2}-p_{i_1})+j}$$

$$= a_{n+1-2p_{i_2}+(p_{i_2}-p_{i_1})+j}$$

$$= a_{n+1-2p_{i_1}+j-(p_{i_2}-p_{i_1})}.$$

又 $n+1-2p_{i_1}+j < n+1-p_{i_1}$,故 $(a_1, \cdots, a_n)$ 是以 $p_{i_2}-p_{i_1}$ 为周期长度的间或周期数组,矛盾! 从而 $p_{i_2} \geqslant 2p_{i_1}$.

故数组 $(a_1, \cdots, a_n, a_{n+1})$ 的 k 个周期长度 $p_1, \cdots, p_k$ 两两不等,且若 $p_i > p_j$,有 $p_i \geqslant 2p_j(1 \leqslant i \neq j \leqslant k)$. 易知最小周期长度 $\min\{p_1, \cdots, p_k\}=1$,此时 $a_{n+1}=a_n$.

从而最大的周期长度 $p_{\max}=\max\{p_1, \cdots, p_k\} \geqslant 2^{k-1}$. 故

$$n+1 \geqslant 2p_{\max} \geqslant 2 \cdot 2^{k-1},$$

即 $n \geqslant 2^k - 1$.

下面用数学归纳法给出 $n = 2^k - 1$ 的具体构造.

当 $k = 1$ 时,数组 (1) 与 (1, 1) 成立;

假设当 $k - 1$ 时,数组 $(a_1, \cdots, a_{n_0})$ 满足要求,则 $n_0 = 2^{k-1} - 1$. 此时记该数组为 L_{k-1}. 下面讨论 k 的情形.

考虑数组 $M_k = (L_{k-1}, k, L_{k-1})$. 显然 M_k 不是间或周期的,而对任意的 $i \in \{1, 2, \cdots, k-1\}$,由归纳假设,$(M_k, i) = (L_{k-1}, k, L_{k-1}, i)$ 是间或周期的;当 $i = k$ 时,$(M_k, k) = (L_{k-1}, k, L_{k-1}, k)$ 是周期长度最大的间或周期数组. 故数组 M_k 符合要求,此时 $n = (2^{k-1} - 1) \times 2 + 1 = 2^k - 1$.

这就给出了 $n = 2^k - 1$ 的具体构造.

综上所述,n 的最小值为 $2^k - 1$. □

下面介绍两道 2015 年保加利亚的组合题. 保加利亚开展数学竞赛有很长的历史,多次在国际数学奥林匹克中跻身前列,在国际奥赛界有很大的影响力. 保加利亚也贡献了不少好题,广受赞誉.

问题 5 将一个 $n \times n$ 表格中的 101 个小方格染成蓝色. 已知存在唯一的方法能将表格沿方格线切成一些矩形,使得每个矩形恰含有一个蓝色小方格. 试求 n 的最小可能值.

(保加利亚数学奥林匹克)

本题容易给出答案,但是却不易将过程写清楚. 我们这里强调,书写数学试题的解答,尤其是组合试题的解答,往往要注意:(i)逻辑关系要清楚;(ii)记号要声明;(iii)层次要分明,反复用的小结论需作为引理;(iv)关键点要写清(定义合理,结论明朗). 完整做到以上四"要"着实不易,需要长时间的规范化训练,在不断实践中提高自己的写作水平.

对于本题,我们首先得分析这些蓝色小方格具备何种性质,它们的排布有何特点,才能使得题中所述的分割方法唯一. 用反证法可以证明,若存在唯一的分割方法,蓝色方格必满足在每一行和每一列上都是连续的,且含蓝色方格的每一行及每一列上的蓝色方格数均分别相等,即说明这些蓝色方格构成一个矩形. 进一步容易发现题中的 101 并非本质,从而我们可以证明更一般的结论.

解 n 的最小可能值为 101.

我们首先证明下面更一般的结论.

引理 已知一个 $n \times n$ 表格 P 中的 m 个小方格被染成了蓝色. 称 P 有一个"好的"分割,如果沿方格线将表格分割成 m 个矩形,且每个矩形恰含有一个蓝色小方格. 则 P 有唯一的好的分割当且仅当 m 个蓝色小方格组成一个矩形.

引理的证明 一方面,若 m 个蓝色小方格组成一个 $m_1 \times m_2 (m_1, m_2 \geqslant 1)$ 的矩形 A,将 A 的四个

角上的方格分别与 P 的四个角上的方格成对角切成矩形;A 的四个边上的小方格与其所在行(列)的最上下(左右)的方格为两端构成 $1\times s(s\geqslant 1)$ 的矩形;A 的内部的每个小方格单独作一个矩形. 这就构成了 P 的一个好的分割 S,易知 P 只有这唯一的好的分割.

另一方面,考虑 P 有唯一的好的分割 S. 称一条方格线为"分割线",若沿该线能将 P 分成两个矩形,且每个矩形至少含有一个蓝色小方格.

我们首先证明:每一个至少含有一个蓝色小方格的矩形 A 都有一个好的分割.(﹡)

我们对 A 中的蓝色方格数 k 用数学归纳法证明(﹡).

若 $k=1$,则由好的分割的定义知,(﹡)显然成立.

假设结论对 $k\leqslant t-1$ 都成立,考虑 $k=t$ 的情形. 此时存在分割线将 A 分割成两个矩形 A_1 和 A_2,且每个矩形都至少含有一个蓝色方格. 由归纳假设,A_1 和 A_2 都有一个好的分割,故 A 有一个好的分割,(﹡)成立.

由(﹡)及分割线的定义知,每一条分割线 l 切成的两个矩形都有好的分割. 又因为 S 是 P 的唯一的好的分割,故 S 包含 P 中的所有分割线.

令 $l_1,\cdots,l_p$ 是从左到右所有的竖直分割线,$m_1,\cdots,m_q$ 是由下至上所有的水平分割线,则它们将 P 分割成了一些矩形,且每个矩形至多含有一个蓝色小方格. 又 S 以这些分割线分割 P,则分得 m 个矩形,每个矩形恰含一个蓝色小方格.

令 l_0 为左侧没有蓝色小方格的最靠近 l_1 的竖直方格线,l_{p+1} 为右侧没有蓝色小方格的最靠近 l_p 的竖直方格线,m_0 和 m_{q+1} 为类似定义的水平方格线. 由上述讨论知,l_i 与 l_{i+1} 之间的距离 $d(l_i,l_{i+1})=1$,$i=0,1,\cdots,p$,否则,在两条分割线间还可以加入新的分割线. 类似地,$d(m_j,m_{j+1})=1$,$j=0$,$1,\cdots,q$. 因此蓝色小方格形成以 l_0、l_{p+1}、m_0、m_{q+1} 为边界线的矩形. 引理得证.

回到原题,表格 P 有唯一的好的分割,由引理,101 个蓝色方格须组成一个矩形,因此只能是 $1\times$ 101 的矩形,故 n 的最小值为 101. □

问题 6 在一次数学奥林匹克竞赛中,学生们分别各自获得了代数、几何、数论和组合四门课的成绩. 已知每两个学生的四门课的成绩都不相同. 一组学生叫作"好的",如果这组学生可以按至少两门课的成绩同时递增的顺序排列. 求最小的正整数 N,使得在所有的 N 个学生中存在一个由 10 个学生组成的"好的"组.

(保加利亚数学奥林匹克)

解法一 满足条件的最小的正整数 $N=730$.

首先证明如下引理.

引理 序列 $\{a_n\}$ 中不存在 10 元递增子列当且仅当可以将 $\{a_n\}$ 染成 9 种颜色,且同种颜色的 a_i 单调递减.

引理的证明:若 $\{a_n\}$ 被染成 9 种颜色,且同种颜色的 a_i 单调递减,则 $\{a_n\}$ 的任意 10 元子列中必存在两元素染同种颜色,它们是递减的,从而该 10 元子列不是递增的,故 $\{a_n\}$ 不存在 10 元递增子列.

若 $\{a_n\}$ 不存在 10 元递增子列,则将最长递增长度为 i 的子列的最后一项染成 i 色,即若 a_j 被染成 i 色,则 a_j 之前有 $i-1$ 个元素比 a_j 小,易知 $1 \leqslant i \leqslant 9$.如果 a_j 和 a_k 都被染成了 i 色,且 $j < k$,则必有 $a_k < a_j$.否则 a_k 之前比 a_k 小的数至少有 i 个,矛盾!故染同种颜色的 a_i 单调递减.引理得证.

回到原题.先证明 $N = 730$ 符合题意.记 730 位按代数成绩递增顺序排列的学生为 $N_1, \cdots, N_{730}$,设 $b_1, \cdots, b_{730}$ 分别是 $N_1, \cdots, N_{730}$ 的数论成绩.若 $b_1, \cdots, b_{730}$ 中存在 10 元递增子列,则结论已证.故设 $b_1, \cdots, b_{730}$ 中不存在 10 元递增子列,则由引理知,可将 $b_1, \cdots, b_{730}$ 染成 9 种颜色,且同种颜色的 b_i 递减.因此必有 82 个 b_i 染同种颜色,则它们递减.记所对应的学生为 $M_1, \cdots, M_{82}$,他们的代数成绩递增,数论成绩递减.

设 $c_1, \cdots, c_{82}$ 分别是 $M_1, \cdots, M_{82}$ 的组合成绩.若 $c_1, \cdots, c_{82}$ 中不存在 10 元递增子列,则由引理知,可将 $c_1, \cdots, c_{82}$ 染成 9 种颜色,且同种颜色的 c_i 单调递减.因此,必存在 10 位学生的 c_i 染同种颜色,则这些 c_i 递减.记这 10 位学生为 $L_1, \cdots, L_{10}$,他们的数论成绩递减,组合成绩递减.故 $L_{10}, L_9, \cdots, L_1$ 即为符合要求的"好的"组.

下面说明 $N = 729$ 不合题意.

假设 729 位学生的代数成绩分别为 $0, 1, \cdots, 728$,按递增顺序排列.将分数 $k (0 \leqslant k \leqslant 728)$ 用九进制表示成 $k = (i, j, l)$,其中 $0 \leqslant i, j, l \leqslant 8$,且满足 $k = i \cdot 9^2 + j \cdot 9 + l$.

令代数成绩为 k 的学生数论成绩为 $n_k = f_{12}(k) = (8-i, 8-j, l)$,组合成绩为 $c_k = f_{13}(k) = (8-i, j, 8-l)$,几何成绩为 $g_k = f_{23}(k) = (i, 8-j, 8-l)$.

先考虑数论成绩 $n_k = (8-i, 8-j, l)$,将 n_k 第三位数字相同的分数染同种颜色,则易知可将所有分数染成 9 种颜色,且同种颜色的 n_k 递减.故由引理,$\{n_k\}$ 不存在 10 元递增子列.

类似地,分别对组合成绩 $c_k = (8-i, j, 8-l)$ 和几何成绩 $g_k = (i, 8-j, 8-l)$ 的第二位和第一位数字相同的分数染同种颜色.根据以上讨论,$\{c_k\}$ 和 $\{g_k\}$ 都不存在 10 元递增子列.

另外,注意到 n_k、c_k、g_k 对 (i, j, l) 的操作方式不同,观察这三组数,易知任意两组数中都不存在同时递减的 10 元子列.故 $N = 729$ 不合题意.

综上所述,$N_{\min} = 730$.   □

解法一中的引理在问题解决中起到了非常关键的作用,在验证 $N \geqslant 730$ 及构造 $N = 729$ 的反例中,都需要反复利用引理.而当 $N = 729$ 时,九进制的表示使得解答书写简便,形式美观,讨论起来更加自然顺畅,湖南雅礼中学江朗和吉林大学附属中学于翔宇等同学给出了与上述解法本质上一致的反例构造. 另外,考虑数列的递增递减子列,有著名的 Erdös-Szekeres 定理,解法一的引理本质上就是这个定理的思想. 江朗和于翔宇同学敏锐地发现了这一点,用 Erdös-Szekeres 定理证明了 $N \geqslant 730$ 时的合理性. 下面解法二只提供合理性证明,反例构造与解法一本质一致.

解法二 满足条件的最小的正整数 $N = 730$.

首先证明如下引理.

引理 (Erdös-Szekeres) 设 m、n 为正整数,则任意由 $mn+1$ 个不同实数构成的数列 $a_1, \cdots, a_{mn+1}$ 必包含长为 $m+1$ 的递增子列或长为 $n+1$ 的递减子列.

引理的证明:用反证法. 假设既无长为 $m+1$ 的递增子列,又无长为 $n+1$ 的递减子列. 记 $L(a_i)$ 为以 a_i 为首项的递增子列的最大长度,则 $L(a_i) \leqslant m$, $i = 1, 2, \cdots, mn+1$. 从而必存在 $i_1 < i_2 < \cdots < i_{n+1}$,使得

$$L(a_{i_1}) = \cdots = L(a_{i_{n+1}}).$$

可以证明,$a_{i_1}, \cdots, a_{i_{n+1}}$ 构成递减子列. 否则存在 $j \in \{1, 2, \cdots, n\}$,使得 $a_{i_j} < a_{i_{j+1}}$. 则以 a_{i_j} 为首项的最大递增子列包含以 $a_{i_{j+1}}$ 为首项的最大递增子列,从而 $L(a_{i_j}) \geqslant L(a_{i_{j+1}}) + 1$,矛盾! 故 $a_{i_1}, \cdots, a_{i_{n+1}}$ 构成递减子列,这与假设矛盾! 因此引理得证.

回到原题. 先证明 $N = 730$ 符合题意. 记 $N_1, \cdots, N_{730}$ 是按代数成绩递增排列的学生,设 $b_1, \cdots, b_{730}$ 分别是 $N_1, \cdots, N_{730}$ 的数论成绩. 由引理,$b_1, \cdots, b_{730}$ 中必存在 10 元递增子列或 82 元递减子列. 若存在 10 元递增子列,则结论已证. 反之,必存在 82 元递减子列,记其对应的学生为 $M_1, \cdots, M_{82}$. 则他们满足代数成绩递增,数论成绩递减.

设 $c_1, \cdots, c_{82}$ 为 $M_1, \cdots, M_{82}$ 的组合成绩,由引理,$c_1, \cdots, c_{82}$ 中必存在 10 元递增子列或 10 元递减子列. 若其存在 10 元递增子列,则结论已证. 反之,$M_1, \cdots, M_{82}$ 中存在 10 位学生其数论成绩和组合成绩均递减,记为 $L_1, \cdots, L_{10}$,则 $L_{10}, \cdots, L_1$ 即为符合条件的"好的"组. $\qquad \square$

一类"分数之和不为整数"问题的快速证明

施柯杰

（上海大学，200444）

B. H. Brown 在[1]中提出了如下经典的数论问题：

问题 1 设整数 m，$n > 0$，则和

$$S = \frac{1}{m} + \frac{1}{m+1} + \cdots + \frac{1}{m+n}$$

不是整数．

著名数学家柯召和孙琦编著的《初等数论 100 例》（见[2]）中收录了此题．我们先介绍他们的解法．

证明 设 $m+i = 2^{\lambda_i} h_i$，$\lambda_i \geqslant 0$，h_i 是奇数，$i = 0, 1, \cdots, n$．因为 m，$m+1$，$\cdots$，$m+n$ 中至少有一个偶数，所以至少有一个 i 使得 $\lambda_i \geqslant 1$．设 λ 是 λ_0，λ_1，$\cdots$，λ_n 中最大的数，则存在 $0 \leqslant k \leqslant n$，使得

$$m + k = 2^{\lambda} h_k.$$

我们证明，这样的 k 是唯一的．若不然，则存在 $0 \leqslant k < j \leqslant n$，使得

$$m + k = 2^{\lambda} h_k, \quad m + j = 2^{\lambda} h_j,$$

则 $h_k < h_j$．故有偶数 l 使得 $h_k < l < h_j$．因此在连续自然数 $m+k+1$，$m+k+2$，$\cdots$，$m+j$ 中必有一项为

$$2^{\lambda} l = 2^{\lambda+1} \cdot \frac{l}{2},$$

这与 λ 的最大性矛盾．这就证明了存在唯一的 $0 \leqslant k \leqslant n$，使得

$$m + k = 2^{\lambda} h_k, \tag{1}$$

其中 h_k 是奇数．

下面证明和 S 不是整数．设 $h = h_0 \cdot h_1 \cdot \cdots \cdot h_n$，则由 λ 的最大性与 k 的唯一性，以及（1）式，得

$$2^{\lambda-1}hS = 2^{\lambda-1}h\left(\frac{1}{2^{\lambda_0}h_0}+\cdots+\frac{1}{2^{\lambda_n}h_n}\right) = M + \frac{2^{\lambda-1}h}{2^{\lambda}h_k}, \tag{2}$$

其中 M 是整数. 而 $\dfrac{h}{h_k}$ 是奇数, 从而 $\dfrac{2^{\lambda-1}h}{2^{\lambda}h_k} = \dfrac{h}{2h_k}$ 不是整数. 由(2)可得, 和 S 不是整数. $\square$

本文将介绍一种快速解决这类分数之和不为整数问题的证明方法, 该方法源自文[3]. 首先看下面这道关于素数倒数之和的例子.

问题 2 设 p_1, p_2, $\cdots$ 为全体素数, 满足 $2 = p_1 < p_2 < \cdots$, 则和 $S = \sum\dfrac{1}{p_r}$ 不是整数.

证明 记 $S_n = \dfrac{1}{p_1} + \dfrac{1}{p_2} + \cdots + \dfrac{1}{p_n}$. 注意到前几项部分和:

$$S_1 = \frac{1}{2}, \; S_2 = \frac{1}{2}+\frac{1}{3} = \frac{5}{6}, \; S_3 = \frac{1}{2}+\frac{1}{3}+\frac{1}{5} = \frac{31}{30}.$$

我们只需证明: 对 $n \geqslant 1$,

$$S_n = \sum_{r=1}^{n}\frac{1}{p_r} = \frac{O_n}{E_n}, \tag{3}$$

其中 E_n 是偶数, O_n 是奇数. 事实上, 形如 $\dfrac{O_n}{E_n}$ 的任何一个有理数都不可能是整数, 故可立得 S_n 不是整数.

当 $n=1$ 时, 由前面讨论, (3)式成立.

假设当 $n=k$ 时, $S_k = \displaystyle\sum_{r=1}^{k}\frac{1}{p_r} = \frac{O_k}{E_k}$. 则

$$S_{k+1} = \sum_{r=1}^{k+1}\frac{1}{p_r} = \frac{O_k}{E_k} + \frac{1}{p_{k+1}} = \frac{p_{k+1}O_k + E_k}{p_{k+1}E_k}.$$

由于 p_{k+1} 是奇数, 则 $p_{k+1}O_k + E_k$ 也是奇数, 记为 O_{k+1}; 又 $p_{k+1}E_k$ 是偶数, 记为 E_{k+1}. 故当 $n=k+1$ 时, (3)式成立.

因此对任意 $n \geqslant 1$, (3)式成立, 结论得证. $\square$

问题 2 解法的关键是注意到任意一个形如上述 $\dfrac{O_n}{E_n}$ 的分数都不是整数, 并利用了这类分数所具有的一些基本性质. 具体地, 我们记

$$A = \left\{\frac{r}{s} : r \text{ 为奇数}, s \text{ 为偶数}\right\}, \; B = \left\{\frac{r}{s} : s \text{ 为奇数}\right\}.$$

对任一有理数 a,有 $a \in A$ 或者 $a \in B$ 且 $A \bigcap B = \varnothing$. 注意到集合 A 中的元素都不是整数,并且集合 A、B 满足如下性质:

(i) 如果 $a \in A$ 且 $b \in B$,则 $a + b \in A$;

(ii) 如果 $a \in B$ 且 $b \in B$,则 $a + b \in B$;

(iii) 如果 $a \in A$,则 $\dfrac{1}{2}a \in A$.

类似问题 2,要证明和 S 不为整数,只需利用(i)—(iii)证明部分和 $S_n \in A$ 即可.

下面我们用此方法给出问题 1 的解答.

问题 1 的解法二 对任意给定的正整数 $m \geqslant 1$,我们对 $n \geqslant 1$ 归纳证明:

$$S_n = \frac{1}{m} + \frac{1}{m+1} + \cdots + \frac{1}{m+n} \in A. \tag{4}$$

即对任意连续的 n 个正整数归纳证明,与初始值 m 无关.

当 $n = 1$ 时,

$$\frac{1}{m} + \frac{1}{m+1} = \frac{2m+1}{m(m+1)} \in A.$$

假设当 $1 \leqslant n \leqslant k$ 时,(4) 式成立. 则当 $n = k+1$ 时,将 S_{k+1} 按分母奇偶性拆开,得

$$\frac{1}{m} + \frac{1}{m+1} + \cdots + \frac{1}{m+k} + \frac{1}{m+k+1} = \sum \frac{1}{2r-1} + \sum \frac{1}{2s}.$$

由性质(ii),得 $\sum \dfrac{1}{2r-1} \in B$. 再由归纳假设及性质(iii),有 $\sum \dfrac{1}{2s} \in A$. 则由性质(i) 得,$S_{k+1} \in A$.

因此对 $m, n > 0$,

$$\frac{1}{m} + \frac{1}{m+1} + \cdots + \frac{1}{m+n} \in A.$$

结论得证. □

最后,作为练习,请读者自行证明下面的问题.

问题 3 设 n 为正整数,证明 $S_n = \displaystyle\sum_{r=1}^{n} \frac{1}{r}$ 不是整数.

参考文献

［1］ B. H. Brown. Problems for solution：E46 ［J］. Amer. Math. Monthly. 40（1933），360 - 361.

［2］柯召,孙琦. 初等数论 100 例［M］.哈尔滨:哈尔滨工业大学出版社,2011,2 - 3.

［3］N. Lord. Quick proofs that certain sums of fractions are not integers ［J］. Math. Gaz. 99（2015）,128 - 130.

2017 年第 83 届圣彼得堡数学竞赛组合题解析

吴尉迟　　冷岗松

（上海大学，200444）

在国家和地区的数学竞赛中，圣彼得堡的数学竞赛可能是公认难度最大的，特别是其中的组合题，题面新颖，富有挑战性. 我们从 2017 年的圣彼得堡数学竞赛中选了五个组合题，其中第 1 题是九年级竞赛题，第 2 题是十年级竞赛题，第 3、4、5 题是十一年级竞赛题. 对这五个题，我们组织一些老师和学生参与讨论，参与讨论的学生有：温州中学欧阳泽轩，雅礼中学陈伊一，乐清市乐成寄宿中学叶奇、谢柏庭、韩新森；参与讨论的老师有：羊明亮老师、付云皓老师、罗振华老师、彭熹老师. 特别感谢羊明亮老师组织其学生参与讨论并整理了解答，付云皓老师仔细审阅了第 2 题的证明.

在所选的五个题中，第 3 题是联赛二试难度的题；第 1、4 题是冬令营中等难度的题；第 5 题是冬令营水平中的难题；第 2 题是难度很大的题，在我们讨论过程中，产生了几个伪证，其中也有"巧妙"的伪证. 我们选取了其中部分解答，供有兴趣的读者参考.

第 1 题　将坐标平面的第一象限分成若干个边长为 1 的方格，其中有 n^2 个方格被染色. 证明：存在 $n^2 + n$ 个方格（可以包括被染色的方格），使得其中每个方格均与至少一个已染色的方格相邻.

证法一（叶奇）　将所有方格分为无数条从左上到右下的斜线.

设 n^2 个方格出现在共 t 条斜线中. 将这些斜线从下往上依次记为 $l_1, l_2, \cdots, l_t$，设 l_i 中有 n^2 个已染色方格中的 a_i 个，则有

$$a_1 + a_2 + \cdots + a_t = n^2.$$

现考虑 l_i 上的 a_i 个已染色的方格. 除去最左的方格外，取其余 $a_i - 1$ 格的左相邻格，称这 $a_i - 1$ 个格为 l_i 的下影；再取这 a_i 个已染色的方格的右相邻格，及最左格的上相邻格，这 $a_i + 1$ 个格称为 l_i 的上影. 显然，这 $(a_i - 1) + (a_i + 1)$ 格均与已染色方格相邻.（如图 1，表示 l_i 的所有方格均被染色时的上

影与下影.)

对于给定的 $1 \leqslant i \leqslant t$. 取 $l_1, l_2, \cdots, l_i$ 的下影,及 l_i, $l_{i+1}, \cdots, l_t$ 的上影,显然这些格两两不同且均与已染色方格相邻,共有

$$(a_1 - 1) + \cdots + (a_i - 1) + (a_i + 1) + \cdots + (a_t + 1)$$
$$= (a_1 + \cdots + a_t) + a_i - i + (t - i + 1)$$
$$= n^2 + a_i + t - 2i + 1$$

个方格.

下证:存在 i,使得 $a_i + t - 2i + 1 \geqslant n$. （ $*$ ）

反证法.若对任意 i,均有 $a_i + t - 2i + 1 < n$,由整数的离散性知,

$$a_i + t - 2i + 2 \leqslant n. \tag{1}$$

取 $i = 1$,有 $n \geqslant a_1 + t - 2 + 2 \geqslant 1 + t$.

对(1)两边关于 $i = 1, \cdots, t$ 求和得

$$n^2 + t^2 - t(t+1) + 2t \leqslant nt.$$

从而有 $t \geqslant \dfrac{n^2}{n-1} > n + 1$. 这与 $n \geqslant t + 1$ 矛盾.

故($*$)成立.

取满足($*$)的 i,此时有 $n^2 + a_i + t - 2i + 1 \geqslant n^2 + n$ 个格与已染色方格相邻,命题得证. $\qquad\square$

证法二(欧阳泽轩) 我们证明更强的结论:若有 $n^2 + x (x \geqslant 0)$ 个方格被染色时,则至少可选取 $n^2 + n + x$ 个方格满足条件.

先证一个引理:

引理 某行或某列有至少 n 个被染色的方格时,则至少可选取 $n^2 + n + x$ 个方格满足条件.

引理的证明 不妨设第 i 列有至少 n 个被染色的方格,则这些方格的横坐标为 i.

考虑如下方格:

$$A = \{a \mid a \text{ 由横坐标大于等于 } i \text{ 的已染色的方格向右平移一格得到}\},$$

$$B = \{b \mid b \text{ 由横坐标小于等于 } i \text{ 的已染色的方格向上平移一格得到}\}.$$

易知 $A \cap B = \varnothing$,且 A、B 均在第一象限内,故 $|A \cup B| \geqslant n^2 + n + x$,引理得证.

回到原题.对 n 归纳.

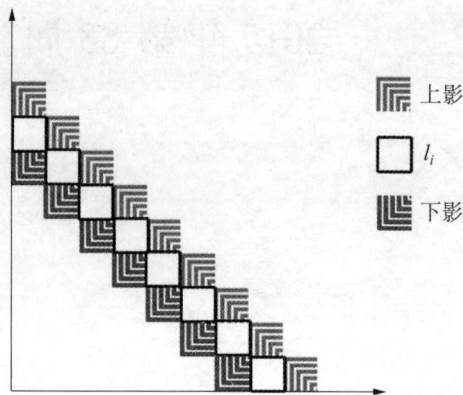

当 $n=1$ 时,由引理知,结论成立.

假设结论对 $n-1$ 成立.考虑 n 时的情形.

采用反证法.由引理,可设横坐标为 1 的被染色的方格的数目小于等于 $n-1$ 个,纵坐标为 1 的被染色的方格的数目小于等于 $n-1$ 个.

考虑射线

$$\begin{cases} x=1, & y \geq 1; \\ x \geq 1, & y=1 \end{cases}$$

与 x 轴、y 轴围出的区域 S,第一象限剩余部分记为 T.

易知 S 中至多 $2n-2$ 个方格被染色,故 T 中被染色的方格数不少于

$$n^2+x-(2n-2)>(n-1)^2$$

个.

对区域 T,设其中有 $(n-1)^2+y$ 个方格被染色,由归纳假设知,至少有 $(n-1)^2+y+n-1$ 个方格满足条件.

又 S 中有 $n^2+x-(n-1)^2-y=2n-1+x-y$ 个方格被染色,故 S 中至少有 $2n+x-y$ 个方格满足条件.

故第一象限中至少有 $(n-1)^2+y+(n-1)+2n+x-y=n^2+x$ 个方格满足条件. □

评注 本题的基本想法是考察已染色方格的相邻方格.其中,证法一的思路是取已染色方格所在的斜线 $l_1, l_2, \cdots, l_t$,考察 $l_1, l_2, \cdots, l_i$ 的下影,及 $l_i, l_{i+1}, \cdots, l_t$ 的上影,利用反证法证明存在性.

证法二采用了加强归纳的证明方法,其关键的步骤是对区域 S 和 T 中的已染色的方格数目分别进行讨论,进而利用归纳假设得到结论.

第 2 题 在某国中,某些城市由单向的道路连通.每个城市至少有两条通向其他的道路,也至少有两条通向它的道路,且从任一城市出发可以到达其他城市.证明:存在一条循环的道路,使得除去这条循环道路后,仍满足从任一城市出发可以到达其他城市.

证明(谢柏庭) 先将原题用图论语言重新叙述:

在一个有向图中,每个点的出度和入度均至少为 2,且从任一点出发可到达其他任意点,则存在一个有向圈,使得去掉这个圈中的边后仍是连通图.

我们定义:在有向图中,一条由 A 出发到 B 的路径,称为 A 到 B 的一条出路径,或称为 B 到 A 的一条入路径.若由 A 出发能到达 B,则称 A 到 B 连通(定义 A 到 A 连通);若两个有向圈无公共边,则

称它们不交.

先证明一个引理：

引理 若图 G 中任一点的出度（或任一点入度）均不小于 1,则图 G 中存在有向圈.

引理的证明 只需考虑出度不小于 1 的情形. 从图中一点 A_0 出发,依次取 $A_k(k \in \mathbf{N}_+)$ 满足 $\overrightarrow{A_{k-1}A_k}$ 为 G 中一条边,由条件知,此操作可以无限进行下去,又 G 中点的个数是有限的,故存在 $i < j$, 使得 A_i 与 A_j 相同. 则

$$A_i \rightarrow A_{i+1} \rightarrow \cdots \rightarrow A_j$$

为 G 中的一个有向圈,引理证毕. □

对图 G,由引理知,存在有向圈 C_0. 去掉 C_0 中的所有边. 此时由题意知,G 中任一点 A 的出度和入度均大于等于 1. 故由引理,存在有向圈 C_1,且 C_0、C_1 不交.

采用反证法,即 G 去掉任何一个有向圈的边所得的图均不是连通的,从而图 G 去掉有向圈 C_1 的边后所得的图 G_1 不是连通的. 那么必存在 C_1 中一点 A_0,其要么无到 C_0 上的点的出路径,要么无到 C_0 上的点的入路径. 否则,在去掉 C_1 所得的图 G_1 中,任给 C_1 中两点 A、B,可由

$$A \rightarrow C_0 \text{上某点} A' \rightarrow C_0 \text{上某点} B' \rightarrow B$$

的方式到达 B. 则去掉 C_1、G 的连通性不变,满足要求,这与反证的假设矛盾!

不妨设 A_0 无到 C_0 上的点出路径. ①

设 $T_1 = \{P \mid \text{在图} G_1 \text{中},A_0 \text{到} P \text{连通}\}$,$V$ 为全体顶点集.

由图 G_1 中 $d_{出}(A_0) \geqslant 1$ 知,$T_1 \neq \varnothing$.

由①知,任给 $P \in T_1$,P 不在 C_0 中,故 $V \backslash T_1 \neq \varnothing$.

由 T_1 定义知,任给 $P \in T_1$,P 无到 $V \backslash T_1$ 中点的出路径,且在图 G_1 中 $d_{出}(P) \geqslant 1$. (＊)

下面我们通过操作得到具有性质(＊)（或与其对偶的,与入路径相关的性质）但比 T_1 中点数更少的点集 T_2. (＊＊)

由(＊)及引理知,在图 T_1 中点集及他们间的边构成的子图中,存在有向圈 C_2. 则图 G 中,C_1、C_2、C_0 互不相交(T_1 不包含 C_0 中点). 在图 G 中去掉 C_2 中的边得到 G_2.

对 C_2 中的点与 C_1 进行类似之前的讨论知:存在 C_2 中的点 A_1,有满足以下条件之一:

（Ⅰ）在 G_2 中无到 C_1 的点的出路径；

（Ⅱ）在 G_2 中无到 C_1 的点的入路径.

若为情形（Ⅰ）,构造 $T_2 = \{P \mid \text{在图} G_2 \text{中},A_1 \text{到} P \text{连通}\}$. 由(＊)知,$T_2 \subsetneqq T_1$($A_1$ 到 A_0 不连通).

同前面类似讨论知,T_2 满足(＊).

若为情形（Ⅱ），构造 $T_2 = \{ P \mid$ 在图 G_2 中，P 到 A_1 连通$\}$．

注意到：图 G 中 A_0 到任一点 $Q(Q \in V \backslash T_1)$ 均连通．由（ $*$ ）知，A_0 到 Q 的出路径中无 T_1 两点间的边，故在 G_2 中仍连通．由（ⅱ）知，Q 到 A_1 不连通．即任给 $Q \in V \backslash T_1$，Q 到 A_1 不连通，从而 $Q \notin T_2$，故 $T_2 \subseteq T_1$．

同前讨论可知：$T_2 \subsetneqq T_1$（A_0 到 A_1 不连通），且任给 $P \in T_1 \backslash T_2$，P 无到 T_2 中的点的出路径．即有：在图 G_2 中，任给 $P \in V \backslash T_2$，P 到 T_2 中的点不连通（即无到 T_2 中的点出路径）　　　　　　　　　　　　　　　　　　　（ $*'$ ）

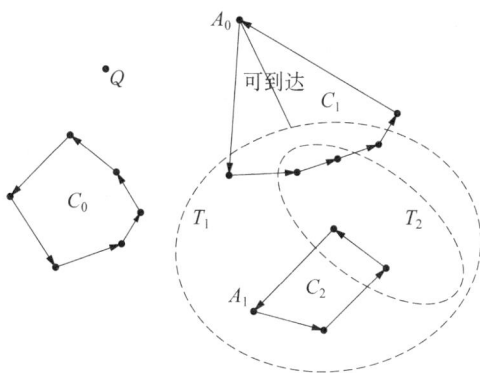

图 2

那么，任给 $S \in T_2$，$d_{\lambda}(S) \geqslant 1$（$G$ 中 $d_{\lambda}(S) \geqslant 2$，去掉 C_2 后，至多减 1）．

故 T_2 满足（ $*'$ ），即（ $*$ ）的对偶性质．

所以对（Ⅰ）、（Ⅱ）两种情形，我们均实现了（ $* *$ ）．

反复操作记得集合列 T_1，T_2，T_3，$\cdots$，注意到 $|T_k|$ 严格递减，故只能进行有限次操作．故某步后，所得的图 G_k 为连通图，这与反证法假设矛盾！故假设不成立，原命题得证．　　　　□

评注　此题难题很大，也容易产生伪证．上面的解法用了类似于无穷递降法的想法：G 去掉一个有向圈 C_1 后，考虑剩余的图 G_1 中点 A_0"到达域"T_1，在 T_1 关于 G_1 的导出子图中进行类似操作得到其真子集 T_2．该操作会在有限步终止，最后所得的图 G_k 便是连通图．

第 3 题　已知 X 是给定的集合，A_1，A_2，$\cdots$，A_m 是 X 的子集且 $|A_i| = mk(m, k \in \mathbf{N})$．证明：可以将 X 分划成 k 个集合，使得每个集合与 $A_i(i = 1, \cdots, m)$ 相交非空．

证明（韩新淼）　依次取

$$a_{1,1} \in A_1, a_{1,2} \in A_1, \cdots, a_{1,k} \in A_1, a_{2,1} \in A_2,$$
$$\cdots, a_{2,k} \in A_2, \cdots, a_{m,1} \in A_m, \cdots, a_{m,k} \in A_m,$$

且 $a_{i,j}(1 \leqslant i \leqslant m, 1 \leqslant j \leqslant k)$ 互不相同（由 $|A_i| = mk$ 知这样的取法可行）．

将 X 分划为 k 个集合 B_1，$\cdots$，B_k 满足：

$$a_{i,j} \in B_j, \forall 1 \leqslant i \leqslant m, 1 \leqslant j \leqslant k,$$

且 $X \backslash \{a_{i,j} \mid 1 \leqslant i \leqslant m, 1 \leqslant j \leqslant k\}$ 的元素任意分配到 B_1，$\cdots$，B_k 中，则此时对任意 $1 \leqslant i \leqslant m$，$1 \leqslant j \leqslant k$，有

$$a_{i,j} \in A_i \bigcap B_j, \quad \text{即 } A_i \bigcap B_j \neq \varnothing.$$

故这种分划方式满足要求.   □

评注　此题是一道容易题. 其想法是: 在每个 $A_i (i=1, \cdots, m)$ 取 k 个元素(取出的 mk 个元素两两不同)分配到 k 个集合中. X 中其余元素可以任意分配.

第 4 题　在某个国家中, 一些数学家相互认识. 将他们任意分成两组, 均有 2 个相互认识的数学家且他们来自不同的组. 若四个或四个以上数学家坐在圆桌周围, 且任意两个相邻的数学家均相互认识, 则有两个相互认识的数学家不是相邻的. 记 c_i 表示由 i 个相互认识的数学家所构成的集合的数目. 证明:

$$c_1 - c_2 + c_3 - c_4 + \cdots = 1.$$

证明(叶奇)　首先转化为图论问题: 定义图 G, 用点表示数学家, 点相连当且仅当数学家相识, 则条件成为: G 是连通图, 且对 G 中任意长至少为 4 的圈, 存在圈上不相邻的两个点在 G 中有边相连. 则题中 c_i 为 G 中 i 阶完全子图的个数.

下面对 G 的顶点数 n 归纳证明结论成立.

当 $n = 1, 2$ 时, 结论显然成立.

假设结论对 $1, 2, \cdots, n-1$ 成立, 考虑 n 时的情况 $(n \geqslant 3)$.

任取 G 中一点 A. 取 G 中与 A 相连的所有点及这些点之间的边, 得到子图 G''. 在 G 中去掉点 A 及与 A 相连的边, 得到子图 G'. 此时, G''、G' 的顶点数均不超过 $n-1$.

在 G' 中类似定义 $c_1', c_2', \cdots$, 在 G'' 中类似定义 $c_1'', c_2'', \cdots$, 显然有 $c_1 = c_1' + 1$. 而对于 $i \geqslant 2$, $c_i - c_i'$ 为 G 中含 A 的 i 阶完全子图的个数, 这等于 G'' 中 $i-1$ 阶完全子图个数, 即 c_{i-1}''. 故 $c_i = c_i' + c_{i-1}''$.

结合 $c_1 = c_1' + 1$ 知, 要证 $\sum\limits_{i=1}^{\infty} (-1)^{i-1} c_i = 1$, 只需证

$$\sum_{i=1}^{\infty} (-1)^{i-1} c_i' = \sum_{i=1}^{\infty} (-1)^{i-1} c_i''.$$

对 G'、G'' 的各连通分支分别用归纳假设(易知每个连通分支均满足题设要求), 得

$$\sum_{i=1}^{\infty} (-1)^{i-1} c_i' = G' \text{ 中连通分支数, 记为 } l',$$

$$\sum_{i=1}^{\infty} (-1)^{i-1} c_i'' = G'' \text{ 中连通分支数, 记为 } l''.$$

下面仅需证 $l' = l''$. 记 $M = \{v \mid v \text{ 在 } G \text{ 中与 } A \text{ 相连}\}$.

由于 G 是连通的,故对 G' 中任意点 $B \notin M$,B 与 M 中某点 v 之间有一条不经过点 A 的路,从而 B 与 v 在 G' 中位于同一连通分支,这说明 $l' \leqslant l''$.(如图 3)

下证 $l' \geqslant l''$.只需证:在 G'' 中不位于同一连通分支的两点,在 G' 中亦然. $(*)$

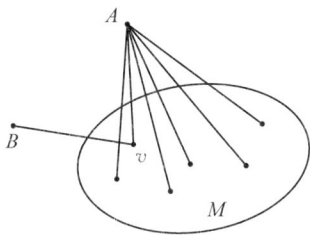

图 3

若不然,则在 G 中存在一条路的两个端点在 M 中,且在 G' 中位于不同连通分支.取满足此条件的最短路,记为 $B_1 C_1 C_2 \cdots C_t B_2$,其中 B_1,$B_2 \in M$ 且在 G'' 中位于不同连通分支.

若有某点 $C_i \in M$,则 C_i 必不与 B_1 或 B_2 位于 G'' 的同一连通分支.不妨设 B_1 与 C_i 不位于同一连通分支,则 $B_1 C_1 C_2 \cdots C_i$ 是一条更短路,矛盾!

故 C_1,$\cdots$,$C_t \notin M$.又由 $B_1 B_2$ 不相连知,$t \geqslant 1$.故 $A B_1 C_1 C_2 \cdots C_t B_2 A$ 是 G 中长至少为 4 的圈.

由条件知,其中有两个不相邻点之间有边.而 A 不与 C_1,C_2,$\cdots$,C_t 相连.此边形如 $C_i C_j$($0 \leqslant i < j \leqslant t+1$,这里 $C_0 = B_1$,$C_{t+1} = B_2$,如图 4),则 $C_0 C_1 \cdots C_i C_j C_{j+1} \cdots C_{t+1}$ 是一条更短路,矛盾!

故 $(*)$ 成立,从而 $l' = l''$.由前证知结论成立,证毕! □

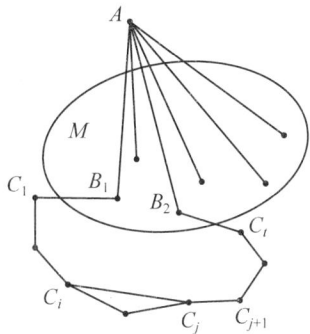

图 4

评注 此题的关键是考查含某点的 i 阶完全子图个数与子图 G' 的 i 阶完全子图个数和 G'' 的 $i-1$ 阶完全子图个数的和,即公式 $c_i = c_i' + c_{i-1}''$.结合利用归纳法将问题转为证明 G' 和 G'' 的连通分支个数相同.

第 5 题 给定平面上包含原点 O 且顶点在格点上的凸多边形.令 V_1 是由从 O 出发指向多边形顶点的向量所构成的集合,V_2 是由从 O 出发指向在多边形内部或边界上的格点的向量所构成的集合.两只蚱蜢按如下规则在平面上跳跃:第一只蚱蜢每次跳跃的轨迹是 V_1 中的向量,第二只蚱蜢每次跳跃的轨迹是 V_2 中的向量.证明:存在正整数 c,使得以下条件成立:若两只蚱蜢均从 O 跳到点 P,且第二只蚱蜢需 n 次跳跃完成,则第一只蚱蜢可以用至多 $n+c$ 次跳跃完成.

证明(谢柏庭) 首先,我们取从 O 指向凸多边形的各个顶点的射线,将平面分为若干个区域(包括边界).我们证明:对某个区域 A(包括边界)的任一格点 P,若两只蚱蜢均能由 O 跳到 P,则存在只与 A 有关的常数 c_A 使得若第二只蚱蜢需 n 步跳从 O 到 P,则第一只蚱蜢可用至多 $n+c_A$ 步完成.

我们将区域 A 分划为如图 5 所示的平行四边形表,即在射线 OX 上每隔 $|OX|$ 距离作一条与 OY 平行的射线,对射线 OY 做同样的操作(若 $\angle XOY = \pi$ 时,除 X、O、Y 上的点外,其他的点均跳不到,

取 $c_A = a + b$ 即可,其中 $a = |OX|$,$b = |OY|$).记一个平行四边形

区域的坐标为 (i, j),若其从左往右是第 i 个,从下往上是第 j 个;

我们称两个格点是同位置的,若其位于 A 中两个平行四边形中,且

是这两个全等的平行四边形的对应点.(如图 5,P_1 与 P_2 同位置,

但 P_1 与 P_3 不是)

而对于每个位置 T,要么这个位置上的格点,有以下两种可能:

(i) 第一只蚱蜢跳不到位置 T.

(ii) 第一只蚱蜢跳可以到达某些四边形中的位置 T.取 $(i_{T_1},$
$j_{T_1})$ 是这些四边形中第一个分量最小的,再取 (i_{T_2}, j_{T_2}) 是这些四
边形中第二个分量最小的(若有多个四边形满足,任取一个即可).

注意到位置是有限的,当 T 遍历所有可能的位置时,设
$\max\{i_{T_2}\} = i_A$,$\max\{j_{T_1}\} = j_A$(易知 i_A、j_A 只与 A 有关).

记 $\Gamma = \{(x, y) \mid x \leqslant i_A \text{ 且 } y \leqslant j_A\}$.

设 c_A 为第一只蚱蜢跳到 Γ 中的某一点所需的最小跳跃次数的最大值,即用至多 c_A 次跳跃,第一
只可到 Γ 中任一有限次跳跃可到达的点,则 c_A 只与 A 有关.

下面证明:对于某一位置 T 在 (i, j) 中的格点 P,若两只均可到达且第二只蚱蜢需 n 次跳跃到达,
则第一只蚱蜢可用至多 $n + c_A$ 次跳跃到达. （＊）

当 $(i, j) \in \Gamma$ 时,结论显然成立.

当 $(i, j) \notin \Gamma$ 时,注意到两只蚱蜢跳入 (i, j) 至少需 $i + j$ 次(因为每次蚱蜢可跳跃时,它所在的
平行四边形的坐标的两个分量至多有一个分量增加 1),即有 $n \geqslant i + j$.

不妨设 $i > i_A$,又 $j \geqslant j_{T_2}$,$i_A \geqslant i_{T_2}$,故 $i > i_{T_2}$,$j \geqslant j_{T_2}$(用到 i_A 的最大性,j_{T_2} 最小性).那么
第一只蚱蜢可先跳到平行四边形 $(i - i_{T_2} + 1, j - j_{T_2} + 1)$ 的左下顶点,需 $i + j - i_{T_2} - j_{T_2}$ 步,由于
$j_{T_2} \leqslant j_{T_1} \leqslant j_A$,$i_{T_2} \leqslant i_A$,其再到 P 点至多再需 c_A 步.由 $i + j + c_A \geqslant i + j - i_{T_2} - j_{T_2} + c_A$ 和 $n \geqslant$
$i + j$ 知(＊)成立.

最后,我们取 $c = \max\{c_A\}$ 即可满足要求. □

评注 本题的难点是如何分析第一只蚱蜢跳到某一点所需的步数.上面的解法的关键是以原点指
向多边形各顶点的射线为界,将平面分成有限个区域.通过将每个区域内的格点分成有限类,进而对第
一只蚱蜢所能达到的位置所需步数进行分析得到结论.

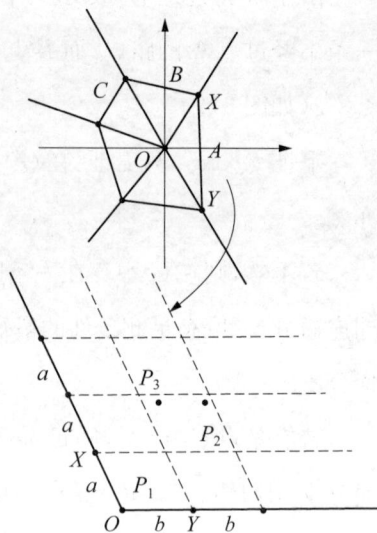

难题新解集锦(一)

张盛桐[1]　欧阳泽轩[2]　张江昊[3]　虞家伟[4]　郭若一[5]

(1. 上海中学，200231；2. 温州中学，325014；3. 西北师范大学附属中学，730070；

4. 南昌二中，330013；5. 山西大学附属中学，030006)

本期难题新解集锦介绍四个问题的新解.

1. 二项系数和的对数凹性

《美国数学月刊》(Amer. Math. Monthly)的第 11985 号问题(2017. Vol. 124，No. 1)可叙述为

问题 1　设 s、t 是给定的自然数，$s \leqslant t$. 令

$$a_n = \binom{n}{s} + \binom{n}{s+1} + \cdots + \binom{n}{t}.$$

证明：对 $\forall n \in \mathbf{N}_+$ 有 $a_n^2 \geqslant a_{n-1} a_{n+1}$.

证法一（张盛桐）

设 $F(n, s, t) = \displaystyle\sum_{i=s}^{t} \binom{n}{i}$，则要证结果等价于

$$F(n-1, s, t) \cdot F(n+1, s, t) \leqslant F^2(n, s, t). \tag{1}$$

仅需考虑 $n > 1$ 的情况.

注意到

$$F(n, s, t) = \sum_{i=s}^{t} \left(\binom{n-1}{i} + \binom{n-1}{i-1} \right)$$

$$= F(n-1, s, t) + F(n-1, s-1, t-1),$$

$$F(n+1, s, t) = F(n, s, t) + F(n, s-1, t-1)$$

$$= F(n-1, s, t) + 2F(n-1, s-1, t-1) + F(n-1, s-2, t-2).$$

将它们分别代入(1)的两边便知(1)等价于

$$F(n-1, s-2, t-2) \cdot F(n-1, s, t) \leqslant F^2(n-1, s-1, t-1).$$

故我们只需证明:对 $\forall s, t, n \in \mathbf{N}_+$ 有

$$F(n, s-1, t-1) \cdot F(n, s+1, t+1) \leqslant F^2(n, s, t). \tag{2}$$

下用归纳法证明(2).

当 $n=1$ 时,(2) 显然成立.

假设(2)对 n 成立,对 $n+1$,我们需要证明:

$$F(n+1, s, t) \cdot F(n+1, s+2, t+2) \leqslant F^2(n+1, s+1, t+1). \tag{3}$$

下分两种情况:

① 当 $s=t$ 时,(3) 可写为

$$\binom{n+1}{s}\binom{n+1}{s+2} \leqslant \binom{n+1}{s+1}^2,$$

这可直接计算验证其成立.

② 当 $s<t$ 时,由归纳假设知,

$$F(n, s-1, t-1) \leqslant \frac{F^2(n, s, t)}{F(n, s+1, t+1)},$$

$$F(n, s+2, t+2) \leqslant \frac{F^2(n, s+1, t+1)}{F(n, s, t)},$$

故

$$F(n+1, s, t) \cdot F(n+1, s+2, t+2)$$
$$=(F(n, s-1, t-1)+F(n, s, t)) \cdot (F(n, s+1, t+1)+F(n, s+2, t+2))$$
$$\leqslant \left(\frac{F^2(n, s, t)}{F(n, s+1, t+1)}+F(n, s, t)\right) \cdot \left(F(n, s+1, t+1)+\frac{F^2(n, s+1, t+1)}{F(n, s, t)}\right)$$
$$=(F(n, s, t)+F(n, s+1, t+1))^2 = F^2(n+1, s+1, t+1).$$

这就是(3),证毕. □

证法二(欧阳泽轩)

当 $n \leqslant s$ 时,结论显然成立.

下设 $n \geqslant s+1$.注意到 $\binom{n}{i}=\binom{n-1}{i-1}+\binom{n-1}{i}$, $\forall 1 \leqslant i \leqslant n-1$.

故要证结论等价于

$$\frac{\sum\limits_{i=s}^{t}\binom{n}{i}}{\sum\limits_{i=s}^{t}\binom{n-1}{i}} \geq \frac{\sum\limits_{i=s}^{t}\binom{n+1}{i}}{\sum\limits_{i=s}^{t}\binom{n}{i}}$$

$$\Leftrightarrow \frac{\sum\limits_{i=s}^{t}\binom{n-1}{i}+\sum\limits_{i=s}^{t}\binom{n-1}{i-1}}{\sum\limits_{i=s}^{t}\binom{n-1}{i}} \geq \frac{\sum\limits_{i=s}^{t}\binom{n}{i}+\sum\limits_{i=s}^{t}\binom{n}{i-1}}{\sum\limits_{i=s}^{t}\binom{n}{i}}$$

$$\Leftrightarrow \frac{\sum\limits_{i=s}^{t}\binom{n-1}{i-1}}{\sum\limits_{i=s}^{t}\binom{n-1}{i}} \geq \frac{\sum\limits_{i=s}^{t}\binom{n}{i-1}}{\sum\limits_{i=s}^{t}\binom{n}{i}}$$

$$\Leftrightarrow \frac{\sum\limits_{i=s}^{t}\binom{n}{i}}{\sum\limits_{i=s}^{t}\binom{n-1}{i}} \geq \frac{\sum\limits_{i=s}^{t}\binom{n}{i-1}}{\sum\limits_{i=s}^{t}\binom{n-1}{i-1}}.$$

(4)

注意到

$$\frac{\binom{n}{i}}{\binom{n-1}{i}} \geq \frac{\binom{n}{i-1}}{\binom{n-1}{i-1}}, \ \forall 1 \leq i \leq n-1.$$

由分式性质:若 $0 < \dfrac{a_1}{b_1} \leq \cdots \leq \dfrac{a_k}{b_k}$,则 $\dfrac{a_1}{b_1} \leq \dfrac{a_1+\cdots+a_k}{b_1+\cdots+b_k} \leq \dfrac{a_k}{b_k}$. 可得

$$\frac{\binom{n}{s-1}}{\binom{n-1}{s-1}} \leq \frac{\binom{n}{s}}{\binom{n-1}{s}} \leq \frac{\sum\limits_{i=s}^{t-1}\binom{n}{i}}{\sum\limits_{i=s}^{t-1}\binom{n-1}{i}} \leq \frac{\binom{n}{t-1}}{\binom{n-1}{t-1}} \leq \frac{\binom{n}{t}}{\binom{n-1}{t}}.$$

再用上面的分式性质可得:

$$\frac{\binom{n}{s-1}+\sum\limits_{i=s}^{t-1}\binom{n}{i}}{\binom{n-1}{s-1}+\sum\limits_{i=s}^{t-1}\binom{n-1}{i}} \leq \frac{\sum\limits_{i=s}^{t-1}\binom{n}{i}}{\sum\limits_{i=s}^{t-1}\binom{n-1}{i}} \leq \frac{\sum\limits_{i=s}^{t-1}\binom{n}{i}+\binom{n}{t}}{\sum\limits_{i=s}^{t-1}\binom{n-1}{i}+\binom{n-1}{t}}.$$

这就是(4). 证毕. □

2. $\dbinom{p^n}{q^n}$ 的素因子

2017 年北京大学金秋营的第八题是一个数论难题([1]),可叙述为:

问题 2 给定正整数 p、q,满足 $1 < q < p$. 证明:对任意素数 $r > p$,存在正整数 n 满足

$$r \,\bigg|\, \binom{p^n}{q^n}.$$

证明(张江昊)

由卢卡斯定理,仅需证明:存在正整数 n 使得 q^n 在 r 进制下某一位的数码比 p^n 在 r 进制下相应位的数码大. 进而,只需证明:存在 n 使得 q^n 模 r^k 的最小非负剩余大于 p^n 模 r^k 的最小非负剩余,这里 k 是一个待定的正整数.

现在需要如下引理:

引理 设正整数 p、q、r 满足 $1 < q < p < r$ 且 r 为素数,当 $\alpha \in \mathbf{N}_+$ 足够大时,存在 $l \in \mathbf{N}_+$ 满足 $r^l \not\equiv 1 \pmod{p^\alpha}$,$r^l \equiv 1 \pmod{q^\alpha}$,$r^l \equiv 1 \pmod{p^{\alpha-1}}$.

引理的证明 由升幂定理知,当 α 足够大时,若设 r 模 $p^{\alpha-1}$ 的阶为 l,则对 $\forall p_i \mid p$ 有

$$v_{p_i}(r^l - 1) = v_{p_i}(p^{\alpha-1}), \tag{5}$$

从而,若设 r 模 $p^{\alpha-1}$、q^α 的阶分别为 l_1、l_2,则取 $l_0 = [l_1, l_2]$,便有 $r^{l_0} \equiv 1 \pmod{p^{\alpha-1}}$,$r^{l_0} \equiv 1 \pmod{q^\alpha}$.

对任意素数 $s \mid [q^\alpha, p^{\alpha-1}]$,现考虑 $v_s(r^{l_0} - 1)$,由于

$$v_s(l_0) = \max\{v_s(l_1), v_s(l_2)\},$$

由升幂定理知

$$v_s(r^{l_0} - 1) = v_s(r^{l_1} - 1) \text{ 或 } v_s(r^{l_2} - 1).$$

由于 $p > q$,因此 p 的素因子分解中有一个素数 s_0,满足 s_0 在 p 中的幂次大于它在 q 中的,对于这个 s_0,注意到

$$v_{s_0}(r^{l_0} - 1) = v_{s_0}(r^{l_1} - 1) \text{ 或 } v_{s_0}(r^{l_2} - 1),$$

这两种情况都有

$$v_{s_0}(r^{l_0}-1)<v_{s_0}(p^a).$$

这里用到了(5).

因此这个 l_0 符合条件,引理得证.

回到原题.取一个足够大的 $b\in\mathbf{N}_+$ 使得 b 满足(5)且 $q^b>p$.由引理知存在 $n\in\mathbf{N}_+$ 满足 $r^n\equiv 1(\bmod q^b)$,$r^n\equiv 1(\bmod p^{b-1})$,$r^n\not\equiv 1(\bmod p^b)$.又易见存在 $c\in\mathbf{N}_+$ 且 $c>b$,使得 $p^c\equiv 1(\bmod r^n)$,$q^c\equiv 1(\bmod r^n)$.现取 $n_0=c-b$,下证 n_0 满足题意.

设 q^{c-b} 模 r^n 的最小非负剩余为 Q,则

$$Q\cdot q^b\equiv q^c(\bmod r^n),$$

即

$$Q\cdot q^b\equiv mr^n+1. \tag{6}$$

又由 $Q<r^n$ 可得 $m<q^b$.

现在(6)的两边模 q^b,则有

$$m\equiv -1(\bmod q^b).$$

因此 $m=q^b-1$,即是 $Q=\left(1-\dfrac{1}{q^b}\right)r^n+\dfrac{1}{q^b}$.

类似地,设 P 为 p^{c-b} 模 r^n 的最小非负剩余,则

$$P\cdot p^b=g\cdot r^n+1,\ n<p^b.$$

上式两边模 p^{b-1} 可得 $g\equiv -1(\bmod p^{b-1})$,而两边 $\bmod p^b$ 可得 $g\neq p^b-1$,故 $g\leqslant p^b-1-p^{b-1}$,因此

$$P\leqslant\left(1-\dfrac{1}{p}-\dfrac{1}{p^b}\right)r^n+\dfrac{1}{p^b}.$$

于是 $P<Q$.这说明 q^{n_0} 模 r^n 的最小非负剩余大于 p^{n_0} 模 r^n 的最小非负剩余,故在 q^{n_0}、p^{n_0} 的 r 进制后 n 位数必有一位上 q^{n_0} 的数码更大,故命题成立. $\square$

3. 连通的几何图

2017 年罗马尼亚的国家队选拔考试中有如下的几何图问题:

问题 3 一个国家有奇数个城市,它们之间的距离两两不同.有些城市之间有双向直飞航班连接.对每一个城市,它恰和两个距离它最远的城市有直飞航班.证明:我们可以从任意一个城市飞到另一个.

证明(虞家伟)

首先构造图 G:其中的顶点表示城市;若两个城市间有直飞航班,则在对应的两点之间连边,这里的边是有长度的,即为其对应两城市间的距离.由条件知,若 G 中的三个点 X、Y、Z 满足 XY 是边,X 和 Z 没有连边,则 $|XY|>|XZ|$.

现来证明 G 是连通的.

用反证法.假设 G 不连通,则 G 至少有两个连通分支.

由于 G 中每个点的度为 2,因此 G 的每个连通分支均是一个圈.又 G 的总顶点数为奇数.故 G 的某个连通分支必是奇圈(奇数个顶点的圈).

设 C_1 是 G 的一个奇圈,这时再取 G 的异于 C_1 的另一连通分支中的一条边 AB,注意到 C_1 的点均与 A 和 B 没有边相连.任取顶点 $P \in C_1$,则 $|PA|<|AB|$,$|PB|<|AB|$.

现分边以 A、B 为圆心,$|AB|$ 为半径作图,两圆交于 X、Y(如图 1),则 P 既在 $\odot A$ 内,又在 $\odot B$ 内.

现定义区域 α:$\overparen{AX}$、$\overparen{XB}$、AB 围成的区域;区域 β:$\overparen{AY}$、$\overparen{YB}$、AB 围成的区域,则点 P 在 $\alpha \bigcup \beta$ 内.

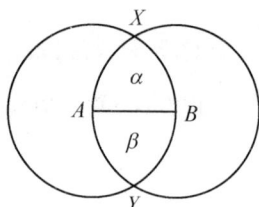

图 1

记 C_1 在 α 内的点的集合为 $C_1^{(1)}$,在 β 内的点的集合记为 $C_1^{(2)}$.由于 C_1 是奇圈,但二部图不含奇圈,故 C_1 不是二部图,于是 $C_1^{(1)}$ 中有一对相连的点或 $C_1^{(2)}$ 中有一对相连的点.

不妨设 $Q, R \in C_1^{(1)}$,且 Q、R 相连.不妨设 Q 到 AB 的距离不小于 R 到 AB 的距离,且 Q 在 AB 中垂线右侧(靠近 B),如图 2,作 $RH \perp AB$.由于 $\angle QRH \geqslant 90° > \angle QHR$,所以 $QR < QH$.又 $\angle QHA \geqslant \angle QBA \geqslant \angle QAB$,因此 $QH \leqslant QA$,故 $QR < QA$.

注意到 QR 是边,这说明 Q、A 有边相连,这与它们分别位于不同连通分支上矛盾!

综上,G 是连通的,亦即我们可从任意一个城市飞到另一个. $\square$

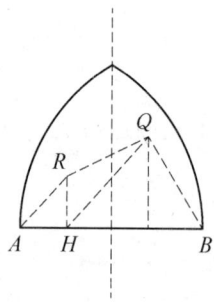

图 2

4. 一个离散 Northcott 不等式

K. Fan、O. Taussky 和 J. Todd 在 1955 年建立了一个离散的 Northcott 不等式([2]).它可改述

为下面的极值问题:

问题 4 给定整数 $n \geqslant 2$, 实数 $x_1, \cdots, x_n$ 满足

(1) $\displaystyle\sum_{i=1}^{n} x_i = 0$;

(2) $\displaystyle\max_{1 \leqslant i \leqslant n} |x_i| = 1$.

求 $\displaystyle\max_{1 \leqslant i \leqslant n} |x_i - x_{i+1}|$ 的最小值, 其中 $x_{n+1} = x_1$.

解(郭若一)

记 $M = \displaystyle\max_{1 \leqslant i \leqslant n} |x_i - x_{i+1}|$.

注意到问题是轮换对称的, 不妨设 $x_1 = 1$.

1) 当 n 是偶数时, 设 $n = 2k$, $k \in \mathbf{N}_+$.

由于 $|x_1 - x_2| \leqslant M$, 所以

$$x_2 \geqslant x_1 - |x_1 - x_2| \geqslant 1 - M.$$

进而有

$$x_3 \geqslant x_2 - |x_3 - x_2| \geqslant 1 - 2M.$$

一般地, 对任意 $r \in \{2, \cdots, k+1\}$ 有

$$x_r \geqslant 1 - (r-1)M. \tag{7}$$

又 $|x_1 - x_{2k}| \leqslant M$, 所以

$$x_{2k} \geqslant x_1 - |x_1 - x_{2k}| \geqslant 1 - M.$$

进而有

$$x_{2k-1} \geqslant x_{2k} - |x_{2k-1} - x_{2k}| \geqslant 1 - 2M.$$

一般地, 对任意 $r \in \{k+2, \cdots, 2k\}$ 有

$$x_r \geqslant 1 - (2k+1-r)M. \tag{8}$$

结合(7),(8)及条件知

$$0 = x_1 + \sum_{r=2}^{k+1} x_r + \sum_{r=k+2}^{2k} x_r \leqslant 2k - k^2 M.$$

故 $M \geqslant \dfrac{2}{k}$.

当 $x_1 = 1$, $x_r = 1 - \dfrac{2}{k}(r-1)$, $r = 2, 3, \cdots, k$, $x_{k+1} = -1$, $x_{k+1+r} = -1 + \dfrac{2}{k}r$, $r = 1, 2, \cdots, k-$

1 时,满足条件且此时 $M = \dfrac{2}{k}$. 故 M 的最小值为 $\dfrac{2}{k}$.

2) 当 n 为奇数时,设 $n = 2k+1$, $k \in \mathbf{N}_+$.

同 1)的证明易知 $x_2 \geqslant 1-M$, $x_3 \geqslant 1-2M$, $\cdots$, $x_{k+1} \geqslant 1-kM$, 且 $x_{2k+1} \geqslant 1-M$, $x_{2k} \geqslant 1-2M$, $\cdots$, $x_{k+2} \geqslant 1-kM$.

将它们相加并用条件便知

$$0 = \sum_{i=1}^{n} x_i \geqslant 2k+1 - k(k+1)M,$$

故 $M \geqslant \dfrac{2k+1}{k(k+1)}$.

当 $x_1 = 1$, $x_r = 1 - \dfrac{2k+1}{k(k+1)}(r-1)$, $r = 2, 3, \cdots, k+1$,

$$x_{2k+2-r} = 1 - \dfrac{2k}{k(k+1)}r, \; r = 1, 2, \cdots, k.$$

注意到此时 $\min\limits_{1 \leqslant i \leqslant n} x_i = 1 - \dfrac{(2k+1)k}{k(k+1)} = -\dfrac{k}{k+1} > -1$,从而易验证它们满足条件. 故 M 的最小值为

$\dfrac{2k+1}{k(k+1)}$.

综上,

$$M_{\min} = \begin{cases} \dfrac{2}{k}, & n = 2k \, (k \in \mathbf{N}_+); \\[3mm] \dfrac{2k+1}{k(k+1)}, & n = 2k+1 \, (k \in \mathbf{N}_+). \end{cases}$$

□

致谢:特此致谢付云皓老师和施奕成同学审阅了部分稿件及提出了修改意见.

参考文献

[1] 孙孟越等. 2017 年北大清华金秋营试题简析. 数学新星网·学生专栏, 2017.

[2] K. Fan, O. Taussky and J. Todd. Discrete analoges of inequalities of wirtinger. Moratsh. Math. 59(1955), 73-90.

一道 CMO 问题的另解

牟晓生

（哈佛大学，xiaoshengmu@fas. harvard. edu）

第 31 届 CMO 第 3 题是一道颇有难度的数论问题，具体如下：

问题 设 p 是奇素数，$a_1, a_2, \cdots, a_p$ 是整数，证明以下两个命题等价：

（Ⅰ）存在一个次数不超过 $\dfrac{p-1}{2}$ 的整系数多项式 $f(x)$，使得对每个不超过 p 的正整数 i，都有 $f(i) \equiv a_i (\bmod p)$.

（Ⅱ）对每个不超过 $\dfrac{p-1}{2}$ 的正整数 d，都有

$$\sum_{i=1}^{p} (a_{i+d} - a_i)^2 \equiv 0 (\bmod p), \tag{1}$$

这里下标按模 p 理解，即 $a_{p+n} = a_n$.

其中（Ⅰ）$\Rightarrow$（Ⅱ）难度不大，熟悉数论的同学基本没有问题. 本文我们给出（Ⅱ）$\Rightarrow$（Ⅰ）的不同于参考答案的另一种解答.

证明 首先我们考虑如下引理：

引理 命题（Ⅰ）成立当且仅当对每个非负整数 $0 \leqslant k \leqslant \dfrac{p-3}{2}$ 都有

$$p \mid \sum_{i=1}^{p} a_i \cdot i^k. \tag{2}$$

引理的证明 只需用到 $p \mid \sum_{i=1}^{p} i^m$ 对 $0 \leqslant m < p-1$ 成立，但对 $m = p-1$ 不成立.

回到原题. 我们只须证明（1）$\Rightarrow$（2）.

假设命题对小于 k 的数成立. 考虑

$$S = \sum_{1 \leqslant i, j \leqslant p} a_i a_j (i-j)^{2k}.$$

　　一方面,由(1)可知对每个 d 都有

$$\sum_{i=1}^{p} a_i a_{i+d} \equiv \sum_{i=1}^{p} a_i^2 (\bmod p),$$

因此

$$S = \sum_{1 \leqslant d \leqslant p} d^{2k} \sum_{i=1}^{p} a_i a_{i+d} \equiv \left(\sum_{1 \leqslant d \leqslant p} d^{2k} \right) \cdot \left(\sum_{i=1}^{p} a_i^2 \right) \equiv 0 (\bmod p).$$

其中最后一步用到 $0 \leqslant 2k < p-1$.

　　另一方面,将 $(i-j)^{2k}$ 展开我们可得

$$S = \sum_{0 \leqslant l \leqslant 2k} (-1)^l \binom{2k}{l} \sum_{i,j} a_i a_j \cdot i^l j^{2k-l}$$

$$= \sum_{0 \leqslant l \leqslant 2k} (-1)^l \binom{2k}{l} \cdot \left(\sum_{i=1}^{p} a_i i^l \right) \cdot \left(\sum_{j=1}^{p} a_j j^{2k-l} \right).$$

由归纳假设,右边除了 $l=k$ 以外的所有项都能被 p 整除. 我们已经证明了 $p \mid S$,因此

$$p \left| (-1)^k \binom{2k}{k} \left(\sum_{i=1}^{p} a_i i^k \right)^2 \Rightarrow p \right| \sum_{i=1}^{p} a_i i^k.$$

这里再次用到 p 不整除 $\binom{2k}{k}$. 这样我们就完成了归纳证明.　　□

题感"3+2"

冯跃峰

（深圳市高级中学，518040）

所谓题感，就是你看过题目后的第一感觉，由此产生解题的宏观构想.

有的人题感很好，常常一看到题目，就能捕捉到题中的关键信息，产生想法，顺利完成解题；而有的人却不是如此，常常被题中五花八门的信息弄得眼花缭乱，盲目推导却不得要领，最终还是一筹莫展，造成解题的失败.

怎样才能使自己具有良好的题感呢？我们认为，必须把握题感的三个角度与两种形式，简称为题感"3+2".

一、 题感的三个角度

所谓题感的"角度"，就是指在哪里找题感. 这可从如下 3 个方面入手：

1. 从条件入手

毋庸置疑，你之所以能顺利完成解题，总是恰到好处地运用了题目的条件. 因此，解题中，要善于在题目条件中寻找感觉：条件到底告诉了我们什么？ 它与目标有什么联系？ 它有哪些特征（比如结构特征、数字特征、形象特征等）？ 以上与条件相关的这些信息如何运用到解题中去？ 通过对条件的观察与思考，找到某种感觉，进而形成解题的初步设想.

2. 从目标入手

有时候，题目的条件与目标相距甚远，或者条件过于独立，过于简单，一时还难以发现它有什么用途. 这时候，则需要从解题目标中寻找感觉：题目究竟要我们做什么？ 应以怎样的途径去实现这样的目标？ 怎样才能运用到题目条件中的某些信息？ 由此产生解题的宏观构想. 在实现构想的具体细节中，你可能发现需要用到某种条件，这时候你方才领悟到题设条件的真正意义——它居然是为解决某个细节而设置的！

3. 从规则入手

有的题目，引入了特定的规则（包括运算规则与操作规则），形成了独特的封闭系统. 理解和运用这些规则常常是解题的关键,所以我们可在规则中寻找感觉:规则究竟表达的是什么意义? 它能否用我们熟悉的语言或符号来取代? 如何在解题中使用这些规则? 由此产生对规则的基本认识以及确定运用规则的基本途径.

一般地说,如果你在上述三个方面都找不到感觉,那就是你对题目的理解还不够透彻,分析还不够深入,联想还不够丰富. 实际上,解题中你是不可能从别的地方得到暗示的,所有的提示都隐藏在题目中. 我们唯一能做的就是反复地读题,仔细斟酌与推敲,直至找到感觉.

那么,我们对题目产生的哪些感觉才是有助于完成解题的呢? 这就是我们要谈的第二个问题.

二、 题感的两种形式

这里的所谓"形式",就是指题感的基本类型. 更具体地说,就是对题目的感觉究竟是什么. 它大致包含以下两种类型:

1. 拓展型题感

所谓拓展型题感,就是由题目的某些内容,感知到题目之外的一些事物,使问题系统得到拓展.

题外事物包括如下三个方面:一是"相似与相关". 比如,你感觉题目有点像什么,和什么对象比较接近,或是像我们曾经处理过的类似问题,或是像我们熟悉的某个定理,结构上像某种方法或某个原理或某种知识系统下特定方式等等. 但"像什么"并不等于"是什么",否则题目就太简单了,它们之间还存在着某种差异. 这种感觉自然使你想到,解题的关键就是沟通两者之间的联系,消除差异,创造运用某种知识、方法的前提条件.

二是"核心与瓶颈". 其中"核心"是指你感觉到题目需要用到某个关键结论,这个结论可能是已知的,也可能是有待证明的,由此确定解题的大方向;所谓"瓶颈"是指你感觉题目存在某个比较棘手的方面,一旦这一方面得以解决,解题将畅通无阻.

三是"思路与启示",你感觉题目的某个方面给了你某种暗示. 这种感觉,促成你选择一种思维方式去进行深入的思考与探索,由此产生解题的一种宏观构想.

"拓展型题感"是题感中最广泛,最普遍,也是最重要的一种表现形式.

2. 改造型题感

有些问题,你会感觉到题目的某些内容,在表述或表现形式上比较别扭,或者冗长复杂,给解题带来不便,此时,你便会产生一种对之进行改造的冲动.

改造包括变换与改进两个方面. 所谓变换,就是将其换一种新的说法或一种新的表现形式,它与原来的内容等价或者是包含原问题在内的一个更广泛的系统,但却较原来的表述更容易把握和运用.

改进就是将原来的内容进行优化,使之变得简单、直观、具体、清晰.

改造型题感是题感中的一种辅助形式,但它常常在解题中起到至关重要的作用.

下面举几个例子来说明.

例 1 在一个无限大的棋盘上,有 n 个方格被染上黑色,其余格为白色,一次操作是按以下规则同时改变一些格的颜色:如果格 A 及其上邻、右邻共 3 个格中某种颜色的格较多,则 A 染此色. 试证:有限次操作后,所有格都变为白色.

分析与证明:

【题感】从条件看,棋盘是无限大的,这使我们感觉到它是解题的瓶颈:无限个格在变色,怎能通过有限次操作全变白? 这就使我们产生这样的想法,能否割取一个局部,使变色的格全部在这个局部范围内,若然,则问题变成有限棋盘内的操作问题.

如何割取局部? 再注意到条件:黑格个数是有限的,我们当然关心的是哪些位置上有黑格. 类比到凸包的作用,想到将所有黑格用一个充分大的(有限)矩形 M 覆盖.

此外,操作规则的描述比较啰嗦,可换一种说法,确定方格在什么时候变色,什么时候不变色. 实际上,操作规则等价于:如果一个格 A 的上邻、右邻两格至少有一格与 A 同色,则 A 在操作中不变色,否则变色.

从目标看,要使所有格都变为白色,由于局部范围只有有限个格,可采用逼近的策略,使覆盖黑格的矩形 M 在某种指标若干次操作后严格减小,如此下去直至指标为 0,黑格不复存在.

将感觉中的一些设想具体化,即可顺利完成解题.

【新写】将所有黑格用一个充分大的(有限)矩形 M 覆盖. 考察 M 以外的白格,每次操作都不改变颜色,是因任何白格的上邻和右邻至少有一个为白格.

对于正方形 M,考察最右边一列,不妨设其有黑格. 设该列最上方的一个黑格为 A,则同上理由,A 上方的白格在操作中不变色.

考察黑格 A,因为 A 的上邻、右邻都是白格,所以 A 在操作中变为白格,同上理由,此后 A 在操作中保持为白色不变.

如果最右边一列中还有黑格,则进行类似操作,使最上方的一个黑格又变为白色,如此下去,有限次操作可使得这列的黑格全部变为白色.

将这有限次操作看作一个大操作,则一个大操作可使得 M 中有黑格的最右边一列变为白色.

如此下去,有限个大操作可使得 M 中的格全部变为白色. □

例2　设 $n \in \mathbf{N}_+$，$S = \{1, 2, \cdots, n\}$，将 S 的所有 2^n 个子集染红、蓝二色之一. 对任意 $T \subseteq S$，记 T 的蓝色子集个数为 $f(T)$. 如果对 S 的任意两个子集 T_1、T_2，都有

$$f(T_1)f(T_2) = f(T_1 \bigcup T_2)f(T_1 \bigcap T_2). \tag{1}$$

试求这样的染色方法数.

（第 44 届美国数学奥林匹克试题，2015）

分析与证明：

【题感】从目标看，求染色方法数，必须知道哪些子集染红色，哪些子集染蓝色，这当然得由题目给出的染色规则所确定.

从条件看，题目给定的染色规则是唯一的，但等式(1)非常别扭，这便是解题的瓶颈：如何运用这一染色规则成了解题的关键.

该条件属于"任意型"条件，无法直接用其构造染色，只能用来验证染色是否合乎要求. 通常有以下两种验证方式：

方式 1：否定某种染色不合乎要求. 此时，只需取一些适当的子集对，使等式(1)不成立即可，由此得到颜色必须遵循的一些原则（必要条件）.

方式 2：肯定某种染色合乎要求. 此时，需要取遍所有的子集对，验证等式(1)恒成立，由此判断怎样的染色一定合乎要求（充分条件）.

【宏观思路】先取适当的子集对，使等式(1)不成立，由此得出若干个必要条件. 然后证明，同时满足这些必要条件的染色是合乎要求的. 最后用这些条件进行染色计数.

【补集思考】怎样的子集对适当染色后会使等式(1)不成立呢？采用补集思考：哪些子集对任意染色都使等式(1)恒成立？

显然，$T_1 = T_2$ 时，无论 T_1 如何染色，等式(1) 都成立. 是因

$$f(T_1 \bigcup T_2) = f(T_1 \bigcap T_2) = f(T_1) = f(T_2).$$

进一步，$T_1 \subseteq T_2$ 时，无论 T_1、T_2 如何染色，等式(1) 都成立. 是因

$$f(T_1 \bigcup T_2) = f(T_2), \ f(T_1 \bigcap T_2) = f(T_1).$$

由此可见，要使等式(1)不成立，所选取的子集对必须互不包含.

今取两个互不包含的子集对 T_1、T_2，下面考虑如何对 T_1、T_2 染色才会使等式(1)不成立.

【反面思考】如果等式(1)成立，其染色会具有怎样的性质？你从(1)中能发现怎样的信息？

因为等式(1)中出现了以下集合：T_1、T_2、$T_1 \bigcup T_2$、$T_1 \bigcap T_2$，自然要研究这些集合之间的某种

数量关系,这当然要运用"假定条件":T_1、T_2 互不包含.由韦恩图可以看出,$T_1 \bigcap T_2 \subset T_1$ 及 $T_2 \subset T_1 \bigcup T_2$.所以 $|T_1 \bigcap T_2| < |T_1|$ 及 $|T_2| < |T_1 \bigcup T_2|$.

再注意到 f 的意义,它表示蓝子集数,取染色使 T_1、T_2 都是蓝子集,则由等式(1)和上述不等式,你能得出什么结论?

因为 T_1、T_2 都是蓝色,从而 T_1、T_2 都至少有一个蓝子集(比如本身),从而 $f(T_1)f(T_2) > 0$,所以 $f(T_1 \bigcup T_2) > 0$,$f(T_1 \bigcap T_2) > 0$.

结合 $|T_1 \bigcap T_2| < |T_1|$ 及 $|T_2| < |T_1 \bigcup T_2|$,我们发现:可以得到比 T_1、T_2 更大(更小)的蓝子集.

【优化假设】设 T_1 是最小的蓝子集(先假定有蓝子集,没有蓝子集的染色是唯一的,另外补充即可),由上面的讨论可知,如果 T_2 是异于 T_1 的蓝子集,则必定有 $T_1 \subset T_2$(因为 $|T_1| \leqslant |T_2|$,$T_1 \neq T_2$).

由此可见,如果 A 是最小的蓝子集,则所有蓝子集都是由 A 扩充的.

【逐步逼近】下面研究哪些元素扩充到 A 后仍然是蓝子集,先考虑扩充一个元素的情形:令

$$B = \{i \in S \backslash A \mid A \bigcup \{i\} \text{ 是蓝色}\}, C = \{j \in S \backslash A \mid A \bigcup \{j\} \text{ 是红色}\},$$

则 $S = A \bigcup B \bigcup C$.

【猜想】容易想到,所有蓝子集由 B 唯一确定:将 B 中任意多个元素补充到 A 之后仍是蓝子集,其他子集都是红子集.

为证明这一猜想,需要估计蓝子集总数.

先考虑如何计算 $A \bigcup \{i_1, i_2, \cdots, i_r\}$(本身未必为蓝)的蓝子集数:

$$f(A \bigcup \{i_1, i_2, \cdots, i_r\}).$$

可利用的结论是

$$f(A) = 1, \ f(A \bigcup \{i\}) = 2(i \in B), \ f(A \bigcup \{j\}) = 1(j \in C). \tag{2}$$

(因为没有比 A 小的蓝子集)

为利用公式(2)进行计算,我们期望将 $i_1, i_2, \cdots, i_r$ 逐步分离出来,转化为计算 $f(A \bigcup \{i_1\})$,$f(A \bigcup \{i_2\}), \cdots, f(A \bigcup \{i_r\})$.

为此,先分离 i_r,我们有

$$f(A \bigcup \{i_1, i_2, \cdots, i_{r-1}\}) f(A \bigcup \{i_r\})$$

$$= f(A \bigcup \{i_1, i_2, \cdots, i_{r-1}\} \bigcup A \bigcup \{i_r\}) \cdot f(A \bigcup \{i_1, i_2, \cdots, i_{r-1}\} \bigcap (A \bigcup \{i_r\}))$$

$$= f(A \bigcup \{i_1, i_2, \cdots, i_r\}) f(A)$$

$$= f(A \bigcup \{i_1, i_2, \cdots, i_r\}).$$

即 $f(A \bigcup \{i_1, i_2, \cdots, i_r\}) = f(A \bigcup \{i_1, i_2, \cdots, i_{r-1}\}) f(A \bigcup \{i_r\})$.

如此下去，我们有

$$f(A \bigcup \{i_1, i_2, \cdots, i_r\}) = f(A \bigcup \{i_1\}) f(A \bigcup \{i_2\}) \cdots f(A \bigcup \{i_r\}). \tag{3}$$

由(3)，得

$$f(A \bigcup B) = \prod_{i \in B} f(A \bigcup \{i\}) = \underbrace{2 \times 2 \times \cdots \times 2}_{|B| \uparrow 2} = 2^{|B|}.$$

注意到 $A \bigcup B$ 的包含 A 的子集共有 $2^{|B|}$ 个，又 $A \bigcup B$ 共有 $2^{|B|}$ 个蓝子集，所以 $A \bigcup B$ 的包含 A 的子集都是蓝子集. 也就是说，对任何子集 U，当 $A \subseteq U \subseteq A \bigcup B$ 时，U 为蓝色.

另一方面，由(3)可知，

$$f(S) = f(A \bigcup B \bigcup C) = \prod_{i \in B} f(A \bigcup \{i\}) \prod_{j \in C} f(A \bigcup \{j\})$$

$$= (\underbrace{2 \times 2 \times \cdots \times 2}_{|B| \uparrow 2})(\underbrace{1 \times 1 \times \cdots \times 1}_{|C| \uparrow 1}) = 2^{|B|}.$$

这表明，S 的蓝子集总数为 $2^{|B|}$，于是除上述蓝子集外再无其他的蓝子集，所以，对任何子集 U，当且仅当 $A \subseteq U \subseteq A \bigcup B$ 时，U 为蓝色.

由此可见，将 S 任意划分为 3 个两两互不相交的子集 A、B、C，然后令 A 是最小的蓝子集，且 B 的任何子集与 A 的并是蓝子集，其他集合都是红色，则染色合乎要求，反之亦然（子集全为红除外）.

由于 S 的有序 3-划分的个数为 3^n（每个元素都有 3 种选择），所以恰有一个子集为蓝色的染色方法数为 3^n，连通全为红色的一种染色，故所有染色方法总是为 $3^n + 1$.

【新写】子集全为红显然合乎要求，此时有一种染色方法.

下设至少一个蓝子集，且 T_1 是最小的蓝子集，再取另一个蓝子集 T_2，因为

$$f(T_1) f(T_2) = f(T_1 \bigcup T_2) f(T_1 \bigcap T_2). \tag{1}$$

而 $f(T_1) f(T_2) > 0$，所以 $f(T_1 \bigcap T_2) > 0$.

如果 T_2 不包含 T_1，则 $|T_1 \bigcap T_2| < |T_1|$，于是 $T_1 \bigcap T_2$ 的蓝子集比 T_1 更小，矛盾.

由此可见，如果 A 是最小的蓝子集，则所有蓝子集都是由 A 扩充的.

令 $B=\{i\in S\backslash A\mid A\bigcup\{i\}$ 是蓝色 $\}$，$C=\{j\in S\backslash A\mid A\bigcup\{j\}$ 是红色 $\}$，则 $S=A\bigcup B\bigcup C$.

注意到

$$f(A)=1,\ f(A\bigcup\{i\})=2(i\in B),\ f(A\bigcup\{j\})=1(j\in C). \tag{2}$$

于是，

$$f(A\bigcup\{i_1,i_2,\cdots,i_{r-1}\})f(A\bigcup\{i_r\})$$

$$=f(A\bigcup\{i_1,i_2,\cdots,i_{r-1}\}\bigcup A\bigcup\{i_r\})\cdot f(A\bigcup\{i_1,i_2,\cdots,i_{r-1}\}\bigcap(A\bigcup\{i_r\}))$$

$$=f(A\bigcup\{i_1,i_2,\cdots,i_r\})f(A)$$

$$=f(A\bigcup\{i_1,i_2,\cdots,i_r\}).$$

如此下去，

$$f(A\bigcup\{i_1,i_2,\cdots,i_r\})=f(A\bigcup\{i_1\})f(A\bigcup\{i_2\})\cdots f(A\bigcup\{i_r\}). \tag{3}$$

由(3)，得 $f(A\bigcup B)=\prod\limits_{i\in B}f(A\bigcup\{i\})=\underbrace{2\times2\times\cdots\times2}_{|B|\text{个}2}=2^{|B|}$.

注意到 $A\bigcup B$ 的包含 A 的子集共有 $2^{|B|}$ 个，又 $A\bigcup B$ 共有 $2^{|B|}$ 个蓝子集，所以 $A\bigcup B$ 的包含 A 的子集都是蓝子集.

也就是说，对任何子集 U，当 $A\subseteq U\subseteq A\bigcup B$ 时，U 为蓝色.

另一方面，由(3)可知，

$$f(S)=f(A\bigcup B\bigcup C)=\prod\limits_{i\in B}f(A\bigcup\{i\})\prod\limits_{j\in C}f(A\bigcup\{j\})$$

$$=(\underbrace{2\times2\times\cdots\times2}_{|B|\text{个}2})(\underbrace{1\times1\times\cdots\times1}_{|C|\text{个}1})=2^{|B|}.$$

这表明，S 的蓝子集总数为 $2^{|B|}$，于是除上述蓝子集外再无其他的蓝子集，所以，对任何子集 U，当且仅当 $A\subseteq U\subseteq A\bigcup B$ 时，U 为蓝色.

由此可见，将 S 任意划分为 3 个两两互不相交的子集 A、B、C，然后令 A 是最小的蓝子集，且 B 的任何子集与 A 的并是蓝子集，其他集合都是红色，则染色合乎要求，反之亦然(子集全为红除外).

由于 S 的有序 3-划分的个数为 3^n(每个元素都有 3 种选择)，所以恰有一个子集为蓝色的染色方法数为 3^n，连通全为红色的一种染色，故所有染色方法总是为 3^n+1. $\square$

例 3 有 3 个数字围成一圈，当 $t=0$ 时，按逆时钟方向排列的最初 3 个数字是 0、1、2. 现对这 3 个数按以下规则进行操作：对其中任何一个数，如果它的相邻两个数字相同时，该数字在该次操作中不变;如果它的按逆时钟方向相邻的数小于它按顺时针方向相邻的数时,该数字在该次操作中增加1,否则减少1.

前面若干次操作结果如下表所示:

$$t=0 \quad 0 \quad 1 \quad 2$$
$$t=1 \quad 1 \quad 0 \quad 3$$
$$t=2 \quad 2 \quad -1 \quad 2$$
$$t=3 \quad 3 \quad -1 \quad 1$$

试问:当操作到第多少次时,3个数字中至少有一个为0的状态(包括最初 $t=0$ 的状态)恰好共出现 1000 次

(国外招收留学生试题)

分析与证明:

【题感】本题属于"无选性"操作问题,可模拟操作,从中发现规律.

从操作规则看,非常繁琐:每次操作需要进行3次大小比较,而且"逆邻","顺邻"容易弄错.为了便于模拟操作过程,应先对原操作的规则进行改进.

【改进规则】观察各种操作的结果就可发现,被操作的数,要么加1,要么减1,要么保持不变.于是,要确定下一状态,只需确定经过一次操作后哪个数增加,哪个数减少,哪个数保持不变即可.

设按逆时钟方向排列的3个数依次为 x、y、z,我们将这一状态记为 (x,y,z),显然,将3个数轮换后得到的状态与原状态一致,记为:

$$(x,y,z)=(y,z,x)=(z,x,y).$$

如果 $x<y<z$,则称 $(x,y,z)=(y,z,x)=(z,x,y)$ 为递增状态.

如果 $x>y>z$,则称 $(x,y,z)=(y,z,x)=(z,x,y)$ 为递减状态.

如果 $x=y<z$,则称 $(x,y,z)=(y,z,x)=(z,x,y)$ 为半增状态.

如果 $x=y>z$,则称 $(x,y,z)=(y,z,x)=(z,x,y)$ 为半减状态.

这样,操作规则可根据面临的状态类型不同分别描述如下:

(1) 对于递增状态 $(x,y,z)(x<y<z)$,操作一次后变成 $(x+1,y-1,z+1)$,即3个数在操作中的变化规律是:加,减,加.

简言之,递增状态 → 加,减,加.

(2) 对于递减状态 $(x,y,z)(x>y>z)$,操作一次后变成 $(x-1,y+1,z-1)$,即3个数在操作中的变化规律是:减,加,减.

简言之,递减状态→减,加,减.

(3) 对于半增状态 $(x,y,z)(x=y<z)$,操作一次后变成 $(x+1,y-1,z)$,即 3 个数在操作中的变化规律是:"第一个数"加 1,"第二个数"减 1,另一数不变.

简言之,半增状态→加,减,平. 其中"平"表示不增不减,即不变.

(4) 对于半减状态 $(x,y,z)(x=y>z)$,操作一次后变成 $(x-1,y+1,z)$,即 3 个数在操作中的变化规律是:"第一个数"减 1,"第二个数"加 1,另一数不变.

简言之,半减状态→减,加,平.

因为面临的状态类型是很容易判断的,上述规则运用非常方便.

根据以上新的规则,模拟操作,得到前面若干次状态依次为:

操作次数 t	状态 $A_t=(x,y,z)$	出现 0 点时刻
0	$(0,1,2)$(增)	$t=0$
1	$(3,1,0)$(减)(已轮换顺序,下同)	$t=1^2$
2	$(2,2,-1)$(半减)	
3	$(-1,1,3)$	
4	$(0,0,4)$	$t=4=2^2$
5	$(4,1,-1)$	
6	$(3,2,-2)$	
7	$(-3,2,3)$	
8	$(-2,1,4)$	
9	$(-1,0,5)=(2-3,0,2+3)$	$t=9=3^2$
10	$(6,0,-1)=(3+3,0,2-3)$	$t=10=3^2+1$
11	$(5,1,-2)$	
12	$(4,2,-3)$	
13	$(3,3,-4)$	
14	$(-4,2,4)$	
15	$(-3,1,5)$	
16	$(-2,0,6)=(2-4,0,2+4)$	$t=16=4^2$
17	$(-1,-1,7)$	
18	$(7,0,-2)=(3+4,0,2-4)$	$t=18=4^2+2$
19	$(6,1,-3)$	
20	$(5,2,-4)$	
21	$(4,3,-5)$	

操作次数 t	状态 $A_t=(x, y, z)$	出现 0 点时刻
22	$(-6, 3, 4)$	
23	$(-5, 2, 5)$	
24	$(-4, 1, 6)$	
25	$(-3, 0, 7)=(2-5, 0, 2+5)$	$t=25=5^2$
26	$(1, 8, -2)$	
27	$(9, -1, -2)$	
28	$(8, 0, -3)=(3+5, 0, 2-5)$	$t=28=5^2+3$
29	$(7, 1, -4)$	
30	$(6, 2, -5)$	
31	$(5, 3, -6)$	
32	$(4, 4, -7)$	
33	$(-7, 3, 5)$	
34	$(-6, 2, 6)$	
35	$(-5, 1, 7)$	
36	$(-4, 0, 8)$	$t=36=6^2$
37	$(-3, -1, 9)$	
38	$(-2, -2, 10)$	
39	$(10, -1, -3)$	
40	$(9, 0, -4)$	$t=40=6^2+4$

【发现】观察上述结果,发现如下一个关键子列(含有"0"的状态的操作序号):

引理 当且仅当 $t=k^2$ 或 $t=k^2+k-2(k=1, 2, \cdots)$,第 t 次操作得到的 3 个数中至少有一个数是 0.

且当 $t=k^2(k \in \mathbf{N}, k \geqslant 3)$ 时,对应的状态 $A_t=(2-k, 0, 2+k)$;

当 $t=k^2+k-2$ 时,对应的状态为 $A_t=(3+k, 0, 2-k)$.

引理的证明 我们需要证明:当操作序号 $t \in ((k-1)^2, k^2] (k \in \mathbf{N}_+)$ 时,只有 $t=(k-1)^2+(k-1)-2$ 使状态 A_t 含有"0",且

$$A_{(k-1)^2+(k-1)-2}=(2+k, 0, 3-k), \quad A_{k^2}=(2-k, 0, 2+k)(k \in \mathbf{N}, k \geqslant 3).$$

对 k 归纳,当 $k=1, 2, 3$ 时,由上面的数据知结论成立.

设结论对不小于 k 的正整数成立,考察 $k+1$ 的情形.

由归纳假设,$A_{k^2}=(2-k, 0, 2+k)$.下面考虑 $t \in (k^2, (k+1)^2]$ 的操作状态 A_t.

因为 $A_{k^2}=(2-k,0,2+k)$ 是递增状态(操作为"加,减,加"),下一状态为 $(3-k,-1,3+k)$,它仍是递增状态,…,如此下去,假定连续操作 t 次都不改变状态的单调性,由于状态中最大数不断增大,只需前两个数分别"加 t"、"减 t"后仍是前者小于后者,令 $(2-k)+t<0-t$,解得 $t<\dfrac{k-2}{2}$.

于是,大约要操作 $\left[\dfrac{k-2}{2}\right]$ 次才改变状态的单调性,为了讨论问题方便,应分 k 的奇偶性讨论.

先考虑 k 为偶数的情形,由上面的讨论可知,对 $A_{k^2}=(2-k,0,2+k)$ 按规则连续操作("加,减,加") $\dfrac{k}{2}-2$ 次,依次得到的状态都是递增的,其状态依次为:

$$A_{k^2+1}=(3-k,-1,3+k),$$
$$A_{k^2+2}=(4-k,-2,4+k),$$
$$\cdots,$$
$$A_{k^2+\frac{k}{2}-2}=\left(-\dfrac{k}{2},2-\dfrac{k}{2},\dfrac{3k}{2}\right).$$

这些状态都没有出现0,进而有

$$A_{k^2+\frac{k}{2}-1}=\left(1-\dfrac{k}{2},1-\dfrac{k}{2},\dfrac{3k}{2}+1\right),$$

它是半增状态,操作一次("加,减,平")后,得到

$$A_{k^2+\frac{k}{2}}=\left(\dfrac{3k}{2}+1,2-\dfrac{k}{2},-\dfrac{k}{2}\right).$$

以上所有状态中都没有出现0.

因为 $\dfrac{3k}{2}+1>2-\dfrac{k}{2}>-\dfrac{k}{2}$,所以,$A_{k^2+\frac{k}{2}}=\left(\dfrac{3k}{2}+1、2-\dfrac{k}{2},-\dfrac{k}{2}\right)$ 是减状态,注意到 $\dfrac{3k}{2}+1$、$2-\dfrac{k}{2}$ 的符号相反,因而 $A_{k^2+\frac{k}{2}}$ 在改变单调性之前必出现0,又 $\dfrac{3k}{2}+1$、$2-\dfrac{k}{2}$ 中,$2-\dfrac{k}{2}$ 的绝对值较小,从而对 $A_{k^2+\frac{k}{2}}$ 按规则连续操作("减,加,减") $\dfrac{k}{2}-2$ 次,依次得到状态为:

$$A_{k^2+\frac{k}{2}+1}=\left(\dfrac{3k}{2},3-\dfrac{k}{2},-1-\dfrac{k}{2}\right),$$
$$\cdots,$$
$$A_{k^2+k-2}=(k+3,0,2-k).$$

其中只有状态 $A_{k^2+k-2}=(k+3,0,2-k)$ 中出现 0.

因为 $k+3>0>2-k$，所以，$A_{k^2+k-2}=(k+3,0,2-k)$ 仍是递减的，按规则连续操作("减，加，减") $\frac{k}{2}+1$ 次，依次得到状态：

$$A_{k^2+k-2}=(k+3,0,2-k),$$

$$\cdots,$$

$$A_{k^2+\frac{3}{2}k-1}=\left(\frac{k}{2}+2,\frac{k}{2}+1,1-\frac{3}{2}k\right).$$

这些状态都是递减的，进而有

$$A_{k^2+\frac{3k}{2}}=\left(-\frac{3k}{2},\frac{k}{2}+1,\frac{k}{2}+2\right).$$

因为 $-\frac{3k}{2}<\frac{k}{2}+1<\frac{k}{2}+2$，所以，$A_{k^2+\frac{3k}{2}}=\left(-\frac{3k}{2},\frac{k}{2}+1,\frac{k}{2}+2\right)$ 是递增的，注意到 $-\frac{3k}{2}$，$\frac{k}{2}+1$ 的符号相反，因而 $A_{k^2+\frac{3k}{2}}$ 在改变单调性之前必出现 0，又 $-\frac{3k}{2}$，$\frac{k}{2}+1$ 中，$\frac{k}{2}+1$ 的绝对值较小，从而对按规则("加，减，加") 操作 $\frac{k}{2}+1$ 次后再一次出现 0，依次得到的状态为：

$$A_{k^2+\frac{3k}{2}+1}=\left(1-\frac{3k}{2},\frac{k}{2},\frac{k}{2}+3\right),$$

$$\cdots,$$

$$A_{k^2+2k+1}=(1-k,0,k+3).$$

显然，以上整个操作过程中只有 2 个状态出现 0，它们是：

$$A_{k^2+k-2}=(k+3,0,2-k),$$

$$A_{k^2+2k+1}=(1-k,0,k+3).$$

即

$$A_{(k+1)^2}=(2-(k+1),0,2+(k+1)),$$

从而命题对 $k+1$ 成立.

当 k 为奇数时，同样可知结论成立，引理获证. □

由此可见，所有含有 0 的状态为 A_{k^2}，A_{k^2+k-2} $(k\in\mathbf{N}_+)$，其中注意 $k=1$ 时，$A_{k^2+k-2}=A_0$.

对每一个 $k\in\mathbf{N}_+$，将状态 A_{k^2} 与 A_{k^2+k-2} 归为一组，并称 $A_{k^2}=(2-k,0,k+2)$ 是该组的第一状

态，$A_{k^2+k-2}=(k+3,0,2-k)$ 是该组的第二状态.

由上面的结论可知，前两组中只有 3 个不同状态（因为 $k=2$ 时，第 2 组中两个状态相同：$A_{k^2}=A_{k^2+k-2}=A_4$），而后面的组两个状态都不同，且不同组的状态也互不相同.

实际上，$k\geqslant 3$ 时，$k^2<k^2+k-2<(k+1)^2$，所以 k^2+k-2 非平方数，又 k^2、k^2+k-2 关于 k 递增，于是，$k=3,4,\cdots$ 时，代入 k^2、k^2+k-2 得到的数互不相同.

由此可知，当 $k\geqslant 3$，前 k 组共有 $2k-1$ 个 t，使状态 A_t 出现 0.

令 $k=500$，知前 500 组中共有 $2\cdot 500-1=999$ 个 t，使 A_t 出现 0，从而第 1000 个含有 0 的状态位于第 501 组的第 1 个状态：

$$A_{501^2}=(0,501+2,2-501)=(0,503,-499).$$

故操作到第 501^2 次时，3 个数字中至少有一个为 0 的状态恰好共出现 1000 次.

图论中的 r-圈策略

冯跃峰

（深圳市高级中学，518040）

本文中所指的 r-圈是由 r 条互异的边构成的一个圈，记为 C_r.

众所周知，图论中涉及圈的定理通常只指存在某种圈，但并不能确定圈的具体长度. 若要找 r-圈，则可采用以下扩充策略. 为叙述问题方便，我们先给出如下的定义：

定义 两条有公共顶点的边组成的图称为"2-链"，公共顶点称为 2-链的中心，另两个顶点称为 2-链的端点. 类似定义 t-链.

一般地说，寻找图 G 中的 r-圈，有以下 4 种常用策略.

（1）由一条"2-链"扩充：取 2-链 ABC，然后由两端点 A、C 向两边扩展成更长的链，最后在两端点的邻域中找公共点，或邻域中各取一个点相连.

（2）由一条边扩充：取边 AB，然后由两端点 A、B 向两边扩展成更长的链，最后在两端点的邻域中找公共点，或邻域中各取一个点相连.

（3）由中间点扩充：取两个中间点 A、B，在边 AB（可能是虚边）两侧分别扩充.

（4）由两条 t-链拼合：令每条 t-链与其两个端点对应，证明有 2 条 t-链对应同一个"2 点组"，则这 2 条 t-链拼合称一个长为 $2t$ 的圈.

值得指出的是，当 r 不同时，找 r-圈的技巧又略有不同，我们以典型的圈 C_3、C_4 为例.

找三角形（C_3）仅有 2 种常用策略：

（i）由一条"2-链"扩充：取点 A 为"2-链"中心，证明 A 的邻域中有 2 点相邻（通常用到"邻域分块"、"充分条件分类"等技巧）；

（ii）由一条边扩充：适当取边 AB，证明两端点 A、B 的邻域有公共点，即 $|D(A) \bigcap D(B)| \geqslant 1$.

找四边形（C_4）有 4 种策略：

（i）由一条"2-链"扩充：取点 A 为"2-链"中心，证明有一个异于 A 的点向 A 的邻域引出两条边（与邻域中两个点相邻）；

（ii）由一条边扩充：取边 AB，证明 A 邻域中一点与 B 邻域中一点相邻；

（iii）由点对扩充：取两点 A、B，证明 A、B 的邻域有 2 个公共点，即 $|D(A) \bigcap D(B)| \geqslant 2$；

（iv）由两条 2-链拼合：令每条 2-链与其两个端点对应，证明有两条 2-链对应同一个"2 点组"，则这两条 2-链拼合成一个四边形.

以下用具体例子说明.

例 1　若干个城市共派出 $2n(n \geqslant 3)$ 名选手参加桥牌友谊赛，比赛规定：同一个城市的任何 2 名选手不能在同一局中作为敌我对手进行比赛. 如果每个城市都至多派出 n 名队员，且一个队员可以比赛多次，试证：至少可以安排 $n(n^2 - 3n + 1)$ 局比赛.

（原创题）

【题感】从比赛规则看，同一局的 4 个选手中邻座属于不同的城市，于是想到用点表示选手，将属于不同城市的选手连边，得到一个 $2n$ 阶简单图 G.

问题变成：

若每个顶点的度至少是 $2n - n = n$，证明：$2n$ 阶简单图 G 中存在 $n(n^2 - 3n + 1)$ 个 4-圈.

由目标看，为说明找圈的方法，先退一步：假定是找"一个"4-圈的问题（见"新写 1"与"新写 2"），这自然可采用局部扩展策略. 在此基础上，最后再解决原问题（见"新写 3"）.

先考虑由一条"2-链"扩充的方法，此时需要再找一个点向"2-链"中心的邻域引两条边. 由此又想到邻域分块技巧.

【邻域分块】"任取"一个点 x 为"2-链"中心，令

$$A = \{a \mid a \text{ 与 } x \text{ 相邻}\}, B = \{b \mid b \text{ 与 } x \text{ 不相邻}\},$$

依题意

$$|A| \geqslant n, |B| \leqslant n - 1.$$

我们只需找到 B 中一个点 b 向 a 的邻域 A 引出两条边.

这有如下两个问题需要解决：

① B 中有点 b；

② b 向 a 的邻域 A 引出两条边.

对于问题①，自然想到优化假设，令最先取的点 x 满足：$d(x) < 2n - 1$. 但这样的点 x 未必存在，分类讨论即可.

对于问题②，可采用反面思考：如果 B 中的点 b 至多在 A 中连 1 条边，则 $d(b) \leqslant 1 + d_B(b) \leqslant 1 + (|B| - 1) \leqslant 1 + (n - 2) < n$，与条件矛盾.

【新写 1】若对所有点 x,有 $d(x)=2n-1$,则 G 是完全图,结论显然成立.

若存在点 x,使 $d(x)<2n-1$,令 $A=\{a \mid a$ 与 x 相邻$\}$,$B=\{b \mid b$ 与 x 不相邻$\}$,则由 $d(x)<2n-1$ 知,B 非空,取 $b \in B$(图 1).

由题意,$\mid A \mid \geqslant n$,所以 $1 \leqslant \mid B \mid \leqslant n-1$.

由于 $d(b) \geqslant n$,而 b 在 B 中的度不大于 $n-2$,所以 b 必与 A 中的两个点 p、q 相邻,得到 C_4.

综上所述,命题获证.

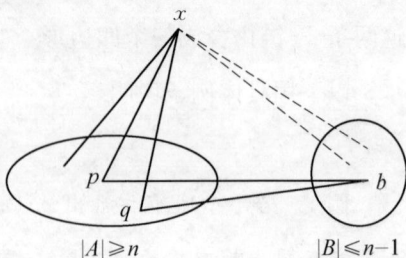

图 1

再考虑采用"中间点扩充"的方法:先找 2 个点 x、y,使 x、y 出发的角对接,即与 x、y 相邻的点集合 $D(x)$、$D(y)$ 有 2 个公共点,即证明 $\mid D(x) \bigcap D(y) \mid \geqslant 2$(图 2).

实际上,任取点 x、y,因为 $d(x) \geqslant n$,$d(y) \geqslant n$,所以 $d(x)+d(y) \geqslant 2n$,但无法证得 $\mid D(x) \bigcap D(y) \mid \geqslant 2$,是因为 x 可能属于 $D(y)$.

为了使 x 不属于 $D(y)$,可假定 x、y 不相邻(否则为 K_{2n},结论显然成立),这样,x、y 所引出的 $2n$ 条边都是与其余 $2n-2$ 个点连的边,而 $2n=(2n-2)+2$,由抽屉原理知,x、y 必有 2 个公共的邻点(即 $\mid D(x) \bigcap D(y) \mid \geqslant 2$).

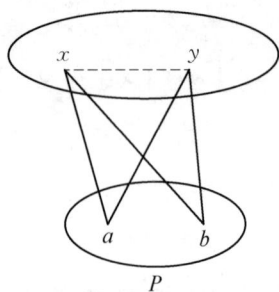

图 2

【新写 2】若任何两个点都相邻,则 G 为 K_{2n},结论显然成立.

若存在两个点 x、y 不相邻,依题意,$\mid D(x) \mid \geqslant n$,$\mid D(y) \mid \geqslant n$,但 $\mid D(x) \bigcup D(y) \mid \leqslant 2n-2$(总数 $2n$ 去掉 x、y),所以 $\mid D(x) \bigcap D(y) \mid \geqslant 2$,取 u,$v \in D(x) \bigcap D(y)$,与 x、y 构成 C_4.

【新写 3】(解答原题)我们计算"2-链"的总数 S.

对任意一个点 x,因为 $d(x) \geqslant n$,以 x 为中心的 2-链条数不少于 C_n^2,所以

$$S \geqslant 2nC_n^2=n^2(n-1).$$

因为 $2n$ 个点组成的 2 点对个数 $T=C_{2n}^2=n(2n-1)$,所以

$$S-T \geqslant n^2(n-1)-n(2n-1)=n(n^2-3n+1).$$

对每两个点,取定一条连接它们的 2-链(如果有的话),这样至多取定了 T 条链,至少还剩下 $n(n^2-3n+1)$ 条链,每条剩下的链都与一条前述取定的链组成一个 C_4,得到 $n(n^2-3n+1)$ 个 C_4,命题获证. □

【遗留问题】已知 n 阶简单图 G 中存在长为 4 的圈 C_4,求其最小度的最小值;已知 n 阶简单图 G

中存在长为 5 的圈 C_5，求其最小度的最小值.

例 2　设 $n \geqslant 4$，简单图 G 有 n 个顶点，m 条边，如果 $4m > n(\sqrt{4n-3}+1)$，则 G 中含有长为 4 的圈.

（2000 年印度数学奥林匹克试题）

【题感】从条件看，只涉及边"总数"信息，没有各顶点"度"的信息，只能采用计算"2-链"总数、由两条"2-链"拼合的方法.

为计算"2-链"总数，需要从每条链"中心"的度入手，所以需要引出容量参数：设出每个顶点的度.

【计算"2-链"总数】对每一个顶点 V_i，设其度为 $d(V_i) = d_i$，那么，以 V_i 为中心的 2-链条数为 $\dfrac{d_i(d_i-1)}{2}$，其中 $d_1 + d_2 + \cdots + d_n = 2m$. 于是，所有 2-链的条数为

$$S = \sum_{i=1}^{n} \frac{d_i(d_i-1)}{2}.$$

【"2-链"归入点对】所有点对有 $\dfrac{n(n-1)}{2}$ 个，所以我们只需证明：

$$S = \sum_{i=1}^{n} \frac{d_i(d_i-1)}{2} > \frac{n(n-1)}{2}.$$

【充分条件（放缩法）】因为 $x(x-1)$ 是凸函数，由凸函数不等式（或者展开后用柯西不等式）

$$\frac{f(x_1) + \cdots + f(x_n)}{n} \geqslant f\left(\frac{x_1 + \cdots + x_n}{n}\right),$$

有

$$S \geqslant \frac{n}{2} \cdot \frac{2m}{n}\left(\frac{2m}{n} - 1\right) = \frac{2m^2}{n} - m.$$

只需证

$$\frac{2m^2}{n} - m > \frac{n(n-1)}{2}.$$

实际上，上述不等式等价于

$$4m^2 - 2nm - n^2(n-1) > 0. \tag{1}$$

解关于 m 的不等式(1)，得

$$m > \frac{n(1+\sqrt{4n-3})}{4}, \ \text{或} \ m < \frac{n(1-\sqrt{4n-3})}{4}.$$

由条件,我们有

$$m > \frac{n(\sqrt{4n-3}+1)}{4},$$

从而上述不等式(1)成立.

【新写】对每一个顶点 V_i,设其度为 $d(V_i)=d_i$,那么,以 V_i 为中心的 2-链条数为 $\frac{d_i(d_i-1)}{2}$,其中 $d_1+d_2+\cdots+d_n=2m$. 于是,所有 2-链的条数为

$$S = \sum_{i=1}^{n} \frac{d_i(d_i-1)}{2}.$$

令每一条 2-链都与它的两个端点对应,则 S 条 2-链对应 S 个"端点对". 因为 $x(x-1)$ 是凸函数,由凸函数不等式

$$\frac{f(x_1)+\cdots+f(x_n)}{n} \geqslant f\left(\frac{x_1+\cdots+x_n}{n}\right),$$

有

$$S \geqslant \frac{n}{2} \cdot \frac{2m}{n}\left(\frac{2m}{n}-1\right) = \frac{2m^2}{n} - m.$$

因为

$$m > \frac{n(\sqrt{4n-3}+1)}{4},$$

所以

$$\frac{2m^2}{n} - m > \frac{n(n-1)}{2}. \tag{2}$$

这是因为不等式(2)等价于

$$4m^2 - 2nm - n^2(n-1) > 0.$$

解关于 m 的不等式(注意 $m > 0$),得

$$m > \frac{n(1+\sqrt{4n-3})}{4}.$$

由(2)可知,有两条 2-链对应的"端点对"相同,这两条 2-链构成一个 4-圈,命题获证.　□

例3　设 G 是 n 阶简单图,$\|G\|=m$. 求证:G 中至少有 $\dfrac{m(4m-n^2)}{3n}$ 个三角形.

(1989 年亚太地区数学奥林匹克试题)

【题感】由条件看,只涉及边"总数"信息,没有各顶点"度"的信息,只能由"边"扩充为三角形. 与上题类似,需要引入容量参数:设出每个顶点的度.解法也与上题相近.

【容量参数】记顶点 i 的邻域为 $D(i)$,度为 d_i,则条件变为 $\sum\limits_{i=1}^{n} d_i=2m$.

【由"边"扩充】对 G 中的任何一条边 (i,j),

$$|D(i)|+|D(j)|=d_i+d_j,\quad |D(i)\bigcup D(j)|\leqslant n,$$

所以,

$$|D(i)\bigcap D(j)|\geqslant d_i+d_j-n.$$

因为 $D(i)\bigcap D(j)$ 中的每个点都与边 (i,j) 组成三角形,而含边 (i,j) 的三角形不少于 d_i+d_j-n 个.

【通性叠合】这样,G 中三角形的个数不少于 $\sum\limits_{(i,j)\in G}(d_i+d_j-n)$,但每个三角形有 3 条边,被重复计数 3 次,所以,G 中三角形的个数:

$$k\geqslant\frac{1}{3}\sum_{(i,j)\in G}(d_i+d_j-n)$$

$$=\frac{1}{3}\sum_{(i,j)\in G}(d_i+d_j)-\frac{1}{3}\sum_{(i,j)\in G}n$$

$$=\frac{1}{3}\sum_{(i,j)\in G}(d_i+d_j)-\frac{1}{3}mn.$$

【贡献算法】考察 $S=\sum\limits_{(i,j)\in G}(d_i+d_j)$ 中 d_i 出现的次数:点 i 每连一条边 (i,j),则 d_i 在 S 中出现一次,注意到 i 连了 d_i 条边,而 d_i 在 S 中共出现 d_i 次(d_i 个 d_i 相加),于是

$$S=\sum_{(i,j)\in G}(d_i+d_j)=\sum_{i=1}^{n}d_i\sum_{j,\,j\text{与}i\text{连}}1$$

$$=\sum_{i=1}^{n}d_i^2.\ (\text{即}:d_i+d_i+\cdots+d_i,\text{共有 } d_i \text{ 个项})$$

所以,

$$k \geqslant \frac{1}{3} \sum_{(i,j) \in G} (d_i + d_j) - \frac{1}{3} mn$$

$$= \frac{1}{3} \sum_{i=1}^{n} d_i^2 - \frac{1}{3} mn$$

$$\geqslant \frac{\left(\sum\limits_{i=1}^{n} d_i\right)^2}{3n} - \frac{1}{3} mn$$

$$= \frac{m(4m - n^2)}{3n}.$$

【新写】记顶点 i 的邻域为 $D(i)$，度为 d_i，则 $\sum\limits_{i=1}^{n} d_i = 2m$.

对 G 中的任何一条边 (i, j)，

$$|D(i)| + |D(j)| = d_i + d_j, \quad |D(i) \bigcup D(j)| \leqslant n,$$

所以，

$$|D(i) \bigcap D(j)| \geqslant d_i + d_j - n.$$

因为 $D(i) \bigcap D(j)$ 中的每个点都与边 (i, j) 组成三角形，而含边 (i, j) 的三角形不少于 $d_i + d_j - n$ 个.

G 中三角形的个数不少于 $\sum\limits_{(i,j) \in G} (d_i + d_j - n)$，但每个三角形有 3 条边，被重复计数 3 次，所以，G 中三角形的个数：

$$k \geqslant \frac{1}{3} \sum_{(i,j) \in G} (d_i + d_j - n)$$

$$= \frac{1}{3} \sum_{(i,j) \in G} (d_i + d_j) - \frac{1}{3} \sum_{(i,j) \in G} n$$

$$= \frac{1}{3} \sum_{(i,j) \in G} (d_i + d_j) - \frac{1}{3} mn.$$

考察 $S = \sum\limits_{(i,j) \in G} (d_i + d_j)$ 中 d_i 出现的次数：点 i 每连一条边 (i, j)，则 d_i 在 S 中出现一次，注意到 i 连了 d_i 条边，由而 d_i 在 S 中共出现 d_i 次，于是 $S = \sum\limits_{i=1}^{n} d_i^2$，所以由柯西不等式，有

$$k \geqslant \frac{1}{3} \sum_{i=1}^{n} d_i^2 - \frac{1}{3} mn \geqslant \frac{\left(\sum\limits_{i=1}^{n} d_i\right)^2}{3n} - \frac{1}{3} mn = \frac{m(4m - n^2)}{3n}.$$

综上所述，命题获证. □

例说存在域扩展

冯跃峰

（深圳市高级中学，518040）

所谓"存在域"，就是指某种对象的变化范围，它实质上就是函数定义域的拓广. 在研究某些问题时，若我们的观察点囿于所研究对象已有的存在范围，则常常难以发现问题的本质规律. 如果将存在域适当地拓广，则可使一些规律趋于明显.

存在域拓广的最常见的方式，是将原有的存在域复制，然后按适当的方式将其拼合在一起，使研究对象的变化更"自由". 当发现了规律后，再将原存在域与扩展的存在域叠合在一起，便得到原问题的解决方案.

下面用一个例子来说明.

例1（第30届 IMO 试题） 设 $M = \{1, 2, \cdots, 1989\}$，求证：可将 M 划分为 117 个子集 $A_i (i = 1, 2, \cdots, 117)$，使

$$|A_1| = |A_2| = \cdots = |A_{117}|, \quad S(A_1) = S(A_2) = \cdots = S(A_{117}).$$

这是一个早期的国际数学竞赛试题，但很有代表性. 通过研究，我们得到了多种解法，最后将问题进行了推广.

【题感】从条件看，$1989 = 17 \times 117$，每个子集中元素个数都为 17. 因为数据较大，可先考虑简单一点的问题.

该问题的一般形式是：设 m、n 为奇数，将 $1, 2, \cdots, mn$ 排列成 $m \times n$ 的数表，使表中各列的和都相等（每列中的数构成一个子集）.

由此研究特例，希望发现排列的规律.

【研究特例】先考虑 $m = 3$ 的情形：将 $1, 2, \cdots, 3 \times (2n+1)$ 排列成 $3 \times (2n+1)$ 的数表，使各列的和都相等.

【化归特例】进一步发现，只要解决了 $m = 3$ 的情形，则 $m > 3$ 的情形是轻而易举的：后面 $m - 3$（偶数）行利用"高斯方法"即可（相邻两行中，一个是递增连续自然数，另一个是递减连续自然数）.

【多层次特例】对于 $m=3$ 的情形,我们再研究其特例:令 $n=1$,考察 $1,2,\cdots,3\times3$ 的排列方法.

先按自然顺序,将 $1,2,\cdots,9$ 排成 3 行:

$$
\begin{array}{ccc}
1, & 2, & 3 \\
4, & 5, & 6 \\
7, & 8, & 9
\end{array}
$$

【以简驭繁】尽量调整尽可能少的数:保持第 3 行不动(最大的 3 个数),只调整前两行中的数.

进一步,为使调整简便,我们只对同一行中的数进行调整(每个数调整后仍在原来的行中).

【充分条件】注意到第 3 行是公差为 1 的等差数列,所以我们只须将前两行的列和调整为公差为 1 的等差数列,最后把 7、8、9 分别放在列和为大、中、小的列中即可.

【穷举构造】先按自然顺序排好 1、2、3 再考虑 4 的排法.

容易发现,4 不能与 1 同列. 否则,前两行的列和为 5、7、9 或 5、8、8 都不是连续自然数的排列. 于是,4 的排法有 2 种可能,我们看看哪种排法是"好"的(便于推广).

本题非常有趣,这两种可能都是"好"的,由此可得到不同的构造.

(1) 先考虑第一种排法:将 4 排在 3 的下方的情形,则前两行排法是唯一的.

$$
\begin{array}{ccc}
1, & 2, & 3 \\
5, & 6, & 4
\end{array}
$$

如何将其迁移到一般情况? 我们需要发掘这一排法的规律.

从不同的角度观察将产生不同的理解,得到不同的解法. 我们期望有什么样的规律呢? 同一行的数最好是成等差数列排列,特别是自然数列.

● 角度 1:存在域向左边扩展.

考察第二行的 5、6、4,其中 4 只能排在 3 的下方,不能调整位置. 考察与 4 相邻的数 5 它被 6 隔开,现在想象将 6 调整到其他位置,则连续自然数 4、5 呈现"跳跃式"排法:每隔一个位置排一个数. 由此想到由 5 再向左隔一个位置排 6,这就要将"存在域"向左扩展,于是上述排法可理解为:

$$
\begin{array}{cccccc}
1, & 2, & 3, & 1, & 2, & 3 \\
6, & & 5, & & 4
\end{array}
$$

【发掘特征】第一行是 1、2、3 排列两次,第二行则按如下规则排列:

从最后一个位置开始,依次排列 4、5、6 每隔一个位置排一个数(数量特征:逆向递增,位置特征:跳跃排法).

【**特征迁移**】再看 $n=2$ 的情形,此时 $M=\{1,2,\cdots,15\}$.

按照上述规律,可得排法如下:

1,	2,	3,	4,	5,	1,	2,	3,	4,	5
	10,		9,		8,		7,		6
	12,		13,		9,		10,		11

此时,每一列的和分别为 12、13、9、10、11,它恰好是公差为 1 的等差数列的一个排列. 将左右两个表叠合成一个表得到构造如下:

1,	2,	3,	4,	5,	1,	2,	3,	4,	5
	10,		9,		8,	10	7,	9	6

规律:第二行从最后一个位置开始,依次排列 6、7、8、9、10 每隔一个位置排一个数. 当排到第一个位置后,再从最后一个未排数的位置排起,直至排完所有位置. 此时,从右向左看,奇数位是递减的自然数列,偶数位是递增的自然数列.

● 角度 2:存在域向右边扩展.

重新考察第二行的 5、6、4,其中 4 只能排在 3 的下方,不能调整位置.

考察 4 之外的两个数,发现 5、6 按自然顺序"紧凑"排列,由此想到将 5、6 同时调整到 4 的右侧,则 4、5、6 整体呈现"连续"排法,这就要将存在域向右扩展,于是上述排法可理解为:

1,	2,	3,	1,	2,	3
		4,	5,	6	

但此时的特征还不太明显,关键是"4"的位置不好刻画,容易误以为 4 排在第一行第一个周期的末尾位置,其实不然,再看一个特例.

当 $n=2$ 时,类似排列如下:

1,	2,	3,	4,	5,	1,	2,	3,	4,	5
		6,		7,	8,	9,	10,		
	10,		12,		9,	11,		13,	

此时,每一列的和分别为 10、12、9、11、13 它恰好是公差为 1 的等差数列的一个排列.

【**发掘特征**】第二行第一个数 6 排在第一行第一个周期段 $(1,2,3,4,5)$ 的"中线"右侧的第一个位置.

如果我们不囿于每一行按连续自然数排法,则 $n=1$ 的特例中的第一种排列方式还有另一种形式的理解.

• 角度 3:分块观察. 将第一种排法分为左右两块,它可理解为:

$$
\begin{array}{ccc}
1 & 2 & 3 \\
5(奇) & 6(偶) & 4(偶)
\end{array}
$$

则可得到第二种构造方法.

【发掘特征】第一行是自然序列,第二行则可分为左右两个部分(位置特征),其左边部分是连续的奇数,右边部分是连续的偶数(局部数量特征).

【特征迁移】再看 $n=2$ 的情形,结果同样如此:

$$
\begin{array}{ccccc}
1 & 2 & 3 & 4 & 5 \\
9(奇) & 7(奇) & 10(偶) & 8(偶) & 6(偶) \\
\hline
10 & 9 & 13 & 12 & 11
\end{array}
$$

此时,每一列的和分别为 10、9、13、12、11 它恰好是公差为 1 的等差数列的一个排列.

上面 3 种理解都可迁移到一般情况,便得到原题的解答.

解法一 (原解答)将前 234 个自然数排成如下两行:

$$
\begin{array}{cccccccccccc}
1, & 2, & 3, & 4, & 5, & \cdots, & 112, & 113, & 114, & 115, & 116, & 117 \\
176, & 234, & 175, & 233, & 174, & \cdots, & 179, & 120, & 178, & 119, & 177, & 118
\end{array}
$$

其中第一行是公差为 1 的等差数列,第二行中,奇数项和偶数项分别是公差为 -1 的等差数列.

此时,每一列的和分别为 $177,236,178,237,\cdots,292,234,293,235$ 它恰好是公差为 1 的等差数列的一个排列.

现在,适当调整各列的顺序,使每列两个数的和从左至右构成一个公差为 1 的等差数列.

最后,将 $235,236,\cdots,1989$ 依次排成这个数表的后 15 行,每行 117 个数,奇数行是从右至左排,偶数行是从左至右排,则以每列的数构成一个集合,这 117 个集合合乎要求.

解法二 一般地,对 $n=2r+1$ 类似的排法如下,其中第二行从左至右是递增的连续自然数,且第一个数 $2r+2$ 排在第一行 $(1,2,3,\cdots,2r+1)$ 中位于中心的数 $r+1$ 所在的列的右边一列:

$$
\begin{array}{ccccccccccc}
1, & 2, & \cdots, & r+1, & r+2, & r+3, & \cdots, & 2r, & 2r+1, & 1, & 2, & \cdots, & r+1 \\
& & & & 2r+2, & 2r+3, & \cdots, & 3r, & 3r+1, & 3r+2, & 3r+3, & \cdots, & 4r+2 \\
\hline
& & & & 3r+4, & 3r+6, & \cdots, & 5r, & 5r+2, & 3r+3, & 3r+5, & \cdots, & 5r+3
\end{array}
$$

此时,每一列的和分别为

$$3r+4, 3r+6, \cdots, 5r, 5r+2, 3r+3, 3r+5, 3r+7, \cdots, 5r+3$$

它恰好是公差为 1 的等差数列的一个排列,同样可得到合乎条件的排法.

解法三 一般地,对 $n=2r+1$ 前两行排列如下,其中第二行前 r 个为递减的连续奇数,后 $r+1$ 个为递减的连续偶数:

1,	2,	$\cdots$,	r,	$r+1$,	$r+2$,	$\cdots$,	$2r-1$,	$2r$,	$2r+1$
$4r+1$,	$4r-1$,	$\cdots$,	$2r+3$,	$4r+2$,	$4r$,	$\cdots$,	$2r+6$,	$2r+4$,	$2r+2$
(		r 个奇数		)	(		$r+1$ 个偶数		)

$$4r+2, \quad 4r+1, \quad \cdots, \quad 3r+3, \quad 5r+3, \quad 5r+2, \quad \cdots, \quad 4r+5, \quad 4r+4, \quad 4r+3$$

此时,每一列的和分别为

$$4r+2, 4r+1, 4r, \cdots, 3r+3, 5r+3, 5r+2, \cdots, 4r+5, 4r+4, 4r+3$$

它恰好是公差为 1 的等差数列的一个排列. 于是,适当调整各列的顺序,使每列两个数的和从左至右构成一个公差为 1 的等差数列. 最后,按高斯方法,在后面排列奇数行,可使每列的和相等.

(2) 再考虑将 4 排在 2 的下方的情形,则前两行排法如下:

$$\begin{array}{ccc} 1, & 2, & 3 \\ 6, & 4, & 5 \end{array}$$

仍采用角度 2:存在域向右边扩展.

考察第二行的 6、4、5,其中 4 只能排在 3 的下方,不能调整位置.

容易发现 4、5 是按自然顺序"紧凑"排列,由此想到将 6 调整到 4、5 的右侧,则 4、5、6 整体呈现"连续"排法,这就要将存在域向右扩展,于是上述排法可理解为:

$$\begin{array}{ccc|cc} 1, & 2, & 3 & 1, & 2, & 3 \\ & 4, & 5, & 6, & \end{array}$$

则可得到第四种解法.

【发掘特征】 两行都是自然序列,第二行第一个数 4 排在第一行第一个周期的"中线"位置.

【特征迁移】 再看 $n=2$ 的情形,结果同样如此:

$$\begin{array}{l} 1, \ 2, \ 3, \ 4, \ 5, \ 1, \ 2, \ 3, \ 4, \ 5 \\ \qquad 6, \ 7, \ 8, \ 9, \ 10 \\ \hline \qquad 9, \ 11, 13, 10, \ 12 \end{array}$$

此时,每一列的和分别为 9、11、13、10、12 它恰好是公差为 1 的等差数列的一个排列.

同样,如果跳出"自然顺序排列"的禁锢,也可从另一角度理解上述特例的第二种排法(分块处理).

再采用角度 3:分块观察.将第二种排法分为左右两块:

$$1, \ 2, \ \vert \ 3$$
$$6, \ 4, \ \vert \ 5$$

则排法可以理解为:

$$1 \qquad 2 \qquad 3$$
$$6(偶) \quad 4(偶) \quad 5(奇)$$

【发掘特征】第一行是长度为 $n(n=3)$ 的自然序列 $(1,2,3)$,第二行可分为左右两个部分(位置特征),其左边部分是连续的偶数,右边部分是连续的奇数(数量特征).

【特征迁移】再看 $n=2$ 的情形,结果同样如此:

$$1 \qquad 2 \qquad 3 \qquad 4 \qquad 5$$
$$10(偶) \ 8(偶) \ 6(偶) \ 9(奇) \ 7(奇)$$
$$11 \qquad 10 \qquad 9 \qquad 13 \qquad 12$$

此时,每一列的和分别为 11、10、9、13、12,其中左、右边部分分别是连续自然数,合起来恰好是公差为 1 的等差数列的一个排列.

上面 2 种理解都可迁移到一般情况.

解法四 一般地,对 $n=2r+1$,排法如下:

第一行是长度为 $n(n=2r+1)$ 的自然序列 $(1,2,3,\cdots,2r+1)$,第二行是紧接着的长度为 n 的自然序列 $(2r+2,2r+3,\cdots,4r+2)$,其中第一个数 $2r+2$ 排在第一行 $(1,2,3,\cdots,2r+1)$ 的"中线"位置.

$$1, \quad 2, \quad \cdots, \quad r+1, \quad r+2, \quad \cdots, \quad 2r, \quad 2r+1, \quad 1, \qquad 2, \quad \cdots, \quad r-1, \qquad r$$
$$2r+2, \ 2r+3, \ \cdots, \ 3r+1, \ 3r+2, \ 3r+3, \ 3r+4, \ \cdots, \ 4r+1, \quad 4r+2$$
$$\overline{3r+3, \ 3r+5, \ \cdots, \ 5r+1, \ 5r+3, \ 3r+4, \ 3r+6, \ \cdots, \quad 5r, \qquad 5r+2}$$

此时,每一列的和分别为

$$3r+3, 3r+5, \cdots, 5r+1, 5r+3, 3r+4, 3r+6, \cdots, 5r, 5r+2$$

它恰好是公差为 1 的等差数列的一个排列,同样可得到合乎条件的排法.

解法五 一般地,对 $n=2r+1$ 前两行排列如下:

第一行是长度为 $n(n=2r+1)$ 的自然序列 $(1,2,3,\cdots,2r+1)$,第二行前 $r+1$ 个为连续偶数,后 r 个为连续奇数.

1,	2,	$\cdots$,	r,	$r+1$,	$r+2$,	$r+3$,	$\cdots$,	$2r$,	$2r+1$
$4r+2$,	$4r$,	$\cdots$,	$2r+4$,	$2r+2$,	$4r+1$,	$4r-1$,	$\cdots$,	$2r+5$,	$2r+3$
(		$r+1$ 个偶数		)	(		r 个奇数		)
$4r+3$,	$4r+2$,	$\cdots$,	$3r+4$,	$3r+3$,	$5r+3$,	$5r+2$,	$\cdots$,	$4r+5$,	$4r+4$

此时,每一列的和分别为

$$4r+3,4r+2,4r+1,\cdots,3r+4,3r+3,5r+3,5r+2,\cdots,4r+5,4r+4$$

它恰好是公差为 1 的等差数列的一个排列,同样可得到合乎条件的排法.

其中以解法四最简单,解法五的"列和"最有规律,解法一最复杂,而命题组给出的恰恰是最复杂的一种.

利用解法四的构造方式,很容易将该问题推广到一般情形.

例 2(原创题)   设 $X=\{1,2,\cdots,n\}$ 能划分为 r 个子集 $A_1,A_2,\cdots,A_r$,满足 $|A_1|=|A_2|=\cdots=|A_r|$,且 $S(A_1)=S(A_2)=\cdots=S(A_r)$,求所有合乎要求的自然数 n 和 r.

【题感】从目标看,欲求的自然数 n、r,需要建立关于 n、r 的等式和不等式,这可先由等和划分,得到 n、r 满足的必要条件,然后再验证该条件是充分的,进而求出自然数 n、r.

从条件看,划分涉及集合容量及元素和两方面的信息,自然想到考察 $|X|$ 及 $S(X)$ 来探索相关结论.

【必要性】考察 $|X|$ 及 $S(X)$ 得到如下两个等式:

$$n=|X|=|A_1|+|A_2|+\cdots+|A_r|=r|A_1|;$$

$$\frac{n(n+1)}{2}=S(X)=S(A_1)+S(A_2)+\cdots+S(A_r)=rS(A_1).$$

由第一个等式可知,$r\mid n$,再由第二个等式可知,$n(n+1)=2rS(A_1)$ 为偶数,但这个估计是"无效"的,因为 $2\mid n(n+1)$ 是显然的事实.

由此想到对第二个等式进行"换边"变形:不仅 $n(n+1)$ 为偶,而且除以 r 后,$\dfrac{n(n+1)}{r}$ 仍为偶. 此外,显然有 $r<n$.

再注意到 $\dfrac{n}{r}$ 为整数,从而两个结论可合并为:$\dfrac{n}{r}$ 和 $n+1$ 中至少有一个为偶,且 $r<n$.

【检验】反之,当 $\dfrac{n}{r}$、$n+1$ 中至少一个为偶时,是否一定可 r- 等和划分呢? 用具体数据进行检验,发现该条件也是充分的.

我们只需将 $1,2,\cdots,n$ 排列成 $\dfrac{n}{r}$ 行,每行 r 个数,使每列和相等,然后以每列数作成一个集合即可.

【充分性】如果 $\dfrac{n}{r}$ 为偶数,令 $\dfrac{n}{r}=2k$. 注意 $\dfrac{n}{r}$ 的意义: 每个子集中元素的个数,可知按高斯方法将 $n=2kr$ 个数如下排列即可:

$$
\begin{array}{cccc}
1, & 2, & \cdots, & r \\
2r & 2r-1, & \cdots, & r+1 \\
\cdots & \cdots & \cdots & \cdots \\
(2k-2)r+1, & (2k-2)r+2, & \ldots, & (2k-1)r \\
2kr, & 2kr-1, & \cdots, & (2k-1)r+1
\end{array}
$$

若 $\dfrac{n}{r}$ 为大于 1 的奇数,则 $\dfrac{n}{r}\geqslant 3$(至少 3 行). 由"充要条件"知 $n+1$ 为偶数,即 n 为奇数. 又 $\dfrac{n}{r}$ 为奇数,所以 r 为奇数,令 $r=2k+1$.

只需前 2 行排成"列和"为连续自然数,后偶数行按高斯方法排列即可. 前两行如下排列合乎要求:

$$
\begin{array}{ccccccccc}
(1, & 2, & \cdots, & k), & k+1, & k+2, & \cdots, & 2k+1, & 1, & 2, & \cdots, & k \\
& 2k+2, & 2k+3, & \cdots, & 3k+2, & 3k+3, & 3k+4, & \cdots, & 4k+2 \\
& 3k+3, & 3k+5, & \cdots, & 5k+3, & 3k+4, & 3k+6, & \cdots, & 5k+2
\end{array}
$$

综上所述,n、r 满足的充分必要条件是: $\dfrac{n}{r}$、$n+1$ 中至少有一个为偶,且 $r<n$.

如果 $\dfrac{n}{r}$ 为偶,令 $\dfrac{n}{r}=2s$,$r=t(s,t\in \mathbf{N}_+)$,则 $(n,r)=(2st,t)$.

如果 $\dfrac{n}{r}$ 为奇,则由"充要条件"知 n、r 都为奇,令 $\dfrac{n}{r}=2s+1$,$r=2t-1(s,t\in \mathbf{N}_+)$,则

$$(n,r)=((2s+1)(2t-1),(2t-1)).$$

综上所述,一切合乎要求的自然数 n、r 为 $(n,r)=(2st,t)$,$((2s+1)(2t-1),(2t-1))$,其中 $s,t\in \mathbf{N}_+$.

一个典型的用充分条件解题的例子

——浅谈第 31 届 CMO 第 4 题

冯跃峰

（深圳市高级中学，518040）

第 31 届中国数学奥林匹克第 4 题如下：

问题　设整数 $n \geqslant 3$，不超过 n 的素数共有 k 个，设 A 是集合 $\{2, 3, \cdots, n\}$ 的子集，A 的元素个数小于 k，且 A 中任意一个数不是另一个数的倍数. 证明：存在集合 $\{2, 3, \cdots, n\}$ 的 k 元子集 B，使得 B 中任意一个数也不是另一个数的倍数，且 B 包含 A.

本题难度适中，也非常有趣，而且它还是一个典型的利用充分条件解题的例子.

下面介绍我们探索本题解答的思维过程.

【题感】如果集合 A 中任意一个数不是另一个数的倍数，则称 A 是"非整除集". 题目的意思是指：任何非整除集都可扩充为 k 元非整除集. 这自然想到逐步扩充策略：我们只需证明，如果非整除集 A 少于 k 个元素，则可在 A 中增加一个元素，使之仍为非整除集.

【条件的意义】什么情况下 a 不整除 b？可考虑反面：若 $a \mid b$，则对每一个素数 p，p 在 a 中的指数不大于其在 b 中的指数. 由此可见，a 不整除 b，等价于存在素数 p，使 $\tau_p(a) > \tau_p(b)$. 其中 $\tau_p(a)$ 表示 p 在 a 中的指数.
（＊）

现在，假定在非整数集 A 中添加一个数 x，使 $A \cup \{x\}$ 仍是非整除集，则只需对任何 $a \in A$，有 a 与 x 互不整除.

【找充分条件】先考虑 a 不整除 x，由（＊）可知，等价于存在素数 p，使 $\tau_p(a) > \tau_p(x)$. 一个充分条件是（以简驭繁：取 x 的素因数标准分解式的最简形式），$x = q^r$，q 为素数且 a 有素因数 $p \neq q$，这样必有 a 不整除 x.

【再找充分条件】由 a 的任意性，A 中每个数都要有素因数不是 p. 注意到条件："$|A| < k$，不超过 n 的素数共有 k 个"，想到令 A 中每个数 a 都对应唯一一个素因数 p，这样共对应小于 k 个素数，至少还有另一个素数 q.

假定已有规则使 a 对应唯一的素因数（暂时跳过如何构造具体的对应，实际上，这样的对应法则是多种多样的，比如最常见的一种方式是：如果 a 有多个素因数，则任取其中一个），这样，因为 $|A| < k$，除 A 中数对应的素数外，至少还有另一个不大于 n 的素数 q，取 $x = q^r$.

这样构造的 x 显然满足：对任何 $a \in A$，a 不整除 x，这是因为 a 对应的素因数不整除 x.

值得指出的是，a 对应的唯一素因数可能大于 q，也可能小于 q，因为我们取 q 的规则只要求 q 不是 a 对应的那个唯一素因数. 这样，a 可能含有上述找到的"另一个"素数 q.

因此，我们还需要考虑对任何 $a \in A$，$x = q^r$ 不整除 a. 由（*）可知，这等价于存在素数 p，使 $\tau_p(x) > \tau_p(a)$. 显然，这个素数 p 只能是 q.

【优化假设】为了使 $\tau_q(x) > \tau_q(a)$，即 $r = \tau_q(q^r) > \tau_q(a)$，显然 r 越大越好，想到取 r 是使 $q^r \leqslant n$ 的最大整数（即 $q^r \leqslant n$，$q^{r+1} > n$）.

下面证明：这样取定的 $x = q^r$ 必定满足对任何 $a \in A$，$x = q^r$ 不整除 a. 这是很简单的：假定 $q^r \mid a$，如何导出矛盾？注意到 q^r 的特征：r 是使 $q^r \leqslant n$ 的最大整数，说明 q^r 已经"很大"了，但它是 a 的因子，这就会导致 a 很大，比如比 n 还大，便产生矛盾. 由此易知，使 $a > n$ 的一个充分条件是：a 还有一个比 q 大的素因数，因为这样一来，便有 $pq^r > q^{r+1} > n$（由 r 的最大性）.

为找 a 的大于 q 的素因数，自然想到令前面 a 所对应的"唯一"素因数 p 是 a 的最大素因数即可.

实际上，设 a 的最大素因数为 p，但 $p \neq q$，从而 $(p, q^r) = 1$，所以 $pq^r \mid a$.

此外，由于 $q \mid a$，$p \mid a$，由 p 的最大性，有 $p > q$，所以 $a \geqslant pq^r > q^{r+1} > n$，矛盾.

【重新书写解答】如果集合 A 中任意一个数不是另一个数的倍数，则称 A 是"非整除集". 我们只需证明，如果非整数集元素 A 少于 k 个，则可在 A 中增加一个元素，使之仍为非整除集.

对 A 中每个数 a，设 a 的最大素因数为 p. 因为 $|A| < k$，依条件至少还有另一个不大于 n 的素数 q，它不是 A 中任何数的最大素因数. 取 r 是使 $q^r \leqslant n$ 的最大整数，令 $x = q^r$.

下面证明：$A \bigcup \{x\}$ 是为非整除集. 即对任何 $a \in A$，a 与 x 互不整除.

显然 a 不整除 x，这是因为 a 的最大素因数不整除 x.

下证 $x = q^r$ 不整除 a.

假定 $q^r \mid a$，设 a 的最大素因数为 p，但 $p \neq q$，从而 $(p, q^r) = 1$，所以 $pq^r \mid a$.

因为 $q \mid a$，$p \mid a$，由 p 的最大性，$p > q$，所以 $a \geqslant pq^r > q^{r+1} > n$（由 r 的最大性），矛盾.

综上所述，命题获证.

研究特例,峰回路转

——浅谈第 31 届 CMO 第 6 题

冯跃峰

(深圳市高级中学，518040)

第 31 届 CMO 最后一题(第 6 题)如下：

问题 一项赛事共有 100 位选手参加. 对于任意两位选手 x、y,他们之间恰比赛一次且分出胜负,以 $x \to y$ 表示 x 战胜 y. 如果对任意两位选手 x、y,均能找到关于选手序列 u_1, u_2, $\cdots$, $u_k(k \geqslant 2)$,使得 $x = u_1 \to u_2 \to \cdots \to u_k = y$,那么称该赛事结果是"友好"的.

(1) 证明：对任意一个友好的赛事结果,存在正整数 m 满足如下条件：

对任意两位选手 x、y,均能找到某个长度为 m 的选手序列 z_1, z_2, $\cdots$, z_m(这里 z_1, z_2, $\cdots$, z_m 可以有重复),使得 $x = z_1 \to z_2 \to \cdots \to z_m = y$.

(2) 对任意一个友好的赛事结果 T,将符合(1)中条件的最小正整数 m 记为 $m(T)$,求 $m(T)$ 的最小值.

本题有较大的难度,但却非常有趣. 我还没有看到"官方的"解答,这里介绍一下我们探索本题解答的思维过程,从中可以看出,它是一个典型的利用"研究特例"解题的例子.

【题感】本题有明显的竞赛图的色彩：用点表示选手,用有向边 $x \to y$ 表示 x 战胜 y. 如果对有序点对 (x, y),能找到不同点列：u_1, u_2, $\cdots$, $u_k(k \geqslant 2)$,使得 $x = u_1 \to u_2 \to \cdots \to u_k = y$,则称存在 x 到 y 的路,并称 $k - 1$ 为该路的长度(边的条数). 这样,所谓"友好的赛事结果",就是图中任何有序点对 (x, y),都存在 x 到 y 的路,我们称这样的图为"连通的".

如果允许路中的点可以重复,但任何相邻两点都不同,则称上述路是 x 到 y 的可重复路. 如果存在正整数 m,使对任意有序点对 (x, y),都存在 x 到 y 的长为 m 的可重复路,则称该图是一致连通的.

这样,目标(1)就是要证明：100 阶连通的竞赛图必定是一致连通的.

【推广】注意到 100 为偶数,自然想到将问题推广到任意偶数. 我们证明一般的结论：当 n 为偶数时,n 阶连通的竞赛图必定是一致连通的. 实际上,n 为奇数时结论并不一定成立,比如 $n = 3$ 时,竞赛图本质上只有两种情形：$x \rightarrow y \rightarrow z$；或者 $x \rightarrow y$, $x \rightarrow z$, $y \rightarrow z$.

对于后者,竞赛图不是连通的,因为没有到达点 x 的路.

对于前者,x 到 y 的路长模 3 余 1(1, 4, 7, $\cdots$),x 到 z 的路长模 3 余 2(2, 5, 8, $\cdots$),从而不是一致连通的.

【研究特例】 为解决一般情形,先研究特例：当 $n = 2$ 时,结论显然成立,因为不存在连通的 2 阶竞赛图.

考虑 $n = 4$ 的情形,因为 4 阶竞赛图共有 6 条边,从而所有顶点的出度的和为 6. 又由连通性,每个点的出度至多为 2,从而由抽屉原理,至少有 2 个点的出度都为 2,不妨设 $d^+(x) = d^+(y) = 2$,且 $x \rightarrow y$.

因为 $d^+(x) = 2$,不妨设还有 $x \rightarrow z$. 又 $d^+(y) = 2$,所以 $y \rightarrow z$, $y \rightarrow u$.

因为 $d^+(z) > 0$,所以 $z \rightarrow u$. 因为 $d^+(u) > 0$,所以 $u \rightarrow x$.

于是,连通的 4 阶竞赛图本质上是唯一的(图 1).

现在我们来验证连通的 4 阶竞赛图必定是一致连通的.

注意每个点都可经过多次(产生圈),而图中存在长为 3 的圈和长为 4 的圈,为了凑"定长 m"的可重复路,想到重复地走圈!

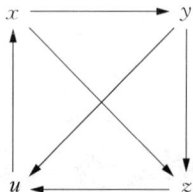
图 1

在长为 3 的圈上选定一点 x,在长为 4 的圈上选定一点 y,对任意两个点 a, $b \in \{x, y, z, u\}$,先由 a 到 x,设其路长为 n_1. 然后走长为 3 的圈 p 次(经过一次路长增加 3)回到 x,它对链长的贡献为 $3p$. 再由 x 到 y,设其路长为 n_2. 然后走长为 4 的圈 q 次回到 y,它对链长的贡献为 $4q$. 最后由 y 到 b,设其路长为 n_3. 这样得到一条 a 到 b 的可重复路,其长为 $n_1 + n_2 + n_3 + 3p + 4q$. 我们只需取 m 满足：$n_1 + n_2 + n_3 + 3p + 4q = m$,即 $3p + 4q = m - (n_1 + n_2 + n_3)$.

现在考虑取 m 为何值时,关于 p、q 的方程

$$3p + 4q = m - (n_1 + n_2 + n_3)$$

有自然数解.

【发掘引理】 由此我们发现需要如下的引理：

引理 如果 $(a, b) = 1$, $z \geqslant ab$,则存在自然数 x、y,使得

$$ax + by = z.$$

引理的证明 由裴蜀定理,存在正整数 u、v,使得 $au - bv = z$. 于是,

$$au = z + bv \geqslant ab + bv > ab, \quad u > b.$$

所以 $(au - ab) + (ab - bv) = z$. 即 $a(u - b) + b(a - v) = z$,其中 $u - b > 0$.

如果 $a-v \geqslant 0$,则结论成立.

如果 $a-v < 0$,令 $u_1 = u-b > 0$,$v_1 = v-a > 0$,则 $au_1 - bv_1 = z$.

仿照以上过程,由于 au 是有限正整数,上述过程不能无限进行下去,必定存在 $u_k > 0$,$v_k < 0$,使得 $au_k - bv_k = z$.取 $x = u_k$,$y = -v_k$,引理获证.　　　　　　　　　□

由引理可知,存在自然数 p、q,使 $3p+4q = m-(n_1+n_2+n_3)$ 的一个充分条件是 $m-(n_1+n_2+n_3) \geqslant 12$,这又只需 $m-3n \geqslant 12$,即 $m \geqslant 3n+12$,这是因为

$$m-(n_1+n_2+n_3) \geqslant m-(n+n+n) = m-3n.$$

当 $n=4$ 时,得 $m \geqslant 24$,取 $m=24$ 即可.

实际上,可以证明:图中任何有序点对 (a,b),都存在 a 到 b 的长为 24 的可重复路.

比如,对图 1 中的有序点对 (u,z),u 到 x 的有向路长为 1,x 到 y 的有向路长为 1,y 到 z 的有向路长也为 1,而 $24-(1+1+1) = 21$.下面寻找 p、q,使 $3p+4q = 21$,显然取 $(p,q) = (3,3)$ 即可.于是,从 u 走到 x,路长为 1;然后走 3 次长为 3 的圈 (x,y,u) 回到 x,路长为 9;再到 y,路长为 1;接着走 3 次长为 4 的圈 (y,z,u,x) 回到 y,路长为 12;最后从 y 走到 z,路长为 1.所以总路长为 $1+9+1+12+1 = 24$.

又比如,对图 1 中的有序点对 (x,y),x 到 x 的有向路长为 0,x 到 y 的有向路长为 1,y 到 y 的有向路长也为 0,而 $24-(0+1+0) = 23$.下面寻找 p、q,使 $3p+4q = 23$,显然取 $(p,q) = (1,5)$ 即可.于是,从 x 走到 x,路长为 0;然后走 1 次长为 3 的圈回到 x,路长为 3;继而由 x 到 y,路长为 1;接着走 5 次长为 4 的圈,路长为 20;最后从 y 走到 y,路长为 0,所以总路长为 $0+3+1+20+0 = 24$.

上述证明适合一般情况,且与 n 的奇偶性无关,于是,我们发现如下的结论:

定理　如果 n 阶连通竞赛图 G 存在长为 3 与长为 4 的圈,则它必定是一致连通的.

由此可知,要证题目中的结论成立,只需找到图中一个长为 3 的圈和一个长为 4 的圈.

再取 $n=5$ 来验证,此时也存在长为 4 的圈,去掉一个点,得到一个"X形"的长为 4 的圈(图 2).

于是,我们有理由相信,n 阶连通竞赛图 G 必定存在长为 3 与长为 4 的圈.其中长为 3 的圈的证明是很简单的,取最短圈即可(暂略).下面考虑如何证明存在长为 4 的圈.

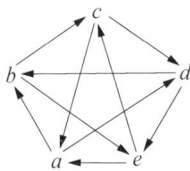

图 2

采用逐步扩充的策略:任取一个点 A,由 A 向两边扩展(因为由连通性知,A 的出度与入度都大于 0),不妨设 $a \to A \to b$.

由此扩充为长为 4 的圈,只需存在点 x,使 $b \to x \to a$.现在考虑如何找到点 x.

考虑 x 与 A 的关系,只有两种可能:或者 $x \to A$,或者 $A \to x$.由此想到将 A 之外的点分为 2 类:$P = \{a \mid a \to A\}$,$Q = \{b \mid A \to b\}$.由连通性,$|P| \geqslant 1$,$|Q| \geqslant 1$.

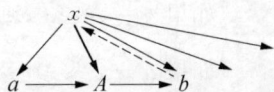

图 3

如果所找的 $x \in P$,则要求 $|P| \geqslant 2$,以此为条件分类.

(i) 若 $|P| \geqslant 2$,取 $x, a \in P$,不妨设 $x \to a$(图 3).

【以充分条件分类】如果存在 $b \in Q$,使 $b \to x$,则有长为 4 的圈 (b, x, a, A),结论成立.如果对任何 $b \in Q$,都有 $x \to b$,此时如何解决?

需要发掘性质:注意 $x \to A$,$A \to b (b \in Q)$,你发现什么?——$d^+(x) \geqslant d^+(A) + 1$,优化假设:取 $d^+(A)$ 最大,产生矛盾.

(ii) 若 $|P| = 1$,由于 $n \geqslant 4$,所以 $|Q| \geqslant 2$,此时只能在 Q 中找所需的 x.

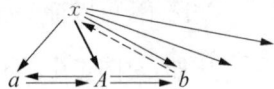

图 4

因为 $d^-(a) > 0$,所以存在 $x \in Q$,使 $x \to a$(图 4).

【以充分条件分类】如果存在 $b \in Q$,使 $b \to x$,则有长为 4 的圈 (b, x, a, A),结论成立.下设对任何 $b \in Q (b \neq x)$,都有 $x \to b$.

【再以充分条件分类】如果存在 $b \in Q (b \neq x)$,使 $b \to a$,则有长为 4 的圈 (b, a, A, x),结论成立.如果对任何 $b \in Q (b \neq x)$,都有 $a \to b$.则无 b 到 a 的路,矛盾.

换一种说法:任取 $b \in Q (b \neq x)$,考察 b 到 a 的路,必存在 $b' \in Q$,使得 $b' \to a$(否则无 b 到 a 的路,矛盾),于是有长为 4 的圈 (b', a, A, x),结论成立.

【重新书写解答】先证明如下的引理(略).

回到原题.

(1) 我们证明 $n \geqslant 4$ 时,n 阶连通竞赛图必定是一致连通的.

首先证明连通竞赛图中必定有圈.实际上,设 a 是其中任意一个点,由连通性,a 至少有一条出边,沿边按箭头的方向前进,到达点 b.同样,b 至少有一条出边,再沿该边的方向前进,到达点 c.如此下去,由于只有有限个点,必然有点经过两次,形成一个圈.

其次证明连通竞赛图中必定有长为 3 的圈.实际上,由上所证,可取图中一个最短的圈 $a_1 a_2 \cdots a_k$,考察边 $a_1 a_3$,如果 $a_3 \to a_1$,则存在长为 3 的圈,结论成立.如果 $a_1 \to a_3$,则得到长为 $k-1$ 的圈:$a_1 a_3 a_4 \cdots a_k$,与圈的最短性矛盾.

最后证明连通竞赛图中必定有长为 4 的圈.实际上,设 $d^+(A)$ 最大,令 $P = \{a \mid a \to A\}$,$Q = \{b \mid A \to b\}$.由连通性,$|P| \geqslant 1$,$|Q| \geqslant 1$.

(i) 若 $|P| \geqslant 2$,取 $x, a \in P$,不妨设 $x \to a$.

如果存在 $b \in Q$,使 $b \rightarrow x$,则有长为 4 的圈 (b,x,a,A),结论成立.如果对任何 $b \in Q$,都有 $x \rightarrow b$,则因为 $x \rightarrow A$,有 $d^+(x) \geqslant d^+(A)+1$,与 $d^+(A)$ 最大矛盾.

(ii)若 $|P|=1$,由于 $n \geqslant 4$,所以 $|Q| \geqslant 2$.因为 $d^-(a)>0$,所以存在 $x \in Q$,使 $x \rightarrow a$.

如果存在 $b \in Q$,使 $b \rightarrow x$,则有长为 4 的圈 (b,x,a,A),结论成立.如果对任何 $b \in Q(b \neq x)$,都有 $x \rightarrow b$.任取 $b \in Q(b \neq x)$,考察 b 到 a 的路,必存在 $b' \in Q$,使得 $b' \rightarrow a$(否则无 b 到 a 的路,矛盾),从而有长为 4 的圈 (b',a,A,x),结论成立.

下面证明,对任何有序点对 (x,y),都存在 x 到 y 的长为 $3n+12$ 的可重复路.

实际上,取定一个长为 3 的圈 (a_1,a_2,a_3) 及一个长为 4 的圈 (b_1,b_2,b_3,b_4).设 x 到 a_1 的最短路的长度为 n_1,a_1 到 b_1 的最短路的长度为 n_2,b_1 到 y 的最短路的长度为 n_3.

因为 $n_i \leqslant n$,所以 $n_1+n_2+n_3 \leqslant 3n$,$3n+12-(n_1+n_2+n_3) \geqslant 12$.又 $(3,4)=1$,由引理,存在自然数 p、q,使 $3p+4q=3n+12-(n_1+n_2+n_3)$.

现在,从 x 出发,沿最短路走到 a_1,路长为 n_1;然后走 p 次长为 3 的圈 (a_1,a_2,a_3) 回到 a_1,路长为 $3p$;沿最短路走到 b_1,路长为 n_2;接着走 q 次长为 4 的圈 (b_1,b_2,b_3,b_4) 回到 b_1,路长为 $4q$;最后从 b_1 沿最短路走到 y,路长为 n_3,其总路长为 $n_1+3p+n_2+4q+n_3=3n+12$,(1) 获证. □

对于(2),一个显然的不等式是 $m(T) \geqslant 3$,这是因为 $p \rightarrow q$ 时,由 q 到 p 至少经过 3 个点(包括 p、q).由此猜想 $m(T)$ 的最小值为 3.

我们期望证明:当 n 为偶数时,存在竞赛图 G_n,对任何有序点对 (x,y),都存在 x 到 y 的长为 2 的路.

采用递归构造.先考虑如何递归.假设结论对 n 成立,其合乎条件的图为 G_n,考虑 $n+2$ 的情形.在 G_n 的基础上增加 2 个点 p、q,其中 $p \rightarrow q$.

对任意 $g \in G_n$,考虑有序点对 (p,g),想到令 $q \rightarrow g \rightarrow p(g \in G_n)$,得到 G_{n+2}(图 5).

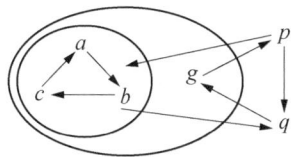

图 5

但这样的图不合要求(拟对象逼近).比如:考虑有序点对 (p,q),需要取点 $a \in G_n$,令 $p \rightarrow a \rightarrow q$.由此想到将 $q \rightarrow g \rightarrow p(g \in G_n)$ 修改为 $q \rightarrow g \rightarrow p(g \in G_n \backslash \{a\})$.

但这样的图仍不合要求.比如:考虑有序点对 (p,a),需要取点 $c \in G_n \backslash \{a\}$,令 $p \rightarrow c \rightarrow a$.进而考虑有序点对 (p,c),想到取点 $b \in G_n \backslash \{a,c\}$,令 $p \rightarrow b \rightarrow c$.同样考虑有序点对 (p,b),想到令 $p \rightarrow a \rightarrow b$.这就要求 G_n 中存在长为 3 的圈 $a \rightarrow b \rightarrow c$(图 5),前面已证这是可能的.于是,$q \rightarrow g \rightarrow p(g \in G_n \backslash \{a\})$ 还应修改为 $q \rightarrow g \rightarrow p(g \in G_n \backslash \{a,b,c\})$.

但这样的图也不合要求.比如:对 $x \in G_n$,考虑有序点对 (q,x),希望存在 $x_1 \in G_n \backslash \{a,b,c\}$,使

$x_1 \rightarrow x$,这样便有 $q \rightarrow x_1 \rightarrow x$.

于是,需要将命题加强为:G_n 中存在圈 $a \rightarrow b \rightarrow c$,对任何 $x \in G_n$(包括 a、b、c),都有 $x_1 \in G_n \backslash \{a, b, c\}$,使 $x_1 \rightarrow x$.

但这样的图还不合要求. 比如:对 $x \in G_n$,考虑有序点对 (x, p),希望存在 $x_2 \in G_n \backslash \{a, b, c\}$,使 $x \rightarrow x_2$,这样便有 $x \rightarrow x_2 \rightarrow p$.

于是,需要将命题继续加强为:

【加强命题】 对大于 10 的偶数 n,存在竞赛图 G_n,具有如下两个性质.

性质 1 对任意 $x, y \in G_n$,x、y 之间双向(x 到 y 及 y 到 x)都有长为 2 的路.

性质 2 存在长为 3 的圈:$a \rightarrow b \rightarrow c$,且对任意 $u \in G_n$,存在 $u_1, u_2 \in G_n \backslash \{a, b, c\}$,使 $u_1 \rightarrow u \rightarrow u_2$.

下面证明上述构造得到的图 G_{n+2} 合乎要求.

首先验证 G_{n+2} 具有性质 2.

实际上,由归纳假设,G_n 存在长为 3 的圈:$a \rightarrow b \rightarrow c$,对任意 $u \in G_n$,存在 $u_1, u_2 \in G_n \backslash \{a, b, c\}$,使 $u_1 \rightarrow u \rightarrow u_2$.

又上述长为 3 的圈显然在 G_{n+2} 中,且 $G_{n+2} \backslash \{a, b, c\} = G_n \backslash \{a, b, c\} \bigcup \{p, q\}$. 取 $g \in G_n \backslash \{a, b, c\}$,则 $p \rightarrow p_2 = q$,$p_1 = g \rightarrow p$,$q \rightarrow q_2 = g$,$q_1 = p \rightarrow q$,所以结论成立.

下面验证 G_{n+2} 具有性质 1.

实际上,考虑任意两点 x、y,有以下情形.

(i) $x, y \in G_n$,由归纳假设,结论成立;

(ii) $x, y \in \{p, q\}$,取 $g \in G_n \backslash \{a, b, c\}$,则 $p \rightarrow a \rightarrow q$,$q \rightarrow g \rightarrow p$,结论成立.

(iii) $x = p$,$y \in G_n$.

若 $y \in \{a, b, c\}$,不妨设 $y = a$,则 $p \rightarrow c \rightarrow a$,$a \rightarrow a_2 \rightarrow p$,所以结论成立.

若 $y \in G_n \backslash \{a, b, c\}$,则 $p \rightarrow q \rightarrow y$,$y \rightarrow y_2 \rightarrow p$,所以结论成立.

(iv) $x = q$,$y \in G_n$.

若 $y \in \{a, b, c\}$,不妨设 $y = a$,则 $q \rightarrow a_1 \rightarrow a$,$a \rightarrow b \rightarrow q$,所以结论成立.

若 $y \in G_n \backslash \{a, b, c\}$,则 $q \rightarrow y_1 \rightarrow y$,$y \rightarrow p \rightarrow q$,所以结论成立.

最后完成奠基:当 $n = 12$ 时,将 12 个点编号为 $1, 2, \cdots, 12$,对任意两点 i、j $(i \neq j)$,设 $j - i \equiv r (\bmod 12)$,$1 \leqslant r \leqslant 11$.

当 $r > 6$ 时,$i - j \equiv -r < -6 \equiv 6 (\bmod 12)$,考察 $i - j$ 即可. 于是,我们只需对 $1 \leqslant r \leqslant 6$,$j - i \equiv r (\bmod 12)$ 规定 i、j 的指向.

当 $r=1$，5 时，令 $i \to j$，即规定 $i \to i+1$，$i \to i+5$（前进 1，前进 5）．

当 $r=2$，3，4 时，令 $j \to i$，即规定 $j \to j-2$，$j \to j-3$，$j \to j-4$（后退 2，3，4）．

当 $r=6$ 时任意规定方向（因为长为 2 的一致路可以不含跨度为 6 的边）．

下面验证 G_{12} 具有性质 1．

考虑任意两点 i、j．当 $i-j \equiv 1(\bmod 12)$ 时，$i \to i-2$（退 2）$\to i-1=j$（进 1）；$j=i-1 \to i+4$（进 5）$\to i$（退 4）．

当 $i-j \equiv 2(\bmod 12)$ 时，$i \to i+1$（进 1）$\to i-2=j$（退 3）；$j=i-2 \to i+3$（进 5）$\to i$（退 3）．

当 $i-j \equiv 3(\bmod 12)$ 时，$i \to i+1$（进 1）$\to i-3=j$（退 4）；$j=i-3 \to i+2$（进 5）$\to i$（退 2）．

当 $i-j \equiv 4(\bmod 12)$ 时，$i \to i-2$（退 2）$\to i-4=j$（退 2）；$j=i-4 \to i-8$（退 4）$\to i-12$（退 4）$=i$．

当 $i-j \equiv 5(\bmod 12)$ 时，$i \to i-2$（退 2）$\to i-5=j$（退 3）；$j=i-5 \to i-9=i+3$（退 4）$\to i$（退 3）．

当 $i-j \equiv 6(\bmod 12)$ 时，$i \to i-2$（退 2）$\to i-6=j$（退 4）；$j=i-6 \to i-1$（进 5）$\to i$（进 1）．

又 G_{12} 显然具有性质 2，比如，取长为 3 的圈为 $(1,2,3)$，我们证明对任意 $i \in G_{12}$，存在 i_1，$i_2 \in G_n \backslash \{1,2,3\}$，使 $i_1 \to i \to i_2$．

实际上，当 $5 \leqslant i \leqslant 11$ 时，$i-1 \to i \to i+1$；当 $i=4$ 时，$11 \to 4 \to 5$；当 $i=12$ 时，$11 \to 12 \to 5$；当 $i=1$ 时，$12 \to 1 \to 6$；当 $i=2$ 时，$4 \to 2 \to 7$；当 $i=3$ 时，$5 \to 3 \to 8$．所以 $n=12$ 时结论成立．

综上所述，$m(T)$ 的最小值为 3．　　　　　　　　□

评注　以上我们证明了对任何大于 10 的偶数 n，都存在 n 阶竞赛图是关于路长 2 一致连通的．如果只证明存在 100 阶竞赛图是关于路长 2 一致连通的，采用跨度为 11 的递归构造则非常简单．

实际上，奠基可构造一个关于路长 2 一致连通的 12 阶竞赛图（不必具有性质 2）．假定 n 阶竞赛图 $G_n=(A_1,A_2,\cdots,A_n)$ 是关于路长 2 一致连通的，再构造一个关于路长 2 一致连通的 12 阶竞赛图 $G_{12}=(B_1,B_2,\cdots,B_{12})$，在 G_{12} 中去掉顶点 B_{12} 及其关联的边．对 G_n 中任意一个点 $A_i(1 \leqslant i \leqslant n)$，连边 $A_i B_j(1 \leqslant j \leqslant 11)$，其方向就是 G_{12} 中 $B_{12}B_j$ 的方向．这样，G_n 中任意一个点 A_i 都与 G_{12} 中的点 B_1，B_2，$\cdots$，B_{11} 组成一个关于路长 2 一致连通的图，所以 $G_{n+11}=(A_1,A_2,\cdots,A_n,B_1,B_2,\cdots,B_{11})$ 是关于路长 2 一致连通的．

注意到 $100=12+8 \times 11$，所以存在 100 阶竞赛图是关于路长 2 一致连通的．

一种自然而有效的构造方法

——局部扩展

冯跃峰

（深圳市高级中学，518040）

所谓局部扩展，就是先构造所求对象的一个局部，使之容易合乎题目要求，然后逐步增加元素或扩大范围，直至找到合乎条件的对象.

特别地，如果我们所构造的对象，要求每一个元素都具有某种性质 p，则可以从其中一个元素出发（通常是极端元素），分析该元素具有性质 p 时，所构造对象应具有的结构. 进而逐一研究其他元素，直至所有元素都满足上述要求.

当然，构造的过程可能是曲折的，当新增的元素满足要求时，可能使前面满足要求的元素不再满足要求了，这时候，需要对前面构造的元素进行适当的调整，使之在不影响新增元素满足要求的前提下，自己也满足题目的要求.

下面举两个例子来说明.

例1 证明或否定：存在各个顶点度均为 2015 的简单图 G，满足：对于任意的去掉 G 的若干条边（至少一条，但不能全部去掉）形成的生成子图，其顶点的度不全相等.

（2015 年 IMO 中国国家队培训题）

分析与证明：

【题感】从条件看，2015 也许没有特别的意义，可考虑一般情形：是否存在 n-正则图 G，它不包含与之同阶（包含 G 的全部顶点）的正则真子图（所谓真子图，是指包含在 G 中且不是 G 本身的至少含有一条边的图）.

从目标看，图 G 具有的性质是以"否定形式"表述的，宜进行反面思考：假定 n-正则图包含同阶的正则真子图，由此导出某种性质 p.

这样，如果构造的图 G 能有效避免产生上述性质，则 G 合乎要求.

【反面思考】假定 n-正则图包含同阶的正则真子图，由此能导出什么性质呢？这自然会联想正则图的以下基本性质.

【结构联想】度为偶的正则图可分解为若干个无公共边的"一笔画"(欧拉定理).

现在的问题是,G 包含的正则真子图未必是度为偶的正则图. 为了保证 n-正则图 G 包含正则真子图时就必定包含度为偶的正则真子图,只需限定 n 为奇数. 实际上,若 n 为奇数,且 G 包含奇正则真子图,则该子图在 G 中的补图就是 G 的度为偶的正则真子图.

现在假定 n 为奇数,这符合题目 $n=2015$ 的要求.

由于度为偶的正则图可以分解为若干个无公共边的圈的并,从而 G 的每个顶点都属于某个圈——记此结论为性质 p.

【避开性质 p】设法构造一个 n-正则图,其中有一个顶点不在任何圈上(破坏了性质 p)!

【局部扩展】设 P 是这样一个点,由于 P 的度为 n,不妨设 P 与 A_1,A_2,$\cdots$,A_n 相连.

为了使点 P 不属于任何圈,联想到"树"的特征,可想象每个点 $A_i(1 \leq i \leq n)$ 都对应一个独立的连通支,任何两个连通支之间只通过点 P 这种唯一的方式进行连通(图 1).

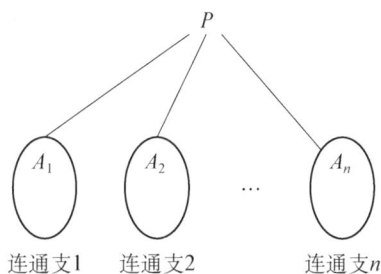

图 1

先考虑其中的点 A_1,它已与点 P 相连,还需要引出 $n-1$ 条新边,于是新增加 $n-1$ 个点 B_1,B_2,$\cdots$,B_{n-1},令它们都与 A_1 相连.

接着考虑点 B_1,B_2,$\cdots$,B_{n-1} 之间的边,由于 $B_j(1 \leq j \leq n-1)$ 在 G 中的度为 n,每个点还需要引出 $n-1$ 条边,于是,令这 $n-1$ 个点构成一个完全图(图 2).

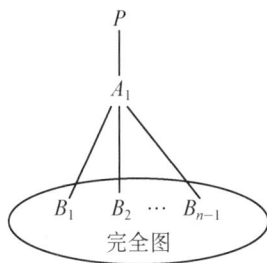

图 2

至此,每个点 $B_j(1 \leq j \leq n-1)$ 连同与 A_i 连的边共连了 $n-1$ 条边,只需每个点都增加一条边,这似乎只需在 B_1,B_2,$\cdots$,B_{n-1} 之间增加一个完全匹配即可.

但 $(B_1$,B_2,$\cdots$,$B_{n-1})$ 已是完全图,无法再增加边. 为了使每个 $B_j(1 \leq j \leq n-1)$ 都增加一条边,新增一个顶点 U,令 U 与点 $B_j(1 \leq j \leq n-1)$ 都相连.

但此时点 U 还只连了 $n-1$ 条边,还需增加一条边,想到令点 U 与另一新增点 V 相连. 再利用"平行处理"策略,令 V 与点 $B_j(1 \leq j \leq n-1)$ 都相连(图 3).

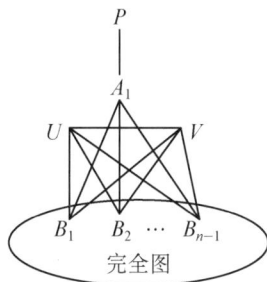

图 3

但此时每个点 $B_j(1 \leq j \leq n-1)$ 都连了 $n+1$ 条边,需要去掉一条边,

这只需在 B_1，B_2，$\cdots$，B_{n-1} 之间去掉一个完全匹配即可.

于是，将 B_1，B_2，$\cdots$，B_{n-1} 分为 $\dfrac{n-1}{2}$ 对：(B_{2k-1}, B_{2k})，其中 $1 \leqslant k \leqslant \dfrac{n-1}{2}$，去掉边 $B_{2k-1}B_{2k}$，则每个点的度都为 n.

值得注意的是，点 U，V，A_1，B_1，B_2，$\cdots$，B_{n-1} 之间的边组成的图实际上是在一个 $n+2$ 阶完全图中去掉 B_1，B_2，$\cdots$，B_{n-1} 之间的一个完全匹配，并去掉边 UA_1、VA_1 而成的.

【平行处理】对任意一个点 $A_i(2 \leqslant i \leqslant n)$，都按 A_1 的方式处理，得到的图合乎要求，因为点 P 不在任何圈上（图 4）.

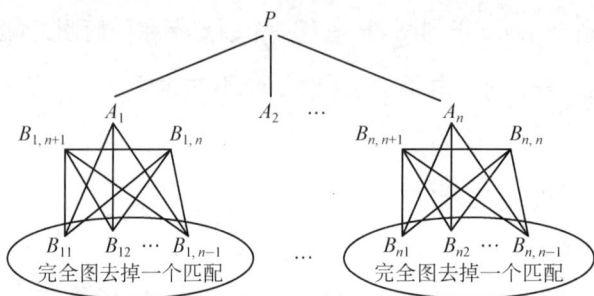

图 4

【新写】设 n 为奇数，构造 n 个 $n+2$ 阶完全图，对第 $i(1 \leqslant i \leqslant n)$ 个完全图：$(A_{i,1}, A_{i,2}, \cdots, A_{i,n+2})$，去掉 $A_{i,1}$，$A_{i,2}$，$\cdots$，$A_{i,n-1}$ 中一个完全匹配，再去掉边 $A_{i,n+2}A_{i,n}$，$A_{i,n+2}A_{i,n+1}$，最后取点 P，连边 $PA_{i,n+2}$，得到图 G.

我们证明 G 不包含与之同阶的正则真子图.

用反证法，假定 G 包含与之同阶的正则真子图，则一定包含与之同阶的度为偶的正则真子图. 这是因为，如果正则真子图各点的度为奇，则该子图在 G 中的补图就是 G 的度为偶的正则真子图.

取 G 的一个与之同阶的度为偶的正则真子图，由欧拉定理可知，该子图可以分解为若干个无公共边的圈的并，于是，点 P 必定在其中的某个圈上，但由构图可知，P 不属于任何圈，矛盾.

综上所述，对任何正奇数 n，都存在度为 n 的不包含与之同阶的正则真子图的简单图 G. □

例 2 平面上任给 n 个点 P_1，P_2，$\cdots$，P_n，其中任意 3 点不共线，将每个点 $P_i(1 \leqslant i \leqslant n)$ 任染红蓝二色之一，设 S 是顶点集合在 $\{P_1, P_2, \cdots, P_n\}$ 中的一些三角形集合，且具有性质：对每一条线段 $P_iP_j(1 \leqslant i < j \leqslant n)$，它们在 S 各个三角形中出现的次数都相同. 试求最小的 n，使得 S 中总有两个三角形，每一个三角形的顶点都同色.

（2007 年 IMO 中国国家集训队测试题）

分析与解：

【题感】从目标看，涉及"三角形"的问题，通常的手法是去掉三角形的一条边得到"角形"关联元. 但对于本题，由于含有关键性的条件：每一条线段 $P_iP_j(1\leqslant i<j\leqslant n)$ 在 S 各个三角形中出现的次数都相同，它给出的是关于线段的信息，由此想到应去掉三角形的 2 条边得到更简单的关联元：线段，所以应对相关线段算两次.

【所有线段算两次】计算所有线段出现的总次数.

一方面，采用"分散计算". 因为有 n 个点，共有 C_n^2 条线段，而每条线段在各个三角形中出现 k 次，从而线段出现的总次数为 kC_n^2.

另一方面，采用"捆绑计算". 每个三角形中有 3 条边，又共有 $|S|$ 个三角形，从而线段出现的总次数为 $3|S|$. 所以，

$$3\mid S\mid=kC_n^2,\quad\mid S\mid=\frac{1}{3}kC_n^2.$$

【异色线段算两次】下面计算所有异色线段（两端点不同色的线段）出现的总次数.

一方面，采用"分散计算". 设 P_1，P_2，$\cdots$，P_n 中有 n_1 个红点，有 n_2 个蓝点 $(n_1+n_2=n)$，则产生 n_1n_2 条异色线段. 又由条件知，每条异色线段在 S 中都出现 k 次，于是异色线段共出现 kn_1n_2 次.

另一方面，采用"捆绑计算". 设 S 中有 x 个同色三角形，则 S 中有 $\frac{1}{3}kC_n^2-x$ 个异色三角形，每个异色三角形有 2 条异色线段，于是 S 中共有 $2\left(\frac{1}{3}kC_n^2-x\right)$ 条异色线段. 所以，

$$kn_1n_2=2\left(\frac{1}{3}kC_n^2-x\right).$$

因此

$$x=\frac{k}{6}(2C_n^2-3n_1n_2)$$

$$\geqslant\frac{1}{6}\left(2C_n^2-3\left(\frac{n_1+n_2}{2}\right)^2\right)$$

$$=\frac{1}{6}\cdot n\left(\frac{n}{4}-1\right)$$

$$=\frac{1}{24}n(n-4).$$

当 $n=8$ 时，

$$x \geqslant \frac{1}{24}n(n-4) = \frac{1}{24} \cdot 8 \cdot 4 > 1,$$

故 $x \geqslant 2$，所以 $n=8$ 合乎条件.

【构造】当 $n=7$ 时，易知 n 不合乎条件.

构造反例如下（原来的构造）：将 1、2、4 染红色，3、5、6、7 染蓝色，取

$$S = \{\{1,2,4\},\{2,3,5\},\{3,4,6\},\{4,5,7\},\{5,6,1\},\{6,7,2\},\{7,1,3\}\},$$

则每条边 ij（连接 i 和 j 的边）恰出现在一个三角形中，但没有 2 个同色三角形.

这样的构造并不自然，比如，为何取 1、2、4 为红色？此外，其构造还遗漏了 $n<7$ 的情形，但它并不是显然的，因为此时仍然要保证每一条线段在各个三角形中出现的次数都相同并不容易. 由我们后面的构造可以看出，$n=6$ 的构造还颇费周折.

【局部扩展】我们将其构造改进如下：当 $n=7$ 时，假设每条边都在 S 中出现 k 次，由于有 $C_7^2 = 21$ 条边，所有边在 S 中共出现 $21k$ 次，由于每个三角形有 3 条边，从而要构造 $\frac{21k}{3} = 7k$ 个三角形. 采用"以简驭繁"的策略，取 $k=1$，需要构造 7 个三角形.

设 7 个点为 $1, 2, \cdots, 7$，先取 1、2、3 为顶点的三角形，记为 $(1, 2, 3)$，考察边 14（表示连接 1 和 4 的边，下类似）出现一次，构造 $(1, 4, 5)$.

考察边 16 出现一次，构造 $(1, 6, 7)$. 考察边 24 出现一次，构造 $(2, 4, 6)$（因为 45 已出现，故不能是 $(2, 4, 5)$）.

考察边 25 出现一次，构造 $(2, 5, 7)$，考察边 34 出现一次，构造 $(3, 4, 7)$（因为 46 已出现，不能是 $(3, 4, 6)$）. 最后构造 $(3, 5, 6)$. 于是，令

$$S = \{(1,2,3),(1,4,5),(1,6,7),(2,4,6),(2,5,7),(3,4,7),(3,5,6)\},$$

将 1、2、3 染红色，4、5、6、7 染蓝色，则每条边 ij 恰出现在一个三角形中，但没有 2 个同色三角形.

当 $n=6$ 时，假设每条边都在 S 中出现 k 次，由于有 $C_6^2 = 15$ 条边，所有边在 S 中共出现 $15k$ 次，由于每个三角形有 3 条边，从而要构造 $\frac{15k}{3} = 5k$ 个三角形.

但此时不能取 $k=1$. 实际上，有 5 条含 1 的边（以 1 为端点之一），每条边都在 S 中出现 k 次，于是，含 1 的边在 S 中共出现 $5k$ 次. 另一方面，如果 1 在某个三角形中，则有 2 条含 1 的边，即含 1 的边成对出现，所以 $5k$ 为偶数，即 k 为偶数.

以简驭繁，取 $k=2$，则需要构造 10 个三角形.

为了直观，用一个 6×10 的表来表示所构造的 S：设第 j 个三角形的顶点为 a、b、c，则在第 j 列，

第 a、b、c 行位置标上记号(黑点),由于每列 3 个点,共 30 个点,从而可构造每行 5 个点.

【局部扩展】不妨设第一行的 5 个点在前 5 列,先取三角形(1,2,3),考察边 12 还要出现一次,构造(1,2,4).考察边 13 还出现一次,构造(1,3,5)……如此下去(尽可能先取较小的数,字典排法),得到前面 4 列的构造如下(图 5):

	1	2	3	4	5	6	7	8	9	10
1	•	•	•	•	•					
2	•	•				•	•	•		
3	•		•						•	•
4		•		•						
5			•	•						
6					•					

图 5

但此时边 16 无法出现 2 次,于是将第 4 列调整为(1,4,6),构造可继续进行字典排法,得到前面 7 列的构造如下(图 6):

	1	2	3	4	5	6	7	8	9	10
1	•	•	•	•	•					
2	•	•				•	•	•		
3	•		•			•			•	•
4		•		•						
5			•		•		•			
6				•	•					

图 6

但此时边 25 无法出现 2 次,于是将第 6 列调整为(2,3,5),构造可继续进行字典排法,得到前面 7 列的构造如下(图 7):

	1	2	3	4	5	6	7	8	9	10
1	•	•	•	•	•					
2	•	•				•	•	•		
3	•					•			•	•
4		•		•						
5			•		•	•	•			
6				•				•		

图 7

但此时边 26 无法出现 2 次，于是将第 7 列调整为(2，4，6)，构造可继续进行字典排法，得到前面 9 列的构造如下(图8)：

	1	2	3	4	5	6	7	8	9	10
1	•	•	•	•	•					
2	•	•				•	•	•		
3	•		•			•			•	•
4		•		•			•	•		
5			•			•		•		
6				•	•		•	•	•	

图 8

但此时边 34、36 无法都出现 2 次，且第 9 列无法调整，于是只能将前面的第 3 列调整为(1，3，6)，再按字典排法，得到前 6 列的构造如下(图9)：

	1	2	3	4	5	6	7	8	9	10
1	•	•	•		•					
2	•	•				•	•	•		
3	•		•			•				
4		•		•		•				
5				•	•		•			
6			•		•		•			

图 9

但此时边 25、26 无法都出现 2 次，于是将第 6 列调整为(2，3，5)，再按字典排法，得到前 7 列的构造如下(图10)：

	1	2	3	4	5	6	7	8	9	10
1	•	•	•		•					
2	•	•				•	•	•		
3	•		•			•				
4		•		•			•			
5				•	•	•				
6			•		•					

图 10

但此时边 26 无法出现 2 次，于是将第 7 列调整为(2，4，6)，再按字典排法，得到合乎条件的构造如下（图 11）：

	1	2	3	4	5	6	7	8	9	10
1	·	·	·	·	·					
2	·	·				·	·	·		
3	·		·			·			·	·
4		·			·		·		·	
5			·	·	·			·	·	
6			·			·	·			·

图 11

于是，令

$$S = \{(1,2,3),\ (1,2,4),\ (1,3,6),\ (1,4,5),\ (1,5,6),$$

$$(2,3,5),\ (2,4,6),\ (2,5,6),\ (3,4,5),\ (3,4,6)\},$$

将 1、2、3 染红色，4、5、6 染蓝色，则每条边 ij 恰出现在 2 个三角形中，但没有 2 个同色三角形.

如果 $n \leqslant 5$，则将 1、2、3 染红色，其余染蓝色，则最多有一个红色三角形，没有蓝色三角形，从而没有 2 个同色三角形.

综上所述，n 的最小值为 8. □

揭开神秘面纱

——2017 年集训队一道测试题解法探秘

冯跃峰

（深圳市高级中学，518040）

2017 年 IMO 中国国家集训队第 3 次测试中，瞿振华提供了一道非常有趣的组合问题，给出的两个解答也很精彩. 尤其是付云浩还给出一个非常简洁明了的解答，巧妙至极，读之令人拍案叫绝（见《走向 IMO：数学奥林匹克试题集锦（2017）》第 118 页）.

我们自然会问，怎么会想到如此精妙绝伦的解答？ 愚禁不住好奇心驱使，对其解答的思维过程妄加揣测，写成如下的文字，作为对原解答的学习和膜拜.

题目 设 X 是一个 100 元集，求具有下列性质的最小自然数 n：对于任意由 X 的子集构成的长为 n 的序列 A_1，A_2，$\cdots$，A_n，都存在 $1 \leqslant i < j < k \leqslant n$，满足 $A_i \subseteq A_j \subseteq A_k$，或者 $A_k \subseteq A_j \subseteq A_i$.

（2017 年中国国家集训队测试题第 3 轮）

【题感】 从条件看，任何长为 n 的集合序列 A_1，A_2，$\cdots$，A_n，都存在 $1 \leqslant i < j < k \leqslant n$，满足 $A_i \subseteq A_j \subseteq A_k$，或者 $A_k \subseteq A_j \subseteq A_i$. 这个条件将被反复运用，它是"任意型"的，但不能"赋值"（适当取长为 n 的集合序列），因为 n 并不知道；也无法叠合，所以只能反面思考. 注意到其性质的表述不够简洁，可引入新定义：

如果长为 n 的序列 A_1，A_2，$\cdots$，A_n，存在 $1 \leqslant i < j < k \leqslant n$，满足 $A_i \subseteq A_j \subseteq A_k$，或者 $A_k \subseteq A_j \subseteq A_i$，则称 (A_i, A_j, A_k) 是该序列的一个长为 3 的同序链.

这样，问题变为：X 的任意长为 n 的子集列都含有长为 3 的同序链，求 n 的最小值.

从目标看，求 n 的最小值，包括"不等式 $n \geqslant \cdots$"与"等式 $n = \cdots$ 时合乎要求"两个方面.

一般地说，不等式的建立有 4 个最常用的方法：

(i) 建立算法：得到控制式 $f(n) \geqslant 0$；

(ii) 穷举否定：证明 $n \neq 1$，$n \neq 2$，$\cdots$，$n \neq r-1$，得到 $n \geqslant r$；

(iii) 反面思考：找最大的常数 n'，使不满足限定条件，由此推出 $n \geqslant n' + 1$.

(iv) 从等号突破:找到一个满足限定条件的 n_0,然后证明 $n \geqslant n_0$.

对于本题,由于题目的条件不提供算法,从而方法(i)不行;而方法(ii)则太繁,比如 $n = 1, 2, \cdots,$ 100,$\cdots$ 都不合乎要求.同样理由,方法(iv) 也不行,所以我们考虑方法(iii).

【反面思考】取尽可能大的 n,使题目限定条件不满足,即 X 存在长为 n 的子集列不含长为 3 的同序链.

这自然想到找一个充分条件:考虑怎样的集合列一定不含同序链.

【充分条件】集合列不含同序链的一个充分条件是:任何两个集合互不包含.进而,两个不同集合互不包含的一个充分条件是它们的容量相等.于是,取若干个容量相等的互异集合排成一个序列 U,则 U 不含同序链.

为使序列 U 尽可能长,可取 U 中各子集的容量为 $\dfrac{|X|}{2} = 50$.此时,序列 U 的长度为 C_{100}^{50}.

【局部扩展】由于允许所构造的集合列包含长为 2 的同序链(包括含相同集合),于是可在序列 U 的后面再接一个序列 U,得到集合列 $M = (U, U)$.至此,集合列 M 的长度达到了 $C_{100}^{50} + C_{100}^{50}$.

能否继续扩展? 显然,集合列 M 的左右两边都不能再排任何集合.比如 M 后面排一个集合 A,当 $|A| < 50$ 时,U 中一定有一个集合 B 包含 A;当 $|A| > 50$ 时,U 中一定有一个集合 B 被 A 包含,于是 M 中有同序链 BBA.

是不是 M 已达到最大? 非也! ——在两个集合列 U 之间还可以"插入"容量不为 50 的集合.为使序列 M 尽可能长,可插入一个"各集合容量都为 51"的子集列 V,得到集合列 $M = (U, V, U)$.

至此,集合列 M 的长度达到了 $C_{100}^{50} + C_{100}^{51} + C_{100}^{50} = C_{101}^{51} + C_{100}^{50}$.

能否让 V 也出现两次? 不能! 否则有形如 AAB 的同序链.但注意到长为 4 的大小交替排列不含长为 3 的同序链,所以在集合列 U、V 之间还可以"插入"容量小于 50 的集合.为使构造的序列尽可能长,可插入一个"各集合容量都为 49"的子集列 W,得到集合列 $M = (U, W, V, U)$.

至此,M 无法再扩充,其长度为 $C_{101}^{51} + C_{100}^{50} + C_{100}^{49} = C_{101}^{51} + C_{101}^{50} = C_{102}^{51}$.

由于 M 中不存在长为 3 的同序链,所以 $n \leqslant C_{102}^{51}$ 不合乎要求,故 $n \geqslant C_{102}^{51} + 1$.

下面证明 $n = C_{102}^{51} + 1$ 合乎要求.

注意条件的反面:存在集合列"不含长为 3 的同序链"更便于推理,宜进行反面思考.

【反面思考】反设 $n = C_{102}^{51} + 1$ 不合乎要求,则必定存在长为 n 的集合序列 $A_1, A_2, \cdots, A_n$,其中不含长为 3 的同序链.

【结构联想】注意到集合序列"不存在长为 3 的同序链"的一个充分条件是各个集合互不包含,这似乎与斯佩拉定理相关,而数据 C_{102}^{51} 恰好是斯佩拉定理中的"最值常数":102 元集合中互不包含的子集的最多个数,它指引我们这样探索:能否由 X 的不含长为 3 的同序链的子集列 $(A_1,A_2,\cdots,A_n)$,对应某个 102 元集合的一个互不包含子集列 $(B_1,B_2,\cdots,B_n)$.

若然,则由斯佩拉定理,必有 $n \leqslant C_{102}^{51}$,与 $n = C_{102}^{51}+1$ 矛盾.

【反面思考】如何使子集 $B_1,B_2,\cdots,B_n$ 互不包含? 采用反证法的推理模式:假设 $B_1,B_2,\cdots,B_n$ 中存在两个集合 B_i、$B_j(1 \leqslant i < j \leqslant n)$,其中一个包含另一个,则有以下两种情形:$B_i \subseteq B_j(1 \leqslant i < j \leqslant n)$ 或 $B_i \subseteq B_j(1 \leqslant j < i \leqslant n)$. 要导出矛盾,只需使其具有如下性质:

当 $B_i \subseteq B_j(1 \leqslant i < j \leqslant n)$ 时,必定有 $A_i \subseteq A_j(1 \leqslant i < j \leqslant n)$,且存在 $j < k \leqslant n$,使得 $A_j \subseteq A_k$,这样便有 $A_i \subseteq A_j \subseteq A_k(1 \leqslant i < j < k \leqslant n)$,产生矛盾;

当 $B_i \subseteq B_j(1 \leqslant j < i \leqslant n)$ 时,必定有 $A_i \subseteq A_j(1 \leqslant j < i \leqslant n)$,且存在 $1 \leqslant k < j$,使得 $A_j \subseteq A_k$,这样便有 $A_i \subseteq A_j \subseteq A_k(1 \leqslant k < j < i \leqslant n)$,产生矛盾.

现在考虑如何构造 $B_1,B_2,\cdots,B_n$ 使其具有上述性质,取一个代表元来研究:考虑如何构造 $B_t(1 \leqslant t \leqslant n)$.

由于要满足多个条件,可先构造满足部分条件的拟对象.

【拟对象逼近】(i)首先,B_t 是某个 102 元集合的子集,这个 102 元集显然为 $X \cup \{x,y\}$,其中 x、y 是不属于 X 的任意两个不同元素.

(ii) 其次,考虑如何定义 $B_t(1 \leqslant t \leqslant n)$,方能使其满足"$B_i \subseteq B_j(1 \leqslant j < i \leqslant n)$ 时,必定有 $A_i \subseteq A_j(1 \leqslant j < i \leqslant n)$".

【找充分条件】一个充分条件是:B_t 是由 A_t 扩充的,如下图:

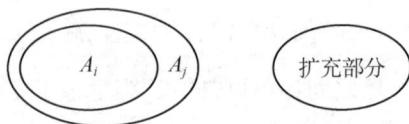

不管 A_i、A_j 扩充的元素是否相同,只要 $B_i \subseteq B_j$,就一定有 $A_i \subseteq A_j$.

再结合(i),扩充的元素必定属于 $\{x,y\}$,从而扩充方式有 4 种可能:

$$B_t = A_t;\ B_t = A_t \cup \{x\};\ B_t = A_t \cup \{y\};\ B_t = A_t \cup \{x,y\}.$$

究竟 A_t 用哪种扩充方式,应依据目标要求来确定.

(iii) 最后考虑,如何定义 B_t,才能保证"存在 $j < k \leqslant n$,使得 $A_j \subseteq A_k$". 它可理解为:在序列 $A_1,A_2,\cdots,A_n$ 位于 A_j 的右边存在包含 A_j 的集合 A_k.

为叙述问题方便,我们先给出如下定义:

如果 $A_i \subseteq A_j(1 \leqslant i < j \leqslant n)$,则称 A_i 被 A_j"右包含",A_j 为右包含 A_i 的集合;如果 $A_i \subseteq$

$A_j(1 \leqslant j < i \leqslant n)$，则称 A_i 被 A_j "左包含"，A_j 为左包含 A_i 的集合.

由 "$A_j \subseteq A_k(1 \leqslant j < k \leqslant n)$" 的意义：$A_j$ 存在"右包含"集合，想到这样定义 B_t：

当 A_t 存在"右包含"集合时，令 $B_t = A_t \bigcup \{x\}$（并假定此时不存在左包含）.

进而想到：当 A_t 存在"左包含"集合时，令 $B_t = A_t \bigcup \{y\}$（假定此时不存在右包含）；

当 A_t 既存在"左包含"集合，又存在"右包含"集合时，令 $B_t = A_t \bigcup \{x, y\}$；

当 A_t 既不存在"左包含"集合，又不存在"右包含"集合时，令 $B_t = A_t$.

【验证】(i) 若 $B_i \subseteq B_j(1 \leqslant i < j \leqslant n)$，此时显然有 $A_i \subseteq A_j(1 \leqslant i < j \leqslant n)$. 这表明，$A_i$ 存在"右包含"集合（不否定 A_i 同时存在"左包含"集合），由 B_i 的定义，

$$B_i = A_i \bigcup \{x\}，或者 B_i = A_i \bigcup \{x, y\}.$$

由此可见，$x \in B_i$. 又 $B_i \subseteq B_j$，所以 $x \in B_j$.

进而由 B_j 的定义，A_j 存在"右包含"集合，即存在 $j < k \leqslant n$，使 $A_j \subseteq A_k$，于是 $A_i \subseteq A_j \subseteq A_k(1 \leqslant i < j < k \leqslant n)$，矛盾.

(ii) 若 $B_j \subseteq B_i(1 \leqslant i < j \leqslant n)$，此时显然有 $A_j \subseteq A_i(1 \leqslant i < j \leqslant n)$. 这表明，$A_j$ 存在"左包含"集合（不否定 A_j 同时存在"右包含"集合），由 B_j 的定义，

$$B_j = A_j \bigcup \{y\}，或者 B_j = A_j \bigcup \{x, y\}.$$

由此可见，$y \in B_j$. 又 $B_j \subseteq B_i$，所以 $y \in B_i$.

进而由 B_i 的定义，A_i 存在"左包含"集合，即存在 $1 \leqslant k < i \leqslant n$，使 $A_i \subseteq A_k$，于是 $A_j \subseteq A_i \subseteq A_k(1 \leqslant k < i < j \leqslant n)$，矛盾.

【新写】对 X 的子集序列 A_1，A_2，$\cdots$，A_n，称满足题目条件的 3 个集合 A_i、A_j、A_k 为长为 3 的同序链. 如果 $A_i \subseteq A_j$ 且 $1 \leqslant i < j \leqslant n(1 \leqslant j < i \leqslant n)$，则称 A_j 为右（左）包含 A_i 的集合.

将 X 的所有 50(49, 51)元集排成一个序列 $U(V, W)$，构造集合列 $M = (U, V, W, U)$. 则 M 的长度为 $C_{100}^{50} + C_{100}^{49} + C_{100}^{51} + C_{100}^{50} = C_{102}^{51}$.

由于 M 中不存在长为 3 的同序链，所以 $n \geqslant C_{102}^{51} + 1$.

当 $n = C_{102}^{51} + 1$ 时，反设存在长为 n 的不含长为 3 的同序链的集合序列 A_1，A_2，$\cdots$，A_n，任取一个 102 元集：$X \bigcup \{x, y\}$. 对每一个 $1 \leqslant t \leqslant n$，当 A_t 在序列中只存在"右（左）包含"集合时，令 $B_t = A_t \bigcup \{x\}(A_t \bigcup \{y\})$；当 A_t 的"左、右包含"集合都存在时，令 $B_t = A_t \bigcup \{x, y\}$；当 A_t 的"左、右包含"集合都不存在时，令 $B_t = A_t$.

若存在 $B_i \subseteq B_j(1 \leqslant i < j \leqslant n)$，此时显然有 $A_i \subseteq A_j(1 \leqslant i < j \leqslant n)$. 这表明，$A_i$ 存在"右包含"集合，由 B_i 的定义，

$$B_i = A_i \bigcup \{x\}, \text{或者} B_i = A_i \bigcup \{x, y\}.$$

由此可见，$x \in B_i$. 又 $B_i \subseteq B_j$，所以 $x \in B_j$.

进而由 B_j 的定义，A_j 存在"右包含"集合，即存在 $j < k \leqslant n$，使 $A_j \subseteq A_k$，于是 $A_i \subseteq A_j \subseteq A_k (1 \leqslant i < j < k \leqslant n)$，矛盾. 若存在 $B_j \subseteq B_i (1 \leqslant i < j \leqslant n)$ 同样矛盾.

所以 B_1，B_2，$\cdots$，B_n 互不包含，由斯佩拉定理，有 $n \leqslant C_{102}^{51}$，与 $n = C_{102}^{51} + 1$ 矛盾.

综上所述，n 的最小值为 $C_{102}^{51} + 1$.

2016 年 CMO 两道组合题思路分析

冯跃峰

（深圳市高级中学，518040）

2016 年 CMO 中两道组合的难度都不大，但都颇为有趣，我们给出这两个问题解答的思路分析．

第 3 题 将矩形 R 分割为 2016 个小矩形，每个小矩形的顶点称为结点，每个小矩形的边和 R 的边平行．若一条线段的两个端点为结点，且线段上没有其他结点，则称之为基本线段．求遍历所有划分方式的基本线段数量的最小值和最大值．

【题感】本题是今年冬令营第一天的最后题．按往年惯例，这个位置的题目应该是两天考试中最难的一个试题，但今年该题却出乎意外的容易．这也许是命题者高估了该题的难度，又或是命题组为了打破常规，具体情况不得而知．

本题属于组合中的计数极值问题．对于计数题，最基本的方法是分类计数：根据计数对象的某个要素的不同情况估计计数对象的个数．

本题的计数对象显然有两个要素即基本线段的两端点．但每个结点引出的基本线段条数有区别，所以我们需要对结点分类．

【定义】如果一个结点引出 r 条基本线段，则称之为 r 型结点．

【容量参数】矩形分割中有 4 个 2 型结点（矩形 R 的 4 个顶点），而 3 型结点、4 型结点的个数不确定，这也就导致基本线段条数不确定，从而可求其最大值与最小值．

为了使基本线段条数相对确定，可引入容量参数：设 3 型结点、4 型结点的个数分别为 x、y，则所有结点引出的基本线段的条数为 $2 \times 4 + 3x + 4y$．

由于每条基本线段有 2 个结点，被计算 2 次，所以基本线段的总数：

$$S = \frac{2 \times 4 + 3x + 4y}{2} = \frac{3}{2}x + 2y + 4.$$

下面求 x、y 满足的约束条件，这显然由题中的唯一条件：矩形分割数目为 2016 来确定．

因为每个 2 型结点引出唯一的矩形，每个 3 型结点引出 2 个矩形，每个 4 型结点引出 4 个矩形，于是所有结点引出的矩形的个数为 $4+2x+4y$.

由于每个矩形有 4 个结点,被计算 4 次,所以矩形的总数为

$$\frac{4+2x+4y}{4}=2016,$$

即 $x+2y=4030$.

至此,问题转化为在条件 $x+2y=4030$ 的约束下,求 $S=\dfrac{3}{2}x+2y+4$ 的最值.

求多元函数最值,最基本的方法是消元法,这里显然消去 x 比较方便.由于 $x=4030-2y$,所以

$$S=\frac{3}{2}x+2y+4=6049-y.$$

至此,我们只需求出 y 的最大值与最小值.

显然,y 的最小值是 0.此时分割中除矩形 R 的顶点外其余结点都是 3 型结点,这显然是可行的:每次分割都将其中一个矩形一分为二即可.最简单的一种划分是 1×2016 棋盘,此时 $y=0$,$S=6049$.

下面求 y 的最大值.一个朴素的想法是:x 能否为 0?这显然是不可能的,因为从一个 4 型结点出发,可以找到 4 个 3 型结点.

实际上,对于 4 型结点 A,从 A 开始沿着矩形的边向上下左右 4 个方向前进,会分别遇到形如 "┬"、"┴"、"├"、"┤" 的 3 型结点.

尽管我们不能说每个 4 型结点都对应形如 "┬"、"┴"、"├"、"┤" 的 3 型结点各一个,从而不能简单地说 $x\geqslant 4y$;但我们可以说,一组 4 型结点都对应一个形如 "├" 的 3 型结点,这一组 4 型结点的共同特征是位于同一条横向直线上.

于是,过每个 4 型结点分别作一条横向和纵向直线平行于矩形的边,则每条横向直线上至少有 2 个形如 "├"、"┤" 的 3 型结点,每条纵向直线上至少有 2 个形如 "┬"、"┴" 的 3 型结点.

【过渡参数】为了得到 x、y 之间的不等关系,我们引入过渡参数 t,希望建立关系:$x\geqslant f(t)\geqslant g(y)$.

假设横向与纵向直线分别有 p、q 条,则形如 "├"、"┤" 的 3 型结点至少有 $2p$ 个,形如 "┬"、"┴" 的 3 型结点至少有 $2q$ 个,所以

$$x\geqslant 2p+2q.$$

由于 p 条横向直线、q 条纵向直线产生 pq 个交点,这些交点覆盖了所有的 4 型结点,所以 $y\leqslant pq$.于是

$$x \geqslant 2p + 2q \geqslant 2\sqrt{2p \cdot 2q} = 4\sqrt{pq} \geqslant 4\sqrt{y}.$$

即 $4030 - 2y \geqslant 4\sqrt{y}$. 由此得 $y \leqslant (\sqrt{2016} - 1)^2$, 所以 $y \leqslant 1927$. 因此

$$S = 6049 - y \geqslant 6049 - 1927 = 4122.$$

要使 $S = 4122$, 必须 $y = 1927$. 从不等式成立等号条件考虑, 可取 $y = pq$, 由于 $1927 = 41 \times 47$, 而 41、47 是素数, 从而存在唯一的"棋盘型"构造, 此时 41 条横向直线, 47 条纵向直线将棋盘划分为 $42 \times 48 = 2016$ 个矩形, 合乎要求.

综上所述, 基本线段数目的最大、最小值分别为 6049、4122.

以上的解答不需要高中教材之外的任何知识, 仅用到一元二次不等式的解法和二元平均值不等式.

【新写】称引出 r 条基本线段的结点为 r 型结点. 设 3 型结点、4 型结点的个数分别为 x、y, 则所有结点引出的基本线段的条数为 $2 \times 4 + 3x + 4y$.

由于每条基本线段被计算 2 次, 所以基本线段的总数:

$$S = \frac{2 \times 4 + 3x + 4y}{2} = \frac{3}{2}x + 2y + 4.$$

因为每个 2 型、3 型、4 型结点引出的矩形个数分别为 1、2、4, 于是所有结点引出的矩形的个数为 $4 + 2x + 4y$.

由于每个矩形被计算 4 次, 所以矩形的总数为

$$\frac{4 + 2x + 4y}{4} = 2016,$$

即 $x + 2y = 4030$. 消去 x, 得

$$S = 6049 - y \leqslant 6049.$$

将矩形划分为 1×2016 棋盘, 此时

$$y = 0, \ S = 6049.$$

过每个 4 型结点分别作一条横向和纵向直线平行于矩形的边, 设横向、纵向直线分别有 p、q 条, 则形如"├"、"┤"的 3 型结点至少有 $2p$ 个, 形如"┬"、"┴"的 3 型结点至少有 $2q$ 个, 所以 $x \geqslant 2p + 2q$.

p 条横向直线、q 条纵向直线产生 pq 个交点, 这些交点覆盖了所有的 4 型结点, 所以 $y \leqslant pq$. 于是

$$x \geqslant 2p + 2q \geqslant 2\sqrt{2p \cdot 2q} = 4\sqrt{pq} \geqslant 4\sqrt{y}.$$

即 $4030 - 2y \geqslant 4\sqrt{y}$.

由此得 $y \leqslant (\sqrt{2016} - 1)^2$,所以 $y \leqslant 1927$. 因此

$$S = 6049 - y \geqslant 6049 - 1927 = 4122.$$

将棋盘划分为 42×48 棋盘合乎要求,此时 $S = 4122$.

综上所述,基本线段数目的最大、最小值分别为 6049、4122.　　□

第 4 题 设整数 $n \geqslant 2$,对于 $1, 2, \cdots, n$ 的任意两个排列 $\alpha = (a_1, a_2, \cdots, a_n)$,$\beta = (b_1, b_2, \cdots, b_n)$,若存在整数 $k \leqslant n$,使得

$$b_i = \begin{cases} a_{k+1-i}, & 1 \leqslant i \leqslant k; \\ a_i, & k+1 \leqslant i \leqslant n, \end{cases}$$

则称 α、β 互为翻转. 试证:可以把 $1, 2, \cdots, n$ 的所有排列适当记为 $P_1, P_2, \cdots, P_{n!}$,使得对于每个 $i = 1, 2, \cdots, n!$,P_i 与 P_{i+1} 互为翻转,其中规定 $P_{n!+1} = P_1$.

【题感】本题的结构与下述问题相似:

可以将 $X = \{a_1, a_2, \cdots, a_n\}$ 的所有子集排成一列,使任何两个相邻子集恰相差一个元素.

原题采用的是递归构造,所以我们这里也用递归构造来尝试解答.

对于 $\{1, 2, \cdots, n\}$ 的若干个排列 $P_1, P_2, \cdots, P_m$,如果对每个 $i = 1, 2, \cdots, m$,P_i 与 P_{i+1} 互为翻转,则称它们是 $\{1, 2, \cdots, n\}$ 的一个翻转链.

这样,问题转化为构造 $\{1, 2, \cdots, n\}$ 的所有不同排列组成的一个翻转链,我们称为完全翻转链.

为了寻找递归关系,我们先研究特例.

当 $n = 2$ 时,完全翻转链唯一存在:$(1, 2)$,$(2, 1)$.

当 $n = 3$ 时,不妨设第一个排列为 $(1, 2, 3)$,则完全翻转链有 2 个:

第一个:$(1, 2, 3)$,前两个数翻转→$(2, 1, 3)$,所有数都翻转→$(3, 1, 2)$,前两个数翻转→$(1, 3, 2)$,所有数都翻转→$(2, 3, 1)$,前两个数翻转→$(3, 2, 1)$.

第二个:$(1, 2, 3)$,所有数都翻转→$(3, 2, 1)$,前两个数翻转→$(2, 3, 1)$,所有数都翻转→$(1, 3, 2)$,前两个数翻转→$(3, 1, 2)$,所有数都翻转→$(2, 1, 3)$.

这两个完全翻转链本质上是一致的:后一个链是前一个链的反向排列. 我们取第一种形式,因为它与 $n = 2$ 的情形更接近,前两个排列恰好是 $n = 2$ 的完全翻转链的每个排列后面添加 3.

由此想到引入定义:对于排列 $\alpha = (a_1, a_2, \cdots, a_n)$,定义

$$\alpha \bigcup \{k\} = (a_1, a_2, \cdots, a_n, k),$$

其中 $k \neq a_1, a_2, \cdots, a_n$.

显然,如果 $P_1, P_2, \cdots, P_m$ 是 $\{1, 2, \cdots, n\}$ 的一个翻转链,则 $P_1 \bigcup \{k\}, P_2 \bigcup \{k\}, \cdots, P_m \bigcup \{k\}$ 是 $\{1, 2, \cdots, n, k\}$ 的一个翻转链,我们称之为性质 1.

现在来看看 $n = 3$ 的完全翻转链中后面的排列与前两个排列有何关系. 为此,将其按下面的方式排列整齐:

$$(1, 2, 3), (2, 1, 3),$$
$$(3, 1, 2), (1, 3, 2),$$
$$(2, 3, 1), (3, 2, 1).$$

细心观察,不难发现下一行的排列恰好是前一行排列每个数减少 1,其中的数按模 3 理解. 由此想到给出如下定义

对于排列 $\alpha = (a_1, a_2, \cdots, a_n)$,定义

$$\alpha + i = (a_1 + i, a_2 + i, \cdots, a_n + i),$$

其中的数按模 n 理解.

显然,如果 $P_1, P_2, \cdots, P_m$ 是 $\{1, 2, \cdots, n\}$ 的一个翻转链,则 $P_1 + i, P_2 + i, \cdots, P_m + i$ 也是 $\{1, 2, \cdots, n\}$ 的一个翻转链,我们称之为性质 2.

这样,记 $n = 2$ 时的完全翻转链为 P_1、P_2,则 $n = 3$ 时的完全翻转链可简单地记为:

$$Q_1, Q_2, Q_1 - 1, Q_2 - 1, Q_1 - 2, Q_2 - 2,$$

其中 $Q_i = P_i \bigcup \{3\}$.

由此便可得到一般情形的构造.

设 n 的情形完全翻转链为 $P_1, P_2, \cdots, P_{n!}$,令 $Q_i = P_i \bigcup \{n + 1\}$,我们证明:

$$Q_1, Q_2, \cdots, Q_{n!} \,;$$
$$Q_1 - 1, Q_2 - 1, \cdots, Q_{n!} - 1;$$
$$Q_1 - 2, Q_2 - 2, \cdots, Q_{n!} - 2;$$
$$\cdots$$
$$Q_1 - n, Q_2 - n, \cdots, Q_{n!} - n$$

是 $\{1, 2, \cdots, n+1\}$ 的完全翻转链,其中的数按模 $n+1$ 理解.

实际上,由归纳假设和翻转链的性质 1 可知,$U_0 = (Q_1, Q_2, \cdots, Q_{n!})$ 是 $\{1, 2, \cdots, n+1\}$ 的一个翻转链.进而由性质 2 可知,对任何整数 $i(1 \leqslant i \leqslant n)$,$U_i = (Q_1 - i, Q_2 - i, \cdots, Q_{n!} - i)$ 都是 $\{1, 2, \cdots, n+1\}$ 的一个翻转链.

由归纳假设可知,$P_1, P_2, \cdots, P_{n!}$ 是 $\{1, 2, \cdots, n\}$ 的所有不同的排列,于是 $Q_1, Q_2, \cdots, Q_{n!}$ 是 $\{1, 2, \cdots, n+1\}$ 的 $n!$ 个不同的排列,进而知 $U_i = (Q_1 - i, Q_2 - i, \cdots, Q_{n!} - i)$ 是 $\{1, 2, \cdots, n+1\}$ 的 $n!$ 个不同的排列(每个数减少 i 仍构成模 $n+1$ 的完系).

下面说明对任何 $0 \leqslant i < j \leqslant n$,$U_i$ 与 U_j 中的排列不同,这是因为 U_i 中每个排列最后一个数为 $n+1-i$,而 U_j 中每个排列最后一个数为 $n+1-j$.

于是,$U_0, U_1, \cdots, U_n$ 包含了 $\{1, 2, \cdots, n+1\}$ 的所有 $(n+1)1 \cdot n! = (n+1)!$ 个排列.

最后只需证明对每个 $0 \leqslant i \leqslant n$,$U_i$ 中最后一个排列与 U_{i+1} 中第一个排列互为翻转.

显然,U_i 中最后一个排列为 $Q_{n!} - i = P_{n!} \bigcup \{n+1\} - i$,$U_{i+1}$ 中第一个排列为 $Q_1 - i - 1 = P_1 \bigcup \{n+1\} - i - 1$,为了确定这两个排列,只需确定归纳假设中完全翻转链的首尾两个排列.结合 $n = 2, 3$ 的情形,想到加强命题:设完全翻转链首尾两个排列分别为 $P_1 = (1, 2, \cdots, n)$,$P_{n!} = (n, n-1, \cdots, 1)$.

【新写】对于排列 $\alpha = (a_1, a_2, \cdots, a_n)$,定义

$$\alpha \bigcup \{k\} = (a_1, a_2, \cdots, a_n, k),$$

其中 $k \neq a_1, a_2, \cdots, a_n$,和

$$\alpha + i = (a_1 + i, a_2 + i, \cdots, a_n + i),$$

其中的数按模 n 理解.

对于 $\{1, 2, \cdots, n\}$ 的若干个排列 $P_1, P_2, \cdots, P_m$,如果对每个 $i = 1, 2, \cdots, m$,P_i 与 P_{i+1} 互为翻转,则称它们是 $1, 2, \cdots, n$ 的一个翻转链.并称包含 $1, 2, \cdots, n$ 的所有不同排列组成的翻转链为完全翻转链.

显然,$\{1, 2, \cdots, n\}$ 的一个翻转链具有如下两个简单性质:

性质 1 如果 $P_1, P_2, \cdots, P_m$ 是 $\{1, 2, \cdots, n\}$ 的一个翻转链,则 $P_1 \bigcup \{k\}, P_2 \bigcup \{k\}, \cdots, P_m \bigcup \{k\}$ 是 $\{1, 2, \cdots, n, k\}$ 的一个翻转链.

性质 2 如果 $P_1, P_2, \cdots, P_m$ 是 $\{1, 2, \cdots, n\}$ 的一个翻转链,则 $P_1 + i, P_2 + i, \cdots, P_m + i$ 也是 $\{1, 2, \cdots, n\}$ 的一个翻转链,其中的数按模 n 理解.

下面证明:存在 $\{1, 2, \cdots, n\}$ 的完全翻转链 $P_1, P_2, \cdots, P_{n!}$,使得 $P_1 = (1, 2, \cdots, n)$,$P_{n!} = (n, n-1, \cdots, 1)$.

对 n 归纳. 当 $n=2$ 时,$\{1, 2\}$ 的完全翻转链为 $(1, 2)$, $(2, 1)$,结论成立.

设结论对整数 n 成立,$\{1, 2, \cdots, n\}$ 的完全翻转链为 P_1, P_2, $\cdots$, $P_{n!}$,其中 $P_1 = (1, 2, \cdots, n)$, $P_{n!} = (n, n-1, \cdots, 1)$.

令 $Q_i = P_i \bigcup \{n+1\}$,我们证明:

$$Q_1, Q_2, \cdots, Q_{n!} ;$$
$$Q_1 - 1, Q_2 - 1, \cdots, Q_{n!} - 1;$$
$$Q_1 - 2, Q_2 - 2, \cdots, Q_{n!} - 2;$$
$$\cdots$$
$$Q_1 - n, Q_2 - n, \cdots, Q_{n!} - n$$

是 $\{1, 2, \cdots, n+1\}$ 的完全翻转链,其中的数按模 $n+1$ 理解.

实际上,由归纳假设和翻转链的性质 1 可知,$U_0 = (Q_1, Q_2, \cdots, Q_{n!})$ 是 $\{1, 2, \cdots, n+1\}$ 的第一个翻转链. 进而由性质 2 可知,对任何整数 i($1 \leqslant i \leqslant n$), $U_i = (Q_1 - i, Q_2 - i, \cdots, Q_{n!} - i)$ 都是 $\{1, 2, \cdots, n+1\}$ 的一个翻转链.

由归纳假设可知,P_1, P_2, $\cdots$, $P_{n!}$ 是 $\{1, 2, \cdots, n\}$ 的所有不同的排列,于是 Q_1, Q_2, $\cdots$, $Q_{n!}$ 是 $\{1, 2, \cdots, n+1\}$ 的 $n!$ 个不同的排列,进而知 $U_i = (Q_1 - i, Q_2 - i, \cdots, Q_{n!} - i)$ 是 $\{1, 2, \cdots, n+1\}$ 的 $n!$ 个不同的排列.

又对任何 $0 \leqslant i < j \leqslant n$, U_i 与 U_j 中的排列不同,这是因为 U_i 中每个排列最后一个数为 $n+1-i$,而 U_j 中每个排列最后一个数为 $n+1-j$.

于是,U_0, U_1, $\cdots$, U_n 包含了 $\{1, 2, \cdots, n+1\}$ 的所有 $(n+1)1 \cdot n! = (n+1)!$ 个排列.

最后说明对每个 $0 \leqslant i \leqslant n$, U_i 中最后一个排列与 U_{i+1} 中第一个排列互为翻转.

实际上,U_i 中最后一个排列为

$$Q_{n!} - i = P_{n!} \bigcup \{n+1\} - i$$
$$= (n-i, n-1-i, n+1, n, n-1, \cdots, n+2-i, n+1-i),$$

U_{i+1} 中第一个排列为

$$Q_1 - i - 1 = P_1 \bigcup \{n+1\} - i - 1$$
$$= (n+1-i, n+2-i, \cdots, n+1, 1, 2, \cdots, n-i),$$

这两个排列显然互为翻转,所以结论对 $n+1$ 的成立.

综上所述,命题获证. □

联赛加试压轴题思路分析

冯跃峰

（深圳市高级中学，518040）

题目 求具有下述性质的所有正整数 k：对任意正整数 n，$2^{(k-1)n+1}$ 不整除 $\dfrac{(kn)!}{n!}$．

这是 2015 年全国高中数学联赛加试压轴题，命题组提供的解答如下：

解 对于正整数 m，设 $v_2(m)$ 表示正整数 m 的标准分解中素因子 2 的方幂，则熟知

$$v_2(m!) = m - S(m). \tag{1}$$

这里 $S(m)$ 表示正整数 m 在二进制表示下的数码之和．

由于 $2^{(k-1)n+1}$ 不整除 $\dfrac{(kn)!}{n!}$ 等价于 $v_2\left(\dfrac{(kn)!}{n!}\right) \leqslant (k-1)n$，即

$$kn - v_2((kn)!) \geqslant n - v_2(n!),$$

进而由(1)式知，本题等价于求所有正整数 k，使得 $S(kn) \geqslant S(n)$ 对任意正整数 n 成立．

我们证明，所有符合条件的 k 为 $2^r (r \in \mathbf{N})$．

一方面，由于 $S(2^r \cdot n) = S(n)$ 对任意正整数 n 成立，所以 $k = 2^r$ 合乎条件．

另一方面，若 k 不是 2 的方幂，设 $k = 2^r \cdot q$，$r \geqslant 0$，q 是大于 1 的奇数．

下面构造一个正整数 n，使得 $S(kn) < S(n)$．因为 $S(kn) = S(2^r \cdot qn) = S(qn)$，因此问题等价于

选取 q 的一个倍数 m，使得 $S(m) < S\left(\dfrac{m}{q}\right)$．

由于 $(2, q) = 1$，熟知存在正整数 u，使 $2^u \equiv 1 \pmod{q}$．（事实上，由欧拉定理知，u 可以取 $\varphi(q)$）．

设奇数 q 的二进制表示为

$$q = 2^{\alpha_1} + 2^{\alpha_2} + \cdots + 2^{\alpha_t},\ 0 = \alpha_1 < \alpha_2 < \cdots < \alpha_t,\ t \geqslant 2.$$

取 $m = 2^{\alpha_1} + 2^{\alpha_2} + \cdots + 2^{\alpha_{t-1}} + 2^{\alpha_t + tu}$，则 $S(m) = t$，且

$$m = q + 2^{\alpha_t}(2^{tu} - 1) \equiv 0 \pmod{q}.$$

我们有

$$\begin{aligned}
\frac{m}{q} &= 1 + 2^{\alpha_t} \cdot \frac{2^{tu} - 1}{q} \\
&= 1 + 2^{\alpha_t} \cdot \frac{2^u - 1}{q}(1 + 2^u + \cdots + 2^{(t-1)u}) \\
&= 1 + \frac{2^u - 1}{q} \sum_{i=0}^{t-1} 2^{iu + \alpha_t}.
\end{aligned} \tag{2}$$

由于 $0 < \dfrac{2^u - 1}{q} < 2^u$,故正整数 $\dfrac{2^u - 1}{q}$ 的二进制表示中最高次幂小于 u,由此易知,对任意整数 i,

$j(0 \leqslant i < j \leqslant t - 1)$,数 $\dfrac{2^u - 1}{q} 2^{iu + \alpha_t}$ 与 $\dfrac{2^u - 1}{q} 2^{ju + \alpha_t}$ 的二进制表示中没有同类项.

又因为 $\alpha_t > 0$,故 $\dfrac{2^u - 1}{q} 2^{iu + \alpha_t}$ $(i = 0, 1, \cdots, t - 1)$ 的二进制表示中均不包含 1,故由(2)式可知

$$S\left(\frac{m}{q}\right) = 1 + S\left(\frac{2^u - 1}{q}\right) \cdot t > t = S(m),$$

因此上述选取的 m 满足要求. □

上述解答至少有几个关键点值得我们探索:

首先是怎么想到利用数论中的一个熟知结论:

$$v_2(n!) = n - S(n),$$

其中 $S(n)$ 表示 n 的二进制表示中各位数字和.

其次是怎么想到所有符合条件的 k 为 $2^r (r \in \mathbf{N})$ 的数.

再者是在"构造反例"时,为什么要将找 n 使 $S(n) > S(kn)$,转化为找"q 的倍数 m",使

$S\left(\dfrac{m}{q}\right) > S(m)$?

最后是在具体构造中有 2 处"神来之笔":第一处是取 u 满足:$2^u \equiv 1 \pmod{q}$.

第二处是取 $m = 2^{\alpha_1} + 2^{\alpha_2} + \cdots + 2^{\alpha_t + tu}$,由此找到反例中的数 $n = \dfrac{m}{q}$.

下面我们进行逐一剖析,还原上述解答的思维过程.

【题感】解题目标是求所有合乎要求的 k,这一目标非常简洁,无法构造(不能简化或逆推),也不能给我们解题提供任何启示,所以只能从题中唯一的条件入手.

【条件转换】条件的表现形式比较复杂,需要利用等价变换将条件化简:

$$2^{(k-1)n+1} \nmid \frac{(kn)!}{n!} \Leftrightarrow v_2\left(\frac{(kn)!}{n!}\right) \leqslant (k-1)n$$

$$\Leftrightarrow v_2((kn)!) - v_2(n!) \leqslant (k-1)n.$$

【结构联想】由这里的 $v_2(n!)$,自然想到如下一个基本结论:

引理 对任何正整数 n,有

$$v_2(n!) = n - S(n),$$

其中 $S(n)$ 表示 n 的二进制表示中各位数字和. 至此,第一个疑问已解决.

引理的证明 更一般地,我们证明:

对任意正整数 n 及任意素数 p,有

$$v_p(n!) = \left[\frac{n}{p}\right] + \left[\frac{n}{p^2}\right] + \left[\frac{n}{p^3}\right] + \cdots = \sum_{i=1}^{\infty} \left[\frac{n}{p^i}\right].$$

实际上,p 在正整数 $n!$ 的标准分解式中的指数就是 p 在正整数 $1, 2, \cdots, n$ 中的指数的和.

【更改顺序】不是依次考虑每个数 $1, 2, \cdots, n$ 对 $v_p(n!)$ 的贡献,而是按贡献大小,从整体上分批考虑各数的总贡献(每一批次,凡能贡献的都作出一次贡献):

在 $1, 2, \cdots, n$ 中,共有 $\left[\frac{n}{p}\right]$ 个为 p 的倍数,每一个这样的数分别对 $v_p(n!)$ 贡献一次,共贡献 $\left[\frac{n}{p}\right]$ 次.

共有 $\left[\frac{n}{p^2}\right]$ 个为 p^2 的倍数,每一个这样的数分别对 $v_p(n!)$ 又贡献一次,共贡献 $\left[\frac{n}{p^2}\right]$ 次……如此下去,有

$$v_p(n!) = \left[\frac{n}{p}\right] + \left[\frac{n}{p^2}\right] + \left[\frac{n}{p^3}\right] + \cdots = \sum_{i=1}^{\infty} \left[\frac{n}{p^i}\right].$$

现在,取 $p = 2$,则

$$v_2(n!) = \sum_{i=1}^{\infty} \left[\frac{n}{2^i}\right].$$

令 $n = a_k 2^k + a_{k-1} 2^{k-1} + \cdots + a_1 2^1 + a_0 2^0$,则

$$\left[\frac{n}{2}\right] = a_k 2^{k-1} + a_{k-1} 2^{k-2} + \cdots + a_2 2^1 + a_1 2^0,$$

$$\left[\frac{n}{2^2}\right] = a_k 2^{k-2} + a_{k-1} 2^{k-3} + \cdots + a_3 2^1 + a_2 2^0,$$

$$\left[\frac{n}{2^3}\right] = a_k 2^{k-3} + a_{k-1} 2^{k-4} + \cdots + a_4 2^1 + a_3 2^0,$$

$$\cdots$$

$$\left[\frac{n}{2^k}\right] = a_k 2^0.$$

按列求和,得

$$\sum_{i=1}^{\infty} \left[\frac{n}{2^i}\right] = a_k(2^{k-1} + 2^{k-2} + \cdots + 2^1 + 2^0) + a_{k-1}(2^{k-2} + 2^{k-3} + \cdots + 2^1 + 2^0) + \cdots + a_0$$

$$= a_k(2^k - 1) + a_{k-1}(2^{k-1} - 1) + \cdots + a_0(2^0 - 1)$$

$$= a_k 2^k + a_{k-1} 2^{k-1} + a_0 2^0 - (a_k + a_{k-1} + \cdots + a_0)$$

$$= n - S_2(n).$$

这样,条件变为

$$kn - S_2(kn) - n + S_2(n) \leqslant (k-1)n.$$

即任意正整数 n 成立

$$S(n) \leqslant S(kn).$$

【以简驭繁】为了找到合乎条件的 k,可找一个充分条件,使 k 对任意正整数 n 成立

$$S(n) = S(kn).$$

由此发现 $k = 2^r$ 合乎条件,这样,第二个疑问已解决.

【猜想】下面证明,所有符合条件的 k 为 $2^r (r \in \mathbf{N})$.

一方面,因为一个正整数乘以 2 的幂,等价于在其二进制表示后面添加若干个 0,数码和不变,从而当 $k = 2^r (r \in \mathbf{N})$ 时,

$$S(n) = S(2^r \cdot n).$$

所以 $k = 2^r$ 合乎条件.

【构造】另一方面,任取一个不是 2 的方幂的正整数 k,我们证明存在正整数 n,使

$$S(n) > S(kn).$$

【角色分析→符号意义】为了便于计算二进制表示数码和 $S(kn)$,其中 k 是给定的,n 是待求的,想到将 k 用二进制表示(先分离 2 的幂).

再注意到一个正整数乘以 2 的幂,其二进制表示数码和不变,可先将 k 包含的 2 的幂分离出来:设 $k = 2^r \cdot q$(q 是大于 1 的奇数),再将 q 用二进制表示:

$$q = 2^{\alpha_1} + 2^{\alpha_2} + \cdots + 2^{\alpha_t}, \ 0 = \alpha_1 < \alpha_2 < \cdots < \alpha_t, \ t \geqslant 2.$$

其中 $\alpha_1 = 0$, $t \geqslant 2$,则

$$S(kn) = S(2^r \cdot qn) = S(qn).$$

【条件转换】所求 n 满足的条件变为:

$$S(n) > S(qn).$$

【以简驭繁(连续两次)】显然所求 n 应使 $S(qn)$(没有必要令 $m = qn$)尽可能小,已经知道的是 $S(q) = t$. 一种自然的想法是,所构造的 n(引入待定参数),使之也有 $S(qn) = t$(也就是说,qn 的二进制表示相对于 q,其数码和不增加,第一次"以简驭繁").

先考虑 $S(qn) = t = S(q)$,一个充分条件是(再一次"以简驭繁"),qn 的二进制是在 q 的二进制中添加若干个 0.

最简单的情形是在 q 的二进制表示后面添加若干个 0,但此时的 n 是 2 的幂,其 $S(n) = 1 < S(qn)$,不合要求.

上述方法需要改进,若干个 0 不能添加在 q 的二进制表示后面,但可以添加在"前面"(当然是第一个"1"的后面),即把 q 的二进制表示的第一个非 0 数字向前移动若干位(引入待定参数 u,设移动 u 位),这相当于将 q 的二进制表示中 2 的最高次幂的指数增加 u,即

$$qn = 2^{\alpha_1} + 2^{\alpha_2} + \cdots + 2^{\alpha_t} \cdot 2^u,$$

此时显然有 $S(qn) = t$.

【验证条件】这里的待定参数 u 需要满足 2 个条件:

(1) $q \mid 2^{\alpha_1} + 2^{\alpha_2} + \cdots + 2^{\alpha_t} \cdot 2^u (= qn)$;

(2) $S(n) \geqslant t + 1$(因为 $S(n) > S(qn)$).

先考虑条件(1),将其用同余式表示(便于变形求 u)有

$$0 \equiv 2^{\alpha_1} + 2^{\alpha_2} + \cdots + 2^{\alpha_t} \cdot 2^u$$

$$\equiv 2^{\alpha_1} + 2^{\alpha_2} + \cdots + 2^{\alpha_t} + (2^u - 1)2^{\alpha_t}$$

$$\equiv q + (2^u - 1)2^{\alpha_t} \pmod{q}.$$

取 $2^u \equiv 1 \pmod{q}$ 即可. 由此, 第一处"神来之笔"水到渠成.

由费马小定理, 这样的 u 是存在的.

对于条件(2), 先求 n 的表达式, 我们有

$$n = \frac{2^{\alpha_1} + 2^{\alpha_2} + \cdots + 2^{\alpha_t} \cdot 2^u}{q} = \frac{q + (2^u - 1) \cdot 2^{\alpha_t}}{q} = 1 + 2^{\alpha_t} \cdot \frac{2^u - 1}{q}.$$

下求 $S(n)$. 注意到 $q \mid 2^u - 1$, $\alpha_t \geqslant 1$, 有 $2^{\alpha_t} \cdot \dfrac{2^u - 1}{q}$ 为偶数, 其个位数字不是 1, 于是,

$$S(n) = S\left(1 + 2^{\alpha_t} \cdot \frac{2^u - 1}{q}\right) = 1 + S\left(2^{\alpha_t} \cdot \frac{2^u - 1}{q}\right) = 1 + S\left(\frac{2^u - 1}{q}\right).$$

我们需要进一步调整 u, 使

$$S\left(\frac{2^u - 1}{q}\right) \geqslant t. \tag{3}$$

但遗憾的是, 由 $2^u \equiv 1 \pmod{q}$ 找到的 u, 并不一定满足上述(3)式的要求. 仅有的是 $S\left(\dfrac{2^u - 1}{q}\right) \geqslant 1$.

由此想到将 u 调整到 u', 使 $S\left(\dfrac{2^u - 1}{q}\right)$ 是 t 个形如 $S\left(\dfrac{2^u - 1}{q}\right)$ 的式子相加, 且相加无进位("1"的个数不减少).

【引入修正因子 k】将 u 换成 ku.

因为 $2^u \equiv 1 \pmod{q}$, 当然仍有 $2^{tu} \equiv (2^u)^t \equiv 1^t \equiv 1 \pmod{q}$. 而 $2^{ku} - 1$ 则可分解因式:

$$2^{ku} - 1 = (2^u - 1)\left[(2^u)^0 + (2^u)^1 + (2^u)^2 + \cdots + (2^u)^{k-1}\right],$$

于是,

$$\frac{2^{ku} - 1}{q} = \frac{2^u - 1}{q}\left[(2^u)^0 + (2^u)^1 + (2^u)^2 + \cdots + (2^u)^{k-1}\right] = \sum_{i=0}^{k-1}\left(\frac{2^u - 1}{q}2^{iu}\right).$$

【验证合乎要求】为计算 $S\left(\dfrac{2^{ku} - 1}{q}\right)$, 还要论证以上"和式"各项二进制相加没有进位. 实际上, 对每一个 $0 \leqslant i \leqslant k - 1$, 考察上述和式中的代表项: $f(i) = \dfrac{2^u - 1}{q}2^{iu}$. 各项的公共因子 $\dfrac{2^u - 1}{q}$ 小于 2^u, 其

二进制表示至多有 u 个数位,而另一个因子至少相差 2^u(二进制表示末尾至少相差 u 个 0). 所以对任意整数 i, j $(0 \leqslant i < j \leqslant k-1)$, $f(i)$、$f(j)$ 的二进制表示中没有同类项. 于是,

$$S\left(\frac{2^{ku}-1}{q}\right) = S\left(\sum_{i=0}^{k-1} \left(\frac{2^u-1}{q} 2^{iu}\right)\right)$$

$$= \sum_{i=0}^{k-1} S\left(\frac{2^u-1}{q} 2^{iu}\right) \text{(没有同类项,相加时不会出现进位)}$$

$$= \sum_{i=0}^{k-1} S\left(\frac{2^u-1}{q}\right) \text{(乘以 2 的幂,其数字和不变)}$$

$$= k \cdot S\left(\frac{2^u-1}{q}\right) \geqslant k.$$

取 $k=t$(实际上,取 k 为任何不小于 t 的自然数都可)即可,第二处"神来之笔"也应运而生. 于是,令

$$n = \frac{2^{\alpha_1} + 2^{\alpha_2} + \cdots + 2^{\alpha_t} \cdot 2^{tu}}{q},$$

则

$$S(n) = S\left(1 + 2^{\alpha_t} \cdot \frac{2^{tu}-1}{q}\right) = 1 + S\left(\frac{2^{tu}-1}{q}\right) \geqslant t+1 > t = S(qn).$$

综上所述,所有符合条件的 k 为 2^r $(r \in \mathbf{N})$.

【新写解答】注意到

$$2^{(k-1)n+1} \nmid \frac{(kn)!}{n!} \Longleftrightarrow v_2\left(\frac{(kn)!}{n!}\right) \leqslant (k-1)n \tag{$*$}$$

$$\Longleftrightarrow v_2((kn)!) - v_2(n!) \leqslant (k-1)n.$$

而由熟知的结论:$v_2(n!) = n - S_2(n)$,其中 $S_2(n)$ 表示 n 的二进制表示中各位数字和. 条件($*$)变为:$S(n) \leqslant S(kn)$ 对任意正整数 n 成立.

下面证明,所有符合条件的 k 为 2^r $(r \in \mathbf{N})$.

一方面,因为一个正整数乘以 2 的幂,等价于在其二进制表示后面添加若干个 0,数码和不变,从而当 $k = 2^r$ $(r \in \mathbf{N})$ 时,$S(n) = S(2^r \cdot n)$. 所以 $k = 2^r$ 合乎条件.

另一方面,任取一个不是 2 的方幂的正整数 k,我们证明存在正整数 n,使

$$S(n) \leqslant S(kn). \tag{$**$}$$

设

$$k = 2^r \cdot q, \quad q = 2^{\alpha_1} + 2^{\alpha_2} + \cdots + 2^{\alpha_t}, \quad 0 = \alpha_1 < \alpha_2 < \cdots < \alpha_t, \quad t \geqslant 2,$$

则 $S(kn) = S(2^r \cdot qn) = S(qn)$，所求 n 满足的条件（＊＊）变为：$S(n) > S(qn)$.

由费马小定理，存在 u，使 $2^u \equiv 1 (\mathrm{mod}\, q)$，则 $2^{tu} \equiv 1 (\mathrm{mod}\, q)$. 于是，

$$2^{\alpha_1} + 2^{\alpha_2} + \cdots + 2^{\alpha_t} \cdot 2^{tu} \equiv 2^{\alpha_1} + 2^{\alpha_2} + \cdots + 2^{\alpha_t} \equiv 0 (\mathrm{mod}\, q).$$

取 $n = \dfrac{2^{\alpha_1} + 2^{\alpha_2} + \cdots + 2^{\alpha_t + tu}}{q}$，则 n 为正整数，且 $S(nq) = t$. 又

$$n = \frac{q + (2^{tu} - 1) \cdot 2^{\alpha_t}}{q} = 1 + 2^{\alpha_t} \cdot \frac{2^{tu} - 1}{q},$$

所以
$$S(n) = 1 + S\left(\frac{2^{tu} - 1}{q}\right).$$

因为
$$\frac{2^{tu} - 1}{q} = \frac{(2^u)^t - 1}{q} = \frac{2^u - 1}{q} \sum_{i=0}^{t-1} (2^{iu}) = \sum_{i=0}^{t-1} f(i),$$

其中 $f(i) = \dfrac{2^u - 1}{q} 2^{iu}$.

因为所有 $f(i)$ 的公因子 $\dfrac{2^u - 1}{q}$ 小于 2^u（二进制表示至多有 u 个数位），而另一个因子至少相差 2^u（二进制表示末尾至少相差 u 个 0）. 所以对任意整数 i, j $(0 \leqslant i < j \leqslant t-1)$, $f(i)$、$f(j)$ 的二进制表示中没有同类项. 于是，

$$S\left(\frac{2^{tu} - 1}{q}\right) = \sum_{i=0}^{t-1} S\left(\frac{2^u - 1}{q} 2^{iu}\right) = \sum_{i=0}^{t-1} S\left(\frac{2^u - 1}{q}\right) = t \cdot S\left(\frac{2^u - 1}{q}\right) \geqslant t.$$

$$S(n) = 1 + S\left(\frac{2^{tu} - 1}{q}\right) \geqslant t + 1 > t = S(qn).$$

综上所述，所有符合条件的 k 为 $2^r (r \in \mathbf{N})$. $\qquad\qquad\qquad\qquad\qquad$ □

两只"纸老虎"

——2016 年两道联赛加试题评析

冯跃峰

（深圳市高级中学，518040）

2016 年全国高中数学联赛加试题偏易，主要是通常的拦路虎：组合题与数论题都不是真老虎。[①]

就组合题而言，它属于图论中常见的一类基本问题：求具有某种性质（不存在特定子图）的图 G 的边数最大值。其解法也是很常规的，近乎程序化：将所有顶点依据度最大点的邻点划分为两个子集 A、B，分别估计 A、B 内部及 A、B 之间的边数即可，而且构造也非常容易。

就数论题而言，属于递归数论中常见的一类基本问题：证明通项具有某种性质 p。其解法也是常规而直接的：先求出通项，其性质 p 便不证自明。而求通项用到的方法就更常规了，是求递归数列通项最基本的方法之一："累乘法"。因此，整道数论题只要很好地理解了"上取整"函数的定义，几乎可以说是不存在什么难度的。

正因为两只"拦路虎"都"打瞌睡"了，也就导致不少人在此次联赛中获得满分。下面给出我们对这两道题解答的思路分析。

组合题 已知 10 阶简单图 G 中不存在三角形与四边形，求其边数 $\|G\|$ 的最大值。

【分析与解】极值问题，自然猜想各顶点引出的边数极端分布时取得最大值，从而可先考虑 k-正则图。

对于 k-正则图 G，设点 A_0 引出的 k 条边为：$A_0A_i (1 \leqslant i \leqslant k)$，容易想到图论中以下典型的边估计方法：

【点集划分估计】将 G 的顶点划分为两个集合：

$$A = \{A_0, A_1, \cdots, A_k\}, B = \{A_{k+1}, A_{k+2}, \cdots, A_9\}.$$

然后估计 A、B 内部及 A、B 之间的边数。

---

① 收稿日期：2016 - 09 - 13

因为 G 中无三角形,所以 A_i、$A_j (1 \leqslant i < j \leqslant k)$ 不相连,于是 A 中的边数:

$$\| A \| = d(A_0) = k;$$

其次,因为 G 中无四边形,所以 B 中每个点 $A_r(k+1 \leqslant r \leqslant 9)$ 至多与 A 中一个点相连,于是 A、B 之间的边数:

$$\| A \sim B \| \leqslant | B | = 9 - k;$$

最后,因为 B 中无三角形,所以由托兰定理,B 中的边数:

$$\| B \| \leqslant \left[\frac{(9-k)^2}{4} \right].$$

于是,

$$\| G \| = \| A \| + \| A \sim B \| + \| B \|$$

$$\leqslant k + (9 - k) + \left[\frac{(9-k)^2}{4} \right] = 9 + \left[\frac{(9-k)^2}{4} \right].$$

显然,当 $k \geqslant 4$ 时,上式右边的值较小:

$$\left[\frac{(9-k)^2}{4} \right] \leqslant \left[\frac{5^2}{4} \right] = 6,$$

此时 $\| G \| \leqslant 9 + 6 = 15$.

注意上述推导中并没有用到正则图的性质,只要求有一个顶点的度不小于 4 即可. 所以剩下只需考虑各顶点的度都不大于 3 的情形,此时,由边与度的关系,显然有 $\| G \| \leqslant \frac{1}{2} \times 10 \times 3 = 15$.

所以,不论哪种情况,都有 $\| G \| \leqslant 15$.

下面构造一个没有三角形与四边形的 10 阶简单图 G,使 $\| G \| = 15$.

从等号成立的条件入手,必须每个点的度都是 3.

【以简驭繁】最简单的情况是,10 个点构成一个 10 边形,然后使每个点的度都增加 1,这只需增加一个 5-匹配即可.

但遗憾的是,无论怎样增加 5-匹配,都会产生三角形或四边形.

【改进】利用分组构造,将上述长为 10 点圈分拆为 2 个长为 5 的圈:$(A_1, A_2, \cdots, A_5)$,$(B_1, B_2, \cdots, B_5)$,此时每个点的度仍是 2,再在 A、B 之间添加一个 2-部分图的 5-匹配.

【以简驭繁】最简单的匹配方法是 A_i 与 $B_i(1 \leqslant i \leqslant 5)$ 相连. 但此时存在四边形,稍作改进即可完成构造.

先令 A_1 与 B_1 相连,接下来 A_2 不能与 B_2 相连,调整为与 B_3 相连. 如此下去,发现令 A_i 与

$B_{2i-1}(1 \leqslant i \leqslant 5)$ 相连即可(下标模 5 理解).

【验证】如果存在三角形,显然其 3 个顶点不能同时属于 A(或 B),不妨设 A 中有 2 个点,B 中有一个点,则 B 中的那个点与 A 中两点都相连,但构造中 B 中每个点都只与 A 中一个点相连(5-匹配),矛盾.

如果存在四边形,显然其 4 个顶点不能同时属于 A(或 B). 如果是 A 中有 3 个点,B 中有一个点,则 B 中的那个点与 A 中两点都相连,同上矛盾.

如果 A、B 中各有 2 个点,则 A 中的那 2 个点相连,从而下标相邻,设为 A_i、A_{i+1},于是 B 中的两个点为 B_{2i-1},B_{2i+1},但 B_{2i-1}、B_{2i+1} 不相连,矛盾. □

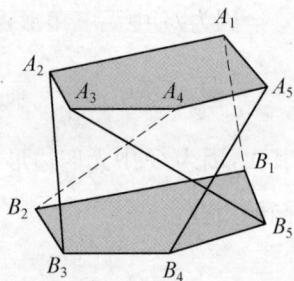

数论题 设 p 与 $p+2$ 都是素数,$p \geqslant 3$,数列 $\{a_n\}$ 定义为 $a_1 = 2$,$a_n = a_{n-1} + \lceil \dfrac{pa_{n-1}}{n} \rceil$,$n = 2$,$3$,$\cdots$. 这里 $\lceil x \rceil$ 表示不小于 x 的最小整数.

试证:对 $n = 3$,4,$\cdots$,$p-1$,都有 $n \mid pa_{n-1} + 1$.

【分析与解】要证明数列通项具有性质:$n \mid pa_{n-1} + 1$,自然的想法是先求出通项的表达式.

【瓶颈分析】欲求通项似乎很困难,因为递归关系中含有"上取整"函数. 但结合我们所证数列通项具有性质:$n \mid pa_{n-1} + 1$(既然是证明,该性质则一定存在),不难发现,如果我们承认该性质的话,"上取整"函数符号便可直接去掉:$\lceil \dfrac{pa_{n-1}}{n} \rceil = \dfrac{pa_{n-1}+1}{n}$. 这是因为 $\dfrac{pa_{n-1}+1}{n}$ 是不小于 $\dfrac{pa_{n-1}}{n}$ 的整数,且整数 $\dfrac{pa_{n-1}+1}{n} - 1$ 比 $\dfrac{pa_{n-1}}{n}$ 小.

现在的问题是,如何才能先"承认"我们待证的性质 $n \mid pa_{n-1} + 1$ 呢? 这采用归纳法即可!

【有限归纳法】我们要证明 n 取 $p-3$ 个值时,都有 $n \mid pa_{n-1} + 1 (3 \leqslant n \leqslant p-1)$.

我们对 n 归纳,注意这样的"有限归纳法"中,归纳假设中"k 成立"的情形,可限定 $k \leqslant p-2$,因为这样能保证"$k+1$ 成立"的情形中 $k+1 \leqslant p-1$.

当 $n = 3$ 时,因为 $a_2 = a_1 + \lceil \dfrac{pa_1}{2} \rceil = 2 + p$,所以

$$pa_2 + 1 = p(2+p) + 1 = (p+1)^2.$$

又 p 与 $p+2$ 都是素数,$p \geqslant 3$,所以 p 只能是 $3t+2$ 型数,所以 $3 \mid p+1$,故 $3 \mid pa_2 + 1$,结论成立.

设 $n = 3$,4,$\cdots$,$k(k \leqslant p-2)$ 时结论成立,即

$$3 \mid pa_2 + 1, \ 4 \mid pa_3 + 1, \ \cdots, \ k \mid pa_{k-1} + 1. \tag{$*$}$$

考虑 $n = k+1$ 的情形,我们要证明 $k+1 \mid pa_k + 1$. 为此,先由 $(*)$ 求 $pa_k + 1$ 的表达式. 实际上, 由 $(*)$,有

$$a_j = a_{j-1} + \left\lceil \frac{pa_{j-1}}{j} \right\rceil = a_{j-1} = \frac{pa_{j-1} + 1}{j} (3 \leqslant j \leqslant k),$$

所以

$$pa_j + 1 = p\left(a_{j-1} + \frac{pa_{j-1} + 1}{j}\right) + 1 = pa_{j-1} + 1 + p \cdot \frac{pa_{j-1} + 1}{j}$$

$$= (pa_{j-1} + 1)\left(1 + \frac{p}{j}\right) = \frac{p+j}{j} \cdot (pa_{j-1} + 1)(3 \leqslant j \leqslant k).$$

从而

$$pa_k + 1 = \frac{p+k}{k} \cdot (pa_{k-1} + 1) = \frac{p+k}{k} \cdot \frac{p+k-1}{k-1} \cdot (pa_{k-2} + 1)$$

$$= \cdots = \frac{p+k}{k} \cdot \frac{p+k-1}{k-1} \cdot \ \cdots \ \cdot \frac{p+3}{3} \cdot (pa_2 + 1)$$

$$= \frac{p+k}{k} \cdot \frac{p+k-1}{k-1} \cdot \ \cdots \ \cdot \frac{p+3}{3} \cdot (p+1)^2$$

$$= \frac{p+k}{k} \cdot \frac{p+k-1}{k-1} \cdot \ \cdots \ \cdot \frac{p+3}{3} \cdot \frac{p+2}{2} \cdot \frac{p+1}{1} \cdot \frac{2(p+1)}{p+2}(\text{配齐})$$

$$= \frac{p+k+1}{k+1} \cdot \frac{p+k}{k} \cdot \frac{p+k-1}{k-1} \cdot \ \cdots \ \cdot \frac{p+1}{1} \cdot \frac{2(p+1)(k+1)}{(p+2)(p+k+1)}(\text{补充"} k+1 \text{"})$$

$$= C_{p+k+1}^{k+1} \cdot \frac{2(p+1)(k+1)}{(p+2)(p+k+1)}.$$

因此

$$(p+2)(p+k+1)(pa_k + 1) = C_{p+k+1}^{k+1} \cdot 2(p+1)(k+1),$$

所以

$$k+1 \mid (p+2)(p+k+1)(pa_k + 1).$$

因为 $k \leqslant p-2$,所以 $k+1 \leqslant p-1 < p < p+2$,而 p、$p+2$ 是素数,所以 $(k+1, \ p+2) = 1$, $(k+1, \ p) = 1$.

进而,$(k+1, \ p+k+1) = (k+1, \ p) = 1$,故 $k+1 \mid pa_k + 1$,即结论对 $n = k+1$ 成立,命题获证.

□

新星夏令营的若干组合问题分析

冯跃峰

（深圳市高级中学，518040）

我们通过若干组合问题的分析，介绍数学解题中一些常用思考方法．

1. 特征拓广

假定少数对象具有共同特征 A，将 A 拓广为 B，使 $A \subseteq B$，则在 B 的意义上，所有对象都具有特征 B．
比如，将"相等"拓广为"同余"，"有序数组相等"拓广为"集合相等"，"全等"拓广为"相似"等．

例 1　设 $f(n)$ 是定义在正整数集上的函数，且对任何自然数 n，有

$$f(1) = f(2) = 1,\ f(3n) = f(n) + 2014,$$

$$f(3n+1) = 3f(n) + 2015,\ f(3n+2) = 5f(n) + 2016.$$

试问：序列 $\{f(n)\}(1 \leqslant n \leqslant 2015)$ 有多少项为偶数？证明你的结论．（原创题）

分析与解　首先，从解题目标考虑，我们能否将原问题化为一种与之等价的简单形式？

注意到我们只关心数列 $\{f(n)\}$ 中项的奇偶性，而由数学归纳法可知，$f(n)$ 为自然数，从而可用模 2 来处理题给的递归关系，使其变得简单．

在模 2 的意义下，我们有

$$f(1) = f(2) = 1,\ f(3n) \equiv f(n),$$

$$f(3n+1) \equiv f(n) + 1,\ f(3n+2) \equiv f(n).$$

为了计算序列 $\{f(n)\}(1 \leqslant n \leqslant 2015)$ 有多少项为偶数，先从初值开始试验，$f(n)$ 的前面若干个值的奇偶性如下表所示，其中 1 表示奇数，0 表示偶数：

n	1	2	3	4	5	6	7	8	9	10	11	12	13	14	15	16	17	18
$f(n)$	1	1	1	0	1	1	0	1	1	0	1	0	1	0	1	0	1	1

我们观察使 $f(n)$ 为偶的 n 构成的关键子列：

$$4，7，10，12，14，16，$$

我们似乎难以发现该子列各项的共同特征.

于是，我们想换一种进制的数来试试. 换哪种进制的数呢？——3 进制数！

为什么不是 2 进制数？——因为题给的递归关系是以模 3 分类的！

那么，这里的"模 3 分类"与"3 进制数"这两个"3"纯属某种巧合，还是有必然联系？

确实是有紧密联系的：如果题给的递归关系是以模 3 分类的，则将各数用 3 进制表示后，递归关系的运用也是很方便的.

实际上，由 n 的 3 进制表示可以得到 $3n$，$3n+1$，$3n+2$ 的 3 进制表示.

设 $n=(a_k a_{k-1}\cdots a_1 a_0)_{(3)}$，其中 $a_k\neq 0$，则

$$3n=(a_k a_{k-1}\cdots a_1 a_0 0)_{(3)}，$$
$$3n+1=(a_k a_{k-1}\cdots a_1 a_0 1)_{(3)}，$$
$$3n+2=(a_k a_{k-1}\cdots a_1 a_0 2)_{(3)}.$$

现在，我们将上表中的数都用 3 进制表示，看能否有新的发现：

n	1	2	10	11	12	20	21	22	100	101	102	110	111	112
$f(n)$	1	1	1	0	1	1	0	1	1	0	1	0	1	0

此时，表中 $f(n)$ 为偶的项的规律还比较隐蔽，仔细观察那些使 $f(n)$ 为偶的三进制数构成的子列：

$$11，21，101，110，112，$$

你能否发现它们的共同特征？

先看前面 3 个数：11、21 与 101 的共同点是个位数相同，但第 4 个数 110 却不具备这一特点，从而个位相同的特征不是普适的.

我们将 110 与其中的 101 比较，其共同点是首位相同，而末两位数字的集合相同（只是排列顺序不同）. 我们逐步拓宽"相同"的意义："个位数相同"拓展到"末两位数字的集合相同".

我们再看后 3 个数：101、110、112 的末两位数字，尽管它们不尽相同，但其和的奇偶性相同. 进一步拓宽"相同"的意义："末两位数字的集合相同"拓展到"后若干位数字和的奇偶性相同".

推而广之，我们发现，上述所有数去除第一个数字后，剩下数字的和都是奇数.

那么，使 $f(n)$ 为奇的三进制数 n 构成的子列是否也具有类似的性质呢？我们将上表中的 3 进制数的第一个数码划掉，得到如下简化数表：

n'	0	0	0	1	2	0	1	2	0	1	2	10	11	12
$f(n)$	1	1	1	0	1	1	0	1	1	0	1	0	1	0

则 n' 与 $f(n)$ 的奇偶性有明显规律：$f(n)$ 与 n' 的 3 进制数字之和不同奇偶.

我们用 $\overline{a_k a_{k-1} \cdots a_1 a_0}$ 表示 n 的三进制数：$n = (a_k a_{k-1} \cdots a_1 a_0)_{(3)}$，其中 $a_k \neq 0$. 定义：$S^-(n) = a_{k-1} + a_{k-2} + \cdots + a_1 + a_0$，其中规定，当 $k = 0$（n 为一位三进制数）时，$S^-(n) = 0$.

这样，我们有下面的引理.

引理 对任何正整数 n，$f(n)$ 与 $S^-(n)$ 不同奇偶，即

$$f(n) \equiv S^-(n) + 1 \pmod{2}.$$

证明 当 $n = 1$ 时，结论显然成立. 设结论对小于 n 的正整数成立，考虑 n 的情形. 为证明 $f(n) \equiv S^-(n) + 1 \pmod{2}$，可分别计算 $f(n)$，$S^-(n)$.

其中 $S^-(n)$ 利用定义很容易计算，只需要知道 n 的三进制表示即可.

于是，我们设 $n = \overline{a_k a_{k-1} \cdots a_1 a_0}(a_k \neq 0)$，则 $S^-(n) = a_{k-1} + a_{k-2} + \cdots + a_1 + a_0$.

下面计算 $f(n)$，这只需利用递归关系，化为小于 n 的情形以利用归纳假设. 为了利用递归关系，需要将 n 的三进制表示 $n = \overline{a_k a_{k-1} \cdots a_1 a_0}(a_k \neq 0)$ 化成 $3m + r$ 的形式. 怎样化？将其末位数字单独分离出来即可！

$$n = \overline{a_k a_{k-1} \cdots a_1 a_0} = \overline{a_k a_{k-1} \cdots a_1 0} + a_0 = 3\overline{a_k a_{k-1} \cdots a_1} + a_0.$$

下面只需对 a_0 的值进行分类讨论，便可利用递归关系.

(i) 若 $a_0 = 0$，则 $n = \overline{a_k a_{k-1} \cdots a_1 0} = 3\overline{a_k a_{k-1} \cdots a_1}$，此时，

$$f(n) = f(3\overline{a_k a_{k-1} \cdots a_1}) \overset{\text{递归关系}}{\equiv} f(\overline{a_k a_{k-1} \cdots a_1})$$

$$\overset{\text{归纳假设}}{\equiv} S^-(\overline{a_k a_{k-1} \cdots a_1}) + 1$$

$$= a_{k-1} + a_{k-2} + \cdots + a_1 + 1$$

$$\equiv S^-(n) + 1 \pmod{2},$$

所以结论成立.

(ii) 若 $a_0 = 1$，则 $n = \overline{a_k a_{k-1} \cdots a_1 1} = 3\overline{a_k a_{k-1} \cdots a_1} + 1$，此时，

$$f(n) = f(3\overline{a_k a_{k-1} \cdots a_1} + 1) \overset{\text{递归关系}}{\equiv} f(\overline{a_k a_{k-1} \cdots a_1}) + 1$$

$$\overset{\text{归纳假设}}{\equiv} S^-(\overline{a_k a_{k-1} \cdots a_1}) + 1 + 1$$

$$= a_{k-1} + a_{k-2} + \cdots + a_1 + 2$$

$$\equiv S^-(n) + 1 \pmod{2},$$

所以结论成立.

(iii) 若 $a_0 = 2$,则 $n = \overline{a_k a_{k-1} \cdots a_1 2} = \overline{3 a_k a_{k-1} \cdots a_1} + 2$,此时,

$$f(n) = f(\overline{3 a_k a_{k-1} \cdots a_1} + 2) \overset{\text{递归关系}}{\equiv} f(\overline{a_k a_{k-1} \cdots a_1})$$

$$\overset{\text{归纳假设}}{\equiv} S^-(\overline{a_k a_{k-1} \cdots a_1}) + 1$$

$$= a_{k-1} + a_{k-2} + \cdots + a_1 + 1$$

$$\equiv S^-(n) + 1 (\bmod 2),$$

所以结论成立. 引理得证. □

下面计算序列 $\{f(n)\}(1 \leqslant n \leqslant 2015)$ 中为偶数的项的个数,由引理,只需计算 $S^-(n)$ 为奇数的 $n(1 \leqslant n \leqslant 2015)$ 的个数.

因为 $2015 = (2202122)_{(3)}$,从而合乎条件的 n 的 3 进制表示至多有 7 位. 考察其中的任意一个合乎条件的 n 的 3 进制数 x,设

$$n = (a_k a_{k-1} \cdots a_1 a_0)_{(3)} (0 \leqslant k \leqslant 6, a_k \neq 0),$$

$$S^-(n) = a_{k-1} + a_{k-2} + \cdots + a_1 + a_0,$$

(1) 当 $k = 0$ 时,因为 $S^-(n) = 0$ 是偶数,从而这样的 3 进制数 n 不存在.

(2) 当 $k = 1$ 时,$n = \overline{a_1 a_0} (a_1 \neq 0)$,此时 $S^-(n) = a_0$ 为奇,从而 $a_0 = 1$,而 $a_1 \in \{1, 2\}$ 有 2 种取值,所以这样的 n 有 2 个.

(3) 当 $k = 2$ 时,$n = \overline{a_2 a_1 a_0} (a_2 \neq 0)$,此时 $S^-(n) = a_1 + a_0$ 为奇,所以 a_0、a_1 中有奇数个 1. 在 a_0、a_1 中取一个数为奇数有 C_2^1 种方法,而另一个取偶数,可为 0 或 2,有 2 种方法,又 $a_2 \in \{1, 2\}$ 有 2 种取值,所以这样的 n 有 $2C_2^1 2^1 = 8$ 个.

(4) 当 $k = 3$ 时,$n = \overline{a_3 a_2 a_1 a_0} (a_3 \neq 0)$,此时 $S^-(n) = a_2 + a_1 + a_0$ 为奇,所以 a_0、a_1、a_2 中有奇数个 1. 当有 1 个 1 时,在 a_0、a_1、a_2 中取一个数为奇数有 C_3^1 种方法,而另 2 个都取偶数,有 2^2 种方法,又 $a_3 \in \{1, 2\}$ 有 2 种取值,所以这样的 n 有 $2C_3^1 2^2$ 个. 当有 3 个 1 时,在 a_0、a_1、a_2 中取 3 个数为奇数有 C_3^3 种方法,又 $a_3 \in \{1, 2\}$ 有 2 种取值,所以这样的 n 有 $2C_3^3 2^0$ 个. 所以此时的 n 共有 $2(C_3^1 2^2 + C_3^3 2^0) = 26$ 个.

(5) 当 $k = 4$ 时,类似地,n 共有 $2(C_4^1 2^3 + C_4^3 2^1) = 80$ 个.

(6) 当 $k = 5$ 时,类似地,n 共有 $2(C_5^1 2^4 + C_5^3 2^2 + C_5^5 2^0) = 242$ 个.

(7) 当 $k = 6$ 时,设 $n = \overline{a_6 a_5 \cdots a_1 a_0} (a_6 \neq 0)$,此时,$S^-(n) = a_5 + a_4 + \cdots + a_0$ 为奇.

(i) 如果 $a_6 = 1$,则 a_5, a_4, $\cdots$, a_0 可任取奇数个 1,从而这样的 n 共有 $C_6^1 2^5 + C_6^3 2^3 + C_6^5 2^1 = 364$

个.

(ii) 如果 $a_6 = 2$,则当 $a_5 = 0$ 时,a_4, a_3, $\cdots$, a_0 可任取奇数个 1,从而这样的 n 共有 $C_5^1 2^4 + C_5^3 2^2 + C_5^5 2^0 = 121$ 个.

当 $a_5 = 1$ 时,a_4, a_3, $\cdots$, a_0 可任取偶数个 1,从而这样的 n 共有 $C_5^0 2^5 + C_5^2 2^3 + C_5^4 2^1 = 122$ 个.

当 $a_5 = 2$ 时,必有 $a_4 = 0$. 有以下情况:

$a_3 = 0$ 时,a_2、a_1、a_0 可任取奇数个 1,这样的 n 有 $C_3^1 2^2 + C_3^3 2^0 = 13$ 个.

$a_3 = 1$ 时,a_2、a_1、a_0 可任取偶数个 1,这样的 n 有 $C_3^0 2^3 + C_3^2 2^1 = 14$ 个.

$a_3 = 2$, $a_2 = 0$ 时,a_1、a_0 可任取奇数个 1,这样的 n 有 $C_2^1 2^1 = 4$ 个.

$a_3 = 2$, $a_2 = 1$ 时,a_1、a_0 可任取偶数个 1,这样的 n 有 $C_2^0 2^2 + C_2^2 2^0 = 5$ 个.

综上所述,序列 $\{f(n)\}(1 \leqslant n \leqslant 2015)$ 中为偶数的项的个数:

$$S = 2 + 8 + 26 + 80 + 242 + 364 + 121 + 122 + 13 + 14 + 4 + 5 = 1001.$$

当然,本题还有更简单的方法,这里就不讨论了,留给大家思考.

2. 同构分组

将对象分成若干组,使每个组与原问题结构相同,这样便可将"n 的问题"转化为"小于 n 的问题"解决.

例 2 对于由 n 个整数构成的有序数组 $(a_1, a_2, \cdots, a_n)$,定义如下操作 T:

$$(a_1, a_2, \cdots, a_n) \rightarrow (a_1 + a_2, a_2 + a_3, \cdots, a_n + a_1).$$

对于有序数组 $(a_1, a_2, \cdots, a_n)$,如果对任何 $i(1 \leqslant i \leqslant n)$,$a_i$ 与 $a_i + 1$ 的奇偶性都不同,则称 $(a_1, a_2, \cdots, a_n)$ 是"交错的". 如果存在有限次操作,使 $(a_1, a_2, \cdots, a_n)$ 可变成"交错的",则称 $(a_1, a_2, \cdots, a_n)$ 是"可交错的".

对给定的正整数 $n = 2^k (k \in \mathbf{N}_+)$,试问:

(1) 哪些状态 $(a_1, a_2, \cdots, a_n)$ 是可交错的(有多少项为奇,多少项为偶,其排列顺序如何)?

(2) 如果对任何可交错的初始状态,都可经过不超过 r 次操作变成交错的状态,那么 r 的最小值是多少

(原创题)

分析与解 首先将问题简化. 因为我们只关心各个数的奇偶性, 从而可以用 0 表示其中的偶数, 1 表示其中的奇数, 则题中的状态都可以表示为一个长为 n 的 0 - 1 排列 $(a_1, a_2, \cdots, a_n)(a_i \in \{0, 1\})$.

先考虑 (1), 不难发现, 可交错的初始状态 $(a_1, a_2, \cdots, a_n)$ 有很多, 而不可交错的初始状态则很少, 所以我们宜从反面考虑哪些状态是不可交错的.

有两个显然的不可交错的初始状态: $(0, 0, \cdots, 0)$, $(1, 1, \cdots, 1)$.

由于我们再也找不到其他的不可交错的初始状态, 从而猜想其他初始状态 (至少有一个 0 且至少有一个 1 的状态) 都是可交错的.

为了证明这一猜想, 我们来模拟操作.

设最初状态为 $A_0 = (a_1, a_2, \cdots, a_n)(a_i \in \{0, 1\}$, a_i 不全为 0 也不全为 1), 对之操作 $t(t \in \mathbf{N})$ 次后得到的状态记为 A_t.

注意到初始排列的长度并不完全确定 ($n = 2^k$ 是未定常数), 可从特例开始模拟操作, 由此发现规律.

当 $k = 1$ 时, 初始状态本质上是唯一的: $A_0 = (0, 1)$. 此时, 无须操作, 其本身就是交错的.

当 $k = 2$ 时, $A_0 = (a_1, a_2, a_3, a_4)(a_i \in \{0, 1\}$, a_i 不全为 0 也不全为 1),

$A_1 = (a_1 + a_2, a_2 + a_3, a_3 + a_4, a_4 + a_1)$,

$A_2 = (a_1 + a_3, a_2 + a_4, a_3 + a_1, a_4 + a_2)$,

$A_3 = (a_1 + a_2 + a_3 + a_4, a_1 + a_2 + a_3 + a_4, a_1 + a_2 + a_3 + a_4, a_1 + a_2 + a_3 + a_4)$,

$A_4 = (0, 0, 0, 0)$.

此时, 尽管我们难以看清状态在何时变成交错的, 但我们发现, 状态操作 2^2 次后变成全为 0.

进一步思考发现, 由全为 0 的状态向前逆推, 即可发现前面状态中必有交错状态.

实际上, 初始状态 A_0 中各项不全为 0, 若能变成全为 0, 则必定存在一个最小的正整数 t, 使操作 t 次后得到的状态 A_t 各项全为 0. 由 t 的最小性, 状态 A_{t-1} 中至少有一个项为奇, 但由状态 A_t 各项全为 0 可知, A_{t-1} 中任何两个相邻的项同奇偶, 从而 A_{t-1} 中各项全为 1. 又初始状态不是全为 1, 从而 A_{t-1} 不是初始状态, 必有前一状态 A_{t-2}, 且 A_{t-2} 中任何两个相邻的项不同奇偶, 从而 A_{t-2} 是交错的.

由此可见, 我们可更换解题目标: 证明 "不全为 0 也不全为 1" 的 0 - 1 排列都可操作到全为 0.

注意到 "不全为 0 也不全为 1" 的要求是为了保证前面出现交错状态, 而 0 - 1 排列变成全为 0 则无需这一要求. 所以我们推广命题, 证明任何 0 - 1 排列都可操作到全为 0.

这样的目标比原来的目标更清晰明了. 由上面的特例, 可以猜想:

当 $n=2^k(k \in \mathbf{N}_+)$ 时,对任何 $0-1$ 排列 $(a_1,a_2,\cdots,a_n)$,总可以通过 2^k 次操作,使之变成全为 0.

对 k 归纳. 当 $k=1,2$ 时,前面已证结论成立.

设结论对 k 成立,考虑 $k+1$ 的情形. 注意到 $k+1$ 时的 $0-1$ 排列长度为 2^{k+1},为了利用归纳假设,我们希望能将其分割为两个长度为 2^k 的 $0-1$ 排列. 如何分割,先模拟操作,看能否发现某种规律可用于上述分割.

设最初状态为 $A_0=(a_1,a_2,\cdots,a_n)$,那么,

$$A_1=(a_1+a_2,a_2+a_3,\cdots,a_n+a_1),$$
$$A_2=(a_1+a_3,a_2+a_4,\cdots,a_n+a_2).$$

从总体上看,A_2 没有明显的规律,但若考察 A_2 的一个子列,则可发现其中隐含的规律.

我们可这样思考:为了利用归纳假设,我们想把 A_2 中的分量分成两组,那么,应将哪些数作为一组?

显然,应将奇数项作为一组,偶数项作为另一组,因为奇数项中的字母的下标都是奇数,偶数项中的字母的下标都是偶数.

分别观察这两个组:

第一组:$a_1+a_3,a_3+a_5,a_5+a_7,\cdots,a_{n-3}+a_{n-1}$;

第二组:$a_2+a_4,a_4+a_6,a_6+a_8,\cdots,a_{n-2}+a_n$.

如果我们还没有发现其中的规律,则将初始状态也分成类似的两组:

初始状态第一组:$a_1,a_3,a_5,a_7,\cdots,a_{n-3},a_{n-1}$;

初始状态第二组:$a_2,a_4,a_6,a_8,\cdots,a_{n-2},a_n$.

由此可发现,前面两次操作可以看成是按如下两个步骤完成的.

第一步:将原序列分解为如下两个长为 2^{k-1} 的子列:一个是序号为奇数的项构成的序列,另一个是序号为偶数的项构成的序列,对这两个序列分别按照题给的操作规则分别操作一次.

第二步:将序号为奇数的项构成的序列操作后的各项按原来的顺序依次排列在奇号位上,序号为偶数的项构成的序列操作后的各项按原来的顺序依次排列在偶号位上,还原成长为 2^k 的序列.

我们将上述两个步骤合并看成一个大操作,该大操作是由连续两个原来的操作叠合而成的.

将长为 2^{k+1} 的初始状态 $A_0=(a_1,a_2,\cdots,a_{2^{k+1}})$ 分解为两个长为 2^k 的初始状态:

$$B_0=(a_1,a_3,\cdots,a_{2^{k+1}-1}),\quad C_0=(a_2,a_4,\cdots,a_{2^{k+1}}),$$

由归纳假设,可分别经过 2^k 次操作,使 $B_0=(a_1,a_3,\cdots,a_{2^{k+1}-1})$,$C_0=(a_2,a_4,\cdots,a_{2^{k+1}})$,分别变成各项全为 0. 这等价于长为 2^{k+1} 的初始状态 $A_0=(a_1,a_2,\cdots,a_{2^{k+1}})$ 可经过 2^k 次"大操作",使变成各

项全为 0，即可通过 $2 \cdot 2^k = 2^{k+1}$ 次原操作，使变成各项全为 0，结论成立.

综上所述，所有可交错的状态为 $(a_1, a_2, \cdots, a_n)$，其中 $a_1, a_2, \cdots, a_n$ 的奇偶性不全相同.

（2）考察极端情形，可构造一种初始状态，使交错状态难以形成. 最难形成交错状态的莫过于 $(0, 0, \cdots, 0)$，但它不是可交错状态. 此外，与其相接近的状态：$(0, 0, \cdots, 0, 1)$，也是较难形成交错状态的.

下面证明：初始状态 $A_0 = (0, 0, \cdots, 0, 1)$ 至少要经过 $n-2$ 次操作才能变成交错状态.

我们模拟操作，依次得到各状态为：

$$A_1 = (0, 0, \cdots, 0, 0, 0, 1, 1),$$
$$A_2 = (0, 0, \cdots, 0, 0, 1, 0, 1),$$
$$A_3 = (0, 0, \cdots, 0, 1, 1, 0, 1).$$

观察其中的关键元素：排在状态最左边的一连串的"0"，每次操作使这样一连串的"0"中 0 的个数减少 1. 为叙述问题方便，我们称状态最左边一连串的"0"的个数为该状态的"特征值".

不难发现，每次操作，都使状态的"特征值"减少 1. 于是，我们对操作次数 t 归纳证明：

当 $t \leqslant n-1$ 时，对状态 $A_0 = (0, 0, \cdots, 0, 1)$ 操作 t 次后，得到状态 $A_t = (a_1, a_2, \cdots, a_n)$，其特征值为 $n-t-1$.

当 $t = 1$ 时结论显然成立. 假定结论对 $t \leqslant n-2$ 成立，即对 A_0 操作 t 次后得到的状态为：

$$A_t = (0, 0, \cdots, 0, a_{n-t}, a_{n-t+1}, \cdots, a_n),$$

其中 $a_{n-t} = 1$.

考虑 $t+1$ 的情形，再对上述状态 A_t 操作一次，我们有

$$A_{t+1} = (0, 0, \cdots, 0, 1, b_{n-t}, b_{n-t+1}, \cdots, b_n),$$

所以结论成立.

特别地，令 $t = n-1$，可知对 $A_0 = (0, 0, \cdots, 0, 1)$ 操作 $n-1$ 后，得到的状态为：

$$A_{n-1} = (1, c_2, c_3, \cdots, c_n).$$

显然，前 $n-1$ 个状态 $A_1, A_2, \cdots, A_{n-1}$ 都至少有一个项为 1，从而都不是各项全为 0 的状态，所以状态 $A_0 = (0, 0, \cdots, 0, 1)$ 至少要操作 n 后才能变成各项全为 0 的状态.

进一步可知，$A_0 = (0, 0, \cdots, 0, 1)$ 至少要操作 $n-1$ 后才能变成各项全为 1 的状态，至少要操作 $n-2$ 后才能变成交错状态.

又由上面所证，任何 0-1 排列都可经过 n 次操作变成各项全为 0 的状态，从而可交错状态都可以

经过不多于 $n-2$ 后变成交错状态.

综上所述,操作次数 r 的最小值为 $n-2$. □

3. 合力逼近

为了证明某个命题成立,可考察该命题成立下可产生的若干结果,得到命题成立的若干必要条件,然后由多个必要条件导致原命题成立.

例 3 用 $d(n)$ 表示正整数 n 的最大奇约数,比如 $d(2)=1$, $d(3)=3$,定义:

$$F(n)=\frac{d(1)+d(2)+\cdots+d(n)}{1+2+\cdots+n}.$$

如果 n 满足 $F(n)<\dfrac{2}{3}$, $F(n)=\dfrac{2}{3}$, $F(n)>\dfrac{2}{3}$,则分别称 n 是弱数、中数与强数. 试求出所有的弱数、中数与强数.

(原创题)

分析与解 我们先求中数,因为解方程比解不等式容易. 为此,我们先求几个较小的中数,由此探索中数的分布规律.

将所有的中数按由小到大的顺序排成一个序列,记第 i 个中数为 $a_i(i=1,2,\cdots)$,则容易知道,$a_1=2$.

实际上,$F(1)=\dfrac{d(1)}{1}=1$ 不合要求,所以 $a_1\neq1$. $F(2)=\dfrac{d(1)+d(2)}{1+2}=\dfrac{1+1}{1+2}=\dfrac{2}{3}$ 合乎要求,所以 $a_1=2$.

类似地,经计算可知,数列前若干项为:

$$a_1=2,\ a_2=6,\ a_3=14,\ a_4=30,\ \cdots$$

注意到 $a_2=2a_1+2$, $a_3=2a_2+2$, $a_4=2a_3+2$,由此猜想,对一切正整数 n,有 $a_{n+1}=2a_n+2$. 为证明上述猜想,我们将其结论分拆为如下 3 个引理(3 个必要条件).

首先,由于 $a_1=2$,再结合 $a_{n+1}=2a_n+2$,可知对一切 n,a_n 为偶数. 由此得到如下的引理.

引理 1 中数必定是偶数.

实际上,因为每个 $d(k)(1\leqslant k\leqslant n)$ 都为奇数,所以我们有

$$d(1)+d(2)+\cdots+d(n)\equiv1+1+\cdots+1\equiv n(\bmod 2),$$

所以,

$$n \equiv d(1) + d(2) + \cdots + d(n)$$
$$\equiv 3[d(1) + d(2) + \cdots + d(n)]$$
$$\equiv 2(1 + 2 + \cdots + n) \equiv 0 \pmod{2},$$

即 n 为偶数.

为了说明数列 $\{a_n\}$ 包含所有的中数,我们需要证明下面的引理.

引理 2 当 n 为偶数时,n 是中数当且仅当 $2n+2$ 是中数.

实际上,记

$$D(n) = d(1) + d(2) + \cdots + d(n), \quad S(n) = 1 + 2 + \cdots + n,$$

则 $F(n) = \dfrac{2}{3}$,等价于 $3D(n) = 2S(n)$.

当 n 为偶数时,我们有

$$D(2n+2) = [d(1) + d(3) + \cdots + d(2n+1)]$$
$$+ [d(2) + d(4) + \cdots + d(2n+2)] \text{(奇偶分开处理)}$$
$$= [1 + 3 + \cdots + (2n+1)] + [d(1) + d(2) + \cdots + d(n+1)]$$
$$= (n+1)^2 + [D(n) + d(n+1)]$$
$$= (n+1)^2 + (n+1) + D(n). \text{(因为 } n+1 \text{ 为奇数)}$$

从而

$$3D(2n+2) = 3(n+1)^2 + 3(n+1) + 3D(n)$$
$$= (n+1)(3n+6) + 3D(n),$$

又

$$2S(2n+2) = 2[1 + 2 + \cdots + (2n+2)]$$
$$= (2n+2)(2n+3)$$
$$= (n+1)(4n+6).$$

因此

$$3D(2n+2) - 2S(2n+2)$$
$$= (n+1)(3n+6) + 3D(n) - (n+1)(4n+6)$$
$$= 3D(n) - n(n+1) = 3D(n) - 2S(n).$$

所以，

$$n \text{ 是中数} \Leftrightarrow 3D(n) - 2S(n) = 0$$
$$\Leftrightarrow 3D(2n+2) - 2S(2n+2) = 0$$
$$\Leftrightarrow 2n+2 \text{ 是中数}.$$

最后，为了保证任何一个中数都必定是按上述递归关系得到，我们需要证明如下的引理.

引理 3 若 $2n+2$ 是中数，则 n 必是偶数.

用反证法，假定 n 是奇数，且 $2n+2$ 是中数. 令 $n = 2k-1$，则 $2n+2 = 4k$，于是，由 $2n+2 = 4k$ 是中数，有

$$3D(4k) = 2S(4k) = 4k(4k+1) = 16k^2 + 4k.$$

另一方面，由 $D(4k)$ 的定义，有

$$3D(4k) = 3[1 + 3 + \cdots + (4k-1)] + 3[d(1) + d(2) + \cdots + d(2k)]$$
$$= 3(2k)^2 + 3D(2k) = 12k^2 + 3D(2k).$$

比较以上两式，得

$$3D(2k) = 4k^2 + 4k > 4k^2 + 2k = 2k(2k+1) = 2S(2k).$$

由此可见，$2k$ 是强数. $\hspace{4cm}$ (*)

如果能证明任何正偶数 n 都不是强数，则由 (*) 式便产生矛盾，引理 3 获证.

于是，我们只需证明对任何偶数 n，有

$$3D(n) \leqslant 2S(n). \hspace{4cm} (**)$$

注意到前面的讨论，当 n 为偶数时，我们可把 $D(n)$ 的问题转化为 $D\left(\dfrac{n}{2}\right)$ 的问题处理，此时，n 所含有的 2 的幂次数降低 1，于是，不妨设 $2^r \leqslant n < 2^r + 1 (r \in \mathbf{N}_+)$，即 $2^r \leqslant n \leqslant 2^{r+1} - 1 (r \in \mathbf{N}_+)$. 又 n 为偶数，所以 $2^r \leqslant n \leqslant 2^{r+1} - 2 (r \in \mathbf{N}_+)$.

对 r 归纳（分批归纳法）. 当 $r = 1$ 时，$n = 2$，此时 $3D(2) = 6 = 2S(2)$，结论 (**) 成立.

设结论 (**) 对正整数 r 成立，考察 $r+1$ 的情形，此时 $2^{r+1} \leqslant n \leqslant 2^{r+2} - 2$.

若 $n \equiv 0 \pmod 4$，则 $\dfrac{n}{2}$ 为偶数，$2^r \leqslant \dfrac{n}{2} \leqslant 2^{r+1} - 2$，此时

$$D(n) = [d(1)+d(3)+\cdots+d(n-1)] + [d(2)+d(4)+\cdots+d(n)]$$

$$= [1+3+\cdots+(n-1)] + \left[d(1)+d(2)+\cdots+d\left(\frac{n}{2}\right)\right]$$

$$= \left(\frac{n}{2}\right)^2 + D\left(\frac{n}{2}\right) \leqslant \left(\frac{n}{2}\right)^2 + \frac{\frac{n}{2}\cdot\left(\frac{n}{2}+1\right)}{3} \text{(归纳假设)}$$

$$= \frac{n^2}{4} + \frac{n^2+2n}{12} = \frac{4n^2+2n}{12}$$

$$< \frac{4n^2+4n}{12} = \frac{n(n+1)}{3} = \frac{2S(n)}{3},$$

结论成立.

若 $n \equiv 2 \pmod 4$，则 $\frac{n}{2}$ 为奇数，$\frac{n-2}{2}$ 为偶数，$2^r \leqslant \frac{n-2}{2} \leqslant 2^{r+1}-2$，此时

$$D(n) = [d(1)+d(3)+\cdots+d(n-1)]$$

$$+ [d(2)+d(4)+\cdots+d(n-2)] + d(n)$$

$$= [1+3+\cdots+(n-1)] + \left[d(1)+d(2)+\cdots+d\left(\frac{n-2}{2}\right)\right] + \frac{n}{2}$$

$$= \left(\frac{n}{2}\right)^2 + \frac{n}{2} + D\left(\frac{n-2}{2}\right) \leqslant \left(\frac{n}{2}\right)^2 + \frac{n}{2} + \frac{\frac{n}{2}\cdot\left(\frac{n}{2}\right)}{3} \text{(归纳假设)}$$

$$= \frac{n^2}{4} + \frac{n}{2} + \frac{n^2-2n}{12} = \frac{4n^2+4n}{12} = \frac{n(n+1)}{3} = \frac{2S(n)}{3},$$

结论成立.

所以任何正偶数 n 都不是强数，这与 (*) 式矛盾，从而引理 3 获证.

最后证明：所有"中数"构成序列 a_n，其中

$$a_1 = 2, \quad a_n = 2a_{n-1} + 2.$$

一方面，由引理 2 可知，数列 a_n 中的数都是中数.

另一方面，我们证明所有中数都在上述数列 a_n 中.

实际上，假定 x 是中数，则由引理 1 知，x 是偶数.

若 $x > 2$，令 $x_1 = \frac{x-2}{2}$，则 $x = 2x_1 + 2$. 由引理 3 知，x_1 是正偶数，再由引理 2 知，x_1 是中数.

一般地，若 x_i 为中数，且 $x_i > 2$，则令 $x_{i+1} = \frac{x_i-2}{2}$，由此得到一个递减的正整数序列：

$$x_1 > x_2 > \cdots > x_i > \cdots,$$

其中 x_1，x_2，$\cdots$，x_i 都是中数.

由于序列不能无穷递降，从而必定到某个时刻，有 $x_i = 2$，从而 x 是数列 a_n 中的一个项.

容易知道，数列 a_n 的通项为：$a_n = 2^{n+1} - 2(n \in \mathbf{N}_+)$.

实际上，

$$a_n + 2 = 2a_{n-1} + 4 = 2(a_{n-1} + 2) = 2^2(a_{n-2} + 2) = \cdots = 2^{n-1}(a_1 + 2) = 2^{n+1}.$$

所以，$a_n = 2^{n+1} - 2$. 故所有中数为 $a_n = 2^{n+1} - 2(n \in \mathbf{N}_+)$.

又上面已经证明，任何正偶数 n 都不是强数，于是，集合

$$A = \{x \text{ 为正偶数} \mid x \neq 2^{n+1} - 2(n \in \mathbf{N}_+)\}$$

中的数都是弱数.

剩下的问题是，哪些奇数是强数？哪些奇数是弱数？

我们猜想：所有正奇数 $2n + 1$ 都是强数，即对任何自然数 n，有

$$3D(2n+1) > 2S(2n+1).$$

我们曾将这一结论作为新星夏令营的一个练习，后来收到十余份正确的解答. 其中以王瑞、彭任锋等的证明最为简单. 这里，我们综合这些解答，给出该结论证明的一个思路分析.

首先，$n = 0$ 时不等式显然成立，从而只需证明不等式对任何正整数 n 成立.

此外，由引理 1 可知，$2n + 1$ 不是中数，从而只需证明对任何正整数 n，有

$$3D(2n+1) \geqslant 2S(2n+1) = (2n+1)(2n+2).$$

再注意到

$$D(2n+1) = D(2n) + d(2n+1) = D(2n) + 2n + 1,$$

不等式又化为

$$3D(2n) \geqslant (2n+1)(2n+2) - 3(2n+1) = (2n)^2 - 1.$$

找一个充分条件，我们证明对任何正整数 n，有

$$3D(n) + 1 \geqslant n^2.$$

对 n 归纳. 当 $n = 1$ 时结论显然成立. 设结论对小于 n 的正整数成立，考虑 n 的情形.

(1) 若 n 为奇数，则 $d(n) = n$，由归纳假设，有

$$3D(n)+1=3D(n-1)+1+3d(n)$$

$$\geqslant (n-1)^2+3n=n^2+n+1>n^2,$$

结论成立.

（2）若 n 为偶数，则由归纳假设，有

$$3D(n)+1=3[d(1)+d(3)+\cdots+d(n-1)]+3[d(2)+d(4)+\cdots+d(n)]+1$$

$$=3[1+3+\cdots+(n-1)]+3\left[d(1)+d(2)+\cdots+d\left(\frac{n}{2}\right)\right]+1$$

$$=3\left(\frac{n}{2}\right)^2+3D\left(\frac{n}{2}\right)+1\geqslant 3\left(\frac{n}{2}\right)^2+\left(\frac{n}{2}\right)^2=n^2,$$

结论成立.

综上所述，所有中数为 $2^{n+1}-2(n\in\mathbf{N}_+)$，所有弱数为除 $2^{n+1}-2(n\in\mathbf{N}_+)$ 外的偶数，而一切奇数都是强数. $\qquad\square$

4. 分批归纳

按照一定的规则，将全体自然数分成若干类，然后对自然数一类一类地归纳，我们称之为分批归纳. 分批归纳的表现形式是对组的序号进行归纳：设 n 在第 i 个类时命题成立，然后证明 n 在第 $i+1$ 个类时命题也成立.

分批归纳的一种常见形式是利用一个无穷序列 a_r，将全体自然数分成若干类，其中第 r 类的自然数满足：$a_r\leqslant n<a_{r+1}$，我们称这样的无穷序列 a_r 为全体自然数的划分序列.

例4 有 n 个人围成一圈召开圆桌会议，其中 n 是给定的大于 1 的整数，会议间隙，服务员向与会人员销售 50 元一张的午餐券. 假定其中恰好有 $r(1\leqslant r<n)$ 个人手中持有 100 元币，其余的人手中都是持有 50 元币，而服务员在销售午餐券时自己没有带钱. 如果不管 n 个人在圆桌旁如何排列，服务员都可从某个人开始，依任一方向绕圆桌一周（包括顺时针和逆时针方向）销售午餐券，使 n 个人都购买午餐券而不会出现找补困难的情况，求 r 的最大值.

（原创题）

分析与证明 将持有 50 元币的人记为 1，持有 100 元币的人记为 -1，则问题等价于 n 个数排列成一个圆圈，其中恰好有 r 个 -1，其余都为 1. 不管 n 个数在圆周上如何排列，都能从某个数开始，依任一方向绕圆一周依次将各个数相加，使任何时刻得到的和 $S_i(i=1,2,\cdots,n)$，都不是负数，求 r 的

最大值.

研究特例,当 $n=2$ 时,显然 $r_{\max}=1$,此时从 1 开始求和即可.

当 $n=3$ 时,如果 $r=2$,则圆排列只有唯一方式,为 $(1,-1,-1)$,此时 $S_2=1-2=-1<0$,不合要求,所以 $r\leqslant 1$. 当 $r=1$,则圆排列只有唯一方式,为 $(1,1,-1)$,此时从任意一个 1 开始求和,有 $S_i\geqslant 0(i=1,2,3)$,合乎要求,所以 $r_{\max}=1$.

当 $n=4$ 时,如果 $r=2$,则当圆排列为 $(1,1,-1,-1)$ 时,此时有一个方向的 $S_2=-1<0$,不合要求,所以 $r\leqslant 1$. 当 $r=1$,则圆排列为 $(1,1,1,-1)$,此时从任意一个 1 开始求和,有 $S_i\geqslant 0(i=1,2,3,4)$,合乎要求,所以 $r_{\max}=1$.

当 $n=5$ 时,如果 $r=3$,则 $S_5=2-3=-1<0$,不合要求,所以 $r\leqslant 2$. 当 $r=2$,圆排列有两种情况,为 $(1,1,1,-1,-1)$ 或 $(1,1,-1,1,-1)$. 此时从任意一个 1 开始求和,都有 $S_i\geqslant 0(i=1,2,\cdots,5)$,合乎要求,所以 $r_{\max}=2$.

归纳上述情况,我们猜想 $r_{\max}=\left[\dfrac{n+1}{3}\right]$.

为叙述问题方便,我们给出如下定义:如果圆周上 n 个数,其中至多 k 个为 -1,其余都为 1,可以从某一个 1 开始依任一方向绕圆一周依次将各个数相加,使任何时刻得到的和 $S_i(i=1,2,\cdots,n)$ 都非负,则称圆周上这个 1 所在的位置为"好点".

为方便计算高斯函数值,我们取划分序列:$\{3k-1\}$,限定 $3k-1\leqslant n<3(k+1)-1$,即 $3k-1\leqslant n\leqslant 3k+1$. 只需证明:当 $3k-1\leqslant n\leqslant 3k+1$ 时,$r_{\max}=k$.

首先证明,当 $3k-1\leqslant n\leqslant 3k+1$ 时,$r\leqslant k$.

实际上,反设 $r\geqslant k+1$,因为 $3k-1\leqslant n\leqslant 3k+1$,则圆周上 1 的个数为

$$n-r\leqslant 3k+1-(k+1)=2k.$$

在圆周上将所有 1 排在一起,所有 -1 排在一起,则对任何一个 1,它的两侧中至少有一侧不多于 k(包括本身)个 1,于是,从它开始向不多于 k 个 1 的方向依次求和,则当加到最后一个 -1 时,

$$S\leqslant k-(k+1)=-1<0.$$

于是,从任何一个 1 所在的位置都不是好点,而 -1 所在的位置都不是好点,矛盾. 所以 $r\leqslant k$.

其次证明,当 $3k-1\leqslant n\leqslant 3k+1$ 时,$r=k$ 合乎要求.

对 k 归纳. 当 $k=1$ 时,由前面的结果可知,结论成立.

当 $k=2$ 时,圆周上 $5\leqslant n\leqslant 7$ 个点,其中 $n-2$ 个为 1,2 个为 -1,我们考虑如何利用 $k=1$ 的情形. 需要去掉 3 个点,使剩下 5 个点中只有一个 -1,从而去掉的 3 点中要有一个为 -1.

任取一个 -1，另外再"任意"（以后优化）去掉 2 个 1，将这 3 个点一齐去掉，在剩下的 5 个点中有一个 -1，因而一定有好点，记为 P.

现将取出的 3 个点放回原处，我们期望 P 仍是好点. 从反面考虑，在什么情况下 P 不是好点？

当 P 按某一方向运动到去掉的 -1 时，当时的"和" $S \leqslant 0$，与 -1 相加后得到负数.

如何使上述情况不出现？——优化假设：当取定一个去掉的 -1 时，另外去掉的 2 个 1 是该 -1 两侧与它距离最近的两个 1.

这样，因为 P 不是与所取出的 -1 距离最近的点，因而从 P 出发依圆周任一方向前进时，必先遇到添回的 $+1$，然后再遇到添回的 -1，故 P 仍是好点.

设结论对 k 成立，即圆周上 n 个数（$3k-1 \leqslant n \leqslant 3k+1$），其中至多 k 个为 -1，其余都为 1，则圆周上必定存在好点.

考虑 $k+1$ 的情形，此时圆周上 n 个数（$3k+2 \leqslant n \leqslant 3k+4$），其中至多 $k+1$ 个为 -1，其余都为 1.

现在需要去掉 3 个数，使剩下 $n-3$ 个数中至多有 k 个 -1，从而去掉的 3 个数中要有一个为 -1，另 2 个为 1.

任意去掉一个 -1，在该 -1 两侧分别取一个与它距离最近的 1，去掉该 -1 和这两个 1，则剩下的 $n-3$ 个数中至多有 k 个 -1，注意到 $3k-1 \leqslant n-3 \leqslant 3k+1$，由归纳假设，一定有好点，记为 P.

现将去掉的 3 个点放回原处，因为 P 不是与所去掉的 -1 距离最近的点，因而从 P 出发依圆周任一方求和时，必先加上添回的 $+1$，然后再加上添回的 -1，从而其仍然永远非负，所以 P 仍是好点. 这说明，$n=k+1$ 时命题成立.

综上所述，$r_{\max} = \left[\dfrac{n+1}{3} \right]$. □

5. 容量参数

集合中的元素个数称为该集合的容量，将某个集合的容量用一个参数表示，我们称该参数为容量参数.

引入容量参数，可使那些类似于"至多有…"，"至少有…"等一些范围估计得到精确的表示，且方便参与相关运算. 此外，引入容量参数，还可使含有一些不确定因素的有关对象相对确定.

例 5　在凸 n 边形的顶点处放置一些火柴，每次操作允许将某个顶点处移动两根火柴，分别放到它两侧相邻顶点处各一根. 求证：如果若干次移动后，各顶点处的火柴数恢复到和原来一样，那么操作的次数为 n 的倍数.

（第 20 届全俄数学奥林匹克试题）

分析与证明 设凸 n 边形的各顶点依次为 A_1，A_2，$\cdots$，A_n. 本题有一个陷阱：按通常的想法，可设最初的状态为 $(a_1, a_2, \cdots, a_n)$，其中 a_i 是顶点 A_i 处的火柴根数 $(1 \leqslant i \leqslant n)$. 然后模拟操作，假定某次操作是顶点 A_i 处的火柴挪动 2 根到顶点 A_{i-1}，A_{i+1} 处各一根，则称该次操作是对顶点 A_i 进行的，其操作可以表示为

$$(a_1, a_2, \cdots, a_n) \rightarrow (a_1, a_2, \cdots, a_i - 2, a_{i-1} + 1, a_i - 2, a_i + 1 + 1, a_i + 2, \cdots, a_n).$$

但由于每次操作对哪个顶点操作并不确定，上述操作过程无法再模拟下去，更难以发现操作状态的通式.

造成上述解题困难的原因，是我们没有真正把握好解题目标. 因为我们并不需要知道操作的各个状态，而只要确定最终的状态与初始状态完全一致时操作次数的特征：为 n 的倍数. 因此，我们的容量参数的引入，要与操作次数密切相关. 显然，光凭顶点处火柴的根数，是无法建立其与操作次数的联系. 于是，我们改变策略，将容量参数由原来的"顶点处火柴的根数"改变为"顶点处操作的次数"：设操作结束时，顶点 A_i 处进行了 a_i 次操作 $(i = 1, 2, \cdots, n)$，那么，操作的总次数为

$$S = a_1 + a_2 + \cdots + a_n.$$

显然，操作结束后顶点 A_i 处的火柴减少 $2a_i$ 根，增加 $a_{i-1} + a_{i+1}$，其火柴增量为 $a_{i-1} + a_{i+1} - 2a_i$，其中 a_i 的下标均按模 n 理解.

依题意，A_i 处火柴数不变，所以 $2a_i = a_{i-1} + a_{i+1}$ $(1 \leqslant i \leqslant n)$.

为证明 $S = a_1 + a_2 + \cdots + a_n$ 为 n 的倍数，我们还需要发掘 a_1，a_2，$\cdots$，a_n 的特征.

研究方程 $2a_i = a_{i-1} + a_{i+1}$ 的直观意义. 由此你能看出点什么（关于大小的信息）？

由方程可知，a_{i-1}、a_i、a_{i+1} $(1 \leqslant i \leqslant n)$ 成等差数列，而等差数列是单调的，不妨设 $a_1 \leqslant a_2 \leqslant a_3$. 进而由 $a_4 - a_3 = a_3 - a_2$，有 $a_2 \leqslant a_3 \leqslant a_4$，如此下去，有

$$a_1 \leqslant a_2 \leqslant a_3 \leqslant \cdots \leqslant a_{n-1} \leqslant a_n \leqslant a_1.$$

所以不等式的等号成立，即 $a_1 = a_2 = \cdots = a_n$.

故操作的总次数 $S = a_1 + a_2 + \cdots + a_n = na_1$ 为 n 的倍数，命题获证. $\qquad\square$

在上海新星夏令营中，学员林道哲给出了该题的一个巧妙解答，其关键是引入的容量参数不仅仅是顶点处火柴的根数，而是一种复合参数，从而方便建立参数与操作次数的联系.

对于状态$(a_1, a_2, \cdots, a_n)$，其中a_i表示顶点A_i处火柴的根数. 我们设法定义状态的一个特征值：

$$S = f(a_1, a_2, \cdots, a_n),$$

使其满足：每次操作中S的增量ΔS在模n的意义上是一个不为0的常数c. 这样，操作t次以后，S的增量的和为$tc \pmod{n}$.

如果状态又回到原来的形式，那么$tc \equiv 0 \pmod{n}$. 只要选取f，使$(n, c) = 1$，便有$n \mid t$，结论获证.

现在我们考虑选择怎样的f才能满足上述要求.

如果简单地取f为各顶点处火柴数的总和：

$$S = f(a_1, a_2, \cdots, a_n) = a_1 + a_2 + \cdots + a_n,$$

则它显然不合乎要求，因为S在操作中增量为0，不能建立其与操作次数的联系.

为了使S在操作中的增量不为0，想象对每一根火柴定义一个权重，不妨设第i个顶点处的权重为x_i，令

$$S = f(a_1, a_2, \cdots, a_n) = a_1 x_1 + a_2 x_2 + \cdots + a_n x_n,$$

那么，对第i个顶点操作一次，状态的特征值S的改变量为

$$\Delta S \equiv x_{i-1} + x_{i+1} - 2x_i \pmod{n}.$$

现在考虑取怎样的$x_1, x_2, \cdots, x_n$，能存在常数c，使对任何$1 \leqslant i \leqslant n$，有

$$\Delta S \equiv x_{i-1} + x_{i+1} - 2x_i \equiv c \pmod{n}.$$

从简单入手，尝试取x_i为关于i的多项式，则易知，一次多项式使ΔS为0，不合要求，而二次多项式都合符要求. 于是，取x_i为关于i的最简二次多项式：$x_i = i^2$，即令

$$S = f(a_1, a_2, \cdots, a_n) = a_1 \cdot 1^2 + a_2 \cdot 2^2 + \cdots + a_n \cdot n^2,$$

其中a_i表示顶点A_i处火柴的根数.

考察任意一次操作，不妨设是将顶点A_i处的火柴移动到两侧，有以下情况：

若$2 \leqslant i \leqslant n$，则$\Delta S = (i-1)^2 + (i+1)^2 - 2i^2 = 2$；

若$i = 1$，则$\Delta S = n^2 + 2^2 - 2 \cdot 1^2 = n^2 + 2$；

若$i = n$，则$\Delta S = (n-1)^2 + 1^2 - 2n^2 = 2 - 2n + n^2$.

这样，当n为奇数时，因为

$$2 \equiv n^2 + 2 \equiv 2 - 2n + n^2 (\bmod n),$$

所以不论哪种情况,都有 $\Delta S \equiv 2(\bmod n)$. 假定操作 t 次后又回到初始状态,则有 $2t \equiv 0(\bmod n)$,所以 $n \mid 2t$. 又 $(n, 2) = 1$,所以 $n \mid t$,结论成立.

当 n 为偶数时,$2n \mid n^2$. 此时因为

$$2 \equiv n^2 + 2 \equiv 2 - 2n + n^2 (\bmod 2n).$$

所以不论哪种情况,都有 $\Delta S \equiv 2(\bmod 2n)$. 假定操作 t 次后又回到初始状态,则有 $2t \equiv 0(\bmod 2n)$,所以 $2n \mid 2t$,即 $n \mid t$,结论成立.

综上所述,命题获证. □

最后,借此机会,我们纠正一下新星夏令营《组合问题选讲》中例 20 的一个打印错误,正确的题目为:

设 $a_1 = 1$,$a_2 = 4$,$a_{n+1} = 2a_n - a_{n-1} + \dfrac{1}{n}(a_n - a_{n-1} + 1)$,对给定的正整数 p,令

$$d_n = (a_n + p, a_{n+1} + p),$$

求证:$\{d_n\}$ 是周期数列,并求出 d_n 的所有可能取值.

新星数学竞赛丛书

数学竞赛问题与感悟

第二卷：研究文集（下）

主　编　冷岗松

编　委　冯跃峰　张瑞祥

　　　　聂子佩　邹　瑾

　　　　王广廷　吴尉迟

华东师范大学出版社

·上海·

序 言

数学新星网创办于 2014 年元月. 创办的宗旨是为参加国内外高层次的数学竞赛学生和他们的老师提供一个网上交流平台. 五年多来, 它坚持严格的择文标准, 宁缺毋滥, 因此成长为一个高质量的中学数学竞赛网. 现在, 它既是反映中学生数学创新能力的一个窗口, 又引导师生在数学竞赛活动中进行"研究型学习".

五年多来, 数学新星网共发表各类文章 180 余篇, 新星征解问题 30 期 (共计 120 个问题).

数学新星网中最有特色的专栏是数学新星问题征解, 供题者有在读的中学生、教练员及年轻的数学家 (他们不少是当年的数学竞赛选手, 有些甚至是当年的国家队队员). 从第十三期开始, 新星征解栏由牟晓生 (2008 年 IMO 满分金牌获得者, 哈佛大学博士) 主持, 题目的新颖度和难度更是有了大的提升, 获得了广泛赞誉.

数学新星网中另一个亮丽的专栏是学生作品专栏. 学生投稿踊跃, 其中不少文章具有新的观点、新的视野及新的方法, 反映出中学生极强的创新能力. 不少学生作品被一些专家和学者关注、讨论、精心修改. 在这里, 我们要特别感谢那些幕后的专家和学者的无私奉献. 也正是因为这样, 学生们的研究兴趣被大大激发, 研究能力也得到相应的提升. 现在, 学生们以能在新星网学生专栏中发表文章为荣. 我们也会为收到一篇优秀的学生作品而兴奋不已.

数学新星网的所有文章将分别在两个出版社正式出版. 其中有 27 篇学生作品将发表在由熊斌教授主编的《数学竞赛与初等数学研究》一书中, 由高等教育出版社出版. 其他的大多数文章和新星征解题都将收录新星系列丛书《数学竞赛问题与感悟》, 分三卷在华东师大出版社出版. 第一卷书名为《征解题集》, 主编: 牟晓生; 第二卷书名为《研究文集》, 主编: 冷岗松; 第三卷书名为《真题集锦》, 主编: 羊明亮.

在新星系列丛书出版之时, 我们特别感谢中国数学奥林匹克的创始人之一裘宗沪先生, 他一直关注数学新星网的创建和发展, 多次献计献策, 使我们备受鼓舞. 我们还要特别感谢华东师范大学的熊斌教授, 他一直特别关心新星网的建设, 给予很多鼓励, 在新星网文的出版过程中更是鼎力支持.

我们还要感谢余红兵、李伟固、吴建平、冯志刚、朱华伟、瞿振华、艾颖华、何忆捷、张思汇、付云皓、王彬、冯跃峰、萧振纲、边红平、张瑞祥、聂子佩、邹瑾、张端阳、李先颖等老师多年来对新星网的支持和厚爱. 我们还要感谢华东师大出版社教辅分社倪明社长和孔令志副社长, 他们的辛勤劳动和支持使得这套系列丛书能够顺利出版. 我们也要感谢仁慧书院的张慧伦先生为新星网的宣传和传播所做的贡献.

最后我们还要感谢新星网的一些编辑人员: 施柯杰、杜昌敏、王广廷、席东盟、李晋、罗振华、吴尉迟、孙孟越、叶思及一些其他工作人员.

永无踌躇和休止, 不断追求和创新. 祝愿新星网越办越好!

冷岗松

2019 年 4 月

目 录

一、感悟随笔

二、研究小品

三、解题方法探讨

三、解题方法探讨(续)

四、几何园地

五、竞赛新视野

三、解题方法探讨（续）

3

2017 年高中数学联赛加试最后两题的
解答思路分析

冯跃峰

（深圳市高级中学，518040）

2017 年全国高中数学联赛加试题难度适中，本文给出难度较大的最后两题解答的思路分析.

第 3 题 若将 33×33 方格纸中每个小方格染 3 种颜色之一，使得每种颜色的小方格个数相等. 若相邻两个小方格的颜色不同，则称它们的公共边为"分隔边". 试求分隔边条数的最小值.

【题感】从目标看，本题属于计数极值问题，自然想到常用的计数方式——分类计数：分别计算每行每列中分隔边的条数. 但直接计数需引入较多参数，解题较为困难，从而想到先构造满足条件的染色，使分隔边尽可能少，由此猜出最小值.

为了使分隔边尽可能少，必须同色的格尽可能相邻，自然想到将方格纸划分为 3 块，每块的格是单色的. 这可采用以简驭繁策略，从均匀分块得到的"拟对象"开始，然后改进.

【以简驭繁】将方格纸分割为 3 个全等的 11×33 的方格纸（图 1），每一块分别染红、蓝、黄色. 此时分隔边的条数 $S = 33 + 33 = 66$.

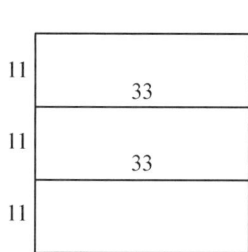

图 1

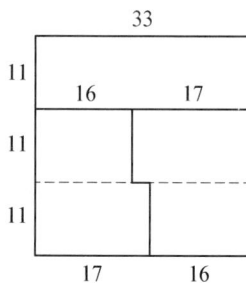

图 2

【改进】容易发现这不是最小的. 比如，改变其中一条分割线的方式（图 2），将 22×33 方格纸按纵向分割线分割为全等的两块（但不是矩形），则分隔边的条数 $S = 33 + 11 + 1 + 11 = 56$.

我们猜想 $S=56$ 是最小的,下证 $S \geqslant 56$.

【分类计数】按位置分类,各分隔边分布在 33 行与 33 列中. 我们先考虑什么情况下最容易产生 $S \geqslant 56$.

【充分条件分类】一个充分条件是:含有分隔边的行与列不少于 56. 由于行数与列数之和为 66,从反面考虑更简单:即单色的行与列不多于 10.

【解决遗留】下设单色的行与列多于 10,设有 p 个单色行,q 个单色列,$p+q \geqslant 11$.

为了证明 $S \geqslant 56$,我们需要找到若干含有 2 条分隔边的行或列.

【充分条件】同行或列含有 2 条分隔边的一个充分条件是:该行或列含有 3 种颜色.

考虑最容易产生一列含 3 种颜色的情形:棋盘含有 2 种颜色的单色行,此时容易找到含第 3 色的列.

如果红蓝黄三色的单色行都存在,则每列都有 2 条分隔边,$S \geqslant 66$,结论成立.

如果存在红蓝色的单色行都存在,则无黄色行. 此时 $p<33$,否则无黄色格. 此外,显然无单色列,于是 $q=0$,$11 \leqslant p<33$.

因为只有 p 个单色行,其他行与列至少一条分隔边,得到 $66-p$ 条分隔边.

由于每列至多含有 $33-p$ 个黄格,所以含有黄格的列不少于 $\dfrac{11 \times 33}{(33-p)}$,这样的列都增加一条分隔边. 所以

$$S \geqslant (66-p)+\frac{11 \times 33}{(33-p)}=33+(33-p)+\frac{11 \times 33}{(33-p)}$$

$$\geqslant 33+2 \sqrt{(33-p) \cdot \frac{11 \times 33}{33-p}} \geqslant 33+2 \sqrt{256}=65,$$

结论成立.

下设所有单色行都同色,所有单色列都同色,此时 $p, q \leqslant 11$.

【从容易入手】先考虑一种容易的情形:$pq=0$,不妨设 $q=0$,则 $p \geqslant 11$. 又 $p \leqslant 11$,所以 $p=11$.

设单色行都为红色且在前 11 行(否则调换一些行,分隔边不增加),则剩下的 11×33 矩形只含有蓝黄 2 色.

此时,每一列都由红色分界产生了一条分隔边,不能再有其他的分隔边,所以剩下的每行的一条分隔边共线,且两侧都是单色的,从而每行方格被平均分为两部分,与 33 是奇数矛盾.

【解决遗留】再考虑遗留的情形:$pq \neq 0$,此时,单色行与单色列有公共格,于是所有单色的行列都同色,不妨设是红色. 则红色格不少于

$$33(p+q)-pq \geqslant 33(p+q)-\frac{(p+q)^2}{4}.$$

因为 $f(x)=33x-\dfrac{x^2}{4}$ 在 $[11,66]$ 上是增函数,如果 $p+q\geqslant 13$,则红色格不少于 $f(13)\geqslant 429-43=386>11\times 33$,矛盾.所以 $p+q\leqslant 12$.

(1) 当 $p+q=11$ 时,非单色的行列有 55 个,至少产生 55 条分隔边.如果 $S=55$,则不能有行列含有 2 条分隔边,于是其余 $66-11=55$ 个行列都至多有 2 种颜色.

去掉所有的红色格,则其他的 55 个行列都只含蓝黄中的一种颜色,必有一种颜色所在的行列不多于 $\left\lceil\dfrac{55}{2}\right\rceil=27$,设该色分布在 s 行 t 列,$s+t=27$,则该色格子数不多于 $st\leqslant\dfrac{(s+t)^2}{4}<183$,矛盾.

(2) 当 $p+q=12$ 时,非单色的行列有 54 个,至少产生 54 条分隔边.如果 $S\leqslant 55$,则含有 2 条分隔边的行列至多一个,于是最多有一个行列含有 3 种颜色,其余 $66-12-1=53$ 个行列都至多有 2 种颜色.

去掉所有的红色格,则其他的 53 个行列都只含蓝黄中的一种颜色,必有一种颜色所在的行列不多于 $\left\lceil\dfrac{53}{2}\right\rceil=26$,设该色在这些行列中分布在 s 行 t 列,$s+t=26$,则这些行列中该色格子数不多于 $st\leqslant\dfrac{(s+t)^2}{4}=169$.连同含有 3 种颜色的那个行列至多含有 31 个该色格,所以该色格不多于 $169+31=200$,矛盾.

【新写】如图 2,将方格纸分割为 3 块,每一块分别染红、蓝、黄色.此时分隔边的条数 $S=33+11+1+11=56$.下证 $S\geqslant 56$.

如果单色的行与列不多于 10,则含有分隔边的行与列不少于 $66-10=56$,所以 $S\geqslant 56$.

下设单色的行与列多于 10,设有 p 个单色行,q 个单色列,$p+q\geqslant 11$.

如果红蓝黄三色的单色行都存在,则每列都有 2 条分隔边,$S\geqslant 66$,结论成立.

如果存在红蓝色的单色行都存在,则无黄色行.此时 $p<33$,否则无黄色格.此外,显然无单色列,于是 $q=0$,$11\leqslant p<33$.

因为只有 p 个单色行,其他行与列至少一条分隔边,得到 $66-p$ 条分隔边.

由于每列至多含有 $33-p$ 个黄格,所以含有黄格的列不少于 $\dfrac{11\times 33}{(33-p)}$,这样的列都增加一条分隔边.所以

$$S\geqslant(66-p)+\frac{11\times 33}{(33-p)}=33+(33-p)+\frac{11\times 33}{(33-p)}$$

$$\geqslant 33+2\sqrt{(33-p)\cdot\frac{11\times 33}{33-p}}\geqslant 33+2\sqrt{256}=65,$$

结论成立.

下设所有单色行都同色,所有单色列都同色,此时 p,$q \leqslant 11$.

如果 $pq=0$,不妨设 $q=0$,则 $p \geqslant 11$.又 $p \leqslant 11$,所以 $p=11$.

设单色行都为红色且在前 11 行(否则调换一些行,分隔边不增加),则剩下的 11×33 矩形只含有蓝黄 2 色.

此时,每一列都由红色分界产生了一条分隔边,不能再有其他的分隔边,所以剩下的每行的一条分隔边共线,且两侧都是单色的,从而每行方格被平均分为两部分,与 33 是奇数矛盾.

如果 $pq \neq 0$,此时,单色行与单色列有公共格,于是所有单色的行列都同色,不妨设是红色.则红色格不少于

$$33(p+q) - pq \geqslant 33(p+q) - \frac{(p+q)^2}{4}.$$

因为 $f(x) = 33x - \frac{x^2}{4}$ 在 $[11, 66]$ 上是增函数,如果 $p+q \geqslant 13$,则红色格不少于 $f(13) \geqslant 429 - 43 = 386 > 11 \times 33$,矛盾.所以 $p+q \leqslant 12$.

(1)当 $p+q=11$ 时,非单色的行列有 55 个,至少产生 55 条分隔边.反设 $S \leqslant 55$,则没有含 2 条分隔边的行与列,于是其余 $66-11=55$ 个行列都至多有 2 种颜色.

去掉所有的红色格,则其他的 55 个行列都只含蓝黄中的一种颜色,必有一种颜色所在的行列不多于 $\left[\frac{55}{2}\right] = 27$.设该色分布在 s 行 t 列,$s+t=27$,则该色格子数不多于 $st \leqslant \frac{(s+t)^2}{4} < 183$,矛盾.

(2)当 $p+q=12$ 时,非单色的行列有 54 个,至少产生 54 条分隔边.反设 $S \leqslant 55$,则含有 2 条分隔边的行列至多一个,于是最多有一个行列含有 3 种颜色,其余 $66-12-1=53$ 个行列都至多有 2 种颜色.

去掉所有的红色格,则其他的 53 个行列都只含蓝黄中的一种颜色,必有一种颜色所在的行列不多于 $\left[\frac{53}{2}\right] = 26$,设该色在这些行列中分布在 s 行 t 列,$s+t=26$,则这些行列中该色格子数不多于 $st \leqslant \frac{(s+t)^2}{4} = 169$.连同含有 3 种颜色的那个行列至多含有 31 个该色格,所以该色格不多于 $169+31=200$,矛盾.

综上所述,分隔边条数的最小值为 56. □

第 4 题 设 m、n 均是大于 1 的整数,$m \geqslant n$,a_1,a_2,$\cdots$,a_n 是 n 个不超过 m 的互不相同正整数,且 $(a_1, a_2, \cdots, a_n)=1$.试证:对任意实数 x,均存在 $a_i (1 \leqslant i \leqslant n)$,使得 $\|a_i x\| \geqslant \dfrac{2\|x\|}{m(m+1)}$,这里 $\|y\|$ 表示实数 y 到与它最近的整数的距离.

【题感】从目标看,属于"在多个数 a_1,a_2,$\cdots$,a_n 中找一个数 a_i,使 $\|a_i x\|$ 具有题给性质"的问题,这通常可用整体思考:考虑所有的 $\|a_i x\|$($1 \leqslant i \leqslant n$),然后构造整体函数 $W = f(\|a_1 x\|$,$\cdots$,$\|a_n x\|)$,通过研究 W 的性质找到相应的 $\|a_i x\|$.

如何构造整体函数 W(常见的是和或积)?这当然要利用题给的条件,其中最主要的条件是 $(a_1$,a_2,$\cdots$,$a_n) = 1$,它与整体函数密切相关.

由此想到裴蜀定理:$p_1 a_1 + p_2 a_2 + \cdots + p_n a_n = 1$. 所以选择整体函数为"和"的形式,这只需在上式中凑配 $\|a_i x\|$.

【结构联想】因为 $(a_1$,a_2,$\cdots$,$a_n) = 1$,由裴蜀定理,存在常数 p_1,p_2,$\cdots$,p_n,使 $\sum_{i=1}^{n} p_i a_i = 1$.

【构造相同】于是,对任意实数 x,有 $\sum_{i=1}^{n} p_i a_i x = x$,所以

$$\left\| \sum_{i=1}^{n} p_i a_i x \right\| = \|x\|. \qquad (*)$$

【瞄准目标】我们要证明:

$$\|x\| \leqslant \frac{\left[m(m+1) \|a_i x\| \right]}{2}. \qquad (**)$$

为了构造 $\|a_i x\|$,想到($*$)式左端的距离符号放入求和运算的每一项中,这就要研究对 u,$v \in \mathbf{R}$,$\|u + v\|$ 与 $\|u\|$、$\|v\|$ 的关系. 不难发现如下的引理.

引理 1 对 u,$v \in \mathbf{R}$,$\|u + v\| \leqslant \|u\| + \|v\|$.

证明:因为对任何整数 k 及实数 x,有 $\|x + k\| = \|x\|$,所以不妨设 $-\frac{1}{2} \leqslant u$,$v \leqslant \frac{1}{2}$.

又由定义 $\|-x\| = \|x\|$,所以不妨设 $0 \leqslant u$,$v \leqslant \frac{1}{2}$,此时与 u、v 最近的整数都是 0,所以 $\|u\| = u$,$\|v\| = v$.

【充分条件分类】如果 $0 \leqslant u + v \leqslant \frac{1}{2}$,则将 $u + v$ 看作一个数,有 $\|u + v\| = |u + v| = u + v = \|u\| + \|v\|$,结论成立.

【解决遗留】如果 $u + v > \frac{1}{2}$,由定义(将 $u + v$ 看作一个数),$\|u + v\| \leqslant \frac{1}{2}$,所以 $\|u + v\| \leqslant \frac{1}{2} < u + v = \|u\| + \|v\|$,结论成立,引理 1 获证.

由引理 1 可知,$\left\| \sum_{i=1}^{n} u_i \right\| \leqslant \sum_{i=1}^{n} \|u_i\|$.

再结合 $\|-x\|=\|x\|$,对任何 $k\in\mathbf{Z}$,$x\in\mathbf{R}$,有 $\|kx\|\leqslant|k|\cdot\|x\|$.

于是,由($*$)式,有

$$\|x\|=\Big\|\sum_{i=1}^{n}p_{i}a_{i}x\Big\|\leqslant\sum_{i=1}^{n}\|p_{i}a_{i}x\|\leqslant\sum_{i=1}^{n}|p_{i}|\cdot\|a_{i}x\|.$$

注意目标式含有系数 m,瞄准目标,期望 $|p_i|\leqslant m$,由此想到裴蜀定理的结果可以优化:限定

$$|p_{i}|\leqslant a=\max\{a_{1},a_{2},\cdots,a_{n}\}\leqslant m(1\leqslant i\leqslant n).$$

引理 2　如果 $(a_1,a_2,\cdots,a_n)=1$,则存在常数 p_1,p_2,$\cdots$,p_n,使 $\sum\limits_{i=1}^{n}p_ia_i=1$,且 $|p_i|\leqslant a=\max\{a_1,a_2,\cdots,a_n\}$.

证明:因为 $(a_1,a_2,\cdots,a_n)=1$,由裴蜀定理,存在常数 p_1,p_2,$\cdots$,p_n,使 $\sum\limits_{i=1}^{n}p_ia_i=1$.

【逐步调整】如果存在 $p_i(1\leqslant i\leqslant n)$,使得 $|p_i|>a$,不妨设 $|p_1|>a$,且 $p_1>0$.

但 $\sum\limits_{i=1}^{n}p_ia_i=1$,所以必存在 $p_j(1\leqslant j\leqslant n)$,使得 $p_j<0$,不妨设 $p_2<0$.

在等式中添加 $(-a_1a_2+a_1a_2)$,有

$$1=p_1a_1+(-a_1a_2+a_1a_2)+p_2a_2+\sum_{i=3}^{n}p_ia_i$$

$$=(p_1-a_2)a_1+(p_2+a_1)a_2+\sum_{i=3}^{n}p_ia_i=\sum_{i=1}^{n}p_i'a_i,$$

其中 $p_1'=p_1-a_2$,$p_2'=p_2+a_1$,$p_i'=p_i(3\leqslant i\leqslant n)$.

经过一次调整,p_1 至少减少 1,至多减少 a,所以调整后 p_1 仍大于 0,且 p_2 增加正数 a_1,其绝对值大于 a 时调整后不增加,不大于 a 时调整后仍不大于 a.

于是,若干次调整后必定使 p_1 的绝对值不大于 a,其他系数的绝对值大于 a 时调整后不等,不大于 a 时调整后仍不大于 a.

如此下去,可使所有系数的绝对值不大于 a,引理 2 获证.

利用引理 2,由前面的结果,得

$$\|x\|\leqslant\sum_{i=1}^{n}|p_i|\cdot\|a_ix\|\leqslant\sum_{i=1}^{n}a\cdot\|a_ix\|\leqslant m\sum_{i=1}^{n}\|a_ix\|.$$

于是,一定存在 $a_i(1\leqslant i\leqslant n)$,使得 $\|a_ix\|\geqslant\dfrac{\|x\|}{mn}$.

【充分条件分类】如果 $n\leqslant\dfrac{(m+1)}{2}$,则 $\|a_ix\|\geqslant\dfrac{\|x\|}{mn}\geqslant\dfrac{2\|x\|}{[m(m+1)]}$,结论成立.

【解决遗留】如果 $n > \dfrac{(m+1)}{2}$，此时 a_1，a_2，$\cdots$，a_n 具有怎样的性质？

注意此时数很多，但都在区间 $[1, m]$ 中，数的个数多于区间长度的一半，将出现怎样的现象？

此时 a_1，a_2，$\cdots$，a_n 中必定有 2 个相邻自然数，设为 $a_2 - a_1 = 1$，此时只需考虑小范围的整体函数 $\|a_1 x\| + \|a_2 x\|$ 即可！

实际上，由引理 1，有 $\|a_1 x\| + \|a_2 x\| \geqslant \|a_2 x - a_1 x\| = \|x\|$.

不妨设 $\|a_1 x\| \geqslant \|a_2 x\|$，则 $\|a_1 x\| \geqslant \dfrac{\|x\|}{2} \geqslant \dfrac{2\|x\|}{m(m+1)}$，结论成立.

【新写】先证明如下两个引理.

引理 1 对 u，$v \in \mathbf{R}$，$\|u + v\| \leqslant \|u\| + \|v\|$.（证明同上，略）

由引理 1 可知，$\left\| \displaystyle\sum_{i=1}^{n} u_i \right\| \leqslant \displaystyle\sum_{i=1}^{n} \|u_i\|$.

再结合 $\|-x\| = \|x\|$，对任何 $k \in \mathbf{Z}$，$x \in \mathbf{R}$，有 $\|kx\| \leqslant |k| \cdot \|x\|$.

引理 2 如果 $(a_1$，a_2，$\cdots$，$a_n) = 1$，则存在常数 p_1，p_2，$\cdots$，p_n，使 $\displaystyle\sum_{i=1}^{n} p_i a_i = 1$，且 $|p_i| \leqslant a = \max\{a_1$，$a_2$，$\cdots$，$a_n\}$.（证明同上，略）

回到原题. 如果 $n > \dfrac{(m+1)}{2}$，但 a_1，a_2，$\cdots$，$a_n \in [1, m]$ 中，必定有 2 个相邻自然数，设为 $a_2 - a_1 = 1$. 由引理 1，有 $\|a_1 x\| + \|a_2 x\| \geqslant \|a_2 x - a_1 x\| = \|x\|$.

不妨设 $\|a_1 x\| \geqslant \|a_2 x\|$，则 $\|a_1 x\| \geqslant \dfrac{\|x\|}{2} \geqslant \dfrac{2\|x\|}{m(m+1)}$，结论成立.

如果 $n \leqslant \dfrac{(m+1)}{2}$，因为 $(a_1$，a_2，$\cdots$，$a_n) = 1$，存在常数 p_1，p_2，$\cdots$，p_n，使 $\displaystyle\sum_{i=1}^{n} p_i a_i = 1$，且 $|p_i| \leqslant a = \max\{a_1$，$a_2$，$\cdots$，$a_n\}$.

于是，对任意实数 x，有 $\displaystyle\sum_{i=1}^{n} p_i a_i x = x$，所以结合引理 1，有

$$\|x\| \leqslant \sum_{i=1}^{n} |p_i| \cdot \|a_i x\| \leqslant \sum_{i=1}^{n} a \cdot \|a_i x\| \leqslant m \sum_{i=1}^{n} \|a_i x\|.$$

因此一定存在 $a_i (1 \leqslant i \leqslant n)$，使得 $\|a_i x\| \geqslant \dfrac{\|x\|}{mn} \geqslant \dfrac{2\|x\|}{m(m+1)}$，结论成立. $\qquad\square$

两道新星数学奥林匹克组合题思路分析

冯跃峰

（深圳市高级中学，518040）

近读 2016 年秋季上海新星数学奥林匹克试题，颇觉新颖有趣，且不偏不怪，难度适中. 尤其是最后两道组合题，其探索解答的思路非常自然，堪作数学奥林匹克活动的良好素材. 故此，今对后面两题的解答作些思路分析，请大家指正！

第 5 题 设 $n \geqslant 2$，A_1，A_2，$\cdots$，A_t 是 $X = \{1, 2, \cdots, n\}$ 的所有子集的任一个排列，求

$$S = \sum_{i=1}^{t} |A_i \cap A_{i+1}| \cdot |A_i \cup A_{i+1}|$$

的最大值，其中 $t = 2^n$，$A_{t+1} = A_1$.

【题感】从目标看，求 S 的最大值，需建立关于 S 的不等式"$S \leqslant \cdots$". 但其 S 的表达式非常复杂，且无法直接"求和"化简，自然想到先将复杂的表达式通过放缩变形，使其变成容易"求和"的表现形式. 这类似于代数中 $\sum \dfrac{1}{k^2}$ 不易"求和"，先将其放缩到 $\sum \dfrac{1}{k(k-1)}$，使其变得易于"求和".

【通项放缩】S 的通项为 $|A_i \cap A_{i+1}| \cdot |A_i \cup A_{i+1}|$，它的一般形式为 $|A \cap B| \cdot |A \cup B|$. 注意到 $\sum |A|$、$\sum |B|$ 可求（其中 A、B 跑遍 X 的所有子集），自然想到将 $|A \cap B| \cdot |A \cup B|$ 放大到 $f(|A|, |B|)$ 的形式. 即建立如下不等式：

$$|A \cap B| \cdot |A \cup B| \leqslant f(|A|, |B|).$$

【结构联想】注意到不等式左边是"二次式"，所以想到右边也是"二次式"，再注意到 $\sum |A|^2$、$\sum |B|^2$ 也可求，于是将不等式变为

$$|A \cap B| \cdot |A \cup B| \leqslant f(|A|^2, |B|^2).$$

先猜想右边是最简单形式的二次对称式 $|A|^2 + |B|^2$，不等式变为

$$|A \cap B| \cdot |A \cup B| \leqslant |A|^2 + |B|^2.$$

【调整参数】但为了等号成立使不等式达到最优,应引入平移、伸缩的调整参数 a、b,进一步将不等式变为

$$|A \cap B| \cdot |A \cup B| \leqslant a(|A|^2 + |B|^2) + b. \qquad (*)$$

下面确定参数 a、b. 为此,令 $|A \backslash B| = x$,$|B \backslash A| = y$,$|A \cap B| = z$,则不等式 $(*)$ 化为

$$z(x + y + z) \leqslant a(x + z)^2 + a(y + z)^2 + b,$$

$$\Rightarrow ax^2 + ay^2 + (2a - 1)(z^2 + xz + yz) + b \geqslant 0.$$

期望不等式为简单形式,取 $2a - 1 = 0$,则不等式变为

$$x^2 + y^2 + 2b \geqslant 0.$$

上式恒成立的充要条件是 $\qquad \min(x^2 + y^2) + 2b \geqslant 0.$

由于 x,$y \in \mathbf{N}$,且 x、y 不全为 $0(A \neq B)$,于是 $\min(x^2 + y^2) = 1$,所以不等式变成 $1 + 2b \geqslant 0$. 为使等号成立,取 $2b = -1$ 即可.

所以,我们有 $2|A \cap B| \cdot |A \cup B| \leqslant (|A|^2 + |B|^2) - 1$,其中等号在 $\{x, y\} = \{0, 1\}$ 时成立,此时 A、B 恰相差一个元素(A、B 中的一个是另一个的子集,且元素个数相差 1).

【上界估计】利用上述不等式,显然有

$$2S = \sum_{i=1}^{t} 2|A_i \cap A_{i+1}| \cdot |A_i \cup A_{i+1}|$$

$$\leqslant \sum_{i=1}^{t} (|A_i|^2 + |A_{i+1}|^2 - 1)$$

$$= 2\sum_{i=1}^{t} |A_i|^2 - t.$$

考察 $S' = \sum_{i=1}^{t} |A_i|^2$,对 $1 \leqslant k \leqslant n$,使 $|A_i| = k$ 的子集 A_i 有 C_n^k 个,于是

$$S' = \sum_{k=1}^{n} (k^2 \mathrm{C}_n^k) = (n^2 + n) 2^{n-2},$$

所以,$2S \leqslant 2S' - t = (n^2 + n) 2^{n-1} - 2^n$,得

$$S \leqslant (n^2 + n - 2) 2^{n-2}.$$

上式等号在 A_i 与 $A_{i+1}(1 \leqslant i \leqslant t)$ 都恰好相差一个元素时成立,这是可能的(一个早期的构造问题,不赘述),故 S 的最大值为 $(n^2 + n - 2) 2^{n-2}$. $\qquad \Box$

第6题　设 A_1，A_2，$\cdots$，A_{13} 是太空中的 13 颗新星，对任意 i，$j(1 \leqslant i < j \leqslant 13)$，从新星 A_i 通行至 A_j，或从新星 A_j 通行至 A_i，需花费 $f(i, j)$ 个太空币. 问是否可将各 $f(i, j)(1 \leqslant i < j \leqslant 13)$ 的值设定为两两不同的正整数，使得从 A_1 出发，以无论何种次序经过 A_2，A_3，$\cdots$，A_{13} 各一次，再回到 A_1，总是花费恰好 2017 个太空币？

【题感】此题有明显的图论色彩（当然无需用到图论知识，只是用图描述更直观而已），如果用 n 个点 A_1，A_2，$\cdots$，A_n 代表 n 颗新星（$n=13$），则题中的路径恰好是一个"哈氏"圈. 再注意到条件"A_i、A_j 之间的通行花费 $f(i, j)$ 个太空币"，这可用对边 A_iA_j 赋值 $f(i, j)$ 来表示，称为该边的"权". 那么，解题的目标是，恰当对各边都赋一个"权"，使 n 阶完全图中每个"哈氏"圈各边的"权和"都为 2017.

【逐步逼近】这属于一个"赋值型"的构造问题（构造一种赋值方式），其赋值的条件很强，我们将其分解为 3 个部分来逐步实现：

（1）n 阶完全图中每个"哈氏"圈各边的"权和"都相等；

（2）上述相等的"权和"为 2017；

（3）各边的"权"互异.

【构造拟对象】先构造满足条件（1）的拟赋值方案. 要使每个"哈氏"圈各边的"权和"都相等，自然想到利用"哈氏"圈的共同特征：通过"各顶点"A_i 各一次.

由此想到将边 A_iA_j 的"权"分解为顶点 A_i、A_j 的"权"，即定义 $f(i, j)=g(a_i, a_j)$，其中 a_i 是顶点 A_i 的"权"，则"哈氏"圈各边的"权和"变成"哈氏"圈各顶点的"权和"：$G(a_1, a_2, \cdots, a_n)$.

相对于每个"哈氏"圈，$G(a_1, a_2, \cdots, a_n)$ 为常数的一个充分条件是，$G(a_1, a_2, \cdots, a_n)$ 是关于 a_1，a_2，$\cdots$，a_n 的对称式. 这又只需前面的"分解函数"$g(a_i, a_j)$ 关于 a_i、a_j 对称，最简单的形式是 $g(a_i, a_j)=a_i+a_j$.

此时，每个"哈氏"圈的权和：$G(a_1, a_2, \cdots, a_n)=2(a_1+a_2+\cdots+a_n)$.

现在来改进"拟对象"，使其满足（2）. 由于 $2(a_1+a_2+\cdots+a_n)$ 为偶数，而 2017 为奇数，两者不可能相等，需要修改"分解函数"$g(a_i, a_j)$ 的定义，但保持其仍然关于 a_i、a_j 对称.

【修正参数】这有两个常见方案，一是引入"平移型"修正参数；二是引入"伸缩型"修正参数.

如果引入"伸缩型"修正参数，定义 $g(a_i, a_j)=k(a_i+a_j)$，则

$$G(a_1, a_2, \cdots, a_n)=2k(a_1+a_2+\cdots+a_n).$$

为了使上述值不是偶数，取 $2k=1$，此时，

$$g(a_i, a_j)=\frac{(a_i+a_j)}{2}, \quad G(a_1, a_2, \cdots, a_n)=a_1+a_2+\cdots+a_n.$$

现在,要使(2)成立,只需 $a_1+a_2+\cdots+a_n=2017$. 但注意到 $\frac{(a_i+a_j)}{2}\in\mathbf{N}$,所以 a_i、a_j 同奇偶,又 $a_1+a_2+\cdots+a_n=2017$ 为奇数,所以取所有 a_i 为奇数.

最后适当选取奇数 a_1,a_2,$\cdots$,a_n,使 $a_1+a_2+\cdots+a_n=2017$,且各 $a_i+a_j(1\leqslant i<j\leqslant n)$ 互异.

【充分条件】注意到这样的事实:对于 4 个互异的数:$a_p<a_q<a_s<a_t$,如果其中两数的和与另两数的和相等,则只能是 $a_p+a_t=a_q+a_s$. 要使此式不成立,一个充分条件是,最大的项 a_t 比其他任何两项的和都大.

于是,设选取的奇数为 $1=a_1<a_2<a_3<\cdots<a_n$,则其中每两个数的和互异的一个充分条件是,对任何 $i<j<k$,有

$$a_k\geqslant a_i+a_j. \tag{$*$}$$

实际上,假设有某两个数的和与另两数的和相等. 设 4 个数为 $a_p<a_q<a_s<a_t$,则只能是 $a_p+a_t=a_q+a_s$. 但由 $a_q<a_s<a_t$,知 $q<s<t$,于是由($*$),有 $a_t\geqslant a_q+a_s$,所以 $a_t+a_p>a_q+a_s$,矛盾.

下面依据($*$)来构造奇数 $1=a_1<a_2<a_3<\cdots<a_n$,使 $a_1+a_2+\cdots+a_n=2017$.

显然,为保证最后的 $2017-(a_1+a_2+\cdots+a_{n-1})=a_n\geqslant a_{n-1}+a_{n-2}$,应使前面的数尽可能小,即 $a_1+a_2+\cdots+a_{n-1}$ 尽可能小.

此外,为了使 a_i 为奇数,不能取 $a_i=a_{i-1}+a_{i-2}$,于是前面的数都取 $a_i=a_{i-1}+a_{i-2}+1(2\leqslant i\leqslant n-1)$,这样,前面 $n-1=12$ 个数依次为

$$1,3,5,9,15,25,41,67,109,177,287,465,$$

这 12 个数的和 1204,最后取 $a_{13}=2017-1204=813$,则 $813>287+465$ 合乎($*$)的要求.

综上所述,将上述 13 个数标在新星上,然后令 $f(i,j)$ 为 A_i、A_j 上标数的算术平均值,则各 $f(i,j)(1\leqslant i<j\leqslant 13)$ 的值设定为两两不同的正整数.

如果引入"平移型"修正参数,则定义 $g(a_i,a_j)=a_i+a_j+d$,其中 d 为奇数. 为了"权和"不超过 2017,可取 $d<0$,但为了使 a_i+a_j+d 为正整数,想到取 $d=-1$. 以下仿上面($*$)的分析,不难知道

$$(a_1,a_2,\cdots,a_{13})=(1,2,3,5,8,13,21,34,55,89,144,233,407)$$

合乎要求,这正是原解答的构造. $\square$

一道组合难题的简证

冯跃峰

（深圳市高级中学，518040）

2017 年 IMO 中国国家集训队第 3 轮测试中有如下一个组合问题：

题目 将 2017×2017 方格棋盘的每个方格染黑白 2 色之一，使每个方格至少与一个同色方格相邻（有公共边）．黑、白方格的集合分别记为 V_1、V_2，对 $V_i(i=1,2)$ 中每两个相邻的方格的中心都用一条线段连接，得到的图记为 G_i．试证：如果 G_1、G_2 都是连续的折线（无环路，不分叉），则棋盘的中心必定是 G_1 或 G_2 的端点．

【述评】本题应该算是一道"难题"，因为当年参加集训的学生中除 9 人得分外，其余考生都得 0 分．原解答也很繁，占用了近 2 个版面的篇幅（见《走向 IMO：数学奥林匹克试题集锦（2017）》第 123 页）．我们这里给出一个简单的证明，只需大约 10 行字就够了．从这个角度看，本题似乎又不算"难题"．

有趣的是，我们的解答中几乎只用到小学的知识，这是本题的一大特色，也是组合问题的魅力所在．

【题感】从条件看，似乎有图论背景，但又不是纯粹的图论问题，因为涉及格的位置，比如"中心"．

不过，借用图论的语言，条件可简单地表述为：$G_i(i=1,2)$ 都是无圈的连通图，且每点的度大于 0 小于 3．

由于"边"不仅隐含格的相邻性，还包含了方向与位置，自然想到研究图的局部性质：由一条边的方向研究下一条边的方向，由此不断扩展，期望找到折线的端点．

从目标看，折线有一个端点为"中心格"，不妨先考察两折线以"中心格"为一个端点时，折线的整体结构，借以发现"端点"的可能分布．

容易发现合乎条件的两条折线如图 1．

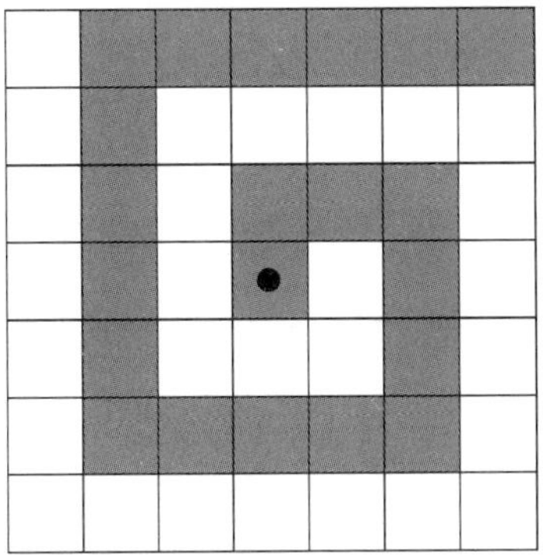

图 1

由图 1 可知，有两个端点在角上. 由此想到从角格出发，寻找两折线 4 个端点的位置.

【局部性质】考察格 a_{11}，若它不是端点，则它的度为 2，必定向右方和下方连边. 同样，若格 a_{22} 也不是端点，则必定向右方和下方连边（图 2）.

【局部扩展】如此下去，必定可以找到 $i(1 \leqslant i < n = 2017)$，使格 a_{11}，a_{22}，$\cdots$，$a_{i-1, i-1}$ 都不是端点，而格 a_{ii} 是端点. 其中 $i < n$ 是显然的，否则 a_{nn} 是孤立点（图 2），不连通，矛盾.

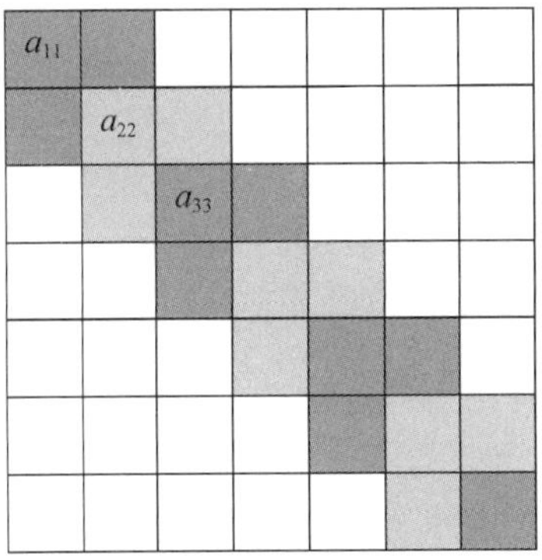

图 2 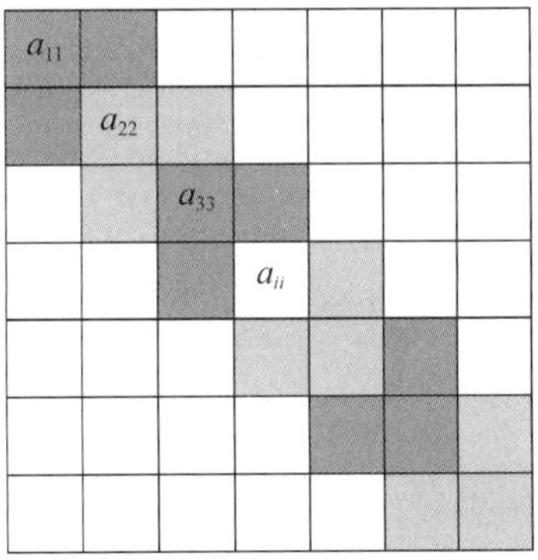　　　　　　　**图 3**

【平行推理】对称地，必定可以找到 $j(1 < j \leqslant 2017)$，使格 a_{nn}，$a_{n-1, n-1}$，$\cdots$，$a_{j+1, j+1}$ 都不是端点，而格 a_{jj} 是端点.

如果 $i = j$，分别考察格 $a_{i-1, i-1}$，$a_{i+1, i+1}$ 引出的两条边组成的两个"直角". 如果两个直角同色，则 a_{ii} 是另一色的孤立点，矛盾；如果两个直角异色，则 a_{ii} 必与其中一个直角同色，产生长为 4 的同色圈（图 3），矛盾.

【拟对象逼近】于是，$135°$ 主对角线 r_1 上至少有两个端点. 同理，$45°$ 主对角线 r_2 上至少有两个端点.

【反面思考】如果中心格不是端点,则以上 4 个端点互异,包含了 2 条折线的所有端点.

【奇偶分析】对于格 a_{ij},如果 $i+j$ 为奇(偶)数,则称之为奇(偶)格.显然任何相邻两格不同奇偶,r_1、r_2 上的格都为偶格.

由于黑折线两个端点都是偶格,且各格奇偶交替排列,从而黑折线上共有奇数个格.同理,白折线上共有奇数个格.由此可见,棋盘共有偶数个格.

但棋盘格的个数 2017^2 是奇数,矛盾.

【新写】考察格 a_{11},若它不是端点,则它必向右方和下方连边.接着考察格 a_{22},如此下去,必定找到 $i(1\leqslant i<n=2017)$,使格 a_{11},a_{22},…,$a_{i-1,i-1}$ 都不是端点,而格 a_{ii} 是端点.对称地,必定找到 $j(1<j\leqslant 2017)$,使格 a_{nn},$a_{n-1,n-1}$,…,$a_{j+1,j+1}$ 都不是端点,而格 a_{jj} 是端点.

如果 $i=j$,则格 $a_{i-1,i-1}$,$a_{i+1,i+1}$ 引出的两条边组成的两个"直角"或者包围着格 a_{ii} 成为孤立点,或者其中一个与 a_{ii} 构成长为 4 的同色圈,矛盾.于是,$135°$ 主对角线上至少有两个端点.同理,$45°$ 主对角线上至少有两个端点.如果中心格不是端点,则以上 4 个端点互异,包含了 2 条折线的所有端点.

对于格 a_{ij},如果 $i+j$ 为奇(偶)数,则称之为奇(偶)格.由上可知,黑折线两个端点都是偶格(主对角线上),且折线各格奇、偶交替排列,从而黑折线上共有奇数个格.同理,白折线上共有奇数个格.由此可见,棋盘共有偶数个格,与总格数 2017^2 是奇数矛盾.证毕. □

一道图论题的解答评注与剖析

冯跃峰

（深圳市高级中学，518040）

2015 年 IMO 中国国家集训队测试第一轮第 6 题是一道非常简洁而有趣的图论题，题目如下：

题目 若干人举行乒乓球单打比赛，任意两人至多比赛一次. 已知：

(1) 每个人胜了至少 a 个人，也负于至少 b 个人（$a \geqslant 1$，$b \geqslant 1$）；

(2) 对任意两人 A、B，均存在若干个人 P_1，P_2，$\cdots$，P_k（$k \geqslant 2$，$P_1 = A$，$P_k = B$），使得 P_i 胜 P_{i+1}（$1 \leqslant i \leqslant k-1$）.

试证：存在 $a+b+1$ 个不同的人 Q_1，Q_2，$\cdots$，Q_{a+b+1}，使得 Q_i 胜 Q_{i+1}（$1 \leqslant i \leqslant a+b$）.

当年的集训队员高继扬给出了一个非常漂亮的解答，在他的解答中，条件(2)并不需要. 但这个解答写得比较简略，读起来有点困难. 比如，有些中间结论在整个解题中究竟起到什么作用？ 特别是，一些神来之笔又是如何想到的？ 这些我们将在原解答中一一标出，称之为“评注”；此外，我们将竭力还原原解答的想法，揭示一气呵成的外表下所隐藏着的复杂而自然的思维过程，称之为“剖析”.

【原解答及评注】 将每个人作为一个顶点，若 A 胜 B，则在 A、B 之间连一条由 A 指向 B 的边，用 $A \rightarrow B$ 表示，得到一个有向图 G. 条件(1)说明 G 的每个顶点的出度 $\geqslant a$，入度 $\geqslant b$. 我们要证明 G 中有长度为 $a+b$ 的有向路径.

设 $Q_1 \rightarrow Q_2 \rightarrow \cdots \rightarrow Q_t$ 是 G 中最长的有向链，我们证明 $t \geqslant a+b+1$.

反证法. 假定 $t \leqslant a+b$，由 t 的最大性，Q_t 战胜的人都在 Q_1，Q_2，$\cdots$，Q_{t-2} 中，战胜 Q_1 的人都在 Q_3，Q_4，$\cdots$，Q_t 中. 于是 $t-2 \geqslant a$，$t-2 \geqslant b$，故 $a \geqslant 2$，$b \geqslant 2$.

评注： 这里的“故”并不显然：我们应究其所以然. 实际上，按常规路线，由 $t-2 \geqslant a$，只能得到 $t \geqslant a+2$，这与 $a \geqslant 2$ 相去甚远. 此外，$a \geqslant 2$，$b \geqslant 2$ 在解题中有何作用？ 这也是我们需要弄清的.

设 Q_t 战胜的人的下标集合为 $A = \{x_1 < x_2 < \cdots < x_k\} \subseteq \{1, 2, \cdots, t-2\}$，战胜 Q_1 的人的下标集合为 $B = \{y_1 < y_2 < \cdots < y_r\} \subseteq \{3, 4, \cdots, t\}$，我们有 $k \geqslant a$，$r \geqslant b$.

若 $x_1 = 1$（评注：这个分类很突然，为何仅仅 $x_1 = 1$ 要单独讨论？），则 $y_t = t$.

由于至少有 $a+b$ 个人与 Q_t 比赛过,因此存在一人 $Q \in \{Q_1, Q_2, \cdots, Q_{t-1}\}$,$Q$ 与 Q_t 比赛过.由于 Q_t 战胜的人都在 $Q_1, Q_2, \cdots, Q_{t-2}$ 中,故 $Q \to Q_t$,此时存在更长的有向链 $Q \to Q_t \to Q_1 \to Q_2 \to \cdots \to Q_{t-1}$,与 t 的最大性矛盾.

假设 $x_1 > 1$,$y_t < t$,此时必然有 $a, b \geqslant 3$.

评注:这里的"必然"颇令人费解,但只要知道了前面的 $a, b \geqslant 2$ 的真正原因,则这里的 $a, b \geqslant 3$ 也可类似处理.同样,我们还需弄清这个结论有什么作用.

设

$$A' = \{x-1 \mid x \in A, x \neq x_1, x_2\} \subseteq \{3, 4, \cdots, t-3\},$$
$$B' = \{y+1 \mid y \in B, y \neq y_{r-1}, y_r\} \subseteq \{4, 5, \cdots, t-2\}.$$

评注:这两个集合的引入"从天而降",犹如有仙人指引一般.怎么会想到去取这两个至关重要的集合呢?

于是

$$|A' \cup B'| \leqslant |\{3, 4, \cdots, t-2\}| = t-4 \leqslant a+b-4,$$

而 $|A'| = |A| - 2 \geqslant a-2$,$|B'| = |B| - 2 \geqslant b-2$.

若 $|A' \cup B'| < a+b-4$,则 $A' \cap B'$ 非空.设 $s \in A' \cap B'$(**评注**:此处的 s 在原解答中是 k,但 k 在前面已有定义:$k = |A|$,所以改成 s 以避免歧义),于是 $s+1 \in A$,$s-1 \in B$.考察与 Q_s 比赛过的 $Q_1, Q_2, \cdots, Q_t$ 之外的另一人 Q,若 $Q_s \to Q$,则有更长的有向链 $Q_{y_r+1} \to Q_{y_r+2} \to \cdots \to Q_t \to Q_{s+1} \to Q_{s+2} \to \cdots \to Q_{y_r} \to Q_1 \to Q_2 \to \cdots \to Q_s \to Q$(**评注**:该链要真正存在,还必须 $y_r+1 \leqslant t$,$s+1 \leqslant y_r$,尽管这不难证明,但验证这一点无疑是十分必要的).

若 $Q \to Q_s$,则有更长的有向链 $Q \to Q_s \to Q_{s+1} \to \cdots \to Q_t \to Q_{x_1} \to Q_{x_1+1} \to \cdots \to Q_{s-1} \to Q_1 \to Q_2 \to \cdots \to Q_{x_1-1}$(**评注**:该链要真正存在,还必须 $s+1 \leqslant t$,$x_1 \leqslant s-1$,这同样需要验证).

若 $|A' \cup B'| = a+b-4$,则 $t = a+b$,且 $A' \cup B' = \{3, 4, \cdots, t-2\}$.因此 $3 \in A'$,$t-2 \in B'$,即 $2 \in A$,$t-1 \in B$.考察与 Q_t 比赛过的不在 $Q_1, Q_2, \cdots, Q_t$ 中的人 Q,只可能 $Q \to Q_t$(**评注**:此处的"只可能",若点一下理由则更妥当,它并不费多少笔墨:是因 $A \subseteq \{1, 2, \cdots, t-2\}$ 而已),这样有更长的有向链 $Q \to Q_t \to Q_2 \to Q_3 \to \cdots \to Q_{t-1} \to Q_1$.

综上所述,$t \geqslant a+b+1$,结论获证. $\square$

下面我们来探索上述解题的思维过程,以解答前面所提的疑惑.

【题感】本题的图论色彩很明显,从目标看,只需找到特定长的有向链.最容易想到的策略是取最长链,从反面证明它合乎要求:通过局部扩展,由已知的链扩充为更长的链导出矛盾.

【考察极端】取一条最长有向链 $(Q_1, Q_2, \cdots, Q_t)$，下面证明 $t \geqslant a+b+1$.

【反面思考】假定 $t \leqslant a+b$，我们期望将链向两侧扩展，自然想到考察战胜 Q_1 的点及被 Q_t 战胜的点.

【局部扩展】设 Q_1 的左邻点（战胜 Q_1 的点）的集合为 A，Q_t 的右邻点（被 Q_t 战胜的点）的集合为 B.

显然，只需将 A 或 B 中的一个点接在上述链上，则可得到更长的链. 但其中可能有相同的点，由此想到找充分条件，使其没有相同的点.

【充分条件分类】如果 A 中有点 U 不属于 $\{Q_3, Q_4, \cdots, Q_t\}$，或者 B 中有点 V 不属于 $\{Q_1, Q_2, \cdots, Q_{t-2}\}$，则将 U 或 V 接在前面的链上，得到更长的没有重复点的链，矛盾.

【解决遗留】下设 $A \subseteq \{Q_3, Q_4, \cdots, Q_t\}$，且 $B \subseteq \{Q_1, Q_2, \cdots, Q_{t-2}\}$.

【圈分析】为了得到更长的链，想象一种特殊情形：$(Q_1, Q_2, \cdots, Q_t)$ 是一个有向圈，其中 $Q_t \rightarrow Q_1$. 此时，很容易得到更长链，因为可以断开任意一条边，在一侧插入新的点即可. 又以此条件为标准进行分类.

【充分条件分类】若 $Q_t \rightarrow Q_1$（图 1），可取含有边 $Q_t Q_1$ 的更长链.

想象断开边 $Q_1 Q_2$ 或 $Q_{t-1} Q_t$. 由对称性，不妨断开边 $Q_1 Q_2$（原解答是断开边 $Q_{t-1} Q_t$），这就只需有新的点 Q，使 $Q \rightarrow Q_2$ 或者 $Q_1 \rightarrow Q$. 这显然应该是后者，因为我们知道的是关于 Q_1 的性质：Q_1 的左邻点都在 $\{Q_3, Q_4, \cdots, Q_t\}$ 中.

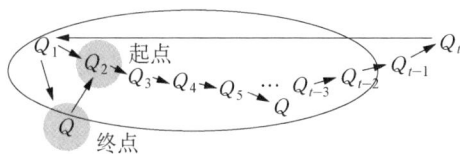

图 1

由于 Q_1 的出度入度之和至少为 $a+b \geqslant t$，所以在 $Q_2, Q_3, \cdots, Q_t$ 外至少有一个点 Q 与 Q_1 比赛过，又 Q_1 的左邻点都在 $\{Q_3, Q_4, \cdots, Q_t\}$ 中，所以 Q 只能是 Q_1 的右邻点. 于是，$Q_1 \rightarrow Q$，得到更长链 $(Q_2, Q_3, \cdots, Q_t, Q_1, Q)$，矛盾.

【解决遗留】若 $Q_1 \rightarrow Q_t$，或两者之间未比赛，此时 $A \subseteq \{Q_3, Q_4, \cdots, Q_{t-1}\}$，$B \subseteq \{Q_2, Q_3, \cdots, Q_{t-2}\}$.

【具体化】不妨设 $A = \{Q_{i_1}, Q_{i_2}, \cdots, Q_{i_k}\}$，$B = \{Q_{j_1}, Q_{j_2}, \cdots, Q_{j_r}\}$，其中 $3 \leqslant i_1 < i_2 < \cdots < i_k \leqslant t-1$，$2 \leqslant j_1 < j_2 < \cdots < j_r \leqslant t-2$.

能否仿上插入新的点 Q 得到更长链？显然，Q 不再在 Q_1、Q_2 之间或 Q_{t-1}、Q_t 之间，不妨设 Q 在 Q_s、Q_{s+1} 之间（$2 \leqslant i \leqslant t-2$），期望更长链为 $(Q_1, Q_2, \cdots, Q_s, Q, Q_{s+1}, Q_{s+2}, \cdots, Q_t)$.

这就要求 Q 同时与两侧衔接：$Q_s \rightarrow Q$、$Q \rightarrow Q_{s+1}$. 其中满足 $Q_s \rightarrow Q$ 按上述方法同样可以找到，但这样的 Q 还要同时满足 $Q \rightarrow Q_{s+1}$ 就很困难. 所以，要找另外的拼接方式获取更长的链.

【圈分析】我们立足于在图中找到另外形式的圈:取 Q_t 的右邻点集合 B 中一点 Q_{j_q},Q_1 的左邻点集合 A 中一点 Q_{i_p},使 Q_{j_q} 到 Q_{i_p} 有一条有向路,则形成一个圈. 然后将某条边 $Q_s Q_{s+1}$ 断开,在一侧插入新的点 Q,可找到更长链.

这里边 $Q_s Q_{s+1}$ 要满足怎样的条件暂时还不知道,先任取一点 Q_s(以后优化),然后找一个"新点"与 Q_s 相邻,这按上述方法寻找即可:因为 Q_1,Q_2,…,Q_t 中至多有 $t-1 \leqslant a+b-1$ 与 Q_s 比赛过(Q_s 与 Q_s 不比赛),一定有 Q_1,Q_2,…,Q_t 外的一个点 Q 与 Q_s 比赛过.

但 Q 与 Q_s 比赛的胜负有两种情形,需要分类讨论.

(1) 先考虑 $Q_s \rightarrow Q$ 的情形(图 2),自然取下标连续链:$(Q_1, Q_2, \cdots, Q_s, Q)$,然后扩充.

【局部扩展】如前述,Q 的右侧不能扩充,只能在 Q_1 的左侧扩充:在 A 中取一点 Q_{i_p},使 B 中某点 Q_{j_q} 到 Q_{i_p} 存在连续有向路. 这样,其链便扩充为 $(Q_{j_q}, Q_{j_q+1}, \cdots, Q_{i_p}, Q_1, Q_2, \cdots, Q_s, Q)$.

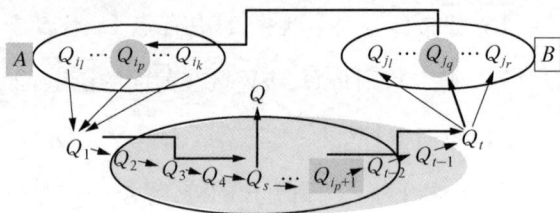

图 2

最后将链 Q_{i_p+1},Q_{i_p+2},…,Q_t 接到左边,得到新链

$$(Q_{i_p+1}, Q_{i_p+2}, \cdots, Q_t, Q_{j_q}, Q_{j_q+1}, \cdots, Q_{i_p}, Q_1, Q_2, \cdots, Q_s, Q). \tag{$*$}$$

【优化假设】现在考虑如何找到这样的点 Q_s,Q_{i_p},Q_{j_q},使得链($*$)包含原链的全部点,且 Q_{j_q} 到 Q_{i_p} 有一条有向路(原题增设了这样的条件).

对于前者,只需 $j_q = s+1$,也就是说,$Q_{s+1} \in B$,这就是 Q_s 要满足的关键条件. 此时,相应的链为

$$(Q_{i_p+1}, Q_{i_p+2}, \cdots, Q_t, Q_{s+1}, Q_{s+2}, \cdots, Q_{i_p}, Q_1, Q_2, \cdots, Q_s, Q).$$

当然,此时还要求 $Q_t \neq Q_{s+1}$(即 $s \neq t-1$),因为 $Q_t \rightarrow Q_{s+1}$.

对于后者,一个充分条件是 $s+1 \leqslant i_p$(保证存在下标连续的链),这取下标 i_p 尽可能大的点即可,比如取点 Q_{i_k},此时链($*$)变为

$$(Q_{i_k+1}, Q_{i_k+2}, \cdots, Q_t, Q_{j_q}, Q_{j_q+1}, \cdots, Q_{i_k}, Q_1, Q_2, \cdots, Q_s, Q).$$

其中 $s+1 \leqslant i_p$ 变为 $s+1 \leqslant i_k$,即 $s \leqslant i_k - 1$. 这样,我们得到点 Q_s 应满足的 3 个要求:$Q_{s+1} \in B$,$s \neq t-1$,$s \leqslant i_k - 1$.

如何保证 $s \leqslant i_k - 1$?我们需要 $|A| \geqslant 3$(避免 $s = i_k$,$i_k - 1$),而这是不难证明的. 注意可使用的条件虽然只有"出度至少为 a,入度至少为 b",但不要忘记还有两个"假设". 第一假设:$t \leqslant a+b$;第二假设:$A \subseteq \cdots$,$B \subseteq \cdots$.

【发掘性质】依题意，$|A| \geqslant b$，$|B| \geqslant a$．于是只需证明：$a \geqslant 3$，$b \geqslant 3$．

由第二假设，$t-3 \geqslant |A| \geqslant b$，$t-3 \geqslant |B| \geqslant a$．

再结合第一假设，$a+b-3 \geqslant t-3 \geqslant b$，$a+b-3 \geqslant t-3 \geqslant a$，得 $a \geqslant 3$，$b \geqslant 3$．容易证明，$a \geqslant 3$ 可保证 $s \leqslant i_k-1$（证明见后），于是，只要能找到合乎上述要求的点 Q_s，则链（*）确实存在，产生矛盾．

（2）再考虑 $Q \to Q_s$ 的情形（图3），可类似找到 Q_s 要满足的条件．

首先，自然取连续链：$(Q, Q_s, Q_{s+1}, \cdots,$
$Q_t)$，然后扩充．

【局部扩展】如前述，左侧不能扩充，只能在 Q_t 的右侧扩充：在 B 中适当取一点 Q_{j_q}，使 Q_{j_q} 到 A 中的点 Q_{i_p} 存在有向路．这样，其链扩充为

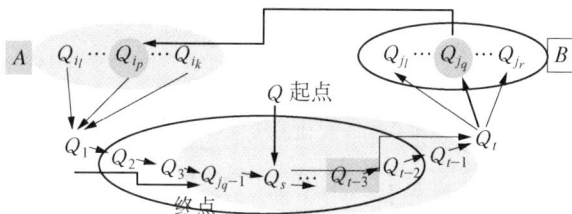

图3

$(Q, Q_s, Q_{s+1}, \cdots, Q_t, Q_{j_q}, Q_{j_q+1}, \cdots, Q_{i_p}).$

最后将链 $Q_1, Q_2, \cdots, Q_{j_q-1}$ 接到右边，得到链

$$(Q, Q_s, Q_{s+1}, \cdots, Q_t, Q_{j_q}, Q_{j_q+1}, \cdots, Q_{i_p}, Q_1, Q_2, \cdots, Q_{j_q-1}). \qquad (**)$$

【优化假设】现在考虑如何找到这样的点 Q_{i_p}、Q_{j_q}，使得（**）包含了包含原链的全部点，且 Q_{j_q} 到 Q_{i_p} 有一条有向路．对于前者，只需 $i_p = s-1$，也就是说，$Q_{s-1} \in A$．这就是 Q_s 要满足的另一关键条件，相应的链为 $(Q, Q_s, Q_{s+1}, \cdots, Q_t, Q_{j_q}, Q_{j_q+1}, \cdots, Q_{s-1}, Q_1, Q_2, \cdots, Q_{j_q-1})$．

当然，此时还要求 $Q_{s-1} \neq Q_1$（即 $s \neq 2$），因为 $Q_{s-1} \to Q_1$．对于后者，一个充分条件是 $j_q \leqslant s-1$（存在下标连续的链）．这取下标 j_q 尽可能小即可．比如取点 Q_{j_1}，此时链（*）变为

$$(Q, Q_s, Q_{s+1}, \cdots, Q_t, Q_{j_1}, Q_{j_1+1}, \cdots, Q_{s-1}, Q_1, Q_2, \cdots, Q_{j_1-1}).$$

这里的要求 $j_1 \leqslant s-1$（$s \geqslant j_1+1$），由 $|B| \geqslant 3$ 保证．

由此可见，要使两种情况都有更长链，Q_s 要同时满足 6 个要求：$Q_{s-1} \in A$，$Q_{s+1} \in B$，$s \neq 2$，$s \neq t-1$，$s \leqslant i_k-1$，$s \geqslant j_1+1$．

【等价转换】下面来找这样的点 Q_s，关键是如何理解和转换 $Q_{s-1} \in A$，$Q_{s+1} \in B$．

对于 $Q_{s-1} \in A$，它告诉我们应如何选取 Q_s 呢？——Q_s 的左邻点属于 A，也就是说，Q_s 是 A 中某个点的右邻点．由此想到对 A 中"每个"点取其右邻点，在这些右邻点中找 Q_s．为照顾到 $s \leqslant i_k-1$，有两个右邻点可能不合要求，需去掉．

因为 $|A| \geqslant 3$，在 A 中去掉下标最大的两个点，对剩下的其他点 Q_{i_p}（$1 \leqslant p \leqslant k-2$，以保证 $s < i_k-1$）都取其右邻点 Q_{i_p+1}，令

$$A' = \{Q_{i_1+1}, Q_{i_2+1}, \cdots, Q_{i_{(k-2)}+1}\},$$

则 $Q_{s-1} \in A$ 变为 $Q_s \in A'$(转化为对 Q_s 本身的要求).

再考虑 $Q_{s+1} \in B$,同样,因为 $|B| \geqslant 3$,在 B 中去掉下标最小的两个点,对剩下的其他点 Q_{i_q}($3 \leqslant q \leqslant r$,以保证 $s \geqslant j_1+1$)都取其左邻点 $Q_{i_{q-1}}$,令 $B' = \{Q_{j_3-1}, Q_{j_4-1}, \cdots, Q_{j_r-1}\}$,则 $Q_{s+1} \in B$ 变为 $Q_s \in B'$(转化为对 Q_s 本身的要求).

于是,$Q_s \in A' \bigcap B'$.但 $A' \bigcap B'$ 中有点吗?用充分条件分类即可.

【充分条件分类】如果 $A' \bigcap B' \neq \varnothing$,取 $A' \bigcap B'$ 中的一个点 Q_s,则 $Q_{s-1} \in A$,$Q_{s+1} \in B$.

此外,我们还需要证明:$s \neq t-1$,$s \neq 2$,$s \leqslant i_k-1$,$s \geqslant j_1+1$.这就要研究 $A' \bigcap B'$ 中点的性质.

【发掘性质】易知,对 A' 中任何一点 Q_a,有 $i_1+1 \leqslant a \leqslant i_{k-2}+1$(定义 A' 时去掉了 A 中下标 i_{k-1}、i_k).

而由分类假设 $A \subseteq \{Q_3, Q_4, \cdots, Q_t\}$,可知 $i_1 \geqslant 3$,所以 $4 \leqslant i_1+1 \leqslant a \leqslant i_{k-2}+1 \leqslant i_k-1 \leqslant (t-1)-1 = t-2$.类似有,对 B' 中任何一点 Q_b,$3 \leqslant j_1+2 \leqslant j_3-1 \leqslant b \leqslant j_r-1 \leqslant (t-2)-1 = t-3$.

于是,当取 $Q_s \in A' \bigcap B'$ 时,有 $4 \leqslant s \leqslant i_k-1 \leqslant t-2$,$3 \leqslant j_1+2 \leqslant s \leqslant t-3$,所以 $s \neq t-1$,$s \neq 2$,$s \leqslant i_k-1$,$s \geqslant j_1+1$.

因为 $Q_1, Q_2, \cdots, Q_t$ 中至多有 $t-1 \leqslant a+b-1$ 与 Q_s 比赛过(Q_s 与 Q_s 不比赛),一定有 $Q_1, Q_2, \cdots, Q_t$ 外的一个点 Q 与 Q_s 比赛过.

若 $Q_s \rightarrow Q$,则有更长链

$$(Q_{i_k+1}, Q_{i_k+2}, \cdots, Q_t, Q_{s+1}, Q_{s+2}, \cdots, Q_{i_k}, Q_1, Q_2, \cdots, Q_s, Q),$$

矛盾.

若 $Q \rightarrow Q_s$,则有更长链

$$(Q, Q_s, Q_{s+1}, \cdots, Q_t, Q_{j_1}, Q_{j_1+1}, \cdots, Q_{s-1}, Q_1, Q_2, \cdots, Q_{j_1-1}),$$

矛盾.

【解决遗留】如果 $A' \bigcap B' = \varnothing$,我们希望证明这种情况不存在或者也能找到更长链.

$A' \bigcap B' = \varnothing$ 能告诉我们一些什么信息呢?先从数量上进行分析.

前面已经得到,对 A' 中任何一点 Q_a,有 $4 \leqslant a \leqslant i_k-1 \leqslant t-2$;对 B' 中任何一点 Q_b,有 $3 \leqslant j_1+2 \leqslant b \leqslant t-3$.

前面是用它得到了 $s \neq t-1$,$s \neq 2$,$s \leqslant i_k-1$,$s \geqslant j_1+1$.除此之外,它还能告诉我们什么信息

呢？

【发掘性质】因为 $A' \cup B'$ 包含于 $\{Q_3, Q_4, \cdots, Q_{t-2}\}$ 中，所以 $|A' \cup B'| \leqslant t - 4 \leqslant a + b - 4$. 结合 $A' \cap B' = \varnothing$，得 $|A'| + |B'| = |A' \cup B'| \leqslant a + b - 4$.

但 $|A'| = |A| - 2 \geqslant a - 2$，$|B'| = |B| - 2 \geqslant b - 2$，$|A'| + |B'| \geqslant a - 2 + b - 2 = a + b - 4$. 所以上述不等式中等号都成立. 所以，$Q_4, Q_{t-2} \in A'$，$Q_3, Q_{t-3} \in B'$.

由 $Q_{t-2} \in A'$，可知 $Q_{t-1} \in A$，即 $Q_{t-1} \to Q_1$；由 $Q_3 \in B'$，可知 $Q_2 \in B$，即 $Q_t \to Q_2$. 于是原链可更换为：$(Q_t, Q_2, Q_3, \cdots, Q_{t-1}, Q_1)$（图 4）.

图 4

现在只需在 Q_t 处添加左邻点，或在 Q_1 处添加右邻点即可.

【局部扩展】考察 Q_1 的至少 $a + b$ 个邻点，其中至少有一个 Q 不属于 $\{Q_1, Q_2, \cdots, Q_t\}$（$t \leqslant a + b$）.

如果 $Q \to Q_1$，则在原链左侧添加点 Q，得到更长链 $(Q, Q_1, Q_2, \cdots, Q_t)$；

如果 $Q_1 \to Q$，则在更换的新链右侧添加点 Q，得到更长链

$$(Q_t, Q_2, Q_3, \cdots, Q_{t-1}, Q_1, Q).$$

【新写】取一条最长有向链 $(Q_1, Q_2, \cdots, Q_t)$，下面证明 $t \geqslant a + b + 1$.

假定 $t \leqslant a + b$，设 Q_1 的左邻点的集合为 $A = \{Q_{i_1}, Q_{i_2}, \cdots, Q_{i_k}\}$，$Q_t$ 的右邻点的集合为 $B = \{Q_{j_1}, Q_{j_2}, \cdots, Q_{j_r}\}$.

由 t 的最大性，$A \subseteq \{Q_3, Q_4, \cdots, Q_t\}$，$B \subseteq \{Q_1, Q_2, \cdots, Q_{t-2}\}$.

不妨设

$$A = \{Q_{i_1}, Q_{i_2}, \cdots, Q_{i_k}\} \ (3 \leqslant i_1 < i_2 < \cdots < i_k \leqslant t, \ k \geqslant b),$$
$$B = \{Q_{j_1}, Q_{j_2}, \cdots, Q_{j_r}\} \ (1 \leqslant j_1 < j_2 < \cdots < j_r \leqslant t - 2, \ r \geqslant a).$$

若 $Q_t \to Q_1$，由于 Q_1 的出度入度之和至少为 $a + b \geqslant t$，所以在 $Q_2, Q_3, \cdots, Q_t$ 外至少有一个点 Q 与 Q_1 比赛过，又 Q_1 的左邻点都在 $\{Q_3, Q_4, \cdots, Q_t\}$ 中，所以 Q 只能是 $Q_1 \to Q$，得到更长链 $(Q_2, Q_3, \cdots, Q_t, Q_1, Q)$，矛盾.

下设 $A \subseteq \{Q_3, Q_4, \cdots, Q_{t-1}\}$，$B \subseteq \{Q_2, Q_3, \cdots, Q_{t-2}\}$. 因为 $|A|$，$|B| \geqslant 3$，令 $A' = \{Q_{i_1+1}, Q_{i_2+1}, \cdots, Q_{i_{(k-2)}+1}\}$，$B' = \{Q_{j_3-1}, Q_{j_4-1}, \cdots, Q_{j_r-1}\}$.

对 A' 中任何一点 Q_a，有 $4 \leqslant i_1 + 1 \leqslant a \leqslant i_k - 2 + 1 = i_{k-2} + 1 = i_k - 1 \leqslant t - 2$.

对 B' 中任何一点 Q_b，有 $3 \leqslant j_1 + 2 \leqslant j_3 - 1 \leqslant b \leqslant j_r - 1 \leqslant t - 3$.

可知 $A' \bigcup B'$ 包含于 $\{Q_3, Q_4, \cdots, Q_{t-2}\}$，所以 $|A' \bigcup B'| \leqslant t-4 \leqslant a+b-4$.

如果 $A' \bigcap B' \neq \varnothing$，取 $Q_s \in (A' \bigcap B')$，则 $Q_{s-1} \in A$，$Q_{s+1} \in B$. 且 $4 \leqslant s \leqslant i_k -1 \leqslant t-2$，$3 \leqslant j_1 +2 \leqslant s \leqslant t-3$，所以 $s \neq t-1$，$s \neq 2$，$s \leqslant i_k -1$，$s \geqslant j_1 +1$.

因为 $Q_1, Q_2, \cdots, Q_t$ 中至多有 $t-1 \leqslant a+b-1$ 与 Q_s 比赛过，一定有 $Q_1, Q_2, \cdots, Q_t$ 外的一个点 Q 与 Q_s 比赛过.

若 $Q_s \rightarrow Q$，则有更长链

$$(Q_{i_k+1}, Q_{i_k+2}, \cdots, Q_t, Q_{s+1}, Q_{s+2}, \cdots, Q_{i_k}, Q_1, Q_2, \cdots, Q_s, Q),$$

矛盾.

若 $Q \rightarrow Q_s$，则有更长链

$$(Q, Q_s, Q_{s+1}, \cdots, Q_t, Q_{j_1}, Q_{j_1+1}, \cdots, Q_{s-1}, Q_1, Q_2, \cdots, Q_{j_1-1}),$$

矛盾.

如果 $A' \bigcap B' = \varnothing$，则 $|A'| + |B'| = |A' \bigcup B'| \leqslant a+b-4$.

但 $|A'| + |B'| \geqslant a-2+b-2 = a+b-4$. 所以上述不等式中等号都成立，$A' = \{Q_4, Q_5, \cdots, Q_{t-2}\}$，$B' = \{Q_3, Q_4, \cdots, Q_{t-3}\}$，得 $Q_{t-1} \rightarrow Q_1$，$Q_t \rightarrow Q_2$.

考察 Q_1 的至少 $a+b$ 个邻点，至少有一个邻点 Q 不属于 $\{Q_1, Q_2, \cdots, Q_t\}$. 因为 $B \subseteq \{Q_1, Q_2, \cdots, Q_{t-2}\}$. 只能是 $Q_1 \rightarrow Q$，得到更长的有向链

$$(Q_t, Q_2, Q_3, \cdots, Q_{t-1}, Q_1, Q),$$

矛盾.

综上所述，命题获证. □

从我们的分析可以看出，原解答的前段中关于 $a \geqslant 2$，$b \geqslant 2$ 的论断似乎没有什么用处.

2018 年 IMO 第三题的解法分析

冯跃峰

（深圳市高级中学，518040）

2018 年 IMO 第 3 题是一道非常有趣的组合题，但难度很大．参赛的绝大部分国家队在本题上都得 0 分，而中国队得分最高，但得分率也不到 41%，只得 17 分．下面是我们对该题解法的一些思考，请大家指正．

题目 反帕斯卡三角形是一个正三角形数阵，满足：除最下面一行，每个数是它下方相邻两个数的差的绝对值．例如，下面是一个 4 行的反帕斯卡三角形，包含 1 到 10 的所有整数．

$$4$$
$$2 \quad 6$$
$$5 \quad 7 \quad 1$$
$$8 \quad 3 \quad 10 \quad 9$$

试问：是否存在 2018 行的反帕斯卡三角形，包含 1 到 $1+2+\cdots+2018$ 的所有整数？

（2018 年 IMO 第 3 题）

【题感】从目标看，本题属于探索性问题．简单地说，就是讨论是否存在合乎要求的 2018 阶三角形数表．由于结论并不知道，自然可从特例入手，从中发现规律．

【研究特例】对于 $n=2,3,4,5$，不难发现相应的 n 阶数表存在．为了寻找规律，我们把所有可能的数表列举如下：

$$1 \qquad\qquad\qquad 2$$
$$2 \quad 3 \qquad\qquad 1 \quad 3$$

$$1 \qquad\quad 2 \qquad\quad 3 \qquad\quad 3$$
$$3 \quad 4 \qquad 3 \quad 5 \qquad 1 \quad 4 \qquad 2 \quad 5$$
$$5 \quad 2 \quad 6 \qquad 4 \quad 1 \quad 6 \qquad 5 \quad 6 \quad 2 \qquad 4 \quad 6 \quad 1$$

```
      3                 3                  4                  4
    2   5             4   7              1   5              2   6
   7 9 4            5 9 2              6 7 2              5 7 1
  8 1 10 6        6 1 10 8          9 3 10 8          8 3 10 9
```

```
         5
       4   9
      7  11  2
    8  1  12 10
   6 14 15 3 13
```

【发掘规律】从整体上看,这些数表之间并没有明显的联系,因而无法归纳构造的通式. 但观察部分元素(子列),则会有新的发现.

【局部观察】将每行的最大数与最小数标出,你能发现什么规律吗? 通过考察局部极端元,不难发现合乎要求的 n 阶数表具有如下一些性质:

性质 1 从每一行看,每行的最大数与最小数相邻.

性质 2 从每行的"最大数"看,每行的最大数是下一行的最大数与最小数之差.

性质 3 从每行的"最小数"看,各行的最小数恰好是表中最小的 n 个数,即 $1, 2, \cdots, n$.

【下定义】为叙述问题方便,称 $A = \{1, 2, \cdots, n\}$ 中的数为小数,则每行恰有一个小数,即该行的最小数.

【结构联想】怎样证明这些性质呢? 这当然要利用表的构成规律:广义差分序列. 由此想到,割取其中的部分元素,形成常规的差分序列.

【建立递推子列】设第 1 行的数是 a_1,第 2 行的数的集合是 $\{a_2, b_2\}$,其中 $a_2 > b_2$,那么 $a_1 = a_2 - b_2$.

考察 a_2,它是第 3 行相邻两数的差,设 $a_2 = a_3 - b_3$. 如此下去,可知对每个 $a_i (0 < i < n)$,都存在第 $i+1$ 行相邻两数的差与其相等:$a_i = a_{i+1} - b_{i+1}$. 于是, $b_{i+1} = a_{i+1} - a_i$.

叠合,得 $b_2 + b_3 + \cdots + b_n = a_n - a_1$. 记 $b_1 = a_1$,则 $a_n = b_1 + b_2 + \cdots + b_n$.

【不等式控制】所以,

$$a_n = b_1 + b_2 + \cdots + b_n \geqslant 1 + 2 + \cdots + n = \frac{n(n+1)}{2}.$$

但显然 $a_n \leqslant \dfrac{n(n+1)}{2}$,所以, $a_n = \dfrac{n(n+1)}{2}$,且所有不等式成立等号,所以

$$\{b_1, b_2, \cdots, b_n\} = \{1, 2, \cdots, n\}.$$

这表明,性质 3 成立.

由于 a_n、b_n 分别是第 n 行的最大、最小数,它们的差是第 $n-1$ 行的最大数,即 $a_{n-1} = a_n - b_n$ 是第 $n-1$ 行的最大数.

再由 b_{n-1} 是第 $n-1$ 行的最小数,可得 $a_{n-2} = a_{n-1} - b_{n-1}$ 是第 $n-2$ 行的最大数. 如此下去可知,对每个 $1 \leqslant i \leqslant n$,$a_i$、$b_i$ 分别是第 i 行的最大、最小数,性质 1、2 成立.

【考察极端】这些性质还不足以估计表中有多少行,还需要考察表中最大的若干个数(称为大数)的分布.

称哪些数为大数呢? 我们期望任何两个不同的大数之差的绝对值为小数,由此想到定义

$$B = \left\{ \frac{n(n+1)}{2} - j \mid 0 \leqslant j \leqslant n \right\}$$

中的数为大数,则大、小数具有如下显然性质.

性质 4　两个不同的大数之差的绝对值为小数.

实际上,

$$|a - b| \leqslant \frac{n(n+1)}{2} - \left(\frac{n(n+1)}{2} - n \right) = n.$$

性质 5　表中除最后一行外,其余行的大数都是下一行中的一个大数与一个小数的差.

实际上,设 x 是大数,则 $x = a - b$,其中 a、b 是下一行中相邻两数.

如果 a 不是大数,则

$$a < \frac{n(n+1)}{2} - n, \quad x = a - b < a < \frac{n(n+1)}{2} - n,$$

矛盾.

如果 b 不是小数,则

$$b > n, \quad x = a - b < a - n \leqslant \frac{n(n+1)}{2} - n,$$

矛盾.

观察表中所有大数的位置,发现它分布在后面若干行中. 为了确定哪些行中有大数,可引入待定参数.

【待定参数】设倒数第 i 行不含大数,它等价于倒数第 i 行最大的数也不是大数,即

$$a_{n-i+1} < \frac{n(n+1)}{2} - n. \qquad\qquad (*)$$

【充分条件】下面找一个充分条件,确定 i 在怎样的范围取值时,不等式 $(*)$ 必定成立.

因为 $a_{n-1} = a_n - b_n$,$a_{n-2} = a_{n-1} - b_{n-1}$,$\cdots$,$a_{n-i+1} = a_{n-i+2} - b_{n-i+2}$,各式相加,得

$$a_{n-i+1} = a_n - (b_n + b_{n-1} + \cdots + b_{n-i+2})$$

$$\leqslant \frac{n(n+1)}{2} - (1 + 2 + \cdots + (i-1))$$

$$= \frac{n(n+1)}{2} - \frac{i(i-1)}{2}.$$

于是不等式 $(*)$ 成立的一个充分条件是 $\dfrac{i(i-1)}{2} > n$,解得 $i > \dfrac{1}{2} + \sqrt{2n}$. 这样,对所有 $i > \dfrac{1}{2} + \sqrt{2n}$,倒数第 i 行的最大数小于最小的大数,从而所有大数都分布后面 $\left[\dfrac{1}{2} + \sqrt{2n}\right]$ 行.

【计数】由性质 4 可知,第 n 行最多有 2 个大数相邻,否则第 $n-1$ 行至少有两个小数,矛盾. 于是第 n 行最多有 $2 + \left[\dfrac{n-2}{2}\right] = 1 + \left[\dfrac{n}{2}\right]$ 个大数.

由性质 5 可知,第 $n-1$ 行最多有 2 个大数,且有两个大数时必定相邻. 实际上,设第 n 行唯一的小数为 x,则第 $n-1$ 行的大数为 $A-x$,其中 A 是第 n 行中与 x 相邻的大数. 但与 x 相邻的大数最多有 2 个,且当 x 两侧的数都是大数时,第 $n-1$ 行的 2 个大数必定相邻.

如果第 $n-2$ 行有 2 个大数,则第 $n-1$ 行唯一的小数两侧的数都是大数,与第 $n-1$ 行两个大数必定相邻矛盾,所以第 $n-2$ 行至多有一个大数.

如此下去,可知其他各行都至多有一个大数.

但大数都分布在后面 i 行 $\left(i \leqslant \dfrac{1}{2} + \sqrt{2n}\right)$,所以大数的总个数:

$$S \leqslant \left(1 + \left[\frac{n}{2}\right]\right) + 2 + (i-2) = i + 1 + \left[\frac{n}{2}\right] \leqslant \frac{1}{2} + \sqrt{2n} + 1 + \left[\frac{n}{2}\right].$$

又 $S = n + 1$,所以

$$n + 1 \leqslant \frac{3}{2} + \sqrt{2n} + \left[\frac{n}{2}\right] \leqslant \frac{3+n}{2} + \sqrt{2n}.$$

去分母,得 $n - 1 \leqslant 2\sqrt{2n}$. 解得 $n \leqslant 9$.

注 最佳的估计是 $n \leqslant 5$,从略.

【新写】设表有 n 行,第一行的数是 $a_1 = b_1$,依次考虑每个 $a_{i-1}(2 \leqslant i \leqslant n)$,都有第 i 行的两个相邻数 a_i、b_i,使 $a_{i-1} = a_i - b_i$. 于是,$b_i = a_i - a_{i-1}$. 叠合,得

$$a_n = b_1 + b_2 + \cdots + b_n \geqslant 1 + 2 + \cdots + n = \frac{n(n+1)}{2}.$$

但 $a_n \leqslant \dfrac{n(n+1)}{2}$,所以,$a_n = \dfrac{n(n+1)}{2}$,所有不等式等号成立,

$$\{b_1, b_2, \cdots, b_n\} = \{1, 2, \cdots, n\}.$$

称不大于 n 的数为小数,不小于 $\dfrac{n(n+1)}{2} - n$ 的数为大数,则第 i 行恰有一个小数,为 b_i,且 b_i 是第 i 行的最小数.

显然,两个不同的大数之差的绝对值为小数;表中除最后一行外,其余行的大数都是下一行中大数与小数的差.

由于 a_n、b_n 分别是第 n 行的最大、最小数,所以它们的差 $a_{n-1} = a_n - b_n$ 是第 $n-1$ 行的最大数.

再由 b_{n-1} 是第 $n-1$ 行的最小数,可得 $a_{n-2} = a_{n-1} - b_{n-1}$ 是第 $n-2$ 行的最大数.

如此下去可知,对每个 $1 \leqslant i \leqslant n$,$a_i$ 是第 i 行的最大数.

取 $i > \dfrac{1}{2} + \sqrt{2n}$,则由

$$a_{n-1} = a_n - b_n,\ a_{n-2} = a_{n-1} - b_{n-1},\ \cdots,\ a_{n-i+1} = a_{n-i+2} - b_{n-i+2},$$

得

$$a_{n-i+1} = a_n - (b_n + b_{n-1} + \cdots + b_{n-i+2})$$
$$\leqslant \frac{n(n+1)}{2} - (1 + 2 + \cdots + (i-1))$$
$$= \frac{n(n+1)}{2} - \frac{i(i-1)}{2} < \frac{n(n+1)}{2} - n,$$

a_{n-i+1} 不是大数.

从而大数都在后 $\left[\dfrac{1}{2} + \sqrt{2n}\right]$ 行.

易知,第 n 行最多有 2 个大数相邻,否则第 $n-1$ 行至少有两个小数,矛盾. 于是第 n 行最多有 $2 + \left[\dfrac{(n-2)}{2}\right] = 1 + \left[\dfrac{n}{2}\right]$ 个大数.

进而,第 $n-1$ 行最多有 2 个大数,且有两个大数时必定相邻. 实际上,设第 n 行唯一的小数为 x,则

第 $n-1$ 行的大数为 $A-x$,其中 A 是第 n 行中与 x 相邻的大数.但与 x 相邻的大数最多有 2 个,且当 x 两侧的数都是大数时,第 $n-1$ 行的 2 个大数必定相邻.

此外,如果第 $n-2$ 行有 2 个大数,则第 $n-1$ 行唯一的小数的两侧都是大数,与第 $n-1$ 行两个大数必定相邻矛盾,所以第 $n-2$ 行至多有一个大数.

如此下去,可知其他各行都至多有一个大数.

但大数都在后 $\left[\frac{1}{2}+\sqrt{2n}\right]$ 行,其总个数:

$$S \leqslant \left(1+\left[\frac{n}{2}\right]\right)+2+\left(\left[\frac{1}{2}+\sqrt{2n}\right]-2\right) \leqslant \frac{3+n}{2}+\sqrt{2n}.$$

又 $S=n+1$,所以 $n+1 \leqslant \frac{3+n}{2}+\sqrt{2n}$.解得 $n \leqslant 9$.故合乎条件的 2018 阶数表不存在. □

关于正齐次不等式

冷岗松

（上海大学，200444）

什么样子的不等式叫做齐次不等式呢？

我们引用哈代（Hardy）等人（[1]）的一句话作为回答：如果一个不等式的两边都是某些变量组的同次齐次函数，则称这个不等式是齐次不等式.

或许有人进一步问：什么是齐次函数呢？ 回答是：如果函数 $f(x_1, x_2, \cdots, x_n)$ 满足对任意因子 λ，存在实数 k 使得

$$f(\lambda x_1, \lambda x_2, \cdots, \lambda x_n) = \lambda^k f(x_1, x_2, \cdots, x_n),$$

则称这个函数 f 是关于变量 $x_1, x_2, \cdots, x_n$ 的 k 次齐次函数.

中学里见的最多的是这样一类齐次不等式：将关于非负变元（正变元）$x_1, x_2, \cdots, x_n$ 的不等式中的所有变元 x_i 都换为 αx_i（其中 α 为任意正数），而不等式不变. 我们称这一类不等式为正齐次不等式.

对于正齐次不等式，我们常常可以对这些变量作"正规化"处理，即对这些变量加上另外的限制，而使证明简化. 这些处理方法我们称为齐次化分析.

下面举几个例子证明齐次化分析的应用.

例 1（范数不等式）　设 $a_1, a_2, \cdots, a_n$ 是非负实数，若 $0 < r < s$，则

$$\left(\sum_{i=1}^{n} a_i^s \right)^{\frac{1}{s}} \leqslant \left(\sum_{i=1}^{n} a_i^r \right)^{\frac{1}{r}}. \tag{1}$$

证明　注意到对任意正数 α，用 αa_i 替代 $a_i (i=1, 2, \cdots, n)$，不等式（1）不变. 故（1）是一个正齐次不等式. 不妨设

$$\sum_{i=1}^{n} a_i^r = 1, \tag{2}$$

因此,要证明(1)成立只须证

$$\sum_{i=1}^{n} a_i^s \leqslant 1. \tag{3}$$

事实上,由(2)知 $a_i^r \leqslant 1$,又由 $0 < r < s$ 知

$$a_i^s = (a_i^r)^{\frac{s}{r}} \leqslant (a_i^r)^1 = a_i^r.$$

故

$$\sum_{i=1}^{n} a_i^s \leqslant \sum_{i=1}^{n} a_i^r = 1,$$

因此,(3)得证. □

注 (1)式为什么叫范数不等式呢? 这是因为对任何 $x = (x_1, x_2, \cdots, x_n) \in \mathbf{R}^n$,$x$ 的 p 范数可定义为

$$\| x \|_p = \Big(\sum_{i=1}^{n} | x_i |^p \Big)^{\frac{1}{p}}.$$

而上述不等式说明当 $p > 0$ 时,$\| x \|_p$ 是 p 的减函数.

下面的例 2 是著名的坎托罗维奇(Kantorovich)不等式(俗称反向柯西不等式). 这里给出的证明选自 Pták([2])发表在美国数学月刊上的一篇短文.

例 2(Kantorovich 不等式) 设实数 $0 < x_1 < x_2 < \cdots < x_n$,$\lambda_1, \lambda_2, \cdots, \lambda_n \geqslant 0$,$\sum_{i=1}^{n} \lambda_i = 1$,则

$$\Big(\sum_{i=1}^{n} \lambda_i x_i \Big) \Big(\sum_{i=1}^{n} \lambda_i x_i^{-1} \Big) \leqslant A^2 G^{-2}, \tag{4}$$

其中 $A = \dfrac{1}{2}(x_1 + x_n)$,$G = (x_1 x_n)^{\frac{1}{2}}$.

证明 注意到不等式是齐次的,即将 x_i 换为 αx_i(其中 $\alpha > 0$,$i = 1, 2, \cdots, n$),不等式不变. 因此,不妨设 $G = 1$,这样便有 $x_n = \dfrac{1}{x_1}$. 故,对任何 $x \in [x_1, x_n] = \Big[x_1, \dfrac{1}{x_1} \Big]$ 有

$$x + \frac{1}{x} \leqslant x_1 + \frac{1}{x_1}.$$

由此知

$$\sum_{i=1}^{n} \lambda_i x_i + \sum_{i=1}^{n} \lambda_i x_i^{-1} = \sum_{i=1}^{n} \lambda_i \Big(x_i + \frac{1}{x_i} \Big) \leqslant x_1 + \frac{1}{x_1} = 2A.$$

再对上式左边用算术-几何平均值不等式便立得(4). □

　　下面的例 3 是著名的卡莱曼(Carleman)不等式的一个加强,它是 Holland 发表在[3]中的结果. 所谓的卡莱曼不等式是指:设 a_1, a_2, $\cdots$, a_n 是非负实数,则

$$\sum_{i=1}^{n} \sqrt[i]{a_1 a_2 \cdots a_i} < e \sum_{i=1}^{n} a_i. \tag{5}$$

　　例 3(2015 年国家集训队选拔考二试)　给定整数 $n \geqslant 2$,设 a_1, a_2, $\cdots$, a_n 为正实数,证明:

$$\left(\frac{\sum_{j=1}^{n} \sqrt[j]{a_1 a_2 \cdots a_j}}{\sum_{j=1}^{n} a_j} \right)^{\frac{1}{n}} + \frac{\sqrt[n]{a_1 a_2 \cdots a_n}}{\sum_{j=1}^{n} \sqrt[j]{a_1 a_2 \cdots a_j}} \leqslant \frac{n+1}{n}. \tag{6}$$

　　证明　记 $\sqrt[j]{a_1 a_2 \cdots a_j} = x_j (j = 1, 2, \cdots, n)$,并令 $x_0 = 1$,则 $a_j = \dfrac{x_j^j}{x_{j-1}^{j-1}}$, $j = 1, 2, \cdots, n$.

　　由于不等式左边关于 a_1, a_2, $\cdots$, a_n 是齐次的,故不妨设

$$\sum_{j=1}^{n} x_j = \sum_{j=1}^{n} \sqrt[j]{a_1 a_2 \cdots a_j} = 1.$$

这时,原不等式(6)等价于

$$\left(\sum_{j=1}^{n} \frac{x_j^j}{x_{j-1}^{j-1}} \right)^{-\frac{1}{n}} + x_n \leqslant \frac{n+1}{n}. \tag{7}$$

　　下证(7)式:

　　易知函数 $f(x) = x^{-\frac{1}{n}}$ 在 $(0, +\infty)$ 上是凸函数,故

$$\left(\sum_{j=1}^{n} \frac{x_j^j}{x_{j-1}^{j-1}} \right)^{-\frac{1}{n}} = \left(\sum_{j=1}^{n} x_j \cdot \frac{x_j^{j-1}}{x_{j-1}^{j-1}} \right)^{-\frac{1}{n}}$$

$$\leqslant \sum_{j=1}^{n} x_j \left(\frac{x_j^{j-1}}{x_{j-1}^{j-1}} \right)^{-\frac{1}{n}} \text{(加权琴生(Jensen) 不等式)}$$

$$= \sum_{j=1}^{n} (x_{j-1})^{\frac{j-1}{n}} (x_j)^{1 - \frac{j-1}{n}}$$

$$\leqslant \sum_{j=1}^{n} \left(\frac{j-1}{n} x_{j-1} + \left(1 - \frac{j-1}{n} \right) x_j \right) \text{(加权均值不等式)}$$

$$= \frac{n+1}{n} \sum_{j=1}^{n} x_j + \sum_{j=1}^{n} \left(\frac{j-1}{n} x_{j-1} - \frac{j}{n} x_j \right)$$

$$= \frac{n+1}{n} - x_n.$$

这就是(7),证毕. □

最后,请读者们考虑一下,为什么(6)是卡莱曼不等式(5)的加强?

对齐次不等式的正规化处理,大多数情况下仅限于正不等式(即非负变量的不等式).对于实变量,须谨慎.看下例:

例 4 设 $a_1, a_2, \cdots, a_n, b_1, b_2, \cdots, b_n \in \mathbf{R}$,

$$c_i = |ab_i + a_i b - a_i b_i|, \ i = 1, 2, \cdots, n,$$

其中 $a = \frac{1}{n} \sum_{i=1}^{n} a_i$, $b = \frac{1}{n} \sum_{i=1}^{n} b_i$,证明:

$$\left(\sum_{i=1}^{n} c_i \right)^2 \leqslant \left(\sum_{i=1}^{n} a_i^2 \right) \left(\sum_{i=1}^{n} b_i^2 \right).$$

2012 年我给中国国家集训队提供了一道测试题,其实例 4 就是那道测试题的实数版本.那道测试题是:

设 $x_1, x_2, \cdots, x_n, y_1, y_2, \cdots, y_n$ 均为模等于 1 的复数,令

$$z_i = xy_i + yx_i - x_i y_i, \ i = 1, 2, \cdots, n,$$

其中 $x = \frac{1}{n} \sum_{i=1}^{n} x_i$, $y = \frac{1}{n} \sum_{i=1}^{n} y_i$. 证明: $\sum_{i=1}^{n} |z_i| \leqslant n$.

例 4 的难度不高,仅是全国联赛中等难度水平,但有些同学在求解时却错误用了齐次性.由于不等式关于 $a_1, a_2, \cdots, a_n$ 和 $b_1, b_2, \cdots, b_n$ 都是齐次的,因此不妨设 $\sum_{i=1}^{n} a_i = 1$ 及 $\sum_{i=1}^{n} b_i = 1$,在这些条件下证实了这个问题.实际上,这个问题中关键的是 $\sum_{i=1}^{n} a_i = \sum_{i=1}^{n} b_i = 0$ 的情况.

下面例 4 的证明是优雅的.

证明 令 $x_i = a_i - a$, $y_i = b_i - b$, $i = 1, 2, \cdots, n$,则

$$\sum_{i=1}^{n} x_i = 0, \ \sum_{i=1}^{n} y_i = 0.$$

因此,

$$c_i = |ab_i + a_i b - a_i b_i|$$
$$= |a(y_i + b) + (x_i + a)b - (x_i + a)(y_i + b)|$$
$$= |ab - x_i y_i| \leqslant |ab| + |x_i y_i|.$$

故由柯西不等式可得

$$\left(\sum_{i=1}^{n} c_i\right)^2 \leqslant \left(n \mid ab \mid + \sum_{i=1}^{n} \mid x_i y_i \mid\right)^2$$

$$\leqslant \left(n \mid a \mid^2 + \sum_{i=1}^{n} \mid x_i \mid^2\right)\left(n \mid b \mid^2 + \sum_{i=1}^{n} \mid y_i \mid^2\right)$$

$$= \left(\sum_{i=1}^{n} (a^2 + 2ax_i + x_i^2)\right)\left(\sum_{i=1}^{n} (b^2 + 2by_i + y_i^2)\right)$$

$$= \left(\sum_{i=1}^{n} (a + x_i)^2\right)\left(\sum_{i=1}^{n} (b + y_i)^2\right)$$

$$= \left(\sum_{i=1}^{n} a_i^2\right)\left(\sum_{i=1}^{n} b_i^2\right).$$

□

注　其实上面的证法对复数情况也完全适用.

参考文献

[1] G. H. Hardy, J. E. Littlewood, G. Pólya. 不等式(第 2 版)中译本[M]. 越民义,译. 北京:人民邮电出版社,2008.

[2] V. Pták. The Kantorovich inequality [J]. Amer. Math. Monthly, 102(1995), 820 – 821.

[3] F. Holland. A strengthening of the Carleman-Hardy-Pólya inequality [J]. Proc. Amer. Math. Soc., 135(2007), 2915 – 2920.

再谈范数不等式

冷岗松

（上海大学，200444）

在文[1]中，我们介绍了范数不等式的意义及证明.

意犹未尽，这篇短文里我们继续讨论一下范数不等式和幂平均不等式的关系.

所谓范数不等式是：设 $a_1, a_2, \cdots, a_n$ 是非负实数，若 $0 < r < s$，则

$$\left(\sum_{i=1}^{n} a_i^s\right)^{\frac{1}{s}} \leqslant \left(\sum_{i=1}^{n} a_i^r\right)^{\frac{1}{r}}, \tag{1}$$

等号当且仅当 $a_1, a_2, \cdots, a_n$ 中至少有 $n-1$ 个为零时成立.

所谓幂平均不等式是：设 $a_1, a_2, \cdots, a_n$ 是非负实数，若 $0 < r < s$，则

$$\left(\frac{\sum_{i=1}^{n} a_i^s}{n}\right)^{\frac{1}{s}} \geqslant \left(\frac{\sum_{i=1}^{n} a_i^r}{n}\right)^{\frac{1}{r}}, \tag{2}$$

等号当且仅当所有的 a_i 都相等时成立.

幂平均不等式说明如果把幂平均看作幂指数的函数，则它是递增的.

我们指出：范数不等式和幂平均不等式是一对反向不等式.

为了更好地看出这一点，我们可把它们写在一个统一的命题中.

定理 设 $a_1, a_2, \cdots, a_n$ 是非负实数且不全为零，若 $0 < r < s$，则

$$1 \leqslant \frac{\left(\sum_{i=1}^{n} a_i^r\right)^{\frac{1}{r}}}{\left(\sum_{i=1}^{n} a_i^s\right)^{\frac{1}{s}}} \leqslant n^{\frac{1}{r}-\frac{1}{s}}. \tag{3}$$

既然这是一对反向不等式，我们一般会认为解决一个不等式时不可能同时用这两个"冤家". 但令人惊讶的是，确有这样一个不等式的证明需要同时多次用这两个不等式. 这个不等式被称作逆闵可夫

斯基(Minkowski)不等式,最先是 Tôyama 证明的(详见[2]). Alzer 在[3]中给出了它的一个简单证明及加权版本,它被我们用做 2012 年中国国家集训队测试题(Alzer 等人文中的证明稍有缺陷,被复旦大学的姚一隽教授订正).

问题　设 m、n 是两个给定的大于 1 的整数,$r < s$ 是两个给定的正实数.对任意不全为 0 的非负实数 $a_{ij}(i = 1, 2, \cdots, m; j = 1, 2, \cdots, n)$,求

$$f = \frac{\left[\sum\limits_{j=1}^{n}\left(\sum\limits_{i=1}^{m} a_{ij}^{s}\right)^{\frac{r}{s}}\right]^{\frac{1}{r}}}{\left[\sum\limits_{i=1}^{m}\left(\sum\limits_{j=1}^{n} a_{ij}^{r}\right)^{\frac{s}{r}}\right]^{\frac{1}{s}}}$$

的最大值.

解　f 的最大值为 $(\min\{m, n\})^{\frac{1}{r} - \frac{1}{s}}$.

令

$$x_{j} = \left(\sum_{i=1}^{m} a_{ij}^{s}\right)^{\frac{1}{s}}, j = 1, 2, \cdots, n; y_{i} = \left(\sum_{j=1}^{n} a_{ij}^{r}\right)^{\frac{1}{r}}, i = 1, 2, \cdots, m.$$

由范数不等式(1)得

$$x_{j}^{r} \leqslant \sum_{i=1}^{m} a_{ij}^{r}, j = 1, 2, \cdots, n,$$

再将此式结合幂平均不等式(2)可知

$$\left(\sum_{j=1}^{n} x_{j}^{r}\right)^{\frac{1}{r}} \leqslant \left(\sum_{j=1}^{n}\sum_{i=1}^{m} a_{ij}^{r}\right)^{\frac{1}{r}}$$

$$= \left(\frac{1}{m}\sum_{i=1}^{m} y_{i}^{r}\right)^{\frac{1}{r}} \cdot m^{\frac{1}{r}}$$

$$\leqslant \left(\frac{1}{m}\sum_{i=1}^{m} y_{i}^{s}\right)^{\frac{1}{s}} \cdot m^{\frac{1}{r}}$$

$$= \left(\sum_{i=1}^{m} y_{i}^{s}\right)^{\frac{1}{s}} \cdot m^{\frac{1}{r} - \frac{1}{s}}.$$

又由范数不等式(1)和幂平均不等式(2)可知

$$\left(\sum_{j=1}^{n} x_{j}^{r}\right)^{\frac{1}{r}} = \left(\frac{1}{n}\sum_{j=1}^{n} x_{j}^{r}\right)^{\frac{1}{r}} \cdot n^{\frac{1}{r}}$$

$$\leqslant \left(\frac{1}{n}\sum_{j=1}^{n} x_{j}^{s}\right)^{\frac{1}{s}} \cdot n^{\frac{1}{r}}$$

$$= \Big(\sum_{j=1}^{n} \sum_{i=1}^{m} a_{ij}^{s}\Big)^{\frac{1}{s}} \cdot n^{\frac{1}{r}-\frac{1}{s}}$$

$$\leqslant \Big(\sum_{i=1}^{m} \Big(\sum_{j=1}^{n} a_{ij}^{r}\Big)^{\frac{s}{r}}\Big)^{\frac{1}{s}} \cdot n^{\frac{1}{r}-\frac{1}{s}}$$

$$= \Big(\sum_{i=1}^{m} y_{i}^{s}\Big)^{\frac{1}{s}} \cdot n^{\frac{1}{r}-\frac{1}{s}}.$$

所以

$$f = \frac{\Big(\sum\limits_{j=1}^{n} x_{j}^{r}\Big)^{\frac{1}{r}}}{\Big(\sum\limits_{i=1}^{m} y_{i}^{s}\Big)^{\frac{1}{s}}} \leqslant (\min\{m, n\})^{\frac{1}{r}-\frac{1}{s}}.$$

当 $a_{ii} = 1 (i = 1, 2, \cdots, \min\{m, n\})$，其他所有的 $a_{ii} = 0$ 时，上式等号成立. 故 f 的最大值为 $(\min\{m, n\})^{\frac{1}{r}-\frac{1}{s}}$. □

这是一个中等难度的问题, 当年的国家集训队队员有将近一半的同学得了满分.

参考文献

[1] 冷岗松. 关于正齐次不等式. 数学新星网/www. nsmath. cn.

[2] H. Tôyama. On the Inequality of Ingham and Jessen, PAC. Japan Acad. 24(9)(1948)10 - 12.

[3] H. Alzer, S. Ruscheweyh. A Coverse of Minkowski's Inequality. Discrete Math. 216 (2000)253 - 256.

一道罗马尼亚不等式试题的新证明

冷岗松

（上海大学，200444）

2004 年罗马尼亚国家队选拔考试（Rom TST）的 20 道试题中，有 4 道题为 Gabriel Dospinescu 提供，他当时还是著名的法国巴黎高等师范学校（Ecole Normale Superieure）数学系的学生（现在是该校的教师了）. 其中有一道带点组合味的代数不等式试题：

问题 （Rom TST，2004） 设 $a_1, a_2, \cdots, a_n$ 是实数，S 是 $\{1, 2, \cdots, n\}$ 的非空子集. 证明：

$$\left(\sum_{i \in S} a_i\right)^2 \leqslant \sum_{1 \leqslant i \leqslant j \leqslant n} (a_i + \cdots + a_j)^2. \tag{$*$}$$

（Gabriel Dospinescu）

这个问题的解法写起来很棘手，我们最先见到的标准答案似乎太像一个证明梗要. 最近，Gabriel Dospinescu 和 Titu Andreescu 合著的书[1, p. 38—39]中提供了一个详细的证明，现介绍如下：

证法一 令 $s_i = a_1 + a_2 + \cdots + a_i$，$i = 1, 2, \cdots, n$，并约定 $s_0 = 0$. 现将 S 按由小到大划分成若干连续整数的段，则 $\sum_{i \in S} a_i$ 可写为下面的形式：

$$s_{j_1} - s_{i_1} + s_{j_2} - s_{i_2} + \cdots + s_{j_k} - s_{i_k},$$

其中 $0 \leqslant i_1 < i_2 < \cdots < i_k \leqslant n$，$j_1 < j_2 < \cdots < j_k$ 且有 $i_1 < j_1, \cdots, i_k < j_k$. 又不等式（$*$）的右边可写为

$$\sum_{i=1}^{n} s_i^2 + \sum_{1 \leqslant i < j \leqslant n} (s_j - s_i)^2 = \sum_{0 \leqslant i < j \leqslant n} (s_j - s_i)^2.$$

因此，要证（$*$），我们仅需证明

$$(s_{j_1} - s_{i_1} + s_{j_2} - s_{i_2} + \cdots + s_{j_k} - s_{i_k})^2 \leqslant \sum_{0 \leqslant i < j \leqslant n} (s_j - s_i)^2. \tag{1}$$

再令 $a_1 = s_{i_1}$，$a_2 = s_{j_1}$，$\cdots$，$a_{2k-1} = s_{i_k}$，$a_{2k} = s_{j_k}$，并注意到一个明显的（但是重要的）不等式

$$\sum_{0 \leqslant i < j \leqslant n} (s_j - s_i)^2 \geqslant \sum_{1 \leqslant i < j \leqslant 2k} (a_i - a_j)^2.$$

这样，要证(1)，我们仅需证明：

$$(a_1 - a_2 + a_3 - \cdots + a_{2k-1} - a_{2k})^2 \leqslant \sum_{1 \leqslant i < j \leqslant 2k} (a_i - a_j)^2. \tag{2}$$

下证(2)式：

用 k 次柯西不等式可得

$$\begin{cases} (a_1 - a_2 + a_3 - \cdots + a_{2k-1} - a_{2k})^2 \leqslant k((a_1 - a_2)^2 + (a_3 - a_4)^2 + \cdots + (a_{2k-1} - a_{2k})^2), \\ (a_1 - a_2 + a_3 - \cdots + a_{2k-1} - a_{2k})^2 \leqslant k((a_1 - a_4)^2 + (a_3 - a_6)^2 + \cdots + (a_{2k-1} - a_2)^2), \\ \cdots \\ (a_1 - a_2 + a_3 - \cdots + a_{2k-1} - a_{2k})^2 \leqslant k((a_1 - a_{2k})^2 + (a_3 - a_2)^2 + \cdots + (a_{2k-1} - a_{2k-2})^2). \end{cases}$$

将上面 k 个不等式相加，约去 k 后所得的右边显然不超过 $\displaystyle\sum_{1 \leqslant i < j \leqslant 2k} (a_i - a_j)^2$，这就完成了(2)式的证明. □

下面介绍我们的新证明，这个证明早在 2006 年就得到.

证法二 记 $s_i = a_1 + a_2 + \cdots + a_i$, $i = 1, 2, \cdots, n$，并约定 $s_0 = 0$. 对求和下标作平移变换知右边可写为

$$\sum_{1 \leqslant i < j \leqslant n} (s_j - s_{i-1})^2 = \sum_{0 \leqslant i < j \leqslant n} (s_j - s_i)^2.$$

这样，要证的不等式等价于

$$\left(\sum_{i \in S} (s_i - s_{i-1})\right)^2 \leqslant \sum_{0 \leqslant i < j \leqslant n} (s_j - s_i)^2. \tag{3}$$

注意到(3)式的左右两边关于 $s_0, s_1, \cdots, s_n$ 是平移不变的，即用 $s_i - \dfrac{s_0 + \cdots + s_n}{n+1}$ $(i = 0, 1, \cdots, n)$ 代替 s_i，不等式不变. 因此不妨设 $s_0 + s_1 + \cdots + s_n = 0$.

对任意 $S \subseteq \{1, 2, \cdots, n\}$，总可设

$$\sum_{i \in S} (s_i - s_{i-1}) = \sum_{i=0}^{n} \lambda_i s_i, \tag{4}$$

其中 $\lambda_i = 0, \pm 1$.

故要证(3)式，只须证明：

$$\left(\sum_{i=0}^{n} \lambda_i s_i\right)^2 \leqslant \sum_{0 \leqslant i < j \leqslant n} (s_j - s_i)^2. \tag{5}$$

事实上,(5)式等价于

$$\left(\sum_{i=0}^{n}\lambda_i s_i\right)^2 \leqslant (n+1)(s_0^2+s_1^2+\cdots+s_n^2) - (s_0+s_1+\cdots+s_n)^2,$$

亦即

$$\left(\sum_{i=0}^{n}\lambda_i s_i\right)^2 \leqslant (n+1)(s_0^2+s_1^2+\cdots+s_n^2).$$

这只要用柯西不等式并注意到 $\sum_{i=0}^{n}\lambda_i^2 \leqslant n+1$ 立得上式成立. 故(5)式正确. □

　　上面解法的关键是写出(4)式,这是高明的形式设定. 这个想法源于当时湖南省雅礼中学的学生程有先.

　　另一个值得注意的是尽管 $s_0=0$,(3)式却是关于 $s_0,s_1,\cdots,s_n$ 是平移不变的,并不是关于 $s_1,\cdots,s_n$ 是平移不变的. 因此比(3)式弱的不等式

$$\left(\sum_{i\in S}(s_i-s_{i-1})\right)^2 \leqslant \sum_{1\leqslant i<j\leqslant n}(s_j-s_i)^2$$

是不对的. 湖南师大附中的羊明亮老师特别提醒我们注意这一点,这是很容易犯错误的.

参考文献

[1] Titu Andreescu, Gabriel Dospinescu. Problems from the Book, XYZ Press, LLC, 2008.

一道匈牙利试题另解

冷岗松

（上海大学，200444）

2000 年匈牙利的 Minklös-Schweitzer 大学生数学竞赛中有一个十分优雅的初等数学问题：

问题 设 $a_1 < a_2 < a_3$ 是正整数. 证明：存在不全为 0 的整数 x_1、x_2、x_3 使得

$$a_1 x_1 + a_2 x_2 + a_3 x_3 = 0,$$

且 $\max\{|x_1|, |x_2|, |x_3|\} \leqslant \dfrac{2}{\sqrt{3}}\sqrt{a_3}$.

我们在文[1]中介绍了韦东奕的解法. 韦的解法尽管十分精妙，但开始的二元点集的构造却有"旱地拔葱"之感. 关于这个问题，同年（2009 年）的另一位国家队队员、IMO 金牌得主郑志伟有一个漂亮而自然的解法，现介绍如下.

解（根据郑志伟的解答整理） 记 $t = \left[\dfrac{2}{\sqrt{3}}\sqrt{a_3}\right]$. 考虑 $(t+1)^2$ 个数：$a_1 u_1 + a_2 u_2$，其中整数 u_1、u_2 满足 $0 \leqslant u_1, u_2 \leqslant t$.

记这些数构成的可重集为 S，则

$$|S| = (t+1)^2 > \left(\frac{2}{\sqrt{3}}\sqrt{a_3}\right)^2 = \frac{4}{3}a_3,$$

且 S 中任意一个数均属于区间 $[0, t(a_1 + a_2)]$.

由此立得 S 中的任意 3 个数中必有两数之差 $\leqslant \dfrac{t(a_1 + a_2)}{2} < a_3 t$.

下分两种情况讨论.

(1) 如果 S 中存在 3 个数模 a_3 同余.

此时，这 3 个数中必存在两个模 a_3 同余，且它们的差 $< a_3 t$. 不妨设这两个数为 $a_1 u_1 + a_2 u_2$，$a_1 v_1 + a_2 v_2$，则

$$| (a_1u_1 + a_2u_2) - (a_1v_1 + a_2v_2) | = sa_3,$$

其中整数 s 满足 $0 \leqslant s < t$.

从而我们有

$$a_1(u_1 - v_1) + a_2(u_2 - v_2) + sa_3 = 0,$$

或

$$a_1(u_1 - v_1) + a_2(u_2 - v_2) - sa_3 = 0.$$

注意到 $| u_1 - v_1 |$、$| u_2 - v_2 |$、$| s |$ 均不超过 $t \leqslant \dfrac{2}{\sqrt{3}} \sqrt{a_3}$，这时结论成立.

(2) 如果 S 中任意 3 个数不模 a_3 同余.

此时注意到 $| S | > \dfrac{4}{3} a_3$，由抽屉原理知 S 中有大于 $\dfrac{a_3}{3}$ 对数模 a_3 同余，且不妨设任一对这样的数之差 $\geqslant ta_3$（否则就回到情形(1)）.

设 $a_1u_1 + a_2u_2, a_1v_1 + a_2v_2 \in S$ 且

$$(a_1u_1 + a_2u_2) - (a_1v_1 + a_2v_2) = sa_3,$$

其中整数 s 满足 $s > t$.

上式可重写为

$$(u_1 - v_1)a_1 + (u_2 - v_2)a_2 = sa_3. \qquad\qquad ①$$

这时由①知

$$(u_1 - v_1)a_1 + ta_3 > (u_1 - v_1)a_1 + (u_2 - v_2)a_2 = sa_3 > ta_3,$$

因此

$$u_1 - v_1 > 0.$$

同理

$$u_2 - v_2 > 0.$$

又

$$sa_3 = (u_1 - v_1)a_1 + (u_2 - v_2)a_2 < t(a_1 + a_2) < 2ta_3,$$

所以

$$s < 2t.$$

再设

$$a_1 u_1' + a_2 u_2', \ a_1 v_1' + a_2 v_2' \in S.$$

且

$$(u_1' - v_1')a_1 + (u_2' - v_2')a_2 = s'a_3, \qquad ②$$

其中 $u_1' - v_1' > 0$，$u_2' - v_2' > 0$，$s' > t$，且诸变元都表示是整数.

(i) 当 $(u_1 - v_1, u_2 - v_2) \neq (u_1' - v_1', u_2' - v_2')$ 时，将①、②相减可得

$$((u_1 - v_1) - (u_1' - v_1'))a_1 + ((u_2 - v_2) - (u_2' - v_2'))a_2 = (s - s')a_3. \qquad ③$$

注意到 $0 < u_1 - v_1,\ u_2 - v_2,\ u_1' - v_1',\ u_2' - v_2' \leqslant t$，且 $t < s$，$s' < 2t$，便易知 ③ 中 a_1、a_2、a_3 的系数的绝对值 $\leqslant t$ 且不全为 0，故题中结论成立.

(ii) 当总有 $u_1 - v_1 = u_1' - v_1'$ 且 $u_2 - v_2 = u_2' - v_2'$ 时.

设 $u_1 - v_1 = a$，$u_2 - v_2 = b$，其中 a、b 是两个固定的非负整数.

由①知

$$sa_3 = a_1 a + a_2 b < a_3(a + b),$$

即

$$a + b > s > t.$$

所以

$$a + b \geqslant t + 2.$$

又因为满足 $(a_1 u_1 + a_2 u_2) - (a_1 v_1 + a_2 v_2) = sa_3$，$s > t$ 的四元数组 (u_1, u_2, v_1, v_2) 有多于 $\dfrac{a_3}{3}$ 组. 而对这样的数组，注意到

$$0 \leqslant v_1 = u_1 - a \leqslant t - a, \ 0 \leqslant v_2 = u_2 - b \leqslant t - b.$$

故满足要求的四元数组个数

$$T \leqslant (t - a + 1)(t - b + 1)$$

$$\leqslant \frac{(2t - (a + b) + 2)^2}{4}$$

$$\leqslant \frac{t^2}{4} \leqslant \frac{1}{4}\left(\frac{2}{\sqrt{3}}\sqrt{a_3}\right)^2 = \frac{1}{3}a_3.$$

矛盾! 这说明(ii)不可能出现.

综上,便知本题的结论成立. □

参考文献

[1] 冷岗松.韦东奕的妙解.数学新星网(冷岗松专栏),网址:www. nsmath. cn.

一道 HMMT 组合试题的证明

冷岗松　施柯杰

（上海大学，200444）

设 $S_n = \{1, 2, \cdots, n\}$，则 S_n 的一个排列 σ 是 $S_n \to S_n$ 的一个一一映射. 对于这样的一个排列 σ，若存在 $k \in \{1, 2, \cdots, n\}$ 使得 $\sigma(k) = k$，则称 k 是 σ 的一个不动点. 若 σ 的不动点个数恰为 r 个，即 $|\{i : \sigma(i) = i, 1 \leqslant i \leqslant n\}| = r(0 \leqslant r \leqslant n)$，则称此排列 σ 为 S_n 的一个 r 保位排列.

一个自然的问题是：在 S_n 的所有排列中，r 保位排列的个数是多少？事实上，设 S_n 的所有 r 保位排列的个数记为 $E_r(0 \leqslant r \leqslant n)$，则下面的公式是著名的：

$$E_r = \frac{n!}{r!} \sum_{k=1}^{n-1} \frac{(-1)^k}{k!}. \tag{$*$}$$

当 $r = 0$ 时，$(*)$ 式就是熟知的错位排列公式，这是上世纪 80 年代组合学习中的经典题目.

同学们，你们能给出 $(*)$ 式的证明吗？给一个提示：用容斥原理.

关于 σ 的不动点的另一自然的问题是求 S_n 的所有不动点个数的总量. 这类问题中一个有趣且难度不太高的问题是计算

$$\sum_\sigma f(\sigma)^k, k \in \mathbf{N}_+$$

其中 $f(\sigma)$ 表示排列 σ 的不动点个数，求和号跑遍 S_n 的所有排列.

2013 年，哈佛—麻省理工数学竞赛（简称 HMMT）中有这样一道试题：

问题　给定 $1, 2, \cdots, 2013$ 的一个排列 σ，记 $f(\sigma)$ 表示 σ 的不动点的个数，试求

$$\sum_{\sigma \in S} f(\sigma)^4,$$

其中 S 为 $1, 2, \cdots, 2013$ 的所有排列的集合.

下面介绍 3 位 2015 年国家队队员贺嘉帆、谢昌志、高继扬的解法.

解法一（根据贺嘉帆解答整理）

记 $n = 2013$，令

$$a_{\sigma_j} = \begin{cases} 1, & \text{当 } \sigma(j) = j; \\ 0, & \text{当 } \sigma(j) \neq j, \end{cases}$$

则 $a_{\sigma_j}^2 = a_{\sigma_j}$，$f(\sigma) = \sum\limits_{i=1}^{n} a_{\sigma_i}$. 故

$$
\begin{aligned}
\sum_{\sigma \in S} f(\sigma)^4 &= \sum_{\sigma \in S} \Big(\sum_{i=1}^{n} a_{\sigma_i} \Big)^4 \\
&= \sum_{\sigma \in S} \Big(\sum_{i=1}^{n} a_{\sigma_i}^4 + \sum_{1 \leqslant i < j \leqslant n} \big(4 a_{\sigma_i}^3 a_{\sigma_j} + 6 a_{\sigma_i}^2 a_{\sigma_j}^2 + 4 a_{\sigma_i} a_{\sigma_j}^3 \big) \\
&\quad + 12 \sum_{1 \leqslant i < j < k \leqslant n} \big(a_{\sigma_i}^2 a_{\sigma_j} a_{\sigma_k} + a_{\sigma_i} a_{\sigma_j}^2 a_{\sigma_k} + a_{\sigma_i} a_{\sigma_j} a_{\sigma_k}^2 \big) \\
&\quad + 24 \sum_{1 \leqslant i < j < k < l \leqslant n} a_{\sigma_i} a_{\sigma_j} a_{\sigma_k} a_{\sigma_l} \Big) \\
&= \sum_{\sigma \in S} \Big(\sum_{i=1}^{n} a_{\sigma_i} + 14 \sum_{1 \leqslant i < j \leqslant n} a_{\sigma_i} a_{\sigma_j} + 36 \sum_{1 \leqslant i < j < k \leqslant n} a_{\sigma_i} a_{\sigma_j} a_{\sigma_k} \\
&\quad + 24 \sum_{1 \leqslant i < j < k < l \leqslant n} a_{\sigma_i} a_{\sigma_j} a_{\sigma_k} a_{\sigma_l} \Big).
\end{aligned}
\tag{1}
$$

注意到对任一个 $i \in \{1, 2, \cdots, n\}$，存在 2012! 个 σ 使得 $\sigma(i) = i$，因此

$$\sum_{\sigma \in S} \Big(\sum_{i=1}^{n} a_{\sigma_i} \Big) = \sum_{i=1}^{n} \sum_{\sigma \in S} a_{\sigma_i} = \sum_{i=1}^{n} 2012! = n \cdot 2012! = 2013!. \tag{2}$$

又对任一对 $1 \leqslant i < j \leqslant n$，存在 2011! 个 σ 使得 $\sigma(i) = i$，$\sigma(j) = j$，故

$$
\begin{aligned}
\sum_{\sigma \in S} \Big(\sum_{1 \leqslant i < j \leqslant n} a_{\sigma_i} a_{\sigma_j} \Big) &= \sum_{1 \leqslant i < j \leqslant n} \sum_{\sigma \in S} a_{\sigma_i} a_{\sigma_j} \\
&= \sum_{1 \leqslant i < j \leqslant n} 2011! = 2011! \cdot \mathrm{C}_{2013}^2.
\end{aligned}
\tag{3}
$$

同理，

$$\sum_{\sigma \in S} \Big(\sum_{1 \leqslant i < j < k \leqslant n} a_{\sigma_i} a_{\sigma_j} a_{\sigma_k} \Big) = 2010! \cdot \mathrm{C}_{2013}^3. \tag{4}$$

$$\sum_{\sigma \in S} \Big(\sum_{1 \leqslant i < j < k < l \leqslant n} a_{\sigma_i} a_{\sigma_j} a_{\sigma_k} a_{\sigma_l} \Big) = 2009! \cdot \mathrm{C}_{2013}^4. \tag{5}$$

将(2)、(3)、(4)和(5)代入(1)右边，便得

$$\sum_{\sigma \in S} f(\sigma)^4 = 2013! + 14 \cdot \mathrm{C}_{2013}^2 \times 2011! + 36 \cdot \mathrm{C}_{2013}^3 \times 2010! + 24 \cdot \mathrm{C}_{2013}^4 \times 2009!$$

$$= 15 \cdot 2013!.$$

因此所求

$$\sum_{\sigma \in S} f(\sigma)^4 = 15 \cdot 2013!.$$

□

贺嘉帆的解法利用不动点的特征函数,将所要求的计数问题转化为特征函数的运算,拙中藏巧,颇具"通法"意味.

解法二(根据谢昌志解答整理)

令 $n = 2013$,先证下面的引理.

引理

$$\sum_{\sigma \in S} C_{f(\sigma)}^k = (n-k)! \cdot C_n^k, \ k = 1, 2, 3, 4. \tag{6}$$

引理的证明:事实上,只需对 $k = 4$ 证明上式成立便可,$k = 1, 2, 3$ 的情况类似.

记 S 中同时以 a、b、c、$d \ (a < b < c < d)$ 为不动点的排列个数为 $g(a, b, c, d) = (n-4)!$,则

$$\sum_{1 \leqslant a < b < c < d \leqslant n} g(a, b, c, d) = (n-4)! \cdot C_n^4. \tag{7}$$

考虑上式中每个排列 σ 的贡献. 由于每个有 m 个不动点的排列可产生 C_m^4 个四元不动点组,故每个排列 σ 在(7)式中的贡献为 $C_{f(\sigma)}^4$,故

$$\sum_{1 \leqslant a < b < c < d \leqslant n} g(a, b, c, d) = \sum_{\sigma \in S} C_{f(\sigma)}^4. \tag{8}$$

由(7)、(8)便知(6)对 $k = 4$ 成立,引理得证.

回到原题. 注意到恒等式

$$m^4 = 24C_m^4 + 36C_m^3 + 14C_m^2 + m, \ m \in \mathbf{N}_+ \tag{9}$$

则由引理知

$$\sum_{\sigma \in S} f(\sigma)^4 = 24 \sum_{\sigma \in S} C_{f(\sigma)}^4 + 36 \sum_{\sigma \in S} C_{f(\sigma)}^3 + 14 \sum_{\sigma \in S} C_{f(\sigma)}^2 + \sum_{\sigma \in S} f(\sigma)$$

$$= 24(n-4)! \ C_n^4 + 36(n-3)! \ C_n^3 + 14(n-2)! \ C_n^2 + (n-1)! \ C_n^1$$

$$= 15n! = 15 \cdot 2013!.$$

因此所求

$$\sum_{\sigma \in S} f(\sigma)^4 = 15 \cdot 2013!.$$

□

谢昌志的解法中的引理本质上等价于贺嘉帆解法中的(2)、(3)、(4)、(5),或许由于左边写法的特点,使他想到了一个恒等式(9),从而快速得到了问题的结果. 恒等式(9)是下面一般形式的组合恒等式的特例(见[1, P16]):

$$m^n = \sum_{r=0}^m C_m^r \sum_{t_1 + t_2 + \cdots + t_r = n, \ t_i \geqslant 1} \frac{n!}{t_1! \ t_2! \cdots t_r!}.$$

解法三（根据高继扬解答整理）

考虑五元有序对 (σ,a,b,c,d) 的个数 T，其中 $\sigma\in S$，$a,b,c,d\in\{1,2,\cdots,2013\}$，且 $\sigma(a)=a$，$\sigma(b)=b$，$\sigma(c)=c$，$\sigma(d)=d$.

一方面，对固定的 σ，由乘法原理知，这样的五元有序对的个数为 $f(\sigma)^4$，故

$$T=\sum_{\sigma\in S}f(\sigma)^4.$$

另一方面，先对 (a,b,c,d) 计数来计算 T，分下面四种情况：

(i) 当 $a=b=c=d$ 时，此时四元数组 (a,b,c,d) 的选择有 2013 个，其排列有 1 个，而 σ 的选取有 $(2013-1)!=2012!$ 个，则此时满足条件的五元有序对共有 $T_1=2013\times2012!=2013!$ 个.

(ii) 当 a、b、c、d 中有两个不同的数，此时四元数组 (a,b,c,d) 的选择有 C_{2013}^2 个，其排列有 $2\times C_4^1+C_4^2=14$ 个，而 σ 有 $(2013-2)!=2011!$ 个. 故此时满足条件的五元有序对的个数 $T_2=C_{2013}^2\times14\times2011!=7\times2013!$.

(iii) 当 a、b、c、d 中有三个不同的数，此时四元数组 (a,b,c,d) 有 C_{2013}^3 个，其排列有 $3\times4\times3=36$ 个，而 σ 有 $(2013-3)!=2010!$ 个. 故此时满足条件的五元有序对的个数 $T_3=C_{2013}^3\times36\times2010!=6\times2013!$.

(iv) 当 a、b、c、d 两两不同时，此时四元数组 (a,b,c,d) 有 C_{2013}^4 个，其排列有 $4!=24$ 个，而 σ 有 $(2013-4)!=2009!$ 个. 故此时满足条件的五元有序对的个数 $T_4=C_{2013}^4\times4!\times2009!=2013!$.

综上，$T=T_1+T_2+T_3+T_4=15\times2013!$. □

高继扬的解法非常质朴，特别简明. 其中一个关键是将问题转化为五元有序对的计数问题，将置换 σ 也看作一个元，这是一种高观点，有应用群 $S\otimes S_n$ 的思想.

参考文献

[1] 叶思源. 俄罗斯组合分析问题集[M]. 哈尔滨：哈尔滨工业大学出版社，2011.

一个乘积不等式的注记

冷岗松

（上海大学，200444）

美国数学月刊（Amer. Math. Monthly）的 11252 号问题是 2006 年由罗马尼亚的 Ovidiu Bagdasar 提出的一个乘积不等式[1]：

问题 1（AMM 11252）　设 $n \geqslant 2$ 是整数，a_1，a_2，$\cdots$，a_n 是正实数. 记 $S = \sum\limits_{i=1}^{n} a_i$，$S' = \sum\limits_{i=1}^{n} b_i$，其中 $b_i = S - a_i$，则

$$\frac{\prod\limits_{i=1}^{n} a_i}{\prod\limits_{i=1}^{n} (S - a_i)} \leqslant \frac{\prod\limits_{i=1}^{n} b_i}{\prod\limits_{i=1}^{n} (S' - b_i)}. \tag{1}$$

证明这个不等式的一个非常自然的想法是能否将问题转化为一个局部不等式. 通过尝试分析，似乎最合理的局部不等式应当是：

$$\frac{b_i}{S' - b_i} \geqslant \left(\prod_{j \neq i} \frac{a_j}{S - a_j} \right)^{\frac{1}{n-1}}, \ \forall i \in \{1, 2, \cdots, n\}. \tag{2}$$

为了书写简便，不失一般性，我们仅须考虑（1）中 $i = n$ 的情况：

$$\frac{b_n}{S' - b_n} \geqslant \left(\prod_{j=1}^{n-1} \frac{a_j}{S - a_j} \right)^{\frac{1}{n-1}}. \tag{3}$$

为证（3）我们须用到下面乘积形式的闵可夫斯基（Minkowski）不等式：设 a_1，a_2，$\cdots$，a_n，b_1，b_2，$\cdots$，b_n 是非负实数，则

$$\left(\prod_{i=1}^{n} (a_i + b_i) \right)^{\frac{1}{n}} \geqslant \left(\prod_{i=1}^{n} a_i \right)^{\frac{1}{n}} + \left(\prod_{i=1}^{n} b_i \right)^{\frac{1}{n}}. \tag{4}$$

下面是详细的解法.

解法一　先证下面引理.

引理　设 x，x_1，x_2，$\cdots$，x_m 是正实数，m 是正整数，则

$$\frac{\left(\prod\limits_{i=1}^{m}(x+x_i)\right)^{\frac{1}{m}}}{mx+\sum\limits_{i=1}^{m}x_i}\geqslant\frac{\left(\prod\limits_{i=1}^{m}x_i\right)^{\frac{1}{m}}}{\sum\limits_{i=1}^{m}x_i}. \tag{5}$$

事实上，由闵可夫斯基不等式和算术—几何平均值不等式可得

$$\prod_{i=1}^{m}\left(1+\frac{x}{x_i}\right)\geqslant\left(1+\frac{x}{\left(\prod\limits_{i=1}^{m}x_i\right)^{\frac{1}{m}}}\right)^{m}\geqslant\left(1+\frac{mx}{\sum\limits_{i=1}^{m}x_i}\right)^{m}.$$

这就是(5)，引理得证.

回到原问题.

在引理中令 $m=n-1$，$x=a_n$，$x_i=\sum\limits_{j\in I_i}a_j$，其中 $I_i=\{1,2,\cdots,n-1\}\backslash\{i\}$，并用算术—几何平均值不等式可得

$$\frac{\left(\prod\limits_{i=1}^{n-1}(S-a_i)\right)^{\frac{1}{n-1}}}{S'-b_n'}=\frac{\left(\prod\limits_{i=1}^{n-1}\left(a_n+\sum\limits_{j\in I_i}a_j\right)\right)^{\frac{1}{n-1}}}{(n-1)a_n+\sum\limits_{i=1}^{n-1}\left(\sum\limits_{j\in I_i}a_j\right)}$$

$$\geqslant\frac{\left(\prod\limits_{i=1}^{n-1}\left(\sum\limits_{j\in I_i}a_j\right)\right)^{\frac{1}{n-1}}}{\sum\limits_{i=1}^{n-1}\sum\limits_{j\in I_i}a_j}=\frac{\left(\prod\limits_{i=1}^{n-1}\left(\sum\limits_{j\in I_i}a_j\right)\right)^{\frac{1}{n-1}}}{(n-2)b_n}$$

$$\geqslant\frac{\left(\prod\limits_{i=1}^{n-1}(n-2)\left(\prod\limits_{j\in I_i}a_j\right)^{\frac{1}{n-2}}\right)^{\frac{1}{n-1}}}{(n-2)b_n}$$

$$=\frac{\left(\prod\limits_{i=1}^{n-1}a_i\right)^{\frac{1}{n-1}}}{b_n},$$

整理得

$$\frac{b_n}{S'-b_n}\geqslant\left(\prod_{j=1}^{n-1}\frac{a_j}{S-a_j}\right)^{\frac{1}{n-1}}.$$

这就是(3).所以对任意的 $1\leqslant i\leqslant n$，(2)成立.将(2)中的 n 个不等式相乘便得(1).　□

饶家鼎(2013 年中国国家队队员)给出了(1)的一个另证.

解法二 注意到(1)是关于 $a_1, \cdots, a_n$ 的齐次不等式,不妨设 $S = 1$,这时 $S' = \sum_{i=1}^{n} (1 - a_i) = n - 1$. 要证的(1) 等价于

$$\prod_{i=1}^{n} \left(\frac{1}{a_i} - 1 \right) \geqslant \prod_{i=1}^{n} \left(\frac{n-1}{\sum\limits_{j \neq i} a_j} - 1 \right). \tag{6}$$

要证(6),只需证局部不等式

$$\prod_{j=1}^{n-1} \left(\frac{1}{a_j} - 1 \right) \geqslant \left(\frac{n-1}{\sum\limits_{j=1}^{n-1} a_j} - 1 \right)^{n-1} \tag{7}$$

便可,而对(7)存在稍一般的如下不等式,仍用引理表述.

引理 设 $x_1, x_2, \cdots, x_k$ 是正实数,且 $x_1 + \cdots + x_k \leqslant 1$, k 是正整数,则

$$\prod_{i=1}^{k} \left(\frac{1}{x_i} - 1 \right) \geqslant \left(\frac{k}{\sum\limits_{i=1}^{n} x_i} - 1 \right)^k. \tag{8}$$

事实上,令 $f(x) = \ln\left(\frac{1}{x} - 1 \right)$, $x \in (0, 1)$,则

$$f''(x) = \frac{1 - 2x}{x^2 (1-x)^2} \geqslant 0, \ \forall x \in \left(0, \frac{1}{2} \right].$$

这说明 $f(x)$ 在 $\left(0, \frac{1}{2} \right]$ 上是凸函数.

(i) 当 $x_1, x_2, \cdots, x_k$ 均属于 $\left(0, \frac{1}{2} \right]$ 时,这时对 $f(x)$ 用琴生(Jensen)不等式立得所证不等式(8).

(ii) 当 $x_1, x_2, \cdots, x_k$ 中有数不属于 $\left(0, \frac{1}{2} \right]$ 时,由条件,这样的数仅有一个,不妨设为 x_1,这时由 $x_1 + x_2 \leqslant 1$ 便知

$$\left(\frac{1}{x_1} - 1 \right) \left(\frac{1}{x_2} - 1 \right) - \left(\frac{2}{x_1 + x_2} - 1 \right)^2 = \frac{(x_1 - x_2)^2 (1 - x_1 - x_2)}{(x_1 + x_2)^2 x_1 x_2} \geqslant 0,$$

亦即

$$\left(\frac{1}{x_1} - 1 \right) \left(\frac{1}{x_2} - 1 \right) \geqslant \left(\frac{2}{x_1 + x_2} - 1 \right)^2.$$

这样要证(7),仅须证明

$$\left(\frac{1}{\frac{x_1+x_2}{2}}-1\right)^2 \prod_{i=3}^{k}\left(\frac{1}{x_i}-1\right) \geqslant \left(\frac{k}{\sum\limits_{i=1}^{k} x_i}-1\right)^k. \tag{9}$$

故只要对变元 $\dfrac{x_1+x_2}{2}$, $\dfrac{x_1+x_2}{2}$, x_3, $\cdots$, x_n 用琴生不等式便得(9). 引理得证. $\qquad\square$

最近,福建晋江养正中学的王明璋同学在求证(1)时,证明了如下结果:

问题 2 设 c, x_1, x_2, $\cdots$, x_n 是正数 $(n \geqslant 2)$ 且满足

$$c \geqslant \sum_{i=1}^{n} x_i,$$

则

$$\prod_{i=1}^{n} \frac{x_i}{c-x_i} \leqslant \left(\frac{\sum\limits_{i=1}^{n} x_i}{nc-\sum\limits_{i=1}^{n} x_i}\right)^n. \tag{10}$$

问题 2 本质上和饶家鼎证明的引理一样,但形式上更一般化. 由于参数 c 的引进,使得我们的证明更多样化,特别是下面由湖南省雅礼中学江朗同学、上海中学黄小雨同学等人的证明颇为有趣,也可算是(1)的一个新证明.

解法一 注意到(10)等价于

$$\frac{(nc-(x_1+\cdots+x_n))^n}{\prod\limits_{i=1}^{n}(c-x_i)} \leqslant \frac{(x_1+\cdots+x_n)^n}{\prod\limits_{i=1}^{n} x_i}. \tag{11}$$

固定 x_1, x_2, $\cdots$, x_n,引进函数

$$f(c)=\frac{(nc-(x_1+\cdots+x_n))^n}{\prod\limits_{i=1}^{n}(c-x_i)}, \quad c \geqslant \max\{x_1, \cdots, x_n\}.$$

注意到由 Cauchy 不等式可得

$$(nc-(x_1+\cdots+x_n)) \cdot \sum_{i=1}^{n} \frac{1}{c-x_i} \geqslant n^2.$$

这样便知

$$f'(c) = \frac{(nc - (x_1 + \cdots + x_n))^{n-1}\left(n^2 - (nc - (x_1 + \cdots + x_n))\sum\limits_{i=1}^{n}\dfrac{1}{c - x_i}\right)}{\prod\limits_{i=1}^{n}(c - x_i)} \leqslant 0.$$

故 $f(c)$ 在其定义域 $[\max\{x_1, \cdots, x_n\}, +\infty)$ 上是减函数. 这样由

$$c \geqslant x_1 + \cdots + x_n \geqslant \max\{x_1, \cdots, x_n\}$$

便知 $f(c) \leqslant f(x_1 + \cdots + x_n)$，这就是(11)，证毕. □

问题 2 的另一简洁独特证法由湖南长郡中学的谭华为同学给出.

解法二　令 $c = k(x_1 + \cdots + x_n)$，则 $k \geqslant 1$. 这时由加权的算术 — 几何平均值不等式便得

$$\frac{c - x_i}{nk - 1} = \sum_{j \neq i} \frac{kx_j}{nk - 1} + \frac{k-1}{nk-1}x_i \geqslant \left(\prod_{j \neq i} x_j^{\frac{k}{nk-1}}\right) \cdot x_i^{\frac{k-1}{nk-1}}, \ \forall i = 1, 2, \cdots, n.$$

将上面 n 个不等式相乘便得

$$\prod_{i=1}^{n} \frac{c - x_i}{nk - 1} \geqslant \prod_{i=1}^{n} \left(\prod_{j \neq i} x_j^{\frac{k}{nk-1}}\right) \cdot x_i^{\frac{k-1}{nk-1}} = \prod_{i=1}^{n} x_i,$$

将 $k = \dfrac{x_1 + \cdots + x_n}{c}$ 代入，这就是要证的不等式(10). □

对问题 2，下面的观察是有趣的(这实质上也是对问题 1 的观察). 令 $a_k = \dfrac{x_k}{c}$, $k = 1, 2, \cdots, n$，这时(10)可等价变为：

设 $a_1, a_2, \cdots, a_n$ 是正数且满足 $a_1 + \cdots + a_n \leqslant 1$. 则

$$\frac{\prod\limits_{k=1}^{n} a_k}{\left(\sum\limits_{k=1}^{n} a_k\right)^n} \leqslant \frac{\prod\limits_{k=1}^{n} (1 - a_k)}{\left(\sum\limits_{k=1}^{n} (1 - a_k)\right)^n}. \tag{12}$$

对比著名的 Fan Ky 不等式：设 $0 < a_k \leqslant \dfrac{1}{2}$, $k = 1, 2, \cdots, n$.

$$\frac{\prod\limits_{k=1}^{n} a_k}{\left(\sum\limits_{k=1}^{n} a_k\right)^n} \leqslant \frac{\prod\limits_{k=1}^{n} (1 - a_k)}{\left(\sum\limits_{k=1}^{n} (1 - a_k)\right)^n},$$

便知(10)是一个 Fan Ky 型的不等式，只是条件稍有变化. 这样，不等式(1)也是 Fan Ky 不等式的一个变形结果. 这算是一种"探源"吧！

参考文献

［1］ Ovidiu Bagdasar，etc. A Productive Inequality（Problem 11252）［J］. Amer. Math. Monthly，115(2008)，268－269.

两道匈牙利竞赛问题的评析

于翔宇

（吉林大学附属中学，130021）

匈牙利是最早开展中学生数学竞赛的国家之一，他们的数学杂志及各级别竞赛中命制了许多不错的问题. 本文中我们将讨论其中的两个问题.

问题 1（KöMaL，A647） 设 k 是一个非负整数，证明：仅存在有限多个正整数 n，使得存在两个不相交的集合 A、B. 满足 $A \bigcup B = \{1, 2, \cdots, n\}$ 且

$$\left| \prod_{a \in A} a - \prod_{b \in B} b \right| = k.$$

分析 在问题 1 中，比较关键的是寻求一条利用 $\left| \prod_{a \in A} a - \prod_{b \in B} b \right| = k$ 来限制 A、B，进而限制 n 的途径. 能走的不外乎大小估计和整除分析两条路. 因为大小估计似乎并不容易进行，所以我们先从整除分析来入手.

考虑一个素数 p 在等式两边的整除性，注意到由于 A、B 是 $\{1, 2, \cdots, n\}$ 的一个分划，那么对于素数 $p \leqslant n$. 必有

$$p \left| \prod_{a \in A} a \cdot \prod_{b \in B} b \right..$$

这时，如果 $p \mid k$，那么我们似乎得不到什么有力的限制. 不过，如果 $k \neq 0$，那么 k 的素因子只有有限多个，这对充分大的 n 起到的影响或许不大. 下面我们先考虑 k 为正整数的情形.

对于 $p \leqslant n$，$p \nmid k$ 的素数 p，我们可以从 $\left| \prod_{a \in A} a - \prod_{b \in B} b \right| = k$ 中得到一个关键信息，这就是：$\prod_{a \in A} a$ 和 $\prod_{b \in B} b$ 恰有一个能被 p 整除.

而这一信息可谓是很强的限制，因为这时只要 A 或 B 中的某一个包含了一个 p 的倍数，我们就可以判定 p 的所有倍数都在该集合中. 这样我们可以从素数 p 的倍数联系到素数 q 的倍数（只要 $pq \leqslant n$，$(p, k) = (q, k) = 1$），最终会导致大部分的素数及其倍数要在同一个集合中，这就从大小上带来了

矛盾.

从上述分析入手,我们给出如下的证明.

证明 若 $k=0$,则 $\prod\limits_{a\in A}a=\prod\limits_{b\in B}b$. 故

$$n!=\prod_{a\in A}a\cdot\prod_{b\in B}b$$

是完全平方数. 但由切比雪夫(Chebyshev)定理(见评注(1)),对 $n\geq 2$,区间 $\left(\dfrac{n}{2},n\right]$ 中存在一个素数.

设素数 $p\in\left(\dfrac{n}{2},n\right]$,则容易得到 $p\parallel n!$. 故 $n!$ 不是完全平方数,即这时不存在符合要求的 n.

若 $k\geq 1$,则大于 k 的素数都与 k 互素. 故对于素数 q,满足 $k<q\leq n$,且 $\left\{q,2q,\cdots,\left[\dfrac{n}{q}\right]q\right\}$ 在同一个集中.

那么我们取一个素数 $p>k$. 这时考虑满足要求的 $n>2p^2$,不妨设分划后 $p\in A$,则

$$\left\{p,2p,\cdots,\left[\dfrac{n}{p}\right]p\right\}\subseteq A,$$

进而对素数 $q\in\left(k,\left[\dfrac{n}{p}\right]\right]$,有

$$\left\{q,2q,\cdots,\left[\dfrac{n}{q}\right]q\right\}\subseteq A.$$

这是因为 $q\cdot p\in A$,从而 $q\nmid\prod\limits_{b\in B}b$.

故 $\prod\limits_{b\in B}b$ 的素因子只能在 $[1,k]\cup\left[\left[\dfrac{n}{p}\right],n\right]$ 中. 因此,我们来估计 $\prod\limits_{b\in B}b$ 的大小.

引入记号 $\nu_q(m)$ 代表素数 q 在正整数 m 中的幂次. 则对 $q\in[1,k]\cup\left[\left[\dfrac{n}{p}\right],n\right]$,

$$\nu_q\left(\prod_{b\in B}b\right)\leq\nu_q(n!)<\frac{n}{q-1}.$$

这是因为 $B\subseteq\{1,2,\cdots,n\}$,而

$$\nu_q(n!)=\sum_{i=1}^{+\infty}\left[\frac{n}{q^i}\right]<\sum_{i=1}^{+\infty}\frac{n}{q^i},$$

其中对 $q\in[1,k]$,有 $\sum\limits_{i=1}^{+\infty}\dfrac{n}{q^i}=\dfrac{n}{q-1}$,对 $q\in\left[\left[\dfrac{n}{p}\right],n\right]$,有 $\dfrac{n}{q-1}<2p$. 这是因为 $q-1>\dfrac{n}{p}-2$,而

$n > 2p^2$.

于是我们有

$$\prod_{b \in B} b < \left(\prod_{q \leqslant k} q\right)^n \cdot \left(\prod_{q \in \left[\left[\frac{n}{p}\right], n\right]} q\right)^{2p}$$

$$\leqslant (k!)^n \cdot \left(\prod_{q \leqslant n} q\right)^{2p}.$$

其中右式字母 q 表示满足条件的素数.

而由厄尔多斯(Erdös)引理(见注(2)),得 $\prod_{q \leqslant n} q \leqslant 4^n$,所以

$$\prod_{b \in B} b < (k! \cdot 4^{2p})^n.$$

进而

$$n! \leqslant \left(\prod_{b \in B}\right)\left(k + \prod_{b \in B} b\right) < (k + k! \cdot 4^{2p})^n.$$

记 $k + k! \cdot 4^{2p} = C$(C 是常数). 而对 $n > C^2$,由于

$$n! = \left(\prod_{i=1}^{n} i(n+1-i)\right)^{\frac{1}{2}} \geqslant n^{\frac{n}{2}} > C^n,$$

所以对 $n > C^2$, n 不可能符合要求.

$k \geqslant 1$ 的情形也得证. □

评注 本题是有一定难度的,关键在于将集合中数之积通过分解的方式估计大小,可以说有一定的分析色彩. 另外,本题证明中还用到了两个定理.

(1) **切比雪夫定理** 对正整数 $n \geqslant 2$,区间 $\left(\frac{n}{2}, n\right]$ 中有一个素数.

这一定理是初等数论中的一个经典结果,证明较长,有兴趣的读者可以参阅相关书籍.

(2) **厄尔多斯引理** 设 $q \leqslant n$ 是素数,则 $\prod_{q \leqslant n} q \leqslant 4^n$.

引理的证明 我们对 n 用第二数学归纳法.

当 $n = 1, 2$ 时,直接验证即可.

假设 $n \geqslant 3$ 时,该引理对 $1, 2, \cdots, n-1$ 均成立. 下面考虑 n 时的情形.

当 n 为偶数时,易知 n 不是素数. 应用归纳假设,得

$$\prod_{q \leqslant n} q = \prod_{q \leqslant n-1} q \leqslant 4^{n-1} < 4^n.$$

当 n 为奇数时,考察组合数 $C_n^{\frac{n-1}{2}}$. 由于对素数 $q \in \left[\frac{n+1}{2}, n\right]$,有 $q \mid C_n^{\frac{n-1}{2}}$. 故

$$\prod_{q\in\left[\frac{n+1}{2},\,n\right]} q \leqslant \mathrm{C}_n^{\frac{n-1}{2}} = \frac{1}{2}(\mathrm{C}_n^{\frac{n-1}{2}} + \mathrm{C}_n^{\frac{n+1}{2}}) \leqslant \frac{1}{2}\cdot 2^n < 4^{\frac{n}{2}}.$$

应用归纳假设,得

$$\prod_{q\leqslant n} q \leqslant 4^{\frac{n}{2}} \cdot 4^{\frac{n}{2}} = 4^n.$$

故引理获证. □

问题 2(Hungary NMO, 2015)　设 $a = \{a_1 < a_2 < \cdots < a_k\}$ 是一个由非负整数组成的有限集,$B = \{b_1 < b_2 < \cdots\}$ 是一个由非负整数组成的无限集. 已知每一个非负整数都可唯一表示成 $a_i + b_j$ 的形式. 证明:存在 $c > 0$ 使得每个非负整数 b 是 B 中的一个元当且仅当 $b+c$ 也是 b 中的一个元.

分析　问题 2 是一个与非负整数的表示法相关的问题. 每个数恰有唯一的 $a_i + b_j$ 的表示方式,这对我们用母函数来刻画是有利的. 事实上,如果记多项式 $A(x) = \sum_{i=1}^{k} x^{a_i}$,形式幂级数 $B(x) = \sum_{j=1}^{\infty} x^{b_j}$,那么

$$A(x)\cdot B(x) = 1 + x + x^2 + \cdots = \frac{1}{1-x}.$$

不过,想要从 $\dfrac{1}{1-x}$ 入手分析会遇到重重困难,我们还是选择比较系数为宜.

证明　定义数列 $\{\varepsilon_m\}_{m\geqslant 0}$:$\varepsilon_m \in \{0,\,1\}$,且 $\varepsilon_m = 1$ 当且仅当 $m \in B$. 那么

$$B(x) = \sum_{j\geqslant 1} x^{b_j} = \sum_{m\geqslant 0} \varepsilon_m x^m.$$

由于 $A(x) = \sum_{i=1}^{k} x^{a_i}$,而 $A(x)\cdot B(x) = 1 + x + x^2 + \cdots$. 所以比较两边的 m 次项系数(其中 $m \geqslant a_k$)可知

$$\sum_{i=1}^{k} \varepsilon_{m-a_i} = 1. \qquad\qquad (*)$$

事实上,这是因为右边的 m 次项 x^m 可能是由 x^{a_1},x^{a_2},$\cdots$,x^{a_k} 中一些与 $B(x)$ 中的 x^{m-a_i} 项相乘得到的,其系数为 ε_{m-a_i}.

接下来对 $(*)$ 式模 2 分析.

我们考虑模 2 意义下的 $\{\varepsilon_m\}_{m\geqslant 0}$,它仍为 $0-1$ 序列,且对 $a_1 < a_2 < \cdots < a_k$,$(*)$ 式可视作一个 $a_k - a_1 + 1$ 阶递推式,从而它在模 2 意义下必是最终周期的. 进一步,由于 2 是素数,它也是纯周期的.

由于 $\varepsilon_m \in \{0, 1\}$，可见 $\{\varepsilon_m\}_{m \geq 0}$ 本身就是纯周期的.

设周期为 $c(c \in \mathbf{N}_+)$，那么当然就有对非负整数 b，满足

$$b \in B \Longleftrightarrow b + c \in B.$$

命题得证. □

评注 上述做法关键在于将数列 b_1，b_2，$\cdots$ 改用 $0-1$ 序列 ε_0，ε_1，$\cdots$ 来刻画，也就是引入"特征函数".

另外，从证得的结论继续出发，我们可以得到

$$B(x) = \frac{1}{1 - x^c} \sum_{j=1}^{l} x^{b_j}，b_1 < b_2 < \cdots < b_l < c.$$

即

$$\left(\sum_{i=1}^{k} x^{a_i}\right)\left(\sum_{j=1}^{l} x^{b_j}\right) = \frac{1 - x^c}{1 - x} = x^{c-1} + \cdots + x + 1.$$

所以符合要求的 A、B 都可以这样生成.

一道俄罗斯不等式试题简析

尹龙晖

（湖南省雅礼中学，410007）

指导教师：申东

2015 年俄罗斯数学奥林匹克 11 年级试题中有一道不等式问题：

问题 1 设实数 a、b、c、d 满足 $|a|>1$，$|b|>1$，$|c|>1$，$|d|>1$，且

$$ab(c+d)+dc(a+b)+a+b+c+d=0.$$

证明：

$$\frac{1}{a-1}+\frac{1}{b-1}+\frac{1}{c-1}+\frac{1}{d-1}>0.$$

冷岗松老师在新星夏令营上向我们介绍了如下解法：

证明 条件中的等式等价于 $\prod(a+1)=\prod(a-1)$，即 $\prod\dfrac{a+1}{a-1}=1$. 又注意到

$$\frac{a+1}{a-1}>0,\ \frac{b+1}{b-1}>0,\ \frac{c+1}{c-1}>0,\ \frac{d+1}{d-1}>0,$$

故由均值不等式便得

$$\sum\frac{1}{a-1}=\frac{1}{2}\sum\frac{a+1}{a-1}-2$$

$$\geqslant 2\sqrt[4]{\prod\frac{a+1}{a-1}}-2=0,$$

且上式等号成立须 $a=b=c=d$，这时由条件易推知 $|a|=1$，矛盾！故上式不取等号，也即要证的不等式成立. □

由这个做法，立得问题 1 的如下自然推广：

问题 2　设 $a_1, a_2, \cdots, a_n \in \mathbf{R}$ 满足 $|a_i| > 1$, $i = 1, 2, \cdots, n$. 且

$$\prod_{i=1}^{n}(a_i + 1) = \prod_{i=1}^{n}(a_i - 1),$$

则

$$\sum_{i=1}^{n} \frac{1}{a_i - 1} > 0.$$

在学习过程中,我发现了一个新证法.这个证法尽管用了一些微积分的知识,但使我们更能看清问题的本质,并得到一个新的推广.

下面是我给出的问题 2 的新证明:

证明　令 $f(x) = \prod_{i=1}^{n}(x - a_i)$,则 $f(x)$ 是一个实多项式,且

$$\frac{f'(x)}{f(x)} = \sum_{i=1}^{n} \frac{1}{x - a_i}.$$

记 $g(x) = \dfrac{f'(x)}{f(x)}$,则

$$g'(x) = -\sum_{i=1}^{n} \frac{1}{(x - a_i)^2} \leqslant 0.$$

这说明 $g(x)$ 在 $\mathbf{R}$ 上单调递减.

又由条件知 $f(1) = f(-1)$,应用罗尔定理知,存在 $r \in (-1, 1)$ 使得 $f'(r) = 0$. 又注意到 $f(r) \neq 0$,所以 $g(r) = \dfrac{f'(r)}{f(r)} = 0$. 故由 $g(x)$ 的单调性立得

$$g(-1) > g(r) = 0 > g(1).$$

由 $g(1) < 0$ 立得所证不等式

$$\sum_{i=1}^{n} \frac{1}{1 - a_i} < 0.$$

$\square$

上面的证法使我们能清楚地看出问题中条件的作用和地位.这样,我们得到了如下的推广形式:

问题 3　设 $f(x) = \prod_{i=1}^{n}(x - a_i)$, $a_i \in \mathbf{R}$, $i = 1, 2, \cdots, n$. 实数 α、β 满足

(i) $f(\alpha) = f(\beta)$;

(ii) $[\alpha, \beta] \bigcap \{a_1, a_2, \cdots, a_n\} = \varnothing$.

则

$$\sum_{i=1}^{n} \frac{1}{\alpha - a_i} > 0, \text{ 且} \sum_{i=1}^{n} \frac{1}{\beta - a_i} < 0.$$

证明完全类似于上面的解法.关键的一步是证明存在 $r \in (\alpha, \beta)$ 使得

$$\sum_{i=1}^{n} \frac{1}{r - a_i} = 0.$$

具体过程这里从略.

当然,问题 3 可写得更隐蔽,难度似乎更大,如下:

问题 4 设 $f(x) = \prod_{i=1}^{n} (x - a_i)$, $a_i \in \mathbf{R}$, $i = 1, 2, \cdots, n$. 实数 α、β 满足

(i) $f(\alpha) = f(\beta)$;

(ii) $[\alpha, \beta] \bigcap \{a_1, a_2, \cdots, a_n\} = \varnothing$.

则

$$\sum_{i=1}^{n} \left(\frac{1}{\alpha - a_i} - \frac{1}{\beta - a_i} \right) > 0.$$

上述问题的结论还可进一步拓广到非多项式的实函数上,这里不再介绍.

浅谈 2017 年 CMO 第六题

吴 苗

（北京大学数学学院，100871）

2017 年 CMO 的第 6 题可叙述为：

给定 $n, k \in \mathbf{N}_+ (n > k)$，$a_1, a_2, \cdots, a_n \in (k-1, k)$. 若正实数 $x_1, x_2, \cdots, x_n$ 满足：对任意集合 $I \subset \{1, 2, \cdots, n\}$，$|I| = k$，有 $\sum\limits_{i \in I} x_i \leqslant \sum\limits_{i \in I} a_i$，求 $x_1 x_2 \cdots x_n$ 的最大值.

我们认为这是一个形式比较新颖，不偏不怪，难度中等的代数问题. 这道代数题计算量不大，主要考查学生的各种代数思想和一些基本功.

这个问题拿到手，我们先来研究条件. 虽然这是一个条件族极值问题，但是本质上这个问题其实是一个不等式，因为最值情形非常好猜，就是 $x_i = a_i$ 的情况. 稍微取一些简单情况也容易验证，比如 $k = 1$ 的情况，很明显正确；而且如果这个不对似乎本题的最值情况也就会很奇怪，所以我们有理由相信这的确是最值情形.

关于这个题我们有两种入手途径：一种是变为条件极值问题来做，另一种是变成不等式来做. 一般来说这两种方案区别不大，但是在本题中，变成不等式之后你可以处理右端，也就是处理 a_i. 本题有一个 a_i 的大小限制关系，如果我们单纯的化为条件极值问题，就难以放缩 a_i，因此变成不等式更加容易处理. 也即，我们希望证明 $x_1 x_2 \cdots x_n \leqslant a_1 \cdots a_n$.

接下来我们研究条件族. 这是一条件族，看起来不容易处理，因此我们需要简化条件族. 对于不等式形的条件族，通过设出序关系可以把一些复杂的条件族简化为一个条件和一些序关系，这更加容易处理. 本题的条件说，任意取 $\{1, 2, \cdots, n\}$ 的一个子集 I 有 $\sum\limits_{i \in I} x_i \leqslant \sum\limits_{i \in I} a_i$，也即 $\sum\limits_{i \in I} (a_i - x_i) \geqslant 0$.

因此，我们可以设 $a_i = x_i + b_i$，并假设 $b_1 \leqslant b_2 \leqslant \cdots \leqslant b_n$，条件族即是 $b_1 + \cdots + b_k \geqslant 0$ 和 $a_i > b_i$. 注意，这是等价变形，我们没有减弱原题条件. 这个很重要，不等式里面做变形简化要尽量先做等价的，否则可能放缩过头.

现在我们要证明的式子也就变成了
$$\prod_{i=1}^{n} (a_i - b_i) \leqslant \prod_{i=1}^{n} a_i.$$

这样做的好处就是解放了关于 a_i 和 x_i 的条件族,化为关于 b_i 的.因此我们现在可以对 a_i 进行放缩了.除过去,等式两端的 a_i 变成一个,就可以进行放缩.那么,我们要证明的不等式就变成

$$\prod_{i=1}^{n}\left(1-\frac{b_i}{a_i}\right)\leqslant 1.$$

那么我们来放左边.放 a_i 的时候涉及 b_i 的正负性.因此我们可以不妨设 $b_l<0\leqslant b_{l+1}$.这里要注意:b_i 如果全是非负的,则不等式已经成立,而条件保证了 $l\leqslant k-1$,所以 l 的范围可以假设为 $1\leqslant l\leqslant k-1$.那么

$$\prod_{i=1}^{n}\left(1-\frac{b_i}{a_i}\right)\leqslant\prod_{i=1}^{l}\left(1-\frac{b_i}{k-1}\right)\prod_{i=l+1}^{n}\left(1-\frac{b_i}{k}\right).$$

这样待证式子化为

$$\prod_{i=1}^{l}\left(1-\frac{b_i}{k-1}\right)\prod_{i=l+1}^{n}\left(1-\frac{b_i}{k}\right)\leqslant 1.$$

我们继续来看.这一步也是没有放缩过头的.如果这个不等式存在反例,我们可以取 a_i 充分接近 $k-1$ 或 k,这样原不等式就不对.还有一个点,我们将 a_i 放小的那些 i 中 b_i 是负的,所以条件 $a_i>b_i$ 也没有被加强.一定要留心这些点.条件族 $a_i>b_i$ 这个时候就化为 $b_i<k$.接下来我们继续处理原题,由于负的东西不太好处理,我们假设 $c_i=-b_i(i=1,2,\cdots,l)$,那么原题条件即 $c_1+\cdots+c_l\leqslant b_{l+1}+\cdots+b_k$.不等式化为

$$\prod_{i=1}^{l}\left(1+\frac{c_i}{k-1}\right)\prod_{i=l+1}^{n}\left(1-\frac{b_i}{k}\right)\leqslant 1.$$

我们来研究这个式子左边.左边有三块:c_i,$b_i(l+1\leqslant i\leqslant k)$,$b_i(k+1\leqslant n)$.这三种中第三种最好处理:第三种至少有一个,我们也可以放成一个(也就是 $n=k+1$ 的情况):这样放自然不会过.对于 b_{k+1},其下界只有一个序条件约束,那我们就直接放成 b_k.这也不会放过.(注意:这其实是对于第三种的 b_i 用条件极值的思想.)不等式此时化为

$$\prod_{i=1}^{l}\left(1+\frac{c_i}{k-1}\right)\prod_{i=l+1}^{k}\left(1-\frac{b_i}{k}\right)\left(1-\frac{b_k}{k}\right)\leqslant 1.$$

现记 $b_{l+1}+\cdots+b_k=t$,则 $c_1+\cdots+c_l\leqslant t$.引入参量 t 后,c_i 和 b_i 再无任何约束关系,由于 c_i 地位的对称性,c_i 之间的序关系也相当于没有了.那么研究 c_i 时相当于研究一个关于 c_i 的条件极值问题.这不困难,相等的时候左边关于 c_i 的部分取最大值,利用均值不等式就可以做到.那么不等式化为

$$\left(1+\frac{t}{l(k-1)}\right)^l \prod_{i=l+1}^{k}\left(1-\frac{b_i}{k}\right)\left(1-\frac{b_k}{k}\right) \leqslant 1.$$

我们接着看 b_i. 注意：条件告诉我们 $b_i < k$. 左边关于 b_i 的部分都是正的，所以前面一个连乘式子在 b_i 均相等的时候最大（均值不等式），而后面一个单项的 $k-l$ 次幂是小于等于前面一个连乘式的，也就一起放掉；这个在 b_i 均相等的时候能取到等号. 到现在为止，我们仍然能确认每一步都没有放过，而这个题已经变成了一个关于 k、t、l 的三元不等式. 此时不等式化为

$$\left(1+\frac{t}{l(k-1)}\right)^l\left(1-\frac{t}{k(k-l)}\right)^{k-l+1} \leqslant 1.$$

这个不等式直接用均值不等式处理就可以了. 另一种更加朴实的办法是求导导出单调性. 考虑到左边 t 的部分比较简单，我们视左边为 $f(t)$ 来研究 $f(t)$ 的最大值，这可用求导来处理. 为了方便求导，两边取对数后不等式化为

$$l\ln\left(1+\frac{t}{l(k-1)}\right)+(k-l+1)\ln\left(1-\frac{t}{k(k-l)}\right) \leqslant 0.$$

记上式左边为 $f(t)$，计算得

$$f'(t)=\frac{1}{k-1}-\frac{k-l+1}{k(k-l)}=\frac{1-l}{k(k-1)(k-l)} \leqslant 0.$$

那么 $f(t) \leqslant f(0)=0$. 这样就完成了整个解题过程. □

评注 上面的解答虽然朴实，但是其中体现了大量的代数中的思想. 现在我们来重新回顾一下它们.

1. 把原题从条件极值问题转为不等式.

本质上来说，条件极值问题就是一个不等式和一个构造，而不等式也可以移项变为条件极值问题，它们是相辅相成的. 但是一般这两种问题的处理手法又有些许不同：不等式不一定能取等，可能出现化为条件极值问题后，条件极值不一定好求但是不等式并不难证的情况；不等式更加方便进行代数变形，往往进行整体处理，而条件极值问题的手法往往更偏向于调整或者求导，对变元个体进行处理；不等式可以进行一些放缩，这些放缩有时候可以大大简化式子，但是一不小心就会放过，而条件极值的问题的处理手法往往更加谨慎. 一种比较好的思考方式是把条件极值问题化为不等式，在不等式证明中蕴含条件极值问题的思想.

2. 把条件族通过序关系化为一个条件和序关系.

设出序关系是不等式的常见办法，虽然往往这样做会丧失不等式本身的对称性，但是添加的序关

系有时帮助我们简化条件或者可以将问题看得更清楚. 在本题中序关系简化条件族为一个条件, 立马大大简化了条件.

3. 正负分离.

正负分离就是代数中非常常见的处理手段了, 本题的正负分离帮我们放掉了 a_i, 进而可以进行后续处理. 正负分离问题往往在条件族为和为 0 这样的有正有负的条件族中使用, 通过对负的作换元可以把不等式化为全非负数的不等式, 这也是我们平常熟悉处理的不等式.

4. 利用"等价性"思想, 逐步简化.

我们在前面的评注中多次指出这个题我们的放缩是不会过或者说是等价的, 这也是我们放不等式应该优先考虑的放缩. 利用"等价性"思想, 我们逐步简化问题, 先简化条件族, 再简化 a_i, 再换元简化条件族, 然后分成三段, 分别处理, 最后化为三元不等式, 再求导来放缩, 步步简化, 化归问题. 值得我们注意.

几道集训队试题的解与评析

孔繁浩

（东北育才学校，110179）

第 58 届 IMO 中国国家集训活动已于 2017 年 3 月 4 日至 28 日在复旦大学附属中学举行. 我有幸作为一名集训队员参加了全部集训过程. 本文就其中三个测试题进行讨论, 介绍自己的解法与体会, 以求抛砖引玉. 下面是本次集训活动中的部分试题以及笔者的解法和体会.

例 1（集训队测试第 2 题） 求证：对任意大于 1 的实数 x 和正整数 n，都有

$$\sum_{k=1}^{n} \frac{\{kx\}}{[kx]} < \sum_{k=1}^{n} \frac{1}{2k-1}.$$

评析 本题的标准答案采用了整体化处理的思想, 使用阿贝尔(Abel)求和公式进行变换以达到最终目的. 以下展示的解法则更偏重局部处理, 运用局部两两配对的思想, 最终获得证明. 本解法并不比标准答案的解法更为简洁, 但其想法似更为纯朴, 或许能从另一个方向揭示试题的本质.

证明 由于

$$\sum_{k=1}^{n} \left(\frac{1}{2k-1} - \frac{\{kx\}}{[kx]} \right) = \sum_{k=1}^{n} \frac{[kx] - (2k-1)(kx - [kx])}{(2k-1)[kx]}$$

$$= \sum_{k=1}^{n} \frac{2k[kx] - (2k-1)kx}{(2k-1)[kx]}$$

$$= \sum_{k=1}^{n} \frac{k(2[kx] - 2kx + x)}{(2k-1)[kx]}$$

$$= \sum_{k=1}^{n} \frac{k}{2k-1} \times \frac{x - 2\{kx\}}{[kx]},$$

设 $a_k = \dfrac{k}{2k-1} \times \dfrac{x - 2\{kx\}}{[kx]}$，则只需证明 $\sum_{k=1}^{n} a_k > 0$.

若对任意 $1 \leqslant k \leqslant n$ 都有 $a_k > 0$，则显然 $\sum_{k=1}^{n} a_k > 0$.

现假设存在 $1 \leqslant k_0 \leqslant n$ 使 $a_{k_0} \leqslant 0$，则必有

$$x - 2\{k_0 x\} \leqslant 0, \ x \leqslant 2\{k_0 x\} < 2.$$

故 $1 < x < 2$.

这时可以取一个最小的整数 $0 \leqslant r_1 < n$ 使 $a_{r_1+1} \leqslant 0$，还可以取一个最大的整数 $r_1 \leqslant s_1 \leqslant n$，使得对任意 $r_1 < k \leqslant s_1$ 都有 $a_k \leqslant 0$. 若这时还存在 $s_1 < k \leqslant n$ 使 $a_k \leqslant 0$，那么可以取一个最小的整数 $s_1 \leqslant r_2 < n$ 使 $a_{r_2+1} \leqslant 0$，还可以取一个最大的整数 $r_2 \leqslant s_2 \leqslant n$，使得对任意 $r_2 < k \leqslant s_2$ 都有 $a_k \leqslant 0$. 如此做下去，直到取出 r_l、$s_l (l \in \mathbf{N}_+)$ 后，$s_l = n$ 或对任意 $s_l < k \leqslant n$ 都有 $a_k > 0$.

这时由 $s_m (1 \leqslant m \leqslant l)$ 的最大性，得对任意 $0 < m < l$ 都有 $r_{m+1} > s_m$. 另一方面，由于

$$x - 2\{x\} = x - 2(x - 1) = 2 - x > 0,$$

故 $a_1 > 0$，从而 $r_1 > 0$.

若令 $s_0 = 0$，则 $r_{m+1} > s_m$ 对 $m = 0$ 亦成立. 进一步地可知 $a_k \leqslant 0$ 当且仅当存在 $1 \leqslant m \leqslant l$ 使 $r_m < k \leqslant s_m$. 下证对任意 $1 \leqslant m \leqslant l$，都有

$$\sum_{k=s_{m-1}+1}^{s_m} a_k > 0. \qquad (*)$$

由于 $1 < x < 2$，故对任意 $1 \leqslant k \leqslant n$，有

$$\{(k-1)x\} = \{kx\} + 1 - x \ \text{或} \ \{kx\} + 2 - x.$$

而对 $r_m < k \leqslant s_m$，都有 $x - 2\{kx\} \leqslant 0$，即 $\{kx\} \geqslant \dfrac{x}{2}$.

若 $\{(k-1)x\} = \{kx\} + 2 - x$，则

$$\{(k-1)x\} \geqslant \frac{x}{2} + 2 - x$$

$$= 2 - \frac{x}{2} > 2 - 1$$

$$= 1,$$

矛盾！故必有 $\{(k-1)x\} = \{kx\} + 1 - x$，因此 $[(k-1)x] = [kx] - 1$.

这样若设 $[r_m x] = p$，$\{r_m x\} = \dfrac{x}{2} - \varepsilon$，则

$$r_m x = p + \frac{x}{2} - \varepsilon,$$

且对任意 $0 < t \leqslant s_m - r_m$，都有

$$[(r_m + t)x] = p + t, \quad \{(r_m + t)x\} = \frac{x}{2} - \varepsilon + t(x - 1),$$

且 $0 < \varepsilon \leqslant x - 1$.

进一步地，令 $t = s_m - r_m$，则

$$1 > \{s_m x\} = \frac{x}{2} - \varepsilon + (s_m - r_m)(x - 1),$$

$$(s_m - r_m)(x - 1) < 1 + \varepsilon - \frac{x}{2}.$$

下分情况讨论.

(1) 若 $0 < \varepsilon \leqslant \frac{1}{2}(x - 1)$. 这时对任意 $0 \leqslant t \leqslant s_m - r_m$，

$$(r_m - t)x = p + \frac{x}{2} - \varepsilon - tx = (p - t) + \left(\frac{x}{2} - \varepsilon - t(x - 1)\right).$$

另一方面，

$$\frac{x}{2} - \varepsilon - t(x - 1) \geqslant \frac{x}{2} - \varepsilon - (r_m - s_m)(x - 1)$$

$$> \frac{x}{2} - \varepsilon - \left(1 + \varepsilon - \frac{x}{2}\right)$$

$$= x - 1 - 2\varepsilon$$

$$\geqslant 0.$$

且 $\frac{x}{2} - \varepsilon - t(x - 1) < \frac{x}{2} < 1$. 故有

$$[(r_m - t)x] = p - t, \quad \{(r_m - t)x\} = \frac{x}{2} - \varepsilon - t(x - 1),$$

且 $x - 2\{(r_m - t)x\} > 0$，故 $a_{r_m - t} > 0$，进而我们有 $s_{m-1} \leqslant 2r_m - s_m - 1$. 因此

$$\sum_{k=s_{m-1}+1}^{s_m} a_k \geqslant \sum_{k=2r_m - s_m}^{r_m - 1} a_k + \sum_{k=r_m + 1}^{s_m} a_k = \sum_{t=1}^{s_m - r_m} (a_{r_m - t} + a_{r_m + t})$$

$$= \sum_{t=1}^{s_m - r_m} \left(\frac{r_m - t}{2(r_m - t) - 1} \frac{x - 2\left(\frac{x}{2} - \varepsilon - t(x - 1)\right)}{p - t} + \frac{r_m + t}{2(r_m + t) - 1} \frac{x - 2\left(\frac{x}{2} - \varepsilon + t(x - 1)\right)}{p + t}\right)$$

$$= \sum_{t=1}^{s_m - r_m} \left(\frac{r_m - t}{2(r_m - t) - 1} \frac{2(t(x - 1) + \varepsilon)}{p - t} - \frac{r_m + t}{2(r_m + t) - 1} \frac{2(t(x - 1) - \varepsilon)}{p + t}\right).$$

由于

$$\frac{r_m - t}{2(r_m - t) - 1} > \frac{r_m + t}{2(r_m + t) - 1} > 0,$$

$$\frac{1}{p - t} > \frac{1}{p + t} > 0,$$

$$t(x - 1) + \varepsilon > t(x - 1) - \varepsilon > 0,$$

故有

$$\frac{r_m - t}{2(r_m - t) - 1} \frac{2(t(x - 1) + \varepsilon)}{p - t} - \frac{r_m + t}{2(r_m + t) - 1} \frac{2(t(x - 1) - \varepsilon)}{p + t} > 0,$$

进而 $\sum\limits_{k = s_{m-1} + 1}^{s_m} a_k > 0$，即（ * ）式成立.

（2）若 $\dfrac{1}{2}(x - 1) < \varepsilon \leqslant x - 1$. 这时对任意 $0 \leqslant t \leqslant s_m - r_m - 1$，

$$(r_m - t)x = p + \frac{x}{2} - \varepsilon - tx = (p - t) + \left(\frac{x}{2} - \varepsilon - t(x - 1)\right).$$

另一方面

$$\frac{x}{2} - \varepsilon - t(x - 1) \geqslant \frac{x}{2} - \varepsilon - (r_m - s_m - 1)(x - 1)$$

$$> \frac{x}{2} - \varepsilon - \left(1 + \varepsilon - \frac{x}{2}\right) + x - 1$$

$$= 2(x - 1) - 2\varepsilon \geqslant 0.$$

且 $\dfrac{x}{2} - \varepsilon - t(x - 1) < \dfrac{x}{2} < 1$. 故有

$$[(r_m - t)x] = p - t, \quad \{(r_m - t)x\} = \frac{x}{2} - \varepsilon - t(x - 1),$$

且 $x - 2\{(r_m - t)x\} > 0$，故 $a_{r_m - t} > 0$. 进而我们有 $s_{m-1} \leqslant 2r_m - s_m$. 因此

$$\sum_{k = s_{m-1} + 1}^{s_m} a_k \geqslant \sum_{k = 2r_m - s_m + 1}^{r_m} a_k + \sum_{k = r_m + 1}^{s_m} a_k = \sum_{t = 1}^{s_m - r_m} (a_{r_m - t + 1} + a_{r_m + t})$$

$$= \sum_{t = 1}^{s_m - r_m} \left(\frac{r_m - t + 1}{2(r_m - t + 1) - 1} \frac{x - 2\left(\dfrac{x}{2} - \varepsilon - (t - 1)(x - 1)\right)}{p - t + 1} + \frac{r_m + t}{2(r_m + t) - 1} \frac{x - 2\left(\dfrac{x}{2} - \varepsilon + t(x - 1)\right)}{p + t}\right)$$

$$= \sum_{t = 1}^{s_m - r_m} \left(\frac{r_m - t + 1}{2(r_m - t + 1) - 1} \frac{2((t - 1)(x - 1) + \varepsilon)}{p - t + 1} - \frac{r_m + t}{2(r_m + t) - 1} \frac{2(t(x - 1) - \varepsilon)}{p + t}\right).$$

由于

$$\frac{r_m - t + 1}{2(r_m - t + 1) - 1} > \frac{r_m + t}{2(r_m + t) - 1} > 0, \quad \frac{1}{p - t + 1} > \frac{1}{p + t} > 0,$$

$$(t - 1)(x - 1) + \varepsilon > t(x - 1) + \frac{1}{2}(x - 1) - (x - 1) > t(x - 1) - \varepsilon > 0,$$

故有

$$\frac{r_m - t + 1}{2(r_m - t + 1) - 1} \frac{2((t - 1)(x - 1) + \varepsilon)}{p - t + 1} - \frac{r_m + t}{2(r_m + t) - 1} \frac{2(t(x - 1) - \varepsilon)}{p + t} > 0,$$

进而 $\sum\limits_{k = s_{m-1}+1}^{s_m} a_k > 0$. 即(*)式成立.

从而(*)式恒成立, 故

$$\sum_{k=1}^{n} a_k \geqslant \sum_{m=1}^{l} \sum_{k=s_{m-1}+1}^{s_m} a_k > 0.$$

即原式成立. $\qquad\qquad\square$

例2(集训队测试第 12 题) 数集 $M \subseteq \mathbf{R}$, 且满足如下性质:

1. 对任意 $x \in M$, $n \in \mathbf{N}$ 有 $x + n \in M$;

2. 对任意 $x \in M$ 有 $-x \in M$;

3. M 和 $\mathbf{R} \backslash M$ 中各包含一段长度不为 0 的区间.

对任意 $x \in \mathbf{R}$, 记 $M(x) = \{n \in \mathbf{N}_+ \mid nx \in M\}$. 若无理数 a、b 满足

$$M(a) = M(b),$$

求证 $a + b$、$a - b$ 中至少有一个是有理数.

评析 本题是一道很有趣却不失难度的一道题目, 并掺杂了一些高等代数里线性无关的思想. 我们先看一下这道题目笔者的解答.

证明 由条件可知, 对任意 $n \in \mathbf{Z}$, $x \in \mathbf{R}$ 有 $M(x) = M(x + n) = M(-x)$. 故可不妨设 $0 \leqslant a$, $b < 1$. 进一步地有 $M(x) = M(\{x\})$, 且若 $M(x) = M(y)$, 则对任意 $n \in \mathbf{N}_+$ 都有 $M(nx) = M(ny)$.

先证明两个引理:

引理 1 对任意无理数 $\alpha_1, \cdots, \alpha_t$ 和 $\varepsilon > 0$, 都存在 $n \in \mathbf{N}_+$ 使得对任意 $1 \leqslant i \leqslant t$ 都有 $\{n\alpha_i\} \in (0, \varepsilon) \bigcup (1 - \varepsilon, 1)$.

引理 1 的证明　取 $k=\left[\dfrac{1}{\varepsilon}\right]+1$，则 $\dfrac{1}{k}<\varepsilon$. 将集合 $[0,1)\times\cdots\times[0,1)$ 分为 k_t 个不相交的集合 $\left[\dfrac{k_1}{k},\dfrac{k_1+1}{k}\right)\times\cdots\times\left[\dfrac{k_t}{k},\dfrac{k_t+1}{k}\right)$ $(k_1,\cdots,k_t\in\{0,1,\cdots,k-1\})$，由抽屉原理，存在 $1\leqslant n_1<n_2\leqslant k^t+1$ 使 $(\{n_1\alpha_1\},\cdots,\{n_1\alpha_t\})$ 和 $(\{n_2\alpha_1\},\cdots,\{n_2\alpha_t\})$ 在同一个小集合中，取 $n=n_2-n_1$ 即满足条件. 引理证毕.

引理 2　对任意无理数 α 和 $\varepsilon>0$，$0<r<1$ 都存在 $n\in\mathbf{N}_+$ 使得 $|r-\{n\alpha\}|<\varepsilon$.

引理 2 的证明　不妨设 $\varepsilon\leqslant\min\{r,1-r\}$. 由引理 1 知存在 $n_1\in\mathbf{N}_+$ 使得

$$\{n_1\alpha\}\in(0,\varepsilon)\bigcup(1-\varepsilon,1).$$

若 $\{n_1\alpha\}\in(0,\varepsilon)$，设 $[n_1\alpha]=k$，$\{n_1\alpha\}=\delta$，则存在 $n_2\in\mathbf{N}_+$ 使得 $n_2\delta\leqslant r<(n_2+1)\delta$. 取 $n=n_1n_2$，则 $n\alpha=n_2k+n_2\delta$，又 $n_2k\in\mathbf{Z}$，$0<n_2\delta\leqslant r<1$，故 $\{n\alpha\}=n_2\delta$. 又 $0\leqslant r-n_2\delta<\delta<\varepsilon$，故 $|r-\{n\alpha\}|<\varepsilon$ 满足条件.

若 $\{n_1\alpha\}\in(1-\varepsilon,1)$，设 $[n_1\alpha]=k-1$，$\{n_1\alpha\}=1-\delta$，则存在 $n_2\in\mathbf{N}_+$ 使得 $n_2\delta\leqslant 1-r<(n_2+1)\delta$. 取 $n=n_1n_2$，则

$$n\alpha=n_2k-n_2\delta=(n_2k-1)+(1-n_2\delta),$$

又 $n_2k-1\in\mathbf{Z}$，$0<1-r\leqslant1-n_2\delta<1$，故 $\{n\alpha\}=1-n_2\delta$. 又 $0\geqslant r-(1-n_2\delta)>-\delta>-\varepsilon$，故 $|r-\{n\alpha\}|<\varepsilon$，满足条件. 引理得证.

推论　对任意无理数 α 和 $0\leqslant r<s\leqslant1$，都存在 $n\in\mathbf{N}_+$ 使得 $\{n\alpha\}\in(r,s)$.

回到原题. 由性质 1 和 2，不妨设 $0<A<B<1$ 满足 $(A,B)\subset M$，$0<C<D<1$，$(C,D)\subset\mathbf{R}\backslash M$，令

$$\varepsilon=\frac{\min\{B-A,D-C\}}{2}.$$

由引理 1，存在 $n_0\in\mathbf{N}_+$ 使

$$\{n_0a\},\{n_0b\}\in\left(0,\frac{\varepsilon}{10}\right)\bigcup\left(1-\frac{\varepsilon}{10},1\right).$$

若 $\{n_0a\}\in\left(1-\dfrac{\varepsilon}{10},1\right)$，那么令 $a'=1-a$，则

$$\{n_0a'\}\in\left(0,\frac{\varepsilon}{10}\right),$$

而 $M(a')=M(a)=M(b)$，且 $a'+b$、$a'-b$ 中至少有一个是有理数当且仅当 $a+b$、$a-b$ 中至少有一个是有理数. 故可不妨设 $\{n_0a\}$，$\{n_0b\} \in \left(0, \dfrac{\varepsilon}{10}\right)$. 这时分三种情况讨论：

(1) $\dfrac{\{n_0a\}}{\{n_0b\}}=1$. 则存在 u，$v \in \mathbf{N}_+$ 使得

$$n_0a-u=n_0b-v,\quad a-b=\frac{u-v}{n_0} \in \mathbf{Q},$$

原命题成立.

(2) $\dfrac{\{n_0a\}}{\{n_0b\}} \in \mathbf{Q}$ 但不为 1. 设 $\{n_0a\}=ps$，$\{n_0b\}=qs(p，q \in \mathbf{N}_+)$，并不妨设 $p>q$，取 $t \in \mathbf{N}_+$ 使

$$\left(\frac{p}{q}\right)^t > \frac{10}{\varepsilon}.$$

由引理 2 知存在 $n_1 \in \mathbf{N}_+$ 使

$$\{n_1s\} \in \left(0, \frac{\varepsilon}{10p^tq^t}\right),$$

则有 $\{n_1\{n_0a\}\}=\{n_1ps\}=p\{n_1s\}$.

同理 $\{n_1\{n_0b\}\} = q\{n_1s\}$，由条件得 $M(\{n_1\{n_0a\}\}) = M(\{n_1\{n_0b\}\})$，故 $M(p\{n_1s\})=M(q\{n_1s\})$. 从而有

$$M(p^t\{n_1s\})=M(p^{t-1}q\{n_1s\})=\cdots=M(q^t\{n_1s\}).$$

设 $a_1=p^t\{n_1s\}$，$b_1=q^t\{n_1s\}$，则 $0<a_1$，$b_1<\dfrac{\varepsilon}{10}$ 且 $M(a_1)=M(b_1)$.

由于 $\left(\dfrac{p}{q}\right)^t > \dfrac{10}{\varepsilon}$，故

$$\frac{p^t}{q^t}(B-A) > \frac{10}{\varepsilon} \cdot 2\varepsilon = 20.$$

从而存在 $n_2 \in \mathbf{N}_+$ 使得

$$\frac{p^t}{q^t}A < n_2+C < n_2+D < \frac{p^t}{q^t}B,$$

又 $a_1 < \dfrac{\varepsilon}{10} \leqslant (n_2+D)-(n_2+C)$，故存在 $n_3 \in \mathbf{N}_+$ 使得

$$n_3 a_1 \in (n_2 + C, \, n_2 + D),$$

故 $n_3 \notin M(a_1)$；又

$$A < \frac{p^t}{q^t}(n_2 + C) < \frac{p^t}{q^t}(n_3 a_1) = n_3 b_1 < \frac{p^t}{q^t}(n_2 + D) < B,$$

故 $n_3 \in M(b_1)$，与 $M(a_1) = M(b_1)$ 矛盾！

(3) $\dfrac{\{n_0 a\}}{\{n_0 b\}} \notin \mathbf{Q}$. 令 $a_0 = \{n_0 a\}$，$b_0 = \{n_0 b\}$，$c = \dfrac{A+B}{2}$，$d = \dfrac{C+D}{2}$，$z_0 = \dfrac{a_0}{b_0}$，由条件知 $M(a_0) = M(b_0)$，由引理 2 知存在 $n_2 \in \mathbf{N}_+$ 使得

$$\left| \{n_2 z_0\} - \{c - d z_0\} \right| < \frac{\varepsilon \sqrt{a_0^2 + b_0^2}}{10 b_0}.$$

令 $n_1 = [n_2 z_0] - [c - d z_0]$，则 $n_1 \in \mathbf{N}_+$，且

$$\left| n_1 - n_2 z_0 + (c - d z_0) \right| = \left| -\{n_2 z_0\} + \{c - d z_0\} \right| < \frac{\varepsilon \sqrt{a_0^2 + b_0^2}}{10 b_0}.$$

令 $f(x) = (n_1 + c - a_0 x)^2 + (n_2 + d - b_0 x)^2$，则

$$f(x) = (a_0^2 + b_0^2) x^2 - 2(a_0(n_1 + c) + b_0(n_2 + d)) x + (n_1 + c)^2 + (n_2 + d)^2$$

$$= (a_0^2 + b_0^2)\left(x - \frac{a_0(n_1 + c) + b_0(n_2 + d)}{a_0^2 + b_0^2} \right)^2$$

$$+ (n_1 + c)^2 + (n_2 + d)^2 - \frac{(a_0(n_1 + c) + b_0(n_2 + d))^2}{a_0^2 + b_0^2}$$

$$= (a_0^2 + b_0^2)\left(x - \frac{a_0(n_1 + c) + b_0(n_2 + d)}{a_0^2 + b_0^2} \right)^2 + \frac{(b_0(n_1 + c) - a_0(n_2 + d))^2}{a_0^2 + b_0^2}.$$

设 $x_0 = \dfrac{a_0(n_1 + c) + b_0(n_2 + d)}{a_0^2 + b_0^2}$，则

$$f(x_0) = \frac{(b_0(n_1 + c) - a_0(n_2 + d))^2}{a_0^2 + b_0^2} = \frac{b_0^2(n_1 - n_2 z_0 + (c - d z_0))^2}{a_0^2 + b_0^2} < \frac{\varepsilon^2}{100},$$

故 $\left| n_1 + c - a_0 x_0 \right|$，$\left| n_2 + d - b_0 x_0 \right| < \dfrac{\varepsilon}{10}$. 令 $n_3 = [x_0]$，则

$$\left| n_1 + c - a_0 n_3 \right| < \left| n_1 + c - a_0 x_0 \right| + \left| a_0 \right| < \frac{\varepsilon}{5},$$

$$|n_2 + d - b_0 n_3| < |n_2 + d - b_0 x_0| + |b_0| < \frac{\varepsilon}{5},$$

故 $n_3 a_0 \in (n_1 + A, n_1 + B)$，$n_3 b_0 \in (n_2 + C, n_2 + D)$，进而

$$n_3 \in M(a_0), \ n_3 \notin M(b_0),$$

与 $M(a_0) = M(b_0)$ 矛盾！

综上，只有情况 1 成立，故有原命题成立. □

仔细分析这道题目的解法，可以看出线性相关和稠密性的思想贯穿了整个证明过程（尤其是在两个引理的证明以及情况 3 的处理中），这两个思想也是较为常见的数学竞赛题目的背景. 笔者也认为适当地了解高等数学的一些思想更有助于理解题目的本质，有助于对解题思路的启发.

上述证明过程中的引理 2 就是著名的克罗内克（Kronecker）定理，运用本证明过程中的处理方法，还可将此结果推广如下：

命题 无理数 $a_1, \cdots, a_t$ 满足对任意不全为 0 的有理数 $k_1, \cdots, k_t$ 都有 $k_1 a_1 + \cdots + k_t a_t$ 为无理数，则对任意 $x_1, \cdots, x_t \in \mathbf{R}$ 和 $\varepsilon > 0$，都存在 $n, m_1, \cdots, m_t \in \mathbf{N}_+$，使得

$$\max_{1 \leqslant i \leqslant t} \{|m_i + x_i - n a_i|\} < \varepsilon.$$

证明 对 t 归纳. $t = 1$ 时即为上题中引理 2 的结果.

现假设命题对某个正整数 $t - 1$ 成立，我们证明命题对 t 也成立.

由上题中引理 1 的结果，存在 $n_0 \in \mathbf{N}_+$ 使

$$\{n_0 a_1\}, \cdots, \{n_0 a_t\} \in \left(0, \frac{\varepsilon}{10}\right) \cup \left(1 - \frac{\varepsilon}{10}, 1\right).$$

若某个 $\{n_0 a_i\} \in \left(1 - \frac{\varepsilon}{10}, 1\right)$，则可设 $a_i' = -a_i$，$x_i' = -x_i$，$m_i' = -m_i$，此时有

$$|m_i' + x_i' - n a_i'| = |m_i + x_i - n a_i|,$$

而 $\{n_0 a_i'\} \in \left(0, \frac{\varepsilon}{10}\right)$，故可不妨设 $\{n_0 a_1\}, \cdots, \{n_0 a_t\} \in \left(0, \frac{\varepsilon}{10}\right)$.

设 $\{n_0 a_i\} = b_i$，$[n_0 a_i] = c_i (i = 1, \cdots, t)$. 令

$$f(z) = \sum_{i=1}^{t} (n_i + x_i - z b_i)^2, \ z_0 = \frac{\sum\limits_{i=1}^{t} (n_i + x_i) b_i}{\sum\limits_{i=1}^{t} b_i^2},$$

则可得

$$f(z_0) = \sum_{i=1}^{t} (n_i + x_i)^2 - \frac{\left(\sum_{i=1}^{t} (n_i + x_i) b_i\right)^2}{\sum_{i=1}^{t} b_i^2}$$

$$= \frac{1}{\sum_{i=1}^{t} b_i^2} \left(\sum_{i=1}^{t} (n_i + x_i)^2 \sum_{i=1}^{t} b_i^2 - \left(\sum_{i=1}^{t} (n_i + x_i) b_i\right)^2\right)$$

$$= \frac{1}{\sum_{i=1}^{t} b_i^2} \left(\sum_{1 \leqslant i < j \leqslant t} (b_i (n_j + x_j) - b_j (n_i + x_i))^2\right).$$

对于 $i = 1, \cdots, t-1$，设 $\dfrac{b_t}{b_i} = d_i$，则由条件知 d_i 为无理数. 进一步地，

$$f(z_0) = \frac{b_t^2 \left(\sum_{1 \leqslant i < j \leqslant t-1} (d_i^{-1} (n_j + x_j) - d_j^{-1} (n_i + x_i))^2 + \sum_{i=1}^{t-1} (d_i^{-1} (n_t + x_t) - (n_i + x_i))^2\right)}{\sum_{i=1}^{t} b_i^2}$$

$$= \frac{b_t^2 \left(\sum_{1 \leqslant i < j \leqslant t-1} \dfrac{(d_j (n_j + x_j) - d_i (n_i + x_i))^2}{d_i^2 d_j^2} + \sum_{i=1}^{t-1} \dfrac{((n_t + x_t) - d_i (n_i + x_i))^2}{d_i^2}\right)}{\sum_{i=1}^{t} b_i^2}.$$

记 $\max\{d_1^{-1}, \cdots, d_{t-1}^{-1}, 1\} = r$，由归纳假设知存在 $n_1, \cdots, n_t \in \mathbf{N}_+$ 使

$$\max_{1 \leqslant i \leqslant t-1} \{| n_i + (x_i + x_t d_i^{-1}) - n_t d_i^{-1} |\} < \frac{\varepsilon \min\{d_1^{-1}, \cdots, d_{t-1}^{-1}\}}{10 r^2 t},$$

故

$$\max_{1 \leqslant i \leqslant t-1} \{| (n_t + x_t) - d_i (n_i + x_i) |\} < \frac{\varepsilon}{10 r^2 t}.$$

从而对任意 $i, j \in \{1, \cdots, t-1\}$，有

$$| d_j (n_j + x_j) - d_i (n_i + x_i) |$$

$$= | ((n_t + x_t) - d_i (n_i + x_i)) - ((n_t + x_t) - d_j (n_j + x_j)) |$$

$$\leqslant | (n_t + x_t) - d_i (n_i + x_i) | + | (n_t + x_t) - d_j (n_j + x_j) |$$

$$< \frac{\varepsilon}{5 r^2 t}.$$

故有

$$f(z_0) < \frac{b_t^2 \left(\displaystyle\sum_{1 \leqslant i < j \leqslant t-1} \frac{\left(\frac{\varepsilon}{5r^2 t}\right)^2}{r^{-4}} + \sum_{i=1}^{t-1} \frac{\left(\frac{\varepsilon}{10r^2 t}\right)^2}{r^{-4}} \right)}{\displaystyle\sum_{i=1}^{t} b_i^2}$$

$$< \sum_{1 \leqslant i < j \leqslant t-1} \frac{\left(\frac{\varepsilon}{5r^2 t}\right)^2}{r^{-4}} + \sum_{i=1}^{t-1} \frac{\left(\frac{\varepsilon}{10r^2 t}\right)^2}{r^{-4}}$$

$$< t^2 r^4 \left(\frac{\varepsilon}{5r^2 t}\right)^2$$

$$= \left(\frac{\varepsilon}{5}\right)^2.$$

由 $f(z)$ 的定义知 $\displaystyle\max_{1 \leqslant i \leqslant t}\{| n_i + x_i - z_0 b_i |\} < \frac{\varepsilon}{5}$.

令 $n = [z_0]n_0$，$m_i = n_i + [z_0]c_i (1 \leqslant i \leqslant t)$，由 $b_i + c_i = n_0 a_i$，知

$$m_i + x_i - na_i = n_i + x_i - [z_0]b_i.$$

因此

$$\max_{1 \leqslant i \leqslant t}\{| m_i + x_i - na_i |\} = \max_{1 \leqslant i \leqslant t}\{| n_i + x_i - [z_0]b_i |\}$$

$$< \max_{1 \leqslant i \leqslant t}\{| n_i + x_i - z_0 b_i | + | b_i |\}$$

$$< \frac{3\varepsilon}{10}$$

$$< \varepsilon,$$

即命题对 t 也成立.

故由归纳法知此命题成立. □

例 3(集训队测试第 23 题)　求证：对任意 $m \in \mathbf{N}_+$，$m \geqslant 2$，及 $x_1, x_2, \cdots, x_m \geqslant 0$，

$$(m-1)^{m-1}\left(\sum_{k=1}^{m} x_k^m - m \prod_{k=1}^{m} x_k\right) \geqslant \left(\sum_{k=1}^{m} x_k\right)^m - m^m \prod_{k=1}^{m} x_k,$$

并确定取等条件.

评析　本题是一个非常有趣的题目，从这道题目的各种解法中可以领略到调整法巧妙的应用.

通过观察 m 较小的情况，可以观察到这个不等式是相当强的（事实上，$m = 2$ 时此式为恒等式，m

＝3时此式为舒尔不等式当 $r=1$ 的情形)，且取等条件不只有所有数都相等这一种情况，通常的放缩方法，如使用均值不等式、柯西不等式以至于各种其他不等式似都难以奏效. 而本题的本质是两组算术平均值和几何平均值的差之间的比较，而在历史上均值不等式的第一个证明也是用调整法给出的. 这时一个较为自然的想法就是使用调整法对本题中的式子进行放缩. (笔者至今也没能成功找到不使用调整或导数即可证出此题的方法)

调整法有多种具体表现形式. 笔者在考试结束之后对本题进行了较为深入的思考，成功找到了若干种适用于本题的调整法，其中有固定 $\prod\limits_{k=1}^{m} x_k$ 的方法，有固定 $\sum\limits_{k=1}^{m} x_k$ 的方法，有固定 $x_i - x_j (1 \leqslant i < j \leqslant m)$ 的方法. 以下展示的解法则是从集训队的试题讲评中获得的思路从而完成的解答. 这个解答并不显简洁，但采用了一般题目很少使用的一个调整思路：固定 $x_1 + x_2 + x_3$ 和 $x_1 x_2 x_3$. 我们先来看一下这个证明过程.

证明 先证明一个引理.

引理 给定 $p, r > 0$，$r \leqslant \dfrac{1}{27} p^3$，正整数 $n \geqslant 3$，实数 $a_1, a_2, a_3 > 0$，$a_1 + a_2 + a_3 = p$，$a_1 a_2 a_3 = r$. 则仅当 a_1、a_2、a_3 中有两个相等，另一个不大于这两个时，$a_1^n + a_2^n + a_3^n$ 取得最小值.

引理的证明 由条件知这样的 a_1、a_2、a_3 存在，若 $r = \dfrac{1}{27} p^3$，则 $a_1 = a_2 = a_3 = \dfrac{p}{3}$，命题成立. 下设 $r < \dfrac{1}{27} p^3$. 不妨设 $a_1 \leqslant a_2 \leqslant a_3$，则必有 $a_1 < a_3$，记 $S = a_1^n + a_2^n + a_3^n$，只需证明

$$\frac{\mathrm{d}S}{\mathrm{d}a_2} \leqslant 0.$$

对条件中二式对 a_2 求导得

$$\frac{\mathrm{d}a_1}{\mathrm{d}a_2} + 1 + \frac{\mathrm{d}a_3}{\mathrm{d}a_2} = 0, \quad \frac{\mathrm{d}a_1}{\mathrm{d}a_2} a_2 a_3 + a_1 a_3 + \frac{\mathrm{d}a_3}{\mathrm{d}a_2} a_1 a_2 = 0,$$

解得

$$\frac{\mathrm{d}a_1}{\mathrm{d}a_2} = \frac{a_1 a_3 - a_1 a_2}{a_1 a_2 - a_2 a_3}, \quad \frac{\mathrm{d}a_3}{\mathrm{d}a_2} = \frac{a_2 a_3 - a_1 a_3}{a_1 a_2 - a_2 a_3}.$$

故有

$$\frac{\mathrm{d}S}{\mathrm{d}a_2} = n a_1^{n-1} \frac{a_1 a_3 - a_1 a_2}{a_1 a_2 - a_2 a_3} + n a_2^{n-1} + n a_3^{n-1} \frac{a_2 a_3 - a_1 a_3}{a_1 a_2 - a_2 a_3}$$

$$= \frac{n(a_1^n (a_3 - a_2) + a_2^n (a_1 - a_3) + a_3^n (a_2 - a_1))}{a_2 (a_1 - a_3)}.$$

另一方面,

$$a_1^n(a_3-a_2)+a_2^n(a_1-a_3)+a_3^n(a_2-a_1)$$
$$=(a_2-a_1)(a_3^n-a_2^n)+(a_3-a_2)(a_1^n-a_2^n)$$
$$=(a_2-a_1)(a_3-a_2)\left(\sum_{m=0}^{n-1}a_2^m a_3^{n-1-m}-\sum_{m=0}^{n-1}a_2^m a_1^{n-1-m}\right)$$
$$\geqslant 0.$$

故有

$$\frac{\mathrm{d}S}{\mathrm{d}a_2}\leqslant 0,$$

从而引理成立.

回到原题. 令

$$s=(m-1)^{m-1}\sum_{k=1}^m x_k^m+(m^m-m(m-1)^{m-1})\prod_{k=1}^m x_k-\left(\sum_{k=1}^m x_k\right)^m,$$

需证明 $s\geqslant 0$.

当 $m=2$ 时,

$$s=x_1^2+x_2^2+2x_1 x_2-(x_1+x_2)^2=0,$$

命题成立,且对 $\forall x_1, x_2\geqslant 0$ 取等,下设 $m\geqslant 3$.

若某个 $x_i=0$,不妨设 $x_m=0$,则由幂平均不等式,

$$s=(m-1)^{m-1}\sum_{k=1}^{m-1}x_k^m-\left(\sum_{k=1}^{m-1}x_k\right)^m\geqslant 0,$$

当且仅当 $x_1=x_2=\cdots=x_{m-1}$ 时取等.

下设所有的 $x_i>0$,这时对任意 $p, r>0, r\leqslant\dfrac{1}{m^m}p^m$,记

$$D=\left\{(x_1, \cdots, x_m)\ \middle|\ \sum_{k=1}^m x_k=p, \prod_{k=1}^m x_k=r\right\}.$$

根据初等函数的性质,$\sum\limits_{k=1}^m x_k^m$ 在 D 上连续. 又由 D 的定义知 D 是闭集,且显见 D 有界,故 $\sum\limits_{k=1}^m x_k^m$ 在 D 上有最小值. 设这个最小值点为 $(x_{10}, \cdots, x_{m0})$,则由引理有 $x_{10}, \cdots, x_{m0}$ 中任意三个都有两个相等,另一个不大于这两个. 故必有其中 $m-1$ 个相等,另一个不大于这 $m-1$ 个.

不妨设 $x_{10}=\cdots=x_{(m-1)0}=x, x_{m0}=y$,则

$$s = (m-1)^m x^m + (m-1)^{m-1} y^m + (m^m - m(m-1)^{m-1}) x^{m-1} y - ((m-1)x + y)^m.$$

只需证明对任意 $0 \leqslant y \leqslant x$，$s \geqslant 0$，当且仅当 $y = 0$ 或 $y = x$ 时取等. 而

$$\frac{\mathrm{d}s}{\mathrm{d}y} = m(m-1)^{m-1} y^{m-1} + (m^m - m(m-1)^{m-1}) x^{m-1} - m((m-1)x + y)^{m-1},$$

$$\frac{\mathrm{d}^2 s}{\mathrm{d}y^2} = m(m-1)^m y^{m-2} - m(m-1)((m-1)x + y)^{m-2}$$

$$= m(m-1)(((m-1)^{\frac{m-1}{m-2}} y)^{m-2} - ((m-1)x + y)^{m-2}),$$

则 $\dfrac{\mathrm{d}^2 s}{\mathrm{d}y^2}$ 在 $0 \leqslant y < \dfrac{m-1}{(m-1)^{\frac{m-1}{m-2}} - 1} x$ 时为负，在 $\dfrac{m-1}{(m-1)^{\frac{m-1}{m-2}} - 1} x < y \leqslant x$ 时为正（由伯努力(Bernoulli)

不等式，$\dfrac{m-1}{(m-1)^{\frac{m-1}{m-2}} - 1} < 1$). 记

$$t = \frac{m-1}{(m-1)^{\frac{m-1}{m-2}} - 1} x,$$

则关于 y 的函数 $\dfrac{\mathrm{d}s}{\mathrm{d}y}$ 在 $[0, t]$ 上递减，在 $[t, x]$ 上递增. 又

$$\left. \frac{\mathrm{d}s}{\mathrm{d}y} \right|_{y=0} = m(m^{m-1} - 2(m-1)^{m-1}) x^{m-1},$$

且

$$m^{m-1} - 2(m-1)^{m-1} > (m-1)^{m-1} + C_{m-1}^1 (m-1)^{m-2} - 2(m-1)^{m-1} = 0,$$

故

$$\left. \frac{\mathrm{d}s}{\mathrm{d}y} \right|_{y=0} > 0, \quad \left. \frac{\mathrm{d}s}{\mathrm{d}y} \right|_{y=x} = 0.$$

由上述单调性知存在 $0 < t_1 < t$ 使得关于 y 的函数 $\dfrac{\mathrm{d}s}{\mathrm{d}y}$ 在 $[0, t_1)$ 为正，在 (t_1, x) 为负，故关于 y 的函数 s 在 $[0, t_1]$ 上递增，在 $[t_1, x]$ 上递减. 又

$$s \mid_{y=0} = s \mid_{y=x} = 0,$$

故有任意 $0 \leqslant y \leqslant x$，$s \geqslant 0$，当且仅当 $y = 0$ 或 $y = x$ 时取等.

综上所述，原不等式成立，取等条件为

$$\begin{cases} \forall x_1, x_2 \geqslant 0 (m=2), \\ m \text{ 个数都相等或 } m-1 \text{ 个相等另一个为 } 0(m \geqslant 3). \end{cases}$$

$\square$

评析 这个解法展示了如何通过固定多个对称式的结果进行调整,其主要思想是将其中若干个变元视为一些独立变元的隐函数(最好只有一个独立变元),再对待求的式子对独立变元求导,从而达到最终目的.这一方法可以扩展到很多齐次对称不等式的证明,尤其是其他方法难以奏效时,运用这个方法很可能有意想不到的效果.

另外,本解答中避免无限调整的方法(如果直接对这 m 个变量使用引理势必会造成无限调整)也很值得思考,这里采用了数学分析中有界闭集上的连续函数必有最值这一结果.这一方法也可用于其他不等式的证明,例如均值不等式,以及一些竞赛题目.

致谢 在本文最后,笔者要感谢张雷老师和缠祥瑞老师的指导和帮助.

最小解在一类整数问题中的运用

曾卫国

（湖南省雅礼中学，410007）

在某些与正整数解相关的问题中，会存在无穷多组解的情况，这个时候，如果考虑所有解，对解决实际问题没有太大的帮助。由于是正整数解，所以一定有一组最小的解。此时，这组最小的解往往成为解题的利刃。

本文将给出几道例题，均是比较难的题目，但是利用最小解，精细地处理一下，用初中的知识就能解决。

例 1（Pell 方程）　已知 d 是非完全平方数的正整数，且方程 $x^2 - dy^2 = 1$ 有一组正整数组 (x_0, y_0) 使得 $x_0 + \sqrt{d}\, y_0$ 最小。证明：$x^2 - dy^2 = 1$ 的任意一组正整数解 (x, y)，均存在正整数 n，使得

$$x + \sqrt{d}\, y = (x_0 + \sqrt{d}\, y_0)^n, \quad x - \sqrt{d}\, y = (x_0 - \sqrt{d}\, y_0)^n.$$

证明　对于 $x^2 - dy^2 = 1$ 的任意一组正整数解 (x, y)，存在正整数 n，使得

$$(x_0 + \sqrt{d}\, y_0)^n \leqslant x + \sqrt{d}\, y < (x_0 + \sqrt{d}\, y_0)^{n+1}.$$

令

$$x' + \sqrt{d}\, y' = (x + \sqrt{d}\, y)/(x_0 + \sqrt{d}\, y_0)^n = (x + \sqrt{d}\, y)(x_0 - \sqrt{d}\, y_0)^n,$$

$$x' - \sqrt{d}\, y' = (x - \sqrt{d}\, y)/(x_0 - \sqrt{d}\, y_0)^n = (x - \sqrt{d}\, y)(x_0 + \sqrt{d}\, y_0)^n,$$

得

$$x' = \frac{(x + \sqrt{d}\, y)(x_0 - \sqrt{d}\, y_0)^n + (x - \sqrt{d}\, y)(x_0 + \sqrt{d}\, y_0)^n}{2},$$

$$y' = \frac{(x + \sqrt{d}\, y)(x_0 - \sqrt{d}\, y_0)^n - (x - \sqrt{d}\, y)(x_0 + \sqrt{d}\, y_0)^n}{2\sqrt{d}}.$$

易知 $x'^2 - dy'^2 = 1$，且 x' 是正整数，y' 为整数，

$$1 \leqslant x' + \sqrt{d}\, y' < x_0 + \sqrt{d}\, y_0.$$

所以得到 $x' - \sqrt{d}\, y' \leqslant 1$，所以 $y' \geqslant 0$. 由 $x_0 + \sqrt{d}\, y_0$ 的最小性知 y' 不能大于 0. 所以 $y' = 0$，$x' = 1$. 即 $x + \sqrt{d}\, y = (x_0 + \sqrt{d}\, y_0)^n$，$x - \sqrt{d}\, y = (x_0 - \sqrt{d}\, y_0)^n$. 证毕. $\qquad\square$

例 2（第 29 届 IMO 试题）　已知 x、y、$\dfrac{x^2 + y^2}{xy + 1}$ 均为正整数. 证明：$\dfrac{x^2 + y^2}{xy + 1}$ 一定是完全平方数.

证明　设 $\dfrac{x^2 + y^2}{xy + 1} = n$ 是正整数. 从而关于 x、y 的方程

$$x^2 + y^2 - nxy - n = 0,$$

有正整数解 (x, y)，设 (x_0, y_0) 是所有符合条件的 (x, y) 中满足 $x_0 + y_0$ 最小的解. 不失一般性，设 $x_0 \leqslant y_0$. 我们接下来证明 $n = x_0^2$.

事实上，关于 y 的方程

$$y^2 - nx_0 y + x_0^2 - n = 0, \qquad\qquad (*)$$

有根 $y = y_0$，由韦达定理知另一根 $y' = nx_0 - y_0$ 也是整数，并且

$$y' = \frac{x_0^2 - n}{y_0} < \frac{x_0^2}{y_0} \leqslant y_0,$$

由 $x_0 + y_0$ 的最小性知 y' 一定不是正整数，所以 $y' \leqslant 0$，从而 $x_0^2 - n \leqslant 0$.

注意到 $(*)$ 的判别式

$$\Delta = (nx_0)^2 - 4(x_0^2 - n) = m^2,$$

m 是非负整数，因为

$$(nx_0 + 2)^2 - m^2 = 4(1 + nx_0 + x_0^2 - n) > 0,$$

所以

$$(nx_0)^2 \leqslant m^2 < (nx_0 + 2)^2, \quad nx_0 \leqslant m < nx_0 + 2.$$

显然 m 与 nx_0 同奇偶，所以 $m = nx_0$，于是 $n = x_0^2$. 证毕. $\qquad\square$

注　利用同样的处理方式，读者可以尝试解决下述题目：

(1) 求所有的正整数 n，使得存在正整数 x、y，满足 $\dfrac{x^2+y^2}{xy-1}=n$；

答案为 $n=5$．

(2) 求所有的正整数 n，使得存在正整数 x、y，满足 $\dfrac{x^2+y^2}{xy-2}=n$；

答案为 $n=4$ 和 10．

(3) 一般地：求所有的正整数 n，使得存在正整数 x、y，满足 $\dfrac{x^2+y^2}{xy+k}=n$，其中 k 为给定的整数．

例 3　求所有正整数 n，使得存在正整数 x、y、z 满足 $\dfrac{(x+y+z)^2}{xyz}=n$．

解　n 能够取到的值为 1、2、3、4、5、6、8、9．

首先，注意到假如 $\dfrac{(x+y+z)^2}{xyz}=n$，分别用 kx、ky、kz（k 是正整数）取代 x、y、z．则 $\dfrac{(kx+ky+kz)^2}{k^3xyz}=\dfrac{n}{k}$，此式说明，如果 n 可以取到，则 n 的所有因子也能取到．

$(x,y,z)=(1,1,1)$ 时，$n=9$，说明 n 可以取到 1、3、9；

$(x,y,z)=(1,2,3)$ 时，$n=6$；

$(x,y,z)=(1,4,5)$ 时，$n=5$；

$(x,y,z)=(1,1,2)$ 时，$n=8$；n 还可以取到 2、4．

所以 n 一定能够取到的值有 1、2、3、4、5、6、8、9．

其次，我们来证明 $n=7$ 或者 $n\geqslant 10$ 时，不存在 x、y、z 满足 $\dfrac{(x+y+z)^2}{xyz}=n$．

假设存在 x、y、z 符合．固定 n，则关于 x、y、z 的方程

$$(x+y+z)^2=nxyz,$$

一定有正整数解 (x,y,z)．假设 (x_0,y_0,z_0) 是其中满足 $x_0+y_0+z_0$ 最小的一组，不妨设 $x_0\leqslant y_0\leqslant z_0$．接下来证明 $z_0\leqslant x_0+y_0$．

事实上，考虑关于 z 的方程 $(x_0+y_0+z)^2=nx_0y_0z$，即

$$z^2+(2(x_0+y_0)-nx_0y_0)z+(x_0+y_0)^2=0, \qquad\qquad (*)$$

一定有根 $z=z_0$，由韦达定理，另一根 $z'=nx_0y_0-2(x_0+y_0)-z$．显然是整数，且 $z'=\dfrac{(x_0+y_0)^2}{z_0}$ 是正整数．

从而(x_0, y_0, z')也是符合$(x+y+z)^2 = nxyz$的一组正整数解,由$x_0 + y_0 + z_0$的最小性,知$z' = \dfrac{(x_0 + y_0)^2}{z_0} \geqslant z_0$,所以$z_0 \leqslant x_0 + y_0$. 于是

$$7 \leqslant n = \frac{(x_0 + y_0 + z_0)^2}{x_0 y_0 z_0}$$

$$= \frac{1}{x_0 y_0}\left(\frac{(x_0 + y_0)^2}{z_0} + 2(x_0 + y_0) + z_0\right)$$

$$\leqslant \frac{1}{x_0 y_0}(2(x_0 + y_0) + 2(x_0 + y_0) + (x_0 + y_0))$$

$$\leqslant \frac{10}{x_0}.$$

而

$$x_0 \leqslant y_0 \leqslant z_0 \leqslant x_0 + y_0,$$

所以$x_0 = 1$,$z_0 \leqslant 1 + y_0$,$z_0 = y_0$或$1 + y_0$.

当$z_0 = y_0$时,$n = \dfrac{(1 + 2y_0)^2}{y_0^2} = \left(\dfrac{1}{y_0} + 2\right)^2$是正整数,所以$y_0 = 1$,此时$n = 9$.

当$z_0 = y_0 + 1$时,$n = \dfrac{4(1 + y_0)}{y_0} = 4 + \dfrac{4}{y_0}$,$y_0 = 1, 2, 4$,此时$n = 5, 6, 8$,也不等于7.

综上:$n = 1, 2, 3, 4, 5, 6, 8, 9$. □

例4 n是给定大于1的正整数,求最大的正整数k,使得存在正整数$x_1, \cdots, x_n$,满足$x_1^2 + \cdots + x_n^2 = kx_1 \cdots x_n$.

解 k的最大值为n.

显然$x_1, \cdots, x_n$均取1时,$k = n$.

当$n = 2$时,设$(x_1, x_2) = d$,$x_1 = ad$,$x_2 = bd$,$(a, b) = 1$,进而得到$a = b = 1$. 所以$k = 2$.

接下来证明$k > n > 2$时,$x_1^2 + \cdots + x_n^2 = kx_1 \cdots x_n$无正整数解.

事实上,固定k,假如$x_1^2 + \cdots + x_n^2 = kx_1 \cdots x_n$有正整数解$(x_1, \cdots, x_n)$,那么在所有的解中,一定有一组$(y_1, \cdots, y_n)$,使得$y_1 + \cdots + y_n$最小.

不妨设$y_1 \geqslant \cdots \geqslant y_n$. 考虑关于$y$的方程

$$y^2 - ky y_2 \cdots y_n + y_2^2 + \cdots + y_n^2 = 0,$$

一定有解 $y = y_1$. 由韦达定理知另外一个根 y' 满足

$$y' = ky_2 \cdots y_n - y_1, \quad y' = \frac{y_2^2 + \cdots + y_n^2}{y_1} > 0.$$

所以 y' 也是正整数,由于 $y_1 + \cdots + y_n$ 的最小性,知

$$y' = \frac{y_2^2 + \cdots + y_n^2}{y_1} \geqslant y_1,$$

于是

$$y_1^2 \leqslant y_2^2 + \cdots + y_n^2 \leqslant (n-1)y_2^2,$$

从而

$$ny_1 y_2 \cdots y_n < ky_1 y_2 \cdots y_n = y_1^2 + y_2^2 + \cdots + y_n^2$$

$$\leqslant 2(n-1)y_2^2 < 2ny_2^2.$$

因为 $n > 2$,则 $y_3 \cdots y_n < 2$,说明 $y_3 = \cdots = y_n = 1$,从而

$$y^2 - kyy_2 + y_2^2 + n - 2 = 0.$$

当 $y = y_2$ 时,有 $k = 2 + \dfrac{n-2}{y^2} \leqslant n$,与 $k > n$ 矛盾.

当 $y \neq y_2$ 时,因为 $y_1 \geqslant y_2$,所以 $y_1 > y_2$,进而

$$(y_2 + 1)^2 \leqslant y_1^2 \leqslant y_2^2 + n - 2.$$

所以 $n \geqslant 2y_2 + 3$. 方程 $y^2 - kyy_2 + y_2^2 + n - 2 = 0$ 的判别式为 $(ky_2)^2 - 4(y_2^2 + n - 2) = m^2$ 是完全平方数,且 $m < ky_2$,且 m 与 ky_2 同奇偶,所以

$$(ky_2)^2 - 4(y_2^2 + n - 2) = m^2 \leqslant (ky_2 - 2)^2.$$

从而 $ny_2 < ky_2 \leqslant y_2^2 + n - 1$,因此 $n(y_2 - 1) < (y_2 - 1)(y_2 + 1)$,进而有 $n < y_2 + 1$,且 $y_2 \neq 1$,与 $n \geqslant 2y_2 + 3$ 矛盾.

综上,k 的最大值为 n. □

注　读者可以尝试解决下面问题:

已知 k 是给定大于 3 的正整数,求最小的 $n(n > k)$,使得存在正整数 $x_1, \cdots, x_n$,满足

$$x_1^2 + \cdots + x_n^2 = kx_1 \cdots x_n.$$

例 5(第 48 届 IMO 试题) m、n 是正整数,证明:如果 $4mn-1 \mid (4m^2-1)^2$,则 $m=n$.

证明 因为 $4mn-1 \mid (4m^2-1)^2$,所以 $4mn-1 \mid (16(mn)^2-4m^2)^2$. 于是 $4mn-1 \mid (4n^2-1)^2$.

所以 $(4mn-1)^2 \mid (4n^2-1)^2(4m^2-1)^2$,从而 $4mn-1 \mid (4n^2-1)(4m^2-1)$. 即

$$4mn-1 \mid (4nm-1)^2-4(m-n)^2, \quad 4mn-1 \mid 4(m-n)^2,$$

所以 $4mn-1 \mid (m-n)^2$.

设 $(m-n)^2=k(4mn-1)$,当 $k=0$ 时,结论已经成立. 接下来证明 $k>0$ 时不可能. 用反证法.

对于固定的正整数 k,假如存在正整数组 (m,n),使得 $(m-n)^2=k(4mn-1)$. 设 (m_0,n_0) 是其中满足 m_0+n_0 最小的一组. 不妨设 $m_0<n_0$.

于是考虑关于 n 的方程 $(m_0-n)^2=k(4m_0n-1)$,即

$$n^2-(4k+2)m_0n+m_0^2+k=0$$

有一个正整数根 $n=n_0$,另一个根 $n'=(4k+2)m_0-n_0$ 是整数,$n'=\dfrac{m_0^2+k}{n_0}>0$,所以 (m_0,n') 也是

符合的一组正整数根. 由 m_0+n_0 最小知 $n'=\dfrac{m_0^2+k}{n_0} \geqslant n_0$,所以 $k \geqslant n_0^2-m_0^2 \geqslant 2m_0+1$,而方程 n^2-

$(4k+2)m_0n+m_0^2+k=0$ 的判别式

$$\Delta=4(2k+1)^2m_0^2-4(m_0^2+k)$$

是完全平方数,所以 $(2k+1)^2m_0^2-(m_0^2+k)$ 是完全平方数,且小于 $(2k+1)^2m_0^2$,所以

$$(2k+1)^2m_0^2-(m_0^2+k) \leqslant ((2k+1)m_0-1)^2,$$

从而得到

$$(m_0-1)^2 \geqslant k(4m_0-1) \geqslant (4m_0-1)(2m_0+1).$$

整理得到 $7m_0^2+4m_0-2 \leqslant 0$,这与 m_0 是正整数矛盾.

所以假设不成立,即 k 只能是 0,从而 $m=n$. $\qquad\square$

数论问题中的整合思想

解尧平

（天津市实验中学，300074）

在平时做题的过程中，我们经常会遇到这样的一类数论题，题目中包含着繁多的变量或每个变量都对应着繁多的取值，并且这些变量被一个或若干个约束条件束缚着．这类题往往以难著称，因为题目中大多会包含各式各样的情形，这样分门别类地讨论起来会十分麻烦，而要想完整地刻画出变量的结构特征更是如同大海捞针一般困难．这时整合思想往往可以派上大用场．它的核心思想是设法寻找一个媒介，使其能够将若干变量的某个共性的性质整合统一起来，这时问题往往便会转化为一个和媒介有关的结论，而如果我们可以利用某些整体或局部的处理方式来刻画出这个结论，问题就可以解决了．那么这样的媒介有哪些呢？首先我们来列举一些常用的媒介，大家可以先思考一下这些媒介究竟可以在哪些实际的题目中起到什么作用．

媒介 1（费马小定理）　设 p 为素数，a 为整数，则

$$a^{p-1} \equiv \begin{cases} 1 \pmod p, & p \nmid a; \\ 0 \pmod p, & p \mid a. \end{cases}$$

媒介 2　设 ε 为 n 次本原单位根，则

$$1 + \varepsilon^x + \varepsilon^{2x} + \cdots + \varepsilon^{(n-1)x} = \begin{cases} 0, & n \nmid x; \\ n, & n \mid x. \end{cases}$$

媒介 3　设 p 为素数，则

$$1^n + 2^n + \cdots + (p-1)^n \equiv \begin{cases} 0 \pmod p, & p-1 \nmid n; \\ -1 \pmod p, & p-1 \mid n. \end{cases}$$

媒介 4　设 p 为素数，则有

$$\left(\frac{a}{p}\right) = \begin{cases} -1, & a \text{ 为模 } p \text{ 的非二次剩余}; \\ 0, & p \mid a; \\ 1, & a \text{ 为模 } p \text{ 的二次剩余} \end{cases} \quad \text{及} \left(\frac{a}{p}\right) \equiv a^{\frac{p-1}{2}} \pmod p.$$

特别地，$\left(\dfrac{a}{p}\right)+1$ 可以表示为模 p 意义下方程 $x^2 \equiv a \pmod{p}$ 解的个数.

以上便是一些常见的媒介. 这些媒介可能看起来平淡无奇，但在某些实际问题中适当地运用可以起到神奇的作用. 合理地选取或构造媒介往往是利用整合思想解决问题的关键，下面我们以例题的形式来分析整合思想在解题过程中发挥的作用.

例1（Erdös-Ginzburg-Ziv[1]） 证明：任意 $2n-1$ 个整数中，一定存在 n 个整数和为 n 的倍数.

证明 先考虑 n 为素数的情形.

利用反证法，假设存在整数 $x_1, x_2, \cdots, x_{2n-1}$，使得其中任意 n 个数和不为 n 的倍数，那么这时我们可以利用媒介1将该性质整合起来.

这样，条件就可以转化为：对于任意 $1 \leqslant i_1 < i_2 < \cdots < i_n \leqslant 2n-1$，均有

$$(x_{i_1} + x_{i_2} + \cdots + x_{i_n})^{n-1} \equiv 1 \pmod{n}.$$

为保持对称性，我们对其进行整体化累和处理，则有

$$S = \sum_{1 \leqslant i_1 < \cdots < i_n \leqslant 2n-1} (x_{i_1} + x_{i_2} + \cdots + x_{i_n})^{n-1} \equiv C_{2n-1}^n \equiv 1 \pmod{n}.$$

而 S 的同余性质我们是可以处理的，对上式进行换序配对，即可得到：

$$
\begin{aligned}
S &= \sum_{1 \leqslant i_1 < \cdots < i_n \leqslant 2n-1} \ \sum_{\substack{\alpha_1 + \cdots + \alpha_n = n-1 \\ \alpha_1, \cdots, \alpha_n \in \mathbf{N}}} x_{i_1}^{\alpha_1} x_{i_2}^{\alpha_2} \cdots x_{i_n}^{\alpha_n} \frac{(n-1)!}{\alpha_1! \cdots \alpha_n!} \\
&= \sum_{1 \leqslant i_1 < \cdots < i_n \leqslant 2n-1} \ \sum_{1 \leqslant j_1 < \cdots < j_k \leqslant 2n-1} \ \sum_{\substack{\alpha_1 + \cdots + \alpha_k = n-1 \\ \alpha_1, \cdots, \alpha_k \in \mathbf{N}_+}} x_{i_{j_1}}^{\alpha_1} x_{i_{j_2}}^{\alpha_2} \cdots x_{i_{j_k}}^{\alpha_k} \frac{(n-1)!}{\alpha_1! \cdots \alpha_k!} \\
&= \sum_{\substack{\alpha_1 + \cdots + \alpha_k = n-1 \\ \alpha_1, \cdots, \alpha_k \in \mathbf{N}_+ \\ k \in \mathbf{N}_+}} \ \sum_{1 \leqslant i_1 < \cdots < i_k \leqslant 2n-1} x_{i_1}^{\alpha_1} x_{i_2}^{\alpha_2} \cdots x_{i_k}^{\alpha_k} \frac{(n-1)!}{\alpha_1! \cdots \alpha_k!} C_{2n-1-k}^{n-k} \\
&= \sum_{\substack{\alpha_1 + \cdots + \alpha_k = n-1 \\ \alpha_1, \cdots, \alpha_k \in \mathbf{N}_+ \\ k \in \mathbf{N}_+}} C_{2n-1-k}^{n-k} \frac{(n-1)!}{\alpha_1! \cdots \alpha_k!} \sum_{1 \leqslant i_1 < \cdots < i_k \leqslant 2n-1} x_{i_1}^{\alpha_1} x_{i_2}^{\alpha_2} \cdots x_{i_k}^{\alpha_k} \equiv 0 \pmod{n},
\end{aligned}
$$

其中用到：当 $k = 1, 2, \cdots, n-1$，均有 $n \mid C_{2n-1-k}^{n-1}$. 矛盾！

这样我们证明了 n 为素数的情形.

对于一般情形，我们利用归纳法只需证明若 n 时结论成立，则 pn 时结论成立，其中 p 为素数. 对于任意 $2pn-1$ 个整数 $x_1, x_2, \cdots, x_{2pn-1}$，由归纳假设知可以从中选取 $2p-1$ 个 n 元整数组，使得任

意两个数组不存在下标相同的数,且每个 n 元数组中的数和为 n 的倍数. 又由前面已证的素数时的情形可得,可以从这 $2p-1$ 个 n 元整数组中选出 p 个数组,使得 p 个数组中所有数之和为 np 的倍数,这样,这 p 个数组中包含的 np 个数满足条件. □

评析 例 1 是运用整合思想的一个很具有代表性的问题,同时也不失为一个很优美的结论.

例 2(第 33 届伊朗国家队选拔考试[2]) 已知素数 $p \neq 13$, $p \equiv 5 \pmod 8$,且 39 不为模 p 的二次剩余. 证明:方程

$$x_1^4 + x_2^4 + x_3^4 + x_4^4 \equiv 0 \pmod p$$

有一个正整数解满足 $p \nmid x_1 x_2 x_3 x_4$.

证明 与例 1 类似的思路,若不然,则有

$$p \nmid x_1 x_2 x_3 x_4 \Rightarrow p \nmid x_1^4 + x_2^4 + x_3^4 + x_4^4$$
$$\Rightarrow (x_1^4 + x_2^4 + x_3^4 + x_4^4)^{p-1} \equiv 1 \pmod p,$$

再对其进行整体化处理,则有

$$S = \sum_{x_1, x_2, x_3, x_4 \in \{1, 2, \cdots, p-1\}} (x_1^4 + x_2^4 + x_3^4 + x_4^4)^{p-1} \equiv 1 \pmod p.$$

而这里 S 的同余性质我们也是可以处理的.

注意到 S 的表达式中出现了四个变量,这样直接展开处理会很麻烦,于是我们选择将 x_2、x_3、x_4 作为常数,单独对 x_1 进行整体化处理,这样即有

$$S = \sum_{x_2, x_3, x_4 \in \{1, 2, \cdots, p-1\}} \sum_{x_1 \in \{1, 2, \cdots, p-1\}} (x_1^4 + x_2^4 + x_3^4 + x_4^4)^{p-1}$$
$$= \sum_{x_2, x_3, x_4 \in \{1, 2, \cdots, p-1\}} \sum_{x_1=1}^{p-1} \sum_{i=0}^{p-1} x_1^{4i} (x_2^4 + x_3^4 + x_4^4)^{p-1-i} C_{p-1}^i$$
$$= \sum_{x_2, x_3, x_4 \in \{1, 2, \cdots, p-1\}} \sum_{i=0}^{p-1} (x_2^4 + x_3^4 + x_4^4)^{p-1-i} \left(\sum_{x_1=1}^{p-1} x_1^{4i} \right) C_{p-1}^i.$$

此时,对于不同的 i,我们可以借助媒介 3 对 $\sum_{x_1=1}^{p-1} x_1^{4i}$ 的性质进行整合,即得

$$\sum_{x_1=1}^{p-1} x_1^{4i} \equiv \begin{cases} 0, & \dfrac{p-1}{4} \Big| i; \\ -1, & \dfrac{p-1}{4} \nmid i. \end{cases}$$

于是我们得到一个重要的结论：S 中所有形如 $x_1^{4i} x_2^{4j} x_3^{4k} x_4^{4l} \left(\dfrac{p-1}{4} \nmid i\right)$ 的项均可通过分组来抵消. 又由 x_1、x_2、x_3、x_4 的并列关系进一步可知, 将 S 的表达式展开后只需考虑其中形如

$$x_1^{4\alpha_1} x_2^{4\alpha_2} x_3^{4\alpha_3} x_4^{4\alpha_4} \left(\dfrac{p-1}{4} \,\Big|\, \alpha_1, \alpha_2, \alpha_3, \alpha_4; \ \alpha_1 + \alpha_2 + \alpha_3 + \alpha_4 = p-1\right)$$

的项, 于是

$$
\begin{aligned}
S \equiv & \sum_{x_1, x_2, x_3, x_4 \in \{1, 2, \cdots, p-1\}} \Bigg(x_1^{4(p-1)} + x_2^{4(p-1)} + x_3^{4(p-1)} + x_4^{4(p-1)} \\
& + \frac{(p-1)!}{\left(\left(\frac{p-1}{4}\right)!\right)^4} x_1^{p-1} x_2^{p-1} x_3^{p-1} x_4^{p-1} + \frac{(p-1)!}{\left(\left(\frac{p-1}{2}\right)!\right)^2} \sum_{1 \leqslant i < j \leqslant 4} x_i^{2(p-1)} x_j^{2(p-1)} \\
& + \frac{(p-1)!}{\frac{p-1}{4}! \left(\frac{3(p-1)}{4}\right)!} \sum_{1 \leqslant i \neq j \leqslant 4} x_i^{(p-1)} x_j^{3(p-1)} \\
& + \frac{(p-1)!}{\frac{p-1}{2}! \left(\left(\frac{p-1}{4}\right)!\right)^2} \sum_{\substack{\{i, j, k\} \in \{1, 2, 3, 4\} \\ i < j \\ i \neq j \neq k}} x_i^{(p-1)} x_j^{(p-1)} x_k^{2(p-1)} \Bigg) \\
\equiv & (p-1)^4 \Bigg(4 + \frac{(p-1)!}{\left(\left(\frac{p-1}{4}\right)!\right)^4} + \frac{6(p-1)!}{\left(\left(\frac{p-1}{2}\right)!\right)^2} + \frac{12(p-1)!}{\frac{p-1}{4}! \left(\frac{3(p-1)}{4}\right)!} + \frac{12(p-1)!}{\frac{p-1}{2}! \left(\left(\frac{p-1}{4}\right)!\right)^2} \Bigg),
\end{aligned}
$$

而由威尔逊定理不难推出

$$(p-1)! \equiv -1 \pmod p,$$

$$\left(\left(\frac{p-1}{2}\right)!\right)^2 \equiv (p-1)! \, (-1)^{\frac{p-1}{2}} \equiv -1 \pmod p,$$

$$\left(\frac{3(p-1)}{4}\right)! \equiv \frac{(p-1)!}{\frac{p-1}{4}! \, (-1)^{\frac{p-1}{4}}} \equiv \frac{1}{\frac{p-1}{4}!} \pmod p.$$

于是

$$
\begin{aligned}
S \equiv & 4 + \frac{1}{\left[\frac{p-1}{2}! \left(\left(\frac{p-1}{4}\right)!\right)^2\right]^2} - \frac{12}{\frac{p-1}{2}! \left(\left(\frac{p-1}{4}\right)!\right)^2} + 6 - 12 \\
\equiv & \left(\frac{1}{\frac{p-1}{2}! \left(\left(\frac{p-1}{4}\right)!\right)^2} - 6 \right)^2 - 38 \\
\not\equiv & 1 \pmod p.
\end{aligned}
$$

这里用到的条件 $\left(\dfrac{39}{p}\right) \neq 1$,矛盾!　　　　　□

评析　我们发现例 1 和例 2 在处理手法上有很大的共性,两者都是在寻找出一个适当的媒介后,对媒介进行整体处理,这种手法在以下的某些题目中也会有所体现.而在整体处理的过程中,我们往往也需要再次借助整合思想对目标进行进一步简化.

例 3(2017 北大夏令营[3])　设 p 是素数,证明:对任意整数 a,同余方程 $y^2 + x^3 + a \equiv 0 \pmod{p}$ 一定有解.

证明　首先处理一些简单的情形:当 $p = 2$ 时,显然成立.

当 $p \equiv 5 \pmod 6$ 时,由 $\left(\dfrac{-3}{p}\right) = -1$ 可以推出 1^3,2^3,$\cdots$,p^3 构成模 p 的完全剩余系,于是结论显然成立.

这道题的难点是 $p \equiv 1 \pmod 6$ 的情形,我们利用反证法.假设整数 a 不满足条件,即对任意 x,$y \in \mathbf{Z}$ 均有 $-(x^3 + a) \not\equiv y^2 \pmod p$,这时我们可以利用媒介 4 对该性质进行整合,则条件可以转化为对任意 $x \in \mathbf{Z}$,均有 $\left(\dfrac{-1}{p}\right)\left(\dfrac{x^3 + a}{p}\right) = -1$,下面再次利用整体化处理方式,可得

$$S = \sum_{i=0}^{p-1} \left(\frac{x^3 + a}{p}\right)\left(\frac{-1}{p}\right) = -p \equiv 0 \pmod p.$$

而另一方面 $\left(\dfrac{x^3 + a}{p}\right)$ 的同余性质又可以利用媒介 4 进行整合:

$$\left(\frac{x^3 + a}{p}\right) \equiv (x^3 + a)^{\frac{p-1}{2}} \pmod p.$$

这样

$$
\begin{aligned}
S &\equiv \sum_{x=0}^{p-1} (x^3 + a)^{\frac{p-1}{2}}(-1)^{\frac{p-1}{2}} \\
&\equiv (-1)^{\frac{p-1}{2}} \sum_{x=0}^{p-1} \sum_{i=0}^{\frac{p-1}{2}} x^{3i} a^{\frac{p-1}{2}-i} \mathrm{C}_{\frac{p-1}{2}}^{i} \\
&\equiv (-1)^{\frac{p-1}{2}} \sum_{i=0}^{\frac{p-1}{2}} a^{\frac{p-1}{2}-i} \mathrm{C}_{\frac{p-1}{2}}^{i} \left(\sum_{x=0}^{p-1} x^{3i}\right) \\
&\equiv (-1)^{\frac{p-1}{2}} \left(pa^{\frac{p-1}{2}} - \mathrm{C}_{\frac{p-1}{2}}^{\frac{3}{2}} a^{\frac{p-1}{6}}\right) \\
&\equiv (-1)^{\frac{p-1}{2}} \mathrm{C}_{\frac{p-1}{2}}^{\frac{3}{2}} a^{\frac{p-1}{6}} \pmod p.
\end{aligned}
\tag{1}
$$

其中倒数第二式又一次用到媒介 3. 于是 $a \equiv 0 \pmod{p}$.

而当 $a \equiv 0 \pmod{p}$ 时,取 $x = y = 0$ 即满足条件,矛盾! $\qquad\square$

评析 回顾例 3 的解答过程:我们首先选取勒让德符号作为媒介,然后将勒让德符号累和,并将其转化为多项式累和的形式,这样我们便将一道复杂的存在性问题转化为一道相对简单的多项式同余问题. 这一连串的处理方式完美地凸显了整合思想处理这一类问题的强大之处. 笔者认为这种处理方式是值得我们去学习和掌握的. 在下面这道题中,这种处理方式的神奇将体现得更加淋漓尽致.

例 4(2018 韩国数学冬令营训练题[4]) 设 $p = 4k + 1$ 为素数,集合 $S = \{x \mid x \equiv \dfrac{1}{2} C_{2k}^k n^k \pmod{p}$, $n \in \mathbf{Z}, x \in \{0, 1, \cdots, 2k\}\}$,证明:$\displaystyle\sum_{x \in S} x^2 = p$.

证明 这道题的困难之处在于 $C_{2k}^k n^k = C_{\frac{p-1}{2}}^{\frac{p-1}{4}} n^{\frac{p-1}{4}}$ 模 p 的余数如何处理. 我们发现 $C_{\frac{p-1}{2}}^{\frac{p-1}{4}}$ 的同余性质是很难刻画的,又注意到 $C_{\frac{p-1}{2}}^{\frac{p-1}{4}} n^{\frac{p-1}{4}}$ 的形式与上题中(1)的右端形式十分类似,这提示我们可以设法将 $C_{2k}^k n^k$ 的同余性质整合为 p 个勒让德符号之和的形式.

经过简单的分析,我们选定和式 $f(n) = -\displaystyle\sum_{i=0}^{p-1} \left(\dfrac{i^3 + ni}{p} \right)$. 类似上题的处理方式,可以得到

$$f(n) \equiv -\sum_{i=0}^{p-1} (i^3 + ni)^{\frac{p-1}{2}}$$

$$\equiv \sum_{i=0}^{p-1} \sum_{j=0}^{\frac{p-1}{2}} i^{3j} (ni)^{\frac{p-1}{2} - j} C_{\frac{p-1}{2}}^j$$

$$\equiv \sum_{i=0}^{p-1} \sum_{j=0}^{\frac{p-1}{2}} i^{2j + \frac{p-1}{2}} n^{\frac{p-1}{2} - j} C_{\frac{p-1}{2}}^j$$

$$\equiv \sum_{j=0}^{\frac{p-1}{2}} n^{\frac{p-1}{2} - j} C_{\frac{p-1}{2}}^j \left(\sum_{i=0}^{p-1} i^{2j + \frac{p-1}{2}} \right)$$

$$\equiv n^{\frac{p-1}{4}} C_{\frac{p-1}{2}}^{\frac{p-1}{4}}.$$

这样,我们达到了之前的目标,于是接下来只需转换视角去研究 $f(n)$ 的同余性质. 我们从 $f(n)$ 的分布规律入手.

由 $f(n) \equiv n^{\frac{p-1}{4}} C_{\frac{p-1}{2}}^{\frac{p-1}{4}} \pmod{p}$ 及 $f(n) \in [1 - p, p - 1]$ 可以推出除了 0 以外,$f(n)$ 仅可以取到形如 x、$-x$、y、$-y$ 的 4 个值,并且其中每个值都恰好取到 $\dfrac{p-1}{4}$ 次,于是结论等价于证明

$$\sum_{n=0}^{p-1} f^2(n) = 2p(p-1),$$

即

$$\sum_{n=0}^{p-1} \left(\sum_{i=0}^{p-1} \left(\frac{i^3+ni}{p} \right) \right)^2 = 2p(p-1). \tag{2}$$

我们将(2)式左端展开并利用勒让德符号的积性进行处理可得

$$\begin{aligned}
\text{LHS}(2) &= \sum_{n=0}^{p-1} \sum_{0 \leqslant i, j \leqslant p-1} \left(\frac{ij}{p} \right) \left(\frac{i^2+n}{p} \right) \left(\frac{j^2+n}{p} \right) \\
&= \sum_{0 \leqslant i, j \leqslant p-1} \left(\frac{ij}{p} \right) \sum_{n=0}^{p-1} \left(\frac{i^2 j^2 + n(i^2+j^2) + n^2}{p} \right).
\end{aligned}$$

于是下面我们只需求 $f(i,j) = \sum\limits_{n=0}^{p-1} \left(\dfrac{i^2 j^2 + n(i^2+j^2) + n^2}{p} \right)$ 的值.

还是利用类似方式处理,可以得到

$$\begin{aligned}
f(i,j) &= \sum_{n=0}^{p-1} (i^2 j^2 + n(i^2+j^2) + n^2)^{\frac{p-1}{2}} \\
&\equiv \sum_{n=0}^{p-1} ((i^2 j^2)^{\frac{p-1}{2}} + n^{p-1}) \\
&\equiv -1 \pmod{p},
\end{aligned}$$

而 $f(i,j) \in [-p, p]$,故 $f(i,j) \in \{-1, p-1\}$. 再经过简单分析,我们进一步推出

$$f(i,j) = \begin{cases} -1, & i^2 \not\equiv j^2 \pmod{p}; \\ p-1, & i^2 \equiv j^2 \pmod{p}. \end{cases}$$

这样

$$\begin{aligned}
\text{LHS}(2) &= p(2p-2) - \sum_{0 \leqslant i, j \leqslant p-1} \left(\frac{ij}{p} \right) \\
&= p(2p-2) - \left(\sum_{i=0}^{p-1} \left(\frac{i}{p} \right) \right)^2 \\
&= 2p(p-1).
\end{aligned}$$

$\square$

评析　从这道题的解题过程,我们再次见识到勒让德符号累和这个方法的威力. 事实上,本题的"整合思想"体现得并不十分典型,如果没有上一题作为铺垫,我们很难想到可以将题目中 $C_{2k}^k n^k$ 的同

余性质整合为看似繁杂得多的 p 个勒让德符号累和的式子. 但是笔者仍将这道题选为例题,一方面是因为这道题的解题过程简洁优美,结论也十分深刻,直接刻画方程 $x^2+y^2=p$ 中 x、y 的同余性质,令我们拍手称绝. 另一方面,笔者也希望让大家意识到,将勒让德符号作为媒介处理起来是十分方便的,这是因为勒让德符号集积性、简洁的取值方式、优美的同余性质于一身,这样和其他媒介相比处理起来会更加灵活变通. 下面,我们再来看一个将勒让德符号作为媒介解决二次型同余方程问题的例子.

例 5(2017 中国国家集训队[5]) 试求同时满足下列条件的有序数组 $(x_1, x_2, \cdots, x_{100})$ 的个数:

(1) $x_1, x_2, \cdots, x_{100} \in \{1, 2, \cdots, 2017\}$;

(2) $2017 \mid x_1+x_2+\cdots+x_{100}$;

(3) $2017 \mid x_1^2+x_2^2+\cdots+x_{100}^2$.

解 问题等价于求模 2017 的意义下,同余方程组

$$\begin{cases} 2017 \mid x_1+x_2+\cdots+x_{100}, \\ 2017 \mid x_1^2+x_2^2+\cdots+x_{100}^2 \end{cases}$$

的解数.

为简化条件,首先将两个方程合并为一个方程,我们可以令 $a_i=x_1+x_2+\cdots+x_i$,则题目条件等价于

$$2017 \mid (a_1-a_2)^2+\cdots+(a_{98}-a_{99})^2+a_{99}^2+a_1^2.$$

但此时该式右端的 100 个项数之间存在着约束关系,仍难以处理,于是我们需要对右式进行进一步变形

$$\begin{aligned}
&(a_1-a_2)^2+\cdots+(a_{98}-a_{99})^2+a_{99}^2+a_1^2 \\
=&2\left(a_{99}-\frac{a_{98}}{2}\right)^2+\frac{3}{2}\left(a_{98}-\frac{2a_{97}}{3}\right)^2+\frac{4}{3}\left(a_{97}-\frac{3a_{96}}{4}\right)^2 \\
&+\cdots+\frac{99}{98}\left(a_2-\frac{98a_1}{99}\right)^2+\frac{100}{99}a_1^2,
\end{aligned}$$

并令

$$c_1=2,\ c_2=\frac{3}{2},\ \cdots,\ c_{98}=\frac{99}{98},\ c_{99}=\frac{100}{99},$$

$$b_1=a_{99}-\frac{a_{98}}{2},\ \cdots,\ b_{98}=a_2-\frac{98a_1}{99},\ b_{99}=a_1,$$

则题目条件亦等价于

$$2017 \mid c_1 b_1^2 + c_2 b_2^2 + \cdots + c_{99} b_{99}^2. \tag{3}$$

此时 c_1，c_2，$\cdots$，c_{99} 为常数，b_1，b_2，$\cdots$，b_{99} 为自由变量，我们达到了先前目标. 而我们所熟悉的问题是借助媒介 4 来整合方程 $x^2 \equiv a \pmod{p}$ 的解数，于是我们选择再进一步将同余方程组转化为下述形式

$$\begin{cases} 2017 \mid t_1 + t_2 + \cdots + t_{99}, \\ 2017 \mid t_1 - c_1 b_1^2, \\ 2017 \mid t_2 - c_2 b_2^2, \\ \cdots, \\ 2017 \mid t_{99} - c_{99} b_{99}^2. \end{cases}$$

这样，对于每组 $(t_1, t_2, \cdots, t_{99})$ 进行单独分析，我们就可以利用媒介 4 将方程的解数整合为

$$\left(\left(\frac{t_1}{p} \right) \left(\frac{c_1}{p} \right) + 1 \right) \left(\left(\frac{t_2}{p} \right) \left(\frac{c_2}{p} \right) + 1 \right) \cdots \left(\left(\frac{t_{99}}{p} \right) \left(\frac{c_{99}}{p} \right) + 1 \right),$$

这里记 $p = 2017$. 于是(3) 式的解数可以表示为

$$S = \sum_{t_1 + t_2 + \cdots + t_{99} = 0} \left(\left(\frac{t_1}{p} \right) \left(\frac{c_1}{p} \right) + 1 \right) \left(\left(\frac{t_2}{p} \right) \left(\frac{c_2}{p} \right) + 1 \right) \cdots \left(\left(\frac{t_{99}}{p} \right) \left(\frac{c_{99}}{p} \right) + 1 \right).$$

将 S 的表达式展开可得

$$S = \sum_{t_1 + t_2 + \cdots + t_{99} = 0} 1 + \sum_{t_1 + t_2 + \cdots + t_{99} = 0} \left(\frac{c_1}{p} \right) \left(\frac{c_2}{p} \right) \cdots \left(\frac{c_{99}}{p} \right) \left(\frac{t_1}{p} \right) \left(\frac{t_2}{p} \right) \cdots \left(\frac{t_{99}}{p} \right)$$

$$+ \sum_{t_1 + t_2 + \cdots + t_{99} = 0} \sum_{\substack{1 \leqslant i_1 < \cdots < i_k \leqslant 99 \\ 1 \leqslant k \leqslant 98}} \left(\frac{c_{i_1}}{p} \right) \left(\frac{c_{i_2}}{p} \right) \cdots \left(\frac{c_{i_k}}{p} \right) \left(\frac{t_{i_1}}{p} \right) \left(\frac{t_{i_2}}{p} \right) \cdots \left(\frac{t_{i_k}}{p} \right).$$

下面我们对上式右端的三个部分分别进行处理.

首先，

$$\sum_{t_1 + t_2 + \cdots + t_{99} = 0} 1 = \sum_{0 \leqslant t_1, \, t_2, \, \cdots, \, t_{98} \leqslant p-1} 1 = 2017^{98},$$

其次，第二个部分可以利用 99 为奇数这个特性进行正负配对，得到

$$\sum_{t_1 + t_2 + \cdots + t_{99} = 0} \left(\frac{c_1}{p} \right) \left(\frac{c_2}{p} \right) \cdots \left(\frac{c_{99}}{p} \right) \left(\frac{t_1}{p} \right) \left(\frac{t_2}{p} \right) \cdots \left(\frac{t_{99}}{p} \right)$$

$$= \frac{1}{2} \sum_{t_1+t_2+\cdots+t_{99}=0} \left(\frac{c_1}{p}\right)\left(\frac{c_2}{p}\right)\cdots\left(\frac{c_{99}}{p}\right) \cdot$$

$$\left(\left(\frac{t_1}{p}\right)\left(\frac{t_2}{p}\right)\cdots\left(\frac{t_{99}}{p}\right)+\left(\frac{\lambda t_1}{p}\right)\left(\frac{\lambda t_2}{p}\right)\cdots\left(\frac{\lambda t_{99}}{p}\right)\right)$$

$$= \frac{1}{2}\left(\frac{c_1}{p}\right)\left(\frac{c_2}{p}\right)\cdots\left(\frac{c_{99}}{p}\right)\sum_{t_1+t_2+\cdots+t_{99}=0}\left(\frac{t_1}{p}\right)\left(\frac{t_2}{p}\right)\cdots\left(\frac{t_{99}}{p}\right)\left(1+\left(\frac{\lambda}{p}\right)^{99}\right)$$

$$= 0,$$

这里 λ 为模 2017 的任意非二次剩余.

而在第三个部分中,注意到其中 t_{i_1}, t_{i_2}, $\cdots$, t_{i_k} 均是自由变量,并且每个单项 $\left(\frac{t_{i_1}}{p}\right)\left(\frac{t_{i_2}}{p}\right)\cdots\left(\frac{t_{i_k}}{p}\right)$ 均出现了 p^{98-t} 次,于是

$$\sum_{\substack{1\leqslant i_1<\cdots<i_k\leqslant 99 \\ 1\leqslant k\leqslant 98}}\left(\frac{c_{i_1}}{p}\right)\left(\frac{c_{i_2}}{p}\right)\cdots\left(\frac{c_{i_k}}{p}\right)\left(\frac{t_{i_1}}{p}\right)\left(\frac{t_{i_2}}{p}\right)\cdots\left(\frac{t_{i_k}}{p}\right)$$

$$= \sum_{k=1}^{98}\sum_{1\leqslant i_1<\cdots<i_k\leqslant 99}\left(\frac{c_{i_1}}{p}\right)\left(\frac{c_{i_2}}{p}\right)\cdots\left(\frac{c_{i_k}}{p}\right)\cdot\left(\sum_{0\leqslant t_{i_1},t_{i_2},\cdots,t_{i_k}\leqslant p-1}p^{98-t}\left(\frac{t_{i_1}}{p}\right)\left(\frac{t_{i_2}}{p}\right)\cdots\left(\frac{t_{i_k}}{p}\right)\right)$$

$$= \sum_{k=1}^{98}\sum_{1\leqslant i_1<\cdots<i_k\leqslant 99}\left(\frac{c_{i_1}}{p}\right)\left(\frac{c_{i_2}}{p}\right)\cdots\left(\frac{c_{i_k}}{p}\right)p^{98-t}\left(\sum_{i=0}^{p-1}\left(\frac{i}{p}\right)\right)^k$$

$$= 0,$$

这样便推出: $S=2017^{98}$. 于是原方程有 2017^{98} 组解. □

评析 例 3、例 5 都是与二次型同余方程的解相关的问题. 在解决这类问题的过程中,将勒让德符号作为媒介来整合方程的某些性质往往也是十分有效的.

下面我们来看一个相对简单的题目.

例 6(2011~2012,第 20 届伊朗数学奥林匹克[6])设 p 是一个奇素数,若整系数多项式 $f(x)=\sum_{j=0}^{n}a_jx^j$ 满足

$$\sum_{p-1\mid j,\,j>0}a_j\equiv i(\bmod\ p),$$

则称 $f(x)$ 为 i-剩余的. 证明:$\{f(0),f(1),\cdots,f(p-1)\}$ 为模 p 的完全剩余系,当且仅当多项式 $f(x),f^2(x),\cdots,f^{p-2}(x)$ 为 0-剩余,$f^{p-1}(x)$ 为 1-剩余.

证明 首先我们需要对 $\sum_{p-1\mid j,\,j>0}a_j$ 的同余性质进行整合. 而 $p-1\mid j$ 这一约束条件对我们的提示已

经很明显了,因此不难想到利用媒介 3,即可得到

$$\sum_{p-1|j,\,j>0} a_j = -\sum_{j=0}^{p-1} a_j (0^j + 1^j + \cdots + (p-1)^j) \equiv -\sum_{i=0}^{p-1} f(i) \pmod p.$$

这样一方面,若 $\{f(0),\,f(1),\,\cdots,\,f(p-1)\}$ 为模 p 完全剩余系,则再次利用媒介 3,可得

$$\sum_{i=0}^{p-1} f^\alpha(i) \equiv \begin{cases} 0 \pmod p, & \alpha = 1,\,2,\,\cdots,\,p-2; \\ -1 \pmod p, & \alpha = p-1, \end{cases} \tag{4}$$

即 $f(x),\,f^2(x),\,\cdots,\,f^{p-2}(x)$ 为 $0-$剩余, $f^{p-1}(x)$ 为 $1-$剩余.

另一方面,若 $f(x),\,f^2(x),\,\cdots,\,f^{p-2}(x)$ 为 $0-$剩余, $f^{p-1}(x)$ 为 $1-$剩余. 则由

$$\sum_{p-1|j,\,j>0} a_j \equiv -\sum_{i=0}^{p-1} f(i) \pmod p$$

可以反推出(4)式成立.

接下来考虑多项式

$$g(x) = (x - f(0))(x - f(1)) \cdots (x - f(p-1))$$
$$= x^p + a_{p-1} x^{p-1} + \cdots + a_0,$$

则由牛顿恒等式,易知

$$a_{p-1},\,a_{p-2},\,\cdots,\,a_2 \equiv 0 \pmod p,$$
$$a_1 = -1 \pmod p,\ a_0 = 0 \pmod p,$$

于是

$$g(x) = (x - f(0))(x - f(1)) \cdots (x - f(p-1))$$
$$\equiv x(x-1) \cdots (x - (p-1)) \pmod p,$$

即 $\{f(0),\,f(1),\,\cdots,\,f(p-1)\}$ 为模 p 的完全剩余系. $\qquad\square$

例 7[7]　设 p 为奇素数, $x_1,\,x_2,\,\cdots,\,x_k$ 模 p 互不同余, $y_1,\,y_2,\,\cdots,\,y_k$ 模 p 互不同余,则存在一一对应的映射 $f:\{x_1,\,x_2,\,\cdots,\,x_k\} \to \{y_1,\,y_2,\,\cdots,\,y_k\}$,使得 $x_i + f(x_i)\,(1 \leqslant i \leqslant k)$ 模 p 互不同余.

证明　首先利用反证法,若不然,则存在整数 $x_1,\,x_2,\,\cdots,\,x_k,\,y_1,\,y_2,\,\cdots,\,y_k$,使得对任意 k 个数 $z_1,\,z_2,\,\cdots,\,z_k$,若 $\{z_1,\,z_2,\,\cdots,\,z_k\} = \{y_1,\,y_2,\,\cdots,\,y_k\}$,则 $z_1 + x_1,\,z_2 + x_2,\,\cdots,\,z_k + x_k$ 这 k 个数中一定有两个模 p 同余,这时我们可以将该性质整合为下面这个同余式

$$\prod_{1 \leqslant i < j \leqslant k} (x_i + z_i - x_j - z_j) \equiv 0 \pmod p. \tag{5}$$

但 $\{z_1, z_2, \cdots, z_k\} = \{y_1, y_2, \cdots, y_k\}$ 这种 k 元数组的取值方式是很难进行刻画的,于是我们需要进一步将(5)式一般化为:对于 $z_1, z_2, \cdots, z_k \in \{y_1, y_2, \cdots, y_k\}$,均有

$$\prod_{1 \leqslant i < j \leqslant k} (z_i - z_j) \prod_{1 \leqslant i < j \leqslant k} (x_i + z_i - x_j - z_j) \equiv 0 \pmod{p}. \tag{6}$$

将(6)式的左边记为 $f(z_1, z_2, \cdots, z_k)$. 观察 $z_1, z_2, \cdots, z_k$ 的取值方式及目标结论,我们发现这恰恰是组合零点定理的形式.

于是我们取出 f 中的最高次项组成多项式 $\prod\limits_{1 \leqslant i < j \leqslant k} (z_i - z_j)^2$,然后考虑其中最具对称性的项 $z_1^{k-1} z_2^{k-1} \cdots z_k^{k-1}$ 的系数,不难求得其系数为 $(-1)^{C_k^2} k!$ 不是 p 的倍数. 而 $z_1, z_2, \cdots, z_k$ 均有 k 种取值方式,于是由组合零点定理知,存在一组 $z_1, z_2, \cdots, z_k$,使得 $f(z_1, z_2, \cdots, z_k) \not\equiv 0 \pmod{p}$,矛盾!

□

下面补上组合零点定理的内容.

组合零点定理[7] 设 $\mathcal{F}$ 为一个域,$f \in \mathcal{F}[x_1, x_2, \cdots, x_n]$ 为域 $\mathcal{F}$ 上的一个 n 元多项式,假设 f 有一个最高项 $x_1^{d_1} x_2^{d_2} \cdots x_n^{d_n}$ 系数非零,则对任意 $S_1, S_2, \cdots, S_n \subseteq \mathcal{F}$,$|S_i| > d_i (1 \leqslant i \leqslant n)$,存在 $s_i \in S_i$,使得

$$f(s_1, s_2, \cdots, s_n) \neq 0.$$

常见的域有复数域 $\mathbf{C}$,实数域 $\mathbf{R}$,有理数域 $\mathbf{Q}$,模素数 p 的素数域 $\mathbf{F}_p$.

评析 从这道题的解题过程中,我们需要意识到在了解并掌握一些常用的媒介的基础上,更多的题目需要我们去构造适当的媒介来对目标的某种性质进行整合. 在构造媒介的过程中,如果条件允许,我们最好让媒介满足下面两个要求:1)媒介与题目条件等价;2)媒介便于处理.

例 8[1] 设集合 $F_i = \{a_i + d_i x \mid x \in \mathbf{Z}\} (i = 1, 2, \cdots, k)$,其中 $a_1, a_2, \cdots, a_k, d_1, d_2, \cdots, d_k$ 均为正整数,$1 \leqslant d_1 < \cdots < d_k$,并设集合 $F = \bigcup\limits_{i=1}^{k} F_i$,若 F 包含连续 2^k 个整数. 证明:$F = \mathbf{Z}$.

证明 不妨设 $x, x+1, \cdots, x+2^k-1$ 属于 F,则结论等价于证明对于任意整数 t,$\dfrac{x+t-a_j}{d_j} (j = 1, 2, \cdots, k)$ 中至少有一个整数,下面我们设法构造一个适当的媒介来整合 k 个数中至少有一个整数这个性质.

首先考虑只有一个数的情况,我们显然可以利用媒介

$$e^{2\pi i x} \begin{cases} = 1, & x \in \mathbf{Z}; \\ \neq 1, & x \notin \mathbf{Z} \end{cases}$$

来整合全体整数的性质,那么对于 k 个数的情况,我们不难想到可以利用媒介

$$\prod_{1\leqslant j\leqslant k}(1-\mathrm{e}^{\frac{2\pi\mathrm{i}}{d_j}(x+t+a_j)})=0 \tag{7}$$

来整合结论的性质.

于是接下来,我们只需证明(7)式即可.将(7)式左端展开,可得

$$\mathrm{LHS}(7)=\sum_{I\subseteq\{1,2,\cdots,k\}}(-1)^{|I|}\,\mathrm{e}^{-2\pi\mathrm{i}\sum_{j\in I}\frac{a_j}{d_j}-2\pi\mathrm{i}\sum_{j\in I}\frac{x+t}{d_j}}.$$

记

$$\alpha_I=\sum_{I\subseteq\{1,2,\cdots,k\}}(-1)^{|I|}\,\mathrm{e}^{-2\pi\mathrm{i}\sum_{j\in I}\frac{a_j}{d_j}},\ Z_I=\mathrm{e}^{-2\pi\mathrm{i}\sum_{j\in I}\frac{1}{d_j}},$$

则 α_I、Z_I 均为不依赖于 x 的常数.于是(7)式等价于

$$\sum_{I\subseteq\{1,2,\cdots,k\}}\alpha_I Z_I^{x+t}=0.$$

而结合题目条件,这是不难证明的.

设 $u_n=\sum\limits_{I\subseteq\{1,2,\cdots,k\}}\alpha_I Z_I^n$,则数列 $\{u_n\}$ 存在 2^k 阶线性递推关系

$$u_{n+2^k}+A_{2^k-1}u_{n+2^k-1}+\cdots+A_0 u_n=0.$$

其中 $A_{2^k-1},\cdots,A_0$ 由下述方程确定

$$\prod_{I\subseteq\{1,2,\cdots,k\}}(x-\alpha_I Z_I^n)=x^{2^k}+A_{2^k-1}x^{2^k-1}+\cdots+A_0,$$

又由条件可知 $\{u_n\}$ 中有连续 2^k 项均为 0,于是推出 $u_n\equiv 0$. $\square$

例 9[1]　设 p 为素数,$f_k(x_1,x_2,\cdots,x_n)=a_{k_1}x_1+\cdots+a_{k_n}x_n(k=1,2,\cdots,p^n)$ 为 p^n 个整系数 n 元线性函数,并且满足下列条件:对于任意 n 元整数组 $(x_1,x_2,\cdots,x_n)$,若 $x_1,x_2,\cdots,x_n$ 不全为 p 的余数,则 $0,1,\cdots,p-1$ 这 p 个数均在其中恰好出现了 p^{n-1} 次.证明:在模 p 的意义下,有

$$\{(a_{k_1},a_{k_2},\cdots,a_{k_n})\mid k=1,2,\cdots,p^n\}=\{(i_1,\cdots,i_n)\mid i_1,\cdots,i_n\in\{0,1,\cdots,p-1\}\}.$$

证明　首先对条件进行处理.简单分析一下这种特殊的取值方式,不难想到可以利用媒介 2 将条件描述的性质整合为:对于任意不均为 p 的倍数的 n 个数 $x_1,x_2,\cdots,x_n$,一定有

$$\sum_{k=1}^{p^n}\varepsilon^{f_k(x_1,x_2,\cdots,x_n)}=0. \tag{8}$$

事实上,这个等式与原条件是等价的,不过在这道题中我们不需要利用这一点.

接下来再对结论进行转化.利用反证法,我们可以将问题转化为只需对特定的一个 n 元数组进行具体分析:若不然,则存在一个 n 元数组 $(i_1, i_2, \cdots, i_n)$,使得对任意 $k=1, 2, \cdots, p^n$,均有 $(i_1, i_2, \cdots, i_n) \neq (a_{k_1}, a_{k_2}, \cdots, a_{k_n})$(这里的运算都是在模 p 的意义下进行的).这时,我们又可以借助媒介 2 的思想来整合这个条件,即对任意 $k=1, 2, \cdots, p^n$,均有

$$\prod_{t=1}^{n}\left(\sum_{j=0}^{p-1}\epsilon^{j(a_{k_t}-i_t)}\right)=0. \tag{9}$$

下面我们将借助(8)式和(9)式来推出矛盾.首先将(8)式向(9)式的形式靠近,

$$\sum_{k=1}^{p^n}\epsilon^{(a_{k_i}-i_1)x_1+\cdots+(a_{k_n}-i_n)x_n}=\begin{cases}0, & x_1, x_2, \cdots, x_n \text{ 不全为 } p \text{ 的倍数}, \\ p^n, & x_1, x_2, \cdots, x_n \text{ 全为 } p \text{ 的倍数}.\end{cases}$$

再对上式进行整体处理:让 $x_1, x_2, \cdots, x_n$ 取遍 $0, 1, \cdots, p-1$ 并对上式左端进行累和.经一番计算可得

$$\sum_{k=1}^{p^n}\prod_{t=1}^{n}\left(\sum_{j=0}^{p-1}\epsilon^{j(a_{k_t}-i_t)}\right)=p^n,$$

这显然与(9)式矛盾! □

练习题

1. (2017 清华金秋营[3]) 给定奇素数 p,求集合

$$\{(x, y) \mid x^2 + y^2 \equiv a(\bmod p), (x, y) \in \{0, 1, \cdots, p-1\}\}$$

的元素个数.

提示 根据媒介 4,元素个数可以整合为 $\sum_{i=1}^{p-1}\left(1+\left(\dfrac{a-i^2}{p}\right)\right)$,再利用例 3 的处理方式即可.

2. (2007 年第 48 届 IMO 预选题[8]) 求所有 $n \in \mathbf{N}_+$,使得集合 $S=\{1, 2, \cdots, n\}$ 的元素可染成红蓝两色,满足下述条件:集合 $S \times S \times S$ 恰含 2007 个有序三元组 (x, y, z),每组 x、y、z 同色,且 $n \mid x+y+z$.

提示 利用媒介 2,记红数组成的集合为 $\{x_1, x_2, \cdots, x_m\}$,蓝数集合为 $\{y_1, y_2, \cdots, y_{n-m}\}$,则满足 x、y、z 同色,且 $n \mid x+y+z$ 的三元组 (x, y, z) 组数为

$$\sum_{i=0}^{n-1} (\varepsilon^{ix_1} + \cdots + \varepsilon^{ix_m})^3 + (\varepsilon^{iy_1} + \cdots + \varepsilon^{iy_{n-m}})^3,$$

其中 ε 为 n 次本原单位根,再对上式进行化简即可.

3. (1995 年第 36 届 IMO[8])   设 p 为奇素数,求集合 $\{1, 2, \cdots, 2p\}$ 中元素之和被 p 整除的 p 元子集的个数.

提示   利用媒介 2,可将 p 元子集数 S 整合为

$$\sum_{i=0}^{p-1} \Big(\sum_{1 \leqslant c_1 < \cdots < c_p \leqslant 2p} \varepsilon^{i(c_1 + c_2 + \cdots + c_p)} \Big),$$

其中 ε 为 p 次本原根,再结合恒等式

$$(x + \varepsilon)(x + \varepsilon^2) \cdots (x + \varepsilon^{2p}) = (x^p + 1)^2,$$

不难求得

$$S = \frac{C_{2p}^p + 2p - 2}{p}.$$

4.[1]设 p 为奇素数,m、n 为 p 的倍数,且 n 为奇数,m,$n > 1$,对于所有满足 $\sum\limits_{k=1}^{m} f(k) \equiv 0 \pmod{p}$ 的函数 $f: \{1, 2, \cdots, m\} \to \{1, 2, \cdots, n\}$,考虑乘积 $\prod\limits_{k=1}^{m} f(k)$,证明:所有这样的乘积求和得到的数是 $\left(\dfrac{n}{p}\right)^m$ 的倍数.

提示   考虑

$$S = \sum_f \prod_{k=1}^m f(k) \varepsilon^{f(k)} = \Big(\sum_{i=1}^n i \varepsilon^i \Big)^m = \frac{n^m}{(\varepsilon - 1)^m},$$

由恒等式

$$\frac{1}{\varepsilon - 1} = -\frac{1}{p}(\varepsilon^{p-2} + 2\varepsilon^{p-3} + \cdots + (p-1)),$$

得

$$S = \left(-\frac{n}{p}\right)^m (\varepsilon^{p-2} + 2\varepsilon^{p-3} + \cdots + (p-1))^m.$$

设多项式 $P(x) = (x^{p-2} + 2x^{p-3} + \cdots + (p-1))^m$ 所有次数模 p 余 i 的项的系数之和为 $c_i (i = 0, 1,$

$2, \cdots, p-1$),则

$$S = \left(-\frac{n}{p}\right)^m (c_0 + c_1 \varepsilon + \cdots + c_{p-1} \varepsilon^{p-1}).$$

记

$$y_i = \sum_{\substack{\sum\limits_{k=1}^{m} f(k) \equiv i (\bmod p)}} \prod_{k=1}^{m} f(k) \ (i = 0, 1, \cdots, p-1),$$

则

$$S = \sum_{i=0}^{p-1} y_i \varepsilon^i.$$

于是存在整数 r,使得

$$y_i = r + \left(-\frac{n}{p}\right)^m c_i \ (i = 0, 1, \cdots, p-1).$$

对其进行累和得到

$$pr + \left(-\frac{n}{p}\right)^m (c_0 + \cdots + c_{p-1}) = y_0 + \cdots + y_{p-1} = (1 + \cdots + u)^m.$$

再结合

$$c_0 + \cdots + c_{p-1} = (1 + \cdots + (p-1))^m,$$

即得

$$\left(\frac{n}{p}\right)^m \mid y_0.$$

5. (1999 年第 40 届 IMO 预选题[8])设 $p > 3$ 为素数,对于集合 $\{0, 1, \cdots, p-1\}$ 的每个非空子集 T,设 $E(T)$ 是所有 $p-1$ 元数组 $\{x_1, x_2, \cdots, x_{p-1}\}$ 组成的集合,其中每一个 $x_i \in T$,且 $x_1 + 2x_2 + \cdots + (p-1)x_{p-1}$ 为 p 的倍数.证明: $|E\{0, 1, 3\}| \geqslant |E\{0, 1, 2\}|$,当且仅当 $p = 5$ 时等号成立.

提示 利用媒介 2,设

$$f(x) = 1 + x + x^2, \ F(x) = f(x)f(x^2) \cdots f(x^{p-1}), \ \omega = e^{i\frac{2\pi}{p}},$$

则

$$E(\langle 0, 1, 2\rangle) = \frac{F(1) + \cdots + F(\omega^{p-1})}{p} = \frac{3^{p-1} + p - 1}{p}.$$

类似地,设

$$g(x) = 1 + x + x^3, \quad G(x) = g(x)g(x^2)\cdots g(x^{p-1}),$$

则

$$E(\langle 0, 1, 3\rangle) = \frac{3^{p-1} + (p-1)G(\omega)}{p}.$$

设

$$g(x) = (x - \lambda)(x - \mu)(x - \gamma),$$

则

$$G(\omega) = \frac{\lambda^p - 1}{\lambda - 1} \frac{\mu^p - 1}{\mu - 1} \frac{\gamma^p - 1}{\gamma - 1}$$

$$= \frac{-2 + \lambda^p + \mu^p + \gamma^p - \lambda^p\mu^p - \mu^p\gamma^p - \lambda^p\gamma^p}{-3}.$$

接下来问题转化为一个纯代数问题. 我们可以先证明

$$g(\omega^j)g(\omega^{p-j}) > 0 \Rightarrow G(\omega) > 0;$$

再证明

$$G(\omega) = 1 \Rightarrow p = 5;$$

最后证明

$$G(\omega) \geqslant 1.$$

6.（第 58 届美国国家队选拔考试[9]） 是否存在一个非常值整系数多项式 $Q(x)$,使得对于每个正整数 $n > 2$, $Q(0), Q(1), \cdots, Q(n-1)$ 模 n 最多有 $0.499n$ 个不同的剩余.

提示 存在. 我们证明多项式 $Q(x) = 420(x^2 - 1)^2$ 满足条件,只需考虑 $n = 4$ 和 n 为奇素数的情形.

当 $n = 3, 4, 5, 7$ 时,结论显然成立;当 $n = p \geqslant 11$(p 为素数)时,有

$$\left(1-\left(\frac{1-t}{p}\right)\right)\left(1-\left(\frac{1+t}{p}\right)\right)=\begin{cases}4, & t^2\notin\left\{\dfrac{Q(x)}{420}\Big|x\in\mathbf{Z}\right\}; \\[2mm] 0, & t^2\in\left\{\dfrac{Q(x)}{420}\Big|x\in\mathbf{Z}\right\},\end{cases}$$

这里 $t\notin\{1,\,p-1\}$ 且这里的运算都是在模 p 的意义下进行的,这样 $Q(x)$ 模 p 的剩余数为

$$S=\frac{p+1}{2}-\frac{1}{2}\frac{\sum\limits_{t=2}^{p-2}\left(1-\left(\frac{1-t}{p}\right)\right)\left(1-\left(\frac{1+t}{p}\right)\right)}{4}$$

$$=\frac{p+1}{2}-\frac{\sum\limits_{t=0}^{p-1}\left(1-\left(\frac{1-t}{p}\right)\right)\left(1-\left(\frac{1+t}{p}\right)\right)-2+\left(\frac{2}{p}\right)+\left(\frac{-2}{p}\right)}{8}$$

$$\leqslant\frac{p}{2}+1-\frac{1}{8}\sum_{t=0}^{p-1}\left(1-\left(\frac{1-t}{p}\right)-\left(\frac{1+t}{p}\right)+\left(\frac{1-t^2}{p}\right)\right)$$

$$=\frac{p}{2}+1-\frac{1}{8}\left(p+\sum_{t=0}^{p-1}\left(\frac{1-t^2}{p}\right)\right),$$

而利用例 3 的处理方法可以求得

$$\sum_{t=0}^{p-1}\left(\frac{1-t^2}{p}\right)=(-1)^{\frac{p+1}{2}},$$

于是

$$S\leqslant\frac{p}{2}+1-\frac{1}{8}(p-1)=\frac{3}{8}(p+3)<0.499p.$$

7. [1]设 p 为素数,设 S_1, S_2, $\cdots$, S_k 是非负整数组成的集合,其中每个集合均包括 0,且每个集合元素模 p 两两不同余. 若 $\sum\limits_{i=1}^{k}(\mid S_i\mid-1)\geqslant p$,证明:对任意 a_1, a_2, $\cdots$, $a_k\in\mathbf{Z}/p\mathbf{Z}$,均存在 $(x_1,\,x_2,\,\cdots,\,x_k)\in S_1\times\cdots\times S_k$,使得 $(x_1,\,x_2,\,\cdots,\,x_k)\neq(0,\,0,\,\cdots,\,0)$,且 $p\mid x_1a_1+x_2a_2+\cdots+x_ka_k$.

提示 借助媒介 1 的思想,构造多项式:

$$p(x_1,\,x_2,\,\cdots,\,x_k)=(x_1a_1+x_2a_2+\cdots+x_ka_k)^{p-1}-1$$
$$+c\prod_{0\neq s_1\in S_1}(x_1-s_1)\prod_{0\neq s_2\in S_2}(x_2-s_2)\cdots\prod_{0\neq s_k\in S_k}(x_k-s_k),$$

这里常数 c 满足 $p(0,\,0,\,\cdots,\,0)=0$. 则该多项式最高次项 $x_1^{\mid s_1\mid-1}\cdots x_k^{\mid s_k\mid-1}$ 系数非零,于是由组合零点定理,存在 x_1, x_2, $\cdots$, x_k,使得 $p(x_1,\,x_2,\,\cdots,\,x_k)\neq0$,此时数组 $(x_1,\,x_2,\,\cdots,\,x_k)$ 满足条件.

参考文献

［1］A. Titu，D. Gabriel. Problems from the Book［M］. XYZ Press，2010.

［2］武炳杰. 第 33 届伊朗国家队选拔考试［J］. 中等数学 2017 增刊 II.

［3］孙孟越等. 2017 年北大清华金秋营试题简析［J］. 数学新星网・学生专栏，2017. 10. 23.

［4］2018 Korea Winter Program Practice Test［J/OL］. https://artofproblemsolving. com/community/c6h1570700.

［5］2017 年 IMO 中国国家集训队教练组. 走向 IMO：数学奥林匹克试题集锦（2017）［M］. 上海：华东师范大学出版社，2017. 09.

［6］《中等数学》编辑部. 国内外数学奥林匹克试题精选（2002—2012）数论部分［M］. 杭州：浙江大学出版社，2015. 10.

［7］瞿振华. Snevily 猜测和一道全国联赛加试题［J］. 中等数学，2015. 01.

［8］数学奥林匹克题库编委会. 国际数学奥林匹克预选题解［M］. 杭州：浙江大学出版社，2012. 01.

［9］冯祖鸣. 第 58 届美国国家队选拔考试［J］. 中等数学，2017. 09.

两道 IMO 预选题的新解法

高轶寒

（南京外国语学校，210018）

第 57 届 IMO 于 2016 年 7 月在香港举办. 此届 IMO 预选题中代数问题共有 8 道题,其中编号为 A7、A8 两题似乎难度较大. 本短文介绍我的解法,供有兴趣者参考.

A7　求所有函数 $f: \mathbf{R} \rightarrow \mathbf{R}$ 使得 $f(0) \neq 0$,且

$$f^2(x+y) = 2f(x)f(y) + \max\{f(x^2) + f(y^2), f(x^2 + y^2)\}$$

对任意实数 x、y 成立.

解　在给定的方程中令 $x = y = 0$,得

$$f^2(0) + \max\{2f(0), f(0)\} = 0.$$

由于 $f(0) \neq 0$, $f^2(0) > 0$,所以由上式知 $f(0) < 0$,且有 $f^2(0) + f(0) = 0$. 由此得 $f(0) = -1$.

现令 $g(x) = f(x) + 1$,则 $g(0) = 0$,这时原方程变为：

$$(g(x+y) - 1)^2 = 2(g(x) - 1)(g(y) - 1) + \max\{g(x^2) + g(y^2) - 2, g(x^2 + y^2) - 1\}. \quad (1)$$

下证 $g(x)$ 是奇函数,即对 $\forall t \in \mathbf{R}$ 有 $g(t) = -g(-t)$.

在 (1) 中令 $y = 0$ 并化简知 $g(x^2) = g^2(x)$. 故

$$g(x^2) = g((-x)^2) = g^2(-x),$$

即

$$|g(x)| = |g(-x)|. \quad (2)$$

假设 $g(x)$ 不是奇函数,则若存在 t 使得 $g(t) \neq -g(-t)$,则由 (2) 知 $g(t) = g(-t) \neq 0$. 在 (1) 中分别代入 $\left(\dfrac{t}{2}, \dfrac{t}{2}\right)$, $\left(\dfrac{t}{2}, -\dfrac{t}{2}\right)$, $\left(-\dfrac{t}{2}, -\dfrac{t}{2}\right)$,并令

$$\max\left\{2g\left(\frac{t^2}{4}\right)-2,\ g\left(\frac{t^2}{2}\right)-1\right\}=A,$$

可得

$$(g(t)-1)^2=2\left(g\left(\frac{t}{2}\right)-1\right)^2+A;\tag{3}$$

$$(g(0)-1)^2=2\left(g\left(\frac{t}{2}\right)-1\right)\left(g\left(-\frac{t}{2}\right)-1\right)+A;\tag{4}$$

$$(g(-t)-1)^2=2\left(g\left(-\frac{t}{2}\right)-1\right)^2+A.\tag{5}$$

由 $g(t)=g(-t)$ 及(3)、(5) 知

$$\left(g\left(\frac{t}{2}\right)-1\right)^2=\left(g\left(-\frac{t}{2}\right)-1\right)^2.$$

所以

$$\left(g\left(\frac{t}{2}\right)-g\left(-\frac{t}{2}\right)\right)\left(g\left(\frac{t}{2}\right)+g\left(-\frac{t}{2}\right)-2\right)=0.$$

若 $g\left(\dfrac{t}{2}\right)\neq g\left(-\dfrac{t}{2}\right)$,则由(2) 知,$g\left(\dfrac{t}{2}\right)=-g\left(-\dfrac{t}{2}\right)$,故

$$g\left(\frac{t}{2}\right)+g\left(-\frac{t}{2}\right)-2=-2\neq0,$$

矛盾!

所以 $g\left(\dfrac{t}{2}\right)=g\left(-\dfrac{t}{2}\right)$.这时(3)、(4) 右边相等,故

$$(g(t)-1)^2=(g(0)-1)^2=1.$$

又因为 $g(t)\neq0$,故 $g(t)=2$,从而 $g(-t)=2$.

再在(1)中代入 $(t,\ -t)$ 知

$$1=(g(0)-1)^2=2(g(t)-1)^2+\max\{2g(t^2)-2,\ g(2t^2)-1\}$$
$$\geqslant 2(g(t)-1)^2+2g(t^2)-2$$
$$=2\times1+2\times2^2-2=8>1,$$

矛盾!

故这就说明了对 $\forall t \in \mathbf{R}$，$g(t) = -g(-t)$，即 $g(x)$ 为奇函数.

再将 $(-x, -y)$ 代入(1)并由 $g(x)$ 是奇函数知

$$(g(x+y)+1)^2 = 2(g(x)+1)(g(y)+1) + \max\{g(x^2)+g(y^2)-2, \ g(x^2+y^2)-1\}. \quad (6)$$

由(1)和(6)可得

$$(g(x+y)+1)^2 - 2(g(x)+1)(g(y)+1) = (g(x+y)-1)^2 - 2(g(x)-1)(g(y)-1).$$

故

$$g(x+y) = g(x) + g(y). \quad (7)$$

又因为 $g(x^2) = g^2(x)$，所以当 $x \geqslant 0$ 时，有

$$g(x) \geqslant 0. \quad (8)$$

由(7)、(8)知，$g(x) = kx (k \in \mathbf{R})$. 再代入 $g(x^2) = g^2(x)$ 知，$k = k^2$，即 $k = 0$ 或 $k = 1$.

所以 $g(x) = 0$ 或 $g(x) = x$，即 $f(x) = -1$ 或 $f(x) = x - 1$ 是问题的解.

经检验，这两个解均满足题意. □

评注 上述解法的要点：首先确定初始值 $f(0) = -1$. 再作平移变换 $g(x) = f(x) + 1$，使得初始值就变为 $g(0) = 0$，然后核心部分（难点）就是证明 $g(x)$ 是奇函数. 有了奇偶性便将问题转化成了柯西（Cauchy）方程来处理了.

A8 求最大的实数 a，使得对所有 $n \geqslant 1$ 和任意满足 $0 = x_0 < x_1 < \cdots < x_n$ 的实数 $x_0, x_1, \cdots, x_n$ 有

$$\frac{1}{x_1 - x_0} + \frac{1}{x_2 - x_1} + \cdots + \frac{1}{x_n - x_{n-1}} \geqslant a\left(\frac{2}{x_1} + \frac{3}{x_2} + \cdots + \frac{n+1}{x_n}\right).$$

解 令 $a_k = x_k - x_{k-1}$，$k = 1, 2, \cdots, n$，则 $a_k > 0$.

这时问题转化为：求最大的正常数 a，使得对任意 $n \geqslant 1$ 和任意正实数 $a_1, a_2, \cdots, a_n$ 有

$$\sum_{i=1}^{n} \frac{1}{a_i} \geqslant a \sum_{i=1}^{n} \frac{i+1}{a_1 + \cdots + a_i}.$$

下面首先证明当 $a = \dfrac{4}{9}$ 时上述不等式成立.

先构造一个数列 $\{c_i\}$，其中 $c_i = \dfrac{i(i+1)}{2}$，令 $T_i = \sum_{j=1}^{i} c_j$. 则

$$T_i = \sum_{j=1}^{i} \frac{j(j+1)(j+2) - (j-1)j(j+1)}{6} = \frac{i(i+1)(i+2)}{6}.$$

故

$$\sum_{i=t}^{n} \frac{(i+1)}{T_i^2} = \sum_{i=t}^{n} \frac{36(i+1)}{i^2(i+1)^2(i+2)^2}$$

$$= \frac{9}{4} \sum_{i=t}^{n} \frac{4(i+1)}{i^2(i+1)^2(i+2)^2} = \frac{9}{4} \sum_{i=t}^{n} \frac{(i+2)^2 - i^2}{\frac{1}{4}i^2(i+1)^2(i+2)^2}$$

$$= \frac{9}{4} \sum_{i=t}^{n} \left(\frac{1}{c_i^2} - \frac{1}{c_{i+1}^2} \right) = \frac{9}{4} \left(\frac{1}{c_t^2} - \frac{1}{c_{n+1}^2} \right).$$

这时，

$$\sum_{i=1}^{n} \frac{1}{a_i} \geqslant \sum_{i=1}^{n} \left(\frac{1}{c_i^2} - \frac{1}{c_{n+1}^2} \right) \frac{c_i^2}{a_i} = \sum_{i=1}^{n} \left(\frac{4}{9} \sum_{j=i}^{n} \frac{j+1}{T_j^2} \right) \frac{c_i^2}{a_i}$$

$$= \frac{4}{9} \cdot \sum_{i=1}^{n} \sum_{j=i}^{n} \frac{j+1}{T_j^2} \cdot \frac{c_i^2}{a_i} = \frac{4}{9} \cdot \sum_{j=1}^{n} \sum_{i=1}^{j} \frac{j+1}{T_j^2} \cdot \frac{c_i^2}{a_i}$$

$$= \frac{4}{9} \sum_{j=1}^{n} \frac{j+1}{T_j^2} \sum_{i=1}^{j} \frac{c_i^2}{a_i}$$

$$\geqslant \frac{4}{9} \sum_{j=1}^{n} \frac{j+1}{T_j^2} \frac{\left(\sum\limits_{i=1}^{j} c_i \right)^2}{\sum\limits_{i=1}^{j} a_i} \text{（柯西不等式）}$$

$$= \frac{4}{9} \sum_{j=1}^{n} \frac{j+1}{a_1 + a_2 + \cdots + a_j}.$$

再说明 $a = \dfrac{4}{9}$ 是最优的.

取 $a_i = i(i+1)$，则

$$\sum_{i=1}^{n} \frac{1}{a_i} = \sum_{i=1}^{n} \frac{1}{i(i+1)} = 1 - \frac{1}{n+1},$$

而

$$a \sum_{i=1}^{n} \frac{i+1}{a_1 + \cdots + a_i} = 3a \sum_{i=1}^{n} \frac{i+1}{i(i+1)(i+2)}$$

$$= 3a \sum_{i=1}^{n} \frac{1}{i(i+2)} = \frac{3a}{2} \sum_{i=1}^{n} \left(\frac{1}{i} - \frac{1}{i+2} \right)$$

$$= \frac{3a}{2}\left(1 + \frac{1}{2} - \frac{1}{n+1} - \frac{1}{n+2}\right)$$

$$= \frac{3a}{2}\left(\frac{3}{2} - \frac{1}{n+1} - \frac{1}{n+2}\right).$$

故要使所研究不等式成立,必须有

$$a \leqslant \frac{1 - \dfrac{1}{n+1}}{\dfrac{3}{2}\left(\dfrac{3}{2} - \dfrac{1}{n+1} - \dfrac{1}{n+2}\right)},$$

令 $n \to \infty$ 得 $a \leqslant \dfrac{4}{9}$,这就证明了 $\dfrac{4}{9}$ 是最优的.

综上所述,满足要求的最大 a 值为 $\dfrac{4}{9}$.

评注 A8 本质上就是:求最优的正常数 a,使得

$$\sum_{i=1}^{n} \frac{1}{a_i} \geqslant a \sum_{i=1}^{n} \frac{i+1}{a_1 + \cdots + a_i}$$

对任意正实数 $a_1, a_2, \cdots, a_n$ 成立. 这和早年 AMM 上的一个问题:求最优的常数 a,使得

$$\sum_{i=1}^{n} \frac{1}{a_i} \geqslant a \sum_{i=1}^{n} \frac{i}{a_1 + \cdots + a_i}$$

十分类似,但后者的答案是 $\dfrac{1}{2}$. 请读者细心比较一下它们的异同.

几道全俄数学奥林匹克组合题的评析

欧阳铭晖

（北京人大附中，100080）

摘　要

2015 年，第 41 届全俄数学奥林匹克在鞑靼斯坦共和国首府喀山举行，比赛分为八、九、十、十一共四个年级. 考试分两天进行，每天各四道题. 其中十一年级组比赛的级别相当于中国的国家集训队，在闭幕式上会宣布当年的俄罗斯 IMO 国家队名单. 本文将讨论比赛中三道精致的组合题，并给出解答.

1. 引言

2015 年全俄数学奥林匹克分别在九年级组第四题，九年级组第八题和十一年级组第八题出了三道优美的组合问题.

1.1　九年级组第四题

110 支队伍参加排球单循环赛（排球比赛没有平局）. 已知在任意 55 支队伍中都存在一支队伍输给剩下 54 支中的至多 4 支. 求证存在一支队伍输给其余 109 支队伍中的至多 4 支队伍.

1.2　九年级组第八题

黑板上写有 $N(\geqslant 9)$ 个小于 1 的互异非负实数，已知对黑板上任意 8 个数都存在黑板上另一个数使得这 9 个数的和是一个整数，求 N 的所有可能值.

1.3　十一年级组第八题

a、b 为给定的正整数满足 $a < b < 2a$. 我们将坐标平面上顶点为整点且边平行于坐标轴的矩形称为标准矩形. 面积为 1 的标准矩形称为方格. 将坐标平面上的一些方格染上红色，满足任意 $a \times b$ 和 $b \times a$ 的标准矩形都包含至少一个红色方格. 求最大常数 α 使得对任意正整数 N，无论以何种方式染色，都存在一个 $N \times N$ 的标准矩形至少包含 $\lceil \alpha N^2 \rceil$ 个红色方格.

2. 九年级组第四题的讨论与解答

观察一:很明显,这道题是一道典型的图论问题.一上来自然地就会想"共 110 支队伍"和"任意 55 支队伍都存在一支队伍输给剩下 54 支中的至多 4 支"中的 110 和 55 有没有联系.但如果把 110 和 55 换成 $2n$ 和 n,不难发现当 n 很小的时候结论不对.而题目中的数"4"给人的印象非常奇怪,于是我们就想到从简单情况出发,先考虑将 4 换成更小的数的情况.

观察二:从形式上我们直观地会对题目有这样一种感觉,这道题实际上让我们证明的是这样一个结论:110 支队伍进行单循环赛,且没有平局.若任意 55 支队伍中都存在一支"几乎不败的队伍",求证在这 110 支队伍中存在一支"几乎不败的队伍".这样我们就发现已知与结论在形式上的某种一致性,从而很自然地想到利用归纳的想法剥开整个问题.

下面给出完整的证明.

证明 我们证明,对于任意 $n+1$ 个顶点的有向完全图 $G(n \geqslant 55)$,如果在任意 n 个顶点中均存在一个顶点,它在这 n 个顶点中被连入至多 4 条边.那么在 G 中存在一个顶点,它被连入至多 4 条边.

反证法,假设结论不成立.对于 G 中任意顶点 v,记 G_v 为删掉 v 后 G 剩下的子图.由已知条件知 G_v 中存在一个点 P_v,P_v 在 G_v 中至多被连入 4 条边.由于 G 是有向完全图,所以 P_v 和 v 之间必然有一条边.如果这条边是 P_v 指向 v,那么顶点 P_v 在 G 中至多被连入 4 条边,这正是我们想要的.所以可以不妨假设对于任意一个顶点 v,都是 v 指向 P_v,且 P_v 在 G 中恰好入度为 5(因为 P_v 的入度至多为 5).令 $P = \{P_v : v \in V(G)\}$,表示由所有 P_v 组成的集合.由于每个 P_v 的入度都恰好是 5,所以固定 P 中任意一个点 p,至多有 5 个点 v,满足 $P_v = p$.又由于每个点 v 都对应到了一个 P_v,所以 $|P| \geqslant \lceil \frac{56}{5} \rceil =$ 12.所以 P 中存在一个点在 P 中至少有 6 条边指向它.这与 P 中的每个点入度都为 5 矛盾.

利用上面的结论和归纳法,不难证明原题. □

评注 这道题是一道非常好的考查简单思想和观察力的组合问题.

3. 九年级组第八题的解答

明显地,$N=9$ 符合条件.我们证明,$N=9$ 是唯一的一种可能.

证明 采用反证法,设 $N \geqslant 10$.记 N 个数分别为 $a_1, a_2, \cdots, a_N$.

以下用 $x \equiv y \pmod 1$ 表示实数 x 和 y 的差是整数.

若存在 $1 \leqslant i, j, k, l \leqslant N(i, j, k, l$ 互不相同) 满足 $a_i + a_j \equiv a_k + a_l (\bmod 1)$. 由于 $N \geqslant 10$, 所以在黑板上还存在不同于 a_i, a_j, a_k, a_l 的 6 个数 $a_1, a_2, a_3, a_4, a_5, a_6$. 记

$$S_1 = a_1 + a_2 + a_3 + a_4 + a_5, \quad S_2 = a_1 + a_2 + a_3 + a_4 + a_6.$$

由题目条件知存在一个不同于 $\{a_1, a_2, a_3, a_4, a_5, a_i, a_j, a_k\}$ 的数 a_p 和一个不同于 $\{a_1, a_2, a_3, a_4, a_6, a_i, a_j, a_k\}$ 的数 a_q 使得 $a_i + a_j + a_k + S_1 + a_p$ 和 $a_i + a_j + a_k + S_2 + a_q$ 均为整数. 又因为 $a_5 \neq a_6$, 所以 $a_p \neq a_q$. 故 a_p 和 a_q 中至少有一个数不等于 a_l, 不妨设它为 a_p(因为 a_p 和 a_q 地位对等). 由 $a_i + a_j + a_k + S_1 + a_p$ 为整数以及 $a_i + a_j \equiv a_k + a_l (\bmod 1)$ 知 $2a_k + a_l + S_1 + a_p$ 为整数. 现考虑黑板上的 8 个数:$\{a_1, a_2, a_3, a_4, a_5, a_k, a_l, a_p\}$, 由题目条件知道黑板上存在一个异于这 8 个数的数使得这 9 个数之和为整数. 这个数必须是 a_k, 但是 a_k 与那 8 个数有重复, 矛盾. 所以黑板上不存在 4 个数 i, j, k, l 满足

$$1 \leqslant i, j, k, l \leqslant N(i, j, k, l \text{ 互不相同}) \text{ 且 } a_i + a_j \equiv a_k + a_l (\bmod 1).$$

任取黑板上 7 个数 $a_1, a_2, a_3, a_4, a_5, a_6, a_7$. 黑板上的数, 除了这 7 个数以外, 可以两两配对, 使得每对数的和加上这 7 个数的和总和是个整数. 由于 $N \geqslant 10$, 所以这样的对子至少有两组, 不妨设为 (a_i, a_j) 和 (a_k, a_l). 这样我们就找到了黑板上 4 个互不相同的数满足 $a_i + a_j \equiv a_k + a_l (\bmod 1)$. 由于 $N \geqslant 10$, 由之前的讨论可知这是矛盾的. $\qquad \square$

其实, 这道题还存在着一个更为简单的证明.

证明 首先, 注意到这个事实:任取黑板上 7 个数 $\{a_1, a_2, a_3, a_4, a_5, a_6, a_7\}$. 黑板上的数, 除了这 7 个数以外, 可以两两配对, 使得每对数的和加上这 7 个数的和总和是个整数. 所以 $2 \mid N - 7$, 即 N 是个奇数.

依旧采用反证法, 反设 $N \geqslant 10$. 我们称黑板上的 9 个数组成一个"九元组"当且仅当这 9 个数和为整数. 考虑包含 $\{a_1, a_2, a_3, a_4, a_5, a_6, a_7\}$ 的所有九元组, 并将它们求和. 我们得到

$$\frac{N-7}{2} \sum_{i=1}^{7} a_i + \sum_{i=8}^{N} a_i$$

是一个整数. 即

$$\frac{N-9}{2} \sum_{i=1}^{7} a_i + \sum_{i=8}^{N} a_i$$

是一个整数.

由于 $N \geqslant 10$, 所以 $N - 9 > 0$. 对于另外 7 个数 $\{a_1, a_2, a_3, a_4, a_5, a_6, a_8\}$, 我们也可以类似地

得到另外一个式子. 两式相减得到: $\dfrac{N-9}{2}(a_8-a_7)$ 是一个整数. 由于 a_1, a_2, $\cdots$, a_8 的任意性可知黑板上任意两个数的差乘以 $\dfrac{N-9}{2}$ 都是一个整数. 又因为黑板上的数都在 $[0, 1)$ 上, 所以至多只能有 $\dfrac{N-9}{2}$ 个互不相同的数. 而 $\dfrac{N-9}{2}<N$, 所以黑板上必然有相同的数, 矛盾. □

评注 这道题的解法很多, 甚至通过某些算两次的估计方法也可以得到比较好的结果.

4. 十一年级组第八题的解答

解 (本解答由李伟固教授提供)

答案为: $\alpha_{\max}=\dfrac{1}{2a^2-2ab+b^2}$.

(i) 首先我们构造一个例子表明, $\alpha\leqslant\dfrac{1}{D}$, 其中 $D=a^2+(b-a)^2=2a^2-2ab+b^2$. 任意将一个方格染成红色, 然后将其做平移 $n(a, b-a)+m(b-a, -a)$, $(m, n)\in\mathbf{Z}^2$, 得到所有红色方格. 每个 $D\times D$ 的标准矩形中恰包含 D 个红色方格.

下面证明每个 $a\times b$ 和 $b\times a$ 标准矩形都包含至少一个红色方格. 我们只证明每个 $a\times b$ 标准矩形都含红色方格. 对 $b\times a$ 标准矩形的证明类似. 令 K 是任意一个 $a\times b$ 标准矩形. 考虑含这个标准矩形的宽度为 b 的水平带型区域, 显然其中含有红色方格. 设该红色方格中心的坐标为 (x, y), 则 $(x+a, y+(b-a))$ 和 $(x+(b-a), y+a)$ 都是红色方格的中心, 其中之一位于带形区域内. 这表明, 在带型区域内水平方向看每个长度为 a 的区间必含红色方格中的点. 特别地, K 含红色方格. 由上面讨论得 $\alpha\leqslant\dfrac{D}{D^2}=\dfrac{1}{D}$.

(ii) 下面证明对 $\alpha=\dfrac{1}{D}$ 本题的结论成立. 首先每个宽为 a, 高为 b 的 $a\times b$ 标准矩形对应其所含纵坐标最低的红格 (若这样的红格不止一个则对应最高红格中最左边的). 下面我们证明最多有 D 个 $a\times b$ 标准矩形对应同一个红格.

不妨设红格 A 的中心坐标为 $\left(\dfrac{1}{2}, \dfrac{1}{2}\right)$. 考虑水平带型区域 $\Gamma=\{(x, y)\,|-\infty<x<\infty, 1\leqslant y\leqslant a+1\}$. 设 B 为 Γ 中在第一象限中最左边的红格 (若多于一个则任取其一), C 为 Γ 中在第二象限中最右边的红格 (若多于一个则任取其一). 则 B、C 中心的横坐标的差不大于 b. 共有 $a(b-a)$ 个上边的纵坐标大于等于 $a+1$ 的 $a\times b$ 矩形含 A. 其中至多 $(a-b)^2$ 个不含 B 和 C. 因此, 至少有 $a(b-a)-$

$(b-a)^2 = (2a-b)(b-a)$ 个含 A 和 B 或 C. 故至多 $ab-(2a-b)(b-a) = D$ 个 $a \times b$ 标准矩形对应 A.

对任意正整数 N, 令 $m = (a+b)N^2$. 考虑一个 $m \times m$ 标准矩形 T. 设 T 中有 s 个红格. 至少有 $(m-a)(m-b)$ 个不同的 $a \times b$ 标准矩形含在 T 中, 故

$$s \geqslant \frac{(m-a)(m-b)}{D} > \frac{m(m-a-b)}{D} = \frac{(a+b)^2 N^2 (N^2-1)}{D}.$$

将 T 分成 $(a+b)^2 N^2$ 个 $N \times N$ 标准矩形的并, 则其中必有一个含的红格数大于 $\dfrac{N^2-1}{D}$. 这意味着其中的红格数不小于 $\dfrac{N^2-1}{D} + \dfrac{1}{D} = \dfrac{N^2}{D}$. $\qquad\square$

评注 此题难度较大.

5. 致谢

感谢参加全俄竞赛的领队李伟固教授以及北京数学会的梁志斌老师, 人大附中的张端阳老师的大力支持. 其中所有题目的翻译和十一年级组第八题的解答由李伟固教授提供.

整数数列中素因子个数的问题

付艺渲

（山东省实验中学，250001）

站在数论的角度研究一个整数数列,其中是否有无穷多个素数显然是让人极感兴趣的性质. 但我们甚至不能知道简单的数列,如 n^2+1 中是否有无穷多个素数. 退一步,一个整数数列中是否有无穷多个素因子,也可以算是它的基本的数论性质. 在数学竞赛中,不乏这类问题. 本文主要介绍这一方面的结论与问题.

我们首先来看一下有关的基本定理.

定理 1(Issai Schur[1]) 设 $f(x)$ 是一个非常数的整系数多项式,则数列 $\{f(n)\}(n=0,1,\cdots)$ 有无穷多个不同的素因子.

证明 设非常数的整系数多项式 $f(x)=\sum_{i=0}^{n}a_ix^i$ 对 $x=0,1,\cdots$ 仅有有限个不同的素因子 $p_1,\cdots,p_k$,则 $a_0\neq 0$.

取 $x=p_1\cdots p_k a_0 t$,并设整数 t 充分大,则 $f(x)$ 可表示为如下形式:

$$f(x)=a_0(p_1\cdots p_k A_t+1),$$

这里 A_t 是一个依赖于 t 的整数. 在 t 充分大时,$|A_t|>1$,故 $p_1\cdots p_k A_t+1$ 有素因子 p,显然 p 不同于 $p_1,\cdots,p_k$,与假设矛盾. □

评注 定理 1 的应用无疑是极其广泛的. 这里的证明手法,与欧几里得(Euclid)证明素数无限的方式如出一辙.

定理 2 若 f 是一个首项系数大于 0 的整系数多项式,$\{a_n\}$ 是一个严格递增的正整数数列,且对于任意正整数 n,都有 $a_n\leqslant f(n)$,则 $\{a_n\}$ 中有无穷多个不同的素因子.

证明 若结论不成立,则只存在有限个素数 $p_1,\cdots,p_t$ 满足要求.

设多项式 f 的首项为 $b_m x^m$,由于每个 a_n 都可以写成 $p_1,\cdots,p_t$ 的幂次之积,因此

$$\sum_{n=1}^{\infty} \frac{1}{f(n)^{\frac{1}{m}}} \leqslant \sum_{n=1}^{\infty} \frac{1}{a_n^{\frac{1}{m}}} \leqslant \prod_{i=1}^{t} \sum_{j=1}^{\infty} \frac{1}{p_i^{\frac{j}{m}}} = \prod_{i=1}^{t} \frac{1}{1-p_i^{-\frac{1}{m}}}.$$

又因为存在正整数 N,使得当 $n \geqslant N$ 时,有 $f(n)^{\frac{1}{m}} < 2b_m^{\frac{1}{m}}n$,因此

$$\sum_{n=N}^{\infty} \frac{1}{f(n)^{\frac{1}{m}}} > \frac{1}{2b_m^{\frac{1}{m}}} \sum_{n=N}^{\infty} \frac{1}{n},$$

不存在上界,这就导致了矛盾. □

评注 定理 2 的结论是定理 1 的推广,当 n 充分大时,显然 $f(n)$ 是单调的.

正如定理 1 可以看作欧几里得的手法的再次成功,定理 2 的结论,也可以视作欧拉(Euler)对于素数无限的证明的推广. 在这种有分析色彩的数论问题中,取倒数相加或许是一种有力的手段. 狄利克雷(Dirichlet)在证明他的著名定理——算术级数中有无穷多素数时,采用的正是这一方法.

在素数无限的证明中,下面的这种证法称不上简单,也并不算很漂亮. 假设只有有限个素数 $p_1, \cdots, p_k$,则 $1, 2, \cdots, N$ 中每个数可以写成 $\prod_{i=1}^{k} p_i^{\alpha_i}$ 的形式,且

$$2^{\alpha_1+\cdots+\alpha_k} \leqslant \prod_{i=1}^{k} p_i^{\alpha_i} \leqslant N.$$

因此 $\alpha_i \leqslant \alpha_1 + \cdots + \alpha_k \leqslant \log_2 N$. 于是 $\prod_{i=1}^{k} p_i^{\alpha_i}$ 最多能表示出 $(\log_2 N + 1)^k$ 个不同的数,因此 $(\log_2 N + 1)^k \geqslant N$,取 N 充分大,这不可能成立.

但这种证法有趣之处在于:它表明,如果正整数列中只有有限个素数,那么它的增长速度似乎太慢了一些. 认真探究这个证法成功的原因,或许我们不难得到如下的定理.

定理 3(Christian Elsholtz[2]). 令 $S = (s_1, s_2, s_3, \cdots)$ 为一整数序列. 称

(1) S 是几乎单射的,如果存在常数 c,每个值至多出现 c 次;

(2) S 是次指数增长的,如果存在一个函数 $f: \mathbf{N} \to \mathbf{R}_+$,满足 $\lim_{n \to \infty} \frac{f(n)}{\log_2 n} = 0$,使得 $|s_n| \leqslant 2^{2^{f(n)}}$ 对所有 n 成立.

设整数数列 $\{a_n\}$ 是几乎单射的,且是次指数增长的,则 $\{a_n\}$ 中有无穷多个素因子.

证明 设 $f(n)$ 都是单调不减的,否则用 $F(n) = \max_{i \leqslant n} f(i)$ 代替 $f(n)$ 不影响问题的结论. 假设 $\{a_n\}$ 只有有限个素因子 $p_1, \cdots, p_k$. 对任意的 n,设 $a_n = \varepsilon_n \prod_{i=1}^{k} p_i^{\alpha_i}$,其中 $\varepsilon_n \in \{-1, 0, 1\}$,$\alpha_i \geqslant 0$,则有

$$2^{a_1+\cdots+a_k} \leqslant a_n \leqslant 2^{2^{f(n)}}.$$

以 2 为底取对数,我们得到

$$0 \leqslant \alpha_i \leqslant \alpha_1 + \cdots + \alpha_k \leqslant 2^{f(n)}, 1 \leqslant i \leqslant k.$$

因此,每个 $\alpha_i = \alpha_i(n)$ 有不超过 $2^{f(n)}+1$ 个不同的可能值,而 f 是单调的. 这表明,对于给定的 N,在 $|a_1|, |a_2|, \cdots, |a_N|$ 中最多有 $(2^{f(N)}+1)^k$ 个不同的数.

另一方面,由于 $\{a_n\}$ 是几乎单射的,序列中只有 c 项可以为 0,每个非零的绝对值至多可以出现 $2c$ 次. 于是,在 $|a_1|, |a_2|, \cdots, |a_N|$ 中至少有 $\dfrac{N-c}{2c}$ 个不同的数. 放在一起,我们得到 $\dfrac{N-c}{2c} \leqslant (2^{f(N)+1})^k$,由于 $\dfrac{f(n)}{\log_2 n} \to 0$,对于充分大的 N,这不可能成立,矛盾. □

评注 显然,这个定理蕴含了定理 1 和定理 2.

这里的次指数增长,实际上比指数增长要慢很多. 它并不能理解为存在一个函数 $g: \mathbf{N} \to \mathbf{R}_+$,满足 $\lim\limits_{n\to\infty} \dfrac{g(n)}{n} = 0$,使得 $|s_n| \leqslant 2^{g(n)}$ 对 n 所有成立. 比如,取 $g(n) = \sqrt{n}$,那么 $\lim\limits_{n\to\infty} \dfrac{g(n)}{n} = 0$,但是 $\lim\limits_{n\to\infty} \dfrac{\log_2 g(n)}{\log_2 n} = \dfrac{1}{2}$,然而 $\lim\limits_{n\to\infty} \dfrac{f(n)}{\log_2 n} = 0$ 不能改进了. 对前 T 个素数 $p_1, \cdots, p_T$,考虑所有形如 $\prod\limits_{i=1}^{T} p_i^{\alpha_i}$ 的数按从小到大顺序排列得到的数列,它的增长速度大概是 $2^{2^{f(n)}}$,其中 $\dfrac{f(n)}{\log_2 n} \approx \dfrac{1}{T}$,但这样的数列只有有限个素因子.

下面这道最近的赛题,应用上面的定理可以很快做出.

题 1(2016 USA TST) 求所有大于 1 的整数 C,使得存在由两两不同的正整数构成的无穷数列 $a_1, \cdots, a_n, \cdots$,对于任意正整数 k,都有 $a_{k+1}^k \mid C^k a_1 a_2 \cdots a_k$.

解 我们来证明 $\{a_n\}$ 是次指数增长的,由定理 3 即得不存在这样的 C.

令 $b_n = \log_2 a_n$,$A = \log_2 C$,有 $k b_{k+1} \leqslant kA + b_1 + \cdots + b_k$. 令 $A_n = \dfrac{b_1 + \cdots + b_n}{n}$,有 $A_{k+1} \leqslant A_k + \dfrac{A}{k+1}$,因此存在一个正实数 M,使得

$$A_n \leqslant M\log_2 n, \quad b_n \leqslant A + A_{n-1} \leqslant A + M\log_2 n,$$

因此 $\lim\limits_{n\to\infty} \dfrac{\log_2 b_n}{\log_2 n} = 0.$ □

评注　事实上 b_n 是对数级增长的,于是 a_n 是幂级增长的,应用定理 2 也可以解决本题.

可以看出,研究素数的幂起到了非常重要的作用.事实上,当我们假设数列 $\{a_n\}$ 中仅有有限个素数 $p_1,\cdots,p_k$ 时,使用这个反证假设,得到的唯一信息就是,每一个 a_n 都可以写成 $\prod_{i=1}^{k} p_i^{a_i}$ 的形式.那么自然就会去考虑某个素数幂次的大小.

下面的题便是一个利用阶乘性质去分析幂次的例子.

题 2(2012 RMO[3])　记 $S_n = 1! + 2! + \cdots + n!$,证明:存在 $n \in \mathbf{N}$,使得 S_n 有大于 10^{2012} 的素因子.

证明　对任意素数 p,任意正整数 n,用 $v_p(n)$ 表示 n 的素因数分解中素数 p 的幂次.

注意到,若 $v_p(n) \neq v_p(k)$,则 $v_p(n \pm k) = \min\{v_p(n), v_p(k)\}$.由此得到下面的引理.

引理　如果存在某个正整数 n 满足 $v_p(S_n) < v_p((n+1)!)$,则对于任意的 $k \geqslant n$,有 $v_p(S_k) = v_p(S_n)$.

令 $P = 10^{2012}$.假设对于任意正整数 n,S_n 的所有素因子都小于 P.对于任意素数 $p < P$,如果存在某个正整数 m,使得 $v_p(S_m) < v_p((m+1)!)$.根据引理,存在正整数 a_p,使得对任意的正整数 n,有 $v_p(S_n) \leqslant a_p$.我们称这样的素数为"小素数",所有小于 P 且不是小素数的素数称为"大素数".

取定正整数 M,使得不等式 $M > p^{a_p}$ 对任意小素数成立.

对任意一个大素数 p,如果 $n+2$ 是 p 的倍数,则由引理,

$$v_p(S_{n+1}) \geqslant v_p((n+2)!) > v_p((n+1)!),$$

这推出(注意到 2 显然是小素数)

$$v_p(S_n) = v_p(S_{n+1} - (n+1)!) = v_p((n+1)!) = v_p(n!).$$

令 $N = MP! - 2$,则上述论证表明 $v_p(S_N) = v_p(N!)$ 对任意大素数 p 成立.又因为 $N \geqslant M$,$v_p(S_N) \leqslant v_p(p^{a_p}) \leqslant v_p(N!)$,而 S_N 所有的素因子不是小素数就是大素数,这表明 $S_N \leqslant N!$,矛盾.　□

评注　本题还有别的一些证明方法,但大都用到了公式:$v_p(n!) = \sum_{k=1}^{\infty} \left[\dfrac{n}{p^k} \right]$.

而上面的证明,也即标准答案中的做法,用到的知识是非常少的.它几乎只利用了如下的事实:

若 $v_p(a) \neq v_p(b)$,则 $v_p(a+b) = \min\{v_p(a), v_p(b)\}$.

然后围绕阶乘的性质分析其中素数的幂次,最终得到矛盾.

在分析幂次时，一种常见的手法是，考虑数列中的若干个数，其中必有两个数，素数部分最大者对应着同一个素数，这样，两个数的最大公约数就大于较小数的 k 次根. 下题便是这样一个例子.

题 3(2009 Iran TST) 设 a 是一个给定的正整数，证明：集合 $S = \{2^{2^n} + a \mid n \in \mathbf{N}_+\}$ 中的整数有无穷多个不同的素因子.

证明 设 S 中全体素因子为 $p_1 < \cdots < p_k$. 对任意的 $r \in \mathbf{N}_+$，取充分大的正整数 N，使得 $2^{2^N} + a > (\prod\limits_{i=1}^{k} p_i)^r$. 令

$$B = \{2^{2^N} + a, \ 2^{2^{N+1}} + a, \cdots, 2^{2^{N+k}} + a\}.$$

对任意 $b \in B$，有一个素因子的幂次大于 r，而 $|B| = k + 1$，因此存在 u、v，使得对于某个 p_i，有 $p_i^r \mid 2^{2^u} + a$，$p_i^r \mid 2^{2^{u+v}} + a$. 而

$$2^{2^u} + a \mid (2^{2^u})^{2^v} - a^{2^v} = 2^{2^{u+v}} - a^{2^v},$$

因此 $p_i^r \mid a^{2^v} + a$，于是 $p_i^r \leqslant a^{2^v} + a \leqslant a^{2^k} + a$，但 k 是常数，矛盾. □

评注 我们可以走得更远一些. 注意到 $\{2^{2^n} + a\}$ 可以看做由 $\{2^{2^n}\}$ 平移得到的，而后者仅存在有限个素因子. 下面，我们以一个强大的定理作结此文.

定理 4(Kobayashi) 若无界正整数列 $\{a_n\}_{n \geqslant 0}$ 只存在有限个素因子，则对 $a \in \mathbf{Z}$，$a \neq 0$，数列 $\{a_n - a\}_{n \geqslant 0}$ 有无穷多个素因子.

证明 我们不加证明的使用 Thue 定理[4].

引理 (Thue 定理) 设 $n \geqslant 3$，$f(z) = a_n z^n + a_{n-1} z^{n-1} + \cdots + a_1 z + a_0$ 是一个整系数的 n 次（有理数域上）既约多项式，则不定方程

$$H(x, y) = a_n x^n + a_{n-1} x^{n-1} y + \cdots + a_1 x y^{n-1} + a_0 y^n = C$$

仅有有限多组整数解 x、y，其中 C 是给定的整数.

回到我们的问题. 设 $\{a_n\}$ 的素因子仅有 $p_1, \cdots, p_r$，且 $\{a_n - a\}$ 的素因子仅有 $q_1, q_2, \cdots, q_s$. 由于 $\{a_n\}$ 无界，因此 $\prod\limits_{i=1}^{r} p_i^{\alpha_i} - \prod\limits_{j=1}^{s} q_j^{\beta_j}$ 有无穷多组非负整数解.

考虑向量 $v = (\alpha_1, \alpha_2, \cdots, \alpha_r, \beta_1, \beta_2, \cdots, \beta_s)$，将它们按模 3 分类，必有一类有无穷个元素. 这样的一类解，可以写成 $Ax^3 - By^3 = a$ 的形式. 其中 A、B 是确定的正整数，并且 A、B 中每个素因子的幂次都不超过 2.

若 $A=B$,有 $x^2+xy+y^2\mid a$,因此 $x^2+xy+y^2\leqslant a$,只能有有限组解.若 $A\neq B$,则 $\sqrt[3]{\dfrac{A}{B}}\notin\mathbf{Q}$,因此 Ax^3-By^3 既约,根据 Thue 定理,只能有有限组解.这就导致了矛盾.故 $\{a_n-a\}_{n\geqslant 0}$ 有无穷多个素因子.　□

参考文献

［1］余红兵.奥数教程·高三年级［M］.第六版.上海:华东师范大学出版社,2014.4.

［2］Martin Aigner, Gunter M. Ziegler. 数学天书中的证明［M］.第五版.北京:高等教育出版社,2016.3.

［3］2012 年 IMO 中国国家集训队教练组.走向 IMO:数学奥林匹克试题集锦(2012)［M］.上海:华东师范大学出版社,2012.8.

［4］柯召,孙琦.数论讲义［M］.第 2 版.北京:高等教育出版社,2003.5.

对数凹多项式应用与介绍

倪弘康　孙孟越

（华东师范大学第二附属中学，201203）

我们先来看两个试题. 第一个是一道 ICM（International Mathematical Competition for University Students）试题：

问题 1　设 k 是一个正整数. 对每个非负整数 n，定义 $f(n)$ 是不等式 $|x_1|+|x_2|+\cdots+|x_k|\leqslant n$ 的整数解 $(x_1, x_2, \cdots, x_k)\in \mathbf{Z}^k$ 的个数. 求证：对任意正整数 n 有 $f(n-1)\cdot f(n+1)\leqslant f(n)^2$.

证明　我们先试着求出 $f(n)$ 的显式表达. 我们可以采用母函数或者组合手段，这里我们采用后者.

当 $x_1, x_2, \cdots, x_k$ 中恰有 $m(0\leqslant m\leqslant k)$ 个非零项时，其非零项用所谓的"插板法"可以求出有 $\left(\dfrac{n}{m}\right)\cdot 2^m$，而非零项的位置选择共有 $\left(\dfrac{k}{k-m}\right)$ 种. 故我们得到

$$f(n)=\sum_{m=0}^{k}\left(\frac{n}{n-m}\right)\cdot\left(\frac{k}{m}\right)\cdot 2^m.$$

可以发现 $f(n)$ 正好是多项式 $Q_n(x)\xlongequal{\text{def}}(1+x)^n(1+2x)^k$ 的 x^n 项系数.

设 $Q_{n-1}(x)=(1+x)^{n-1}(1+2x)^k$ 的 x^{n-1}、x^n、x^{n+1} 项系数分别为 a_{n-1}、a_n、a_{n+1}，则 $f(n-1)=a_{n-1}$. 由 $Q_n(x)=(1+x)Q_{n-1}(x)$ 知，$f(n)=a_{n-1}+a_n$. 由 $Q_{n+1}(x)=(1+2x+x^2)Q_{n-1}(x)$ 知，$f(n+1)=a_{n-1}+2a_n+a_{n+1}$. 进而

$$f(n-1)f(n+1)\leqslant f(n)^2$$
$$\Longleftrightarrow a_{n-1}(a_{n-1}+2a_n+a_{n+1})\leqslant(a_n+a_{n-1})^2$$
$$\Longleftrightarrow a_{n-1}a_{n+1}\leqslant a_n^2.$$

这时候，问题转化为 $Q_{n-1}(x)$ 的系数上来. 但单项系数并不容易处理. 我们猜测可能 $Q_{n-1}(x)$ 的每一项 x^i 的系数 a_i 都满足 $a_{i-1}a_{i+1}\leqslant a_i^2$.

我们可以建立如下命题:称一个实系数多项式 $P(x)=b_0+b_1x+b_2x^2+\cdots+b_kx^k$ 为对数凹的,若 $b_n^2 \geqslant b_{n-1}b_{n+1}$ 对所有正整数 $1 \leqslant n \leqslant k-1$ 成立.

引理 若正系数多项式 $P(x)$ 是对数凹的,则 $(1+x)P(x)$ 也是正系数多项式,且 $(1+x)P(x)$ 是对数凹的.

引理证明:显然 $(1+x)P(x)$ 是正系数多项式.事实上,

$$(1+x)P(x)=b_0+(b_0+b_1)x+(b_1+b_2)x^2+\cdots+(b_{k-1}+b_k)x^k+b_kx^{k+1}.$$

当 $n=1$ 时,我们有 $(b_0+b_1)^2 \geqslant b_0(b_1+b_2) \Leftarrow b_1^2 \geqslant b_0b_2$.

当 $1<n<k$ 时,我们有

$$\begin{aligned}&(b_{n-1}+b_n)^2-(b_{n-2}+b_{n-1})(b_n+b_{n+1})\\&=(b_{n-1}^2-b_{n-2}b_n)+(b_nb_{n-1}-b_{n-2}b_{n+1})+(b_n^2-b_{n-1}b_{n+1}).\end{aligned} \tag{1}$$

由于 $b_{n-1}^2 \geqslant b_{n-2}b_n > 0$, $b_n^2 \geqslant b_{n-1}b_{n+1} > 0$,两式相乘得到

$$b_nb_{n-1} \geqslant b_{n-2}b_{n+1} > 0,$$

故 $b_nb_{n-1}-b_{n-2}b_{n+1} \geqslant 0$,因此(1)式右端 3 个括号均为非负实数,(1)式右边 $\geqslant 0$.

当 $n=k$ 时,类似于 $n=1$ 的情形.引理成立.

回到原题.不难验证 $(1+2x)^k$ 是正系数多项式,且是对数凹的.由引理及归纳法知,正系数多项式 $(1+x)^{n-1}(1+2x)^k$ 也是对数凹的.结论成立. □

同样的技术可以应用在如下一道 AMM(The American Mathematical Monthly)征解题中.

问题 2 设 s、t 是给定的自然数,$s \leqslant t$,令

$$a_n=\binom{n}{s}+\binom{n}{s+1}+\cdots+\binom{n}{t}.$$

证明:$a_n^2 \geqslant a_{n-1}a_{n+1}$,$\forall n \geqslant 1$,$n \in \mathbf{Z}_+$.

证明 称一个实系数多项式 $P(x)=b_0+b_1x+b_2x^2+\cdots+b_kx^k$ 为对数凹的,若 $b_n^2 \geqslant b_{n-1}b_{n+1}$ 对所有正整数 $1 \leqslant n \leqslant k-1$ 成立.

引理 若正系数多项式 $P(x)$ 是对数凹的,则 $(1+x)P(x)$ 也是正系数多项式,且 $(1+x)P(x)$ 是对数凹的.

引理证明同上一题.

回到原题.对任意的 n,我们记 $f(n,u)$ 为多项式 $(1+x)^n(1+x+x^2+\cdots+x^{t-s})$ 的 x^u 项系数.

考虑一个固定的 n，则有 $a_n = \binom{n}{s} + \binom{n}{s+1} + \cdots + \binom{n}{t} = f(n, t)$.

并且注意 $f(n, t) = f(n-1, t) + f(n-1, t-1)$. 故

$$a_{n-1} = f(n-1, t),$$

$$a_n = f(n-1, t) + f(n-1, t-1),$$

$$a_{n+1} = f(n+1, t) = f(n, t) + f(n, t-1)$$

$$= f(n-1, t) + 2f(n-1, t-1) + f(n-1, t-2).$$

则我们有

$$a_n^2 \geqslant a_{n+1}a_{n-1} \Leftrightarrow f(n-1, t-1)^2 \geqslant f(n-1, t-2)f(n-1, t).$$

由于正系数多项式 $1 + x + x^2 + \cdots + x^{t-s}$ 是对数凹的，由引理得到正系数多项式 $(1+x)^{n-1}(1+x+x^2+\cdots+x^{t-s})$ 也是对数凹的，这推出 $f(n-1, t-1)^2 \geqslant f(n-1, t-2)f(n-1, t)$. 结论成立.

$$\square$$

其实，在组合、代数、几何、计算机科学、概率、统计中，对数凹序列经常出现. 在文献[5]的记号下，对数凹的定义与我们给出的定义相同. 上述证明过程中可以看出 $P(x)$ 的系数是正的是不能删去的. 实际上，在文献[5]及更广泛的研究中，这一条件被无中间零项（no internal zero）所取代（即对数列 $\{a_i\}$，不存在下标 $i < j < k$ 使得 $a_i \neq 0$, $a_j = 0$, $a_k \neq 0$）.

定理 若 $P(x)$ 与 $Q(x)$ 是正系数多项式且是对数凹的，则 $P(x) \cdot Q(x)$ 也是对数凹的.

事实上，这个定理曾在文[1]，[2]（第8章节，定理1.2），[3]，[4]中出现. 本文两位作者也提出了这个问题，倪弘康也独立给出了这个定理的证明，他给出的证明与[1]中的证明本质相同. 应用此定理，可以立刻得到上面两个题目中的引理.

参考文献

[1] Woong, Kook. On the Product of Log-concave Polynomials[J]. INTEGERS: Electronic Journal of Combinatorial Number Theory, (6)2006.

[2] S. Karlin. Total Positivity[M]. vol. I. Stanford University Press, 1968.

[3] K. V. Menon. On the Convolution of Logarithmically Concave Sequences[J]. Proceedings

of the American Mathematical Society，(23)1969:439 - 441.

［4］ R. Stanley. Log-concave and Unimodal Sequences in Algebra，Combinatorics，and Geometry[J]. Annals of the New York Academy of Sciences，(576)1989:500 - 535.

［5］ R. Stanley. Enumerative Combinatorics[M]. Cambridge University Press，1997.

四、几何园地

等角线

萧振纲

（湖南理工学院，414006）

等角线作为一个近代平面几何学的概念，它是角平分线与外角平分线概念的推广，也是角平分线与外角平分线概念的统一，并且等角线的内容早已渗透到国际国内各种数学竞赛中.

一、 等角线及其基本性质

什么叫等角线？给定 $\angle AOB$ 及它的角平分线 OT，OX、OY 是过角的顶点 O 的两条直线. 如果 OX、OY 关于直线 OT 对称，则称 OY 是 OX 关于 $\angle AOB$ 的等角线（图 1.1～1.5）.

显然，OX、OY 关于 $\angle AOB$ 互为等角线. 一个角的两边（所在直线）也是这个角的两条等角线；一个角的平分线是重合的等角线，即自等角线. 一个角的外角平分线也是自等角线（图 1.6）.

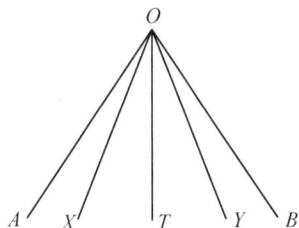

图 1.1

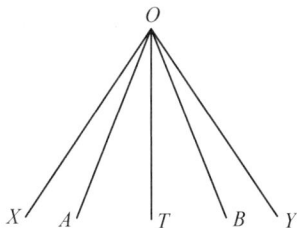

图 1.2

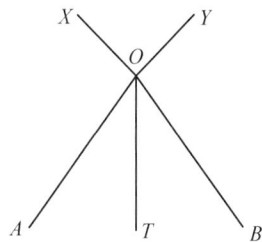

图 1.3

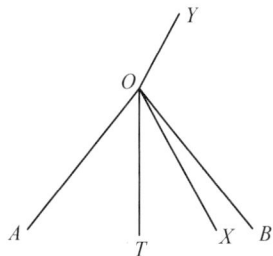

图 1.4

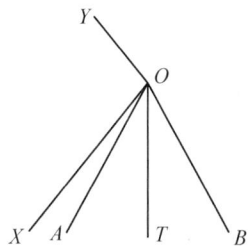

图 1.5

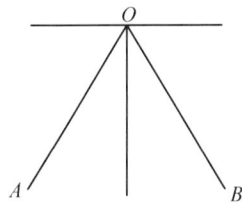

图 1.6

注意等角线中的"线"的概念是直线,因此,OX、OY 是 $\angle AOB$ 的两条等角线当且仅当 $\angle AOX = \angle YOB$ 或 $\angle AOX + \angle YOB = 180°$.

另外,设 l、m 是两条互相垂直的直线,垂足为 O,如果过垂足 O 的两条直线关于直线 l 对称,则不难知道,这两条直线也关于直线 m 对称. 由此可知,如果 OX、OY 是 $\angle AOB$ 的两条等角线,则 OX、OY 也是 $\angle AOB$ 的邻补角的两条等角线,当然也是 $\angle AOB$ 的对顶角的两条等角线. 如图 1.7、图 1.8 所示,设 OC、OD 分别是 OA、OB 的反向延长线,OX、OY 是 $\angle AOB$ 的两条等角线,则 OX、OY 是 $\angle DOA$ 的两条等角线,也是 $\angle BOC$ 的两条等角线,同时还是 $\angle COD$ 的两条等角线.

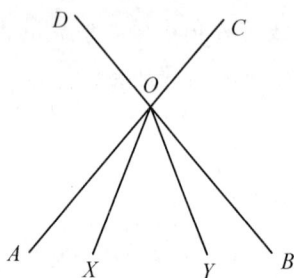

图 1.7

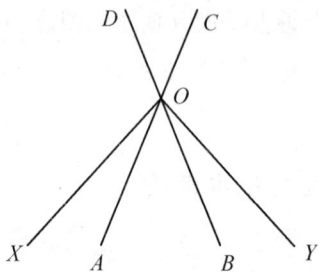

图 1.8

与等角线密切相关的另一个概念是逆平行线.

给定 $\triangle ABC$,B'、C' 分别是直线 AC、AB 上的点,若 B、C、B'、C' 四点共圆,则 $B'C'$ 称为 BC 的逆平行线(图 1.9~1.11). 过点 A 且与 $\triangle ABC$ 的外接圆相切的直线也称为 BC 的逆平行线(图 1.12). 显然,BC 的所有逆平行线都是平行的,因而对 $\triangle ABC$ 所在平面上的任意一点,存在 BC 的唯一一条逆平行线.

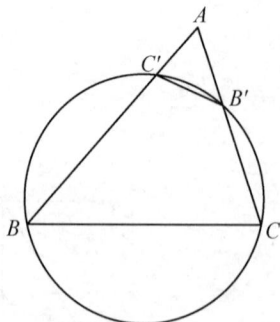

图 1.9

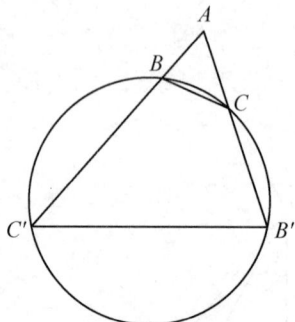

图 1.10

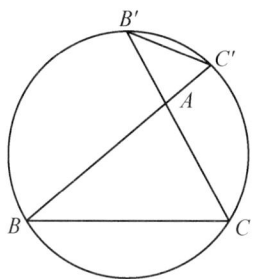 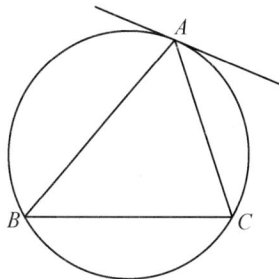

图 1.11　　　　　　　　　　图 1.12

逆平行线是对于一个给定的三角形(或两条相交直线)而言的,离开了三角形就变得毫无意义.另外,逆平行线有时是指一条直线,有时是指端点在三角形的两边所在直线上的一条线段.

定理 1.1　设 P 是 $\angle AOB$ 所在平面上一点,过 P 作直线 OA、OB 的垂线,垂足分别为 M、N,则 OQ 是 OP 关于 $\angle AOB$ 的等角线的充分必要条件是: $OQ \perp MN$.

证明　如图 1.13～1.15 所示.设直线 OQ 与 MN 交于点 K.因 $PM \perp OM$, $PN \perp ON$,所以,O、M、P、N 四点共圆,因此,$\angle ONK = \angle OPM$.又 $PM \perp OM$,于是,OQ、OP 是 $\angle AOB$ 的两条等角线 $\Leftrightarrow \angle KON = \angle MOP \Leftrightarrow \triangle OKN \backsim \triangle OMP \Leftrightarrow \angle NKO = \angle PMO \Leftrightarrow \angle NKO = 90° \Leftrightarrow OK \perp MN \Leftrightarrow OQ \perp MN$.　　　　　□

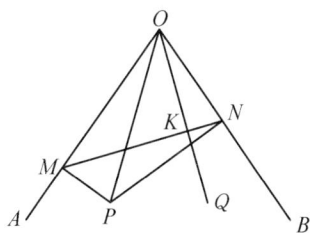 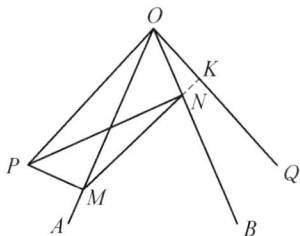 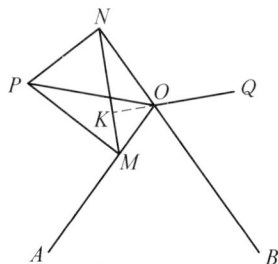

图 1.13　　　　　　　图 1.14　　　　　　　图 1.15

注意在定理 1.1 中,OP 实际上是 $\triangle OMN$ 的外接圆的直径,因而定理 1.1 蕴含了三角形的一个等角线的基本事实(图 1.16、图 1.17).

推论 1.1　设 O 是 $\triangle ABC$ 的外心,AD 是 $\triangle ABC$ 的高,则 AO、AD 是 $\angle BAC$ 的两条等角线.

推论 1.1 也可以叙述为:设 O 是 $\triangle ABC$ 的外心,则 AO 关于 $\angle BAC$ 的等角线垂直于 BC.或者叙述为:设 AD 是 $\triangle ABC$ 的高,则 AD 关于 $\angle BAC$ 的等角线过 $\triangle ABC$ 的外心.

显然,当 AD 是 $\triangle ABC$ 的高时,AD 的等角线垂直于 BC 的逆平行线,于是由推论 1.1 立即得到

推论 1.2 设 O 是 $\triangle ABC$ 的外心,则 AO 垂直于 BC 的逆平行线.

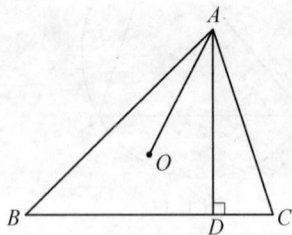
图 1.16

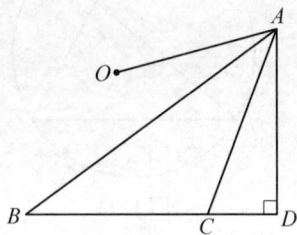
图 1.17

定理 1.2 设 M、N 是 $\triangle ABC$ 的边 BC 所在直线上两点,则 AM、AN 是 $\angle BAC$ 的两条等角线的充分必要条件是:$\dfrac{BM \cdot BN}{MC \cdot NC} = \dfrac{AB^2}{AC^2}$.

证明 如图 1.18~1.20 所示,设直线 AM 与过点 B 且平行于 AC 的直线交于 P,直线 AN 与过点 C 且平行于 AB 的直线交于 Q,则 $\angle PBA = \angle QCA$,$\dfrac{BM}{MC} = \dfrac{BP}{AC}$,$\dfrac{BN}{NC} = \dfrac{AB}{CQ}$,于是,$\dfrac{BM \cdot BN}{MC \cdot NC} = \dfrac{AB \cdot BP}{AC \cdot CQ}$.故 $\dfrac{BM \cdot BN}{MC \cdot NC} = \dfrac{AB^2}{AC^2} \Leftrightarrow \dfrac{AB}{AC} = \dfrac{BP}{CQ} \Leftrightarrow \triangle ABP \backsim \triangle ACQ \Leftrightarrow \angle BAP = \angle QAC \Leftrightarrow AM$、$AN$ 是 $\angle BAC$ 的两条等角线. $\qquad\square$

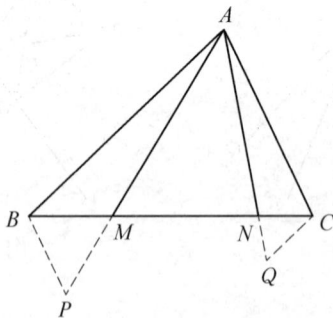
图 1.18

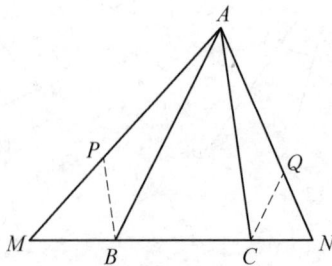
图 1.19

定理 1.3 设 D、E 是 $\triangle ABC$ 的边 BC 上两点,且 AD、AE 是 $\angle BAC$ 的两条等角线.直线 AD 与 $\triangle ABC$ 的外接圆的另一交点为 F,则 $AE \cdot AF = AB \cdot AC$.

证明 如图 1.21 所示,显然,$\angle AFB = \angle ACE$.而 AE、AF 是 $\angle BAC$ 的两条等角线,所以

$\angle BAF = \angle EAC$，因此，$\triangle ABF \backsim \triangle AEC$，于是 $\dfrac{AB}{AE} = \dfrac{AF}{AC}$．故 $AB \cdot AC = AE \cdot AF$．

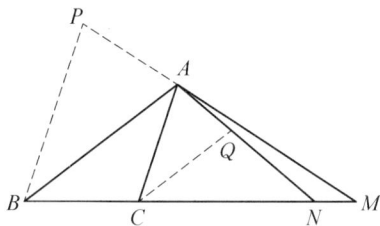
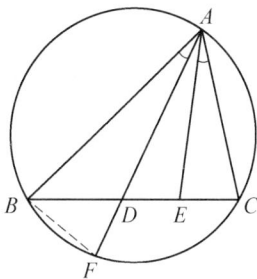

图 1. 20　　　　　　　　　图 1. 21

等角线的这几个基本性质尽管简单（定理 1.3 的证明简单得不值一提），但由这些基本性质可以简捷地处理平面几何中的一些等角线问题．尤其是与三角形的外心有关的许多问题都可以考虑用定理 1.1 的两个推论处理．

例 1.1　设 M、N 是 $\triangle ABC$ 的边 BC 上两点，且 $\angle BAM = \angle NAC$，O、O_1 分别是 $\triangle ABC$ 与 $\triangle AMN$ 的外心．求证：A、O、O_1 三点共线．（2012 年全国高中数学联赛）

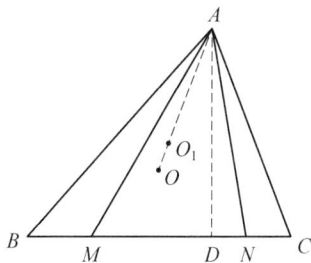

图 1. 22

证明　如图 1.22 所示．因 $\angle BAM = \angle NAC$，所以，AM、AN 是 $\angle BAC$ 的两条等角线．作 $\triangle ABC$ 的高 AD，则由推论 1.1，AO_1 是 AD 关于 $\angle MAN$ 的等角线，所以 AO_1 是 AD 关于 $\angle BAC$ 的等角线．再由推论 1.1，AO 也是 AD 关于 $\angle BAC$ 的等角线，故 A、O、O_1 三点共线．　　□

例 1.2　设四边形 $ABCD$ 内接于圆 O，对角线 AC 与 BD 交于 P，$\triangle ABP$、$\triangle BCP$、$\triangle CDP$、$\triangle DAP$ 的外心分别为 O_1、O_2、O_3、O_4．求证：OP、O_1O_3、O_2O_4 三直线共点．（1990 年全国高中数学联赛）

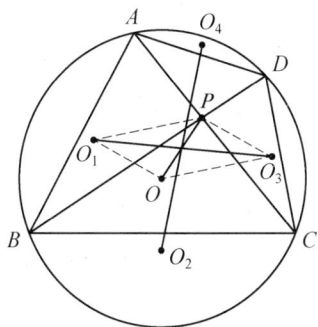

证明　如图 1.23 所示．因 CD 是 AB 的逆平行线，由推论 1.2，$PO_1 \perp CD$．又 $O_3O \perp CD$，所以，$PO_1 // O_3O$．同理，$PO_3 // O_1O$，因此，PO_1OO_3 是一个平行四边形，于是，O_1O_3 过 OP 的中点．同理，O_2O_4 也过 OP 的中点．故 OP、O_1O_3、O_2O_4 三直线共点．　　□

图 1. 23

例 1.3　设 D、E 是 $\triangle ABC$ 的边 BC 上两点,且 $\angle BAD = \angle EAC$,作 $EM \perp AB$,$EN \perp AC$(M、N 为垂足),延长 AD 交 $\triangle ABC$ 的外接圆于 F. 证明:四边形 $AMFN$ 与 $\triangle ABC$ 的面积相等.(2000 年全国高中数学联赛)

证明　如图 1.24 所示. 因 $EM \perp AB$,$EN \perp AC$,由定理 1,$AF \perp MN$,所以,$S_{AMFN} = \frac{1}{2} AF \cdot MN$. 再由 $EM \perp AB$,$EN \perp AC$ 知,A、M、E、N 四点共圆,且 AE 是该圆的一条直径,由正弦定理,有 $MN = AE\sin\angle BAC$. 但由定理 1.3,$AE \cdot AF = AB \cdot AC$. 故

$$S_{AMFN} = \frac{1}{2} AF \cdot MN = \frac{1}{2} AF \cdot AE\sin\angle BAC = \frac{1}{2} AB \cdot AC \cdot \sin\angle BAC = S_{\triangle ABC}. \qquad \square$$

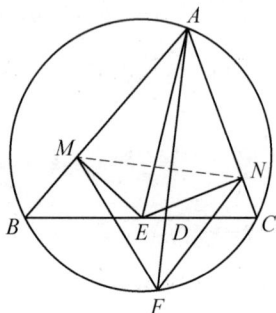

图 1.24

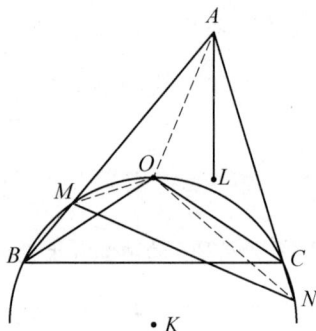

图 1.25

例 1.4　设 O 是 $\triangle ABC$ 的外心,K 是 $\triangle BOC$ 的外心,直线 AB、AC 分别交 $\triangle BOC$ 的外接圆于另一点 M、N,L 是点 K 关于直线 MN 的对称点. 求证:$AL \perp BC$.(第 26 届俄罗斯数学奥林匹克,2000)

证明　如图 1.25 所示. 因 $\angle OMA = \angle OCB = 90° - \angle BAC$,即 $\angle OMA + \angle BAN = 90°$,所以 $MO \perp AN$. 同理,$NO \perp AM$,这说明 O 为 $\triangle AMN$ 的垂心,于是 $\triangle OMN$ 的外接圆与 $\triangle AMN$ 的外接圆是等圆,它们关于直线 MN 对称. 由于 K 为 $\triangle OMN$ 的外心,所以,L 为 $\triangle AMN$ 的外心,由推论 1.1,AL、AO 是 $\angle BAC$ 的两条等角线,但 O 为 $\triangle ABC$ 的外心,故再由推论 1.1 即知 $AL \perp BC$. $\qquad \square$

例 1.5　设 $ABCD$ 是一个圆内接四边形,$\angle CBA$ 的外角平分线与 $\angle BAD$ 的外角平分线及 $\angle DCB$ 的外角平分线分别交于 K、L,$\angle ADC$ 的外角平分线与 $\angle DCB$ 的外角平分线及 $\angle BAD$ 的外角平分线分别交于 M、N. 求证:K、L、M、N 四点共圆,且这个圆的半径 $R = \dfrac{KM \cdot LN}{AB + BC + CD + DA}$.

证明　如图 1.26 所示. 设 $\angle BAD = 2\alpha$, $\angle CBA = 2\beta$, $\angle DCB = 2\gamma$, $\angle ADC = 2\delta$, 则

$$\alpha + \beta + \gamma + \delta = 180°.$$

因 $\angle KAB = 90° - \alpha$, $\angle ABK = 90° - \beta$, 所以, $\angle LKN = \alpha + \beta$. 同理, $\angle NML = \gamma + \delta$. 因此

$$\angle LKN + \angle NML = \alpha + \beta + \gamma + \delta = 180°.$$

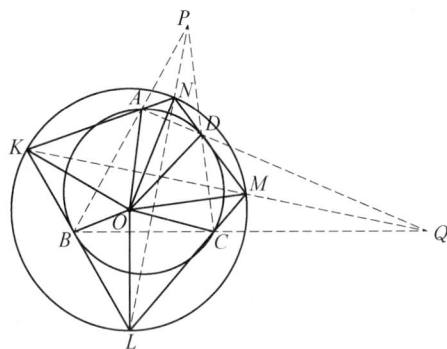

图 1.26

故 K、L、M、N 四点共圆.

另一方面, 设直线 AB 与 CD 交于 P, 直线 BC 与 DA 交于 Q, 则 K 是 $\triangle QAB$ 的 Q-旁心, M 是 $\triangle QCD$ 的内心, 所以点 K、M 皆在 $\angle AQB$ 的平分线上. 同理, 点 L、N 皆在 $\angle BPC$ 的平分线上. 因而 $KM \perp LN$. 于是, 设 O 为 K、L、M、N 四点所共之圆的圆心, 则由推论 1.1, $\angle LKO = \angle MKN$, 即 $\angle BKO = \angle MKA$. 又 K 是 $\triangle QAB$ 的 Q-旁心, 所以, $\triangle KAB$ 的外心在 KQ 上, 再由推论 1.1, $OK \perp AB$. 同理, $OL \perp BC$, $OM \perp CD$, $ON \perp DA$. 于是, 由 $S_{OAKB} + S_{OBLC} + S_{OCMD} + S_{ODNA} = S_{KLMN}$, 得

$$OK \cdot AB + OL \cdot BC + OM \cdot CD + ON \cdot DA = KM \cdot LN.$$

而 $OK = OL = OM = ON = R$, 故 $R = \dfrac{KM \cdot LN}{AB + BC + CD + DA}$.　□

例 1.6　设四边形 $ABCD$ 的两组对边的延长线分别交于 E、F, $\triangle BEC$ 的外接圆与 $\triangle CFD$ 的外接圆交于 C、P 两点, 则 $\angle BAP = \angle CAD$ 的充分必要条件是 $BD \parallel EF$. (第 51 届 IMO 中国国家集训队测试, 2010)

证明　如图 1.27 所示. 因完全四边形的四个三角形的外接圆共点, 所以, $\triangle AED$ 的外接圆 Γ_1 与 $\triangle ABF$ 的外接圆 Γ_2 交于 A、P 两点. 设直线 AP 与 BC 交于 K, BC 与 Γ_1、Γ_2 的另一个交点分别为 M、N, 则由圆幂定理, $EK \cdot MK = KP \cdot KA = KF \cdot KN$. 两边同加上 $EK \cdot KF$ 即得 $EK \cdot MF = KF \cdot EN$, 故 $\dfrac{EK}{KF} = \dfrac{EN}{MF}$.

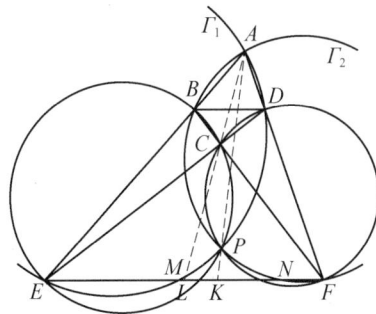

图 1.27

又因圆 Γ_1、Γ_2 分别过 A、D 两点和 A、B 两点, 由圆幂定理, $EN \cdot EF = BE \cdot AE$, $MF \cdot EF = AF \cdot DF$, 所以, $\dfrac{EN}{MF} = \dfrac{AE \cdot BE}{AF \cdot DF}$,

因此 $\dfrac{EK}{KF} = \dfrac{AE \cdot BE}{AF \cdot DF}$.

另一方面,设直线 AC 与 EF 交于 L,则由塞瓦(Ceva)定理可得 $\dfrac{EL}{LF}=\dfrac{AD}{DF}\cdot\dfrac{BE}{AB}$,所以

$$\frac{EL}{LF}\cdot\frac{EK}{KF}=\frac{AE}{AF}\cdot\frac{AD}{AB}\cdot\frac{BE^2}{DF^2}.$$

于是,由定理 1.2,

$$\angle BAP=\angle CAD\Leftrightarrow\frac{EL}{LF}\cdot\frac{EK}{KF}=\frac{AE^2}{AF^2}\Leftrightarrow\frac{AE}{AF}\cdot\frac{AD}{AB}\cdot\frac{BE^2}{DF^2}=\frac{AE^2}{AF^2}$$

$$\Leftrightarrow\frac{BE^2}{DF^2}=\frac{AE}{AF}\cdot\frac{AB}{AD}\Leftrightarrow\frac{(AE-AB)^2}{(AF-AD)^2}=\frac{AE\cdot AB}{AF\cdot AD}$$

$$\Leftrightarrow\frac{(AE-AB)^2+2AE\cdot AB}{(AF-AD)^2+2AF\cdot AD}=\frac{AE\cdot AB}{AF\cdot AD}$$

$$\Leftrightarrow\frac{(AE+AB)^2}{(AF+AD)^2}=\frac{AE\cdot AB}{AF\cdot AD}$$

$$\Leftrightarrow\frac{(AE+AB)^2}{(AF+AD)^2}=\frac{(AE-AB)^2}{(AF-AD)^2}$$

$$\Leftrightarrow\frac{AE+AB}{AF+AD}=\frac{AE-AB}{AF-AD}$$

$$\Leftrightarrow\frac{(AE+AB)+(AE-AB)}{(AF+AD)+(AF-AD)}=\frac{(AE+AB)-(AE-AB)}{(AF+AD)-(AF-AD)}$$

$$\Leftrightarrow\frac{AE}{AF}=\frac{AB}{AD}\Leftrightarrow BD\ /\!/\ EF.$$

$\square$

二、 平行四边形与等角线

平行四边形与等角线有着密切的联系.

定理 2.1　设 P 是平行四边形 $ABCD$ 所在平面上一点,则 $\angle PAD=\angle DCP$ 的充分必要条件为: PB、PD 是 $\angle APC$ 的两条等角线. 其中 $\angle PAD$ 与 $\angle DCP$ 的方向相同.

证明　如图 2.1、2.2 所示. 作平移变换 $T(\overrightarrow{AD})$,则 $A\to D$,$B\to C$. 设 $P\to P'$,则 $\angle DP'P=\angle PAD$,$\angle APB=\angle DP'C$. 于是,$\angle PAD=\angle DCP\Leftrightarrow\angle DP'P=\angle DCP\Leftrightarrow C$、$P'$、$D$、$P$ 四点共圆 $\Leftrightarrow\angle DP'C+\angle CPD=180°$ 或 $\angle DP'C=\angle DPC\Leftrightarrow\angle APB+\angle CPD=180°$ 或 $\angle APB=\angle DPC\Leftrightarrow PB$、 PD 是 $\angle APC$ 的两条等角线.

$\square$

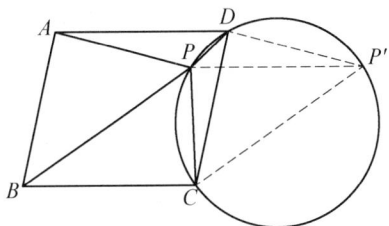

图 2.1

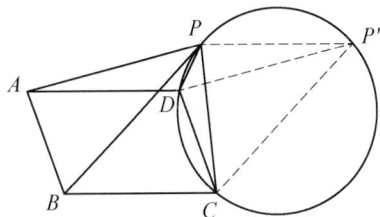

图 2.2

图 2.1 所示情形的必要性是 1997 年第 29 届加拿大数学奥林匹克试题；图 2.2 所示情形的必要性是 1978 年第 12 届全苏数学奥林匹克试题，也是 2013 年第 49 届英国数学奥林匹克试题.

因为定理 2.1 所揭示的是平行四边形与等角线定理的一个关系，所以我们将其称为平行四边形等角线定理. 它在以往只是以两道简单小题的身份隐没在茫茫题海之中，但实际上，这个定理的应用是非常广泛的，不可小觑.

例 2.1 设 $\triangle OAB$ 与 $\triangle OCD$ 镜像相似，直线 AB 与 CD 交于 P，L、M、N 分别是 OP、AC、BD 的中点. 求证：L、M、N 三点共线.

证明 如图 2.3、图 2.4 所示，设点 O 关于 M、N 的对称点分别为 Q、R，则 $OAQC$、$OBRD$ 皆为平行四边形. 因 $\triangle OAB \backsim \triangle OCD$，所以 $\angle PAO = \angle OCP$，$\angle PBO = \angle ODP$，由定理 2.1，PQ 是 PO 关于 $\angle CPA$ 的等角线，PR 也是 PO 关于 $\angle CPA$ 的等角线，因此，P、Q、R 三点共线. 而 L、M、N 分别为 OP、OQ、OR 的中点，故 L、M、N 三点共线. □

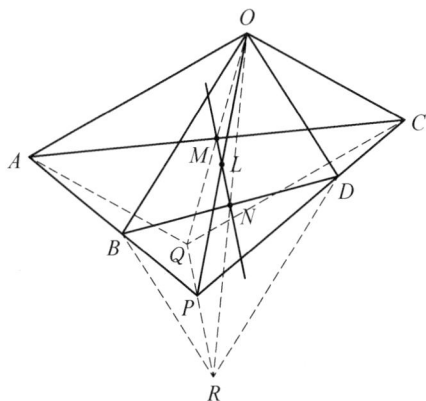

图 2.3

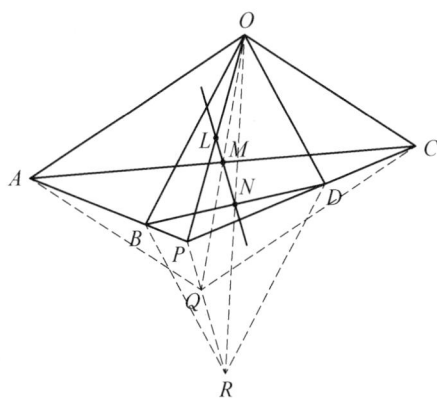

图 2.4

例 2.2 已知 $ABCD$ 是一个圆内接四边形,对角线 AC 与 BD 交于点 E,直线 DA 与 BC 交于点 F,四边形 $EDGC$ 是平行四边形,H 是 E 关于 DF 对称点. 求证:D、H、F、G 四点共圆. (第 54 届 IMO 摩尔多瓦国家代表队选拔考试,2013)

证明 如图 2.5 所示. 因 $DECG$ 是一个平行四边形,$\angle FDE = \angle ECF$,由定理 2.1,FE、FG 是 $\angle CFD$ 的两条等角线,所以 $\angle EFD = \angle CFG$. 又 H 是 E 关于 DF 对称点,四边形 $ABCD$ 内接于圆,所以 $\angle DFH = \angle EFD = \angle CFG$,$\angle HDF = \angle FDE = \angle ACF$. 于是,设 X 是 FH 的延长线上一点,FG 与 AC 交于 Y,则

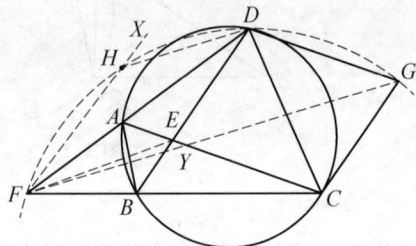

图 2.5

$$\angle DHX = \angle DFH + \angle HDF = \angle CFG + \angle ACF = \angle AYF.$$

再注意 $AC \mathbin{/\!/} DG$ 即知 $\angle AYF = \angle DGF$,因此,$\angle DHX = \angle DGF$. 故 D、H、F、G 四点共圆. □

例 2.3 在圆内接四边形 $ABCD$ 中,直线 AB 与 CD 交于 E,对角线 AC 与 BD 交于 F,作平行四边形 $ABDX$. 求证:$\angle DCX = \angle FEA$. (中欧地区数学竞赛,2010)

证明 如图 2.6 所示. 设过点 D 且平行于 AC 的直线与 AX 交于 Y,则 $AFDY$ 是一个平行四边形,而 $\angle EAF = \angle FDE$,由定理 2.1,$\angle DEY = \angle FEA$. 再设直线 CD 与 AX 交于 Z,则 $\angle YZD = \angle BDC = \angle EAF$,因此,$\triangle EFA \backsim \triangle EYZ$,从而 $\dfrac{EA}{FA} = \dfrac{EZ}{YZ}$.

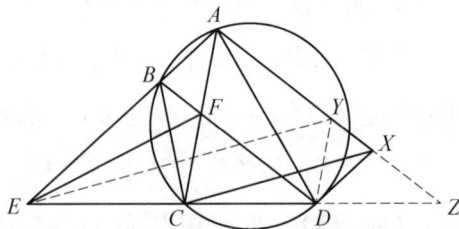

图 2.6

另一方面,因 $\angle AZD = \angle BDC = \angle EAC$,所以,$EC \cdot EZ = EA^2$. 又由 $ABDX$ 与 $AFDY$ 皆为平行四边形知,$\angle BAF = \angle XDY$,且 $DY = FA$,所以 $\angle XZD = \angle BDC = \angle BAF = \angle XDY$,因此,$YX \cdot YZ = YD^2 = FA^2$. 于是,$\dfrac{EC \cdot EZ}{YX \cdot YZ} = \dfrac{EA^2}{AF^2} = \dfrac{EZ^2}{YZ^2}$,从而 $\dfrac{EC}{YX} = \dfrac{EZ}{YZ}$,这说明 $CX \mathbin{/\!/} EY$,故 $\angle DCX = \angle DEY = \angle FEA$. □

例 2.4 设 P 是 $\triangle ABC$ 内一点,且 $\angle ACP = \angle PBA$. 点 P 在 $\angle A$ 的内角平分线与外角平分线上的射影分别为 E、F. 求证:直线 EF 平分 BC.

证明 如图 2.7 所示. 设 M 是 BC 的中点,点 P 关于点 M 的对称点为 Q,则 $PBQC$ 是一个平行四边形. 而 $\angle PBA = \angle ACP$,由定理

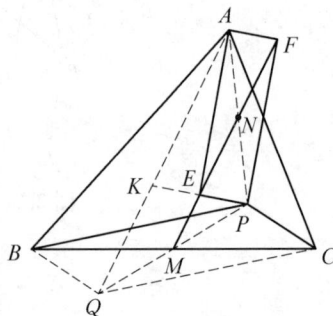

图 2.7

2.1，AP、AQ 是 $\angle BAC$ 的两条等角线. 但 AE 是 $\angle BAC$ 的平分线，因而 AE 也是 $\angle QAP$ 的平分线. 又 $AE \perp EP$，于是，设直线 PE 与 AQ 交于 K，则 E 为 PK 的中点. 再设 N 是 PA 的中点，则 M、E、N 三点共线. 显然，E、N、F 三点共线，故 E、F、M 三点共线，换句话说，直线 EF 平分 BC. □

例 2.1 所述也是一个有应用价值的几何事实，值得注意.

例 2.5 设 H 是锐角 $\triangle ABC$ 的垂心，$\angle HBA$ 的平分线与 $\angle ACH$ 的平分线交于 D，M、N 分别为 BC、AH 的中点. 求证：M、D、N 三点共线.

证明 如图 2.8 所示. 众所周知，$\angle HBA = \angle ACH$. 而 BD、CD 分别为 $\angle HBA$ 与 $\angle ACH$ 的平分线，所以，$\angle DCH + \angle HBD = \angle HBA$. 因此 $\angle DCB + \angle CBD = \angle HCB + \angle CBA = 90°$，从而 $\angle BDC = 90°$. 于是，设过点 H 且平行于 CD 的直线与 AB 交于 E，过点 H 且平行于 BD 的直线与 AC 交于 F，则 $HE \perp BD$，$HF \perp CD$，所以，$BD \parallel HF$，$CD \parallel HE$. 但 BD 为 $\angle HBA$ 的平分线，因此，BD 平分 HE，从而直线 BD 过 EF 的中点. 同理，直线 CD 也过 EF 的中点，这说明 D 是 EF 的中点. 显然，$\triangle HEB$ 与 $\triangle HFC$ 镜像相似，且直线 EB 与 FC 交于 A，而 N、D、M 分别为 HA、EF、BC 的中点，故由例 2.1，M、D、N 三点共线. □

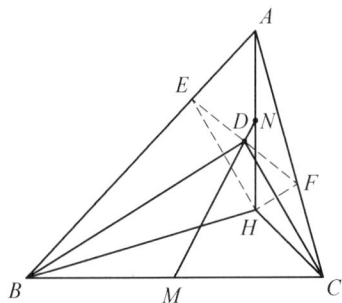

图 2.8

三、 完全四边形与等角线

完全四边形（无三线共点的四条直线两两相交所构成的图形）也有一个十分漂亮的等角线性质.

定理 3.1 设 C、D 是 $\angle AOB$ 所在平面上两点，直线 AC 与 BD 交于 E，直线 AD 与 BC 交于 F，则当 OC、OD 是 $\angle AOB$ 的两条等角线时，OE、OF 也是 $\angle AOB$ 的两条等角线.

证明 只需证明：当 OE 关于 $\angle AOB$ 的等角线与 CB 交于点 F 时，A、D、F 三点共线.

事实上，如图 3.1～3.4 所示. 因 $\angle DOB = -\angle COA$，$\angle BOF = -\angle AOE$，$\angle FOC = -\angle EOD$，所以

$$\frac{\sin \angle COA}{\sin \angle AOE} \cdot \frac{\sin \angle EOD}{\sin \angle DOB} \cdot \frac{\sin \angle BOF}{\sin \angle FOC} = -1.$$

（符号"$\angle$"表示有向角）而 A、D、F 分别为 $\triangle BCE$ 三边所在直线上的三点，点 O 不在其三边所在直线上，于是由 Menelaus 定理的第二角元形式[1]即知 A、D、F 三点共线. □

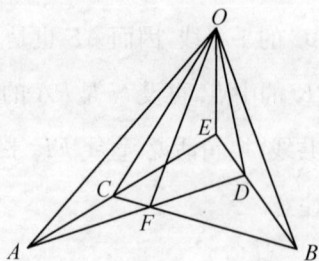

图 3.1

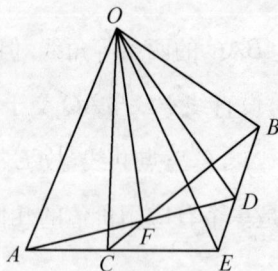

图 3.2

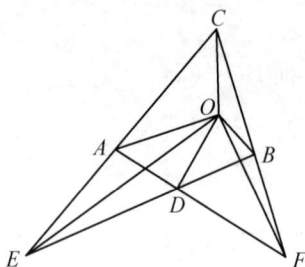

图 3.3

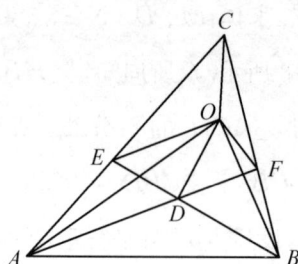

图 3.4

由于 $ECFDAB$ 是一个完全四边形,因而我们可以将定理 3.1 叙述为:

定理 3.1′ 设 O 是完全四边形 $ECFDAB$ 所在平面上一点,若 OC、OD 是 $\angle AOB$ 的两条等角线,则 OE、OF 也是 $\angle AOB$ 的两条等角线.

正是因为这个原因,我们将定理 3.1 称之为完全四边形等角线定理.

在图 3.1 中,当 B 变为无穷远点时,便成为 2003 年的一道 IMO 中国国家集训队培训题. 当 A、B 皆变为无穷远点时,则由定理 3.1 可得定理 2.1. 在图 3.2 中,当 OE 平分 $\angle AOB$ 时,便是 1999 年全国高中数学联赛加试的那道几何题.

完全四边形等角线定理在处理某些有等角线条件的几何问题时,往往具有出奇制胜之效.

例 3.1 设 $\triangle OAB$ 与 $\triangle OCD$ 镜像相似,其垂心分别是 H_1、H_2. 直线 AD 与 BC 交于 P. 求证:$OP \perp H_1H_2$.

证明 如图 3.5 所示. 因 $\angle AOB = \angle DOC$,于是,设直线 AB 与 CD 交于 Q,则由定理 3.1,OP、OQ 是 $\angle AOC$ 的两条等角线. 再设直线 OH_1 与 AB 交于 E,直线 OH_2 与 CD 交于 F,则 $QE \perp OE$,$QF \perp OF$,且 OP、OQ 是 $\angle EOF$ 的两条等角线,于是由定理 1.1,$OP \perp EF$.

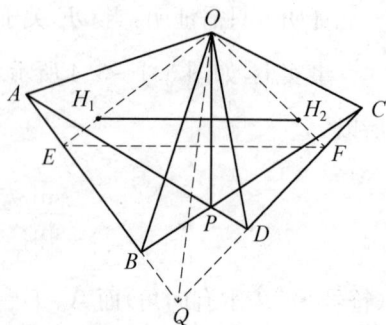

图 3.5

另一方面,因 $\triangle OAB \backsim \triangle OCD$,垂心 H_1、H_2 是其相似对应点,所以 $\dfrac{OH_1}{OE} = \dfrac{OH_2}{OF}$,这说明 $H_1H_2 \parallel EF$. 而 $OP \perp EF$. 故 $OP \perp H_1H_2$. $\square$

例 3.2 设 A、B、C、D 是一已知圆上四点,点 P 满足条件 $\angle APC = \angle BPD$,AC 与 BD 交于点 E,$\odot(PAB)$ 与 $\odot(PCD)$ 交于 P、F 两点. 求证:$\angle APE = \angle FPD$.

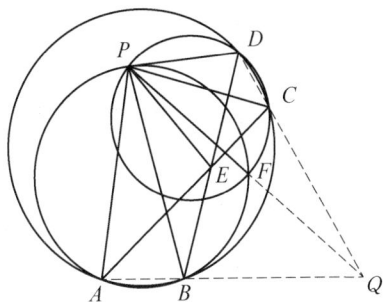

图 3.6

证明 如图 3.6 所示. 由根心定理,AB、CD、PF 三线交于一点 Q. 再由定理 3.1,PQ、PE 是 $\angle APD$ 的两条等角线,即 PF、PE 是 $\angle APD$ 的两条等角线,故 $\angle APE = \angle FPD$. $\square$

例 3.3 设 D、E 分别是 $\triangle ABC$ 的边 AB、AC 延长线上的点,D'、E' 分别在直线 AB、AC 上,且直线 $D'E'$ 与 DE 关于 BC 的垂直平分线对称. 求证:$BD + CE = DE$ 的充要条件是 $BD' + CE' = D'E'$.
(第 29 届伊朗数学奥林匹克(第 2 轮),2011)

证明 先证明一条引理.

引理 在四边形 $ABCD$ 中,$\angle DAC$ 的外角平分线与 $\angle DBC$ 的外角平分线交于 P,则 $\angle DPA = \angle BPC$ 的充要条件是 $AD + AC = BC + BD$. (意大利数学奥林匹克,2011)

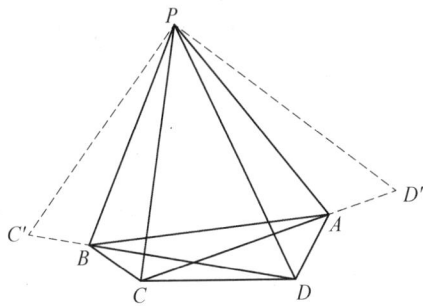

图 3.7

引理的证明: 如图 3.7 所示. 设点 C 关于 PB 的对称点为 C',点 D 关于 PA 的对称点为 D',则 C'、B、D 三点共线,C、A、D' 三点共线,$PC' = PC$,$PD' = PD$,$BC = BC'$,$AD = AD'$,所以

$$AD + AC = AD' + AC = CD', \quad BC + BD = BC' + BD = C'D.$$

又 $\angle C'PC = 2\angle BPC$,$\angle DPD' = 2\angle DPA$,于是

$$AD + AC = BC + BD \Leftrightarrow CD' = C'D \Leftrightarrow \triangle PCD' \cong \triangle PC'D \Leftrightarrow$$

$$\angle CPD' = \angle C'PD \Leftrightarrow \angle DPD' = \angle C'PC \Leftrightarrow \angle DPA = \angle BPC.$$

回到原题. 如图 3.8 所示. 设 E、E' 关于 BC 的垂直平分线的对称点分别为 F、F',DE 与 $D'E'$ 交于 P,则 P 在 BC 的垂直平分线上,且 $PF = PE$,$BF = CE$,$PF' = PE'$,$BF' = CE'$. 再设 $\angle BAC$

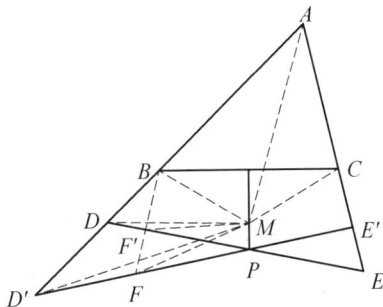

图 3.8

的角平分线与 BC 的垂直平分线交于 M,则 $\angle FBM = \angle MCE = \angle MBA$,所以,$MB$ 为 $\angle DBF$ 的外角平分线. 显然,MP 是 $\angle DPF$ 的外角平分线. 于是,由引理与定理 3.1 即知,

$$BD + CE = DE \Leftrightarrow BD + BF = PD + PF \Leftrightarrow \angle BMD = \angle FMP \Leftrightarrow \angle FMF' = \angle DMD' \Leftrightarrow$$

$$\angle BMD' = \angle F'MP \Leftrightarrow BD' + BF' = PD' + PF' \Leftrightarrow BD' + CE' = PD' + PE' \Leftrightarrow BD' + CE' = D'E'. \quad \square$$

四、三角形的陪位中线

三角形的中线的等角线称为陪位中线.

如图 4.1 所示,设 M 是 $\triangle ABC$ 的边 BC 的中点,则 AM 关于 $\angle BAC$ 的等角线称为 $\triangle ABC$ 的陪位中线. 三角形的陪位中线有三条.

定理 4.1 设 l 是过 $\triangle ABC$ 的顶点 A 的一条直线,则 l 是 $\triangle ABC$ 的陪位中线的充分必要条件是: l 平分 BC 的逆平行线.

证明 如图 4.2 所示. 设 $B'C'$ 是 BC 的逆平行线,B' 在 AC 上,C' 在 AB 上. 因 B、C、B'、C' 四点共圆,故 $\triangle AB'C' \backsim \triangle ABC$. 再设 M、N 分别是 BC、$B'C'$ 的中点,则 $\angle BAM = \angle CAN$,这说明 AM、AN 是 $\angle BAC$ 的两条等角线,即 AN 是 $\triangle ABC$ 的陪位中线. 换句话说,$\triangle ABC$ 的陪位中线平分 BC 的逆平行线. 反之亦然. $\quad \square$

定理 4.2 设 D 是 $\triangle ABC$ 的边 BC 上一点,则 AD 是 $\triangle ABC$ 的陪位中线的充要条件为 $\dfrac{BD}{DC} = \dfrac{AB^2}{AC^2}$.

证明 如图 4.1 所示. 设 M 为 BC 的中点,由定理 1.2,

$$AD \text{ 是 } \triangle ABC \text{ 的陪位中线} \Leftrightarrow \frac{BM \cdot BD}{MC \cdot DC} = \frac{AB^2}{AC^2} \Leftrightarrow \frac{BD}{DC} = \frac{AB^2}{AC^2}. \quad \square$$

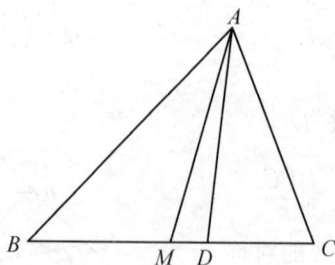

图 4.1

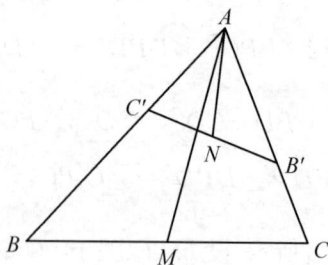

图 4.2

定理4.3　设△ABC的外接圆在B、C两点的切线交于D,则AD是△ABC的陪位中线.

证明　如图4.3、图4.4所示.过点D作BC的逆平行线与AB、AC分别交于E、F.因$\angle DBC = \angle BAC$,所以,$\angle EBD = \angle ACB = \angle DEB$,因此,$DE = DB$.同理,$DF = DC$.而$DB = DC$,所以,$DE = DF$,这说明$D$为$EF$的中点,即$AD$平分$BC$的逆平行线.故由定理4.1,$AD$是△$ABC$的陪位中线.□

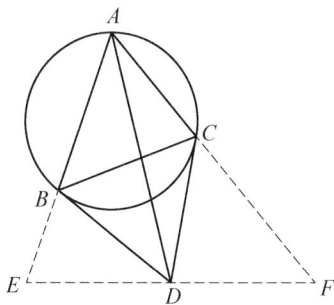

图4.3

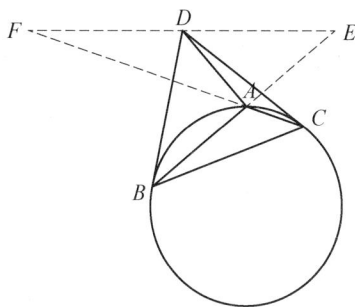

图4.4

定理4.3曾是第26届IMO的预选题[2].

利用三角形的陪位中线的这几个性质(尤其是定理4.3)可以方便地处理有关平面几何问题.

例4.1　圆Γ_1与圆Γ_2交于A、B两点.点P在圆Γ_1上.直线PA与PB分别交圆Γ_2于C、D(不同于A、B),圆Γ_1在A、B两点的切线交于Q.求证:直线PQ平分线段CD.(圣彼德堡数学奥林匹克,1997)

证明　如图4.5所示.由定理4.3,PQ是△PAB的陪位中线.而CD是AB的逆平行线,故再由定理4.1即知直线PQ平分线段CD.
　　　　　　　　　　　　　　　　　　　　　　□

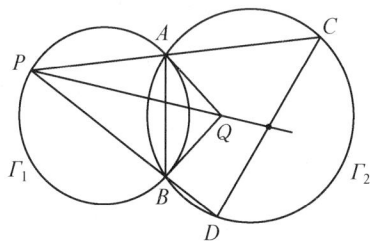

图4.5

例4.2　设Γ是△ABC的外接圆,圆Γ在B、C两点的切线交于T.过A且垂直于AT的直线与直线BC交于S,点B_1、C_1在直线ST上(B_1、B在BC的垂直平分线的同侧),且$TB_1 = TC_1 = TB$.求证:△$AB_1C_1 \backsim$△ABC.(第47届IMO美国国家代表队选拔考试,2006)

证明　如图4.6所示.设M为BC的中点,MT与圆Γ

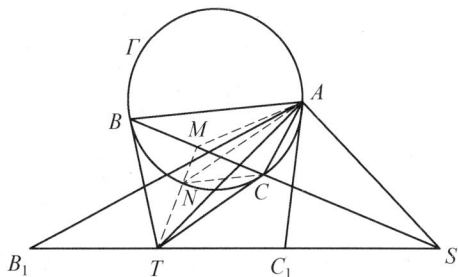

图4.6

交于 N，则 N 为 $\overgroup{BC}$（不含点 A）的中点，所以，AN 是 $\angle BAC$ 的平分线. 又因 TB、TC 是圆 Γ 的两条切线，由定理 4.3，AM、AT 是 $\angle BAC$ 的两条等角线，所以 AN 是 $\angle MAT$ 的平分线. 注意 $\angle NCT = \angle NAC = \angle BAN = \angle BCN$，所以，$CN$ 是 $\angle MCT$ 的平分线. 于是

$$\frac{MC}{TC_1} = \frac{MC}{TC} = \frac{MN}{NT} = \frac{AM}{AT}.$$

另一方面，显然，$TM \perp MS$. 又 $TA \perp AS$，所以 A、M、T、S 四点共圆，因此 $\angle STA = \angle SMA$，即 $\angle C_1TA = \angle CMA$，于是，$\triangle ATC_1 \backsim \triangle AMC$. 同理，$\triangle AB_1T \backsim \triangle ABM$. 故 $\triangle AB_1C_1 \backsim \triangle ABC$. $\qquad\square$

例 4.3 设圆 Γ_1 与圆 Γ_2 交于 A、B 两点. 圆 Γ_1 在 A 点的切线交圆 Γ_2 于 D，圆 Γ_2 在 A 点的切线交圆 Γ_1 于 C，M 是 CD 的中点. 求证：$\angle CAM = \angle DAB$.（第 48 届 IMO 中国国家队培训，2007）

证明 如图 4.7 所示. 设 AB 与 CD 交于 K，CD 与 Γ_1、Γ_2 的另一个交点分别为 E、F，则由圆幂定理，有

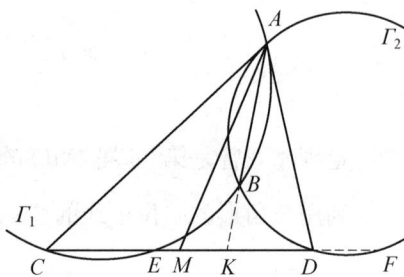

图 4.7

$$EK \cdot CK = KA \cdot KB = KF \cdot KD,$$

所以，$EK \cdot CK + CK \cdot KD = KF \cdot KD + CK \cdot KD$，即 $CK \cdot ED = KD \cdot CF$，因此，$\dfrac{CK}{KD} = \dfrac{CF}{ED}$.

另一方面，因为圆 Γ_1、Γ_2 分别与 AD、AC 都相切于点 A，所以 $CF \cdot CD = AC^2$，$ED \cdot CD = AD^2$，因此 $\dfrac{CF}{ED} = \dfrac{AC^2}{AD^2}$. 于是 $\dfrac{CK}{KD} = \dfrac{AC^2}{AD^2}$，由定理 4.2，$AK$ 为 $\triangle ACD$ 的陪位中线. 故 $\angle CAM = \angle DAB$. $\quad\square$

例 4.4 圆 Γ 与圆 ω 内切于 S，圆 Γ 的弦 AB 与圆 ω 相切于 T，设圆 ω 的圆心为 O，P 为直线 AO 上一点. 求证：$PB \perp AB$ 的充分必要条件是 $PS \perp TS$.（第 50 届 IMO 中国国家集训队测试，2009）

证明 如图 4.8 所示. 过点 A 作圆 ω 的另一条切线 AU，U 为切点，M 为 TU 的中点，则 M 在 AO 上，且 $AP \perp TU$. 熟知，ST 平分 $\angle ASB$，且由定理 4.3，SA、SM 是 $\angle UST$ 的两条等角线，所以，$\angle TSB = \angle AST = \angle USM$. 又 $\angle BTS = \angle MUS$，因此，$\angle SBT = \angle SMU$，这说明 T、B、S、M 四点共圆. 于是，$PB \perp AB \Leftrightarrow T$、$B$、$P$、$M$ 四点共圆 $\Leftrightarrow T$、P、S、M 四点共圆 $\Leftrightarrow ST \perp PS$. $\quad\square$

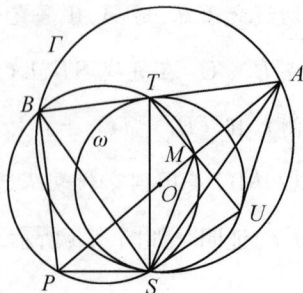

图 4.8

例 4.5　设△ABC 的内切圆与 BC、CA、AB 分别切于 D、E、F，M、N 分别为 DE、DF 的中点，直线 MN 与 CA 交于 K，BE 与 DF 交于 P. 求证：FK 平分线段 PE.

证明　如图 4.9 所示. 因 M、N 分别为 DE、DF 的中点，所以 MN ∥ EF，因此 ∠EDF =∠AEF =∠EKN，这说明 E、N、D、K 四点共圆，所以 ∠KDE =∠KNE =∠FEN.

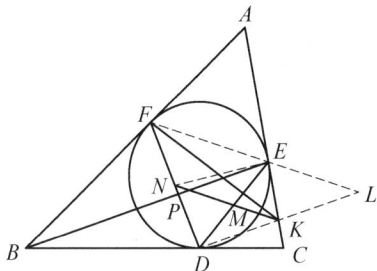

另一方面，因 EB 是△EFD 的陪位中线，所以 ∠FEN =∠BED，因此 ∠KDN =∠BED. 故 DK ∥ BE. 于是，设直线 DK 与 EF 交于 L，则由 NK ∥ FL，N 是 DF 的中点知，K 为 DL 的中点. 再由 DK ∥ BE 即知 FK 平分线段 PE.　□

图 4.9

例 4.6　设 I 是△ABC 的内心，L、M、N 分别为△ABC 的外接圆上 $\overset{\frown}{BAC}$、$\overset{\frown}{CBA}$、$\overset{\frown}{ACB}$ 的中点，直线 LI 与 BC 交于 D，直线 MI 与 CA 交于 E，直线 NI 与 AB 交于 F. 求证：AD、BE、CF 三线共点.

证明　如图 4.10 所示. 设 K 为△ABC 的外接圆上 BC(不含点 A)的中点，则 KI =KB =KC，所以，K 为△IBC 的外心. 又 L 是 $\overset{\frown}{BAC}$ 的中点，因而 LK 是△ABC 的外接圆的直径，所以，LB ⊥ BK，LC ⊥ KC. 这说明 LB、LC 是△IBC 的外接圆的两条切线，由定理 4.3，IL 是△IBC 的陪位中线，再由定理 4.2，$\dfrac{BD}{DC}=\dfrac{IB^2}{IC^2}$. 同理，$\dfrac{CE}{EA}=\dfrac{IC^2}{IA^2}$，$\dfrac{AF}{FB}=\dfrac{IA^2}{IB^2}$. 于是，$\dfrac{BD}{DC}\cdot\dfrac{CE}{EA}\cdot\dfrac{AF}{FB}$ =1. 故由 Ceva 定理，AD、BE、CF 三线共点.　□

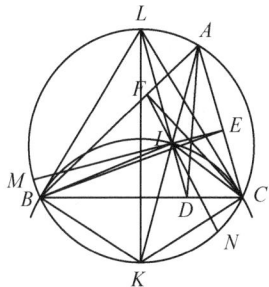

图 4.10

参考文献

［1］萧振纲. Menelaus 定理的第二角元形式[J]. 中学数学研究(广州)，2(2006).

［2］中国数学会普及工作委员会. 第 26 届国际数学奥林匹克[M]. 北京：中国青年出版社. 1987：46－88.

一个椭圆型几何问题的解答

羊明亮

（浙江省乐清市知临中学，325600）

2018 年的北京大学"中学生数学奖"夏令营初赛的最后一题是一道具有一定难度的平面几何问题,题目如下:

问题 如图 1,在 $\triangle ABC$ 中,$AB \neq AC$.点 A 所对应的旁切圆 $\odot J$ 分别与直线 BC、CA、AB 相切于点 D、E、F.点 M 是线段 BC 的中点,点 S 在线段 JM 上,且满足 $AS + DS = AE$.证明:

$$\frac{MS}{SJ} = \frac{\sqrt{BD \cdot CD}}{JD}.$$

我们注意到 $AE = \frac{1}{2}(AB + BC + CA) = AB + DB = AC + DC.$ 故

$$AS + DS = AB + DB = AC + DC. \tag{1}$$

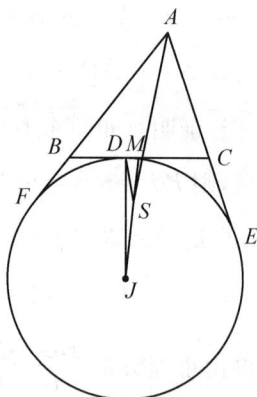
图 1

在标准解答中,由式(1)即推出折(或凹)四边形 $ABDS$、$ACDS$ 均为圆外切四边形.考虑它们的旁切圆,并在此基础上展开证明.

事实上,由式(1),我们可能会更自然地想到点 S 在以 A、D 为焦点,$\triangle ABC$ 半周长为长轴长的椭圆上.下面我们给出一种借助于椭圆的解答.为此,我们将用到如下有关椭圆的几何性质.

性质 I 在椭圆 Γ 中,设 F_1、F_2 为其两焦点,点 O 为 Γ 的中心,直线 l 是点 F_2 对应 Γ 的准线,线段 AB 是 Γ 一条过 F_2 的弦,点 J 为 $\triangle AF_1B$ 的 F_1-旁心.点 M 是线段 AB 的中点,则 JA、JB 是 Γ 的切线且 O、M、J 共线.(如图 2)

证明 如图 3,由点 J 为 $\triangle F_1AB$ 的 F_1-旁心知 JA 是 $\angle F_1AF_2$ 的外角平分线,故由椭圆的光学性质可知 JA 为 Γ 的

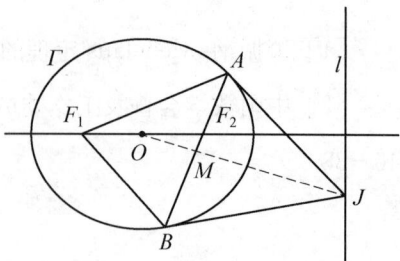
图 2

切线;同理可证 JB 也是 Γ 的切线.

由椭圆第一定义知: $AF_1 + AF_2 = BF_1 + BF_2$,故

$$AF_2 = \frac{1}{2} \cdot (BF_1 + BA - AF_1).$$

从而点 F_2 是旁切圆 $\odot J$ 于边 AB 的切点,故 $JF_2 \perp AB$.

设 $\odot I$ 是 $\triangle AF_1 B$ 的内切圆且切边 AB 于点 D,则点 M 是线段 DF_2 的中点.

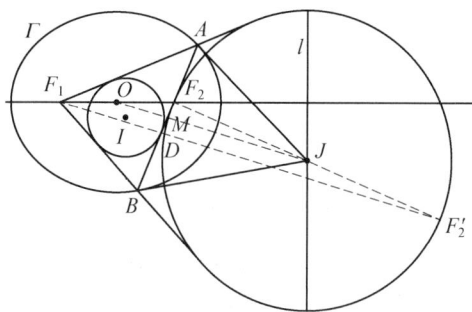

图 3

设点 F_2 关于点 J 的对称点为 F_2',则 F_2' 在旁切圆 $\odot J$ 上,且 $\odot J$ 在点 F_2' 处的切线与 $\odot I$ 在点 D 处的切线 AB 平行,而 $\odot I$、$\odot J$ 关于点 F_1 位似. 故 D、F_2' 是上述位似变换下的对应点.从而 F_1、D、F_2' 共线.

又点 O、M、J 分别是线段 $F_2 F_1$、$F_2 D$、$F_2 F_2'$ 的中点,故 O、M、J 共线. $\square$

性质 II 设点 P 为椭圆 Γ 所在平面上的一点,且点 P 在 Γ 外.过 P 作 Γ 的两条切线,切点连线记为 l.过点 P 作割线分别交 Γ 于点 A、B,交 l 于点 C.则 A,B;C,P 是调和点列.(如图 4)

证法一 以 P 为原点,割线 PBA 为 x 轴建立平面直角坐标系.用 x_X、y_X 分别表示平面上点 X 的横纵坐标.

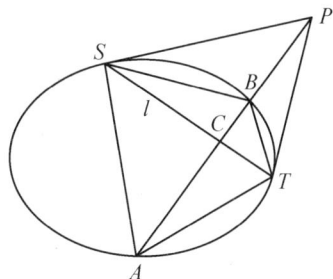

图 4

设椭圆的方程为:

$$Ax^2 + By^2 + Cxy + Dx + Ey + F = 0, A, B \neq 0.$$

则 l 的方程为: $$Dx + Ey + 2F = 0.$$

由于 l 与 x 轴有交点 C,故 $D \neq 0$,且 C 的坐标为 $\left(-\dfrac{2F}{D}, 0 \right)$.

由 $y_A = y_B = 0$,点 A、B 在 Γ 上知:x_A、x_B 是方程 $Ax^2 + Dx + F = 0$ 的两根. 由韦达定理:

$$x_A + x_B = -\frac{D}{A}, \quad x_A \cdot x_B = \frac{F}{A}.$$

于是,

$$(x_A - x_C) \cdot x_B + (x_B - x_C) \cdot x_A = 2x_A \cdot x_B - (x_A + x_B) \cdot x_C$$

$$= \frac{2F}{A} - \left(-\frac{D}{A} \right)\left(-\frac{2F}{D} \right)$$

$$= 0.$$

这说明

$$\overline{\frac{CA}{CB}} = -\overline{\frac{PA}{PB}}.$$

故 A，B；C，P 是调和点列．　　　　　　　　　　　　　　　　□

注　性质 II 也可以用仿射变换处理．由于仿射变换保交比，调和点列在仿射变换之后仍是调和点列，将椭圆 Γ 作仿射变换变成圆，故只需考虑 Γ 为圆的情形．

证法二　如图 5，设点 S、T 是直线 l 与 Γ 的两个交点，则有

$$\triangle PSB \backsim \triangle PAS；\triangle PTB \backsim \triangle PAT.$$

于是，

$$\overline{\frac{CA}{CB}} = -\frac{|S_{\triangle SAT}|}{|S_{\triangle SBT}|} = -\frac{|AS| \cdot |AT|}{|BS| \cdot |BT|}$$

$$= -\frac{|AP|}{|PS|} \cdot \frac{|PT|}{|PB|} = -\overline{\frac{PA}{PB}},$$

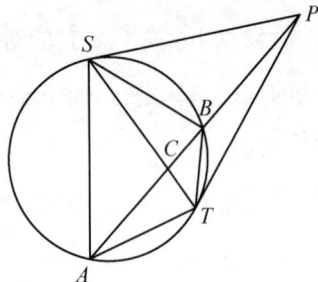

图 5

这里，$S_{\triangle SAT}$、$S_{\triangle SBT}$ 分别指 $\triangle SAT$、$\triangle SBT$ 的面积．

故 A，B；C，P 是调和点列．　　　　　　　　　　　　　　　　□

现在列举原题的一些解法，提供解法的均是我任教班级的学生．

解法一　（王琛，郑立瑜）

如图 6，设点 O 是线段 AD 的中点，Γ 为以 A、D 为焦点，过 B、C、S 的椭圆．

由点 J 是 $\triangle ABC$ 的 A-旁心及性质 I 知 JB、JC 是 Γ 的切线，且 O、M、J 共线．

设直线 OM 与 Γ 的另一交点为 T．由性质 II 知：T，S；M，J 是调和点列．

又点 O 是线段 ST 的中点，由调和点列性质有

$$OM \cdot OJ = OS^2.$$

于是，

$$\frac{MS}{SJ} = \frac{OS - OM}{OJ - OS} = \frac{\sqrt{OM \cdot OJ} - OM}{OJ - \sqrt{OM \cdot OJ}} = \sqrt{\frac{OM}{OJ}}.$$

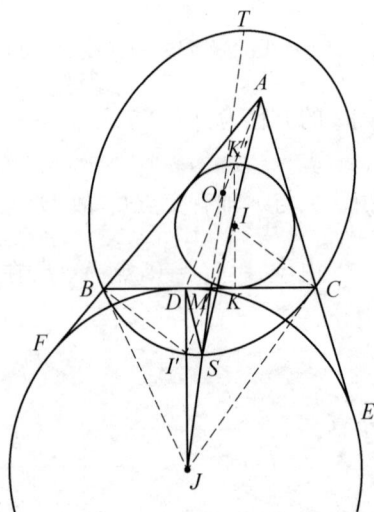

图 6

设 $\triangle ABC$ 的内心为点 I，内切圆 $\odot I$ 切边 BC 于点 K；点 I 关于点 M 的对称点为 I'，则 I'、J、D 共线.

下证：$I'M \parallel OD$.

设点 K 关于点 I 的对称点为 K'，同性质Ⅰ证明得 A、K'、D 共线.

而点 M、I 分别是线段 DK、KK' 的中点，故 $MI \parallel DK'$，即 $I'M \parallel OD$.

又注意到，$\angle BI'D = \angle CIK = \angle JCD$，故 $\mathrm{Rt}\triangle BI'D \backsim \mathrm{Rt}\triangle JCD$.

于是，

$$\frac{BD}{DI'} = \frac{JD}{DC} \Rightarrow DI' = \frac{BD \cdot DC}{JD},$$

从而

$$\frac{MS}{SJ} = \sqrt{\frac{OM}{OJ}}$$

$$= \sqrt{\frac{DI'}{DJ}} \ (I'M \parallel OD)$$

$$= \frac{\sqrt{BD \cdot CD}}{JD}.$$

$\square$

注　证出 $\dfrac{MS}{SJ} = \sqrt{\dfrac{OM}{OJ}}$ 后，也可以借助简单的三角计算更快地证明出结论，这是因为

$$\frac{OM}{OJ} = \frac{h_a}{h_a + 2r_a} = \frac{\dfrac{2S}{a}}{\dfrac{2S}{a} + \dfrac{4S}{b+c-a}}$$

$$= \frac{b+c-a}{a+b+c} = \frac{BD \cdot CD}{JD^2}.$$

这里 h_a、r_a 分别为 $\triangle ABC$ 中过 A 的高的线段长与点 A 所对应的旁切圆的半径.

若对椭圆的一些基本性质较为熟悉，上述证明是自然的.

但借助椭圆的手法在较初级的平面几何证明中并不常见. 抛开椭圆性质不谈，我们在作出标准的图形后，容易猜测 AS、DS 关于 BC 的夹角是互补的.

延长 AS 交线段 JD 于一点 W，则有 $SD = SW$. 于是，

$$AW = AS + SW = AS + SD = AE.$$

我们考虑同一法.

解法二 （郑立瑜）

记 $\triangle ABC$ 三边为 a、b、c，且不妨设 $b < c$.

如图 7，以 A 为圆心，$AE\left(=\dfrac{a+b+c}{2}\right)$ 为半径作圆交线段 JD 于一点 W.

设 AW 与 JM、BC 分别交于点 S'、U. 设点 A 在边 BC 上的投影为点 H.

另有

$$DM = \frac{1}{2} \cdot (c-b);$$

$$MH = \frac{1}{2a} \cdot (c^2 - b^2);$$

$$JD = \frac{2S_{\triangle ABC}}{b+c-a} = \frac{\sqrt{\prod (a+b-c) \cdot (a+b+c)}}{2(b+c-a)};$$

$$AH = \frac{2S_{\triangle ABC}}{a} = \frac{\sqrt{\prod (a+b-c) \cdot (a+b+c)}}{2a}.$$

其中 $\prod$ 表示循环积.

而 $\sin\angle WAH = \dfrac{DH}{AW} = \dfrac{\dfrac{c-b}{2a} \cdot (a+b+c)}{\dfrac{a+b+c}{2}} = \dfrac{c-b}{a}$，故

$$UH = AH \cdot \tan\angle WAH$$

$$= \frac{\sqrt{\prod (a+b-c) \cdot (a+b+c)}}{2a} \cdot \frac{c-b}{\sqrt{(a+b-c)(a+c-b)}}$$

$$= \frac{c-b}{2a} \cdot \sqrt{(b+c-a)(b+c+a)};$$

$$DW = AW \cdot \cos\angle WAH - AH$$

$$= \frac{a+b+c}{2a} \cdot \sqrt{(a+c-b)(a+b-c)} - \frac{\sqrt{\prod (a+b-c) \cdot (a+b+c)}}{2a}.$$

由梅涅劳斯（Menelaus）定理，有

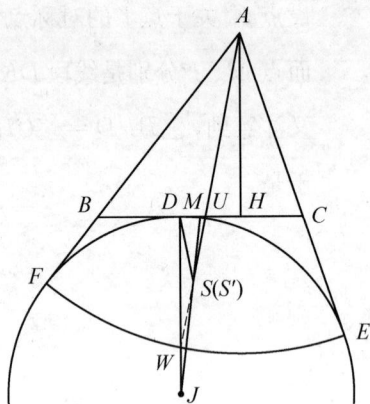

图 7

$$\frac{WS'}{S'U} = \frac{WJ}{JD} \cdot \frac{DM}{MU}$$

$$= \left(\frac{\dfrac{\sqrt{\prod (a+b-c) \cdot (a+b+c)}}{2(b+c-a)} - \dfrac{a+b+c}{2a} \cdot \sqrt{(a+c-b) \cdot (a+b-c)}}{\dfrac{\sqrt{\prod (a+b-c) \cdot (a+b+c)}}{2(b+c-a)}} \right.$$

$$\left. + \frac{\dfrac{1}{2a} \cdot \sqrt{\prod (a+b-c) \cdot (a+b+c)}}{\dfrac{\sqrt{\prod (a+b-c) \cdot (a+b+c)}}{2(b+c-a)}} \right) \cdot \frac{\dfrac{c-b}{2}}{\dfrac{c^2-b^2}{2a} - \dfrac{c-b}{2a} \cdot \sqrt{(b+c-a)(b+c+a)}}$$

$$= \frac{1 - \dfrac{\sqrt{(b+c-a)(b+c+a)}}{a} + \dfrac{b+c-a}{a}}{\dfrac{c+b}{a} - \dfrac{\sqrt{(b+c-a)(b+c-a)}}{a}} = 1.$$

于是 $S'D = S'U = S'W$. 从而

$$AS' + S'D = AS' + S'W = AW = AE = AS + SD.$$

又点 S' 与 S 均在线段 JM 上, 故 S' 与 S 重合. 则

$$\frac{MS}{SJ} = \frac{DM}{JD} \cdot \cot\angle JDS$$

$$= \frac{\dfrac{c-b}{2} \cdot \dfrac{\sqrt{(a+b-c)(a+c-b)}}{c-b}}{JD}$$

$$= \frac{\sqrt{\dfrac{a+b-c}{2} \cdot \dfrac{a+c-b}{2}}}{JD}$$

$$= \frac{\sqrt{BD \cdot CD}}{JD}.$$

$\square$

注　这个解答的观赏性不如解法一, 但实用性更强.

此外, 我们观察待证的结论, 给了我们 $\dfrac{MS}{SJ}$ 的比值, 由此准确地确定了点 S 的位置, 因而可以选择

同一法及斯特瓦尔特 (Stewart) 定理加以计算. 但实际上用斯特瓦尔特定理表示出 SD 的结果是根号

下套根号的形式,在不知道化简结果前不容易去根号.下面介绍一种方法巧妙绕过了这一点.

解法三 (吴承炯)

如图 8,a、b、c 同上定义,并记 $\dfrac{MS}{SJ} = \lambda\ (\lambda \in \mathbf{R}_+)$.

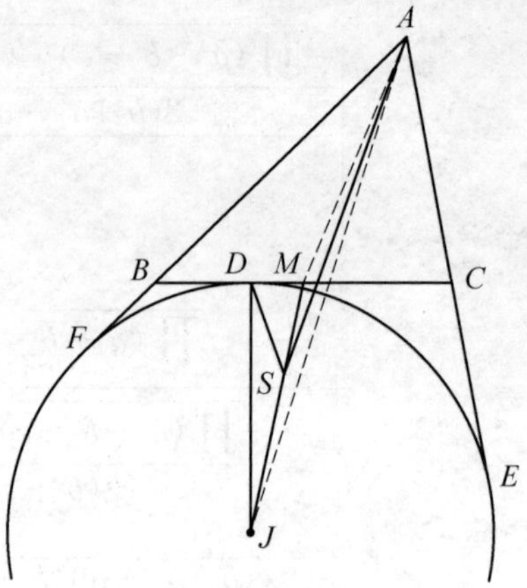

由斯特瓦尔特定理,有

$$DS^2 = \frac{\lambda}{\lambda+1} \cdot JD^2 + \frac{1}{\lambda+1} \cdot DM^2 - \frac{\lambda}{(\lambda+1)^2} \cdot JM^2, \quad (2)$$

$$AS^2 = \frac{\lambda}{\lambda+1} \cdot JA^2 + \frac{1}{\lambda+1}AM^2 - \frac{\lambda}{(\lambda+1)^2} \cdot JM^2. \quad (3)$$

图 8

$(3)-(2)$ 得

$$(AS - SD) \cdot AE$$

$$= AS^2 - SD^2$$

$$= \frac{\lambda}{\lambda+1} \cdot (JA^2 - JD^2) + \frac{1}{\lambda+1} \cdot (AM^2 - DM^2)$$

$$= \frac{\lambda}{\lambda+1} \cdot AE^2 + \frac{1}{\lambda+1} \cdot AE \cdot \frac{b+c-a}{2},$$

即

$$AS - SD = \frac{\lambda}{\lambda+1} \cdot \frac{b+c+a}{2} + \frac{1}{\lambda+1} \cdot \frac{b+c-a}{2}.$$

又

$$AS + SD = \frac{b+c+a}{2},$$

故

$$SD = \frac{a}{2(\lambda+1)} = \frac{BM}{\lambda+1}.$$

代回(2)式整理得:

$$BM^2 = \lambda^2 \cdot JD^2 + DM^2,$$

从而

$$\lambda^2 = \frac{BM^2 - DM^2}{JD^2} = \frac{(BM-DM)(MC+DM)}{JD^2} = \frac{BD \cdot DC}{JD^2}.$$

又 $\lambda > 0$，故 $\lambda = \dfrac{\sqrt{BD \cdot DC}}{JD}$. $\qquad\qquad\qquad\qquad\qquad\qquad\qquad\qquad\qquad\square$

注　上面解法中并没有对(2)、(3)开根号相加来求解 λ. 而是通过平方作差，利用 $AS + SD$ 已知推得 $AS - SD$，从而解得 AS、SD，再求解 λ，避免了大计算量和复杂的化简.

最后，我们注意到性质 Ⅰ、Ⅱ 或其对偶的性质对一般的二次曲线均成立. 因此，这个命题对于一般的二次曲线仍然成立. 我们看一下其在双曲线中的版本：

如图9，在 $\triangle ABC$ 中，$AB \neq AC$. 其内切圆 I 切边 BC、CA、AB 于点 D、E、F. 点 M 是线段 BC 的中点，点 S 在线段 IM 上，且满足 $AS - SD = AE$. 证明：

$$\frac{MS}{SI} = \frac{\sqrt{BD \cdot DC}}{ID}.$$

证明是一致的，留给读者作为练习.

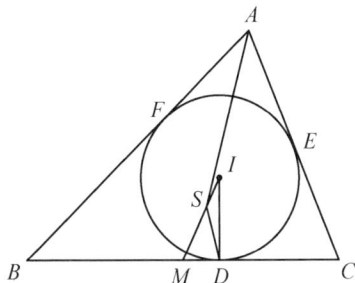

图9

致谢　感谢上海四季教育罗振华老师仔细审阅了本文并提出的宝贵修改意见.

一道几何难题的证明

Telv Cohl

（中国台湾　嘉义）

2015 年 AoPS 论坛上的网友 LeVietAn 在高中数奥的几何版上贴了如下的一道题目：

问题　设 P、Q 为 $\triangle ABC$ 的一对等角共轭点，且 G_P、G_Q 分别为 P、Q 关于 $\triangle ABC$ 的垂足三角形的重心. 设 M、N 分别为 PQ、$G_P G_Q$ 的中点. 证明：若 PQ 平行于 $G_P G_Q$，则 MN 经过 $\triangle ABC$ 的外心.

当时笔者一时没有解出来. 直到今年初，笔者发现这道题仍然未解，所以重新思考了这道题，经过了一些探索后终于给出了证明. 证明中用到许多有趣且新颖的引理，本文将仔细介绍这道题目的证明和其中用到的引理的其他应用. 在第一节中先介绍一些本文中会用到的名词和一些基本性质，第二节介绍一些常见的引理，第三节介绍原题的证明中用到的主要引理，第四节给出原题的证明，第五节介绍在第二节和第三节中的引理的一些应用. 在本文中的问题、引理、证明后的括号内的黑粗体字表示该问题、引理、证明的提出者在 AoPS 论坛上的网名.

1. 基本名词介绍

定义 1.1　给定三角形 $\triangle ABC$ 与一点 P. 设 D、E、F 分别为 BC、CA、AB 的中点，则称使得 $\triangle ABC \cup P$ 与 $\triangle DEF \cup Q$ 位似的点 Q 为 P 关于 $\triangle ABC$ 的**补点(complement)**. 换句话说，Q 为 P 在位似 $\left(G, -\dfrac{1}{2}\right)$ 下的像，其中 G 为 $\triangle ABC$ 的重心. 反过来我们称 P 为 Q 关于 $\triangle ABC$ 的**反补点(anticomplement)**.

定义 1.2　给定三角形 $\triangle ABC$ 与一点 P. 设 $\triangle DEF$ 为 P 关于 $\triangle ABC$ 的塞瓦(ceva)三角形，则称 $\triangle ABC$ 与 $\triangle DEF$ 的透视轴为 P 关于 $\triangle ABC$ 的**三线性极线(trilinear polar)**. 反过来说，对于任意一条直线 γ，都存在一点 R 使得 γ 为 R 关于 $\triangle ABC$ 的三线性极线，且称 R 为 γ 关于 $\triangle ABC$ 的**三线性极点(trilinear pole)**.

一个熟知的三线性极线的性质如下：

性质 1.1 给定三角形 $\triangle ABC$ 与一点 P. 设 P^* 为 P 关于 $\triangle ABC$ 的等角共轭点(等距共轭点)，则一点 Q 关于 $\triangle ABC$ 的三线性极线经过 P 当且仅当 P^* 关于 $\triangle ABC$ 的三线性极线经过 Q 关于 $\triangle ABC$ 的等角共轭点(等距共轭点).

这个性质只是简单的射影几何习题，所以证明留给读者.

定义 1.3 给定三角形 $\triangle ABC$ 与一点 P. 过 P 分别作 AP、BP、CP 的垂线与 BC、CA、AB 交于点 D、E、F，则 D、E、F 共线. 我们称这条直线为 P 关于 $\triangle ABC$ 的**正交截线(orthotransversal)**.

在介绍下一个名词之前，先回忆一些 $\triangle ABC$ 外接圆锥曲线的性质：

性质 1.2 对任一条 $\triangle ABC$ 的外接圆锥曲线 $\mathcal{C}$(即经过 A、B、C 三点的圆锥曲线)，$\mathcal{C}$ 上的点关于 $\triangle ABC$ 的等角共轭点(等距共轭点)的点集为一条直线. 反过来说，对任意一条直线 ℓ，ℓ 上的点关于 $\triangle ABC$ 的等角共轭点(等距共轭点)的点集为 $\triangle ABC$ 的外接圆锥曲线.

由此可以将性质 1.1 改写成以下比较常见的形式：

性质 1.1′ 给定三角形 $\triangle ABC$ 与一点 P. 设 P^* 为 P 关于 $\triangle ABC$ 的等角共轭点(等距共轭点)，则一点 Q 关于 $\triangle ABC$ 的三线性极线经过 P 当且仅当 Q 在 P^* 关于 $\triangle ABC$ 的三线性极线关于 $\triangle ABC$ 的等角共轭像(等距共轭像)上.

定义 1.4 称 $\triangle ABC$ 的欧拉线关于 $\triangle ABC$ 的等角共轭像为 $\triangle ABC$ 的 **Jerabek 双曲线**.

注意到 $\triangle ABC$ 的外接圆为无穷远直线关于 $\triangle ABC$ 的等角共轭像，所以一条直线 τ 与 $\odot(ABC)$ 的交点关于 $\triangle ABC$ 的等角共轭点为 τ 关于 $\triangle ABC$ 的等角共轭像 $\mathcal{H}$ 与无穷远直线的交点. 由此可知 τ 经过 $\triangle ABC$ 的外心(即 $\mathcal{H}$ 经过 $\triangle ABC$ 的垂心)当且仅当 $\mathcal{H}$ 为一等轴双曲线，并且此时 τ 与 $\odot(ABC)$ 的交点关于 $\triangle ABC$ 的西姆松线平行于 $\mathcal{H}$ 的渐近线. 特别地，Jerabek 双曲线为一条等轴双曲线.

本节的最后，提一下 $\triangle ABC$ 的内切圆锥曲线的基本性质.

性质 1.3 任一条与 $\triangle ABC$ 的边相切的圆锥曲线的焦点为 $\triangle ABC$ 的一对等角共轭点. 反过来说，对任一对 $\triangle ABC$ 的等角共轭点 J、K，都存在一条以 J、K 为焦点且与 BC、CA、AB 相切的圆锥曲线 $\mathcal{O}$.

由圆锥曲线的光学性质可知，若 K_A 为 K 关于 BC 的对称点，那么 JK_A 与 BC 的交点即为 $\mathcal{O}$ 与 BC 的切点. 特别地，当这条内切圆锥曲线为抛物线时，它的一个焦点与它和无穷远直线的切点重合，所以它的另一个焦点在 $\odot(ABC)$ 上.

2. 基本引理及证明

引理 2.1(2009 IMO 第二题的推广) 给定三角形 $\triangle ABC$. 设 E、F 分别为 CA、AB 上的点，且

EF 与 $\triangle ABC$ 的外接圆交于 M 和 N. 设 P、Q、R、S 分别为 BE、CF、EF、MN 的中点,则 P、Q、R、S 共圆.

证法一 如图 1,设 E'、F' 分别为 E、F 关于 S 的对称点. 由 Klamkin 定理(蝴蝶定理的推广)可得 BE' 与 CF' 的交点 D 在 $\triangle ABC$ 的外接圆上,所以由 $SP /\!/ DB$, $SQ /\!/ DC$ 可得

$$\angle PSQ = \angle BDC = \angle BAC.$$

另一方面,显然有 $RP /\!/ AB$ 和 $RQ /\!/ AC$,所以 $\angle PRQ = \angle BAC = \angle PSQ$. 故 P、Q、R、S 共圆.

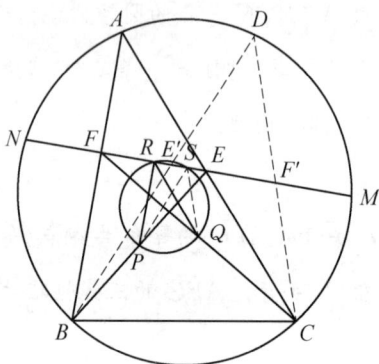

图 1

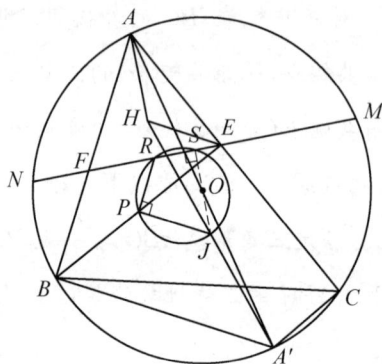

图 2

证法二 如图 2,设 O 为 $\triangle ABC$ 的外心,且 A' 为 A 关于 O 的对称点,H 为 $\triangle AEF$ 的垂心且 J 为 $A'H$ 的中点. 由 $OJ /\!/ AH$ 可得 $OJ \perp EF$,所以 O、S、J 共线.

另一方面,注意到 $PJ /\!/ A'B /\!/ EH$ 和 $PR /\!/ AB$ 可得 $\angle JPR = 90°$,所以 J、P、R、S 共圆. 同理,Q 也在这个圆上,所以 J、P、Q、R、S 共圆.

注 这个引理也能利用帕斯卡定理证明,但本质与证法一是一样的.

引理 2.2 给定四边形 $ABCD$ 与其一内切圆锥曲线 $\mathcal{C}$. 设 AB 与 CD 交于点 E,BC 与 DA 交于点 F. 则 $\mathcal{C}$ 的中心 O 在完全四边形 $ABCFDE$ 的牛顿线(经过 AC、BD、EF 中点的直线)上.

证明 如图 3,设 $\mathcal{C}$ 分别与 AB、DA、BC 切于点 X、Y、Z,并且 M、N 分别为 XZ、XY 的中点. 设 R、S 分别为 EF 与 AC、BD 的交点. K 为满足 $KA /\!/ XY$,$KB /\!/ XZ$ 的点且 T 为 AB 上使得 $KT /\!/ EF$ 的点. 因为 O 关于 $\mathcal{C}$ 的极线为无

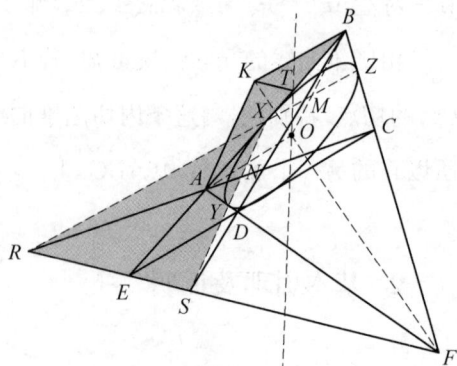

图 3

穷远直线,所以 BO 关于 $\mathcal{C}$ 的极点为 XZ 上的无穷远点.故 BO 经过 XZ 的中点 M.同理可得 A、N、O 共线.

由 $A(B,D;S,C)=-1=C(B,D;S,A)$ 可得 S 为 AC 关于 $\mathcal{C}$ 的极点,所以 S 在 A 关于 $\mathcal{C}$ 的极线 XY 上.同理可得 $R\in XZ$.

由 $A(X,Y;N,K)=-1=B(X,Z;M,K)$ 得 F、K、O 共线. 又 $\triangle BKT\backsim\triangle XRE$,$\triangle AKT\backsim\triangle XSE$,故

$$\frac{TA}{TB}=\frac{TA}{TK}\cdot\frac{TK}{TB}=\frac{EX}{ES}\cdot\frac{ER}{EX}=\frac{ER}{ES}.$$

所以当 $\mathcal{C}$ 变动时,T 是 AB 上一定点且 K 在一定直线上变动,结合 $T(K,O;B,F)=B(K,O;X,Z)=-1$ 可得 O 在一过 T 的定直线 ℓ 上. 由 $EF\parallel TK$ 可得 ℓ 经过 EF 的中点.同理 ℓ 也经过 AC 与 BD 的中点,所以 ℓ 即为完全四边形 $ABCFDE$ 的牛顿线. □

注 这个引理表明完全四边形的牛顿线即为与完全四边形的边相切的圆锥曲线的中心集合. 换句话说,任一对四边形的等角共轭点对的中点在由这个四边形的边形成的完全四边形的牛顿线上.

引理 2.3(treegoner) 给定三角形 $\triangle ABC$ 与一点 P.设 $\triangle DEF$ 为 P 关于 $\triangle ABC$ 的西瓦三角形且 ω 为 P 关于 $\triangle DEF$ 的垂足圆,则 P 关于 $\triangle ABC$ 的正交截线为 P 关于 ω 的极线.

证明 如图 4,设 $\triangle XYZ$ 为 P 关于 $\triangle DEF$ 的垂足三角形.过 P 且垂直 AP 的直线分别与 BC、FD、DE 交于 A_1、U、V.由对称性,只需要证明 A_1 在 P 关于 $\odot(XYZ)$ 的极线上.显然 D、P、Y、Z 在一以 DP 为直径的圆上,所以由 $UV\perp DP$ 可得 UV、YZ 关于 $\angle EDF$ 逆平行,从而 U、V、Y、Z 共圆.

设 UV 与 YZ 交于 J.因为

$$JP^2=JY\cdot JZ=JU\cdot JV,$$

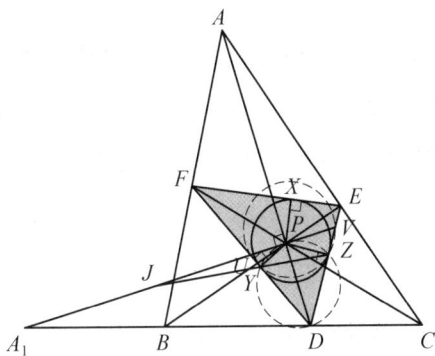

图 4

所以结合 $(A_1,P;U,V)=-1$ 可得 J 为 A_1P 的中点且 J 在点圆 P 与 $\odot(XYZ)$ 的根轴 τ 上.注意到 τ 在位似 $(P,2)$ 下的像即为 P 关于 $\odot(XYZ)$ 的极线,所以 A_1 在 P 关于 $\odot(XYZ)$ 的极线上. □

引理 2.4 给定三角形 $\triangle ABC$ 与一点 P.设 Ω 为 P 关于 $\triangle ABC$ 的垂足圆.则 P 关于 $\triangle ABC$ 的三线性极线,P 关于 $\triangle ABC$ 的正交截线与 P 关于 Ω 的极线共点.

证明 如图 5,设 $\triangle DEF$ 为 P 关于 $\triangle ABC$ 的反西瓦三角形且 CA 与 FD 交于 B_1,AB 与 DE 交

于 C_1. 过 P 且垂直 BP 的直线分别与 CA、FD 交于 Y_1、E_1. 过 P 且垂直 CP 的直线分别与 AB、DE 交于 Z_1、F_1. 由引理 2.3 得 E_1F_1 为 P 关于 Ω 的极线. 由笛沙格定理（$\triangle B_1E_1Y_1$ 和 $\triangle C_1F_1Z_1$）可得 B_1C_1、E_1F_1、Y_1Z_1 共点,注意到 B_1C_1 和 Y_1Z_1 分别为 P 关于 $\triangle ABC$ 的三线性极线和正交截线,所以结论得证. $\square$

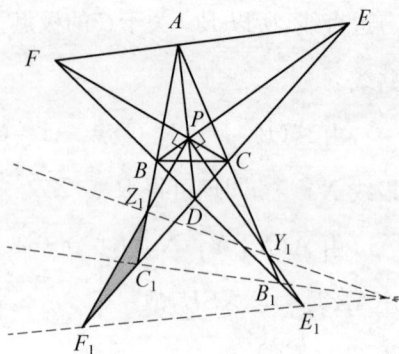

图 5

当引理 2.4 中的 P 点在 $\triangle ABC$ 的外接圆上时,就得到以下的推论.

推论 2.5 设 P 为 $\triangle ABC$ 的外接圆上的点,则 P 关于 $\triangle ABC$ 的斯坦纳（steiner）线,P 关于 $\triangle ABC$ 的三线性极线,P 关于 $\triangle ABC$ 的正交截线共点.

引理 2.6(buratinogigle) 设 P 为 $\triangle ABC$ 的外接圆 $\odot O$ 上的一点. 则 P 关于 $\triangle ABC$ 的斯坦纳线与 P 关于 $\triangle ABC$ 的正交截线的交点 Q 在 $\triangle ABC$ 的 Jerabek 双曲线上.

证明 （Luis González） 如图 6,设过 P 且垂直 BP 的直线分别与 CA、$\odot O$ 交于 E、B'. 过 P 且垂直 CP 的直线分别与 AB、$\odot O$ 交于 F、C'. 由帕斯卡定理（$ABB'PC'C$）可得 P 关于 $\triangle ABC$ 的正交截线 EF 经过 O. 设 H 为 $\triangle ABC$ 的垂心且 AH 与 $\odot O$ 再交于 T. 设 L 为 P 关于 BC 的对称点. 因为 H 与 T 关于 BC 对称,所以 P 关于 $\triangle ABC$ 的斯坦纳线 HL 与 BC、PT 共点于 U. 由帕斯卡定理（$ATPC'CB$）可得 F、U、$V(\equiv AH\bigcap CC')$ 共线,所以由帕斯卡定理之逆（$AHQOCB$）可得 A、B、C、O、H、Q 在一条圆锥曲线上,即 Q 在 $\triangle ABC$ 的 Jerabek 双曲线上. $\square$

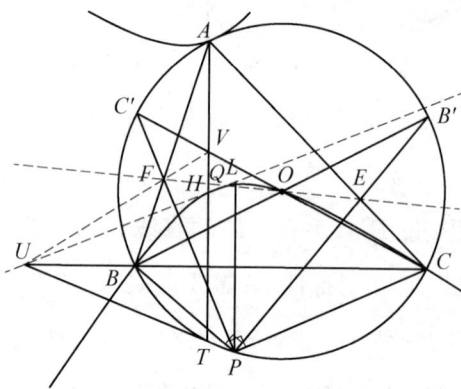

图 6

由推论 2.5 和引理 2.6 可得以下推论.

推论 2.7 设 P 为 $\triangle ABC$ 的外接圆上一点,且 P 关于 $\triangle ABC$ 的斯坦纳线、三线性极线、正交截线分别为 $\mathcal{S}_P$、$\mathcal{T}_P$、$\mathcal{O}_P$,则 $\mathcal{S}_P$、$\mathcal{T}_P$、$\mathcal{O}_P$ 中任两条直线平行当且仅当这两条直线平行于 $\triangle ABC$ 的 Jerabek 双曲线的其中一条渐近线,并且此时 P 为 $\triangle ABC$ 的欧拉线与 $\odot (ABC)$ 的其中一个交点.

3. 主要引理及证明

引理 3.1　设 P、Q 为 $\triangle ABC$ 的一对等角共轭点. 设 $\triangle Q_aQ_bQ_c$ 为 Q 关于 $\triangle ABC$ 的垂足三角形且 G 为 $\triangle Q_aQ_bQ_c$ 的重心. 则 GQ 垂直于 P 关于 $\triangle ABC$ 的三线性极线.

证明　如图 7, 设 Q_aG、Q_bG、Q_cG 分别再与 $\odot(Q_aQ_bQ_c)$ 交于 D、E、F. 设 P 关于 $\triangle ABC$ 的三线性极线分别与 BC、CA、AB 交于 P_A、P_B、P_C. 因为

$$P(P_A, A; B, C) = -1 = (Q_aG, Q_bQ_c; Q_aQ_c, Q_aQ_b),$$

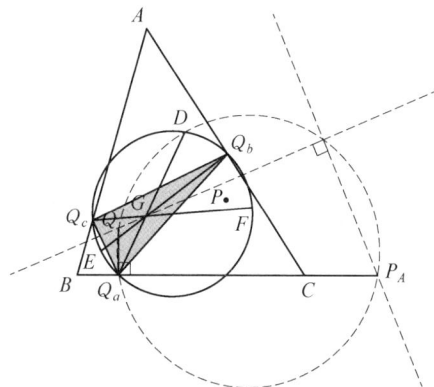

图 7

且注意到 AP、BP、CP 分别垂直 Q_bQ_c、Q_aQ_c、Q_aQ_b, 因此 $PP_A \perp Q_aG$. 熟知 $\triangle Q_aQ_bQ_c$ 的外心为 PQ 的中点, 所以 PP_A 为 Q_aD 的中垂线在位似 $(Q, 2)$ 下的像, 从而 P_A 为 Q 在 $\odot(QQ_aD)$ 中的对径点. 同理可得 QP_B、QP_C 分别为 $\odot(QQ_bE)$、$\odot(QQ_cF)$ 的直径. 因为

$$Q_aG \cdot GD = Q_bG \cdot GE = Q_cG \cdot GF,$$

所以 $\odot(QQ_aD)$、$\odot(QQ_bE)$、$\odot(QQ_cF)$ 有共同的根轴 GQ, 表示这三个圆的圆心连线(经过 QP_A、QP_B、QP_C 的中点直线)垂直于 GQ, 因此 P 关于 $\triangle ABC$ 的三线性极线 $\overline{P_AP_BP_C}$ 垂直于 GQ.　$\square$

注　利用类似的方法可以证明过 Q 且垂直于 P 关于 $\triangle ABC$ 的正交截线的直线经过 $\triangle Q_aQ_bQ_c$ 的垂心.

引理 3.2　给定 $\triangle ABC$ 与一定点 M. 设 P、P^* 为 $\triangle ABC$ 的一对等角共轭点, 且 τ 为 P^* 关于 $\triangle ABC$ 的三线性极线. 则若 $\angle(\tau, MP)$ 为给定的角度 θ, 那么 P 点在一条过 M 和 $\triangle ABC$ 的共轭重心 K 的圆锥曲线 $\Gamma_{(M, \theta)}$ 上.

证明　事实上, 由 P 点的构造方式(对给定的 M 和 θ)就能得出这个引理. 设 ℓ 为一条经过 M 的直线, ℓ^* 为一条经过 M 且满足 $\angle(\ell^*, \ell) = \theta$ 的直线. 如果 P 在 ℓ 上使得 $\angle(\tau, MP) = \theta$, 则 τ 平行于 ℓ^*, 这表示 τ, ℓ^* 与无穷远直线共点. 因为无穷远直线为 $\triangle ABC$ 的重心 G 关于 $\triangle ABC$ 的三线性极点, 所以如果 Q^* 是 ℓ^* 关于 $\triangle ABC$ 的三线性极点, 那么 P^*、Q^*、G 在一条 $\triangle ABC$ 的外接圆锥曲线上, 由此可得 KP 经过 Q^* 关于 $\triangle ABC$ 的等角共轭点 Q. 反过来说, 如果 KQ 与 ℓ 交于 P, 那么 τ 与 ℓ^* 平行.

我们只需要证明当 ℓ 绕着 M 旋转时,线束 ℓ 与线束 KQ 射影对应即可,这样就表明两线束的对应直线交点 P 在一条经过 M、K(两线束的线束中心)的圆锥曲线上. 因为经过 M 的线束关于 $\triangle ABC$ 的三线性极点的集合为 $\triangle ABC$ 的一条外接圆锥曲线 $\mathcal{C}$,所以当 ℓ 绕着 M 旋转时,Q^* 在 $\mathcal{C}$ 上移动,由此就能推出 Q 在 $\mathcal{C}$ 关于 $\triangle ABC$ 的等角共轭像 $\mathcal{C}^*$(为一条直线)上移动.

因为 ℓ^* 和 AQ^* 与 BC 的交点关于 B、C 调和共轭,所以当 ℓ 变动时线束 AQ^* 与线束 ℓ^* 射影对应. 显然当 ℓ 变动时线束 ℓ、ℓ^* 射影对应(两线束的对应直线只相差角度 θ),且线束 AQ^*、AQ 射影对应(两线束的对应直线关于 $\angle A$ 的角平分线对称),所以线束 ℓ 与线束 AQ 射影对应,从而点列 $\ell \cap \mathcal{C}^*$ 与点列 Q 射影对应,故线束 ℓ 与线束 KQ 射影对应. $\square$

由推论 2.7 可知对任一点 M,$\Gamma_{(M,90°)}$ 经过 $\triangle ABC$ 的 Jerabek 双曲线与无穷远直线的交点,所以就得到以下推论.

推论 3.3 在引理 3.2 的记号下,对任一点 M,$\Gamma_{(M,90°)}$ 与 $\triangle ABC$ 的 Jerabek 双曲线位似.

特别地,设 O 和 H 分别为 $\triangle ABC$ 的外心和垂心. 以下两个特例是比较有意思的.

推论 3.3.1(IDMasterz,XmL) $\Gamma_{(H,90°)}$ 为三角形 $\triangle ABC$ 的 Jerabek 双曲线.

推论 3.3.2 $\Gamma_{(O,90°)}$ 经过三角形 $\triangle ABC$ 的内心、旁心、外心、共轭重心.

这两个推论的证明都是容易的,只需要验证所描述的圆锥曲线上五点满足 $\Gamma_{(M,\theta)}$ 的定义即可.

引理 3.4 设 D_1、E_1、F_1 分别为 BC、CA、AB 上的点且 G_1 为 $\triangle D_1E_1F_1$ 的重心. 设 D_2、E_2、F_2 分别为 BC、CA、AB 上的点且 G_2 为 $\triangle D_2E_2F_2$ 的重心. P 点为满足有向距离比

$$\text{dist}(P,BC) : \text{dist}(P,CA) : \text{dist}(P,AB) = \frac{1}{D_1D_2} : \frac{1}{E_1E_2} : \frac{1}{F_1F_2}$$

的点. 则 G_1G_2 平行于 P 关于 $\triangle ABC$ 的三线性极线 τ_P.

证明 首先证明如下引理:

引理 3.4.1 给定 $\triangle ABC$ 与两点 $E \in CA$,$F \in AB$. 设 P 为满足有向距离比

$$\text{dist}(P,BC) : \text{dist}(P,CA) : \text{dist}(P,AB) = \frac{1}{BC} : \frac{1}{CE} : \frac{1}{FB}$$

的点. 则 EF 平行于 P 关于 $\triangle ABC$ 的三线性极线 ζ.

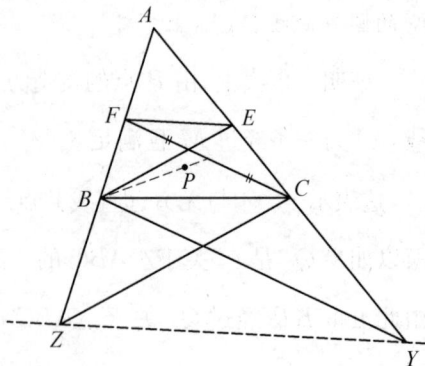

图 8

引理 3.4.1 的证明：设 ζ 分别与 CA、AB 交于 Y、Z. 因为 $[PCB] = [PBF]$，所以 BP 平分 CF，得 $(BC, BF; BP, CF) = -1 = B(C, F; P, Y)$，这表示 CF 与 BY 平行. 同理可得 $BE \parallel CZ$，所以由小帕斯普定理可得 $EF \parallel YZ \equiv \zeta$. 引理得证. $\square$

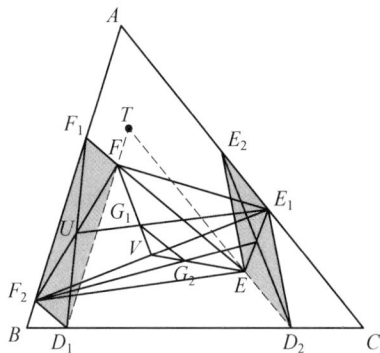

图 9

回到原题. 如图 9，过 D_1、D_2 分别作 AB、AC 的平行线交于 T. 设 E、F 分别为使得 $D_2E_1E_2E$、$D_1F_2F_1F$ 为平行四边形的点. 因为 E_1G_1 经过 F_1D_1 的中点 U 且 $\dfrac{G_1U}{EG_1} = \dfrac{1}{2}$，所以 G_1 为 $\triangle FE_1F_2$ 的重心，从而 FG_1 经过 E_1F_2 的中点 V 且 $\dfrac{G_1V}{FG_1} = \dfrac{1}{2}$.

同理可得 EG_2 经过 V 且 $\dfrac{G_2V}{EG_2} = \dfrac{1}{2}$，所以 $EF \parallel G_1G_2$.

设 P^* 为使得 $\triangle ABC \cup P$ 与 $\triangle TD_1D_2 \cup P^*$ 位似的点. 由引理 3.4.1 可得 EF 平行于 P^* 关于 $\triangle TD_1D_2$ 的三线性极线，从而 G_1G_2 平行于 P^* 关于 $\triangle TD_1D_2$ 的三线性极线，故 $G_1G_2 \parallel \tau_P$. $\square$

推论 3.5 给定 $\triangle ABC$ 与两点 P、Q. 设 $\triangle P_aP_bP_c$、$\triangle Q_aQ_bQ_c$ 分别为 P、Q 关于 $\triangle ABC$ 的垂足三角形. 设 J 为 $\odot(ABC)$ 上一点且 J 关于 $\triangle ABC$ 的西姆松线平行于 PQ. 则 $\triangle P_aP_bP_c$、$\triangle Q_aQ_bQ_c$ 的重心连线平行于 J 关于 $\triangle ABC$ 的三线性极线.

证明 如图 10，设 J_a、J_b、J_c 分别为 J 到 BC、CA、AB 的垂足. 由引理 3.4 可知只需要证明

$$JJ_a : JJ_b : JJ_c = \frac{1}{P_aQ_a} : \frac{1}{P_bQ_b} : \frac{1}{P_cQ_c}.$$

因为 $\triangle JBJ_c \backsim \triangle JCJ_b$，所以注意到 AJ 关于 $\angle A$ 的等角线垂直于 J 关于 $\triangle ABC$ 的西姆松线 $\overline{J_aJ_bJ_c}$ 可得

$$\frac{JJ_b}{JJ_c} = \frac{JC}{JB} = \frac{\sin\angle JAC}{\sin\angle JAB} = \frac{\cos\angle(PQ, AB)}{\cos\angle(PQ, AC)} = \frac{P_cQ_c}{P_bQ_b},$$

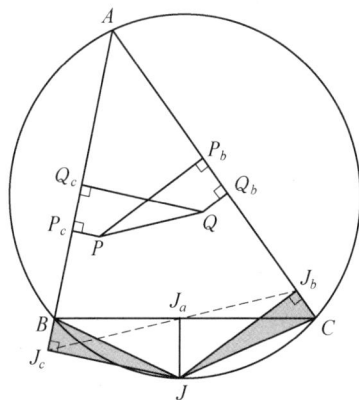

图 10

同理可得另外两个比例关系，所以推论 3.5 得证. $\square$

引理 3.6 设 (P, Q)、(R, S) 为 $\triangle ABC$ 的两对等角共轭点且 $PQ \parallel RS$. 设 I、I_a、I_b、I_c 分别为 $\triangle ABC$ 的内心、A-旁心、B-旁心、C-旁心. M、N 分别为 PQ、RS 的中点. 则 I、I_a、I_b、I_c、M、N 在

一条圆锥曲线上.

证明　首先证明以下两个引理.

引理 3.6.1　给定三角形 $\triangle ABC$ 与两点 $E \in CA$，$F \in AB$. 设 Y 为 E 关于 A、C 的等距共轭点，Z 为 F 关于 A、B 的等距共轭点. 设 $\mathcal{P}$ 为与 BC、CA、AB、EF 相切的抛物线且 $\mathcal{P}$ 与 EF 相切于 T. 则 T 与 Y_0、Z_0 共线，其中 Y_0、Z_0 分别为 Y、Z 关于 $\triangle ABC$ 的反补点.

引理 3.6.1 的证明：如图 11，设 A_0、B_0、C_0 分别为 A、B、C 关于 $\triangle ABC$ 的反补点，且 O 为 $\triangle A_0 B_0 C_0$ 为外心（即 $\triangle ABC$ 的垂心）. 因为 $\mathcal{P}$ 的焦点在 $\triangle ABC$、$\triangle AEF$ 的外接圆上，所以 $\mathcal{P}$ 的焦点即为由 $\triangle ABC$ 和 EF 形成的完全四边形 Q 的密克点 M. 设 M' 为 M 关于 EF 的对称点，则 $M'T$ 经过 $\mathcal{P}$ 的另一个焦点（也是 $\mathcal{P}$ 的中心），所以由引理 2.2，得 $M'T$ 平行于 Q 的牛顿线. 熟知 YZ 平行于 Q 的牛顿线，所以 $M'T \parallel YZ \parallel Y_0 Z_0$，因此只需证明 M' 在 $Y_0 Z_0$ 上即可.

设 M_1 为 O 在 $Y_0 Z_0$ 上的垂足，以下证明 M_1 即为 M'. 因为 M 是 $BF \mapsto CE$ 的旋似中心，所以 $\dfrac{MB}{MC} = \dfrac{BF}{CE} = \dfrac{AZ}{AY}$，结合 $\angle BMC = \angle ZAY$ 可得 $\triangle AYZ \backsim \triangle MCB$. 另一方面，因为 E、F 分别为 $B_0 Y_0$、$C_0 Z_0$ 的中点，所以由引理 2.1 可得 E、F、M_0、M_1 共圆. 注意到 $M_0 F \parallel AC$ 就得到 $\angle M_1 EF = \angle M_1 M_0 F = \angle ZYA = \angle FEM$，类似可得 $\angle M_1 FE = \angle FEM$，所以 M_1 与 M 关于 EF 对称，故 $M_1 \equiv M'$. $\square$

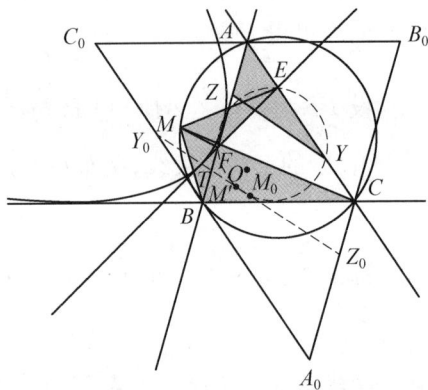

图 11

引理 3.6.2　给定一圆锥曲线 $\mathcal{C}$ 与两定直线 ℓ、ℓ_1，其中 ℓ_1 与 $\mathcal{C}$ 相切于 T. 设 V 为 ℓ_1 上一定点，R 为 ℓ 上一动点. 设 TR 与 $\mathcal{C}$ 再交于 S，过 S 且与 $\mathcal{C}$ 相切的直线与 VR 交于 K. 则当 R 在 ℓ 上变动时，K 在一条固定的圆锥曲线上. 并且如果设 ℓ 与 ℓ_1 交于 J，那么这条圆锥曲线经过 V 和 V 关于 J、T 的调和共轭点 U.

引理 3.6.2 的证明：设 τ 为 R 关于 $\mathcal{C}$ 的极线且 $L \in \tau$ 为 ℓ 关于 $\mathcal{C}$ 的极点. 因为当 R 变动时，线束 τ 与线束 LR 射影对应，所以线束 τ 与线束 VR 射影对应，则当 R 变动时，τ 与 VR 的交点 P 在一条固定圆锥曲线 $\mathcal{H}$ 上. 当 R 与 J 重合时 P 与 T 重合，所以 $\mathcal{H}$ 经过 T 和两线束的线束中心 L、V. 设 $Q \equiv \tau \bigcap TS$，$X \equiv \ell \bigcap PT$. 因为

$$X(P, R; K, V) = (P, R; K, V) = (Q, R; S, T)$$

$$= -1 = X(T, J; U, V),$$

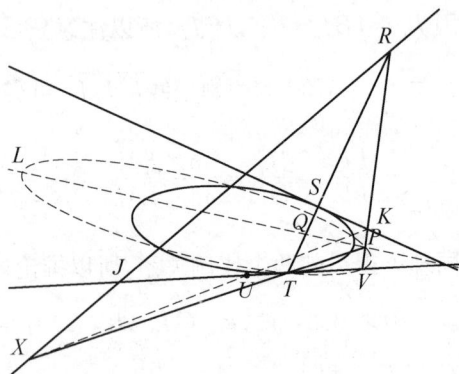

图 12

所以 K、U、X 共线. 因为线束 TP 与线束 UX 射影对应(两线束的对应直线的交点 X 在一定直线 ℓ 上),所以线束 VP 与线束 UX 射影对应,从而两线束的对应直线的交点 K 在一条固定的圆锥曲线上且这条圆锥曲线经过两线束的线束中心 U、V. □

回到引理 3.6 的证明.为了方便,将原引理改述如下:

引理 3.6′ 给定三角形 $\triangle ABC$ 与一无穷远点 L,设 J、K 为 $\triangle ABC$ 的一对等角共轭点且 J、K、L 共线. $\mathcal{C}$ 为以 J、K 为焦点且内切于 $\triangle ABC$ 的圆锥曲线.则 $\mathcal{C}$ 的中心 T 在一条固定的圆锥曲线上.

证明 如图 13,设 JK 与 BC 交于 V. BC 关于 JK 的对称直线分别与 CA、AB 交于 E、F.设 A'、B'、C'、E'、F' 分别为 BC、CA、AB、BE、CF 的中点且 $G \equiv EF \cap E'F'$. 由引理 2.2 可知 T 在 $E'F'$ 上.设 $\mathcal{P}$ 为与 $B'C'$、$C'A'$、$A'B'$、$E'F'$ 相切的抛物线,则由引理 3.6.1 可得 G 为 $\mathcal{P}$ 与 $E'F'$ 的切点.因为 $VG \equiv EF$ 平行于由 $\triangle A'B'C'$ 和 $E'F'$ 形成的完全四边形的牛顿线,所以 VG 经过 $\mathcal{P}$ 与无穷远直线的切点.由引理 3.6.2(ℓ 和 ℓ_1 分别为 BC 和无穷远直线)可得当 J、K 变动时 T 在一条经过 $//JK$,$\perp JK$ 方向上的无穷远点

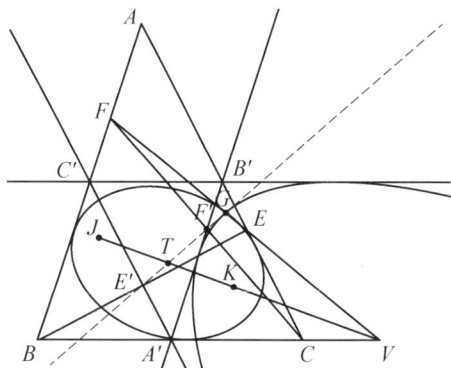

图 13

的圆锥曲线上.最后只需注意到 $\triangle ABC$ 的内心与旁心在这条圆锥曲线上即可. □

注 引理 3.6 给出 $\triangle ABC$ 的内切圆锥曲线的主轴方向的一个刻画.对一条中心为 O 的 $\triangle ABC$ 的内切圆锥曲线,它的主轴方向平行于经过 O 和 $\triangle ABC$ 的内心、旁心的双曲线的渐近线.

4. 主要问题证明

问题(LeVietAn) 设 P、Q 为 $\triangle ABC$ 的一对等角共轭点且 G_P、G_Q 分别为 P、Q 关于 $\triangle ABC$ 的垂足三角形的重心.设 M、N 分别为 PQ、G_PG_Q 的中点.证明:若 PQ 平行于 G_PG_Q,则 MN 经过 $\triangle ABC$ 的外心.

证明 如图 14,设 O 为 $\triangle ABC$ 的外心,$\triangle M_aM_bM_c$ 为 M 关于 $\triangle ABC$ 的垂足三角形.显然 N 为 $\triangle M_aM_bM_c$ 的重心,所以若 M' 为 M 关于 $\triangle ABC$ 的等角共轭点,那么由引理 3.1 可得 MN 垂直于 M' 关于 $\triangle ABC$ 的三线性极线 τ.

另一方面,由推论 2.7 和推论 3.5 可知若 $PQ \parallel G_PG_Q$,则 PQ、G_PG_Q 平行于 $\triangle ABC$ 的 Jerabek 双曲线 $\mathcal{J}$ 的其中一条渐近线,所以结

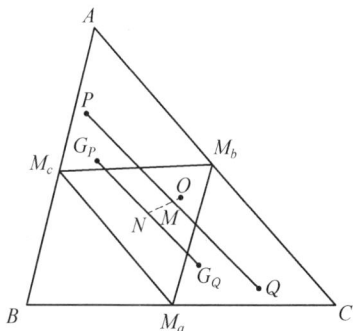

图 14

合引理 3.6 得过 M 和 $\triangle ABC$ 的内心、旁心的圆锥曲线与 $\mathcal{J}$ 位似. 由推论 3.3 可得 M 在推论 3.3.2 中描述的圆锥曲线上, 所以 $OM \perp \tau$.

由上面的讨论可知 M、N、O 共线且 $\overline{MNO} \perp \tau$. $\qquad\square$

5. 引理的其他应用

利用第二节与第三节中的引理还能得出许多有趣的结论. 在本节中将举一些应用的例子并留一些问题给读者练习.

问题 5.1 给定三角形 $\triangle ABC$ 与其垂心 H. 设 P 为 $\triangle ABC$ 的欧拉线上一点且 Q 为 P 关于 $\triangle ABC$ 的等角共轭点. 则 Q 关于 $\triangle ABC$ 的垂足三角形的重心在 HQ 上.

证明 由引理 3.1 与推论 3.3.1 可得. $\qquad\square$

问题 5.2 设 K 为 $\triangle ABC$ 的九点圆圆心关于 $\triangle ABC$ 的等角共轭点. 设 H_K 为 K 关于 $\triangle ABC$ 的垂足三角形的垂心. 证明: $H_K K$ 经过 $\triangle ABC$ 的外心 O 且 $\overline{H_K O} = 3\overline{H_K K}$.

证明 如图 15, 设 N 为 $\triangle ABC$ 的九点圆的圆心, 过 N 且垂直 AN 的直线与 BC 交于 D. 熟知 O 关于 BC 的对称点 O_a 为 A 关于 N 的对称点, 所以 D 即为 $\triangle AOO_a$ 的外心. 设 $\odot(D)$ 与 $\odot(O)$ 再交于 X, 则由 $\angle XAO = \angle OXA = \angle OO_a N$ 可知 AX 为 AN 关于 $\angle A$ 的等角线, 故 A、K、X 共线.

同理, 如果 N 关于 $\triangle ABC$ 的正交截线分别与 CA、AB 交于 E、F, 那么 $\odot(E)$、$\odot(F)$ 与 $\odot(O)$ 的第二个交点 Y、Z 分别在 BK、CK 上. 由 $AK \cdot KX = BK \cdot KY = CK \cdot KZ$ 可知 OK 为 $\odot(D)$、$\odot(E)$、$\odot(F)$ 的根轴, 所以 OK 垂直于 $\overline{DEF}$. 另一方面, 由引理 3.1 的注解中的性质可知 $KH_K \perp \overline{DEF}$, 所以 O、K、H_K 共线.

如图 16, 设 H 为 $\triangle ABC$ 的垂心. 设 O_K、G_K 分别为 K 关于 $\triangle ABC$ 的垂足三角形的外心、重心. 由问题 5.1 得 H、K、G_K 共线. 因为 $H_K G_K$ 经过 NK 的中点 O_K 且 $G_K H_K = 2 O_K G_K$, 所以 G_K 为 $\triangle NKH_K$ 的重心, 因此 KH 经过 NH_K 的中点 M. 由孟氏定理 ($\triangle ONH_K$ 与 $\overline{MKH}$) 可得

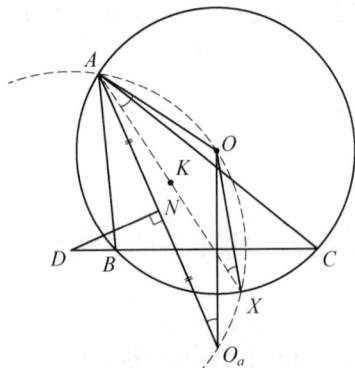

图 15

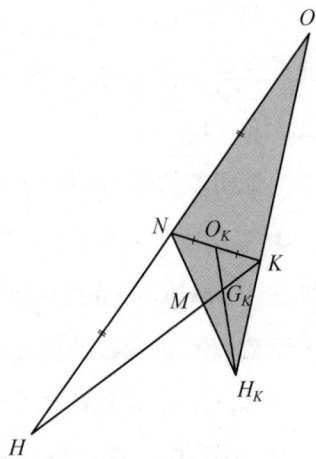

图 16

$$\overline{H_K O} = 3\overline{H_K K}.$$

由问题 5.2 的证明很容易得到以下推论.

推论 5.3(IDMasterz,XmL)　设 K 为 $\triangle ABC$ 的九点圆圆心关于 $\triangle ABC$ 的等角共轭点. N_K 为 K 关于 $\triangle ABC$ 的垂足三角形的九点圆圆心. 则 KN_K 平行于 $\triangle ABC$ 的欧拉线.

问题 5.4(Arab)　设 I、O 分别为 $\triangle ABC$ 的内心、外心. 设 AI、BI、CI 分别与 BC、CA、AB 交于 D、E、F. 证明: OI 经过 $\triangle DEF$ 的九点圆圆心 T.

证明(IDMasterz,XmL)　如图 17,设 I_a、I_b、I_c 分别为 $\triangle ABC$ 的 A -旁心、B -旁心、C -旁心. 设 K 为 O 关于 $\triangle I_a I_b I_c$ 的等角共轭点且 $\triangle K_a K_b K_c$ 为 K 关于 $\triangle I_a I_b I_c$ 的垂足三角形. 熟知 OI_a、OI_b、OI_c 分别垂直于 EF、FD、DE,所以 $IDEF$ 与 $KK_a K_b K_c$ 位似. 注意到 O 为 $\triangle I_a I_b I_c$ 的九点圆圆心,所以由推论 5.3 可知 IT 平行于 $\triangle I_a I_b I_c$ 的欧拉线 IO,故 I、O、T 共线.

下面这些问题也是前面几节中的引理和性质的应用,留给读者练习.

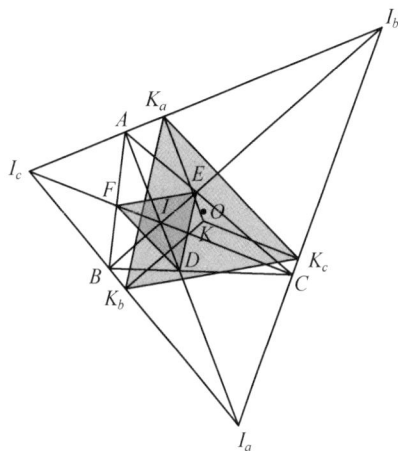

图 17

问题 5.5　设 O、K 分别为 $\triangle ABC$ 的外心、共轭重心. S 为 $\triangle ABC$ 的外接圆上一点使得 S 关于 $\triangle ABC$ 的西姆松线平行于 OK. 证明: S 关于 $\triangle ABC$ 的等距共轭点为垂直于 $\triangle ABC$ 的欧拉线方向上的无穷远点.

问题 5.6　给定 $\triangle ABC$ 与一点 P. 设 $\triangle DEF$、$\triangle P_a P_b P_c$ 分别为 P 关于 $\triangle ABC$ 的反西瓦三角形、垂足三角形. Q 为 P 在以 $\odot(P_a P_b P_c)$ 为基圆的反演下的像. 证明: $\triangle DPQ$、$\triangle EPQ$、$\triangle FPQ$ 的垂心共线.

问题 5.7　给定 $\triangle ABC$ 与一点 P. 设 K 为 $\triangle ABC$ 的共轭重心,G_P 为 P 关于 $\triangle ABC$ 的垂足三角形的重心. 设 T 为 $\odot(ABC)$ 上一点且 T 关于 $\triangle ABC$ 的西姆松线平行于 KP. 证明: KG_P 为 T 关于 $\triangle ABC$ 的三线性极线.

问题 5.8(Luis González)   设 O、H、G、K 分别为 $\triangle ABC$ 的外心、垂心、重心、共轭重心.设 $\triangle H_aH_bH_c$、$\triangle G_aG_bG_c$ 分别为 H、G 关于 $\triangle ABC$ 的垂足三角形.证明:$\triangle H_aH_bH_c$ 与 $\triangle G_aG_bG_c$ 的重心连线平行于 OK.

问题 5.9(SalaF)   给定 $\triangle ABC$ 与两点 P、Q.设 $\triangle P_aP_bP_c$、$\triangle Q_aQ_bQ_c$ 分别为 P、Q 关于 $\triangle ABC$ 的垂足三角形且 H_P、H_Q 分别为他们的垂心.证明:若 $\triangle P_aP_bP_c \backsim \triangle Q_aQ_bQ_c$,则 $PH_P \parallel QH_Q$.

问题 5.10(THVSH)   设 K 为 $\triangle ABC$ 的九点圆圆心关于 $\triangle ABC$ 的等角共轭点.过 B、C 且与 $\odot(ABC)$ 相切的直线交于 D.设 K_A 为 K 关于 BC 的对称点.证明:DK_A 经过 $\triangle ABC$ 的垂心.

2016 年中国国家队选拔考试平面几何试题评析

Telv Cohl

（中国台湾嘉义）

本文分析讨论第 57 届国际数学奥林匹克中国国家队选拔考试中的五道平面几何试题,给出个人看法和解答,欢迎读者批评指正.

题 1 在圆内接六边形 $ABCDEF$ 中,$AB=BC=CD=DE$.若线段 AE 内一点 K 满足 $\angle BKC=\angle KFE$,$\angle CKD=\angle KFA$,证明:$KC=KF$.

分析 首先,容易看出这个图形没有那么任意,所以一个自然的问题是:该如何画出满足题目中条件的图形? 为此可以先想办法从给定的性质求出更多的限制条件. 由给定的角度条件可得

$$\angle BKD=\angle BKC+\angle CKD=\angle KFE+\angle KFA=\angle AFE,$$

所以 $ABCDEF$ 外接圆的圆心 O 在 $\odot(BKD)$ 上.

现在我们已经可以构造出这个图形了:如图 1,先作出一以 O 为圆心的圆并且在圆上取两点 B、D. 作出劣弧 $\overparen{BD}$ 的中点 C 和 C 关于 OB、OD 的对称点 A、E. 再取 K 为 $\odot(BOD)$ 与 AE 的其中一个交点. 最后在 $\odot O$ 上取一点 F 使得 $\angle CKD=\angle KFA$ 即可($\angle BKD=\angle AFE$ 会保证 $\angle BKC=\angle KFE$).

画出精准的图后不难发现 $KB /\!/ FA$,$KD /\!/ FE$,这给出了 F 一个很好的刻画. 既然平行的条件比原本给定的角度条件好用(更有往后发展的可能),所以考虑用同一法,即假设 F^* 满足

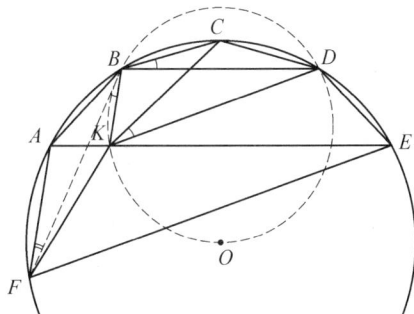

图 1

$KB /\!/ F^*A$,$KD /\!/ F^*E$,接着想办法证明 F^* 在 $\odot O$ 上且满足原题给定的角度条件和 $KC=KF^*$.

F^* 在 $\odot O$ 上是显然的,因为由之前的讨论我们知道弧 $\overparen{BD}$ 在 $\odot(BOD)$ 对应的角度与弧 $\overparen{AE}$ 在 $\odot O$ 中对应的角度相同,所以 F^* 在 $\odot O$ 上. 注意到原题的角度条件结合平行等价于 KC 与 KF^* 是 $\angle BKD$ 的一对等角线,所以可以考虑作出 C 关于 $\triangle BKD$ 的等角共轭点再证明它在 KF^* 上(作出等

角共轭点常常有意想不到的效果,在许多题目中都有用到).动手画之后会发现 C 关于 $\triangle BKD$ 的等角共轭点好像就是 F^* ? 如果能证明这件事那就成功证明 F^* 就是 F 了.

由对称性只需证明 BC、BF^* 是 $\angle KBD$ 的一对等角线.这也是容易的,因为 $\angle F^*BK = \angle BF^*A = \angle DBC$. 至此我们已经证明 $F \equiv F^*$. 最后只须注意到 $OB = OD \Rightarrow KO$ 是 $\angle BKD$ 的外角平分线,所以 C 与 F 关于 KO 对称.

由以上的想法就产生了以下的证明:

证明 如图 2,设 AB 与 DE 交于 T. 由 $\angle BKD = \angle AFE$ 和 $BD \parallel AE$ 可得 T 是 $\odot(BKD)$ 与 $\odot(AEF)$ 的外位似中心,所以若 F^* 是 K 在以 T 为中心使 $\odot(BKD) \mapsto \odot(AEF)$ 的位似下的像,则 $\triangle BDK$ 与 $\triangle AEF^*$ 位似.由 $\angle F^*BK = \angle BF^*A = \angle DBC$ 和 $\angle F^*DK = \angle DF^*E = \angle CDB$ 可得 C、F^* 是 $\triangle BDK$ 的一对等角共轭点,所以 $\angle KF^*A = \angle CKD$,$\angle KF^*E = \angle BKC \Rightarrow F^* \equiv F$.

设 O 是 $\triangle AEF$ 的外心.因为 $\angle BOD = \angle AFE = \angle BKD$,所以注意到 $OB = OD$ 可得 O 是 $\odot(BDK)$ 中 $\overset{\frown}{BKD}$ 的中点.所以 KO 是 $\angle BKD$ 的外角平分线.所以 C、F 关于 KO 对称. □

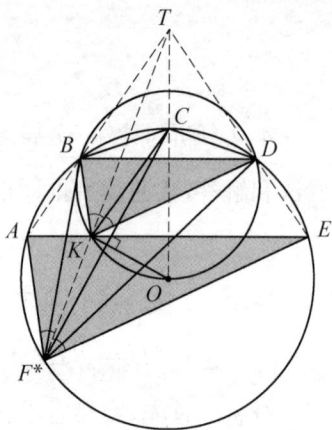

图 2

评论 本题一开始给的条件并不太好用,这类型的题目中比较好的情形不外乎:

1) 经过简单推敲就能找出好用的条件(如本题);或者,

2) 能直接看出给定限制的一般情形.

比较麻烦的情形即 1)和 2)都不满足(如 2014 IMO 预选题 G7),这时就需要比较多的猜测和验证.顺带一提,本题也能作出 BK、DK 与圆的第二个交点 B^*、D^*,并且设 F^* 是 B^*D^* 弧的中点,再证明 $F^* \equiv F$.

题 2 四边形 $ABCD$ 内接于圆 O,$\angle A$、$\angle C$ 的内角平分线相交于点 I,$\angle B$、$\angle D$ 的内角平分线相交于点 J,直线 IJ 不经过点 O,且与边 AB、CD 的延长线分别交于点 P、R,与边 BC、DA 分别交于点 Q、S.线段 PR、QS 的中点分别为 M、N.证明:$OM \perp ON$.

分析 I 和 J 的位置很奇怪,以前没看过这两个点的什么性质.比较直观的只有 $\text{dist}(I, DA) = \text{dist}(I, AB)$,$\text{dist}(I, BC) = \text{dist}(I, CD)$ 和 $\text{dist}(J, AB) = \text{dist}(J, BC)$,$\text{dist}(J, CD) = \text{dist}(J, DA)$. 但是这对直线 IJ 的刻画应该没什么帮助,也就是说比较难将 IJ 看成满足某些距离关系或面积关系的点的点集.虽然对 I、J 不了解,但是 AI、CI、BJ、DJ 的另外四个交点都是很好刻画的(内心或旁心),所以暂且先将 I、J 当成由这四个内(旁)心产生出来的点.

取 PR、QS 的中点 M、N 也是挺奇怪的,可能的方向是去证明 $(\odot O,\odot(PR))$ 和 $(\odot O,$
$\odot(QS))$ 的根轴相互垂直,或者做出过 P、R 且平行 OM 的直线 τ_P、τ_R 看看有没有经过位置比较好
的点.由此不难发现 τ_R 经过弧 $\overset{\frown}{AC}$ 和弧 $\overset{\frown}{BD}$ 的中点.如果能证明这件事,那么由对称性即可得 OM 垂
直 ON.

如图 3,设 AI、BJ 与 $\odot O$ 再交于 A^*、B^*,我们只需
证明 R、A^*、B^* 共线.首先应该会想到利用帕斯卡定理,
也就是找圆内接六边形 $CD?A^*B^*?$ 或 $CD?B^*A^*?$,
但是由于不知道该怎么造出直线 IJ,所以直接用帕斯卡定
理是不可行的.再来直观上比较可能的方向是利用笛沙格
定理,即在 IJ 上找两点 Y、Z 去证明 $(\triangle CA^*Y$、
$\triangle DB^*Z)$ 或 $(\triangle CB^*Y$、$\triangle DA^*Z)$ 是线透视的.或者去寻

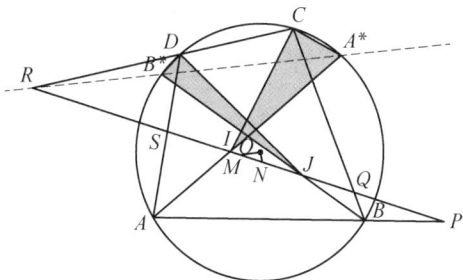

图 3

找某个过 (R,A^*)、(R,B^*) 并且经过一些容易刻画的点的圆,再将共线转换成角度等式,但是现有
的点中貌似没能支持这个想法.

因为 $A^*I\cap B^*J$ 和 $CI\cap DJ$ 的位置都很好(这两个点的连线根本就是 $\angle(AD,BC)$ 的角平分
线),所以考虑证明 $\triangle A^*CI$ 和 $\triangle B^*DJ$ 线透视应该是可行的,只需证明 $A^*C\cap B^*D$ 在
$\angle(AD,BC)$ 的角平分线上.这也是容易的,因为这个点根本就是由 BC、CD、DA 形成的三角形的内
心.

由以上的想法就产生了以下的证明:

证明 设 AI、BJ、CI、DJ 与 $\odot O$ 再交于 A^*、B^*、C^*、D^*.容易看出 (A^*,C^*)、(B^*,D^*)
关于 O 对称,所以 $A^*B^*C^*D^*$ 是矩形.因为 $CI\cap DJ$,$CA^*\cap DB^*$,$IA^*\cap JB^*$ 都在
$\angle(AD,BC)$ 的角平分线上,所以由笛沙格定理 $(\triangle A^*CI$ 和 $\triangle B^*DJ)$ 可得 A^*B^*、CD、IJ 共点,即
R、A^*、B^* 共线.同理可得 P、C^*、D^* 共线.所以 $OM\ /\!/\ A^*B^*\ /\!/\ C^*D^*$.同理 $ON\ /\!/\ B^*C^*\ /\!/$
D^*A^*.所以 OM 垂直 ON. $\square$

评论 本题出现许多以前没见过的点.这类型的题目通常不是极简单(如本题)就是极难(如 2011
IMO 预选题 G8),难点在于要在短时间内要发现很多性质.另外这道题应该没办法通过 $OM\ /\!/\ A^*B^*\ /\!/$
C^*D^* 这步做出来.

题 3 P 为锐角 $\triangle ABC$ 内一点,D、E、F 分别是 P 关于 BC、CA、AB 的对称点,AP、BP、CP
的延长线与 $\triangle ABC$ 的外接圆分别交于点 L、M、N.证明:$\triangle PDL$、$\triangle PEM$、$\triangle PFN$ 的外接圆交于除
P 外的另一点 T.

分析 这道题其实是 anti-steiner 点的常见性质,对熟悉 anti-steiner 点的人来说这题是非常容易的.利用 anti-steiner 点的证明如下:设 H 为 $\triangle ABC$ 的垂心且 AH 与 $\triangle ABC$ 的外接圆再交于 X.设 T 为 PH 关于 $\triangle ABC$ 的 anti-steiner 点.因为 H、X 关于 BC 对称,所以 D、T、X 共线.注意到 $PD \parallel AX$,由 Reim's 定理之逆($T-X-D$ 和 $L-A-P$)可得 D、L、P、T 共圆.同理可得 $T \in \odot(PEM)$ 和 $T \in \odot(PFN)$.

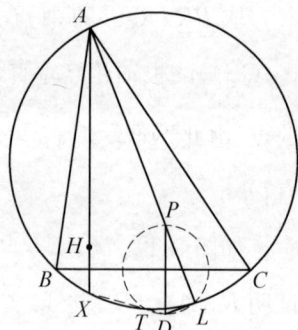

图 4

注 对任一在 $\triangle ABC$ 外接圆上的点 U,U 关于 BC、CA、AB 的对称点共线而且这条直线经过 $\triangle ABC$ 的垂心,这条直线称为 U 关于 $\triangle ABC$ 的 steiner 线.反过来说,任一条经过 $\triangle ABC$ 的垂心的直线 l 关于 BC、CA、AB 的对称直线共点于 $\triangle ABC$ 的外接圆上一点.这个点称为 l 关于 $\triangle ABC$ 的 anti-steiner 点.

对于不熟悉 anti-steiner 点的人这题也是不难的.画完图就会发现 T 根本就在 $\triangle ABC$ 的外接圆上,所以由对称性只需证明 $\odot(PEM)$ 与 $\odot(PFN)$ 有一关于 P 且在 $\odot(ABC)$ 上的交点.这等价于要证 $\measuredangle PFN + \measuredangle MEP = \measuredangle BPC - \measuredangle BAC$,但是目前对 $\measuredangle PFN$ 没什么太好的了解.所以先考虑别的方向.注意到图形中所有的点的位置在以 P 为中心且固定 $\odot(ABC)$ 的反演 Φ 下的位置都很好刻画,所以可以考虑证明在 Φ 下的等价命题.

在 Φ 下 L、M、N 的像分别为 A、B、C,而 D、E、F 的像分别为 $\odot(MPN)$、$\odot(NPL)$、$\odot(LPM)$ 的圆心(设为 D^*、E^*、F^*).因为 $\odot(ABC)$ 在 Φ 下整体上不变.所以只需要证明 BE^*、CF^* 的交点在 $\odot(ABC)$ 上.看着图不难发现(猜测)$\triangle BLC$ 与 $\triangle E^*LF^*$ 正向相似,而这也很容易由算等角证明,所以 L 是 $B \mapsto E^*$,$C \mapsto F^*$ 的旋似中心.所以 L 在 $\odot(BSC)$ 上其中 $S \equiv BE^* \cap CF^*$,也就是说 S 在 $\odot(ABC)$ 上.

由以上的想法就产生了如下的证明:

证明 考虑以 P 为中点交换 (A, L)、(B, M)、(C, N) 的反演 Φ.D、E、F 的像 D^*、E^*、F^* 分别为 $\odot(MPN)$、$\odot(NPL)$、$\odot(LPM)$ 的圆心.因为 E^*F^* 是 PL 的中垂线,所以 $\angle LE^*F^* = \angle NC = \angle LBC$,$\angle LF^*E^* = \angle LMB = \angle LCB$,所以 $\triangle BLC \backsim \triangle EL^*F^*$,这表示 L 是 $BE^* \mapsto CF^*$ 的旋似中心.所以 $S \equiv BE^* \cap CF^*$ 在 $\odot(LBC) \equiv \odot(ABC)$ 上.同理可得 $CF^* \cap AD^* \in \odot(ABC)$.所以 AD^*、BE^*、CF^* 共点于 $\odot(ABC)$ 上.这表示在变换 Φ 之前的图形中 $\odot(PDL)$、

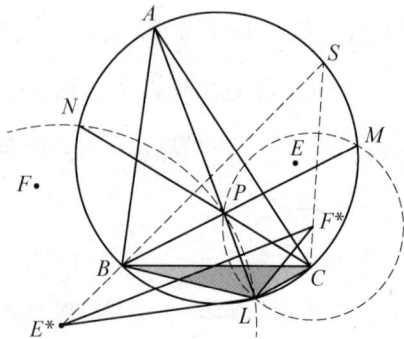

图 5

⊙(PEM)、⊙(PFN)、⊙(ABC)有一公共点.

评论 这道题其实是一个老结论.曾经出现在许多论文和论坛上(例如:AoPS).顺带一提,在几何题(尤其是难题)的证明中利用 anti-steiner 点刻画外接圆上一点是很常见的,而利用 steiner 线求计算角度也是常用手段.

题 4 圆内接四边形 $ABCD$ 的对角线相交于点 P,存在一个圆 Γ 与 AB、BC、AD、DC 的延长线分别相切于点 X、Y、Z、T.圆 Ω 经过 A、B 两点,且与圆 Γ 外切于点 S.证明:$SP \perp ST$.

分析 要证明的关系中有用到 P 点,所以不妨先由双圆四边形的熟知结论给出 P 点更多的性质(注:比较常见的双圆四边形图形是内切圆的情形,而旁切圆的情形会有相应的结论,所以当不确定怎么处理旁切圆的状况时可以先想想内切圆的情形.)可知 P 在 XT 和 YZ 上.将辅助线画上后不难发现 $XT \perp YZ$.

要直接得出结论可能比较难.先来看看 S 应该有什么样的性质.由阿波罗尼斯问题(PPC)的解很自然想到作过 S 且与 Γ 相切的直线(即 Γ、Ω 的根轴)与 AB 的交点 J.容易看出 J 要满足 $JA \cdot JB = JX^2$,所以对 S 点至少有了比较好的刻画了:做出 $V \equiv AB \bigcap YZ$(熟知 $(A$,B;V,$X) = -1$)和 XV 的中点 J,再做过 J 且与 Γ 相切的直线,切点即为 S.

有了 J 点后自然会想将 $\angle PST$ 拆成 $\angle PSJ$ 和 $\angle TSJ = \angle TXS = \angle VXS - \angle VXT$ 来处理,所以问题转化成证明 $\angle PSJ + \angle VXS = 180° - \angle XVP \Leftrightarrow \angle PSX + \angle XVP = 180°$,即 P、S、V、X 共圆.这也是容易的,由 J 点的构造方式不难得出 J 到这四个点等距.

由以上的想法就产生了如下的证明:

证明 如图 6,设 J 是 SX 关于 Γ 的极点且 AB 与 YZ 交于 V.熟知 P 在 XT,YZ 上且 $(A$,B;V,$X) = -1$,所以由 $JX^2 = JS^2 = JA \cdot JB$ 可得 J 是 VX 的中点.因为 XT,YZ 分别平行于 $\angle(AB,CD)$,$\angle(BC,AD)$ 的角平分线,所以由 A、B、C、D 共圆可得 $XT \perp YZ$,因此 P、S、V、X 在一以 J 为圆心的圆上,所以 $\angle PST = \angle PSX - \angle TSX = \angle PVA - \angle TXV = 90°$.

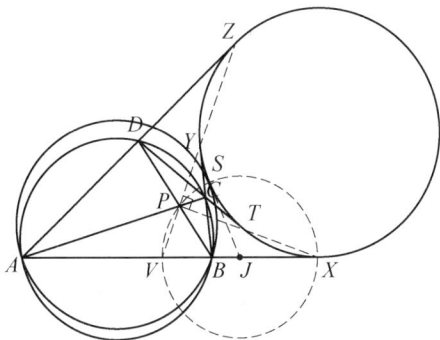

图 6

评论 本题将常用的双圆四边形图形的辅助线画一画之后自然就能推出证明(连猜测都不用),是很简单的一道题.通常圆外切四边形的题目可以先尝试将常见的(牛顿(Newton)定理)的辅助线画出来,或者考虑以内切圆为基圆反演,将原题转换成圆内接四边形的题目(当然是在反演后图形不要太差的状况才考虑这样做).

另外本题也能利用反演证明. 同上述的证明有 P 在 XT 和 YZ 上且 XT 垂直 YZ. 现在考虑以 T 为基圆的反演. 则 A、B 的像 A^*、B^* 分别为 XZ、XY 的中点,Ω 的像为一过 A^*、B^* 且与 Γ 相切的圆. 咦? 这个图站在 $\triangle XYZ$ 的角度来看根本就是 2011 IMO 预选题 G4 中的图,而预选题的结论(推论)是 PS 与 T 的第二个交点 K 满足 $XK \parallel YZ$,所以只需要证明这个 K 点恰好是 T 的对径点即可. 这并不难,注意到 $XT \perp YZ$ 就能得到 $XT \perp XK$,即 K 是 T 在 Γ 中的对径点,因此 $SP \perp ST$. (如图 7)

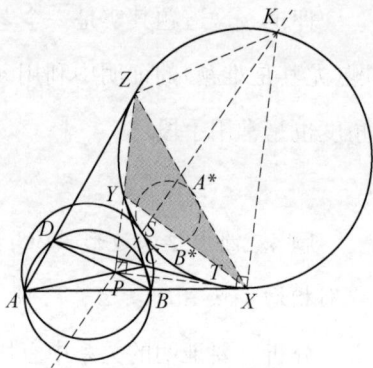

图 7

题 5 圆内接四边形 $ABCD$ 中,$AB > BC$,$AD > DC$,I、J 分别是 $\triangle ABC$、$\triangle ADC$ 的内心. 以 AC 为直径的圆与线段 IB 交于点 X,与 JD 的延长线交于点 Y. 证明:若 B、I、J、D 共圆,则 X、Y 关于 AC 对称.

分析 首先不难注意到只需证明 $\angle CAX = \angle CAY$. 再来,由 B、D、I、J 共圆可得 $ABCD$ 有内切圆(熟知的结论). 所以原题根本就是一个与双圆四边形有关的问题,可以先想想双圆四边形的性质. 做出内切圆圆心 T 后,我们的目标是证明 AC 是 $\angle XAY$ 的角平分线,而 AT 是 $\angle BAD$ 的角平分线,所以只需要证明 $2\angle TAC = \angle BAX + \angle DAY$.

观察 $\angle TAC$ 不难发现它好像就等于 $\angle BAX$(和 $\angle DAY$)?如果能证明这件事那么该题就做完了. 注意到 T 和 X 都在 $\angle B$ 的角平分线上,所以 $\angle TAC = \angle BAX \Leftrightarrow T$、$X$ 是 $\triangle ABC$ 的一对等角共轭点(比单纯的角度关系有更多可能的切入点). 因为单一个角不好处理,所以可以考虑等角共轭点与两个角有关的性质. 注意到一对 $\triangle ABC$ 的等角共轭点 P、Q 必须满足 $\angle BPC + \angle BQC = \angle BAC$,所以要证明 T、X 是 $\triangle ABC$ 的等角共轭点只须证明 $\angle CTA - \angle CBA = 90°$,而这想必是不难的,因为这已经是一个只跟双圆四边形的基本图形有关的角度关系了.

由以上的想法就产生了如下的证明:

证明 因为 BI、DJ 分别过 $\odot(ABCD)$ 中 $\overset{\frown}{AC}$ 的两中点 M、N,所以由 Reim 定理(注意到 $AC \perp MN$)可得 IJ 垂直 MN,即 $\odot I$ 与 AC 的切点和 $\odot J$ 与 AC 的切点重合(设为 H). 因为 $AH = \dfrac{1}{2}(AB + AC - BC) = \dfrac{1}{2}(AC + AD - CD)$,所以 $AB + CD = BC + AD$,这表示 $ABCD$ 有一内切圆 $\odot T$(Urquhart 定理).

因为 $\angle CTA - \angle CBA = \angle BAT + \angle BCT = \dfrac{1}{2}(\angle BAD + \angle BCD) = 90°$，所以注意到 T、X 都在 $\angle B$ 的角平分线上可得 T、X 为 $\triangle ABC$ 的一对等角共轭点，所以 $\angle XAC = \angle BAT = \dfrac{1}{2}\angle BAD$. 同理 $\angle YAC = \dfrac{1}{2}\angle BAD$，所以 X 和 Y 关于 AC 对称. □

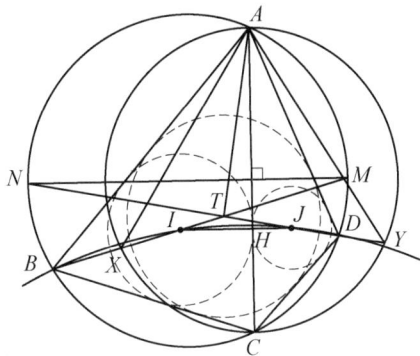

图 8

评论　这道题的前半部分（B、D、I、J 共圆 $\Rightarrow ABCD$ 有内切圆）是一个老结论了，记得应该是以前的数奥题，这个结论也可以利用根心定理说明 $\angle A$、$\angle B$、$\angle D$ 的等角线共点得到. 而后半部分的关键 $\angle BAX = \angle TAC$ 也不难发现，算是简单的一题.

最后谈一下个人的经验：做几何题时往往会有很多看似可行的想法，如何选择要先试哪个想法就依赖于以往的经验了. 通常经验比较丰富的人会能比较准确的找到可行的路，所以平常练习题目和阅读别的做法是很重要的. 上面我的想法只是提供当参考，当中有很多过程是依靠个人直觉和经验，所以如果觉得奇怪也是正常的，因为每个人的思考方式不会完全一致.

一个几何图形的系列性质

卢圣[1]　顾冬华[2]

（1. 广西钦州市新兴街 30 号祥和景都 2 栋 2 单元　535000；

2. 南京易湃文化艺术培训有限公司　210009）

笔者近来研究了三角形中如下一个几何结构：

如图 1，在 $\triangle ABC$ 中，三边互不相等，A_1、A_2 在射线 AC、AB 上，且 $AA_1 = AA_2 = BC$；B_1、B_2 在射线 BA、BC 上，且 $BB_1 = BB_2 = CA$；C_1、C_2 在射线 CB、CA 上，且 $CC_1 = CC_2 = AB$.

经研究，笔者得到了 $\triangle AA_1A_2$、$\triangle BB_1B_2$、$\triangle CC_1C_2$ 与 $\triangle ABC$ 的内心、外心、垂心、重心、旁心、奈格尔（Nagel）点、Spieker 点等特殊点之间的一系列性质，现将研究结果整理成文，供读者参考.

注：三角形的中点三角形的内心称为三角形的 Spieker 点[1].

图 1

一、　符号标记说明

为便于行文，先约定下列字母标记的几何意义：

如图 1，$\triangle ABC$ 中，三边互不相等，A_1、A_2 在射线 AC、AB 上，且 $AA_1 = AA_2 = BC$；B_1、B_2 在射线 BA、BC 上，且 $BB_1 = BB_2 = CA$；C_1、C_2 在射线 CB、CA 上，且 $CC_1 = CC_2 = AB$；O_1、O_2、O_3 为 $\triangle AA_1A_2$、$\triangle BB_1B_2$、$\triangle CC_1C_2$ 的外心；I、I_1、I_2、I_3 分别为 $\triangle ABC$ 的内心和 $\angle A$、$\angle B$、$\angle C$ 所对的旁心，O、H、G、N 分别为外心、垂心、重心、奈格尔点；A、B、C 表示三内角，a、b、c 表示三边长，p、r、S 表示半周长、内切圆半径、面积.

上述字母标记在本文直接使用且按约定的意义理解，文中其他的字母标记以文中当处说明为准. 由于这些约定的字母标记在文中多次出现，我们不再一一反复作说明，请读者详察.

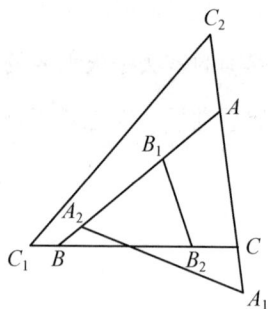

二、 系列定理

下面给出的一系列引理,将会在全文的论述中反复使用到,请读者先熟悉. 为确保本文论证流畅,在此统一给出这些引理.

引理 1[1]　设 T 为 $\triangle ABC$ 的 Spieker 点,则 $2\overline{TG}=\overline{GI}$, $2\overline{GI}=\overline{NG}$, $HN \parallel OI$.

引理 2[1]　$r=4R\sin\dfrac{A}{2}\sin\dfrac{B}{2}\sin\dfrac{C}{2}$, $p-a=4R\cos\dfrac{A}{2}\sin\dfrac{B}{2}\sin\dfrac{C}{2}$.

引理 3　$S_{\triangle NBC}=\dfrac{p-a}{p}S$, $S_{\triangle NCA}=\dfrac{p-b}{p}S$, $S_{\triangle NAB}=\dfrac{p-c}{p}S$.

引理 3 的证明:如图 2,设 $\triangle ABC$ 的 $\angle A$、$\angle B$、$\angle C$ 所对的旁切圆分别与三边切于 D、E、F.

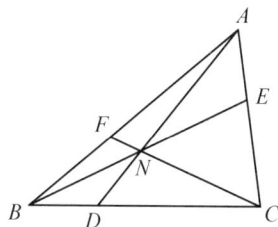

图 2

由奈格尔点的定义及旁切圆性质知 $\dfrac{S_{\triangle NAB}}{S_{\triangle NCA}}=\dfrac{BD}{DC}=\dfrac{p-c}{p-b}$.

同理,　　　　　　　　$\dfrac{S_{\triangle NAB}}{S_{\triangle NBC}}=\dfrac{p-c}{p-a}$.

结合　　　　　　　　$S_{\triangle NAB}+S_{\triangle NBC}+S_{\triangle NCA}=S$.

所以　　　　　　　　$S_{\triangle NBC}=\dfrac{p-a}{p}S$.

引理 4　如图 3 和图 4,直线 $l_1 \parallel l_2$, A、B、C 依次为 l_1 上的三点,D、E、F 依次为 l_2 上的三点,$\dfrac{\overline{AB}}{\overline{BC}}=\dfrac{\overline{DE}}{\overline{EF}}$,则直线 AD、BE、CF 三线共点或平行.

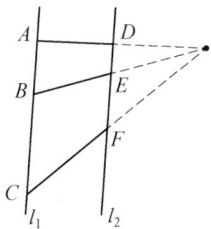

图 3

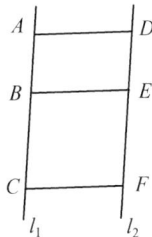

图 4

引理 5[2]　三角形的费尔巴哈点关于内切圆切点三角形的西姆松线平行于三角形的内心、外心连线.

注:三角形的九点圆与内切圆的切点称为三角形的费尔巴哈点[1].

引理 6[3]　完全四边形的西姆松线平行于其垂心线.

注:(1) 完全四边形的密克尔(Miquel)点关于完全四边形的四条直线的垂足共线,该线称为完全四边形的西姆松线.

(2) 完全四边形的四个三角形的垂心共线,该线称为完全四边形的垂心线.

另外,本文采用有向角方式进行角度运算,不熟悉的读者请参考文献[1]的相关内容.

三、 系列性质

性质 1 $\triangle AA_1A_2$、$\triangle BB_1B_2$、$\triangle CC_1C_2$ 的外心在以 O 为圆心,OI 为半径的圆上.

证明 如图 5,AI 与 $\triangle ABC$ 外接圆交于 D.

由内心性质知 $DB = DC = DI$.

易知 $\angle AA_1O_1 = \angle O_1AA_1 = \angle DBC = \angle BCD$.

所以 $\triangle AO_1A_1 \cong \triangle BDC$.

所以 $O_1A = BD = DI$.

所以 $\triangle OID \cong \triangle OO_1A$.

所以 $OO_1 = OI$.

故 O_1 在以 O 为圆心,OI 为半径的圆上.

同理 $\triangle BB_1B_2$、$\triangle CC_1C_2$ 的外心也在 O 为圆心,OI 为半径的圆上. □

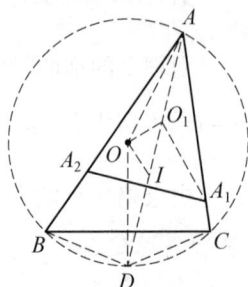

图 5

推论 1 $\triangle O_1O_2O_3$ 与 $\triangle ABC$ 的内切圆切点三角形逆相似.

证明 如图 6,设 $\triangle ABC$ 的内切圆与三边切于 D、E、F 三点.

由性质 1 知 O_1、O_2、O_3、I 四点共圆.

所以 $\angle O_1O_2O_3 = \angle O_1IO_3 = \angle AIC = \angle FED$,$\angle O_2O_3O_1 = \angle DFE$.

所以 $\triangle O_1O_2O_3$ 与 $\triangle DEF$ 逆相似. □

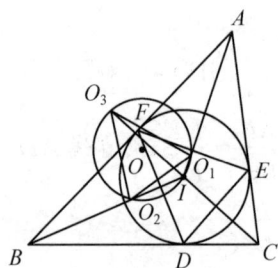

图 6

性质 2 $\triangle AA_1A_2$、$\triangle BB_1B_2$、$\triangle CC_1C_2$、$\triangle ABC$ 的外接圆共点.

证明 如图 7,设 $\odot O_1$ 与 $\triangle ABC$ 外接圆交于 A、W.

易知 $\angle O_1IO_2 = \angle AIB = \angle IAB + \angle ABI$.

由性质 1 知

$$\angle O_2OO_1 = 2\angle O_2O_3O_1 = 2\angle O_2IO_1$$

$$= 2(\angle BAI + \angle IBA)$$

$$= \angle BAC + \angle CBA = \angle BCA.$$

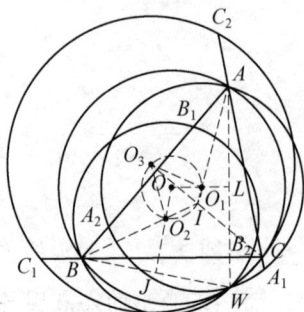

图 7

延长 OO_1、OO_2 分别与 AW、BW 交于 L、J.

易知 $\angle AWB = \angle ACB = \angle O_1OO_2 = \angle LOJ$.

所以 W、L、O、J 四点共圆.

易知 $OL \perp AW$.

所以 $OJ \perp BW$.

所以 $O_2B = O_2W$, 即 W 在 $\triangle BB_1B_2$ 的外接圆上.

同理 W 也在 $\triangle CC_1C_2$ 的外接圆上. □

注: 本文的后续部分仍以 W 表示 $\triangle AA_1A_2$、$\triangle BB_1B_2$、$\triangle CC_1C_2$、$\triangle ABC$ 外接圆所共的点, 该点还有一些优美的性质, 将在后续的论述中逐步呈现.

性质 3 $\triangle AA_1A_2$、$\triangle BB_1B_2$、$\triangle CC_1C_2$ 的外接圆除点 W 外的其余三交点所成的三角形与 $\triangle ABC$ 全等且位似, 位似中心为 $\triangle ABC$ 的 Spieker 点.

证明 如图 8, 先证两个三角形全等且位似. 设除 W 外, $\odot O_2$、$\odot O_3$ 交于 X, $\odot O_3$、$\odot O_1$ 交于 Y, $\odot O_1$、$\odot O_2$ 交于 Z, OO_1 与 O_2O_3 交于 K, OO_1 与 AW 交于 L, O_2O_3 与 WX 交于 J. $\triangle ABC$ 的内切圆与三边切于 D、E、F 三点.

易知 $OL \perp AW$, $KJ \perp WX$.

所以 K、L、W、J 四点共圆.

结合性质 1 得 $\angle O_1O_3O_2 = \angle O_1IO_2 = \angle IAB + \angle ABI$.

由推论 1 知 $\triangle O_1O_2O_3$ 与 $\triangle DEF$ 逆相似, O、I 分别为两个三角形的外心.

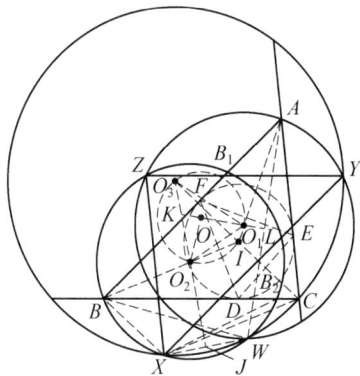

图 8

所以 $\qquad \angle OO_1O_3 = \angle FDI = \angle ABI$.

所以

$$\angle LKJ = \angle OO_1O_3 + \angle O_1O_3O_2$$
$$= \angle ABI + \angle IAB + \angle ABI = \angle ABC + \angle IAB.$$

所以 $\qquad \angle XWA = \angle JKL = \angle CBA + \angle BAI.$

故

$$\angle XB_2B = \angle XWB = \angle XWA + \angle AWB$$
$$= \angle CBA + \angle BAI + \angle ACB$$
$$= \angle CAB + \angle BAI = \angle CAI.$$

又 $$\angle BXB_2 = \angle BB_1B_2 = \angle ABI + \sphericalangle(BI, B_1B_2).$$

所以

$$\angle CBX = \angle BB_2X + \angle B_2XB = \angle IAC + \angle IBA + \sphericalangle(B_1B_2, BI)$$
$$= 2(\angle IAC + \angle IBA + \angle ICB) + \angle BCI = \angle BCI.$$

所以 $\overline{BX} /\!/ \overline{IC}$.

同理 $\overline{CX} /\!/ \overline{IB}$.

故四边形 $IBXC$ 为平行四边形，BX 平行且等于 IC.

同理 AY 平行且等于 IC.

故四边形 $ABXY$ 为平行四边形.

从而 XY 平行且等于 AB.

同理 YZ 平行且等于 BC，ZX 平行且等于 CA.

故 $\triangle XYZ$ 与 $\triangle ABC$ 位似且全等.

下面证明 $\triangle XYZ$ 与 $\triangle ABC$ 的位似中心为 $\triangle ABC$ 的 Spieker 点.

如图 9，设 IX 与 BC 交于 L，T 为 $\triangle ABC$ 的 Spieker 点，J 为 TI 的中点.

由于四边形 $BICX$ 是平行四边形.

故 L 为 BC、IX 的中点.

所以 $XT /\!/ JL$.

由引理 1 知 $2\overline{TG} = \overline{GI}$.

所以 $2\overline{GJ} = \overline{TG}$.

所以 $\overline{AT} /\!/ \overline{JL}$.

所以 $\overline{AT} /\!/ \overline{TX}$.

故 A、T、X 共线，即 T 在直线 AX 上.

同理 T 在直线 BY、CZ 上.

故 T 为 $\triangle XYZ$ 与 $\triangle ABC$ 的位似中心. □

性质 4 直线 B_1C_2、C_1A_2、A_1B_2 共点于 N.

证明 如图 10，过 A、B、C 与 BC、CA、AB 的平行线，三线交成 $\triangle DEF$.

易知 $\triangle ABC$ 为 $\triangle DEF$ 的中点三角形.

故 $2\overline{AG} = \overline{GD}$.

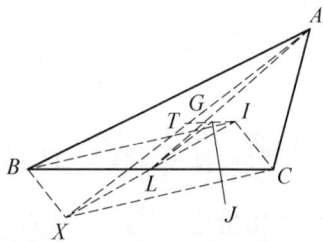

图 9

由引理 1 知 $2\overline{GI} = \overline{NG}$.

故 N、I 分别为 $\triangle DEF$ 与 $\triangle ABC$ 的位似对应点.

故 N 为 $\triangle DEF$ 的内心.

设直线 B_1C_2 与 BC 交于 K.

易知 $AB_1 = AC_2 = AB - AC$.

所以 $\overline{B_1C_2} /\!/ \overline{AI}$.

对 $\triangle ABC$ 及割线 KB_1C_2,由梅涅劳斯(Menelaus)定理得

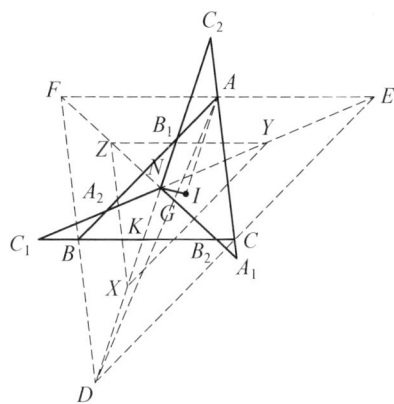

$$\frac{\overline{BK}}{\overline{KC}} \cdot \frac{\overline{CC_2}}{\overline{C_2A}} \cdot \frac{\overline{AB_1}}{\overline{B_1B}} = -1.$$

故 $\dfrac{BK}{CK} = \dfrac{BB_1}{CC_2} = \dfrac{AC}{AB} = \dfrac{DB}{DC}$.

图 10

故 DK 为 $\angle BDC$ 的内角平分线.

所以 $\overline{KD} /\!/ \overline{AI}$.

所以 $\overline{DK} /\!/ \overline{B_1C_2}$.

所以 D、K、B_1、C_2 共线.

所以直线 B_1C_2 经过 $\triangle DEF$ 的内心 N.

同理,直线 C_1A_2、A_1B_2 也过点 N. □

推论 2　X、Y、Z 分别在直线 B_1C_2、C_1A_2、A_1B_2 上(X、Y、Z 表示的几何意义同性质 3),且 N 为 $\triangle XYZ$ 的内心.

由性质 4 不难得出推论 2,这里不再赘述.

性质 5　$\triangle I_1BC$、$\triangle I_2CA$、$\triangle I_3AB$ 的欧拉线共点于 W.

证明　如图 11,设 $\odot O_2$、$\odot O_3$ 交于 W、X,AI_1 与 $\triangle ABC$ 外接圆交于 K.由性质 3 知四边形 $IBXC$ 为平行四边形.

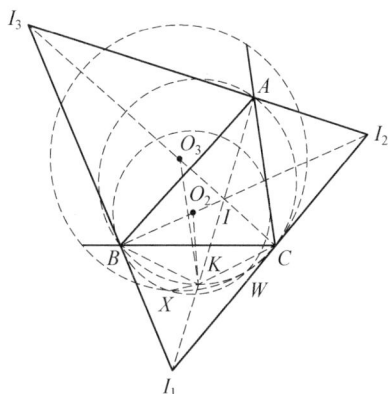

由内心、旁心性质得 $BX \perp I_1C$,$CX \perp I_1B$.

故 X 为 $\triangle I_1BC$ 的垂心.

由旁心性质知 $KB = KC = KI_1$.

故 K 为 $\triangle I_1BC$ 的外心,即 XK 为 $\triangle I_1BC$ 的欧拉线.

图 11

由余弦定理得:

$$O_2K^2 = O_2B^2 + BK^2 - 2O_2B \cdot BK \cdot \cos\angle KBO_2.$$

结合性质 1 得：

$$O_2B^2 - O_2K^2 = 2 \cdot 2R\sin\frac{B}{2} \cdot 2R\sin\frac{A}{2} \cdot \sin\frac{C}{2} - \left(2R\sin\frac{A}{2}\right)^2$$

$$= 8R^2\sin\frac{A}{2}\sin\frac{B}{2}\sin\frac{C}{2} - 4R^2\sin^2\frac{A}{2}.$$

同理，

$$O_3C^2 - O_3K^2 = 8R^2\sin\frac{A}{2}\sin\frac{B}{2}\sin\frac{C}{2} - 4R^2\sin^2\frac{A}{2}.$$

故

$$O_2B^2 - O_2K^2 = O_3C^2 - O_3K^2.$$

所以 K 对 $\odot O_2$、$\odot O_3$ 的幂相等.

故 K 在 $\odot O_2$、$\odot O_3$ 的根轴 XW 上，即 XW 为 $\triangle I_1BC$ 的欧拉线.

同理，YW、ZW 分别为 $\triangle I_2CA$、$\triangle I_3AB$ 的欧拉线.

故 $\triangle I_1BC$、$\triangle I_2CA$、$\triangle I_3AB$ 的欧拉线共点于 W.

性质 6 W 关于 $\triangle ABC$ 的西姆松线平行于 OI.

证明 如图 12，设 W 在 AB、BC 上的垂足为 G、K，则直线 GK 为 W 关于 $\triangle ABC$ 的西姆松线.

结合性质 1 得

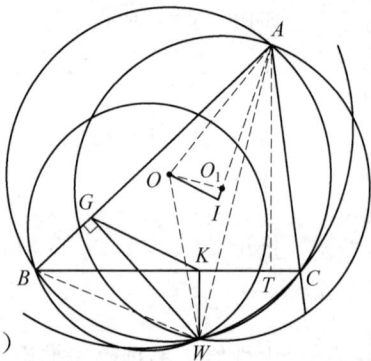

图 12

$$\sphericalangle OI,\, BC = \sphericalangle(OI,\, IA) + \sphericalangle(IA,\, BC)$$

$$= \sphericalangle(AO_1,\, O_1O) + \sphericalangle(IA,\, BC)$$

$$= \sphericalangle(AO_1,\, AW) + \sphericalangle(AW,\, OO_1) + \sphericalangle(IA,\, BC)$$

$$= \sphericalangle(AO_1,\, AW) + \sphericalangle(AT,\, BC) + \sphericalangle(IA,\, AT) + \sphericalangle(AT,\, BC)$$

$$= \sphericalangle(AO_1,\, AW) + \sphericalangle(IA,\, AT)$$

$$= \sphericalangle(AI,\, AW) + \sphericalangle(OA,\, IA)$$

$$= \sphericalangle(OA,\, AW) = \angle OAW.$$

易知

$$2\angle OAW + \angle WOA = \angle OAW + \angle AWO + \angle WOA = 2\angle WBA + 2\angle GWB.$$

所以 $\angle OAW = \angle GWB.$

所以 $\quad \sphericalangle(OI,\, BC) = \angle OAW = \angle GWB = \angle GKB = \sphericalangle(GK,\, BC).$

所以 GK 平行于 OI，即 W 关于 $\triangle ABC$ 的西姆线平行于 OI.

性质 7　$\odot O_2$、$\odot O_3$ 交于 W、X，则直线 WX、NI 的交点（WX、NI 平行时为无穷远点）在直线 BC 上.

证明　如图 13，设 AI 分别与 BC、$\triangle ABC$ 的外接圆交于 J、D，NX 与 BC 交于 L.

由性质 5 知 X、D、W 共线.

由性质 4 知 $\overrightarrow{NX} /\!/ \overrightarrow{IA}$.

由引理 2 及内心性质知

$$\frac{IJ}{JD} = \frac{S_{\triangle IBC}}{S_{\triangle DBC}} = \frac{ra}{BD^2 \sin A}$$

$$= \frac{2R\sin A \cdot 4R\sin\dfrac{A}{2}\sin\dfrac{B}{2}\sin\dfrac{C}{2}}{4R^2\sin^2\dfrac{A}{2}\sin A}$$

$$= \frac{8R\cos\dfrac{A}{2}\sin\dfrac{B}{2}\sin\dfrac{C}{2}}{4R\sin\dfrac{A}{2}\cos\dfrac{A}{2}} = \frac{2(p-a)}{a}.$$

由引理 3 知 $S_{\triangle NBC} = \dfrac{p-a}{p}S$.

由性质 3 知四边形 $IBXC$ 为平行四边形.

所以

$$S_{\triangle XBC} = S_{\triangle IBC} = \frac{1}{2}ra = \frac{aS}{2p}.$$

故

$$\frac{NL}{LX} = \frac{S_{\triangle NBC}}{S_{\triangle XBC}} = \frac{p-a}{p} \cdot \frac{2p}{a} = \frac{2(p-a)}{a}.$$

故 $\dfrac{IJ}{JD} = \dfrac{NL}{LX}$.

由引理 4 知 NI、XD、BC 三线共点或平行，即 WX、NI 的交点在直线 BC 上.　□

需要指出的是，上述证明还可以得到如下结论：NI、XD、BC 平行的充要条件是 $AB + AC = 2BC$. 证明留给有兴趣的读者.

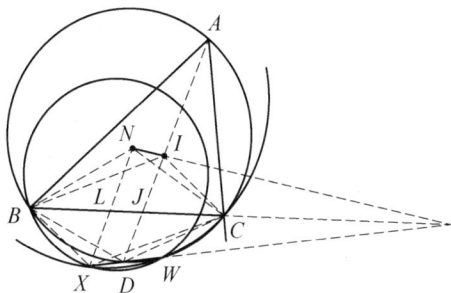

推论 3 NI 与 $\triangle ABC$ 三边均不平行时,直线 WX 与 BC、WY 与 CA、WZ 与 AB 的交点共线(X、Y、Z 表示的几何意义同性质 3),该线为直线 NI.

性质 8 直线 A_1A_2、B_1B_2、C_1C_2 交成的三角形的三个顶点分别在 $\odot O_1$、$\odot O_2$、$\odot O_3$ 上,且该三角形的外心为 N.

证明 如图 14,过 A 作 BC 的平行线与直线 B_1B_2 交于 P,在射线 AB 上取点 L,使得 $AL = AC$.

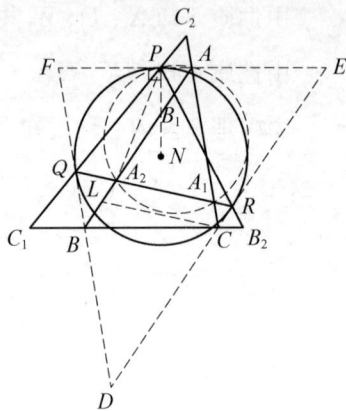

图 14

易知 $\overrightarrow{CL} \parallel \overrightarrow{A_1A_2}$,$\dfrac{\overline{AP}}{\overline{BB_2}} \parallel \dfrac{\overline{B_1A}}{\overline{B_1B}}$.

故 $AP = AB_1 = c - b = BL$.

由 $\angle PAA_2 = \angle CBL$.

所以 $\triangle AA_2P$ 与 $\triangle BCL$ 逆相似.

所以 $\angle APA_2 = \angle CLB = \angle A_1A_2B = \angle AA_1A_2$.

所以 A、P、A_2、A_1 四点共圆,即 P 在 $\odot O_1$ 上.

所以 B_1B_2 过 $\odot O_1$ 与过 A 作 BC 平行线的交点.

同理,过 A 作 BC 平行线与 $\odot O_1$ 的交点在直线 C_1C_2 上.

故 B_1B_2、C_1C_2 的交点在 $\odot O_1$ 上.

同理,设 C_1C_2、A_1A_2 的交点为 Q,A_1A_2、B_1B_2 的交点为 R,则 Q、R 分别在 $\odot O_2$、$\odot O_3$ 上,且 $BQ \parallel CA$、$CR \parallel AB$.

下面证明 $\triangle PQR$ 的外心为 N.

如图 14,设直线 AP、BQ、CR 交成 $\triangle DEF$.

易知 A、B、C 分别为 EF、FD、DE 的中点.

所以 $\overline{FP} = \overline{FA} - \overline{AP} = a - (c - b) = a + b - c$.

结合性质 4 知 N 为 $\triangle DEF$ 的内心.

故 $NP \perp AF$,即 P 为 $\triangle DEF$ 的内切圆与 EF 的切点.

同理,Q、R 为 $\triangle DEF$ 的内切圆与 FD、DE 的切点.

故 N 为 $\triangle PQR$ 的外心. □

性质 9 直线 A_1A_2、B_1B_2、C_1C_2 交成的三角形的外接圆与 $\triangle ABC$ 的外接圆切于 W.

证明 如图 15,易知 $\angle PA_2A_1 = \angle PAC = \angle BCA$.

所以

$$\angle AWP = \angle AA_2P = \angle AA_2A_1 + \angle A_1A_2P$$

$$= \angle AA_2A_1 + \angle A_1AP = \angle AA_2A_1 + \angle ACB$$

$$= \angle BAI + \sphericalangle(AI, A_2A_1) + \angle ACB$$

$$= 2(\angle BAI + \angle ACI + \angle CBI) + \angle ICB + \angle IBC$$

$$= \angle ICB + \angle IBC.$$

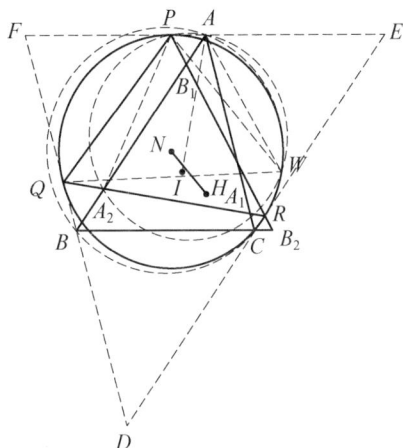

图 15

同理，$\angle BWQ = \angle IAC + \angle ICA.$

所以

$$\angle PWQ = \angle PWA + \angle AWB + \angle BWQ$$

$$= \angle BCI + \angle CBI + \angle ACB + \angle IAC + \angle ICA$$

$$= \angle CBI + \angle IAC$$

$$= \angle IBA + \angle BAI = \angle BIA$$

$$= \sphericalangle(BI, PR) + \sphericalangle(PR, QR) + \sphericalangle(QR, IA)$$

$$= \angle PRQ.$$

所以 P、Q、R、W 四点共圆.

由费尔巴哈定理知 $\triangle PQR$ 的外接圆与 $\triangle ABC$ 的外接圆仅有一个交点,即该交点为 W.

所以 $\triangle PQR$ 的外接圆与 $\triangle ABC$ 的外接圆切于 W.

推论 4　W 为 $\triangle DEF$ 的费尔巴哈点.（由费尔巴哈定理知推论成立.）

推论 5　W 关于 $\triangle PQR$ 的西姆松线与 NH 平行.（由引理 1 及引理 5 立即可得.）

性质 10　$\triangle AA_1A_2$、$\triangle BB_1B_2$、$\triangle CC_1C_2$ 的垂心共线于直线 NH 上.

证明　如图 16,设 W 关于 $\triangle ABC$ 的西姆松线为 l,则 W、HH_1

为 A_1A_2、BC、CA、AB 所成完全四边形的密克尔点和垂心线.

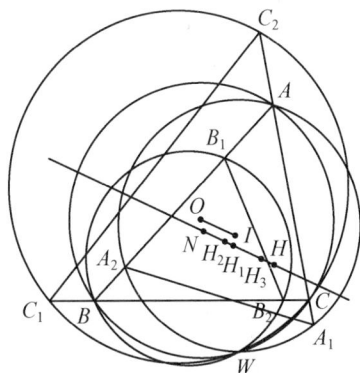

结合引理 5 及引理 6 得 $HH_1 \parallel l \parallel OI.$

同理,$H_2H \parallel OI.$

所以 H_1、H_2、H 共线.

同理,H_2、H_3、H 共线.

所以 H_1、H_2、H_3、H 四点共线且该线平行于直线 $OI.$

由引理 1 知 $NH \parallel OI.$

所以 N、H_1、H_2、H_3、H 五点共线.

图 16

参考文献

［1］约翰逊. 近代欧氏几何学［M］. 单墫,译. 哈尔滨：哈尔滨工业大学出版社,2012：155 - 156,130.

［2］卢圣. 三角形内切圆的新探索［J］. 数学新星网：http：//www. nsmath. cn/jszl,2016.

［3］沈文选,杨清桃. 几何瑰宝(下)［M］. 哈尔滨：哈尔滨工业大学出版社,2010：457.

三角形的伪外接圆

黄子宸[1]　卢圣[2]

（1. 浙江省宁波市象山县第三中学　315700；

2. 广西钦州市新兴街 30 号祥和景都 2 栋 2 单元　535000）

本文对平面几何一个新的几何构型进行研究，获得了一系列有趣的结果，现将有关研究结果整理成文供大家参考.

一、　从一道 IMO 预选题谈起

第 43 届 IMO 有如下一道平面几何预选题：

问题　已知锐角 $\triangle ABC$ 的内切圆 $\odot I$ 与边 BC 切于点 K，AD 是 $\triangle ABC$ 的高，M 是 AD 的中点. 如果 N 是 $\odot I$ 与 KM 的交点，证明：$\odot I$ 与 $\triangle BCN$ 的外接圆相切于点 N.

该试题所要证明的结论（过三角形两个顶点且与内切圆相切的圆）是一个新出现的几何构型，这引起了笔者研究的兴趣. 下面我们逐步探索这个几何构型的性质.

为区别于学界对伪内切圆的称呼，我们将过三角形两顶点且与内切圆相切的圆称为三角形的**伪外接圆**. 由对等的思想我们不难看出，三角形对应着三个伪外接圆（如图 1）.

为便于行文，先约定下列符号的几何意义：

$\triangle ABC$ 中，ω_1、ω_2、ω_3 表示过 $\angle A$、$\angle B$、$\angle C$ 所对边的两个顶点的三个伪外接圆，S、R、p 表示 $\triangle ABC$ 的面积、外接圆半径、半周长，a、b、c 表示三边长，I、I_1、I_2、I_3 表示 $\triangle ABC$ 的内心和三个旁心，r、r_a、r_b、r_c 表示 $\triangle ABC$ 的内切圆和旁切圆半径. D、E、F 表示三个伪外接圆与内切圆的切点. 内切圆与三边切于 X、Y、Z 三点.

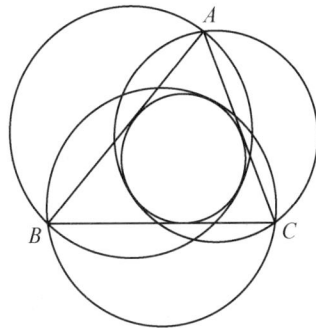

图 1

以上约定的符号及字母,我们将在文中直接使用,不再一一反复作说明,文中其余字母标记以文中说明为准,请读者详察.

二、 一系列引理

下面给出的一系列引理,将会在全文的论述中反复使用到,请读者先熟悉. 为确保论证的流畅,在此统一给出这些引理.

引理 1 P 为 $\odot O_1$ 与 $\odot O_2$ 的交点,AB 为 $\odot O_2$ 的一条弦,AB 切 $\odot O_1$ 于 Q,则 PQ 平分 $\angle APB$ 的充要条件是 $\odot O_1$ 与 $\odot O_2$ 内切.

引理 1 证明不难,不再赘述.

引理 2[1] $\cos^2 \dfrac{A}{2} = \dfrac{p(p-a)}{bc}$, $\cos^2 \dfrac{B}{2} = \dfrac{p(p-b)}{ca}$, $\cos^2 \dfrac{C}{2} = \dfrac{p(p-c)}{ab}$;

$\sin^2 \dfrac{A}{2} = \dfrac{(p-b)(p-c)}{bc}$, $\sin^2 \dfrac{B}{2} = \dfrac{(p-c)(p-a)}{ca}$, $\sin^2 \dfrac{C}{2} = \dfrac{(p-a)(p-b)}{ab}$.

引理 3[1]   与 $\triangle ABC$ 外接圆切于 B 和 C 的切线交于 P,则直线 AP 为 $\angle BAC$ 所对的共轭中线(又称类似中线或陪位中线).

引理 4[1] $p(p-a) = r_b r_c$, $p(p-b) = r_c r_a$, $p(p-c) = r_a r_b$,

$(p-b)(p-c) = r r_a$, $(p-c)(p-a) = r r_b$, $(p-a)(p-b) = r r_c$.

引理 5[1] $r = 4R \sin \dfrac{A}{2} \sin \dfrac{B}{2} \sin \dfrac{C}{2}$, $r_a = 4R \sin \dfrac{A}{2} \cos \dfrac{B}{2} \cos \dfrac{C}{2}$,

$r_b = 4R \cos \dfrac{A}{2} \sin \dfrac{B}{2} \cos \dfrac{C}{2}$, $r_c = 4R \cos \dfrac{A}{2} \cos \dfrac{B}{2} \sin \dfrac{C}{2}$.

引理 6[2] $S = \dfrac{abc}{4R} = rp = \sqrt{r r_a r_b r_c} = 2R^2 \sin A \sin B \sin C$.

引理 7[2] $\sin 2A + \sin 2B + \sin 2C = 4 \sin A \sin B \sin C$.

引理 8 $\dfrac{a^2}{r_a} + \dfrac{b^2}{r_b} + \dfrac{c^2}{r_c} = 4(R + r)$.

引理 8 的证明   由引理 5 得

$$r_b r_c = 4R^2 \cos^2 \dfrac{A}{2} \sin B \sin C = bc \cos^2 \dfrac{A}{2},$$

所以

$$a^2 r_b r_c = a^2 bc \cos^2 \frac{A}{2} = 4SR^2 \sin A (1 + \cos A)$$

$$= 4SR^2 \left(\sin A + \frac{1}{2} \sin 2A \right).$$

同理

$$b^2 r_c r_a = 4SR^2 \left(\sin B + \frac{1}{2} \sin 2B \right),$$

$$c^2 r_a r_b = 4SR^2 \left(\sin C + \frac{1}{2} \sin 2C \right).$$

结合引理 7 得

$$a^2 r_b r_c + b^2 r_c r_a + c^2 r_a r_b$$

$$= 4SR^2 \left(\frac{1}{2} \sin 2A + \frac{1}{2} \sin 2B + \frac{1}{2} \sin 2C + \sin A + \sin B + \sin C \right)$$

$$= 4SR^2 (2 \sin A \sin B \sin C + \sin A + \sin B + \sin C)$$

$$= 4S \left[2R^2 \sin A \sin B \sin C + \frac{R}{2} (2R \sin A + 2R \sin B + 2R \sin C) \right]$$

$$= 4S(S + Rp).$$

所以

$$\frac{a^2}{r_a} + \frac{b^2}{r_b} + \frac{c^2}{r_c} = \frac{a^2 r_b r_c + b^2 r_c r_a + c^2 r_a r_b}{r_a r_b r_c}$$

$$= \frac{4Sr(S + Rp)}{S^2}$$

$$= 4(R + r).$$

□

引理 9[2] $r_a + r_b + r_c = 4R + r.$

引理 10[3] $r^2 + r_a^2 + r_b^2 + r_c^2 = 16R^2 - (a^2 + b^2 + c^2).$

引理 11[2] $\sin^2 \frac{A}{2} + \sin^2 \frac{B}{2} + \sin^2 \frac{C}{2} = \frac{2R - r}{2R}.$

引理 12[2] $r_a r_b + r_b r_c + r_c r_a = p^2.$

引理 13[2] $bc + ca + ab = p^2 + 4Rr + r^2.$

引理 14[4]　如图 2,小圆 $\odot P$ 与大圆 $\odot O$ 内切,大圆的两条弦 AB、CD 与 $\odot P$ 切于 M、N,则 $\triangle ABC$、$\triangle DBC$ 的内心 I_1、I_2 在 MN 上.

引理 15[5]　如图 3,圆内接四边形 $ABCD$,I_1、I_2、I_3、I_4 为 $\triangle ABC$、$\triangle DBC$、$\triangle ACD$、$\triangle ABD$ 的内心,K 为 $\triangle ABD$ 的 $\angle D$ 所对的旁心,J 为 $\triangle ACD$ 的 $\angle A$ 所对的旁心,则四边形 $I_1I_2I_3I_4$ 为矩形,且 K、I_1、I_2、J 四点共线.

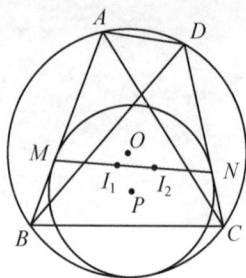

图 2

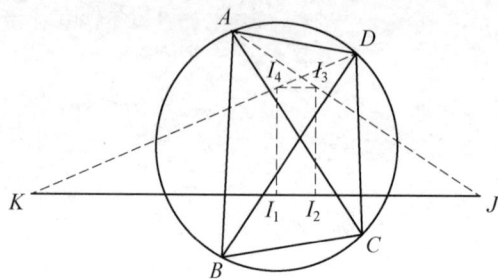

图 3

引理 16　如图 4,ω_1 与 AB 交于 B、H,与 AC 交于 C、G.$\triangle AGH$ 的 $\angle A$ 所对的旁心为 J,则 J 与 $\triangle ABC$ 的 $\angle A$ 所对的旁心 I_1 关于内切圆互为反演点.

证明　如图 4,以 A 为反演中心,A 对 ω_1 的幂为反演幂作反演变换. 在该变换下,$B \to H$,$C \to G$,ω_1 的像保持不变. 所以 $\triangle AGH$ 的外接圆变换为直线 BC.

设 $Y \to M$,$Z \to N$. 从而内切圆变换为过 MN 且与 ω_1 相切的圆,设为圆 Γ. 由于内切圆与 BC 相切,所以圆 Γ 与 AB、AC 切于 N、M,且与 $\triangle AGH$ 的外接圆相切. 由曼海姆定理知 $\triangle AGH$ 的 $\angle A$ 所对的旁心 J 为 MN 中点. 由引理 14 知 $\triangle GBC$、$\triangle HBC$ 的内心 P、Q 在 MN 上. 由曼海姆定理知 P、Q 为 XY、XZ 的中点,即为 IC、IB 与 XY、XZ 的交点. 从而以内切圆为反演圆的情况下,$B \to Q$,$C \to P$. 由内(旁)心性质知 I、B、I_1、C 四点共圆. 所以在以内切圆为反演圆的情况下该圆变换为直线 PQ,从而 II_1 与 PQ 的交点为 I_1 关于内切圆的反演点,而该交点为 J,所以 J 与 I_1 关于内切圆互为反演点.

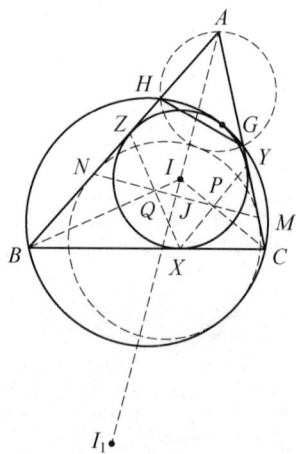

图 4

引理 17[5]　共轭中线将对边内分成邻边平方的比.

引理 18[6]　M、N 是 $\triangle ABC$ 边 BC 所在直线上的两点,则 AM、AN 为 $\angle BAC$ 的两条等角线的充要条件是

$$\frac{BM}{CM} \cdot \frac{BN}{CN} = \frac{AB^2}{AC^2}.$$

三、 三角形的伪外接圆的系列性质

下面我们逐步探索三角形的伪外接圆的性质.

(一) 基本性质

该性质在三角形的伪外接圆中起到基础性的作用,在本文接下来的论证中将多次用到.

性质 1 D、X、I_1 共线,且 ω_1 过 XI_1 的中点.

证明 如图 5,设 L 为 DX 的中点,延长 DX 交伪外接圆于 J,延长 XJ 至 I' 使 $JX = JI'$. 易知 $BX \cdot CX = JX \cdot XD = \dfrac{1}{2} XI' \cdot XD = XI' \cdot XL$. 所以 B、I'、C、L 四点共圆. 取 II' 的中点 K,则 $KJ \parallel IX$. 由 $IX \perp BC$,所以 $KJ \perp BC$. 由引理 1 知 $JB = JC$,故 KJ 垂直平分 BC.

又易知 $IL \perp DX$,所以 K 在 LI' 的垂直平分线上,从而 K 为圆 $BI'CL$ 的圆心. 而 $KI = KL$,因此 B、I'、C、L、I 五点共圆,直径为 II'. 于是 $BI \perp BI'$,$CI \perp CI'$. 故 I' 为 $\angle A$ 所对的旁心,即 D、X、I_1 三点共线. $\square$

性质 1 对 ω_1、ω_2 也成立,证明方法一样,不再赘述. 事实上,性质 1 的逆命题也是成立的,并可以给出伪外接圆的另一个作图方法.

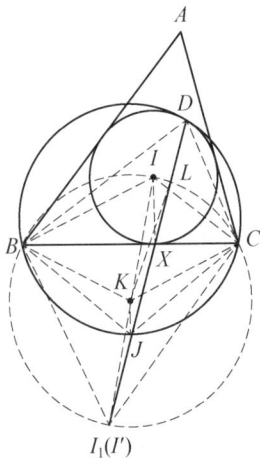

图 5

性质 1′ 直线 I_1X 交 $\triangle ABC$ 的内切圆于 D,则 $\triangle BCD$ 的外接圆与 $\triangle ABC$ 的内切圆相切于点 D.

证明 如图 6,取 DX、I_1X 的中点 L、J,易知 $IL \perp DX$,$BI \perp BI_1$,$CI \perp CI_1$,从而 B、I_1、C、L、I 五点共圆,直径为 II_1. 因此

$$BX \cdot CX = I_1X \cdot XL = \frac{1}{2} I_1X \cdot XD = JX \cdot XD.$$

所以 B、J、C、D 四点共圆.

取旁切圆 $\odot I_1$ 与 BC 的切点 X_1,易知 $BX_1 = CX$,$JX = JX_1$,$\angle JXC = \angle JX_1B$. 所以 $\triangle JXC \cong \triangle JX_1B$. 从而 $JB = JC$,即得 $\angle BDX = \angle CDX$. 故由引理 1 知圆 $BJCD$ 与 $\triangle ABC$ 的内切圆相切于点 D. $\square$

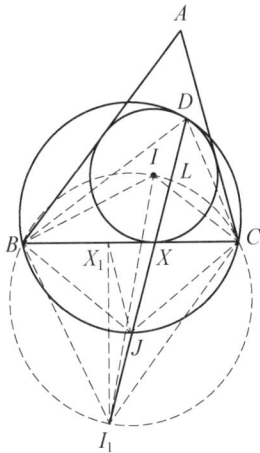

图 6

（二）若干结合关系

性质 2 DX、EY、FZ 三线共点，且该点为三个伪外接圆的根心.

证明 如图 7，取 $\triangle ABC$ 的三个旁心 I_1、I_2、I_3，设 DI_1、EI_2、FI_3 分别与 ω_1、ω_2、ω_3 交于另外的 J、K、L.

由性质 1 知 I_1、I_2、I_3 分别在直线 DX、EY、FZ 上. 由内（旁）心性质及切点三角形性质知 $I_2I_3 \parallel YZ$，$I_3I_1 \parallel ZX$，$I_1I_2 \parallel XY$. 所以 $\triangle I_1I_2I_3$ 与 $\triangle XYZ$ 位似. 故 I_1X、I_2Y、I_3Z 三线共点，即 DX、EY、FZ 三线共点，设该点为 U.

由性质 1 知 J、K、L 分别为 XI_1、YI_2、ZI_3 的中点. 所以 $LJ \parallel ZX$. 于是 $\angle DFL = \angle DFZ = \angle DXZ = \angle DJL$. 因此 D、F、J、L 四点共圆. 故 $DU \cdot JU = FU \cdot LU$.

同理 $DU \cdot JU = EU \cdot KU$，即 U 对 ω_1、ω_2、ω_3 的幂相等. 所以 U 为 ω_1、ω_2、ω_3 的根心. □

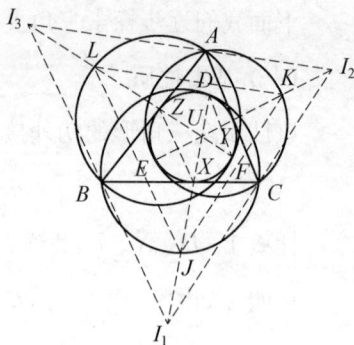

图 7

性质 3 AD、BE、CF 三线共点.

证明 如图 8，由性质 2 知 DX、EY、FZ 三线共点. 由塞瓦定理有

$$\frac{ZD}{DY} \cdot \frac{YF}{FX} \cdot \frac{XE}{EZ} = 1.$$

又

$$\frac{S_{\triangle ABD}}{S_{\triangle ACD}} = \frac{AB \cdot ZD \cdot \sin\angle AZD}{AC \cdot DY \cdot \sin\angle AYD}$$

$$= \frac{AB \cdot ZD \cdot \sin\angle DYZ}{AC \cdot DY \cdot \sin\angle DZY} = \frac{AB \cdot ZD^2}{AC \cdot DY^2}.$$

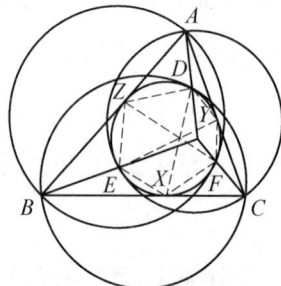

图 8

同理

$$\frac{S_{\triangle BCE}}{S_{\triangle BAE}} = \frac{BC \cdot XE^2}{AB \cdot EZ^2}, \quad \frac{S_{\triangle CAF}}{S_{\triangle CBF}} = \frac{AC \cdot YF^2}{BC \cdot FX^2}.$$

所以

$$\frac{S_{\triangle ABD}}{S_{\triangle ACD}} \cdot \frac{S_{\triangle BCE}}{S_{\triangle BAE}} \cdot \frac{S_{\triangle CAF}}{S_{\triangle CBF}} = \left(\frac{ZD}{DY} \cdot \frac{XE}{EZ} \cdot \frac{YF}{FX}\right)^2 = 1.$$

因此 AD、BE、CF 三线共点. □

性质 4 直线 AD、BE、CF 分别交 ω_1、ω_2、ω_3 于另一点 K、J、T,直线 BT、CJ 交于 L,直线 CK、AT 交于 M,直线 AJ、BK 交于 N,则 AL、BM、CN 三线共点.

证明 如图 9,设直线 AD、BE、CF 分别交 BC、CA、AB 于 P、Q、R.易知

$$\frac{AB \cdot \sin\angle BAL}{AC \cdot \sin\angle CAL} = \frac{S_{\triangle ABL}}{S_{\triangle ACL}} = \frac{AB \cdot BL \cdot \sin\angle ABL}{AC \cdot CL \cdot \sin\angle ACL}.$$

因此

$$\frac{\sin\angle BAL}{\sin\angle CAL} = \frac{BL}{CL} \cdot \frac{\sin\angle ABL}{\sin\angle ACL}$$

$$= \frac{\sin\angle BCL}{\sin\angle CBL} \cdot \frac{\sin\angle ABL}{\sin\angle ACL} \qquad (1)$$

$$= \frac{\sin\angle BCJ}{\sin\angle ACJ} \cdot \frac{\sin\angle ABT}{\sin\angle CBT}.$$

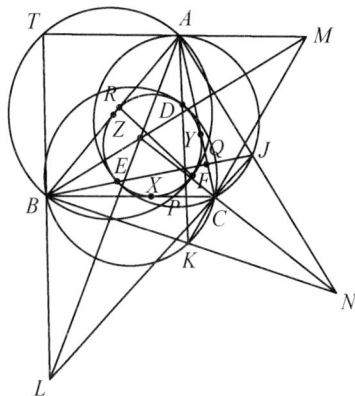

又由

$$\frac{BJ}{QJ} = \frac{S_{\triangle BJC}}{S_{\triangle QJC}} = \frac{BC \cdot \sin\angle BCJ}{QC \cdot \sin\angle ACJ},$$

所以

$$\frac{\sin\angle BCJ}{\sin\angle ACJ} = \frac{BJ}{BC} \cdot \frac{QC}{QJ}. \qquad (2)$$

同理

$$\frac{\sin\angle ABT}{\sin\angle CBT} = \frac{BC}{CT} \cdot \frac{TR}{BR}. \qquad (3)$$

将(2)、(3)代入(1),得

$$\frac{\sin\angle BAL}{\sin\angle CAL} = \frac{BJ}{CT} \cdot \frac{QC}{QJ} \cdot \frac{TR}{BR}. \qquad (4)$$

同理

$$\frac{\sin\angle CBM}{\sin\angle ABM} = \frac{CT}{AK} \cdot \frac{AR}{TR} \cdot \frac{PK}{CP}, \qquad (5)$$

$$\frac{\sin\angle ACT}{\sin\angle BCT} = \frac{AK}{BJ} \cdot \frac{BP}{PK} \cdot \frac{QJ}{AQ}. \qquad (6)$$

图 9

将(4)、(5)、(6)三式相乘并结合引理 3 得

$$\frac{\sin\angle BAL}{\sin\angle CAL}\cdot\frac{\sin\angle CBM}{\sin\angle ABM}\cdot\frac{\sin\angle ACT}{\sin\angle BCT}=\frac{QC}{AQ}\cdot\frac{AR}{BR}\cdot\frac{BP}{CP}=1.$$

由角元塞瓦定理知 AL、BM、CN 三线共点. □

性质 5 过 D、E、F 作内切圆的切线,分别交 BC、CA、AB 于 P、Q、R,则 P、Q、R 共线且该线垂直于 OI.

证明 如图 10,易知 DP 也为 ω_1 的切线. 所以 $DP^2=PB\cdot PC$,即 P 对内切圆的幂等于 P 对 $\triangle ABC$ 外接圆的幂. 所以 P 在内切圆和 $\triangle ABC$ 外接圆的根轴上. 同理,Q、R 在内切圆和 $\triangle ABC$ 外接圆的根轴上. 故 P、Q、R 共线且该线垂直于 OI. □

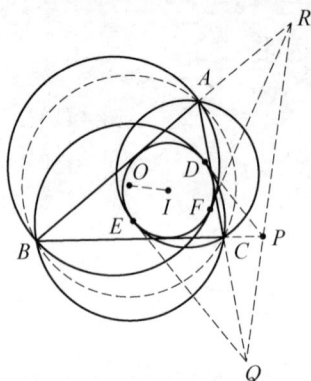

图 10

注 性质 5 为北京人大附中杨泓暕同学提出并证明.

(三) 一些比例关系

性质 6 设 ω_2 交 AB 于 T,ω_3 交 AC 于 L,则 $\dfrac{ZT}{ZB}=\dfrac{YL}{YC}$.

证明 如图 11,取 YZ 的中点 M. 由引理 3 得 $\angle ZEM=\angle AEY=\angle YEC$. 注意到 $\angle MZE=\angle CYE$,得 $\triangle MZE\backsim\triangle CYE$,从而 $\angle ZME=\angle YCE$. 于是 M、E、C、Y 四点共圆.

因此 $\angle ZTE=180°-\angle ACE=\angle EMY$,所以 M、E、T、Z 四点共圆. 于是 $\angle ZTM=\angle ZEM=\angle AEY=\angle YEC=\angle YMC$. 注意到 $\angle TZM=\angle MYC$,故 $\triangle TZM\backsim\triangle MYC$,从而 $TZ\cdot YC=ZM\cdot MY$. 同理 $LY\cdot ZB=ZM\cdot MY$. 所以 $\dfrac{ZT}{ZB}=\dfrac{YL}{YC}$. □

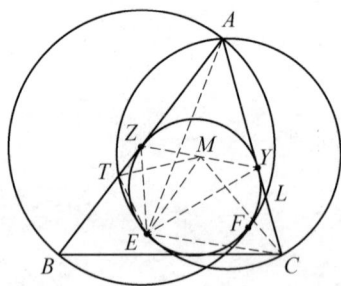

图 11

性质 7 ω_1 与 CA 交于另一点 G,与 AB 交于另一点 H;ω_2 与 AB 交于另一点 J,交 BC 于另一点 K;ω_3 交 BC 于另一点 L,交 CA 于另一点 T,则

$$\frac{GD}{DH}\cdot\frac{JE}{EK}\cdot\frac{LF}{FT}=\frac{LX}{XK}\cdot\frac{GY}{YT}\cdot\frac{JZ}{ZH}=1.$$

证明　如图 12,由引理 1 知 DX、DY、DZ 平分 $\angle BDC$、$\angle CDG$、$\angle BDH$,故

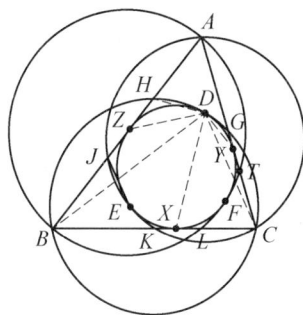

$$\frac{HD}{HZ}=\frac{BD}{BZ}=\frac{BD}{BX}=\frac{CD}{CX}=\frac{CD}{CY}=\frac{DG}{GY},$$

即 $\dfrac{GD}{DH}=\dfrac{GY}{ZH}$.同理

$$\frac{JE}{EK}=\frac{JZ}{XK},\ \frac{LF}{FT}=\frac{LX}{YT}.$$

图 12

结合性质 6 得

$$\frac{GD}{DH}\cdot\frac{JE}{EK}\cdot\frac{LF}{FT}=\frac{GY}{ZH}\cdot\frac{JZ}{XK}\cdot\frac{LX}{YT}=\frac{JZ}{YT}\cdot\frac{LX}{ZH}\cdot\frac{GY}{XK}$$

$$=\frac{BZ}{CY}\cdot\frac{CX}{ZA}\cdot\frac{AY}{BX}=1.$$

性质 8　设 ω_1、ω_2、ω_3 两两相交于 P、Q、R,则 $\dfrac{QD}{DR}\cdot\dfrac{RE}{EP}\cdot\dfrac{PF}{FQ}=1$.

证明　如图 13,由性质 2 知 DX、BQ、CR 三线共点于切聚点 U,由引理 1 及正弦定理可得

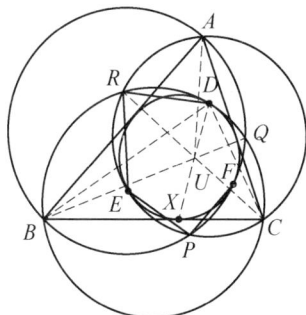

$$\frac{QD}{DR}=\frac{\sin\angle QBD}{\sin\angle DCR}=\frac{\sin\angle QBD}{\sin\angle BDU}\cdot\frac{\sin\angle CDU}{\sin\angle DCR}$$

$$=\frac{UD}{BU}\cdot\frac{CU}{UD}=\frac{CU}{BU}.$$

图 13

同理

$$\frac{RE}{EP}=\frac{AU}{CU},\ \frac{PF}{FQ}=\frac{BU}{AU}.$$

所以

$$\frac{QD}{DR}\cdot\frac{RE}{EP}\cdot\frac{PF}{FQ}=\frac{CU}{BU}\cdot\frac{AU}{CU}\cdot\frac{BU}{AU}=1.$$

注　性质 8 由北京人大附中杨泓暕同学证明.

性质 9 直线 AD 交 BC 于 J,则 $\dfrac{BJ}{CJ}=\left(\dfrac{BX}{CX}\right)^{3}$.

证明 如图 14,取 XZ 的中点 M. 由引理 1 及引理 3 知 $\angle ZDM=$ $\angle BDX=\angle XDC$. 又易知 $\angle MZD=\angle CXD$,从而 $\triangle ZDM \backsim \triangle XDC$. 所以

$$ZD=\frac{XD \cdot ZM}{XC}=\frac{XD \cdot ZX}{2XC}.$$

同理 $YD=\dfrac{XD \cdot YX}{2XB}$. 故

$$\frac{ZD}{YD}=\frac{XB}{XC} \cdot \frac{ZX}{YX}=\frac{XB}{XC} \cdot \frac{\sin\angle ZXB}{\sin\angle YXC}=\frac{XB}{XC} \cdot \frac{\cos\dfrac{B}{2}}{\cos\dfrac{C}{2}}.$$

则由性质 3 的证明及引理 2 知

$$\frac{BJ}{JC}=\frac{S_{\triangle ABD}}{S_{\triangle ACD}}=\frac{AB \cdot ZD^2}{AC \cdot YD^2}=\frac{c}{b} \cdot \left(\frac{XB}{XC}\right)^{2} \cdot \frac{\cos^2\dfrac{B}{2}}{\cos^2\dfrac{C}{2}}$$

$$=\left(\frac{XB}{XC}\right)^{2} \cdot \frac{p-b}{p-c}=\left(\frac{XB}{XC}\right)^{3}.$$

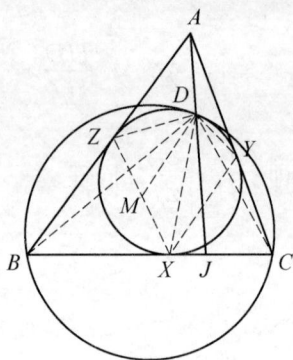

图 14

性质 10 直线 AD 交 ω_1 于另一点 K,则 $\dfrac{BK}{CK}=\left(\dfrac{BX}{CX}\right)^{2}$.

证明 如图 15,设直线 AD 交 BC 于 J,由引理 1 及性质 8 得

$$\frac{BK}{CK}=\frac{\sin\angle BDK}{\sin\angle CDK}=\frac{\sin\angle ADB}{\sin\angle ADC}$$

$$=\frac{S_{\triangle ABD}}{S_{\triangle ACD}} \cdot \frac{CD}{BD}=\frac{BJ}{CJ} \cdot \frac{CX}{BX}$$

$$=\left(\frac{BX}{CX}\right)^{3} \cdot \frac{CX}{BX}=\left(\frac{BX}{CX}\right)^{2}.$$

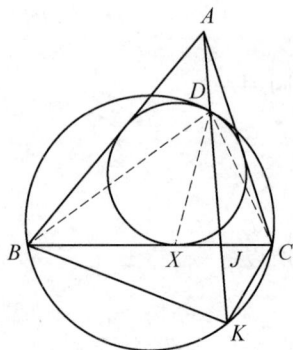

图 15

推论 （字母标记同性质 10）由性质 9 及性质 10 得 $\left(\frac{BK}{CK}\right)^3=\left(\frac{BJ}{CJ}\right)^2$.

（四）一些计算公式

性质 11 μ_1、μ_2、μ_3 表示 ω_1、ω_2、ω_3 半径，则

(1) $\mu_1=\frac{1}{4}\left(r_a+\frac{a^2}{r_a}\right)$，$\mu_2=\frac{1}{4}\left(r_b+\frac{b^2}{r_b}\right)$，$\mu_3=\frac{1}{4}\left(r_c+\frac{c^2}{r_c}\right)$；

(2) $\mu_1+\mu_2+\mu_3=2R+\frac{5}{4}r$；

(3) $(4\mu_1-r_a)(4\mu_2-r_b)(4\mu_3-r_c)=16R^2r$；

(4) $\mu_1r_a+\mu_2r_b+\mu_3r_c+\frac{1}{4}r^2=4R^2$.

证明 (1) 仅证 ω_1 的情形，其余的情形类似可得.

如图 16，M 为 BC 中点，DI_1 交 ω_1 于 J，ω_1 圆心为 V_1，其余字母标记同文前的约定.

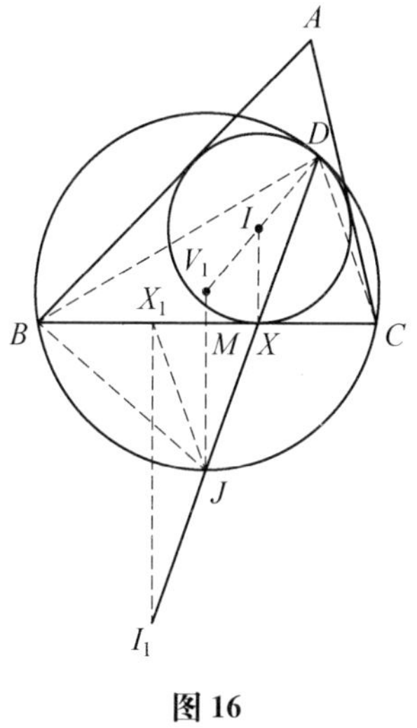

图 16

由性质 1 知 $\angle XBJ=\angle CDJ=\angle BDJ$，所以 $\triangle BJX\backsim\triangle DJB$. 结合引理 4 得

$$\begin{aligned}\left(\frac{1}{2}a\right)^2+\left(\frac{1}{2}r_a\right)^2&=BM^2+JM^2=BJ^2\\&=JX\cdot JD=JX(JX+XD)\\&=JX^2+JX\cdot XD\\&=JX^2+BX\cdot CX\\&=JX^2+rr_a.\end{aligned}$$

从而

$$JX^2=\left(\frac{1}{2}a\right)^2+\left(\frac{1}{2}r_a\right)^2-rr_a.$$

易知 $V_1J\,/\!/\,IX$，所以

$$JX=JD-XD=JD-\frac{r}{\mu_1}JD=JD\left(1-\frac{r}{\mu_1}\right).$$

从而

$$1 - \frac{r}{\mu_1} = \frac{JX}{JD} = \frac{JX^2}{JX \cdot JD} = \frac{JX^2}{BJ^2}$$

$$= \frac{\left(\frac{1}{2}a\right)^2 + \left(\frac{1}{2}r_a\right)^2 - r r_a}{\left(\frac{1}{2}a\right)^2 + \left(\frac{1}{2}r_a\right)^2}.$$

故 $\mu_1 = \frac{1}{4}\left(r_a + \frac{a^2}{r_a}\right)$.

（2）由引理 8 及引理 9 得

$$\mu_1 + \mu_2 + \mu_3 = \frac{1}{4}\left(r_a + r_b + r_c + \frac{a^2}{r_a} + \frac{b^2}{r_b} + \frac{c^2}{r_c}\right)$$

$$= \frac{1}{4}(4R + r + 4R + 4r)$$

$$= 2R + \frac{5}{4}r.$$

其余三式类似可得.

（3）由引理 6 得

$$(4\mu_1 - r_a)(4\mu_2 - r_b)(4\mu_3 - r_c) = \frac{a^2}{r_a} \cdot \frac{b^2}{r_b} \cdot \frac{c^2}{r_c} = \frac{r(4RS)^2}{S^2} = 16R^2 r.$$

（4）由引理 10 知

$$\mu_1 r_a + \mu_2 r_b + \mu_3 r_c + \frac{1}{4}r^2 = \frac{1}{4}(r_a^2 + a^2 + r_b^2 + b^2 + r_c^2 + c^2 + r^2) = 4R^2.$$

□

性质 12　设 ω_1 与 CA、AB 交于 M、N，直线 DX 交 ω_1 于另一点 J，V_1 为 ω_1 圆心，则

（1）$DX = r\sqrt{\dfrac{r_a}{\mu_1 - r}}$，$DJ = \mu_1\sqrt{\dfrac{r_a}{\mu_1 - r}}$，

$DB = (p - b)\sqrt{\dfrac{\mu_1}{\mu_1 - r}}$，$DC = (p - c)\sqrt{\dfrac{\mu_1}{\mu_1 - r}}$，

$DY = \dfrac{XY \cdot DX}{2BX}$，$DZ = \dfrac{XZ \cdot DX}{2CX}$，

$ZN = \dfrac{(p - a)(p - b)^2}{ac}$，$YM = \dfrac{(p - a)(p - c)^2}{ab}$，

$$DN = \frac{(p-a)(p-b)^2}{ac}\sqrt{\frac{\mu_1}{\mu_1-r}}, \quad DM = \frac{(p-a)(p-c)^2}{ab}\sqrt{\frac{\mu_1}{\mu_1-r}}.$$

(2) A 对 ω_1 的幂为 $\dfrac{r(p-a)(r+4R)}{a}$，B 对 ω_2 的幂为 $\dfrac{r(p-b)(r+4R)}{b}$，C 对 ω_3 的幂

为 $\dfrac{r(p-c)(r+4R)}{c}$.

证明 （1）如图 17，由性质 11 知 $JX^2 = r_a(\mu_1-r)$. 所以

$$DX = \frac{BX\cdot CX}{JX} = \frac{(p-b)(p-c)}{\sqrt{r_a(\mu_1-r)}} = \frac{rr_a}{\sqrt{r_a(\mu_1-r)}} = r\sqrt{\frac{r_a}{\mu_1-r}},$$

$$DJ = \frac{\mu_1}{r}DX = \mu_1\sqrt{\frac{r_a}{\mu_1-r}}.$$

由托勒密定理得 $BJ(BD+CD)=DJ\cdot BC$，由角平分线结论得 $\dfrac{BD}{CD} = \dfrac{BX}{CX}$. 又由性质 11 易知 $BJ^2=\mu_1 r_a$，结合上面两式得

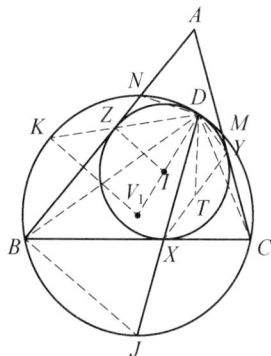

图 17

$$DB = (p-b)\sqrt{\frac{\mu_1}{\mu_1-r}}, \quad DC = (p-c)\sqrt{\frac{\mu_1}{\mu_1-r}}.$$

取 XY 的中点 T，由引理 3 知 $\angle TDY = \angle CDX = \angle BDX$. 又易知 $\angle DYT = \angle DXB$，所以 $\triangle DYT \backsim \triangle DXB$. 从而

$$DY = YT\cdot\frac{DX}{BX} = \frac{XY\cdot DX}{2BX}.$$

同理可得 DZ.

延长 DZ 交 ω_1 于另一点 K. 由

$$KZ = DK-DZ = \frac{\mu_1}{r}DZ-DZ = \frac{\mu_1-r}{r}DZ,$$

所以

$$ZN = \frac{ZK\cdot ZD}{BZ} = \frac{\mu_1-r}{r}\cdot\frac{DZ^2}{BZ} = \frac{\mu_1-r}{r(p-b)}\cdot\frac{XZ^2\cdot DZ^2}{4CX^2}$$

$$= \frac{\mu_1-r}{r(p-b)}\cdot\frac{r^2r_a}{\mu_1-r}\cdot\frac{XZ^2}{4(p-c)^2} = \frac{rr_aXZ^2}{4(p-b)(p-c)^2}$$

$$= \frac{(p-b)(p-c)\left(2r\cos\dfrac{B}{2}\right)^2}{4(p-b)(p-c)^2} = \frac{r^2\cos^2\dfrac{B}{2}}{(p-c)}$$

$$= \frac{r^2 p(p-b)}{ac(p-c)} = \frac{r(p-b)r_c(p-c)}{ac(p-c)}$$

$$= \frac{(p-a)(p-b)^2}{ac}.$$

同理可得 YM.

由角平分线结论有 $\dfrac{DN}{ZN} = \dfrac{DB}{ZB}$，从而求得 DN. 同理可得 DM.

（2）易知

$$AN = AZ - ZN = p-a - \frac{(p-a)(p-b)^2}{ac} = \frac{p-a}{ac}\left[ac-(p-b)^2\right]$$

$$= \frac{(p-a)}{ac}\left[(p-b+p-c)(p-b+p-a)-(p-b)^2\right]$$

$$= \frac{(p-a)}{ac}\left[(p-b)(p-c)+(p-c)(p-a)+(p-a)(p-b)\right]$$

$$= \frac{(p-a)}{ac}(rr_a+rr_b+rr_c) = \frac{(p-a)(4Rr+r^2)}{ac}.$$

所以 A 对 ω_1 的幂为 $AB \cdot AN = \dfrac{r(p-a)(r+4R)}{a}$. 同理可得 B 对 ω_2 的幂为 $\dfrac{r(p-b)(r+4R)}{b}$，C 对 ω_3 的幂为 $\dfrac{r(p-c)(r+4R)}{c}$. $\qquad\square$

性质 13 三个伪外接圆的根心对三个伪外接圆的幂为

$$\frac{r^2(2R+r)(4R+r)}{2(2R-r)^2}.$$

证明 如图 18,字母标记同性质 2. 由性质 2 知切聚点 U 为三个伪外接圆的根心,且 U 为 $\triangle XYZ$ 与 $\triangle I_1I_2I_3$ 的位似中心.
所以

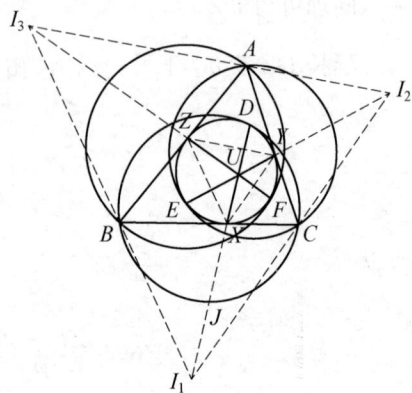

图 18

$$\frac{S_{\triangle ABU}}{S_{\triangle ACU}} = \frac{AB \cdot ZU \cdot \sin\angle AZU}{AC \cdot YU \cdot \sin\angle AYU} = \frac{AB}{AC} \cdot \frac{I_3U}{I_2U} \cdot \frac{\sin\angle AZI_3}{\sin\angle AYI_2}$$

$$= \frac{AB}{AC} \cdot \frac{\sin\angle I_3I_2U}{\sin\angle I_2I_3U} \cdot \frac{\sin\angle AZI_3}{\sin\angle AYI_2}$$

$$= \frac{AB}{AC} \cdot \frac{\sin\angle AI_2Y}{\sin\angle AYI_2} \cdot \frac{\sin\angle AZI_3}{\sin\angle AI_3Z}$$

$$= \frac{AB}{AC} \cdot \frac{AY}{AI_2} \cdot \frac{AI_3}{AZ} = \frac{AB}{AC} \cdot \frac{AI_3}{AI_2} = \frac{\sin C}{\sin B} \cdot \frac{\cot\angle AI_3I_1}{\cot\angle AI_2I_1}$$

$$= \frac{\sin C}{\sin B} \cdot \frac{\tan\dfrac{C}{2}}{\tan\dfrac{B}{2}} = \frac{\sin^2\dfrac{C}{2}}{\sin^2\dfrac{B}{2}}.$$

同理

$$\frac{S_{\triangle ACU}}{S_{\triangle BCU}} = \frac{\sin^2\dfrac{B}{2}}{\sin^2\dfrac{A}{2}}, \ \frac{S_{\triangle BCU}}{S_{\triangle ABU}} = \frac{\sin^2\dfrac{A}{2}}{\sin^2\dfrac{C}{2}}.$$

结合引理 11 得

$$S_{\triangle BCU} = \frac{\sin^2\dfrac{A}{2}}{\sin^2\dfrac{A}{2} + \sin^2\dfrac{B}{2} + \sin^2\dfrac{C}{2}} S = 2RS \cdot \frac{\sin^2\dfrac{A}{2}}{2R-r}.$$

令 $\angle I_1XB = \theta$，则 $\sin\theta = \dfrac{r_a}{I_1X}$. 所以

$$UX = \frac{2S_{\triangle BCU}}{a\sin\theta} = \frac{4RS}{2R-r} \cdot \frac{\sin^2\dfrac{A}{2}}{a\sin\theta}$$

$$= \frac{4RS}{2R-r} \cdot \frac{(p-b)(p-c)}{abc\sin\theta}$$

$$= \frac{abc}{2R-r} \cdot \frac{(p-b)(p-c)}{abc\sin\theta}$$

$$= \frac{rr_a}{2R-r} \cdot \frac{I_1X}{r_a} = \frac{r}{2R-r}I_1X.$$

又 $XD = 2r\sin\theta = \dfrac{2rr_a}{I_1X}$，因此

$$UD = XD - UX = \frac{2rr_a}{I_1X} - \frac{r}{2R-r}I_1X$$

$$= r\left[\frac{2r_a(2R-r) - I_1X^2}{I_1X(2R-r)}\right]$$

$$=r\left[\frac{4Rr_a-2rr_a-r_a^2-(b-c)^2}{I_1X(2R-r)}\right].$$

又因为

$$UJ=UX+\frac{1}{2}I_1X=\frac{r}{2R-r}I_1X+\frac{1}{2}I_1X=\frac{2R+r}{2(2R-r)}I_1X.$$

故 U 对 ω_1 的幂等于

$$UD\cdot UJ=\frac{r(2R+r)}{2(2R-r)^2}\cdot[4Rr_a-2rr_a-r_a^2-(b-c)^2]$$

$$=\frac{r(2R+r)}{2(2R-r)^2}\cdot[4Rr_a-2rr_a-r_a^2-(p-b-p+c)^2]$$

$$=\frac{r(2R+r)}{2(2R-r)^2}\cdot[r_a(4R-r_a)-2rr_a-(p-b)^2-(p-c)^2+2(p-b)(p-c)]$$

$$=\frac{r(2R+r)}{2(2R-r)^2}\cdot[r_a(r_b+r_c-r)-(p-b)^2-(p-c)^2]$$

$$=\frac{r(2R+r)}{2(2R-r)^2}\cdot[r_ar_b+r_cr_a-rr_a-(p-b)^2-(p-c)^2]$$

$$=\frac{r(2R+r)}{2(2R-r)^2}\cdot[p^2-r_br_c-rr_a-(p-b)^2-(p-c)^2]$$

$$=\frac{r(2R+r)}{2(2R-r)^2}\cdot[p^2-p(p-a)-(p-b)(p-c)-(p-b)^2-(p-c)^2]$$

$$=\frac{r(2R+r)}{2(2R-r)^2}\cdot[ap+(p-b)(p-c)-(p-b+p-c)^2]$$

$$=\frac{r(2R+r)}{2(2R-r)^2}\cdot[ap-a^2+p^2-bp-cp+bc]$$

$$=\frac{r(2R+r)}{2(2R-r)^2}\cdot[p^2-p(-a+b+c)-a^2+bc]$$

$$=\frac{r(2R+r)}{2(2R-r)^2}\cdot[p^2-2p^2+2ap-a^2+bc]$$

$$=\frac{r(2R+r)}{2(2R-r)^2}\cdot[a(2p-a)-p^2+bc]$$

$$=\frac{r(2R+r)}{2(2R-r)^2}\cdot(ab+bc+ca-p^2)=\frac{r^2(2R+r)(4R+r)}{2(2R-r)^2}.$$

（五）其他性质拾零

性质 14 直线 AD 交圆 ω_1 于另一点 K，则 IK 平分 $\angle BKC$.

证明 如图 19，以点 A 为圆心，A 对 ω_1 的幂为反演幂，作反演变换. 在此变换下，ω_1 保持不变，D、K 互为反演点. 设该反演下 $Y \to M$，$Z \to N$. 所以 $\triangle ABC$ 的内切圆的反形为 $\triangle KMN$ 的外接圆. 由于内切圆与 ω_1 切于 D，故 $\triangle KMN$ 的外接圆与 ω_1 切于 K. 设 ω_1 交 CA、AB 于另外两点 L、J，由引理 14 知 $\triangle LBC$ 和 $\triangle JBC$ 的内心 I' 和 I'' 在 MN 上.

注意到 $\angle I'BI'' = \angle IBC - \angle I'BC = \frac{1}{2}\angle LBJ = \frac{1}{2}\angle LCJ = \angle ICB - \angle I''CB = \angle I'CI''$，故 B、C、I'、I'' 四点共圆. 因此 $\angle II'N = \angle IBC = \angle IBN$，从而 B、N、I、I' 四点共圆.

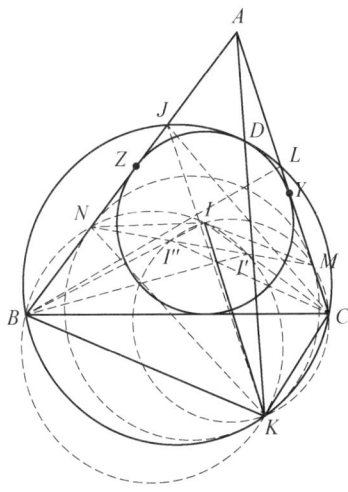

图 19

又由引理 1 知 $\angle NKB = \frac{1}{2}\angle JKB = \frac{1}{2}\angle JCB = \angle I''CB = \angle NI'B$，所以 B、K、I'、N 四点共圆. 因此 I、N、B、K、I' 五点共圆.

同理 I、M、C、K、I'' 五点共圆.

因为 $AZ = AY$，所以 $\triangle ANI \cong \triangle AMI$，故 $\angle IKB = \angle INA = \angle IMA = \angle IKC$. □

性质 15 ω_1 与 CA、AB 交于另两点 L、J，T 为 $\triangle ALJ$ 的 $\angle A$ 所对的旁心，则 DT 平分 $\angle JDL$.

证明 如图 20，以 A 为反演圆心，A 对圆 ω_1 的幂为反演幂，符号标记同性质 14 的证明.

由旁心的性质知 $\angle JTA = \frac{1}{2}\angle ALJ = \frac{1}{2}\angle ABC = \angle ABI$，因此 J、B、T、I 四点共圆. 这说明在上述反演下 I、T 互为反演点. 由性质 14 的证明知 K、B、N、I；K、C、M、I 分别四点共圆，故 D、J、Z、T；D、L、Y、T 分别四点共圆. 又 $\triangle AZT \cong \triangle AYT$，因此 $\angle JDT = \angle BZT = \angle CYT = \angle LDT$. □

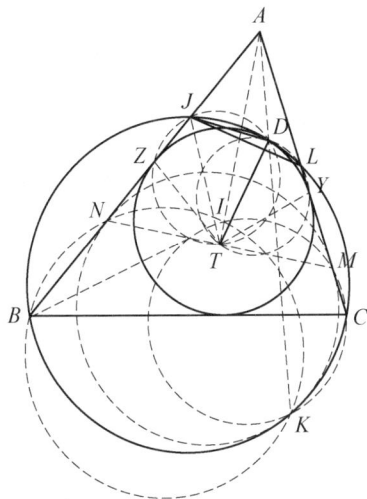

性质 16 ω_1 与 CA、AB 交于 L、J，T 为 $\triangle ALJ$ 的 $\angle A$ 所对的旁心，直线 AD 交 ω_1 于另一点 K，则 K、X、T、I、D 五点共圆.

图 20

证明 如图 21,连结 IK 交 BC 于 G. 由引理 1 及性质 14 知 $\angle XDC + \angle BKG = 90°$,故

$$\angle XDK = 90° - \angle KDC - \angle BKG$$
$$= 90° - \angle KBC - \angle BKG$$
$$= 90° - \angle CGK = \angle XIK.$$

因此 D、I、X、K 四点共圆. 由性质 15 的证明知 D、I、T、K 四点共圆. 所以 K、X、T、I、D 五点共圆. □

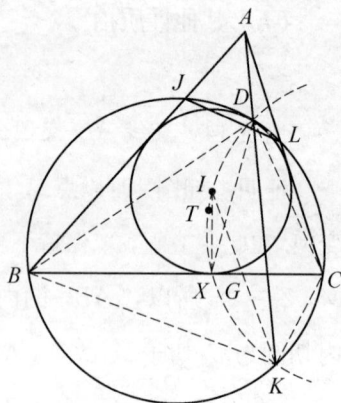

图 21

性质 17 ω_1 与直线 AB 交于 B、J,与直线 AC 交于 C、L,与直线 AD 交于 D、K,$\triangle ALJ$ 的内心为 T,则 KT 平分 $\angle JKL$.

证明 如图 22,设 $\triangle JBC$、$\triangle LBC$ 的内心为 G、H,$\triangle JBL$ 的 $\angle L$ 所对的旁心为 M,$\triangle JCL$ 的 $\angle J$ 所对的旁心为 N. 由内(旁)心性质易知 T、J、M 三点共线,T、L、N 三点共线.

以 A 为反演中心,A 对 ω_1 的幂为反演幂作反演变换. 则在该变换下 ω_1 不变,$J \to B$,$L \to C$,$D \to K$. 设 $Z \to P$,$Y \to Q$,则内切圆变换为 $\triangle PQK$ 的外接圆. 由于内切圆与 ω_1 相切于 D,故 $\triangle PQK$ 的外接圆与 ω_1 相切于 K,与 AB、AC 相切于 P、Q. 由内(旁)心性质得 $\angle JNL = \dfrac{1}{2}\angle JCL =$

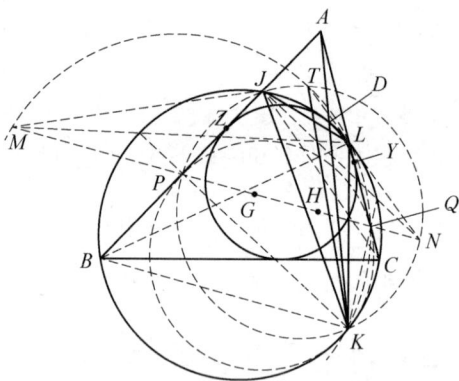

图 22

$\dfrac{1}{2}\angle JBL = \angle JML$,所以 M、N、L、J 四点共圆.

由引理 14 及引理 15 知 M、P、G、H、Q、N 共线,因此 $\angle TNP = \angle TJL = \angle TJA$. 故 T、J、P、N 四点共圆. 由引理 1 得

$$\angle PKJ = \dfrac{1}{2}\angle BKJ = \dfrac{1}{2}\angle BLJ = \angle MLJ = \angle PNJ.$$

所以 K、P、J、N 四点共圆. 从而 K、P、J、T、N 五点共圆. 因此

$$\angle JKT = \angle JNT = \dfrac{1}{2}\angle JCL = \dfrac{1}{2}\angle JKL.$$

故 KT 平分 $\angle JKL$. □

性质 18　ω_2 与 AB 交于 A、J，与 BC 交于 C、K；ω_3 与 AC 交于 A、T，与 BC 交于 B、L. $\triangle CJK$、$\triangle BTL$ 的内心为 M、N，$\triangle BJK$ 的 $\angle B$ 所对的旁心为 P，$\triangle CTL$ 的 $\angle C$ 所对的旁心为 Q，则四边形 $MNPQ$ 为矩形，且 $PQ \parallel BC$.

证明　如图 23，$\triangle ACK$、$\triangle ABL$、$\triangle ATL$、$\triangle AJK$ 的内心为 G、H、R、S. 由曼海姆定理知 G、H 为 XY、XZ 的中点，$\triangle AJC$、$\triangle ABT$ 的内心都是 YZ 的中点，设为 W. 由引理 14 知 M、S 在 XZ 上，N、R 在 XY 上. 由引理 15 知，四边形 $MGWS$ 和四边形 $NHWR$ 均为矩形.

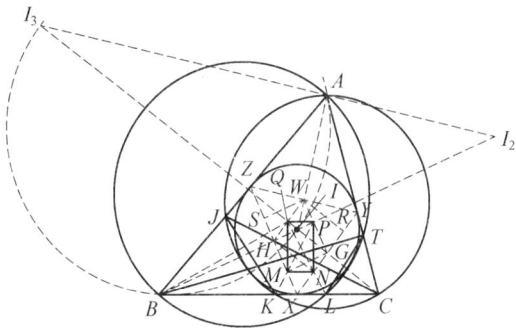

图 23

以内切圆为反演圆作反演变换. 由内心结论易知 $W \to A$，$H \to B$，$G \to C$. 由引理 16 知 $P \to I_2$，$Q \to I_3$. 由内心结论易知 A、I、B、I_3 共圆. 从而 W、H、Q 共线.

同理 W、G、P 共线. 所以四边形 $GMHP$ 和四边形 $GNHQ$ 均为矩形. 由内心性质易知 I_2、I_3、B、C 共圆，所以 P、Q、H、G 共圆. 从而 P、Q、H、M、N、G 六点共圆. 因此 $\angle MNP = \angle MHP = 90°$.

同理 $\angle NMQ = \angle NHQ = 90°$，$\angle PQM = \angle PHM = 90°$. 所以四边形 $PQMN$ 为矩形.

又 P、Q、I_3、I_2 及 B、C、I_3、I_2 四点共圆，因此 $\angle IPQ = \angle II_3I_2 = \angle I_2BC = \angle PBC$，所以 $PQ \parallel BC$.　□

性质 19　BF、CE 交于 P，CD、AF 交于 Q，AE、BD 交于 R，则 AP、BQ、CR 三线共点，该点为热尔戈纳(Gergonne)点的等角共轭点，是外接圆与内切圆的内位似中心.

证明　分两部分进行，第一部分如图 24，证明 AP 与 AX 互为等角线.

如图 24，设 BF 交 XZ 于 M，CE 交 XY 于 N，延长 AP 交 BC 于 J.

由引理 3 及引理 17 得

$$\frac{\sin\angle ABF}{\sin\angle CBF} = \frac{S_{\triangle ZBM}}{S_{\triangle XBM}} = \frac{ZM}{XM} = \frac{ZF^2}{XF^2},$$

$$\frac{\sin\angle BCE}{\sin\angle ACE} = \frac{XE^2}{YE^2}.$$

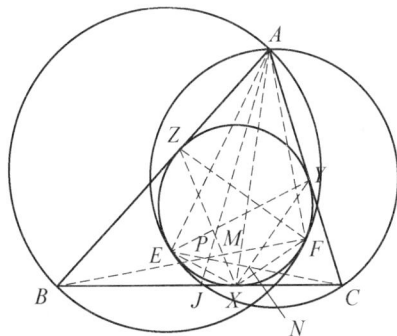

图 24

由性质 9 的证明知

$$\frac{XE}{YE} = \frac{XY}{2AY}, \frac{ZF}{XF} = \frac{2AZ}{XZ}.$$

对 $\triangle ABC$ 及点 P 由角元塞瓦定理得

$$\frac{\sin\angle CAP}{\sin\angle BAP} = \frac{\sin\angle ACE}{\sin\angle BCE} \cdot \frac{\sin\angle CBF}{\sin\angle ABF} = \left(\frac{2YA}{XY}\right)^2 \cdot \left(\frac{XZ}{2AZ}\right)^2$$

$$= \frac{XZ^2}{XY^2} = \frac{\cos^2\dfrac{B}{2}}{\cos^2\dfrac{C}{2}} = \frac{p(p-b)}{ca} \cdot \frac{ab}{p(p-c)}$$

$$= \frac{AC}{AB} \cdot \frac{BX}{CX}.$$

从而

$$\frac{BJ}{CJ} \cdot \frac{BX}{CX} = \frac{S_{\triangle ABP}}{S_{\triangle ACP}} \cdot \frac{BX}{CX} = \frac{AB \cdot \sin\angle BAP}{AC \cdot \sin\angle CAP} \cdot \frac{BX}{CX}$$

$$= \frac{AB}{AC} \cdot \frac{AB}{AC} \cdot \frac{CX}{BX} \cdot \frac{BX}{CX} = \frac{AB^2}{AC^2}.$$

由引理 18 知 $\angle BAP = \angle BAJ = \angle CAX$，即 AX、AP 互为等角线．所以 AP、BQ、CR 三线共点，该点为热尔戈纳点的等角共轭点．

第二部分证明热尔戈纳点的等角共轭点为外接圆与内切圆的内位似中心．[7]

如图 25，设 AX 的等角线交 $\triangle ABC$ 的外接圆于 N，易知 $\triangle ACX \backsim$ $\triangle ANB$，于是 $AN \cdot AX = AB \cdot AC$．设 AN 交 OI 于 T．以 A 为反演中心，$AB \cdot AC$ 为反演幂作反演变换，再以 $\angle A$ 的角平分线为对称轴作轴对称变换．

在两个变换的合同变换下，$B \to C$，$X \to N$，直线 BC 变换为 $\triangle ABC$ 的外接圆，直线 AB 变换为直线 AC．由于内切圆与 BC 相切于 X，所以内切圆在该变换下所成的圆（设为 $\odot I'$，圆心为 I'）与 $\triangle ABC$ 的外接圆相切于 N，且与直线 AB、AC 均相切．故 A 为内切圆与 $\odot I'$ 的外位似中心．设 N 在内切圆上的位似对应点为 M，延长 AN 交 $\odot I'$ 于 J．由位似得 $\angle IMJ = \angle I'NJ$．所以 $OI' \ /\!/ \ MI$．因此 $\dfrac{IT}{TO} = \dfrac{IM}{ON} = \dfrac{r}{R}$，即 T

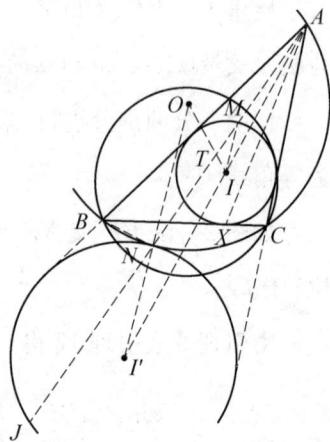

图 25

为外接圆与内切圆的内位似中心.

注 1. 由上面的证明还可以得到 AN 过外接圆与 $\triangle ABC$ 的 $\angle A$ 所对的旁切圆的内位似中心.

2. 第二部分同样的方法还可以证明"三角形的奈格尔点的等角共轭点是外接圆与内切圆的外位似中心".两个结论的证明留给有兴趣的读者.

四、结语

至此,我们得到了三角形的伪外接圆的 19 个性质.在研究的过程中,我们自感对三角形的伪外接圆的圆心的研究不多,仅得到一些关于半径的公式.但我们相信,三个圆心肯定也有许多美妙的性质,在此希望有兴趣的读者能进一步研究这个方向,弥补我们的不足.

由于水平有限,不足及遗漏在所难免,我们相信三角形的伪外接圆还有许多其他更加美妙的性质有待发现,望此文能起抛砖引玉之效,引起读者对这个课题的关注,也期待大家挖掘出该课题更优美的性质.

致谢 作者由衷感谢湖南理工学院的萧振纲教授在本文写作过程中的悉心指导.萧振纲教授中肯的建议以及严谨的治学态度使我们受益良多,也使文章增色不少.

参考文献

[1] 波拉索洛夫.俄罗斯平面几何问题集[M].周春荔,译.哈尔滨:哈尔滨工业大学出版社,2009:387,187,390,392.

[2] 杨世明.三角形趣谈[M].哈尔滨:哈尔滨工业大学出版社,2012:84,46,88,59,100,57.

[3] 沈文选.走向国际数学奥林匹克的平面几何试题诠释(下)[M].哈尔滨:哈尔滨工业大学出版社,2007:116.

[4] 田开斌,潘成华,褚小光.关于沢山定理的若干命题[C].中国初等数学研究(2015)卷.哈尔滨:哈尔滨工业大学出版社,2015:86-93.

[5] 约翰逊.近代欧氏几何学[M].单墫,译.哈尔滨:哈尔滨工业大学出版社,2012:178,148.

[6] 萧振纲.等角线[J].数学新星网:http://www.nsmath.cn/jszl,2015.

[7] 吴悦辰.三线坐标与三角形特征点[M].哈尔滨:哈尔滨工业大学出版社,2015:40.

三角形伪外接圆性质再探

卢　圣[1]　黄子宸[2]

（1. 广西钦州市新兴街 30 号祥和景都 2 栋 2 单元，535000；

2. 浙江省宁波市象山县第三中学，315700）

笔者在文[1]（即本书的前一节内容）中对三角形伪外接圆的性质进行了初步的探索，得到一些新结果．之后，在此基础上继续对三角形伪外接圆的性质进行探索研究，获得一系列进一步的性质，现将进一步研究获得的性质整理成文供大家参考．

注：关于三角形伪外接圆的定义及基本性质请参考文[1]．本文的许多研究都是在文[1]的基础上进行的，建议不熟悉三角形伪外接圆性质的读者先参考文[1]的有关性质．

一、　符号标记说明

为便于行文，先约定下列字母标记的几何意义：

如图 1，$\triangle ABC$ 的三边互不相等，O、I 表示外心、内心，ω_1、ω_2、ω_3 表示过 $\angle A$、$\angle B$、$\angle C$ 所对边的两个顶点的三个伪外接圆；S、R、p 表示面积、外接圆半径、半周长；a、b、c 表示三边长，I_1、I_2、I_3 表示三个旁心；r、r_a、r_b、r_c 表示内切圆和三个旁切圆半径；D、E、F 表示内切圆与三边的切点；P、Q、R 表示三个伪外接圆与内切圆的切点；X、Y、Z 表示 ω_2 与 ω_3，ω_3 与 ω_1，ω_1 与 ω_2 异于 A、B、C 的交点；J、K、L 表示直线 PD、QE、RF 与 ω_1、ω_2、ω_3 的交点；U 表示 ω_1、ω_2、ω_3 的根心．

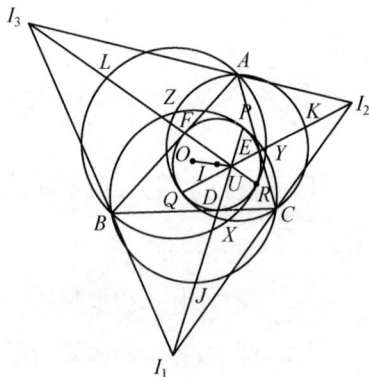

图 1

上述字母标记在本文直接使用则按约定的意义理解，文中其他的字母标记以文中当处说明为准．由于这些约定的字母标记在文中多次出现，我们不再一一反复作说明，请读者详察．

二、 系列引理

下面给出的一系列引理,将会在全文的论述中反复使用到,请读者先熟悉. 为确保本文论证流畅,在此统一给出这些引理.

引理 1 $\odot O_1$ 与 $\odot O_2$ 内切于 P,AB 为 $\odot O_2$ 的一条弦,AB 切 $\odot O_1$ 于 Q,则 PQ 平分 $\angle APB$.

引理 1 的证明不难,不再赘述.

引理 2[1] 如图 2,直线 AP 交 ω_1 于另一点 G,则 G、D、I、P 四点共圆.

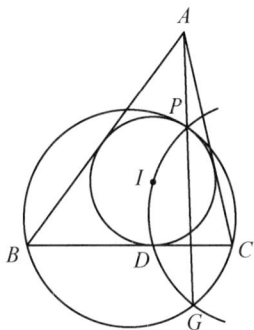

图 2

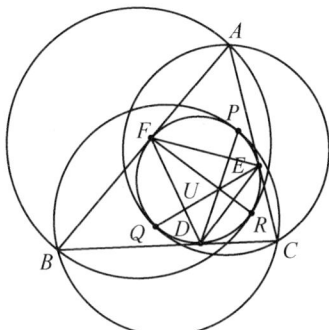

图 3

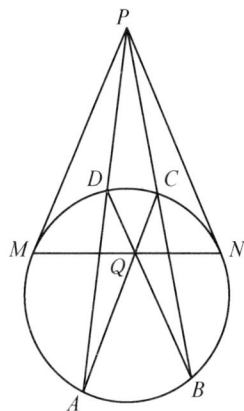

图 4

引理 3[1] 如图 3,PD、QE、RF 共点于 ω_1、ω_2、ω_3 的根心.

引理 4[2] 如图 4,圆内接四边形 $ABCD$ 的对边 BC、AD 所在直线交于 P,过 P 作 $ABCD$ 所在圆的两条切线,切点为 M、N,则 AC、BD 的交点在 MN 上.

注:直线 MN 称为 P 关于圆 $ABCD$ 的极线.

引理 5[3] 过 B、C 作 $\triangle ABC$ 外接圆的切线交于 T,AT 交 $\triangle ABC$ 外接圆于另一点 K,则四边形 $ABKC$ 为调和四边形.

注:对边乘积相等的圆内接四边形称为调和四边形.

引理 6[3] 四边形 $ABKC$ 为调和四边形,过 B、C 作 $\triangle ABC$ 外接圆的切线交于 T,则 A、K、T 共线.

引理 7 如图 5,四边形 $ABCD$ 为调和四边形,P 为不在 $ABCD$ 所在圆上任一点,直线 AP、BP、CP、DP 分别交 $ABCD$ 所在圆于 A_1、B_1、C_1、D_1,则四边形 $A_1B_1C_1D_1$ 为调和四边形.

证明 如图 5,记 $ABCD$ 所在圆为 $\odot O$,作过 B、P 且与 $\odot O$ 相切于 B 的圆 $\odot \Gamma_1$,作过 D、P 且与 $\odot O$ 相切于 D 的圆 $\odot \Gamma_2$,$\odot \Gamma_1$ 与 $\odot \Gamma_2$ 异于 P 的另一个交点为 Q,过 B、D 作 $\odot O$ 的切线交于 M.

由相切知 MB 为 $\odot O$ 与 $\odot \Gamma_1$ 的公切线,MD 为 $\odot O$ 与 $\odot \Gamma_2$ 的公切线,且 $MB = MD$. 所以 M 对 $\odot \Gamma_1$、$\odot \Gamma_2$ 的幂相等,即 M 为 $\odot O$、$\odot \Gamma_1$、$\odot \Gamma_2$ 的根心. 故 M、P、Q 共线.

由引理 6 知 A、C、M 共线,所以 $MA \cdot MC = MP \cdot MQ$. 故 A、P、Q、C 四点共圆.

以 P 为反演中心,P 对 $\odot O$ 的幂为反演幂作反演变换. 在该反演变换下,$A \to A_1$,$B \to B_1$,$C \to C_1$,$D \to D_1$.

所以 $\odot \Gamma_1$ 变换为与 $\odot O$ 切于 B_1 的直线,$\odot \Gamma_2$ 变换为与 $\odot O$ 切于 D_1 的直线,圆 $(APQC)$ 变换为直线 $A_1 C_1$.

由于 $\odot \Gamma_1$、$\odot \Gamma_2$、圆 $APQC$ 共点于 Q,所以上述两条切线及直线 $A_1 C_1$ 三线共点于 Q 反演后的点,设为 N. 由引理 5 知四边形 $A_1 B_1 C_1 D_1$ 为调和四边形. □

引理 8[1] 如图 6,AP、BQ、CR 三线共点.

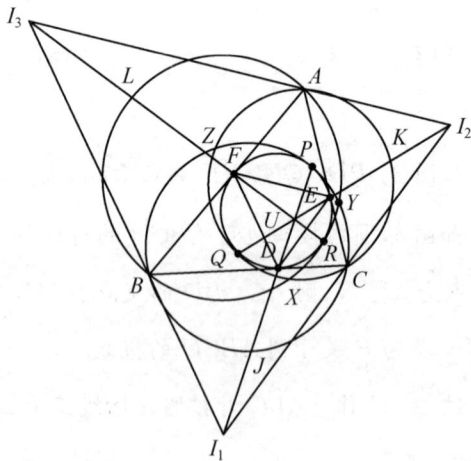

图 5

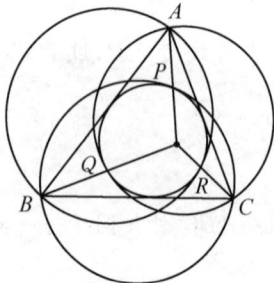

图 6

图 7

引理 9[1] 如图 7,U 为 $\triangle DEF$ 与 $\triangle I_1 I_2 I_3$ 的位似中心,且 J、K、L 为线段 DI_1、EI_2、FI_3 的中点.

引理 10[2] $OI^2 = R^2 - 2Rr$.

引理 11[4] $\sin^2 \dfrac{A}{2} + \sin^2 \dfrac{B}{2} + \sin^2 \dfrac{C}{2} = \dfrac{2R - r}{2R}$.

引理 12[1] 如图 8,满足 $S_{\triangle BCU}=\dfrac{2RS}{2R-r}\sin^2\dfrac{A}{2}$, $S_{\triangle CAU}=\dfrac{2RS}{2R-r}\sin^2\dfrac{B}{2}$,

$S_{\triangle ABU}=\dfrac{2RS}{2R-r}\sin^2\dfrac{C}{2}$.

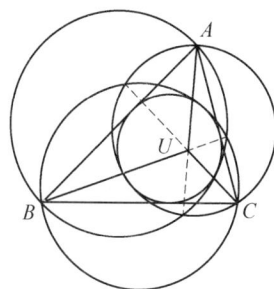

图 8

引理 13[4] $\cos A+\cos B+\cos C=\dfrac{R+r}{R}$, $-\cos A+\cos B+\cos C=\dfrac{r_a-R}{R}$,

$\cos A-\cos B+\cos C=\dfrac{r_b-R}{R}$, $\cos A+\cos B-\cos C=\dfrac{r_c-R}{R}$.

引理 14[2] $r_a+r_b+r_c=4R+r$.

引理 15[2] $r=4R\sin\dfrac{A}{2}\sin\dfrac{B}{2}\sin\dfrac{C}{2}$.

引理 16[1] U 对 ω_1、ω_2、ω_3 的幂为

$$\frac{r^2(2R+r)(4R+r)}{2(2R-r)^2}.$$

引理 17[1] 如图 9,ω_1 分别交 AB、AC 异于 B、C 的另外两点 M、N,则

$$AM=\frac{r(4R+r)(p-a)}{ac}, \quad AN=\frac{r(4R+r)(p-a)}{ab}.$$

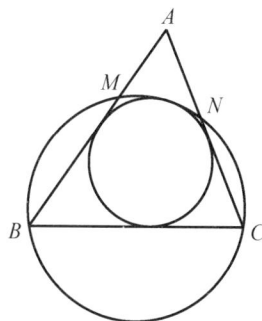

图 9

引理 18[1] 如图 10,设 BR、CQ 交于 A_1,CP、AR 交于 B_1,AQ、BP 交于 C_1,则 AA_1、BB_1、CC_1 三线共点于 $\triangle ABC$ 的外接圆与内切圆的内位似中心.

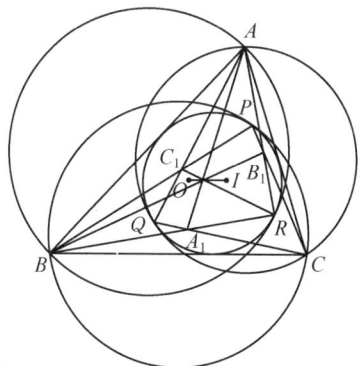

图 10

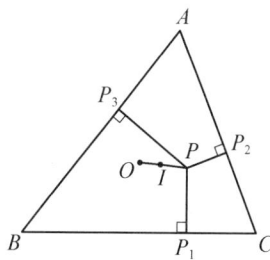

图 11

引理 19[5] 如图 11,过一点 P 作 $\triangle ABC$ 三边的垂线,垂足为 P_1、P_2、P_3,如果

$$AP_3+BP_1+CP_2=P_3B+P_1C+P_2A,$$

则 P 在直线 OI 上.

注:上式的线段均为有向线段,它们的正方向分别为 $A \to B$,$B \to C$,$C \to A$.

引理 20[2]   两圆上关于任一位似中心的两对逆对应的点共圆.

引理 21[6]   如图 12,小圆 $\odot P$ 与大圆 $\odot O$ 内切,大圆的两条弦 AB、CD 与 $\odot P$ 切于 M、N,则 $\triangle ABC$、$\triangle BDC$ 的内心 I_1、I_2 在直线 MN 上.

引理 22[2]   如图 13,圆内接四边形 $ABCD$,I_1、I_2、I_3、I_4 为 $\triangle ABC$、$\triangle DBC$、$\triangle ACD$、$\triangle ABD$ 的内心,K 为 $\triangle ABD$ 的 $\angle D$ 所对的旁心,J 为 $\triangle ACD$ 的 $\angle A$ 所对的旁心,则四边形 $I_1I_2I_3I_4$ 为矩形,且 K、I_1、I_2、J 四点共线.

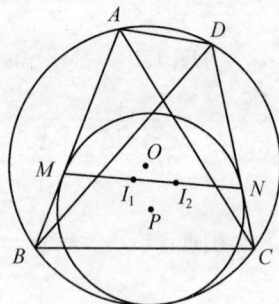

图 12

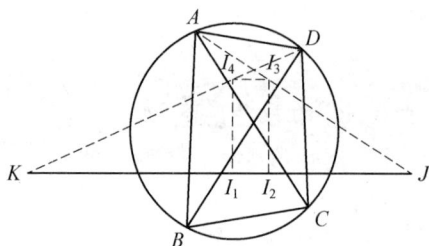

图 13

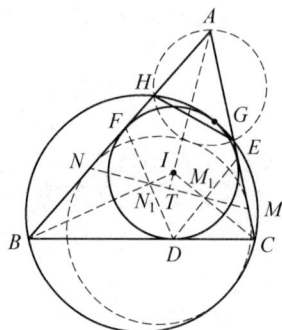

图 14

引理 23   如图 14,ω_1 与 AB 交于 B、H,与 AC 交于 C、G.$\triangle AGH$ 的 $\angle A$ 所对的旁心为 T,则 T 在 DE、DF 的中点连线上.

证明   如图 14,以 A 为反演中心,A 对 ω_1 的幂为反演幂作反演变换.在该变换下,$B \to H$,$C \to G$,ω_1 的像保持不变.所以 $\triangle AGH$ 的外接圆变换为直线 BC.

设 $E \to M$,$F \to N$.从而内切圆变换为过 MN 且与 ω_1 相切的圆,设为圆 Γ.由于内切圆与 AB、AC 相切于 F、E,所以圆 Γ 与 AB、AC 切于 N、M,且与 $\triangle AGH$ 的外接圆相切.由曼海姆定理知 $\triangle AGH$ 的 $\angle A$ 所对的旁心 T 为 MN 中点.由引理 14 知 $\triangle GBC$、$\triangle HBC$ 的内心 M_1、N_1 在 MN 上.由曼海姆定理知 M_1、N_1 为 DE、DF 的中点.所以 T 在 DE、DF 的中点连线上.   □

引理 24[7]   直线 OI 为切点 $\triangle DEF$ 的欧拉线.

三、三角形伪外接圆的系列性质

下面逐步探索三角形伪外接圆进一步的性质.

（一）若干点共圆及圆共轴性质

下面是几个多点共圆及圆共轴的性质，这些性质在本文后续的论述中还有应用.

性质 1　如图 15，直线 AP 交外接圆于 T，直线 EF、BC 交于 H，M 是 DH 中点，则 A、D、T、M 四点共圆.

证明　如图 15，延长 AP 交 ω_1、BC 于 G、N. 由梅涅劳斯 (Menelaus) 定理得

$$\frac{BH}{HC} \cdot \frac{CE}{EA} \cdot \frac{AF}{FB} = 1,$$

所以 $\dfrac{BH}{HC} = \dfrac{BF}{CE} = \dfrac{BD}{DC}$.

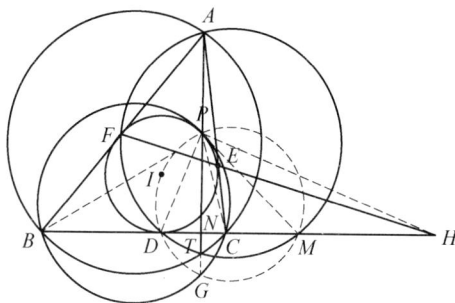

图 15

由引理 1 知 PD 平分 $\angle BPC$，所以 PH 平分 $\angle BPC$ 的外角，故 $DP \perp PH$，从而 $MP = MD$. 又由于 MD 是内切圆的切线，故 MP 是内切圆的切线.

所以 P、I、D、M 共圆. 由引理 2 知 P、I、D、G 共圆，从而 P、D、G、M 共圆. 因此 $ND \cdot NM = NP \cdot NG = NB \cdot NC = NA \cdot NT$. 故而 A、D、T、M 四点共圆. □

性质 2　如图 16，AP 交外接圆于 T，则 $\triangle ADT$ 的外接圆、ω_2、ω_3 三圆共轴.

证明　如图 16，过 P 作内切圆的切线交 BC 延长线于 M，设直线 AT 及 $\triangle ADT$ 的外接圆分别交内切圆于另外的点 H、N.

由引理 3 知 PD、QE、RF 共点于 ω_1、ω_2、ω_3 的根心 U.

易知 $MP^2 = MB \cdot MC$，即 M 在内切圆、外接圆的根轴 m 上，由相切知直线 PD 是点 M 关于内切圆的极线. 同理 QE、RF 也是 m 上的点关于内切圆的极线. 所以 PD、QE、RF 所共的点 U 是 m 关于内切圆的极点.

设直线 ND、PH 交于点 S，则 $ST \cdot SA = SD \cdot SN$. 所以 S 是内切圆、外接圆、$\triangle ADT$ 的外接圆的根心. 所以 S 在 m 上.

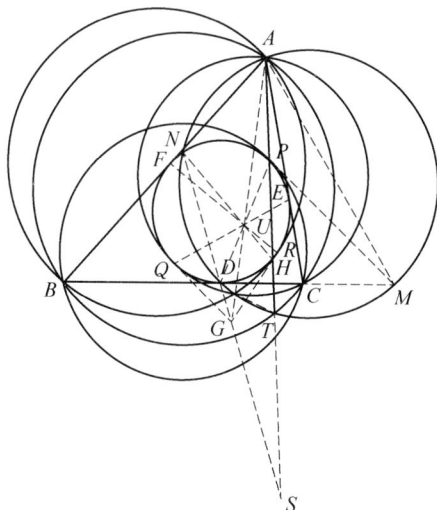

图 16

由引理 4 知 S 关于内切圆的极线与 NH、PD 共点，而 PD 为 M 关于内切圆的极线，所以 S 关于内切圆的极线与 PD 交于 m 关于内切圆的极点 U. 因此 N、U、H 共线.

由引理 5 知四边形 $FPEH$ 是调和四边形,由引理 7 知四边形 $RDQN$ 也是调和四边形,而由引理 6 知 Q、R 关于内切圆的极点在 NS 上,设该极点为 G. 所以 $GD \cdot GN = GQ^2 = GR^2$,即 G 关于 $\triangle ADT$ 的外接圆、ω_2、ω_3 三圆的幂相等.

而 G 异于 A,且 $\triangle ADT$ 的外接圆、ω_2、ω_3 三圆共点于 A. 所以 $\triangle ADT$ 的外接圆、ω_2、ω_3 三圆共轴,且根轴为直线 AG. □

推论 1　A、D、X、T、M 五点共圆.

该推论由性质 1 及性质 2 不难看出.

性质 3　如图 17,AP、BQ、CR 交外接圆于 T、M、N,则 $\triangle ADT$、$\triangle BEM$、$\triangle CFN$ 的外接圆共轴.

证明　如图 17,由引理 8 知 AP、BQ、CR 共点,设为 G. 由推论 1 知 A、D、X、T 共圆,B、E、Y、M 共圆. 易知 $GA \cdot GT = GB \cdot GM$. 所以 G 在 $\triangle ADT$、$\triangle BEM$ 的外接圆的根轴上.

又易知 $UA \cdot UX = UB \cdot UY$. 所以 U 也在 $\triangle ADT$、$\triangle BEM$ 的外接圆的根轴上.

因此直线 UG 是 $\triangle ADT$、$\triangle BEM$ 的外接圆的根轴.

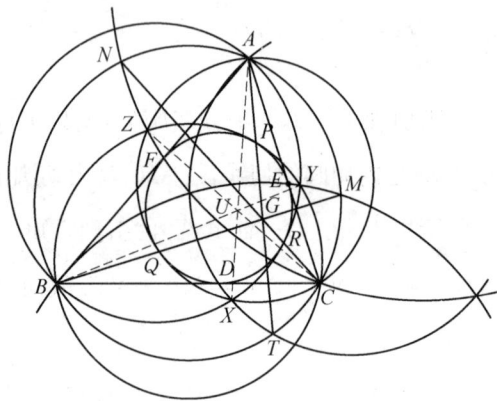

图 17

同理直线 UG 也是 $\triangle CFN$、$\triangle BEM$ 的外接圆的根轴. 所以 $\triangle ADT$、$\triangle BEM$、$\triangle CFN$ 的外接圆共轴,且它们的根轴为直线 UG. □

(二) 几个计算公式及等量关系

性质 4　U 对外接圆的幂为

$$\frac{2Rr^2(4R + r)}{(2R - r)^2}.$$

证明　如图 18,设 V 为 $\triangle I_1 I_2 I_3$ 的外心.

由引理 9 知 U 为 $\triangle DEF$ 与 $\triangle I_1 I_2 I_3$ 的位似中心,且 J、K、L 为线段 DI_1、EI_2、FI_3 的中点. 由内(旁)心性质知 $\triangle ABC$ 的外接圆为 $\triangle I_1 I_2 I_3$ 的九点圆,I 为 $\triangle I_1 I_2 I_3$ 的垂心.

所以 O 为 IV 的中点，$I_1V = 2R$，从而 OJ 为梯形 IDI_1V

的中位线. 因此 $OJ = \dfrac{1}{2}(2R + r)$.

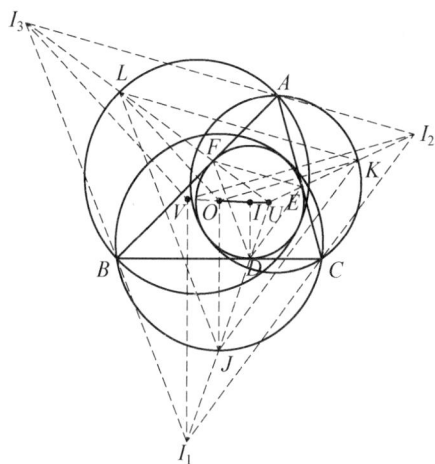

图 18

同理 $OK = OL = \dfrac{1}{2}(2R + r)$. 所以 O 为 $\triangle JKL$ 的外心.

由梯形中位线知 $\triangle JKL$ 与 $\triangle DEF$ 位似. 所以

$$\frac{OU}{OI} = \frac{\dfrac{1}{2}(2R + r)}{\dfrac{1}{2}(2R + r) - r} = \frac{2R + r}{2R - r}.$$

故 $OU = \dfrac{2R + r}{2R - r} OI$.

设 U 对外接圆的幂为 W_0（在本文后续的论述中仍以 W_0 表示 U 对外接圆的幂）.

由引理 10 知 $OI^2 = R^2 - 2Rr$. 所以

$$W_0 = R^2 - OU^2 = R^2 - \left(\frac{2R + r}{2R - r}\right)^2 \cdot OI^2$$

$$= R^2 - \left(\frac{2R + r}{2R - r}\right)^2 \cdot (R^2 - 2Rr)$$

$$= R^2 - \left[R^2 - 2Rr + \left(\frac{2r}{2R - r}\right)^2 \cdot (R^2 - 2Rr) + \frac{4r}{2R - r}(R^2 - 2Rr)\right]$$

$$= 2Rr - \frac{4r}{2R - r}(R^2 - 2Rr)\left(\frac{r}{2R - r} + 1\right)$$

$$= 2Rr - \frac{4r}{2R - r}(R^2 - 2Rr)\left(\frac{2R}{2R - r}\right)$$

$$= \frac{2Rr^2(4R + r)}{(2R - r)^2}.$$

性质 5 U 对内切圆的幂为 $\dfrac{r^3(4R + r)}{(2R - r)^2}$.

证明 如图 19，设 U 对内切圆的幂为 W_1.

由性质 4 知

$$\frac{IU}{IO} = \frac{r}{\dfrac{1}{2}(2R + r) - r} = \frac{2r}{2R - r}.$$

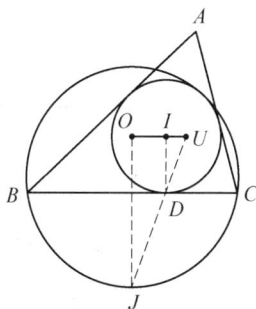

图 19

所以 $IU = \dfrac{2r}{2R-r}IO$.

从而

$$W_1 = r^2 - IU^2 = r^2 - \left(\frac{2r}{2R-r}\right)^2 (R^2 - 2Rr) = \frac{r^3(4R+r)}{(2R-r)^2}.$$

$\square$

性质6 $\triangle XYZ$ 的面积为 $\dfrac{r^2(2R+r)^2(4R+r)^3}{32Rt_1t_2t_3}S$. 其中

$$t_1 = R(r_b + r_c) - rr_a, \quad t_2 = R(r_c + r_a) - rr_b,$$

$$t_3 = R(r_a + r_b) - rr_c.$$

证明 如图 20,设 AX 交 BC 于 T.

由引理 12 知

$$\frac{BT}{CT} = \frac{S_{\triangle ABU}}{S_{\triangle CAU}} = \frac{\sin^2 \dfrac{C}{2}}{\sin^2 \dfrac{B}{2}}.$$

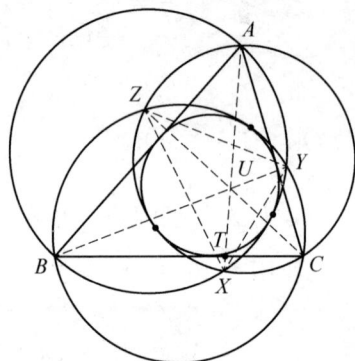

图 20

由 Stewart 定理及引理 13、引理 14 得

$$AT^2 = \frac{BT}{BC}AC^2 + \frac{CT}{BC}AB^2 - BT \cdot CT$$

$$= \frac{\sin^2 \dfrac{C}{2}}{\sin^2 \dfrac{B}{2} + \sin^2 \dfrac{C}{2}} b^2 + \frac{\sin^2 \dfrac{B}{2}}{\sin^2 \dfrac{B}{2} + \sin^2 \dfrac{C}{2}} c^2 - \frac{\sin^2 \dfrac{B}{2}\sin^2 \dfrac{C}{2}}{\left(\sin^2 \dfrac{B}{2} + \sin^2 \dfrac{C}{2}\right)^2} a^2$$

$$= \frac{16R^2 \sin^2 \dfrac{B}{2}\sin^2 \dfrac{C}{2}\cos^2 \dfrac{B}{2}}{\sin^2 \dfrac{B}{2} + \sin^2 \dfrac{C}{2}} + \frac{16R^2 \sin^2 \dfrac{B}{2}\sin^2 \dfrac{C}{2}\cos^2 \dfrac{C}{2}}{\sin^2 \dfrac{B}{2} + \sin^2 \dfrac{C}{2}} - \frac{4R^2 \sin^2 A \sin^2 \dfrac{B}{2}\sin^2 \dfrac{C}{2}}{\left(\sin^2 \dfrac{B}{2} + \sin^2 \dfrac{C}{2}\right)^2}$$

$$= \frac{4R^2 \sin^2 \dfrac{B}{2}\sin^2 \dfrac{C}{2}}{\left(\sin^2 \dfrac{B}{2} + \sin^2 \dfrac{C}{2}\right)^2}\left[4\left(\sin^2 \dfrac{B}{2} + \sin^2 \dfrac{C}{2}\right)\left(\cos^2 \dfrac{B}{2} + \cos^2 \dfrac{C}{2}\right) - \sin^2 A\right]$$

$$= \frac{4R^2 \sin^2 \dfrac{B}{2}\sin^2 \dfrac{C}{2}}{\left(\sin^2 \dfrac{B}{2} + \sin^2 \dfrac{C}{2}\right)^2}\left[(2 - \cos B - \cos C)(2 + \cos B + \cos C) - \sin^2 A\right]$$

$$= \frac{4R^2 \sin^2 \frac{B}{2} \sin^2 \frac{C}{2}}{\left(\sin^2 \frac{B}{2} + \sin^2 \frac{C}{2} \right)^2} \left[3 + \cos^2 A - (\cos B + \cos C)^2 \right]$$

$$= \frac{4R^2 \sin^2 \frac{B}{2} \sin^2 \frac{C}{2}}{\left(\sin^2 \frac{B}{2} + \sin^2 \frac{C}{2} \right)^2} \left[3 - (\cos A + \cos B + \cos C)(-\cos A + \cos B + \cos C) \right]$$

$$= \frac{4R^2 \sin^2 \frac{B}{2} \sin^2 \frac{C}{2}}{\left(\sin^2 \frac{B}{2} + \sin^2 \frac{C}{2} \right)^2} \left[3 - \left(\frac{R+r}{R} \right) \left(\frac{r_a - R}{R} \right) \right]$$

$$= \frac{4 \sin^2 \frac{B}{2} \sin^2 \frac{C}{2}}{\left(\sin^2 \frac{B}{2} + \sin^2 \frac{C}{2} \right)^2} \left[R(4R + r - r_a) - rr_a \right]$$

$$= \frac{4 \sin^2 \frac{B}{2} \sin^2 \frac{C}{2}}{\left(\sin^2 \frac{B}{2} + \sin^2 \frac{C}{2} \right)^2} \left[R(r_b + r_c) - rr_a \right]$$

$$= \frac{4 \sin^2 \frac{B}{2} \sin^2 \frac{C}{2}}{\left(\sin^2 \frac{B}{2} + \sin^2 \frac{C}{2} \right)^2} t_1 .$$

结合引理 11 知

$$\frac{AU}{AT} = 1 - \frac{UT}{AT} = 1 - \frac{S_{\triangle BCU}}{S} = \frac{S_{\triangle CAU} + S_{\triangle ABU}}{S}$$

$$= \frac{\sin^2 \frac{B}{2} + \sin^2 \frac{C}{2}}{\sin^2 \frac{A}{2} + \sin^2 \frac{B}{2} + \sin^2 \frac{C}{2}} = \frac{2R}{2R - r} \left(\sin^2 \frac{B}{2} + \sin^2 \frac{C}{2} \right),$$

所以

$$AU^2 = \frac{4R^2}{(2R-r)^2} \left(\sin^2 \frac{B}{2} + \sin^2 \frac{C}{2} \right)^2 \cdot AT^2$$

$$= \frac{4R^2}{(2R-r)^2} \left(\sin^2 \frac{B}{2} + \sin^2 \frac{C}{2} \right)^2 \cdot \frac{4 \sin^2 \frac{B}{2} \sin^2 \frac{C}{2}}{\left(\sin^2 \frac{B}{2} + \sin^2 \frac{C}{2} \right)^2} t_1$$

$$= \frac{16R^2 t_1}{(2R-r)^2} \sin^2 \frac{B}{2} \sin^2 \frac{C}{2} .$$

同理，

$$BU^2 = \frac{16R^2 t_2}{(2R-r)^2}\sin^2\frac{C}{2}\sin^2\frac{A}{2}, \ CU^2 = \frac{16R^2 t_3}{(2R-r)^2}\sin^2\frac{A}{2}\sin^2\frac{B}{2}.$$

记 U 对 ω_1、ω_2、ω_3 的幂为 W. 由引理 15 及引理 16 得

$$\frac{S_{\triangle YZU}}{S_{\triangle BCU}} = \frac{YU \cdot ZU}{BU \cdot CU} = \frac{W^2}{BU^2 \cdot CU^2}$$

$$= \left[\frac{r^2(2R+r)(4R+r)}{2(2R-r)^2}\right]^2 \cdot \left[\frac{(2R-r)^2}{16R^2}\right]^2 \cdot \frac{1}{t_2 t_3 \sin^2\frac{A}{2}\sin^2\frac{B}{2}\sin^2\frac{C}{2}\sin^2\frac{A}{2}}$$

$$= \left[\frac{r(2R+r)(4R+r)}{8R}\right]^2 \cdot \frac{1}{t_2 t_3 \sin^2\frac{A}{2}}.$$

因此

$$S_{\triangle YZU} = \left[\frac{r(2R+r)(4R+r)}{8R}\right]^2 \cdot \frac{2RS \cdot \sin^2\frac{A}{2}}{t_2 t_3 (2R-r)\sin^2\frac{A}{2}}$$

$$= \frac{r^2(2R+r)^2(4R+r)^2}{32R t_2 t_3 (2R-r)} S.$$

同理

$$S_{\triangle ZXU} = \frac{r^2(2R+r)^2(4R+r)^2}{32R t_3 t_1 (2R-r)} S,$$

$$S_{\triangle XYU} = \frac{r^2(2R+r)^2(4R+r)^2}{32R t_1 t_2 (2R-r)} S.$$

所以

$$S_{\triangle XYZ} = S_{\triangle YZU} + S_{\triangle ZXU} + S_{\triangle XYU}$$

$$= \frac{r^2(2R+r)^2(4R+r)^2 S}{32R(2R-r)}\left(\frac{1}{t_2 t_3} + \frac{1}{t_3 t_1} + \frac{1}{t_1 t_2}\right)$$

$$= \frac{r^2(2R+r)^2(4R+r)^2 S}{32R(2R-r)}\left(\frac{t_1 + t_2 + t_3}{t_1 t_2 t_3}\right)$$

$$= \frac{r^2(2R+r)^2(4R+r)^2 S}{32R(2R-r)}\left[\frac{2R(r_a+r_b+r_c)-rr_a-rr_b-rr_c}{t_1 t_2 t_3}\right]$$

$$= \frac{r^2(2R+r)^2(4R+r)^2 S}{32R(2R-r)}\left[\frac{(2R-r)(4R+r)}{t_1t_2t_3}\right]$$

$$= \frac{r^2(2R+r)^2(4R+r)^3}{32Rt_1t_2t_3}S.$$

☐

性质 7 如图 21，ω_1 分别交 AB、AC 异于 B、C 的 B_1、C_1 两点，ω_2 分别交 BC、BA 异于 C、A 的 C_2、A_2 两点，ω_3 分别交 CA、CB 异于 A、B 的 A_3、B_3 两点，则

$$AB_1 + BC_2 + CA_3 = A_2B + B_3C + C_1A.$$

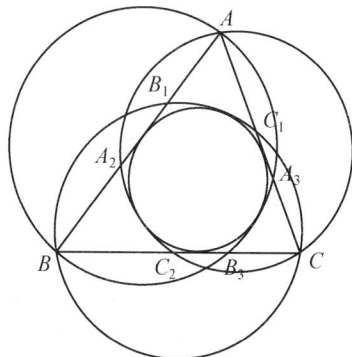

图 21

证明 如图 21，由引理 17 知

$$AB_1 = \frac{r(4R+r)(p-a)}{ca},$$

$$BC_2 = \frac{r(4R+r)(p-b)}{ab},$$

$$CA_3 = \frac{r(4R+r)(p-c)}{bc}.$$

所以

$$AB_1 + BC_2 + CA_3 = r(4R+r)\left(\frac{p-a}{ca} + \frac{p-b}{ab} + \frac{p-c}{bc}\right)$$

$$= r(4R+r)\left[\frac{p(a+b+c)-bc-ca-ab}{abc}\right]$$

$$= r(4R+r)\left(\frac{2p^2-bc-ca-ab}{abc}\right).$$

同理

$$A_2B + B_3C + C_1A = r(4R+r)\left(\frac{2p^2-bc-ca-ab}{abc}\right).$$

所以

$$AB_1 + BC_2 + CA_3 = A_2B + B_3C + C_1A.$$

☐

（三）一些合同关系

性质 8　如图 22，CP、AR 交于 B_1，AQ、BP 交于 C_1，则 B_1C_1、QR、BC 三线共点.

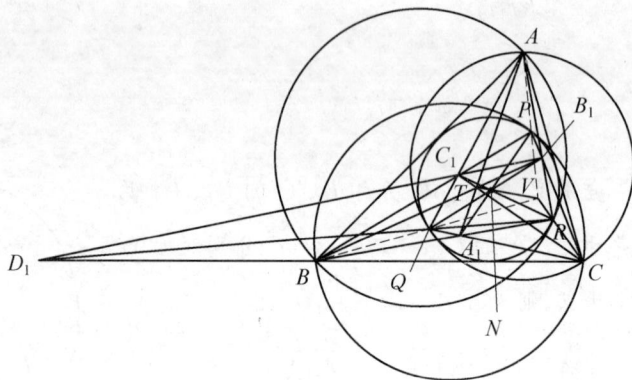

图 22

证明　由引理 8 知，AP、BQ、CR 三线共点，设为 V. 从而 A、P、V 三点共线.

对 $\triangle BC_1Q$ 及 $\triangle CB_1R$，由笛沙格透视定理知 B_1C_1、QR、BC 三线共点.　　　　□

推论 2　如图 22（字母标记同性质 8），设 BR、CQ 交于 A_1，则 PA_1、QB_1、RC_1 三线共点.

证明　由性质 8 知 B_1C_1、QR、BC；C_1A_1、RP、CA；A_1B_1、PQ、AB 分别三线共点，设该三点为 D_1、E_1、F_1（因图形太大，E_1、F_1 未画出）.

由引理 8 知 AP、BQ、CR 三线共点.

对 $\triangle ABC$ 及 $\triangle PQR$，由笛沙格透视定理知 D_1、E_1、F_1 三点共线.

再由笛沙格透视定理知 $\triangle PQR$ 及 $\triangle A_1B_1C_1$ 透视，即 PA_1、QB_1、RC_1 三线共点，设为 N.　　□

推论 3　如图 22（字母标记同推论 2），$\triangle ABC$ 的外接圆与内切圆的内位似中心在直线 VN 上.

证明　如图 22，由性质 8 知 B_1C_1、QR、BC 三线共点，从而 $\triangle BB_1Q$ 与 $\triangle CC_1R$ 透视，设 BB_1、CC_1 交于 T. 所以 T、N、V 共线.

由引理 18 知 T 为外接圆与内切圆的内位似中心. 所以外接圆与内切圆的内位似中心在直线 VN 上.　　□

性质 9　如图 23，AP 交 ω_1 于 G，过 P 作内切圆的切线交直线 BC 于 M，则 J、G、M 共线.

证明　如图 23，由引理 1 知 PJ 平分 $\angle BPC$，又由引理 2 知 P、I、D、G 四点共圆，且易知 P、I、D、M 四点共圆. 所以 P、I、D、G、M 五点共圆. 因此

$$\angle PGM = \angle PDM = \angle PBC + \angle BPJ$$

$$= \angle PBC + \angle CBJ = \angle PBJ$$

$$= 180° - \angle JGP.$$

所以 J、G、M 共线.

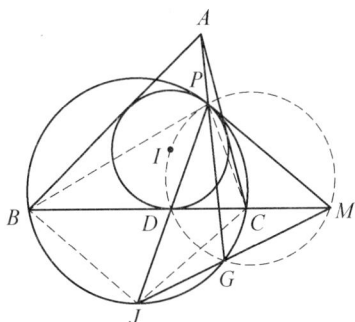 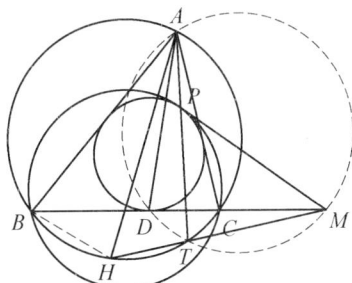

图 23   图 24

性质 10 如图 24，AD 关于 $\angle BAC$ 的等角线交外接圆于 H，AP 交外接圆于 T，过 P 作内切圆的切线交直线 BC 于 M，则 H、T、M 共线.

证明 由性质 1 知 A、D、T、M 共圆. 所以

$$\angle ATM = \angle ADM = \angle ABC + \angle BAD = \angle ABC + \angle CAH$$

$$= \angle ABC + \angle CBH = \angle ABH = 180° - \angle ATH.$$

所以 H、T、M 共线.

推论 4 (字母标记同性质 9 及性质 10)J、G、T、H 共圆.

性质 11 如图 25，ω_1 分别交 AB、AC 异于 B、C 的 B_1、C_1 两点，ω_2 分别交 BC、BA 异于 C、A 的 C_2、A_2 两点，ω_3 分别交 CA、CB 异于 A、B 的 A_3、B_3 两点，直线 B_1C_1、A_2C_2、B_3A_3 分别两两交于 P_1、Q_1、R_1，则 $\triangle P_1Q_1R_1$ 的内心在直线 OI 上.

证明 如图 25，设 $\triangle P_1Q_1R_1$ 的内心为 I'，$I'P_1$、$I'Q_1$、$I'R_1$ 分别与 BC、CA、AB 交于 D_1、E_1、F_1.

易知 $\angle P_1C_2B_3 = \angle BAC = \angle P_1B_3C_2$. 所以 D_1 为 B_3C_2 的中

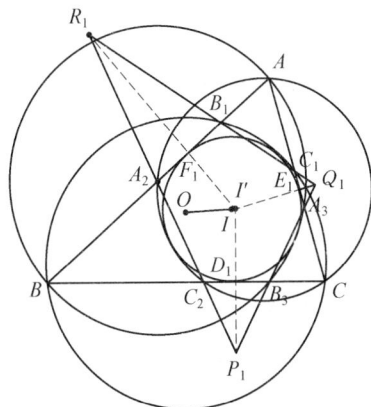

图 25

点,且 $I'P_1 \perp BC$.

同理,E_1 为 C_1A_3 的中点,F_1 为 A_2B_1 的中点,且 $I'Q_1 \perp CA$,$I'R_1 \perp AB$. 由性质 7 知 $AB_1 + BC_2 + CA_3 = AC_1 + BA_2 + CB_3$. 所以

$$AF_1 + BD_1 + CE_1 = AB_1 + BC_2 + CA_3 + \frac{1}{2}C_2B_3 + \frac{1}{2}A_3C_1 + \frac{1}{2}B_1A_2$$

$$= AC_1 + BA_2 + CB_3 + \frac{1}{2}C_2B_3 + \frac{1}{2}A_3C_1 + \frac{1}{2}B_1A_2$$

$$= F_1B + D_1C + E_1A.$$

由引理 19 知 I' 在直线 OI 上. □

(四) 其他性质拾零

性质 12 如图 26,直线 EF、BC 交于 H,直线 AP 交 BC 于 N,$\angle A$ 所对旁切圆与 BC 切于 T,则

$$\frac{DN}{NH} = \frac{DT}{TH}.$$

证明 如图 26,取 DH 中点 M,延长 AN 交 ω_1 于 G. 连结 I_1P、JT、JM、I_1T、PM.

由引理 9 知 P、D、J、I_1 共线,且 J 为 I_1D 中点. 所以 $\angle JTM = \angle JTD = \angle JDT$.

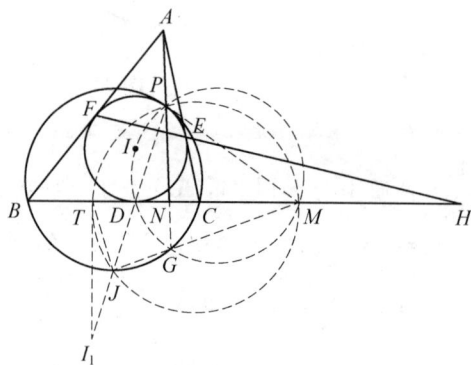

图 26

由性质 1 证明知 $MD = MP$,且 MP 为 ω_1 与内切圆的公切线,所以 $\angle JTM = \angle JDT = \angle PDM = \angle JPM$.

所以 P、T、J、M 四点共圆.

由引理 2 知 P、I、D、G 四点共圆. 且易知 P、I、D、M 四点共圆,所以 P、I、D、G、M 五点共圆.

由性质 9 知 J、G、M 共线. 因此 $\angle JTM = \angle JPM = \angle PDM = \angle PGM$. 故 T、J、G、N 四点共圆. 所以 $MT \cdot MN = MJ \cdot MG = MP^2 = MD^2$.

故 T、D、N、H 为一组调和点列,结论成立. □

性质 13 如图 27,过 P 作内切圆的切线交直线 BC 于 M,直线 AP、AM 交 $\triangle ABC$ 外接圆于 T、S,则 $\triangle DSM$、$\triangle PTM$ 的外接圆半径相等.

证明 如图 27,延长 AP 交 ω_1 于 U,延长 SD 交外接圆于 W,设 AD、WP 交于 H.

易知 $DP \cdot DJ = DC \cdot DB = DW \cdot DS$，所以 P、S、J、W 共圆. 又由性质 9 知 J、U、M 共线，故

$$MS \cdot MA = MB \cdot MC = MP^2 = MU \cdot MJ.$$

以 M 为圆心，MD 为半径的圆为反演圆作反演变换，则 $\triangle ABC$ 的外接圆保持不变，$A \to S$，$J \to U$，P 保持不变，即圆 $(SPWJ)$ 变换为直线 APU. 所以 W 变为 AU 与外接圆的交点，即 $W \to T$. 故 W、T、M 共线.

所以 $PM^2 = MT \cdot MW$，从而 $\angle PTM = \angle WPM$. 由性质 1 知 A、D、T、M 共圆. 因此 $\angle ADM = \angle ATM = \angle PTM = \angle WPM$，即 $\angle HPM = \angle HDM$.

结合 $MD = MP$，易知 H 在 $\angle PMD$ 角平分线上，即在 MI 上. 所以在上述反演变换下直线 AD 变换为 $\triangle DSM$ 的外接圆，直线 PW 变换为 $\triangle PTM$ 的外接圆.

设 $\triangle DSM$、$\triangle PTM$ 的外接圆异于 M 的另一个交点为 G，则 M、H、G 共线. 而 M、G、I 共线，故 G 也在直线 MI 上. 所以 $\triangle GPM \cong \triangle GDM$. 故 $\triangle DSM$、$\triangle PTM$ 的外接圆半径相等. □

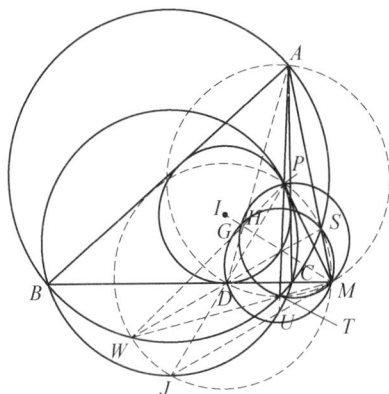

图 27

性质 14 如图 28，$\odot V_1$ 与 ω_1 外切于 G_1，且与 ω_2、ω_3 内切于 G_2、G_3；$\odot V_2$ 与 ω_1 内切于 H_1，且与 ω_2、ω_3 外切于 H_2、H_3，则 G_1H_1、G_2H_2、G_3H_3 共点于 ω_1、ω_2、ω_3 的根心 U.

证明 如图 28，设 ω_1、ω_2、ω_3 的圆心分别为 O_1、O_2、O_3，半径分别为 R_1、R_2、R_3，设直线 G_3G_1 交 O_1O_3 于 M，对 $\triangle V_1O_1O_3$ 及割线 G_3G_1M，由梅涅劳斯定理有

$$\frac{O_3M}{MO_1} \cdot \frac{O_1G_1}{G_1V_1} \cdot \frac{V_1G_3}{G_3O_3} = 1.$$

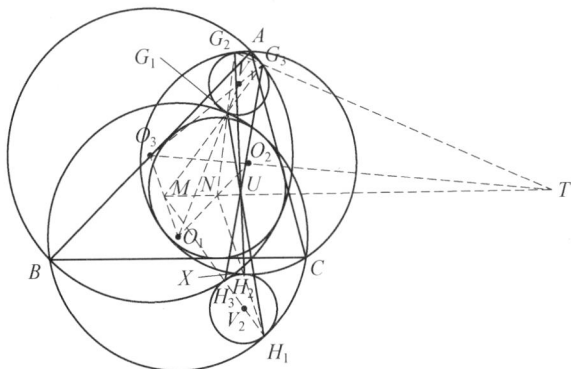

图 28

所以 M 为 ω_1、ω_3 的内位似中心. 同理 H_1H_3 过 ω_1、ω_3 的内位似中心.

同理，直线 G_2G_3、H_2H_3、O_2O_3 共点于 ω_1、ω_3 的外位似中心设为 T，H_1H_2、G_1G_2、O_1O_2 共点于 ω_1、ω_2 的内位似中心设为 N. 又由

$$\frac{O_3T}{TO_2} \cdot \frac{O_2N}{NO_1} \cdot \frac{O_1M}{MO_3} = \frac{R_3}{R_2} \cdot \frac{R_2}{R_1} \cdot \frac{R_1}{R_3} = 1,$$

得 T、M、N 共线.

所以 $\triangle G_1G_2G_3$ 与 $\triangle H_1H_2H_3$ 透视,设透视中心为 U'.

由引理 20 知 G_1、G_3、H_1、H_3;G_1、G_2、H_1、H_2;G_2、G_3、H_2、H_3 分别共圆,因此

$$G_1U' \cdot U'H_1 = G_2U' \cdot U'H_2 = G_3U' \cdot U'H_3.$$

故 U' 对 ω_1、ω_2、ω_3 的幂相等,U' 与 U 重合. □

推论 5 A、G_1、X、H_1 四点共圆.

推论 6 V_1、V_2 过 U.

证明 以 U 为反演中心,U 对 ω_1、ω_2、ω_3 的幂为反演幂作反演变换,则 $\odot V_1$、$\odot V_2$ 互为反形.所以 V_1V_2 过反演中心 U. □

性质 15 如图 29,ω_1 与 AB、AC 交于 G、H,$\triangle BGH$、$\triangle CGH$ 的内心分别为 I'、I'',$\triangle AGH$ 的 $\angle A$ 所对的旁心为 V,$\triangle VI'I''$ 的外心为 T,则直线 OI 平分 TV.

证明 如图 29,设 $\triangle HBC$、$\triangle GBC$ 的内心为 M、N,EF 中点为 S,设 $\triangle SMN$ 的外心为 V'.

由引理 21 知 I'、I'' 在 EF 上;由曼海姆定理知 M、N 为 DE、DF 的中点;由引理 22 知四边形 $MNI'I''$ 为矩形;由引理 23 知 V 为 MN 与 AI 的交点.所以 $\triangle SMN$ 与 $\triangle VI'I''$ 关于线段 SV 的垂直平分线轴对称.故 V' 到 MN 的距离与 T 到 EF 的距离相等,设为 d.

由引理 24 知 OI 为 $\triangle DEF$ 的欧拉线;由九点圆定理知 V' 在直线 OI 上,易知 I 为 $\triangle SMN$ 的垂心.由垂心及外心的性质知 $SI = 2d$.

所以 $TV' = IV$,从而四边形 $TV'VI$ 为平行四边形,故 $V'I$ 平分 TV,即直线 OI 平分 TV. □

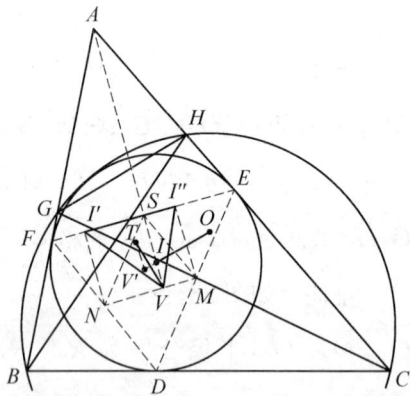

图 29

性质 16 $\triangle XYZ$ 的外接圆为 $\triangle JKL$ 的九点圆.

我们给出该性质的两种证明.第一种是圆幂计算的方法,第二种是纯几何的证明.

证法一 如图 30，设 J、K、L 在 KL、LJ、JK 上的射影为 X_1、Y_1、Z_1.

由性质 4 的证明知 $\triangle I_1 I_2 I_3$、$\triangle JKL$ 位似，位似中心为 U，相似比为 $\dfrac{4R}{2R+r}$. 所以 A、X_1、U 共线，且 $\dfrac{UA}{UX_1} = \dfrac{4R}{2R+r}$.

延长 AU、BU、CU 分别交 $\triangle ABC$ 外接圆于 A_1、B_1、C_1. 结合性质 4 及引理 16 得

$$X_1 U \cdot A_1 U = \frac{2R+r}{4R} \cdot AU \cdot A_1 U$$

$$= \frac{2R+r}{4R} \cdot \frac{2Rr^2(4R+r)}{(2R-r)^2}$$

$$= \frac{r^2(4R+r)(2R+r)}{2(2R-r)^2} = XU \cdot AU.$$

同理

$$Y_1 U \cdot B_1 U = YU \cdot BU, \quad Z_1 U \cdot C_1 U = ZU \cdot CU.$$

这说明 U 为反演中心，U 对 ω_1、ω_2、ω_3 的幂为反演幂作反演变换下，$A \rightarrow X$，$B \rightarrow Y$，$C \rightarrow Z$，$A_1 \rightarrow X_1$，$B_1 \rightarrow Y_1$，$C_1 \rightarrow Z_1$.

而 A、B、C、A_1、B_1、C_1 六点共圆，所以 X、Y、Z、X_1、Y_1、Z_1 六点共圆，即 $\triangle XYZ$ 的外接圆为 $\triangle JKL$ 的九点圆. $\qquad\square$

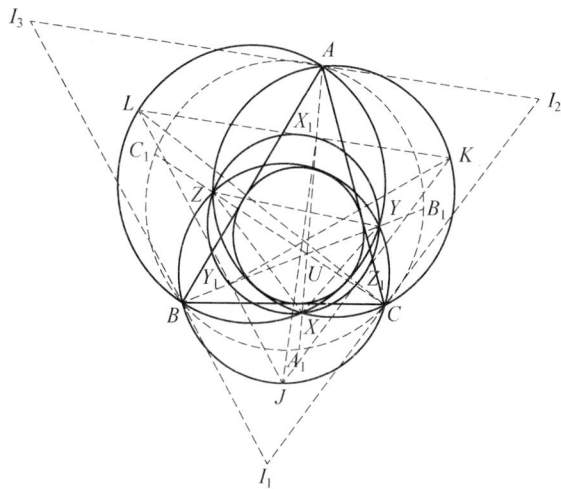

图 30

证法二 如图 31，设直线 ER、FQ 交于 T.

由引理 9 知 EQ、FR 交于 ω_1、ω_2、ω_3 的根心 U；由引理 4 知 T 在 U 关于内切圆的极线上；由性质 2 的证明知 U 关于内切圆的极线为内切圆与外接圆的根轴. 所以 T 对内切圆和外接圆的幂相等，设为 λ.

设 AT 交外接圆于 A_1，则

$$AT \cdot A_1 T = \lambda = TE \cdot TR = TF \cdot TQ.$$

所以 A、E、R、A_1；A、F、Q、A_1 分别四点

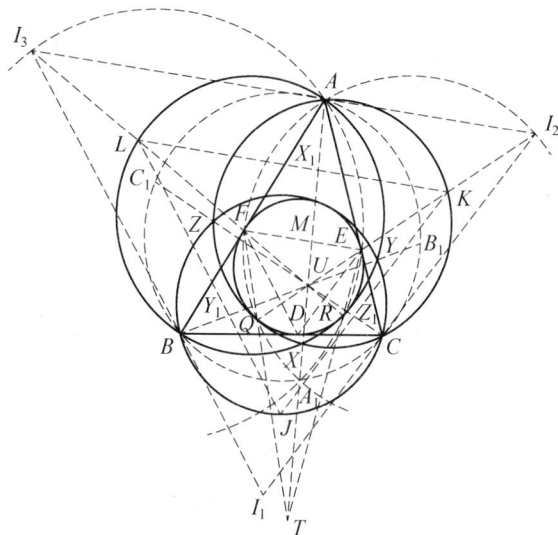

图 31

共圆.

由引理 9 知 $EF /\!/ I_2 I_3$,且 I_2、E、Q 共线. 所以 $\angle EQF = \angle EFA = \angle I_3 AF$,从而 I_2、A、F、Q 四点共圆. 故 I_2、A、F、Q、A_1 五点共圆.

同理 I_3、A、E、R、A_1 五点共圆.

对六边形 $FFQEER$,由帕斯卡(Pascal)定理知 A、U、T 共线. 所以 A、U、X、A_1、T 共线.

设 EF 交 AT 于 M,J、K、L 在 KL、LJ、JK 上的射影为 X_1、Y_1、Z_1.

由引理 6 知 $\triangle I_1 I_2 I_3$、$\triangle DEF$、$\triangle JKL$ 位似,位似中心为 U,且 J、K、L 为 DI_1、EI_2、FI_3 的中点. 所以 A、X_1、U 共线,且 X_1 为 AM 的中点. 故

$$\frac{X_1 U}{UK} = \frac{AU}{UI_2} = \frac{QU}{A_1 U}.$$

因此 $X_1 U \cdot A_1 U = QU \cdot UK = XU \cdot UA$. 同理

$$Y_1 U \cdot B_1 U = YU \cdot UB, \quad Z_1 U \cdot C_1 U = ZU \cdot UC.$$

下面的证明同证法一. □

四、 结语

至此,我们继文[1]之后又进一步得到了三角形伪外接圆的 16 个性质. 在研究的过程中,我们对伪外接圆的圆心的研究仍无新进展,在此希望有兴趣的读者能进一步研究伪外接圆的圆心这个方向,弥补我们的不足.

研究过程中,我们提出了两个猜想,并在几何画板上"验证"了两个猜想,这两个猜想将三角形的伪外接圆与三角形的其他特殊点联系起来,但是由于水平能力有限,我们还未能证明这两个猜想,现将这两个猜想也一并整理出来,期待读者能给出证明.

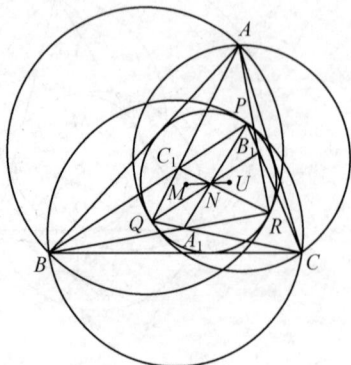

图 32

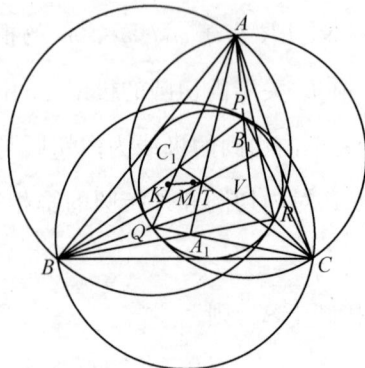

图 33

猜想 1　（字母标记同推论 2）如图 32,设 $\triangle ABC$ 的 Mittonpunkt 点为 M,则 M、N、U 共线.

注:三角形的旁心三角形与中点三角形的透视中心称为三角形的 Mittonpunkt 点.

猜想 2　（字母标记同推论 3）如图 33,设 V 的等角共轭点为 K,则 K、M、T 共线.

参考文献

[1]　黄子宸,卢圣.三角形的伪外接圆[J].数学新星网・学生专栏,2016 - 03 - 03 期.

[2]　约翰逊.近代欧式几何学[M].单墫,译.哈尔滨:哈尔滨工业大学出版社,2012:68,129,130, 14,178.

[3]　曹珏贇,叶中豪.调和四边形及其应用[J].中等数学,2016,no.1,2 - 7.

[4]　杨世明.三角形趣谈[M].哈尔滨:哈尔滨工业大学出版社,2012:59,47.

[5]　贺功保.三角形的六心[M].哈尔滨:哈尔滨工业大学出版社,2015:274.

[6]　田开斌,潘成华,褚小光.关于沢山定理的若干命题[C].中国初等数学研究(2015)卷.哈尔滨:哈尔滨工业大学出版社,2015:86 - 93.

[7]　沈文选,杨清桃.几何瑰宝(上)[M].哈尔滨:哈尔滨工业大学出版社,2010:353.

三角形内切圆的新探索

卢圣

（广西钦州市新兴街 30 号祥和景都 2 栋 2 单元，535000）

三角形内切圆的研究历史悠久，取得了丰硕的成果．近代以来，随着完全四边形、垂极点等近代欧氏几何概念的提出及研究，人类对欧氏几何学的认识也更加深入．但是一直以来，三角形的内切圆与完全四边形、垂极点等内容似乎都是各自独立存在的个体，鲜有对这些内容内在关系的研究．这引起笔者探究的兴趣．笔者经过研究，将完全四边形、垂极点等内容融入到内切圆相关的一些性质中，揭示了内切圆的莱莫恩（Lemoine）线、内外心连线以及费尔巴哈点之间的一些内在关系，获得了一些新性质，现将有关研究结果整理成文供大家参考．

注　（1）由三角形的三个顶点向任一条直线作垂线，则由三个垂足向对边所作垂线交于一点，该点称为这条直线的垂极点[5]．

（2）三角形的莱莫恩线是指三角形的切点三角形与原三角形的透视轴[1]．

（3）三角形的九点圆与内切圆内切，切点称为费尔巴哈点[6]．

一、 符号标记说明

为便于行文，先约定下列字母标记的几何意义：

在 $\triangle ABC$ 中，三边互不相等，点 O、I、H、U 分别表示 $\triangle ABC$ 的外心、内心、垂心及九点圆心，D、E、F 表示内切圆与三边的切点，L、M、N 表示三边中点，X、Y、Z 表示三条高在边上的垂足，W 表示费尔巴哈点，S、R、r 表示面积、外接圆半径及内切圆半径，a、b、c 表示三边长，A、B、C 表示三个内角．

上述字母标记在本文直接使用则按约定的意义理解，文中其他的字母标记以文中当处说明为准．由于这些约定的字母标记在文中多次出现，文中不再一一反复作说明，请读者详察．

二、 系列引理

下面给出的一系列引理，将会在全文的论述中反复使用到，请读者先熟悉．为确保本文论证流畅，在此统一给出这些引理.

引理 1[1]　　$r = 4R \sin\dfrac{A}{2} \sin\dfrac{B}{2} \sin\dfrac{C}{2}$.

引理 2[1]　　$OI^2 = R^2 - 2Rr$.

引理 3[2]　　直线 EF、BC 交于点 P,直线 FD、CA 交于点 Q,直线 DE、AB 交于点 R,则 DP、EQ、FR 的中点三点共线,且该线垂直于 OI.

引理 4[3]　　直线 OI 为 $\triangle DEF$ 的欧拉线.

引理 5[4]　　完全四边形的牛顿线与垂心线垂直.

注　　(1)完全四边形的三条对角线的中点共线,该线称为完全四边形的牛顿线[4];

(2)完全四边形的四个三角形的垂心共线,该线称为完全四边形的垂心线[4].

引理 6[5]　　过三角形的外心的直线的垂极点在三角形的九点圆上.

引理 7[5]　　过三角形的外心的直线上的点关于三角形的垂足三角形的外接圆恒过该线的垂极点.

引理 8[5]　　三角形外接圆上任一弦的两个端点关于三角形的西姆松线交于该弦关于三角形的垂极点.

引理 9[1]　　三角形外接圆上两个对径点关于三角形的西姆松线互相垂直.

引理 10[1]　　三角形外接圆上任一点的西姆松线,平分这点与垂心的连线,且平分点在九点圆上.

引理 11[5]　　一直线关于三角形的垂极点对该线上的点关于三角形的垂足三角形的外接圆的幂相等.

引理 12[1]　　如果一个动点到两个定点的距离比是定值,那么这个点的轨迹是一个圆,圆心与两个定点共线.该圆称为阿波罗尼斯(Apollonius)圆.

引理 13[1]　　到两个定点的距离比为定值的阿波罗尼斯圆必与以两个定点的线段为直径的圆正交.

引理 14　　完全四边形的西姆松线与垂心线位似,位似中心为完全四边形的密克尔(Miquel)点,位似比为 $\dfrac{1}{2}$.

由完全四边形的密克尔定理及引理 10 立即可知引理 14 成立.

三、三角形内切圆的新性质

性质 1

$$WD = 2r\sqrt{\dfrac{R}{R-2r}}\,\sin\dfrac{C-B}{2} = 2r\sin\alpha,$$

$$WE = 2r\sqrt{\frac{R}{R-2r}}\sin\frac{C-A}{2} = 2r\sin\beta,$$

$$WF = 2r\sqrt{\frac{R}{R-2r}}\sin\frac{A-B}{2} = 2r\sin\gamma.$$

其中,α、β、γ 表示 $\angle OIA$、$\angle OIB$、$\angle OIC$.

证明 如图 1,不失一般性,可设 $AB > BC > CA$,得

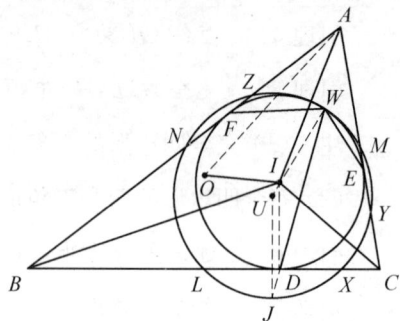

图 1

$$DL = DB - BL = p - b - \frac{1}{2}a = \frac{1}{2}(c-b) = R(\sin C - \sin B)$$

$$= 2R\cos\frac{C+B}{2}\sin\frac{C-B}{2} = 2R\sin\frac{A}{2}\sin\frac{C-B}{2},$$

$$DX = DC - CX = p - c - b\cos C = \frac{1}{2}a - b\cos C - \frac{1}{2}(c-b)$$

$$= \frac{1}{2}(c\cos B - b\cos C) - R(\sin C - \sin B)$$

$$= R(\sin C\cos B - \sin B\cos C) - 2R\sin\frac{A}{2}\sin\frac{C-B}{2}$$

$$= R\sin(C-B) - 2R\sin\frac{A}{2}\sin\frac{C-B}{2}$$

$$= 2R\sin\frac{C-B}{2}\cos\frac{C-B}{2} - 2R\sin\frac{A}{2}\sin\frac{C-B}{2}$$

$$= 2R\sin\frac{C-B}{2}\left(\cos\frac{C-B}{2} - \cos\frac{C+B}{2}\right)$$

$$= 4R\sin\frac{B}{2}\sin\frac{C}{2}\sin\frac{C-B}{2}.$$

所以

$$DL \cdot DX = 8R^2\sin\frac{A}{2}\sin\frac{B}{2}\sin\frac{C}{2}\sin^2\frac{C-B}{2} = 2Rr\sin^2\frac{C-B}{2}.$$

延长 WD 交九点圆于 J. 由费尔巴哈定理知内切圆与九点圆内切于 W. 因此 W 为内切圆与九点圆的外位似中心. 故

$$\frac{WD}{WJ} = \frac{WI}{WU} = \frac{2r}{R}.$$

从而

$$DJ \cdot DW = (WJ - WD)WD = \left(\frac{R}{2r} - 1\right)WD^2 = \frac{R - 2r}{2r}WD^2.$$

又易知 $DL \cdot DX = DJ \cdot DW$，因此

$$2Rr\sin^2\frac{C-B}{2} = \frac{R-2r}{2r}WD^2,$$

即

$$WD = 2r\sqrt{\frac{R}{R-2r}}\sin\frac{C-B}{2}.$$

结合引理 2，得
$$WD = \frac{2Rr}{OI}\sin\frac{C-B}{2}.$$

易知

$$\angle OAI = \frac{1}{2}A - (90° - C) = C - \frac{B}{2} - \frac{C}{2} = \frac{C-B}{2},$$

从而由正弦定理得

$$\frac{OA}{OI} = \frac{\sin\angle OIA}{\sin\angle OAI} = \frac{\sin\alpha}{\sin\angle OAI} = \frac{\sin\alpha}{\sin\dfrac{C-B}{2}}.$$

所以

$$OI = \frac{\sin\dfrac{C-B}{2}}{\sin\alpha}R.$$

故 $WD = 2r\sin\alpha$.

同理得 WE、WF. □

性质 2 $\triangle ABC$ 的莱莫恩线与的三边所组成的完全四边形的垂心线为直线 OI.

证明 如图 2，设 EF、BC 的延长线交于 P，FD、CA 交于 Q，DE、AB 交于 R，则由三角形的莱莫恩线定义知 P、Q、R 都在 $\triangle ABC$ 的莱莫恩线上. 设 PD、QE、RF 的中点为 D_1、E_1、F_1.

由完全四边形的牛顿线定理知 D_1、E_1、F_1 共线，该线用 t 表示.

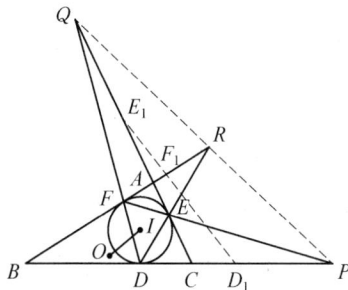

图 2

由引理 3 知 t 与 OI 垂直;由引理 4 知 OI 为 $\triangle DEF$ 的欧拉线;由引理 5 知 t 与完全四边形 $EFQRPD$ 的垂心线垂直.所以 OI 与完全四边形 $EFQRPD$ 的垂心线平行.

又由于 OI 过 $\triangle DEF$ 的垂心,所以 OI 与完全四边形 $EFQRPD$ 的垂心线重合. □

性质 3 直线 OI 与 $\triangle ABC$ 的外接圆交于 J、K 两点,则 J、K 关于 $\triangle ABC$ 的西姆松线与 OI 的交点为内切圆的一条直径的两个端点.

证明 如图 3,由引理 6 知 OI 关于 $\triangle ABC$ 的垂极点(设为 W_1)在九点圆上;由引理 7 知 I 关于 $\triangle ABC$ 的垂足三角形的外接圆(即 $\triangle ABC$ 的内切圆)过点 W_1;由费尔巴哈定理知内切圆与九点圆有唯一的一个交点 W.所以 W_1 与 W 重合,即 OI 关于 $\triangle ABC$ 的垂极点为 W.

由引理 8 及引理 9 知 J、K 关于 $\triangle ABC$ 的西姆松线交于 W 且相互垂直.

设 J 关于 $\triangle ABC$ 的西姆松线与直线 OI 交于 J_1,与 JH 交于 J_2;K 关于 $\triangle ABC$ 的西姆松线与直线 OI 交于 K_1,与 KH 交于 K_2.

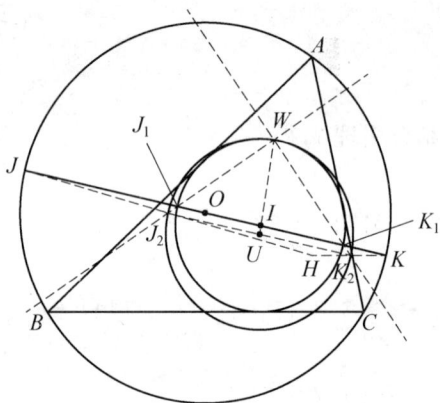

图 3

由引理 10 知 J_2、K_2 为 JH、KH 的中点且都在九点圆上,因此 $J_2K_2 /\!/ J_1K_1$ 且 U 为 J_2K_2 的中点,从而 I 为 J_1K_1 的中点.故 $IJ_1 = IW = IK_1$.

所以 J_1、K_1 在内切圆上且 J_1K_1 为内切圆的直径. □

注 上面的证明顺带证明了 OI 关于 $\triangle ABC$ 的垂极点为 W,这是个重要的性质,在后面的论述中仍要用到.

性质 4 直线 OI 与 BC、CA、AB 交于 A_1、B_1、C_1,则以 AA_1、BB_1、CC_1 为直径的圆同时经过 W 及 $\triangle ABC$ 外接圆上的一点.

证明 如图 4,由性质 3 的证明知直线 OI 的垂极点为 W;由引理 11 知 W 对九点圆(外心关于三角形的垂足三角形的外接圆)和内切圆(内心关于三角形的垂足三角形的外接圆)的幂为零.所以 W 对直线 OI 上的点关于三角形的垂足三角形的外接圆的幂为零.

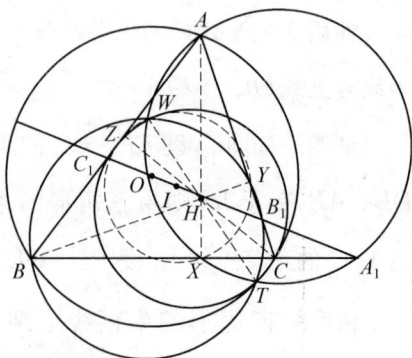

图 4

注意到 A_1 关于三角形的垂足三角形的外接圆是以 AA_1 为直径的圆,所以 W 对 AA_1 为直径的圆的幂等于零,即 W 在 AA_1 为直径的圆上.

同理 W 在 BB_1、CC_1 为直径的圆上.

易知 X、Y、Z 分别在以 AA_1、BB_1、CC_1 为直径的圆上,由垂心性质知 $AH \cdot HX = BH \cdot HY = CH \cdot HZ$,即 H 对以 AA_1、BB_1、CC_1 为直径的圆的幂相等.所以 H 在以 AA_1、BB_1、CC_1 为直径的圆的根轴上.

以 H 为反演中心,$AH \cdot HX$ 为反演幂作反演变换.在该变换下,$X \to A$,$Y \to B$,$Z \to C$,以 AA_1、BB_1、CC_1 为直径的圆保持不变,设 $W \to T$.由于 W 在以 AA_1、BB_1、CC_1 为直径的圆上,所以 T 也在这三个圆上.由费尔巴哈定理知 X、Y、Z、W 共圆,所以 A、B、C、T 四点共圆,即 T 在 $\triangle ABC$ 外接圆上. $\square$

性质 5 $\triangle ABC$ 的莱莫恩线与 $\triangle DEF$ 三边所构成的完全四边形的密克尔点为 $\triangle ABC$ 的费尔巴哈点.

证明 如图 5,不妨设 $BC > AB > CA$,$\triangle ABC$ 的莱莫恩线与 $\triangle DEF$ 三边所构成的完全四边形的密克尔点为 W_1.由完全四边形的密克尔定理得

$$\angle DW_1R = 180° - \angle DQR = \angle FW_1P,$$

$$\angle DRW_1 = \angle DQW_1 = \angle FPW_1.$$

所以 $\triangle W_1DR \backsim \triangle W_1FP$.因此

$$\frac{W_1F}{W_1D} = \frac{PF}{RD}.$$

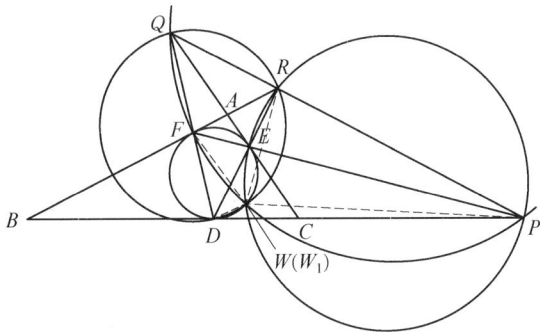

图 5

由正弦定理得

$$\frac{RD}{BD} = \frac{\sin B}{\sin \angle BRD} = \frac{\sin B}{\sin\left(90° - \dfrac{C}{2} - B\right)} = \frac{\sin B}{\sin\left(\dfrac{A}{2} - \dfrac{B}{2}\right)}.$$

同理

$$\frac{PF}{BF} = \frac{\sin B}{\sin\left(\dfrac{C}{2} - \dfrac{B}{2}\right)}.$$

所以

$$\frac{W_1 F}{W_1 D} = \frac{PF}{RD} = \frac{\sin\left(\dfrac{A}{2} - \dfrac{B}{2}\right)}{\sin\left(\dfrac{C}{2} - \dfrac{B}{2}\right)}.$$

同理

$$\frac{W_1 F}{W_1 E} = \frac{\sin\left(\dfrac{A}{2} - \dfrac{B}{2}\right)}{\sin\left(\dfrac{A}{2} - \dfrac{C}{2}\right)}, \quad \frac{W_1 E}{W_1 D} = \frac{\sin\left(\dfrac{A}{2} - \dfrac{C}{2}\right)}{\sin\left(\dfrac{C}{2} - \dfrac{B}{2}\right)}.$$

记

$$\mu_1 = \frac{\sin\left(\dfrac{A}{2} - \dfrac{B}{2}\right)}{\sin\left(\dfrac{A}{2} - \dfrac{C}{2}\right)}, \quad \mu_2 = \frac{\sin\left(\dfrac{A}{2} - \dfrac{B}{2}\right)}{\sin\left(\dfrac{C}{2} - \dfrac{B}{2}\right)}, \quad \mu_3 = \frac{\sin\left(\dfrac{A}{2} - \dfrac{C}{2}\right)}{\sin\left(\dfrac{C}{2} - \dfrac{B}{2}\right)},$$

以 E、F 为端点，μ_1 为定比的阿波罗尼斯圆为 ω_1；以 F、D 为端点，μ_2 为定比的阿波罗尼斯圆为 ω_2；以 D、E 为端点，μ_3 为定比的阿波罗尼斯圆为 ω_3. O_1、O_2、O_3 表示 ω_1、ω_2、ω_3 的圆心.

假设内切圆上存在另外一点 W_2 满足

$$\frac{W_2 F}{W_2 E} = \mu_1, \quad \frac{W_2 F}{W_2 D} = \mu_2, \quad \frac{W_2 E}{W_2 D} = \mu_3.$$

此时 ω_1、ω_2、ω_3 及内切圆都过 W_1、W_2 两点，即四圆共轴. 所以 I、O_1、O_2、O_3 共线.

由引理 13 知 ω_1、ω_2、ω_3 都与内切圆正交. 所以 $\angle IW_1 O_1 = \angle IW_1 O_2 = \angle IW_1 O_3 = 90°$. 这与 I、O_1、O_2、O_3 共线矛盾.

故不存在满足假设条件的点 W_2. 换句话说，内切圆上满足

$$\frac{W_1 F}{W_1 E} = \mu_1, \quad \frac{W_1 F}{W_1 D} = \mu_2, \quad \frac{W_1 E}{W_1 D} = \mu_3$$

的点是唯一的.

由性质 1 知

$$\frac{WF}{WE} = \mu_1, \quad \frac{WF}{WD} = \mu_2, \quad \frac{WE}{WD} = \mu_3.$$

所以 W_1 与 W 重合. $\square$

推论　三角形的费尔巴哈点关于切点三角形的西姆松线与内外心连线平行.

在性质 5 的基础上结合引理 14,该推论显然.

性质 6　三角形的莱莫恩线与三边所组成的完全四边形的密克尔点在莱莫恩线与切点三角形三边所组成的完全四边形的斯坦纳圆上,且该斯坦纳圆的圆心在莱莫恩线上.

注　完全四边形的四个三角形的外心及密克尔点五点共圆,该圆称为完全四边形的斯坦纳圆[7].

为不使图形过于复杂,将证明分成两个部分进行.第一部分先证明圆的圆心在莱莫恩线上,剩余性质作为第二部分证明.

证明　如图 6,设 $\triangle DQR$、$\triangle ERP$、$\triangle FPQ$ 的外心分别为 O_1、O_2、O_3.WP、WQ、WR 分别与 O_2O_3、O_3O_1、O_1O_2 所在直线交于 P_1、Q_1、R_1.

易知 P_1、Q_1、R_1 为 WP、WQ、WR 的中点,且 P_1、Q_1、R_1 共线,该线为 W 关于 $\triangle O_1O_2O_3$ 的西姆松线.所以直线 $P_1Q_1R_1$ 与直线 PQR 位似,W 为位似中心,位似比为 $\dfrac{1}{2}$.

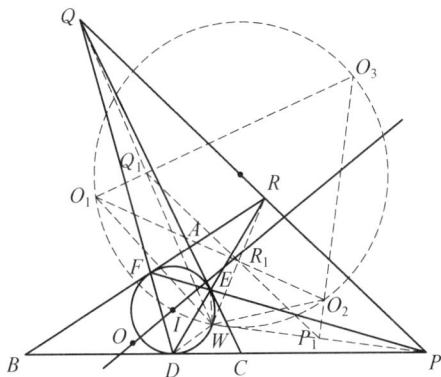

图 6

又易知 P_1、W、Q_1、O_3 四点共圆,因此 $\angle O_1O_3O_2 = 180° - \angle P_1WQ_1 = 180° - \angle PWQ = 180° - \angle PFQ = \angle DFE$. 同理 $\angle O_1O_2O_3 = \angle DEF$. 所以 $\triangle O_1O_2O_3 \backsim \triangle DEF$,设相似比为 λ.

因为 $\angle EDW = \angle RDW = \angle RQW = \angle R_1Q_1W = \angle R_1O_1W = \angle O_2O_1W$,同理可得 $\angle DEW = \angle O_1O_2W$. 所以 $\triangle DEW \backsim \triangle O_1O_2W$,相似中心为 W,相似比为 $\dfrac{DE}{O_1O_2} = \lambda$.

故 $\angle DWO_1 = \angle EWO_2$(设为 θ).

从而,以 W 为旋转位似中心,θ 为旋转角,位似比为 λ 的旋转位似变换下,$D \to O_1$,$E \to O_2$. 记该旋转位似变换为 $\varphi(W, \theta, \lambda)$.

同理,在变换 $\varphi(W, \theta, \lambda)$ 下,$F \to O_3$.

所以在变换 $\varphi(W, \theta, \lambda)$ 下,$\triangle DEF \to \triangle O_1O_2O_3$.

由引理 14 知莱莫恩线 PQR 与切点三角形 DEF 三边所组成的完全四边形的西姆松线(设为 m,为不使图形过于复杂,图中未画出)关于其垂心线(OI)位似,位似中心为 W,位似比为 $\dfrac{1}{2}$.

所以在变换 $\varphi(W,\theta,\lambda)$ 下,直线 $m \to$ 直线 $P_1Q_1R_1$. 从而在变换 $\varphi(W,\theta,\lambda)$ 下,直线 $OI \to$ 直线 PQR.

由引理 4 知直线 OI 为 $\triangle DEF$ 的欧拉线. 所以直线 PQR 为 $\triangle O_1O_2O_3$ 的欧拉线,即莱莫恩线过莱莫恩线与切点三角形三边所组成的完全四边形的斯坦纳圆的圆心.

下面再证明剩余部分.

如图 7,设莱莫恩线与 $\triangle ABC$ 三边所组成的完全四边形的密克尔点为 J,J 关于莱莫恩线的对称点为 J',其余字母标记同第一部分的证明.

由外心性质知

$$\angle QO_1R = 2\angle QDR = 2\left(90° - \frac{A}{2}\right) = 180° - A.$$

又 $\angle QJ'R = \angle QJR = \angle QAR = A$,所以 $\angle QO_1R + \angle QJ'R = 180°$. 故 Q、O_1、R、J' 四点共圆.

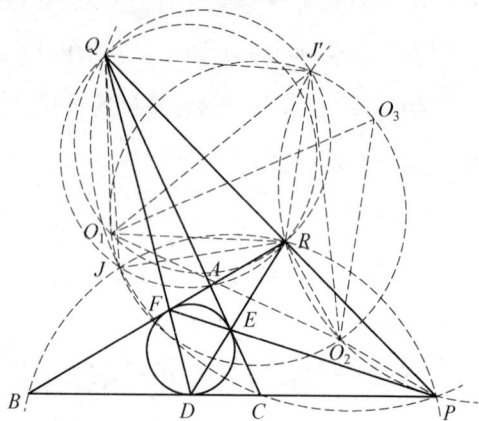
图 7

同理,P、O_2、R、J' 四点共圆. 因此

$$\angle O_1J'O_2 = \angle O_1J'R + \angle RJ'O_2 = \angle O_1QR + \angle RPO_2$$

$$= 90° - \angle QDR + 90° - \angle DEF$$

$$= 90° - \frac{C}{2} = \angle DFE = \angle O_1O_3O_2.$$

所以 O_1、O_2、O_3、J' 四点共圆.

由于莱莫恩线过 $\triangle O_1O_2O_3$ 的外心,故 J' 关于莱莫恩线的对称点 J 在 $\triangle O_1O_2O_3$ 外接圆上. □

性质 7 莱莫恩线分别与 $\triangle ABC$ 三边及 $\triangle DEF$ 三边所组成的完全四边形的斯坦纳圆为 Γ_1、Γ_2,则 Γ_1、Γ_2 的一个交点在直线 OI 上,且该点与费尔巴哈点关于莱莫恩线对称.

证明 如图 8,设 W 关于莱莫恩线的对称点为 T,其余字母标记同性质 6 的证明.

由性质 2 及引理 14 知 T 在直线 OI 上;由性质 6 的证明知莱莫恩线为 $\triangle O_1O_2O_3$ 的欧拉线,从而 W 关

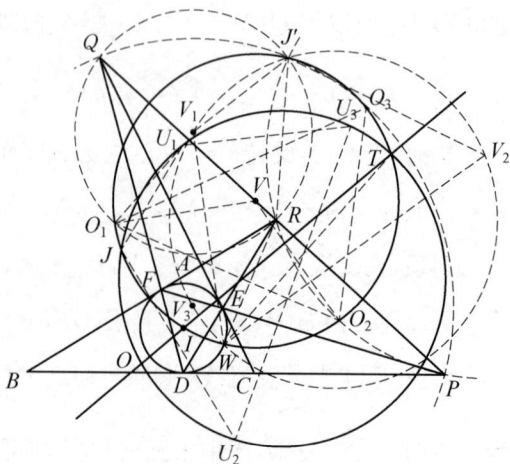
图 8

于莱莫恩线的对称点 T 在 Γ_2 上.

设 $\triangle AQR$、$\triangle BRP$、$\triangle CPQ$ 的外心为 U_1、U_2、U_3.

现以莱莫恩线为对称轴作轴对称变换,则 $W \to T$,$J \to J'$.

设 $U_1 \to V_1$,$U_2 \to V_2$,$U_3 \to V_3$.

由性质 6 的证明知 Q、O_1、R、J' 四点共圆,所以 V_1 为圆 QO_1RJ' 的外心.设 $\triangle O_1O_2O_3$ 的外心(即圆 Γ_2 的圆心)为 V.

易知 $O_1Q = O_1W = O_1R$.所以 $V_1O_1 \perp QR$.从而

$$VW^2 - VV_1^2 = VO_1^2 - VV_1^2 = QO_1^2 - QV_1^2 = WO_1^2 - O_1V_1^2.$$

故 $O_1V \perp WV_1$.

同理 $O_2V \perp WV_2$.因此

$$\angle V_1WV_2 = 180° - \angle O_1VO_2 = 180° - 2\angle O_1O_3O_2$$

$$= 180° - 2\angle DFE = C.$$

由性质 6 的证明知 $\triangle U_1U_3U_2 \backsim \triangle ABC$,结合对称得

$$\angle V_1J'V_2 = \angle U_1JU_2 = 180° - \angle U_1U_3U_2 = 180° - C.$$

所以 $\angle V_1WV_2 + \angle V_1J'V_2 = 180°$.因此 V_1、W、V_2、J' 四点共圆.

同理 V_1、W、V_3、J' 四点共圆.故 V_1、V_2、V_3、W、J' 五点共圆.

由对称知 U_1、U_2、U_3、T、J 五点共圆,即 T 在 Γ_1 上.   □

最后,笔者需要感谢湖北省黄冈中学的李世未同学和北京大学数学科学学院的张鑫垚同学.李世未同学提出了性质 3、性质 7 的证明思路.张鑫垚同学提出了性质 6 部分内容的证明思路.感谢二位同学给予的帮助.

参考文献

[1] 约翰逊.近代欧氏几何学[M].单墫,译.哈尔滨:哈尔滨工业大学出版社,2012:209,130,128,142 - 143,25 - 26.

[2] 2007 年 IMO 中国国家集训队教练组.走向 IMO:数学奥林匹克试题集锦(2007)[M].上海:

华东师范大学出版社,2007:29.

［3］沈文选,杨清桃.几何瑰宝(上)［M］.哈尔滨:哈尔滨工业大学出版社,2010:353.

［4］沈文选,杨清桃.几何瑰宝(下)［M］.哈尔滨:哈尔滨工业大学出版社,2010:470,445,457.

［5］盖拉特雷.近代的三角形几何学［M］.单墫,译.哈尔滨:哈尔滨工业大学出版社,2012:50,52－55.

［6］吴悦辰.三线坐标与三角形特征点［M］.哈尔滨:哈尔滨工业大学出版社,2015:51.

［7］单墫.数学名题词典［M］.南京:江苏教育出版社,2002:441－442.

一个几何问题的复数刻画

曾卫国

（湖南省雅礼中学，410007）

最近，法国路易大帝中学曾靖国同学在文[1]中研究了一个与四点共圆有关的几何问题，证明了如下定理：

定理 已知非直角 $\triangle ABC$ 的三边互不相等，Γ_1 为 $\triangle ABC$ 的外接圆，圆心为 O．H 为 $\triangle ABC$ 的垂心，G 为 Γ_1 上异于 A、B、C 的一点，G 不在直线 AH 上，过 G 作 AG 的垂线与直线 BC 交于 F．过 A、G 作一圆 Γ_2，圆心为 M．Γ_2 交直线 AB 于 A、D 两点，交直线 AC 于 A、E 两点．则 M、D、E、F 四点共圆当且仅当 M 在直线 BC 上或 H 在圆 Γ_2 上.

本文我们给出上述定理的一个复数刻画版本，使证明过程较之纯几何法更为简捷.

如图，设 $\triangle ABC$ 的外心 O 为复平面原点，并且不妨设圆 O 就是单位圆．为了简化计算，对于平面上任意一点 X，直接用 X 记为它所对应的复数．显然 $H = A + B + C$．不妨设 $BC = 1$，即 $B = \overline{C}$.

设 $\triangle ADE$ 的外心为 M，AN 是圆 O 的直径，则 G、N、F 共线．当 M 确定之后，可以算出 D、E、F、G 的表达式.

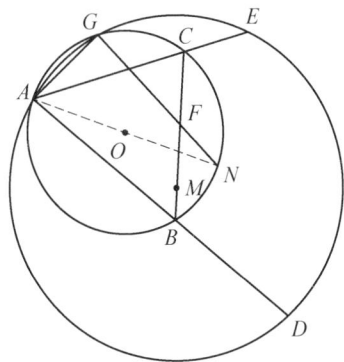

(1) $G = \dfrac{M\overline{A}}{\overline{M}}$.

(2) $D = M + B - AB\overline{M}$，$E = M + C - AC\overline{M}$.

(3) $F = \dfrac{\overline{B} + \overline{C} - \overline{G} - \overline{N}}{\overline{BC} - \overline{GN}} = \dfrac{\overline{B} + \overline{C} + \overline{A} - \overline{G}}{\overline{BC} + \overline{AG}}$

$= \dfrac{\overline{B} + \overline{C} + \overline{A} - \dfrac{\overline{M}}{M}A}{1 + \dfrac{\overline{M}}{M}} = \dfrac{M(\overline{B} + \overline{C} + \overline{A}) - \overline{M}A}{M + \overline{M}}$.

(1)的证明:注意到 OM 是 AG 的中垂线,所以

$$\frac{G}{M}=\frac{\overline{A}}{\overline{M}},$$

故 $G=\dfrac{M\overline{A}}{\overline{M}}$.

(2)的证明:注意到 $\angle MAD=\angle MDA$,所以

$$\frac{M-D}{A-B}=\frac{\overline{M}-\overline{A}}{\overline{B}-\overline{A}},$$

从而解得 $D=M+B-AB\overline{M}$.

同理,$E=M+C-AC\overline{M}$.

(3)的证明:注意到 F、B、C 共线,所以

$$\frac{F-B}{C-B}=\frac{\overline{F}-\overline{B}}{\overline{C}-\overline{B}},$$

整理得 $\overline{BC}F+\overline{F}=\overline{B}+\overline{C}$,同理,$F$、$G$、$N$ 共线,所以 $\overline{GN}F+\overline{F}=\overline{G}+\overline{N}$. 解得

$$F=\frac{\overline{B}+\overline{C}-\overline{G}-\overline{N}}{\overline{BC}-\overline{GN}}=\frac{\overline{B}+\overline{C}+\overline{A}-\overline{G}}{\overline{BC}+\overline{AG}}$$

$$=\frac{\overline{B}+\overline{C}+\overline{A}-\dfrac{\overline{M}}{M}A}{1+\dfrac{\overline{M}}{M}}=\frac{M(\overline{B}+\overline{C}+\overline{A})-\overline{M}A}{M+\overline{M}}.$$

利用(1)、(2)、(3),知 M、D、E、F 共圆当且仅当 $\dfrac{E-M}{D-M}\times\dfrac{D-F}{E-F}\in\mathbf{R}$,而

$$\frac{E-M}{D-M}\times\frac{D-F}{E-F}=\frac{C-AC\overline{M}}{B-AB\overline{M}}\times\frac{D-F}{E-F}$$

$$=\frac{C}{B}\frac{(M+\overline{M})(M+B-AB\overline{M})-M(\overline{A}+\overline{B}+\overline{C})+A\overline{M}}{(M+\overline{M})(M+C-AC\overline{M})-M(\overline{A}+\overline{B}+\overline{C})+A\overline{M}},$$

因此 M、D、E、F 共圆 $\Leftrightarrow\dfrac{E-M}{D-M}\times\dfrac{D-F}{E-F}=\dfrac{\overline{E}-\overline{M}}{\overline{D}-\overline{M}}\times\dfrac{\overline{D}-\overline{F}}{\overline{E}-\overline{F}}$

$$\Leftrightarrow\frac{C}{B}\frac{(M+\overline{M})(M+B-AB\overline{M})-M(\overline{A}+\overline{B}+\overline{C})+A\overline{M}}{(M+\overline{M})(M+C-AC\overline{M})-M(\overline{A}+\overline{B}+\overline{C})+A\overline{M}}$$

$$= \frac{\overline{C}}{\overline{B}} \cdot \frac{(M+\overline{M})(\overline{M}+\overline{B}-AB\overline{M})-\overline{M}(A+B+C)+\overline{A}M}{(M+\overline{M})(\overline{M}+\overline{C}-AC\overline{M})-\overline{M}(A+B+C)+\overline{A}M}.$$

利用 $C = \overline{B} = \dfrac{1}{B}$ 以及 $\overline{C} = B$，上式可以整理得

$$\Leftrightarrow \overline{B}^2 \big[(M+\overline{M})(M+B-AB\overline{M}) - M(\overline{A}+\overline{B}+B) + A\overline{M} \big]$$

$$\big[(M+\overline{M})(\overline{M}+B-\overline{A}BM) - \overline{M}(A+B+\overline{B}) + \overline{A}M \big]$$

$$- B^2 \big[(M+\overline{M})(M+\overline{B}-A\overline{B}\overline{M}) - M(\overline{A}+\overline{B}+B) + A\overline{M} \big]$$

$$\big[(M+\overline{M})(\overline{M}+\overline{B}-\overline{A}\overline{B}M) - \overline{M}(A+B+\overline{B}) + \overline{A}M \big] = 0.$$

即

$$(M - AB\overline{M})(M - A\overline{B}\overline{M})(M+\overline{M}-B-\overline{B})(M+\overline{M}-\overline{A}-A-B-\overline{B}) = 0.$$

上式是直接分解因式得到.

a) 当 $M - AB\overline{M} = 0$ 时，即 $\dfrac{M}{A} = \dfrac{\overline{M}}{\overline{C}}$，$M$ 在 AC 中垂线上，此时 E 与 C 重合，不符合.

b) 当 $M - A\overline{B}\overline{M} = 0$ 时，即 $\dfrac{M}{A} = \dfrac{\overline{M}}{\overline{B}}$，$M$ 在 AB 中垂线上，此时 D 与 B 重合，不符合.

c) 当 $M + \overline{M} - B - \overline{B} = 0$，即 M 在 BC 上，符合.

d) 当 $M + \overline{M} - \overline{A} - A - B - \overline{B} = 0$ 时，即 $M + \overline{M} - \dfrac{\overline{A}+\overline{H}+A+H}{2} = 0$，说明 M 在 AH 中垂线上，$MH = MA$，故 A、D、H、E 共圆.

综上，M、D、E、F 共圆的充要条件是 M 在 BC 上或者 A、D、H、E 共圆.

参考文献

[1] 曾靖国. 一个几何问题的探究[J]. 数学新星网·学生专栏, 2016 - 11 - 07.

2007 年美国数学奥林匹克第六题的简证

金磊

（西安交通大学附属中学，710048）

2007 年美国数学奥林匹克第六题为：

题目 已知 $\triangle ABC$ 内切圆、外接圆为圆 I、圆 O，设圆 O 半径为 R. 过点 A 作圆 P_A、Q_A 均与圆 O 内切于 A 点，且圆 P_A 与圆 I 外切，圆 Q_A 与圆 I 内切. 类似定义 P_B、Q_B、P_C、Q_C. 求证：$8P_AQ_A \cdot P_BQ_B \cdot P_CQ_C \leqslant R^3$，等号成立当且仅当 $\triangle ABC$ 为正三角形[1].

本题是一个以非常困难而著称的题目. 官方提供的证明[1] 要利用反演变换，而且计算非常复杂，其他书籍[2]、[3]、[4]也给出了各种其他的证明，但是都比较繁琐. 下面给出两种新的简洁的证明，第一种是纯几何方法，利用曼海姆定理和位似得到. 第二种是自然而简洁的三角计算方法. 当然最后都用到了简单的均值不等式和琴生不等式.

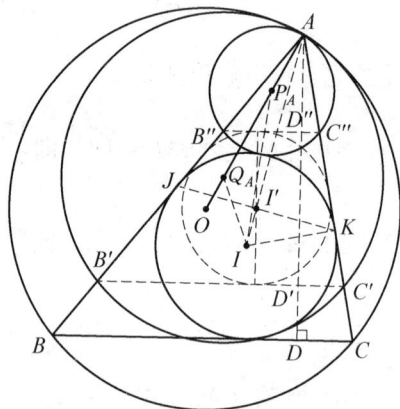

证法一 如图 1，设圆 I、Q_A 半径为 r、x，$\triangle ABC$ 边角依次为 a、b、c，A、B、C；面积为 S.

由对称性不妨设 $C > B$，$R = 1$. 设圆 Q_A、P_A 分别交 AB、AC 于 B'、C' 及 B''、C''.

圆 I 与 AB、AC 切于 J、K，JK 交 AI 于 I'，$AD \perp BC$ 于 D. 则由曼海姆定理知 I' 为 $\triangle AB'C'$ 内心、$\triangle AB''C''$ 的 A -旁心，设此圆半径为 r'. AD 分别与 $B'C'$、$B''C''$ 交于 D'、D''.

显然 $\triangle AB'C'$ 及 $\triangle AB''C''$ 均与 $\triangle ABC$ 位似. 从而得到

$$x = \frac{x}{R} = \frac{AI'}{AI} = \cos^2\frac{A}{2},$$

$$\frac{P_AQ_A}{x} = \frac{P_AQ_A}{AQ_A} = 1 - \frac{AP_A}{AQ_A} = 1 - \frac{AD''}{AD'} = \frac{2r'}{AD'}$$

$$= \frac{2r}{AD} = \frac{4S}{a+b+c} \cdot \frac{a}{2S} = \frac{2a}{a+b+c}.$$

则

$$P_A Q_A = \frac{2ax}{a+b+c} = \frac{2a}{a+b+c}\cos^2\frac{A}{2}.$$

同理可以得到 $P_B Q_B$、$P_C Q_C$. 故

$$8P_A Q_A \cdot P_B Q_B \cdot P_C Q_C = 8\frac{8abc}{(a+b+c)^3}\left(\cos\frac{A}{2}\cos\frac{B}{2}\cos\frac{C}{2}\right)^2$$

$$\leqslant \frac{64abc}{27abc}\left(\frac{\cos\dfrac{A}{2}+\cos\dfrac{B}{2}+\cos\dfrac{C}{2}}{3}\right)^6$$

$$\leqslant \frac{64}{27}\left(\cos\frac{A+B+C}{6}\right)^6 = 1 = R^3.$$

即 $8P_A Q_A \cdot P_B Q_B \cdot P_C Q_C \leqslant R^3$,当且仅当 $\triangle ABC$ 为正三角形时取等号. □

注 曼海姆(Manheim)定理一般叙述为:如图 1,若圆 I 与 $\triangle AB'C'$ 外接圆相内切,且与 AB、AC 切于 J、K,JK 交 AI 于 I',则 I' 为 $\triangle AB'C'$ 内心;对旁心也有类似结论,即圆 I 与 $\triangle AB''C''$ 外接圆相外切,且与 AB、AC 切于 J、K,JK 交 AI 于 I',则 I' 为 $\triangle AB''C''$ 的 A -旁心. 且反之亦然.

曼海姆定理另一种等价叙述为:定点 A 在定圆 O 外,B、C 分别在圆 O 切线 AJ、AK 上,且 BC 与圆 O 切于 D,则 $\triangle ABC$ 的外接圆与某定圆相切,即点 D 运动时,$\triangle ABC$ 的外接圆的包络为圆,显然此时外心轨迹为双曲线.

证法二 设圆 I、Q_A、P_A 半径为 r、x、y,$\triangle ABC$ 边角依次为 a、b、c,A、B、C;面积为 S,由对称性不妨设 $C > B$,$R = 1$,则

$$r = \frac{2S}{a+b+c} = \frac{bc\sin A}{2(\sin A+\sin B+\sin C)}$$

$$= \frac{2\sin A\sin B\sin C}{2\sin\dfrac{A+B}{2}\cos\dfrac{A-B}{2}+2\sin\dfrac{C}{2}\cos\dfrac{C}{2}}$$

$$= \frac{\sin A\sin B\sin C}{2\cos\dfrac{C}{2}\cos\dfrac{A}{2}\cos\dfrac{B}{2}}$$

$$= 4\sin\frac{A}{2}\sin\frac{B}{2}\sin\frac{C}{2}.$$

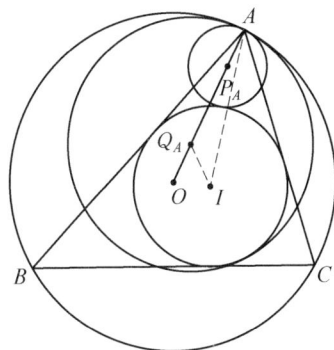

图 2

显然 P_A、Q_A 在 OA 上,则

$$\angle OAI = \angle OAC - \angle CAI = 90° - \angle B - \frac{1}{2}\angle A = \frac{1}{2}(\angle C - \angle B);$$

$$AI = \frac{r}{\sin\dfrac{A}{2}}.$$

由圆 Q_A 与圆 O、I 内切及在 $\triangle AIQ_A$ 中，由余弦定理得：

$$x^2 + \frac{r^2}{\sin^2\dfrac{A}{2}} - 2x\,\frac{r}{\sin\dfrac{A}{2}}\cos\frac{C-B}{2} = (x-r)^2 = x^2 - 2xr + r^2,$$

$$2x\,\frac{\cos\dfrac{C-B}{2} - \sin\dfrac{A}{2}}{\sin\dfrac{A}{2}} = r\cot^2\frac{A}{2},$$

$$x = r\,\frac{\cos^2\dfrac{A}{2}}{4\sin\dfrac{A}{2}\sin\dfrac{B}{2}\sin\dfrac{C}{2}} = \cos^2\frac{A}{2}.$$

同理有

$$y^2 + \frac{r^2}{\sin^2\dfrac{A}{2}} - 2y\,\frac{r}{\sin\dfrac{A}{2}}\cos\frac{C-B}{2} = (y+r)^2 = y^2 + 2yr + r^2,$$

$$y = r\,\frac{\cos^2\dfrac{A}{2}}{4\sin\dfrac{A}{2}\cos\dfrac{B}{2}\cos\dfrac{C}{2}} = \cos^2\frac{A}{2}\tan\frac{B}{2}\tan\frac{C}{2}.$$

从而

$$P_AQ_A = \cos^2\frac{A}{2} - \cos^2\frac{A}{2}\tan\frac{B}{2}\tan\frac{C}{2} = \frac{\sin\dfrac{A}{2}\cos^2\dfrac{A}{2}}{\cos\dfrac{B}{2}\cos\dfrac{C}{2}}.$$

同理

$$P_BQ_B = \frac{\sin\dfrac{B}{2}\cos^2\dfrac{B}{2}}{\cos\dfrac{A}{2}\cos\dfrac{C}{2}},\ P_CQ_C = \frac{\sin\dfrac{C}{2}\cos^2\dfrac{C}{2}}{\cos\dfrac{A}{2}\cos\dfrac{B}{2}}.$$

从而

$$8P_A Q_A \cdot P_B Q_B \cdot P_C Q_C$$

$$= 8 \frac{\sin \dfrac{A}{2} \cos^2 \dfrac{A}{2} \sin \dfrac{B}{2} \cos^2 \dfrac{B}{2} \sin \dfrac{C}{2} \cos^2 \dfrac{C}{2}}{\cos \dfrac{B}{2} \cos \dfrac{C}{2} \cos \dfrac{A}{2} \cos \dfrac{C}{2} \cos \dfrac{A}{2} \cos \dfrac{B}{2}}$$

$$= 8 \sin \dfrac{A}{2} \sin \dfrac{B}{2} \sin \dfrac{C}{2} \leqslant 8 \left(\frac{\sin \dfrac{A}{2} + \sin \dfrac{B}{2} + \sin \dfrac{C}{2}}{3} \right)^3$$

$$\leqslant 8 \sin^3 \frac{A+B+C}{6} = 1 = R^3.$$

即 $8P_A Q_A \cdot P_B Q_B \cdot P_C Q_C \leqslant R^3$，当且仅当 $\triangle ABC$ 为正三角形时取等号. □

注　证法二中得到的恒等式 $P_A Q_A \cdot P_B Q_B \cdot P_C Q_C = \sin \dfrac{A}{2} \sin \dfrac{B}{2} \sin \dfrac{C}{2}$ 还是很漂亮的.

参考文献

［1］2007 年 IMO 中国国家集训队教练组. 走向 IMO：数学奥林匹克试题集锦（2007）［M］. 上海：华东师范大学出版社，2007.

［2］田廷彦. 数学奥林匹克命题人讲座·圆［M］. 上海：上海科技教育出版社，2010.

［3］单墫. 数学竞赛研究教程［M］. 南京：江苏教育出版社，2009.

［4］沈文选，杨清桃. 高中数学竞赛解题策略·几何分册［M］. 杭州：浙江大学出版社，2012.

一道新星几何测试题的探讨

王琛

（浙江省乐清市乐成寄宿中学，325600）

指导教师：羊明亮

2017 年秋季上海新星数学奥林匹克中有这样一道题：

题 1 如图 1，四边形 $ABCD$ 内接于圆 O，且 $AB \cdot CD = BC \cdot AD$. 四边形的对边 AB、CD 交于点 K，对角线 AC、BD 交于点 J（O、J 不重合）. 过点 K 作 OJ 的垂线，分别与直线 BD、AC 交于点 E、F. 以 EF 为直径的圆与线段 OJ 交于点 T. 证明：KT 平分 $\angle ETF$.

该题难度适中，图形蕴含丰富的几何性质，是道较好的几何题.

下文将给出三道与本题在图形上有很大关联的几何题，并由题 3 与题 4 分别给出题 1 的两个证明.

为方便理解，题 2、3、4 及其证明中各点使用的符号均与题 1 保持一致.

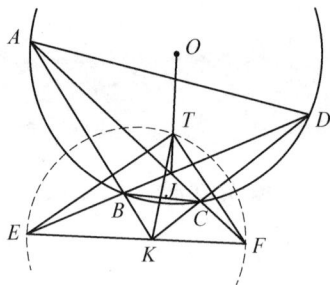

图 1

题 2 在 $\triangle TEF$ 中，已知 $\angle ETF = 90°$，H 为过顶点 T 的高的垂足，设 J 为线段 TH 内部的一点，B 为线段 EJ 上一点，使得 $FB = FT$. C 为线段 FJ 上的一点，使得 $EC = ET$. P 为 EC 与 BF 的交点，证明：$PB = PC$.[1]

（第 53 届 IMO 试题）

证明 如图 2，设 $\triangle JEF$ 的垂心为 O，FJ、EJ 分别交 OE、OF 于点 M、N. 则由 $FJ \perp OE$，$OH \perp EF$ 知 O、M、H、F 四点共圆.

由射影定理，$EC^2 = ET^2 = EH \cdot EF = EM \cdot EO$.

则由射影定理的逆定理知 $\angle ECO = 90°$.

同理，$\angle FBO = 90°$.

又注意到，E、M、N、F 四点共圆，又由射影定理，

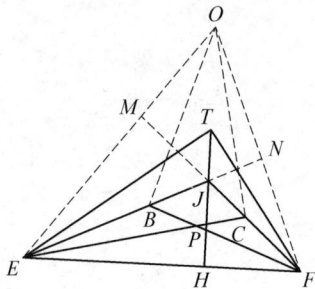

图 2

$$OC^2 = OM \cdot OE = ON \cdot OF = OB^2.$$

故 $OB = OC$. 从而 $\mathrm{Rt}\triangle OBP \cong \mathrm{Rt}\triangle OCP$，因此 $PB = PC$. □

探索题 2 的图形可得题 3.

题 3　已知不等边 $\triangle TEF$ 满足 $\angle ETF = 90°$，$TH \perp EF$，H 为垂足，J 为线段 TH 上的一点，B 为线段 EJ 上的一点，使得 $FB = FT$. C 为线段 FJ 上的一点，使得 $EC = ET$. $\triangle HBC$ 的外接圆与线段 EF 的第二个交点为 K（异于点 H）. 证明：KT 平分 $\angle ETF$.[2]

（2013 美国国家队选拔考试）

证明　如图 3，设 $\triangle JEF$ 的垂心为 O，$\triangle HBC$ 的外接圆与 TH 的第二个交点为 Q（异于点 H）.

同题 2 证明，有 $OB = OC$，$\angle OBF = \angle OCE = 90°$.

又 $OH \perp EF$，故 O、B、H、F 四点共圆. 于是 $\angle BOQ = \angle BFK$；$\angle BQO = 180° - \angle BQH = 180° - \angle BKE = \angle BKF$.

因此 $\triangle BQO \backsim \triangle BKF$.

同理 $\triangle CQO \backsim \triangle CKE$.

从而

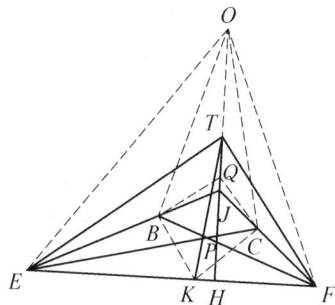

图 3

$$\frac{FK}{FT} = \frac{FK}{FB} = \frac{OQ}{OB} = \frac{OQ}{OC} = \frac{EK}{EC} = \frac{EK}{ET}.$$

即

$$\frac{FK}{EK} = \frac{FT}{ET}.$$

由角平分线定理的逆定理知，KT 平分 $\angle ETF$. □

事实上我们可以发现，题 1 的条件与题 3 的条件是等价的，两题的图形与要证明的结论也一模一样，也就是说，题 1 和题 3 实际上是同一道题!

于是将题 1 转化为题 3，我们得到题 1 的第一个证明.

题 1 证法一　如图 4，由于四边形 $ABCD$ 内接于圆 O，点 J、K 分别为其对角线和对边的交点，故点 J 关于 $\odot O$ 的极线过点 K.

又 $OJ \perp EF$，故直线 EF 即为点 J 关于 $\odot O$ 的极线.

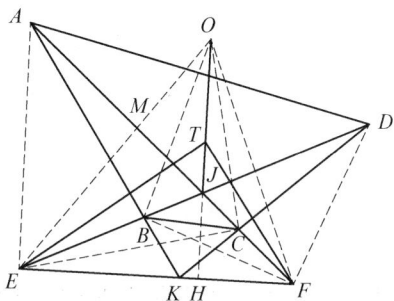

图 4

设直线 AD、BC 交于点 L,则由密克尔点的性质知,OJ 与点 J 关于 $\odot O$ 的极线 EF 的交点 H 为完全四边形 $ABCDKL$ 的密克点.

故 B、C、H、K 四点共圆. $\hspace{6cm}$ (1)

又因为直线 AC 过点 J,由配极定理,$\odot O$ 在点 A 处的切线、在点 C 处的切线及直线 EF 三线共点.

又由 $AB \cdot CD = BC \cdot AD$ 知四边形 $ABCD$ 为调和四边形. 故 $\odot O$ 在点 A 处的切线、在点 C 处的切线以及直线 BD 三线共点.

从而上述三条直线与直线 EF 四线共点,且交点为 E. 于是有 $\angle OCE = 90°$, $OE \perp AC$.

设直线 OE、FA 交于点 M,则 O、M、H、F 四点共圆.

于是由射影定理,$EC^2 = EM \cdot EO = EH \cdot EF = ET^2$. 故 $EC = ET$.

同理, $\hspace{5cm} FB = FT.$ $\hspace{5cm}$ (2)

综合(1)、(2),我们将条件转化为了题 3 的条件.

结合题 3 的证明知题 1 的结论成立. $\hspace{5cm}$ □

依据题 3 中 K 点的不关于 $\angle ETF$ 的性质,可将题 3 改编为题 4.

题 4 在锐角 $\triangle OEF$ 中,以 OE 为直径的圆 Γ_1 分别与边 EF、OF 交于点 H、N. 以 OF 为直径的圆 Γ_2 分别与边 EF、OE 交于点 H、M. EN 的延长线交圆 Γ_2 于点 D,FM 的延长线交圆 Γ_1 于点 A,$\triangle AHD$ 的外接圆交 EF 于点 H、K. 证明:$\triangle MNK$ 的外接圆与直线 EF 相切.

证明 如图 5,设线段 EN、FM 分别与圆 Γ_2、圆 Γ_1 交于点 B、C.

显然,OH、EN、FM 为 $\triangle OEF$ 的三条高. 于是有

$$OM \cdot OE = ON \cdot OF.$$

又 OE、OF 分别为圆 Γ_1、圆 Γ_2 的直径,则由射影定理,

$$OB^2 = ON \cdot OF = OD^2;$$
$$OA^2 = OM \cdot OE = OC^2.$$

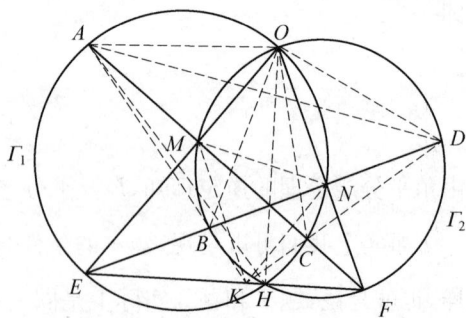

图 5

从而

$$OA = OB = OC = OD.$$

即 A、B、C、D 四点共圆于以 O 为圆心的圆上. 因此

$$\angle ODK = \angle ODA + \angle ADK$$

$$= \left(90° - \frac{1}{2}\angle AOD\right) + \angle AHE$$

$$= 90° - \frac{1}{2}\angle AOD + \frac{1}{2}\angle AOC$$

$$= 90° - \frac{1}{2}\angle DOC$$

$$= \angle ODC.$$

故 K、C、D 三点共线.

同理,K、A、B 三点共线.

则由 A、B、C、D 四点共圆知 $\triangle KAC \backsim \triangle KBD$.

又由 $OE \perp AC$,$OF \perp BD$ 得点 M、N 分别为线段 AC、BD 的中点. 故

$$\triangle KMC \backsim \triangle KNB.$$

所以 $\angle KMC = \angle KNB$,故

$$\angle KME = 90° - \angle KMC = 90° - \angle KNB = \angle KNF.$$

因此

$$\angle KMN = 180° - \angle OMN - \angle EMK$$

$$= 180° - \angle OFE - \angle FNK$$

$$= \angle NKF.$$

故 $\triangle KMN$ 的外接圆与直线 EF 相切.

题 4 的条件与题 1 的条件也是等价的.

模仿题 4 的证明,得到题 1 的另一个证明.

题 1 证法二 如图 6,设 OJ、OE、OF 分别交 EF、AC、BD 于点 H、M、N.

同证法一知,$OE \perp AC$,$OF \perp BD$,且 M、N 分别为线段 AC、BD 的中点.

由于 A、B、C、D 四点共圆,故 $\triangle KAC \backsim \triangle KDB$. 因此 $\triangle KMC \backsim \triangle KNB$. 即 $\angle KMC = \angle KNB$. 从而 $\angle KME = \angle KNF$,于是 $\angle KMN = \angle NKF$. 即 $\triangle KMN$ 的外接圆与 EF 相

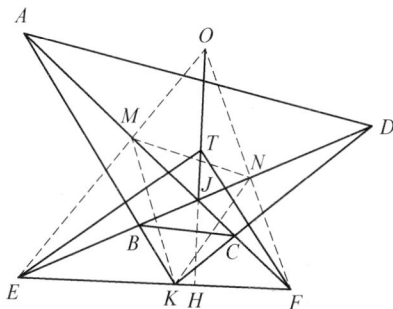

图 6

切.

则由正弦定理及射影定理,

$$\left(\frac{EK}{FK}\right)^2 = \frac{\sin\angle EMK \cdot \dfrac{MK}{\sin\angle MEK}}{\sin\angle FNK \cdot \dfrac{NK}{\sin\angle NFK}} \cdot \frac{\sin\angle EMK \cdot \dfrac{EM}{\sin\angle MKE}}{\sin\angle FNK \cdot \dfrac{FN}{\sin\angle NKF}}$$

$$= \frac{\sin\angle NFK}{\sin\angle MEK} \cdot \left(\frac{MK}{NK} \cdot \frac{\sin\angle NKF}{\sin\angle MKE}\right) \cdot \frac{EM}{FN}$$

$$= \frac{OE}{OF} \cdot 1 \cdot \frac{\cos\angle MEF}{\cos\angle NFE}$$

$$= \frac{EH}{FH} = \left(\frac{ET}{FT}\right)^2,$$

故

$$\frac{EK}{FK} = \frac{ET}{FT}.$$

由角平分线定理的逆定理知 KT 平分 $\angle ETF$. □

需要指出的是,证法一以及证法二(尤其是证法一)并不是自然的,但它们对图形挖掘得比较透彻,并且联系了多个题目,对掌握题 1 的图形是有很大帮助的.

题 1 还有一些不依赖于题 3 及题 4 的证明,这里不再一一给出.

参考文献

[1] 熊斌. 第 53 届 IMO 试题解答[J]. 中等数学,2012.09.

[2] 冯祖鸣,李建泉译. 2013 美国国家队选拔考试[J]. 中等数学,2014.08.

一个图形性质的探索

李博文　　谢金龙

（湖南师范大学附属中学，410008）

指导教师：苏林

一、 从一道新星征解问题谈起

数学新星网问题征解第 10 期有如下一道平面几何题：

问题　已知 $\triangle ABC$ 的内心为 I，B-旁心、C-旁心分别为 I_B、I_C，内切圆在边 BC、CA、AB 上的切点为 D、E、F，旁切圆在线段 BC、CA、AB 上的切点，分别为 D'、E'、F'，$I_B E$ 交 $I_C F$ 于 Q. M 为 QI 的中点. $\angle BAC$ 的角平分线交 BC 于 T. 过 T 作 $TN \perp BC$ 交 ID' 于 N. 证明：$\angle BAN = \angle CAM$.

该问题中"$I_B E$ 与 $I_C F$ 的交点 Q"是一个新出现的几何构型，这引起了笔者研究的兴趣. 下面我们逐步探索这个几何构型的性质.

为便于行文，先约定以下符号的几何意义：

$\triangle ABC$ 中，a、b、c 表示三边长，I、I_A、I_B、I_C 表示内心和三个旁心，D、E、F 表示内切圆与三边的切点. D'、E'、F' 表示三个旁切圆与三边内部的切点，O、O' 表示 $\triangle ABC$、$\triangle I_A I_B I_C$ 的外心.

以上约定的符号及字母，我们将在文中直接使用，不再反复说明. 其余字母标记以文中说明为准.

二、 性质探索

性质 1　$I_A D$、$I_B E$、$I_C F$ 三线共点，且这个点为 $\triangle DEF$ 和 $\triangle I_A I_B I_C$ 的位似中心.

这个性质由 $\triangle DEF$、$\triangle I_A I_B I_C$ 对应边平行即得.

我们设这个点为 Q,该性质在关于点 Q 性质的研究中起到基础性的作用,在文中接下来的论证中将多次用到.

性质 1 的一个直接推论是 Q、I、O 三点共线.

性质 2 $\odot O$ 中 $\overset{\frown}{BAC}$ 的中点为 M,MI 交 BC 于 L,则 A、Q、L 三点共线.

证明 熟知 M 为 $I_B I_C$ 的中点.(如图 1)

又由 $\triangle BIC \backsim \triangle I_C I I_B$ 知 IL 为 $\triangle BIC$ 的陪位中线.因此

$$\frac{BL}{CL} = \frac{BI^2}{CI^2}.$$

设 AL 交 EF 于 P,则有

$$\frac{FP}{EP} = \frac{\sin\angle FAP}{\sin\angle EAP} = \frac{\sin\angle BAL}{\sin\angle CAL} = \frac{BL\sin\angle ABC}{CL\sin\angle ACB}$$

$$= \frac{BI^2}{CI^2} \cdot \frac{AC}{AB} = \frac{BI}{CI} \cdot \frac{\sin\angle AIC}{\sin\angle IAC} \cdot \frac{\sin\angle IAB}{\sin\angle AIB}$$

$$= \frac{BI}{CI} \cdot \frac{\cos\angle ABI}{\cos\angle ACI}$$

$$= \frac{BF}{CE} = \frac{AF'}{AE'} = \frac{AF'}{\cos\angle FAI_C} \cdot \frac{\cos\angle E'AI_B}{AE'} = \frac{AI_C}{AI_B}.$$

设 AQ 交 EF 于 P',则由性质 1 有 $\dfrac{FP'}{EP'} = \dfrac{AI_C}{AI_B}$.

因此 $P \equiv P'$,则 A、Q、L 共线. $\square$

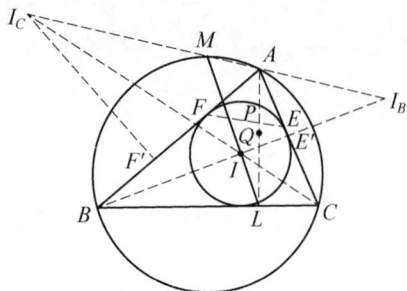

图 1

性质 3 设边 BC、AC、AB 的中点分别为 M_A、M_B、M_C,则 $I_A M_A$、$I_B M_B$、$I_C M_C$ 三线共点,且这个点为点 Q 关于 $\triangle ABC$ 的等角共轭点.

证明 如图 2,易知 $\triangle ABC$ 为 $\triangle I_A I_B I_C$ 的垂足三角形,所以 $\triangle I_A BC$、$\triangle I_A I_B I_C$ 关于 I_A 反向位似.因此,$I_A M_A$ 为 $\triangle I_A I_B I_C$ 的 I_A-陪位中线.

同理,$I_B M_B$、$I_C M_C$ 也是 $\triangle I_A I_B I_C$ 的陪位中线.

所以 $I_A M_A$、$I_B M_B$、$I_C M_C$ 三线共点,且这个点为 $\triangle I_A I_B I_C$ 的陪

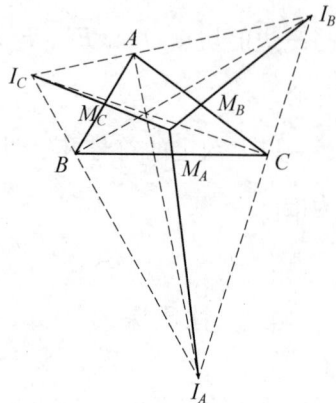

图 2

位重心.

如图 3,过 I_C 作平行于 AB 的直线,过 I_B 作平行于 AC 的直线,两直线交于点 A'. 类似地定义点 B'、C'.

由性质 1 知 $\triangle I_A I_B I_C$ 的外接圆为 $\triangle A'B'C'$ 的内切圆,故 $A'I_C = A'I_B$, $B'I_C = B'I_A$, $C'I_B = C'I_A$.

熟知 $A'I_A$、$B'I_B$、$C'I_C$ 共点,记这个点为 I'.

则完全四边形 $A'I_C B'I'C'I_B$ 的对角线 $A'I'$ 被另两条对角线调和分割,设 AI_A 交 $I_B I_C$ 于 K,则 A'、I'、K、I_A 成调和点列.

另一方面,I' 即为 $\triangle I_A I_B I_C$ 的陪位重心. 由于 A'、I'、K、I_A 成调和点列,而 $\angle I_A AK = 90°$,所以 $\angle A'AK = \angle I'AK$,而

$$\angle A'AK = \angle I'AC + \angle I_B AC = \angle I'AC + \angle I_B I_A I_C.$$

$$\angle A'AK = \angle I_C A'A + \angle A'I_C A = \angle I_C A'A + \angle I_C I_A I_B.$$

因此 $\angle I_C A'A = \angle I'AC$.

由性质 1,Q、A、A' 共线. 而 $AF \parallel I_C A'$,所以 $\angle FAQ = \angle I_C A'A = \angle I'AC$.

对点 B、点 C,同理有类似的结论.

所以 Q、I' 是 $\triangle ABC$ 的一组等角共轭点.

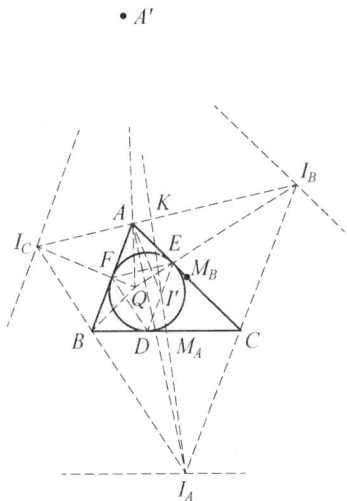

图 3

性质 4　字母标记同性质 3. 设 G 为 $\triangle ABC$ 重心,J 为 $\triangle ABC$ 的热尔戈纳(Gergonne)点. 则 Q、G、J、I' 四点共线.

证明　如图 4,由性质 1 知 Q 也是 $\triangle ABC$ 和 $\triangle A'B'C'$ 的位似中心,而 J、I' 分别是 $\triangle ABC$、$\triangle A'B'C'$ 的热尔戈纳点. 所以 Q、J、I' 共线.

注意到重心 G 是 $\triangle ABC$ 和 $\triangle M_A M_B M_C$ 的位似中心,由性质 3 的证明知 $AJ \parallel M_A I'$, $BJ \parallel M_B I'$, $CJ \parallel M_C I'$.

所以 J、I' 为 $\triangle ABC$、$\triangle M_A M_B M_C$ 的一组对应点,因此 JI' 过位似中心 G. 从而 Q、J、G、I' 四点共线.

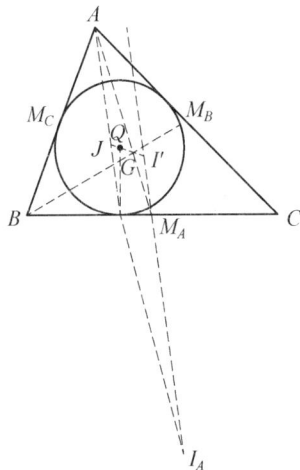

图 4

三、另一个想法

鉴于题目中出现了旁切圆的切点,于是笔者思考:是否形如 AD' 的三条线段也有一些相应的

结论?

我们首先给出奈格尔(Nagel)点的定义:AD'、BE'、CF'三线所共的点即为△ABC的奈格尔点.

在这里,三线共点是熟知的,我们不再给出证明.下面我们约定点N即为奈格尔点.

我们给出如下两条性质:

性质 5 N、G、I共线(点G的定义同上).

证明 我们只需证明I为△$M_AM_BM_C$的奈格尔点,由位似即得命题成立.

如图5,连结AD交M_BM_C于D''.我们只需证明M_A、I、D''共线.由对称性可知另外两组共线.注意到M_AD''∥AD',由位似即得结论成立.

设AI交BC于点T.由梅涅劳斯(Menelaus)定理之逆,只需

$$\frac{AD''}{D''D}\cdot\frac{DM_A}{M_AT}\cdot\frac{TI}{IA}=1.$$

注意到,$D''A=D''D$.所以只需证明$\dfrac{M_AD}{M_AT}=\dfrac{AI}{IT}$.

由I为内心知$\dfrac{AI}{IT}=\dfrac{AC}{CT}$,$\dfrac{BT}{CT}=\dfrac{AB}{AC}$,又$BT+CT=BC$.所以

$$BT=\frac{AB\cdot BC}{AB+AC},$$

$$CT=\frac{AC\cdot BC}{AB+AC},$$

从而$\dfrac{AC}{CT}=\dfrac{AB+AC}{BC}$.而$CD=\dfrac{BC+AC-AB}{2}$,$CM_A=\dfrac{BC}{2}$.所以

$$M_AD=\frac{AB-AC}{2},$$

$$M_AT=\frac{BC}{2}-\frac{AC\cdot BC}{AB+AC}=\frac{(AB-AC)BC}{2(AB+AC)}.$$

从而

$$\frac{M_AD}{M_AT}=\frac{AB+AC}{BC}=\frac{AI}{IT},$$

即M_A、I、D''共线,故原命题得证.

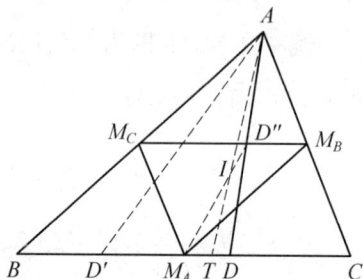

性质 6　点 N 关于 $\triangle ABC$ 的等角共轭点是外接圆与内切圆的外位似中心.

证明　如图 6,作 $\triangle ABC$ 外接圆 $\odot O$,$\angle A$ 内的伪内切圆(与 AB、AC、$\odot O$ 均相切,且在 $\odot O$ 内部的圆)与 $\odot O$ 切于 S.$\odot O$ 上 $\overgroup{BAC}$ 中点为 P,$\overgroup{BC}$(不含 A)中点为 M,DI 交 AD' 于 R.

熟知 DR 为内切圆 $\odot I$ 的直径,而 PM 为 $\odot O$ 直径,$PM /\!/ RD$. 所以 PR 与 MD 的交点 K 即为 $\odot O$ 与 $\odot I$ 的外位似中心.

由三位似中心定理,A、K、S 三点共线.

我们只需证明 $\angle BAD' = \angle CAS$,由对称性可得另外两组等角线,即得命题成立.

设 $\angle A$ 内伪内切圆与 AB、AC 分别切于 X、Y.(如图 7)

由曼海姆定理知,I 为 XY 中点,延长 SX、SY 交 $\odot O$ 于 R_C、R_B.

由位似知 $\overgroup{AR_C} = \overgroup{BR_C}$,$\overgroup{AR_B} = \overgroup{CR_B}$. 且 SI 过 $R_B R_C$ 的中点.

另一方面,由熟知结论,$R_C I = R_C A$,$R_B I = R_B A$. 又

$$\overgroup{AR_C} = \frac{\overgroup{AB}}{2} = \frac{\overgroup{AB} - \overgroup{AC}}{2} + \frac{\overgroup{AC}}{2} = \overgroup{PR_B},$$

所以 $PR_B = AR_C = R_C I$.

同理 $R_B I = PR_C$.

因此 $PR_B IR_C$ 为平行四边形,所以 PI 过 $R_B R_C$ 中点,即得 P、I、S 共线.

由欧拉公式得 $2Rr = PI \cdot IS$,即 $PM \cdot ID = PI \cdot IS$,又 $\angle MPI = \angle DIS$,所以 $\triangle MPI \backsim \triangle SID$,$\angle ISD = \angle IMP = \angle ISA$. 所以有 $\angle DSC = \angle ASB$.

又因为 $\angle BAS = \angle DCS$,所以 $\triangle BSA \backsim \triangle DSC$.

从而 $\dfrac{BA}{AS} = \dfrac{DC}{CS}$. 又熟知 $CD = BD'$,所以 $\dfrac{BA}{AS} = \dfrac{BD'}{CS}$.

又 $\angle ABD' = \angle ASC$,故 $\triangle ABD' \backsim \triangle ASC$.

故 $\angle BAD' = \angle CAS$. 原命题得证.

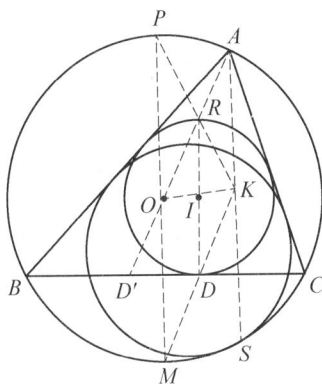

图 6

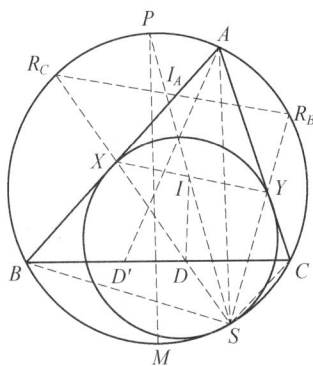

图 7

四、 结论

至此,我们得到了六个美妙的性质.鉴于水平有限,不足及遗漏在所难免.我们相信关于这两个点还有许多更加美妙的性质有待发现.也期待大家挖掘出更多优美的性质.

最后,笔者给出两个问题.有兴趣的读者可以参考上面的性质给予解答.

问题 1 如图 8,已知 $\odot I$ 为 $\triangle ABC$ 的内切圆,D、E、F 为内切圆在边 BC、AC、AB 边上切点. O 为外心,OI 交 BC 于 K,过 D 作垂直于 EF 的直线交 EF、AK 于 G、H.证明:$DG = GH$.

问题 2 如图 9,已知 I、I_B、I_C 是 $\triangle ABC$ 的内心、B -旁心、C -旁心,BI、CI 分别交边 AC、AB 于 E、F,P、Q 为 AC、AB 的中点.$I_B P$ 交 $I_C Q$ 于 J,M 为 $\triangle ABC$ 外接圆上 $\overparen{BAC}$ 中点.证明:AJ、MI、EF 三线共点.

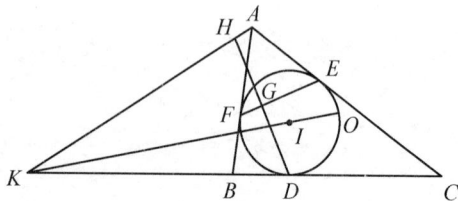

图 8

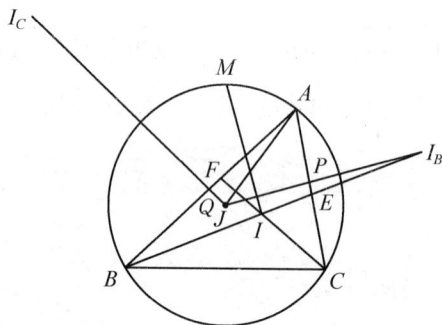

图 9

五、竞赛新视野

模 p 特征与 Polya-Vinogradov 不等式

张瑞祥

（普林斯顿大学, *snowingpku@gmail.com*）

对于奇素数 p, 我们知道由二次剩余定义的勒让德 (Legendre) 符号:

$$\left(\frac{n}{p}\right)=\begin{cases} 0, & p \mid n; \\ 1, & \exists m \text{ 使得 } m^2 \equiv n(\bmod p); \\ -1, & \text{否则} \end{cases}$$

是一个非常神奇的函数. 著名的二次互反律告诉我们它有一个很不平凡的性质, 而关于它的其他性质则不那么容易了. 例如, 如果我们取模 p 的最小正二次非剩余, 它会是多大呢? 能不能给出一个不平凡的上界?

一个办法是对任意正整数 $n < p$, 考虑如下的和:

$$T(n) = \sum_{k=1}^{n} \left(\frac{k}{p}\right).$$

显然, 若 $T(n) < n$, 则模 p 的最小正二次非剩余 $\leqslant n$, 反之亦然.

那么如何估计 $T(n)$ 的大小呢? 今天我们要讨论的波利亚-维诺格拉多夫 (Polya-Vinogradov) 不等式告诉我们, 引入复数对估计这个实值函数竟然是有帮助的!

为此我们作一些准备工作, 引入 $\{1, \cdots, p\}$ 上的 p 个复值函数 χ_j, $1 \leqslant j \leqslant p$. 它们称为模 p 的 (加性) 特征.

定义 1 设 p 为素数, 特征 $\chi_j (1 \leqslant j \leqslant p)$ 定义为从 $\{1, \cdots, p\}$ 到 $\mathbf{C}$ 的函数:

$$\chi_j(k) = \mathrm{e}^{\frac{2\pi \mathrm{i} j k}{p}}, \quad 1 \leqslant j \leqslant p, \ 1 \leqslant k \leqslant p.$$

这里 i 是虚数单位.

定义 2　定义高斯(Gauss)和：$S_j = \sum\limits_{k=1}^{p} \chi_j(k) \cdot \left(\dfrac{k}{p}\right)$，$1 \leqslant j \leqslant p$.

对于高斯和 S_j，我们有很好的估计，这也是我们估计 $T(n)$ 的方法的核心.

引理　$S_p = 0$；$|S_j| = \sqrt{p}$，$1 \leqslant j < p$.

证明

$$\sum_{j=1}^{p} |S_j|^2 = \sum_{j=1}^{p} \left| \sum_{k=1}^{p} \mathrm{e}^{\frac{2\pi ijk}{p}} \left(\frac{k}{p}\right) \right|^2$$

$$= \sum_{j=1}^{p} \left(\sum_{k=1}^{p} \mathrm{e}^{\frac{2\pi ijk}{p}} \left(\frac{k}{p}\right) \right) \left(\sum_{l=1}^{p} \mathrm{e}^{-\frac{2\pi ijl}{p}} \left(\frac{l}{p}\right) \right)$$

$$= \sum_{1 \leqslant k, \, l \leqslant p} \left(\frac{k}{p}\right) \left(\frac{l}{p}\right) \sum_{j=1}^{p} \mathrm{e}^{\frac{2\pi i(k-l)j}{p}} \tag{1}$$

$$= \sum_{1 \leqslant k \leqslant p} p \left(\frac{k}{p}\right)^2 \quad (\text{等比数列求和多数时候为 } 0)$$

$$= p^2 - p.$$

又显然 $S_p = 0$，对于 $1 \leqslant j < p$，

$$S_j = \left(\sum_{k=1}^{p} \mathrm{e}^{\frac{2\pi ijk}{p}} \left(\frac{jk}{p}\right) \right) \left(\frac{j}{p}\right) = S_1 \cdot \left(\frac{j}{p}\right).$$

故对任意 $1 \leqslant j < p$，有 $|S_j| = |S_1|$. 因此由(1)必有

$$|S_1| = |S_2| = \cdots = |S_{p-1}| = \sqrt{p}. \qquad \square$$

我们现在设法使 $T(n)$ 被诸 $S_j (1 \leqslant j \leqslant p)$ 表出. 如果复数 $\lambda_1 = \lambda_1(n)$，$\cdots$，$\lambda_p = \lambda_p(n)$ 使得方程组

$$\begin{cases} \sum\limits_{j=1}^{p} \lambda_j \chi_j(k) = 1, \ 1 \leqslant k \leqslant n; \\ \sum\limits_{j=1}^{p} \lambda_j \chi_j(k) = 0, \ n < k \leqslant p \end{cases} \tag{2}$$

成立，则

$$T(n) = \sum_{k=1}^{p} \left(\frac{k}{p}\right) \sum_{j=1}^{p} \lambda_j \chi_j(k)$$

$$= \sum_{j=1}^{p} \lambda_j \sum_{k=1}^{p} \chi_j(k) \left(\frac{k}{p}\right) = \sum_{j=1}^{p} \lambda_j S_j.$$

从而由引理,

$$| T(n) | \leqslant \sqrt{p} \sum_{j=1}^{p-1} | \lambda_j |. \tag{3}$$

现在估计 $|\lambda_j|$,我们希望用消元法从(2)中反解出 λ_j.考虑

$$
\begin{aligned}
\Big| \sum_{k=1}^{n} \overline{\chi_{j_0}(k)} \Big| &= \Big| \sum_{k=1}^{p} \overline{\chi_{j_0}(k)} \sum_{j=1}^{p} \lambda_j \chi_j(k) \Big| \\
&= \Big| \sum_{j=1}^{p} \lambda_j \sum_{k=1}^{p} \overline{\chi_{j_0}(k)} \chi_j(k) \Big| \\
&= \Big| \sum_{j=1}^{p} \lambda_j \sum_{k=1}^{p} \mathrm{e}^{2\pi i k (j-j_0)} \Big| \\
&= | p \lambda_{j_0} |.
\end{aligned}
\tag{4}
$$

(注.不难检验这样反解出的 $\{\lambda_j\}$ 确实是(2)的解,证明留给读者.)

而由等比数列求和,当 $j_0 \neq p$ 时上式左端 $\leqslant \max\left\{\dfrac{C_1 p}{j_0}, \dfrac{C_1 p}{p-j_0}\right\}$.其中 C_1 是正常数(细节请读者自行补出).故

$$| \lambda_{j_0} | \leqslant \max\left\{\frac{C_1}{j_0}, \frac{C_1}{p-j_0}\right\}. \tag{5}$$

代入(3),熟知调和级数的部分和是 $\log$ 级别大小,我们知存在正常数 C_2 使得 $| T(n) | \leqslant C_2 \sqrt{p} \log p$.我们得到了数论中 Polya-Vinogradov 不等式的一个最简单情形.

因此当 $n > C_2 \sqrt{p} \log p$ 时,$| T(n) | < n$.这样,我们就知道模 p 的最小二次非剩余至多大约是 $p^{\frac{1}{2}+\varepsilon}$ 量级的($\varepsilon > 0$ 任意小).

最后要说明的是:这里我们"解方程"的过程用到了线性代数中"标准正交基"的性质.适当乘以一个数后,(加性)特征构成一组标准正交基,给了我们很好的代数结构(见引理及(4)式),才使得我们的证明得以成立.(5)式的估计是所谓"傅立叶(Fourier)系数"的估计.有兴趣的同学可以查阅相关文献.

我们估计部分和 $T(n)$ 的技巧称为"补全求和":既然对于 $\left(\dfrac{k}{p}\right)$ 的部分和我们不好估计,那么就设法把它转化为在整段 $1-p$ 上的求和(高斯和),从而利用高斯和的结构性估计达到目的.

我们得到的指标 $\dfrac{1}{2}+\varepsilon$ 很不平凡,但它也不是最好的.维诺格拉多夫曾将此指标降到 $\dfrac{1}{4\sqrt{\mathrm{e}}}+\varepsilon$.我们猜想它可被改进为任意 $\varepsilon > 0$.但这个问题很难,目前大家还找不到办法证明它.

Szemerédi-Trotter 定理与多项式方法

张瑞祥

（普林斯顿大学，snowingpku@gmail.com）

说到平面上的组合几何，你可能很容易想到它的两个最基本的元素——点和直线. 然而你也许不知道，点和直线的关系中可以挖掘出一个很深刻的定理，这就是我们今天要介绍的 Szemerédi-Trotter 定理.

定理 1(Szemerédi-Trotter)　平面上有有限点集 P 和有限直线集 L，若 $p \in P$ 在 $l \in L$ 上，就称 (p, l) 是一个"关联"，所有关联的集合记为 $I(P, L)$. 则存在与 P、L 无关的常数 C，使得

$$| I(P, L) | \leqslant C(| P |^{\frac{2}{3}} | L |^{\frac{2}{3}} + | P | + | L |). \tag{1}$$

(1)式是非常不平凡的. 根据乘法原理，关联总数 $| I(P, L) | \leqslant | P | | L |$. 但稍一想我们便知 $| P | | L |$ 是达不到的：两点只能同在一条直线上！当 $| P |$ 与 $| L |$ 相近时，(1)式右边是 $| P |^{\frac{4}{3}}$ 量级，比我们的"平凡估计" $| P |^2$ 量级省了很多.

我们介绍定理 1 的一个证明. 这个证明中有一个十分有趣的方法，它就是在当代关联几何领域大放异彩的"多项式方法". 这里说的关联几何，是组合几何的一个重要分支. 它重点研究点、线等基本几何元素的"关联度"最好能是什么样子. 不难看出，定理 1 给出了任意多个点与任意多条线的"关联度"的一个非平凡上界.

现在我们设法证明定理 1. 对于 $I(P, L)$，我们能说些什么呢？ 如果 $l \in L$ 过 P 中 $p_l \geqslant 2$ 个点，则 L 上的点对至少有 $\binom{p_l}{2} \geqslant p_l$ 个. 如果 l 只过 P 中至多一个点，则所有这样的 l 产生的关联数至多为 $| L |$. 由于总的点对数只有 $\binom{| P |}{2} < | P |^2$，我们可得"平凡估计"：

$$| I(P, L) | \leqslant | P |^2 + | L |. \tag{2}$$

对偶地，我们可由"两条线至多交于一点"得

$$| I(P, L) | \leqslant | L |^2 + | P |. \tag{3}$$

但 (2) 与 (3) 离 (1) 还相去甚远. 这时, 就该我们的多项式方法出场了. 说起多项式方法, 其实大家对其精神也许并不陌生, 这个方法的核心只有两步:

1) 构造一个多项式;

2) 利用多项式来研究原问题.

如果大家还记得 2007 年 IMO 第 6 题, 那里便是用的这种方法.

用多项式方法来解决定理 1 的好处在于: 如下 Stone-Tukey 定理保证了我们可以很有效地用多项式的零点集对平面进行分割.

定理 2(Stone-Tukey)　对平面上任意点集 P 和任意正整数 d, 存在一个次数不超过 d 的非零多项式 Q, 使得 Q 的零点集至多将平面分割成 Cd^2 部分, 每部分内部 (不含边界) 至多有 $C \dfrac{| P |}{d^2}$ 个点. 其中 C 是一个与 P、d 无关的常数.

注　定理 2 的证明超出了初等数学的范围, 我们在此承认它.

定理 2 告诉我们, 一个 d 次的多项式的零点集可以把任意一个平面点集均匀分成大约 d^2 份. 实践证明, 这是一个非常有效的划分!

利用定理 2, 我们来证明定理 1.

定理 1 的证明　我们对 $|L|$ 归纳证明:

$$| I(P, L) | \leqslant C_0 (| P |^{\frac{2}{3}} | L |^{\frac{2}{3}} + | P | + | L |). \tag{4}$$

这里 C_0 是一个待定的常数.

当 $| L | = 1$ 时, $| I(P, L) | \leqslant | P |$, 因此只要 $C_0 \geqslant 1$, (4) 就成立.

假设 (4) 对 $| L | < t (t \geqslant 2)$ 成立. 现考虑 $| L | = t$ 的情形.

如果 $| L | \geqslant \dfrac{| P |^2}{1000}$, 则由 (2) 得

$$| I(P, L) | \leqslant 1001 | L |.$$

故只要 $C_0 > 1001$, (4) 便成立.

以下假设 $| L | < \dfrac{| P |^2}{1000}$, 同理可设 $| P | < \dfrac{| L |^2}{1000}$.

令 d 是一个待定的正整数, 由定理 2, 存在常数 C_1 和多项式 Q 使得 $\deg Q \leqslant d$, 且 Q 的零点集

$Z(Q)$ 将平面至多分成 $C_1 d^2$ 部分,每部分内部至多有 $C_1 \dfrac{|P|}{d^2}$ 个点.

对任意 $l \in L$,Q 限制在 l 上是一个单变量的多项式,则若它不等于 0,其至多有 $\deg Q \leqslant d$ 个根. 因此,l 至多与以上说的至多分成的 $C_1 d^2$ 部分中的 $d+1 \leqslant 2d$ 个部分的内部相交. 注意在这里我们得到了一个很不平凡的界,任一条直线只能与 d^2(量级) 个部分中的 d(量级) 个部分相交!

记 $Z(Q)$ 把平面切成的部分(内部,不含边界)分别为 $S_1, \cdots, S_k$,$k \leqslant C_1 d^2$. 对 $1 \leqslant i \leqslant k$,设有 l_i 条线与 S_i 的内部相交,则由以上讨论知,

$$\sum_{i=1}^{k} l_i \leqslant 2d \,|L|. \tag{5}$$

对于 $I(P, L)$ 中的关联 (p, l),我们将它们分成 3 类:记所有满足 $l \nsubseteq Z(Q)$,$p \notin Z(Q)$ 的 (p, l) 形成集合 $I_1(P, L)$;所有满足 $l \nsubseteq Z(Q)$,$p \in Z(Q)$ 的 (p, l) 形成集合 $I_2(P, L)$;而所有满足 $l \subseteq Z(Q)$ 的 (p, l) 形成集合 $I_3(P, L)$. 我们对三者逐一估计.

对任意 $(p, l) \in I_1(P, L)$,p 一定落在某个 S_i 的内部,因此 l 也一定穿过 S_i 内部. 故结合 (2) 和 (5),得

$$\begin{aligned}
|I_1(P, L)| &\leqslant \sum_i (S_i \text{ 内部的关联数}) \\
&\leqslant \sum_i ((S_i \text{ 内部的点数})^2 + l_i) \\
&\leqslant \sum_i \left(\left(C_1 \frac{|P|}{d^2} \right)^2 + l_i \right) \\
&\leqslant C_1^3 \frac{|P|^2}{d^2} + 2d\,|L|.
\end{aligned} \tag{6}$$

对任意 $(p, l) \in I_2(P, L)$,p 一定在 $Z(Q)$ 上,但 l 与 $Z(Q)$ 至多有 d 个交点,故

$$|I_2(P, L)| \leqslant d\,|L|. \tag{7}$$

对任意 $(p, l) \in I_3(P, L)$,l 一定在 $Z(Q)$ 上,这意味着满足对任意 $p \in l$,$f_l(p) = 0$ 的一次多项式 f_l 整除 Q. 但 Q 至多有 d 个不同的一次因子,则所有这种直线 l 至多有 d 个. 如果我们在选取 d 时,令 $d \leqslant \dfrac{|L|}{2}$,则由归纳假设,

$$|I_3(P, L)| \leqslant C_0 \left(\frac{|P|^{\frac{2}{3}}|L|^{\frac{2}{3}}}{2^{\frac{2}{3}}} + |P| + |L| \right). \tag{8}$$

综合(6)、(7)、(8)知，只要 $d \leqslant \dfrac{|L|}{2}$ 就有

$$|I(P,L)| \leqslant C_1^3 \frac{|P|^2}{d^2} + 3d|L| + \frac{C_0}{2^{\frac{2}{3}}}|P|^{\frac{2}{3}}|L|^{\frac{2}{3}} + C_0|P| + C_0|L|. \tag{9}$$

我们试图令(9)中前两项尽量接近，则可取

$$d = \left\lfloor \frac{|P|^{\frac{2}{3}}|L|^{-\frac{1}{3}}}{100} \right\rfloor + 1.$$

由假设 $|L| < \dfrac{|P|^2}{1000}$ 知，

$$d \leqslant \frac{|P|^{\frac{2}{3}}|L|^{-\frac{1}{3}}}{50}.$$

由 $|P| < \dfrac{|L|^2}{1000}$ 知，

$$d \leqslant \frac{|P|^{\frac{2}{3}}|L|^{-\frac{1}{3}}}{50} \leqslant \frac{|L|}{2}.$$

因此(9)成立. 故

$$|I(P,L)| \leqslant 10\,000 C_1^3 |P|^{\frac{2}{3}}|L|^{\frac{2}{3}} + \frac{3}{50}|P|^{\frac{2}{3}}|L|^{\frac{2}{3}}$$
$$+ \frac{C_0}{2^{\frac{2}{3}}}|P|^{\frac{2}{3}}|L|^{\frac{2}{3}} + C_0|P| + C_0|L|. \tag{10}$$

因此只要令 $C_0 > 10\,000 C_1^3 + \dfrac{3}{50} + \dfrac{C_0}{2^{\frac{2}{3}}}$ 便可完成归纳. $\square$

这种"分而治之"的本领，是多项式方法的一大优势和特色，也奠定了它在现代关联几何学中基石的地位.

定理1还有一个用图嵌入平面的交叉数的上界的证明. 知道我们提到的这个定理的读者不妨自己想一想.

两道方格表染色问题的归纳解法与分治策略

聂子佩

（普林斯顿大学，znie@princeton. edu）

在本文中我们将探讨两个与方格表染色有关的竞赛问题，首先是第 7 届全苏联数学奥林匹克十年级组第三题，这题的出现显然是由于在 Conway 的生命游戏中得到的启发.

问题 1 在无限大的方格棋盘上选择 n 个方格组成集合 G_0. 在初始时刻 G_0 中的方格都被染成黑色，其余方格都被染成白色. 在每个接下来的时刻 $t=1, 2, \cdots$，我们按以下规则将所有方格同时染色：若方格 (x, y), $(x+1, y)$, $(x, y+1)$ 中至少有两个在上一时刻是白色，则 (x, y) 将会变成白色；反之，若方格 (x, y), $(x+1, y)$, $(x, y+1)$ 中至少有两个在上一时刻是黑色，则 (x, y) 将会变成黑色. 令 G_k 是时刻 $t=k$ 中被染成黑色的方格的集合. 证明 $G_n = \varnothing$.

首先，我们想证明在每个时刻黑色方格的数量会严格减少. 然而，这是不成立的. 尽管这样，我们仍然可以用数学归纳法证明此题. 下面这个归纳解法并非笔者的创作，而是当时十年级的学生 A. Gomilko 在考场上的解答. 该考生因此拿了特别奖，这个解法也收录在苏淳编著的《苏联中学生数学奥林匹克试题汇编(1961－1992)》一书中.

易证命题对 $n=0$ 成立. 假设命题对任何非负整数 $k < n$ 成立，我们将证明它也对 n 成立.

取最小的矩形 R，使得 R 是包括 G_0 中的所有方格在内的一些方格的并集. 记 G'_0 为 G_0 中所有不在 R 的最下面一行的所有方格的集合，同样，记 G''_0 为 G_0 中所有不在 R 的最左边一列的所有方格的集合. 注意到 R 的最下面一行不会影响在它之上的方格的未来，R 的最左边一列同样也不会影响在它右边的方格的未来. 对初始集合 G'_0 与 G''_0 利用归纳假设，我们可以推断 G_{n-1} 只可能包含 R 的左下角这一个方格. 故 $G_n = \varnothing$. 命题得证.

现在，我们将使用分治策略作出另一种解答. 所谓分治策略，即是把一个关于整体的命题分为一些关于部分的命题逐个击破，正如使用鸽巢原理的关键在于如何选择鸽巢一样，使用分治策略的关键在于如何选择小命题.

用反证法，设 $v_n \in G_n$. 对 $1 \leqslant k \leqslant n$，若已经选好了 $v_k \in G_k$，由规则知，我们可以选择 $v_{k-1} \in$

G_{k-1},使得 v_{k-1} 在 v_k 的右边或者上面,且与 v_k 恰有一条公共边. 对 $1 \leqslant k \leqslant n$,若 v_{k-1} 在 v_k 的右边,令 R_k 为 v_k 所在的列中不在 v_k 的下面的所有方格的集合;反之,若 v_{k-1} 在 v_k 的上面,令 R_k 为 v_k 所在的行中不在 v_k 的左边的所有方格的集合. 我们可以证明这些 R_k 两两不交,且与 $G_0 \backslash \{v_0\}$ 都有交点. 如此,便有了 $|G_0| \geqslant n+1$.

对比归纳解法和分治策略,我们发现,由于归纳解法只需要考虑边界上的情况,我们常常可以得到比较简洁的证明,但当边界的条件有所改变时,我们的证明就需要有所改变,且如果还有关键变量没有在结论中明示出来的话,我们还要把它找出来并纳入归纳假设;而如果采用分治策略,边界情况的改变就不会对证明产生那么大的变化了. 从这个意义上来说,采用分治策略得到的解答也许会更加本质一些.

我们再来看一题,它是第三十三届中国数学奥林匹克的第五题.

问题 2 设 $n \geqslant 3$ 为一个奇数. 我们将 $n \times n$ 的方格棋盘中的每个方格染成黑色或白色. 称两个方格相邻,如果它们同色且有公共的顶点. 称两个方格 a,b 连通,如果存在一列方格 $c_1, \cdots, c_k$,其中 $c_1 = a$,$c_k = b$,且对 $i = 1, 2, \cdots, k-1$,c_i 与 c_{i+1} 相邻. 求最大的正整数 M,使得存在一种染色方式令棋盘中的 M 个方格两两不连通.

为了简化记号,我们将每个方格赋以坐标 (x, y),其中 $x, y \in \{1, 2, \cdots, n\}$,称 x 坐标为 k 的所有方格的集合为 C_k,称 y 坐标为 k 的所有方格的集合为 R_k. 此外,令简单图 $G = (V, E(G))$ 的顶点集 V 为所有方格的集合,两顶点相邻当且仅当它们对应的方格相邻. 由定义可知,两顶点在图 G 中属于同一个连通分支当且仅当它们对应的方格连通. 于是,存在 M 个两两不连通的方格当且仅当图 G 至少有 M 个连通分支.

经过一些试验,可以猜测答案为 $\dfrac{(n+1)^2}{4} + 1$,这个数字当存在 $\dfrac{(n+1)^2}{4}$ 个两两不连通的白色方格时出现. 我们考虑使用归纳法解决问题 2. 对方格棋盘的边长归纳是一个好主意,保持 n 的奇偶性也是重要的,但是如果没有强度合适的归纳假设让我们利用,我们将无功而返. 所幸,如下的辅助命题是有效的.

命题 1 设奇数 $n \geqslant 3$,则 $n \times n$ 的方格棋盘的任何二染色方式所对应的图 G 至多有 $\dfrac{(n+1)^2}{4} + \delta_0(G)$ 个连通分支. 其中我们定义

$$\delta_0(G) = \begin{cases} 1, & \text{若}(1, n) \text{与}(2, n) \text{异色且}(n, 1) \text{与}(n, 2) \text{异色}; \\ 0, & \text{若}(1, n) \text{与}(2, n) \text{同色或}(n, 1) \text{与}(n, 2) \text{同色}. \end{cases}$$

证明 为了进一步简化记号,对于 V 的子集 V_0,我们定义 V_0 的传递闭包为

$$\overline{V_0} = \{v \in V : \text{存在} v_0 \in V_0 \text{使得} v \text{与} v_0 \text{在图} G \text{中属于同一个连通分支}\}.$$

注意到,如果 $v \in V$ 与 V_0 中两个异色方格均有公共顶点,则 $v \in \overline{V_0}$;同样地,如果异色方格 v_1, $v_2 \in V$ 与 V_0 中的某个方格均有公共顶点,则 $v_1 \in \overline{V_0}$ 或者 $v_2 \in \overline{V_0}$. 我们定义 $f(V_0)$ 为导出子图 $G[\overline{V_0}]$ 中连通分支的个数. 于是我们的工作即是要估计 $f(V)$.

当 $n=3$ 时,方格 $(2, 2)$ 与所有方格均有公共顶点,故 $V \backslash \overline{\{(2, 2)\}}$ 的所有顶点同色,故

$$f(V \backslash \overline{\{(2, 2)\}}) + 1 \leqslant 5,$$

当且仅当 $\overline{\{(2, 2)\}} = C_2 \bigcup R_2$ 方可取等. 于是,命题 1 对 $n=3$ 成立.

现在假设命题 1 对给定的奇数 $n \geqslant 3$ 成立,我们要证明它对 $n+2$ 也成立. 令

$$V_n = V \backslash (C_{n+1} \bigcup C_{n+2} \bigcup R_{n+1} \bigcup R_{n+2})$$

以及

$$V_n^+ = V \backslash (C_{n+2} \bigcup R_{n+2}).$$

由归纳假设,我们有 $f(V_n) \leqslant \dfrac{(n+1)^2}{4} + \delta_0(G[V_n])$.

考虑导出子图 $G[V \backslash \overline{V_n^+}]$ 的连通分支的数目与有公共边的同色方格对 $\{v_1, v_2\} \subseteq V_n^+ \backslash V_n$ 的数目的关系. 注意到 $G[V \backslash \overline{V_n^+}]$ 的任何两个不属于同一个连通分支的方格没有公共顶点. 对 $G[V \backslash \overline{V_n^+}]$ 的一个连通分支 S,若 $S = \{(1, n+2)\}$ 或者 $S = \{(n+2, 1)\}$,则恰有一对有公共边的方格对 $\{v_1, v_2\} \subseteq V_n^+ \backslash V_n$,使得 S 中的某个方格与 v_1、v_2 均有公共顶点,故而 v_1 与 v_2 同色;若 $S \neq \{(1, n+2)\}$ 且 $S \neq \{(n+2, 1)\}$ 且 $S \bigcap \{(n+1, n+2), (n+2, n+2), (n+2, n+1)\} = \varnothing$,则至少有两对有公共边的方格对 $\{v_1, v_2\} \subseteq V_n^+ \backslash V_n$,使得 S 中的某个方格与 v_1、v_2 均有公共顶点,同样有 v_1 与 v_2 同色;此外满足

$$S \bigcap \{(n+1, n+2), (n+2, n+2), (n+2, n+1)\} \neq \varnothing$$

的连通分支 S 至多只有一个. 由于没有重复计算的情况,我们可以把所有贡献加起来,得到有公共边的同色方格对 $\{v_1, v_2\} \subseteq V_n^+ \backslash V_n$ 的数目不少于 $2f(V \backslash \overline{V_n^+}) - 3 - \delta_0(G)$,故导出子图 $G[\overline{V_n^+} \backslash V]$ 的连通分支的数目不多于 $2n - 2f(V \backslash \overline{V_n^+}) + 4 + \delta_0(G)$.

由于 $G[\overline{V_n^+} \backslash V]$ 的任意两个相邻的连通分支中至少有一个包含于 $\overline{V_n}$,又由于当 $\delta_0(G[V_n]) = 1$ 时 $(1, n+1)$ 与 $(n+1, 1)$ 所在的连通分支均包含于 $\overline{V_n}$,故 $G[\overline{V_n^+} \backslash V_n]$ 的连通分支数目不多于

$$\left\lceil \frac{1}{2} \max\{2n - 2f(V \backslash \overline{V^+}) + 4 + \delta_0(G) - 2\delta_0(G[V_n]), 0\} \right\rceil$$

$$\leqslant \max\{n - f(V \backslash \overline{V_n^+}) + 2 + \delta_0(G) - \delta_0(G[V_n]), 0\}$$

$$= n - f(V \backslash \overline{V_n^+}) + 2 + \delta_0(G) - \delta_0(G[V_n]),$$

其中最后一步是因为 $f(V\backslash\overline{V_n^+})-\delta_0(G)\leqslant n+1\leqslant n+2-\delta_0(G[V_n])$.

最后,我们得到

$$f(V)=f(V_n)+f(V_n^+\backslash\overline{V_n})+f(V\backslash\overline{V_n^+})$$

$$\leqslant\left(\frac{(n+1)^2}{4}+\delta_0(G[V_n])\right)+(n-f(V\backslash\overline{V_n^+})+2+\delta_0(G)$$

$$-\delta_0(G[V_n]))+f(V\backslash\overline{V_n^+})$$

$$=\frac{(n+3)^2}{4}+\delta_0(G).$$

即,命题 1 对 $n+2$ 成立. □

接下来,我们将给出利用分治策略得到的另一种解答.

定义集合 B 为所有黑色的方格 v 使得 v 是图 G 中 v 所在的连通分支里 x 坐标最大的方格中 y 坐标最大的;定义集合 W 为所有白色的方格 v 使得 v 是图 G 中 v 所在的连通分支里 x 坐标最小的方格中 y 坐标最大的.注意到,图 G 的连通分支的个数等于 $|B\bigcup W|$.下面的命题 2 和命题 3 是 B 和 W 的两个局部性质,这些足以给出我们想要的估计.

命题 2 若 $(x,y)\in B\backslash(C_n\bigcup R_n)$,则 $(C_x\bigcup C_{x+1}\bigcup C_{x+2})\bigcap(R_y\bigcup R_{y-1}\bigcup R_{y-2})\bigcap W=\varnothing$. 类似地,若 $(x,y)\in W\backslash(C_1\bigcup R_n)$,则 $(C_x\bigcup C_{x-1}\bigcup C_{x-2})\bigcap(R_y\bigcup R_{y-1}\bigcup R_{y-2})\bigcap B=\varnothing$.

证明 假设 $(x,y)\in B\backslash(C_n\bigcup R_n)$,由定义,我们知道 $(x+1,y),(x+1,y+1),(x,y+1)$ 是白色的,且若 $y>1$,我们知道 $(x+1,y-1)$ 也是白色的.

由于 $(C_x\bigcup C_{x+1}\bigcup C_{x+2})\bigcap(R_y\bigcup R_{y-1}\bigcup R_{y-2})$ 中的任何白色方格都在图 G 中 $(x,y+1)$ 所在的连通分支里,故由定义它们都不属于 W. 于是,命题的前一半得证.

由对称性,我们可以得到对后一半的证明. □

命题 3 若 $(x,n)\in B$,且 $(x+1,n)\in W$,则 $(C_{x-1}\bigcup C_x\bigcup C_{x+1})\bigcap B=\{(x,n)\}$ 且 $(C_x\bigcup C_{x+1}\bigcup C_{x+2})\bigcap W=\{(x+1,n)\}$.

证明 假设 $(x,n)\in B$ 且 $(x+1,n)\in W$.若 C_x 不全是黑色方格或者 C_{x+1} 不全是白色方格,取 y 坐标最大的方格 v,使得 $v\in C_x$ 且为白色方格,或者 $v\in C_{x+1}$ 且为黑色方格,则 v 与 (x,n) 或者 $(x+1,n)$ 在图 G 中属于同一个连通分支.由 B 和 W 的定义,我们得到矛盾.故 C_x 全是黑色方格而且 C_{x+1} 全是白色方格.由于 C_{x-1} 的每一个黑色方格都在图 G 中 (x,n) 所在的连通分支中,且 C_{x+2} 的每一个白色方格都在图 G 中 $(x+1,n)$ 所在的连通分支中,由 B 和 W 的定义,命题得证. □

对正整数 $k \leqslant \dfrac{n-3}{2}$, 若 $(2k+1, n)$ 是白色的, 我们估计

$$\left| \left((C_{2k} \bigcup C_{2k+1}) \bigcap B \right) \bigcup \left((C_{2k+1} \bigcup C_{2k+2}) \bigcap W \right) \right|.$$

由定义, 方格 $(2k+2, n-1)$, $(2k+2, n)$, $(2k+1, n-1)$ 均不属于 W, 所以

$$\left((C_{2k} \bigcup C_{2k+1}) \bigcap (B \backslash \{(2k, n)\}) \right) \bigcup \left((C_{2k+1} \bigcup C_{2k+2}) \bigcap (W \backslash \{(2k+1, n)\}) \right)$$

$$= \left(((C_{2k} \bigcup C_{2k+1}) \backslash R_n) \bigcap B \right) \bigcup \left(((C_{2k+1} \bigcup C_{2k+2}) \backslash (R_{n-1} \bigcup R_n)) \bigcap W \right)$$

$$= \bigcup_{l=1}^{\frac{n-1}{2}} \left(((C_{2k} \bigcup C_{2k+1}) \bigcap (R_{2l-1} \bigcup R_{2l}) \bigcap B) \bigcup ((C_{2k+1} \bigcup C_{2k+2}) \bigcap (R_{2l-2} \bigcup R_{2l-1}) \bigcap W) \right).$$

由命题 2, 最后式子中的每一项至多有一个元素. 若 $(2k, n) \notin B$ 或者 $(2k+1, n) \notin W$, 则 $((C_{2k} \bigcup C_{2k+1}) \bigcap B) \bigcup ((C_{2k+1} \bigcup C_{2k+2}) \bigcap W)$ 至多有 $\dfrac{n+1}{2}$ 个元素. 反之, 若 $(2k, n) \in B$ 且 $(2k+1, n) \in W$, 由命题 3, 可知 $((C_{2k} \bigcup C_{2k+1}) \bigcap B) \bigcup ((C_{2k+1} \bigcup C_{2k+2}) \bigcap W)$ 恰有两个元素. 因此, 我们得出

$$\left| \left((C_{2k} \bigcup C_{2k+1}) \bigcap B \right) \bigcup \left((C_{2k+1} \bigcup C_{2k+2}) \bigcap W \right) \right| \leqslant \dfrac{n+1}{2}.$$

由对称性, 若 $(2k+1, n)$ 是黑色的, 我们也可以得出相同的结论.

接下来, 我们估计 $\left| (C_1 \bigcap B) \bigcup ((C_1 \bigcup C_2) \bigcap W) \right|$. 我们有

$$\left((C_1 \bigcap (B \backslash \{1, n\})) \right) \bigcup ((C_1 \bigcup C_2) \bigcap W)) \backslash ((C_1 \bigcup C_2) \bigcap (R_{n-1} \bigcup R_n) \bigcap W)$$

$$= ((C_1 \backslash R_n) \bigcap B) \bigcup (((C_1 \bigcup C_2) \backslash (R_{n-1} \bigcup R_n)) \bigcap W)$$

$$= \bigcup_{l=1}^{\frac{n-1}{2}} ((C_1 \bigcap (R_{2l-1} \bigcup R_{2l}) \bigcap B) \bigcup ((C_{2k+1} \bigcup C_{2k+2}) \bigcap (R_{2l-2} \bigcup R_{2l-1}) \bigcap W)).$$

由命题 2, 最后式子中的每一项至多有一个元素. 由于 $(C_1 \bigcup C_2) \bigcap (R_{n-1} \bigcup R_n) \bigcap W$ 至多有一个元素, 我们知道

$$\left| (C_1 \bigcap B) \bigcup ((C_1 \bigcup C_2) \bigcap W) \right| \leqslant \left| \{(1, n)\} \bigcap B \right| + \dfrac{n+1}{2}.$$

由对称性, 我们有

$$\left| ((C_{n-1} \bigcup C_n) \bigcap B) \bigcup (C_n \bigcap W) \right| \leqslant \left| \{(n, n)\} \bigcap W \right| + \dfrac{n+1}{2}.$$

所以, 我们知道

$$| B \bigcup W | = | \bigcup_{k=0}^{\frac{n-1}{2}} ((C_{2k} \bigcup C_{2k+1}) \bigcap B) \bigcup ((C_{2k+1} \bigcup C_{2k+2}) \bigcap W) |$$

$$= \sum_{k=0}^{\frac{n-1}{2}} | ((C_{2k} \bigcup C_{2k+1}) \bigcap B) \bigcup ((C_{2k+1} \bigcup C_{2k+2}) \bigcap W) |$$

$$\leqslant \frac{(n+1)^2}{4} + | \{(1, n)\} \bigcap B | + | \{(n, n)\} \bigcap W |.$$

因此，对任意染色方式，若(n, n)是黑色的，则对应的图 G 至多有 $\dfrac{(n+1)^2}{4} + 1$ 个连通部分. 由对称性，若(n, n)是白色的，我们也可以得出相同的结论.

从立体到平面——线性化技巧

聂子佩

（普林斯顿大学，znie@princeton. edu）

1. 线性化技巧介绍

在读高中的时候，作者喜欢看 Matrix67 的博客，他常常写一些科普文字，读来引人入迷. 在他的博客里，文章《几个把平面几何问题的辅助线做到空间去的数学趣题》介绍了几种将平面图形视为立体图形的投影的解题手段，其中第一个问题是根心定理在三个圆两两相交时的特例，即证明两两相交的三个圆两两的公共弦共点. 在这个证明中，我们把这三个圆盘视为三个球面在它们的球心所在平面上的投影，则这三个圆两两的公共弦成为了这三个球面两两交集的投影，由于这三个球面有公共点，所以这三条公共弦共点.

为了让这份证明适用于一般情形，我们希望这三个圆在三维空间中所对应的曲面在一般情形下两两相交. 平面是满足这样性质的曲面，而球面上的圆可以对应这个圆所在的平面，所以我们得到球面上的根心定理：定义球面上两个圆的根轴为它们各自所在平面的交线，则球面上的三个圆两两根轴共点. 当这个球的半径趋于无穷时，我们期望球面上的圆的投影椭圆趋于圆形，而两平面交线的投影趋于两圆的根轴，这样我们就会得到一般情形下的根心定理，注意到后者在两圆相交的情形下是容易看出其正确性的.

在这个证明中，我们发现球面保证了平面与之相交总是圆形，然而我们真正想要的是它在一个固定平面上的投影趋于圆形. 为了简化这个过程，我们希望找另一种曲面来替代球面，使得平面与其相交得到的图形的投影总是圆形. 这个曲面是抛物面.

设单位抛物面

$$U=\{(x_1, x_2, x_3) \in \mathbf{R}^3 : x_3 = x_1^2 + x_2^2\}, \tag{1}$$

则平面

$$P = \{(x_1, x_2, x_3) \in \mathbf{R}^3 : x_3 = 0\} \tag{2}$$

上的圆

$$C = \{(x_1, x_2, x_3) \in \mathbf{R}^3 : (x_1 - a_1)^2 + (x_2 - a_2)^2 = r^2, x_3 = 0\} \tag{3}$$

对应着平面

$$h = \{(x_1, x_2, x_3) \in \mathbf{R}^3 : 2a_1 x_1 + 2a_2 x_2 - x_3 - a_1^2 - a_2^2 + r^2 = 0\}. \tag{4}$$

我们还可以赋予平面 h 一个定向,即令半空间

$$h^+ = \{(x_1, x_2, x_3) \in \mathbf{R}^3 : 2a_1 x_1 + 2a_2 x_2 - x_3 - a_1^2 - a_2^2 + r^2 > 0\}. \tag{5}$$

这样一来 $h \cap U$ 在平面 P 上的投影是圆 C,而 $h^+ \cap U$ 在 P 上的投影是圆 C 的内部. 我们可以验证平面 P 上的两圆对应的平面的交集是这两圆的根轴,如此这般,便得到了根心定理.

我们称这种将低维的半代数集(即用一些代数方程和代数不等式界定的点集)转化为高维的多胞形(即多边形和多面体的高维推广)的方法为线性化技巧,这将许多组合几何与实代数几何中的问题转化为多胞形理论中的问题. 圆形远不是仅有的可以被线性化的图形,如果我们需要线性化平面上的所有二次曲线,那么我们可以用

$$U' = \{(x_1, x_2, x_3, x_4, x_5) \in \mathbf{R}^5 : x_3 = x_1^2, x_4 = x_1 x_2, x_5 = x_2^2\} \tag{6}$$

这个五维空间中的曲面来替代原先使用的单位抛物面 U. 一般地,在最糟糕的情形下,我们总可以利用 Veronese 映射来线性化一组次数有界的半代数集.

2. 例子

我们给下面的定理以两种证明.

定理 1 设 n 为正整数,$C_1, C_2, \cdots, C_n$ 是平面上的 n 个两两不同的圆. 那么,不存在 $6n$ 个不同的点 $P_1, P_2, \cdots, P_{6n}$,使得每个点都是其中两个圆的交点,且不在其他圆上或其内部.

证明 1 构造 n 个顶点的简单图 G,使得对于 $1 \leqslant i < j \leqslant n$,第 i 个顶点与第 j 个顶点相邻当且仅当存在 C_i 和 C_j 的一个交点在其他每个圆的外部.

让这 n 个圆的圆心代表 G 的顶点;对于 $1 \leqslant i < j \leqslant n$,若存在 C_i 和 C_j 的一个交点在其他每个圆的外部,让从 C_i 的圆心到 C_i 和 C_j 的一个满足定理要求的交点再到 C_j 的圆心的折线段代表 G 中对应

的边.由三角形不等式,我们可以证明这些折线段只能相交于端点,于是这是一个从 G 到平面的嵌入,这便证明了 G 是一个平面图.

由于平面图 G 的边数不超过 $\max\{n-1,\ 3n-6\}$,而一条边至多对应两个满足定理要求的点,所以这样的点的数目至多为 $2\max\{n-1,\ 3n-6\}<6n$. □

证明 2 如前文定义的单位抛物面 U,平面 P 和与圆 $C_i(1\leqslant i\leqslant n)$ 对应的平面 h_i 和半空间 h_i^+. 令凸多面体

$$K=\mathbf{R}^3\setminus\bigcup_{i=1}^{n}h_i^+, \tag{7}$$

则 K 至多有 n 个面,故它至多有 $\max\{n-1,\ 3n-6\}$ 条棱.对于 $1\leqslant i<j\leqslant n$,若存在 C_i 和 C_j 的一个交点在其他每个圆的外部,则 $h_i\bigcap h_j\bigcap K$ 是 K 的一条棱.由于两个圆至多有两个交点,满足定理要求的点的数目至多为 $2\max\{n-1,\ 3n-6\}<6n$. □

第一种证明利用了图论的方法,类似的想法可以把定理 1 推广为如下形式.

定理 2 设 n 为正整数,$C_1,\ C_2,\ \cdots,\ C_n$ 是平面上的 n 条简单闭曲线,使得任何两条曲线或者不交,或者交于两点,并且每条曲线在交点处越过另一条曲线.那么,至多存在 $2\max\{n-1,\ 3n-6\}$ 个点,使得它们至少在其中两条曲线上,且不在其他曲线的内部.

更具体地,我们先用调整法把它化归为具有以下附加条件的问题.第一,在每条曲线的内部都存在一点,不在任何其他曲线上或其内部;第二,任何三条曲线的内部的交集为空集.然后我们构造平面图并得到结论.

第二种证明则是利用了线性化技巧.一方面,由于只有半代数集可以被线性化,我们不可能用这种想法来处理定理 2.另一方面,在多胞形理论中,有下面这样的上界定理.

定理 3 对正整数 d,存在常数 $c_d>0$,使得若一个 d 维的有界多胞形有 n 个 $d-1$ 维的面,则它所有维数的面的总数不超过 $c_d n^{\lfloor\frac{d}{2}\rfloor}$.

我们略过定理 3 的证明,感兴趣的读者可以参考相关的教科书.

通过利用定理 3 和线性化技巧,可以得到如下结果,这是定理 1 的另一种推广.

定理 4 对正整数 d,存在常数 $c_d>0$,使得对每个正整数 n,在 $\mathbf{R}^d$ 上的任何 n 个 d 维球的并集的边界都可以被划分为不超过 $c_d n^{\lceil\frac{d}{2}\rceil}$ 个 $d-1$ 维球面的连通子集.

值得一提的是,定理 4 里提到的幂次 $\left\lceil \dfrac{d}{2} \right\rceil$ 是最佳的. 也就是说,我们有这样的结果.

定理 5　对正整数 d,存在常数 $c_d > 0$,使得对每个正整数 n,在 $\mathbf{R}^d$ 上存在 n 个 d 维球,它们的并集的边界不可以被划分为不超过 $c_d n^{\left\lceil \frac{d}{2} \right\rceil}$ 个 $d-1$ 维球面的连通子集.

欲证明定理 5,最大的难点在 $d = 3$ 的情形. 作者仅想为此给读者编个灯谜:细长水管有棱角,一排汤圆堵中央.(打定理 5 的证明)

如何知道刀塔游戏的内部积分

聂子佩

（普林斯顿大学，znie@princeton. edu）

设 k 是正整数. 今有小明和另外一些玩家参与一种名为刀塔的游戏,每人对应一个实数作为他的内部积分,然而这个游戏的系统并不能直接让玩家查询他们的积分. 每次刀塔游戏由事先决定的 k 名玩家合作完成,在这次游戏中系统会显示这 k 名玩家积分的算术平均值,我们假设积分不会因游戏的完成改变. 问:至少经过几场游戏,我们可以推算出小明的内部积分? 由于这个问题似乎不太容易回答,我们记这个问题的答案为 $f(k)$,转而求 $f(k)$ 的合适的上下界.

例如,当 $k=1$ 时,小明一个人参加一次游戏即可知道他的积分:而当 $k=2$ 时,则至少经过三次游戏,得到小明小红、小明老王、小红老王的积分之和分别为 S_1、S_2、S_3,然后得出小明的积分 $\dfrac{S_1+S_2-S_3}{2}$. 因此,我们有 $f(1)=1$, $f(2)=3$. 实际上,当游戏允许几种不同的人数合作时,要推算出小明的内部积分所需的最少游戏次数将会显著地减少,如何利用好每场游戏的参与人数都相等这个条件将是给出适当下界的关键.

我们首先需要考虑的问题是,究竟有哪些方法可以推算出小明的积分. 事实上,若把每个人的内部积分作为一个未知数,那么每次游戏后得到的信息是其中 k 个数的和. 已知一些有理系数的线性方程,能确定一个变元的值当且仅当这个变元可以写成这些方程的有理系数线性组合. 更确切地说,我们有

$$a_1 = \sum_{i=1}^{f(k)} r_i S_i, \tag{1}$$

这里 a_1 是对应于小明的变元,r_i 是有理数,S_i 是 k 个变元的和. 由于 $f(k)$ 是最小的使得(1)式有解的正整数,我们知道 a_1, S_1, $\cdots$, $S_{f(k)}$ 中任意 $f(k)$ 个表达式线性无关,于是给定 $S_i (1 \leqslant i \leqslant f(k))$ 后我们可以利用克莱姆法则解出 $r_i (1 \leqslant i \leqslant f(k))$. 特别地,存在 $f(k) \times f(k)$ 的 $(0, 1)$ 非奇异矩阵 M,使得 $\det(M) r_i (1 \leqslant i \leqslant f(k))$ 是整数. 另一方面,将(1) 式中的所有变元赋值为 1,我们得到

$$\frac{\det(M)}{k} = \sum_{i=1}^{f(k)} \det(M) r_i \in \mathbf{Z}. \tag{2}$$

由于 $\det(M) \neq 0$,我们得到 $k \leqslant |\det(M)|$. 由归纳法可知,任何 $n \times n$ 的 $(0,1)$ 矩阵的行列式的绝对值不超过 $n!$,故 $k \leqslant |\det(M)| \leqslant f(k)!$. 于是以下定理成立.

定理 1 对正整数 $k \geqslant 7$,我们有

$$f(k) > \frac{\log k}{\log \log k}. \tag{3}$$

假设 $k \geqslant 2$. 接下来我们计算 $f(k)$ 的上界. 令 $a_1, a_2, \cdots$ 分别为对应于这些玩家的变元,其中 a_1 为对应于小明的变元. 令

$$S_1 = \sum_{i=1}^{k} a_i. \tag{4}$$

对于 $1 \leqslant j \leqslant \lfloor \log_2 k \rfloor$,令

$$S_{3j-1} = \sum_{i=1}^{\lfloor \frac{k}{2^j} \rfloor} a_i + \sum_{i=k+1}^{2k-\lfloor \frac{k}{2^j} \rfloor} a_i, \tag{5}$$

$$S_{3j} = \sum_{i=\lfloor \frac{k}{2^j} \rfloor+1}^{2\lfloor \frac{k}{2^j} \rfloor} a_i + \sum_{i=k+1}^{2k-\lfloor \frac{k}{2^j} \rfloor} a_i, \tag{6}$$

$$S_{3j+1} = a_{\lfloor \frac{k}{2^{j-1}} \rfloor} + \sum_{i=k+1}^{2k-1} a_i. \tag{7}$$

则我们可以验证

$$ka_1 = S_1 + \sum_{j=1}^{\lfloor \log_2 k \rfloor} 2^{j-1}(S_{3j-1} - S_{3j} + \varepsilon_{j-1}(-S_{3j+1} + S_{3\lfloor \log_2 k \rfloor - 1})), \tag{8}$$

这里 $\varepsilon_j = \lfloor \frac{k}{2^j} \rfloor - 2\lfloor \frac{k}{2^{j+1}} \rfloor$ 是 k 的二进制表达. 如此,我们证明了以下定理.

定理 2 对正整数 $k \geqslant 5$,我们有

$$f(k) < 5\log k. \tag{9}$$

作者尚不知道 $f(k)$ 更接近定理 1 中给出的下界还是定理 2 中给出的上界,若得出更佳的对 $f(k)$ 的估计欢迎与他联系.

致谢 感谢于乾同学告知作者如此有趣的题目.

2014 年集训队第三天第三题的若干解法

聂子佩

（普林斯顿大学，znie@princeton. edu）

本文旨在探讨 2014 年国际数学奥林匹克中国国家集训队选拔考试中第三天第三题. 原题如下：

问题 设 A 是平面上一个凸 n 边形 $A_1 A_2 \cdots A_n$ 的顶点构成的集合. 在 A 中每两点之间的距离的所有不同值从大到小依次记为 $d_1 > d_2 > \cdots > d_m > 0$. 设 A 中距离为 d_i 的无序点对恰有 μ_i 对，其中 $i = 1, 2, \cdots, m$. 证明：对任意正整数 $K \leqslant m$，有

$$\sum_{i=1}^{K} \mu_i \leqslant (3K - 1)n.$$

这个问题取材于[1]，在该文献中，Erdös、Lovász 和 Vesztergombi 证明了对任意正整数 $K \leqslant m$，存在顶点 A_i，使得与 A_i 距离不小于 d_K 的顶点个数不多于 $3K - 1$，从而得到这个问题的答案. 这个证明也收录在《走向 IMO：数学奥林匹克试题集锦（2014）》中. 而在本文中，我们将更深入地理解这个证明和该问题的若干种另解，并给出一个新的上界.

在本文中所有凸 n 边形的顶点的下标都是模 n 意义下的.

1. 问题的出发

就像每个故事都有一个开头，该问题的出发点是下面这个古老而优美的定理[3]. 我们在这里给出三种不同的证明.

定理 1 $\mu_1 \leqslant n$.

证明一 对每个顶点 A_i，若不存在与 A_i 距离等于 d_1 的顶点，记 $S_i = \varnothing$；否则，记 $S_i = \{\{A_i, A_j\}\}$，其中 j 是满足 $j > i$ 且 $|A_i A_j| = d_1$ 的最小的正整数. 我们证明任何距离为 d_1 的无序点对都属于 $\bigcup_{i=1}^{n} S_i$.

反之,设 $\langle A_i, A_j \rangle$ 不属于 $S_i \bigcup S_j$ 且 $|A_iA_j|=d_1$. 由定义,存在正整数 k、l 使得 $|A_iA_k|= |A_jA_l|=d_1$,且 $A_iA_kA_jA_l$ 是凸四边形. 由于

$$|A_kA_l| > |A_iA_k| + |A_jA_l| - |A_iA_j| = d_1,$$

矛盾. 故而有

$$\mu_1 = |\bigcup_{i=1}^{n} S_i| \leqslant \sum_{i=1}^{n} |S_i| \leqslant n.$$

$\square$

证明二 对 $i=1, 2, \cdots, n$,记 S_i 为所有满足 $|A_jA_k|=d_1$ 且 $j+k=i$ 的无序点对 $\langle A_j, A_k \rangle$ 的集合. 我们证明 $|S_i| \leqslant 1$.

反之,由定义,存在整数 j、k、s、t 使得 $|A_jA_k|=|A_sA_t|=d_1$,且 $A_jA_kA_sA_t$ 是凸四边形. 由于

$$|A_jA_s| + |A_kA_t| > |A_jA_k| + |A_sA_t| = 2d_1,$$

矛盾. 故而有

$$\mu_1 = |\bigcup_{i=1}^{n} S_i| = \sum_{i=1}^{n} |S_i| \leqslant n.$$

$\square$

证明三 对 n 归纳. 当 $n=1$ 时,成立. 假设定理对 $n-1$ 成立,现在考虑 n 的情形.

若对每个顶点 A_i,与 A_i 距离等于 d_1 的顶点个数都不多于 2,则由"握手引理",定理成立. 反之,则存在一个顶点 A_i 与至少三个顶点的距离都等于 d_1,设它们为 A_j、A_k、A_s,且 $A_iA_jA_kA_s$ 为凸四边形. 我们证明与 A_k 距离等于 d_1 的顶点个数不多于 1.

反之,设 $|A_kA_t|=d_1$ 且 $A_i \neq A_t$,则 $A_iA_tA_kA_s$ 为凸四边形或者 $A_iA_jA_kA_t$ 为凸四边形. 在前一种情形下,由于

$$|A_tA_s| > |A_iA_s| + |A_tA_k| - |A_iA_k| = d_1,$$

矛盾. 在后一种情形下,由于

$$|A_jA_t| > |A_iA_j| + |A_kA_t| - |A_iA_k| = d_1,$$

矛盾. 故而,我们可以通过删去顶点 A_k 并利用归纳假设得到结论. $\square$

2. 行之有效的技巧

定理 1 与我们的问题之间还有一些差距,所以我们还需要一些可以用来推进证明的小想法. 第一个想法是这样的:

命题 1 给定不超过 n 的正整数 i、j，若对所有满足 $i<k<j$ 的正整数 k 都有 $\angle A_i A_k A_j$ 不是锐角，则有

$$|A_i A_{i+1}|<|A_i A_{i+2}|<\cdots<|A_i A_j|.$$

证明 反之，若 $|A_i A_k|\geqslant|A_i A_{k+1}|$，则 $\angle A_i A_k A_{k+1}$ 是锐角，而 $\angle A_i A_k A_j$ 不是锐角，矛盾. □

在历史上，命题 1 可以证明如下定理[2].

定理 2 存在顶点 A_i，使得 A_i 与其他顶点之间的距离中至少有 $\dfrac{n}{3}$ 个不同的值.

证明 取覆盖整个凸 n 边形的最小的圆盘 D.

若 D 的边界上只有两个顶点，那么任何其他顶点都对这两个顶点张成钝角. 设这两个顶点之一为 A_i，由命题 1，A_i 与其他顶点之间的距离中至少有 $\dfrac{n}{2}$ 个不同的值.

若 D 的边界上至少有三个顶点，取 D 的边界上的顶点构成的凸形的一个三角剖分，则其中必有一个小三角形的内部或边界上有 D 的圆心. 换句话说，这是个锐角或直角三角形，任何其他顶点都对这三个顶点中的某两个张成直角或钝角. 故存在这三个顶点中的某两个，使得至少 $\dfrac{n}{3}-1$ 个顶点对它们张成直角或钝角. 设这两个顶点之一为 A_i，由命题 1，A_i 与其他顶点之间的距离中至少有 $\dfrac{n}{3}$ 个不同的值. □

虽然定理 2 与本文的主要问题之间没有直接的联系，但它本身也是很有趣的.

我们的第二个想法是对顶点组成的等腰三角形算两次. 下面这个定理是该想法的一个应用[3].

定理 3 设 P 是平面点集，任意三点不共线. 那么存在点 $p\in P$，使得 p 与 P 中其他的点之间的距离中至少有 $\dfrac{n-1}{3}$ 个不同的值.

证明 记 I 为 P 中的点组成的等腰三角形的个数，其中每个正三角形被记三次.

一方面，从等腰三角形的底边开始计算，由于任意三点不共线，每条底边至多对应两个顶点，故有

$$I\leqslant 2\binom{n}{2}=n(n-1).$$

另一方面，从等腰三角形的顶点开始计算，若每个点 $p\in P$ 与 P 中其他的点之间的距离中至多有 k 个不同的值，由柯西不等式，每个顶点至多对应 $\dfrac{(n-1)(n-k-1)}{2k}$ 条底边，故有

$$I \geqslant n(n-1)\frac{n-k-1}{2k}.$$

当 $k < \dfrac{n-1}{3}$ 时产生矛盾,故结论成立. □

我们可以看到,定理 2 与定理 3 之间的条件的差别只是把凸性放宽到任意三点不共线,结论也只是相差 $\dfrac{1}{3}$,但证明方法却大相径庭. 和定理 2 一样,定理 3 与本文的主要问题之间也没有直接的联系.

我们的第三个想法是这样的:

命题 2 设 A_i、A_j、A_k、A_l 满足 $i < j < k < l < i + n$,那么以下四者中至少有一项成立:

- $|A_iA_{l-1}| > |A_iA_l|$;
- $|A_jA_{k+1}| > |A_jA_k|$;
- $|A_{i+1}A_l| > |A_iA_l|$;
- $|A_{j-1}A_k| > |A_jA_k|$;

证明 若第一项不成立,则 $\angle A_kA_lA_i$ 是锐角. 若第二项不成立,则 $\angle A_jA_kA_l$ 是锐角. 若第三项不成立,则 $\angle A_lA_iA_j$ 是锐角. 若第四项不成立,则 $\angle A_iA_jA_k$ 是锐角. 若四项全不成立,则凸四边形 $A_iA_jA_kA_l$ 的内角和小于 2π,矛盾. □

我们可以从命题 2 推出下述结果[4].

命题 3 设 A_i、A_j、A_k、A_l 满足 $i < j < k < l < i + n$,且 $|A_iA_l| = d_s$,$|A_jA_k| = d_t$. 那么

$$\min\{j - i,\ l - k\} \leqslant s + t - 2.$$

证明 对 $s + t$ 归纳. 当 $s = t = 1$ 时,由命题 2,结论成立. 假设结论对 $s + t - 1$ 成立,现在考虑 $s + t$ 的情况. 由命题 2,我们可以用 $i + 1$、$j - 1$、$k + 1$ 或者 $l - 1$ 来替代 i、j、k 或者 l,并利用归纳假设得到结论. □

3. 不同的结果

我们介绍对本文主要问题的几种处理方法. 有趣的是,它们得到的结果并不完全相同.

我们首先考虑证明一,该证明立足于定理 1 的解法一和上一节中的前两个想法. 我们将得到如下命题:

命题 4　对任意正整数 $2 \leqslant K \leqslant m$，有

$$\sum_{i=1}^{K} \mu_i \leqslant (3K-3)n.$$

证明一　对每个顶点 A_i，若与 A_i 距离大于等于 d_K 的顶点的个数不多于 $3K-3$，记

$$S_i = \{\{A_i, A_j\} : |A_i A_j| \geqslant d_K\};$$

否则，记

$$S_i = \{\{A_i, A_j\} : j \text{ 取满足 } j > i \text{ 且 } |A_i A_j| \geqslant d_K \text{ 的最小的 } 3K-3 \text{ 个正整数}\}.$$

我们证明任何距离大于等于 d_K 的无序点对都属于 $\bigcup_{i=1}^{n} S_i$。

反之，设 $\{A_i, A_j\}$ 不属于 $S_i \cup S_j$ 且 $|A_i A_j| \geqslant d_K$，其中 $i < j < i+n$。由定义，存在两两不同的整数 k_t、l_s $(1 \leqslant t, s \leqslant 3K-3)$ 使得 $i < k_t < j$，$j < l_s < i+n$，且 $|A_i A_{k_t}| \geqslant d_K$，$|A_j A_{l_s}| \geqslant d_K$。

由命题 1，至多有 $K-1$ 个顶点 A_{k_t} 和 $K-1$ 个顶点 A_{l_s} 对 $A_i A_j$ 张成直角或钝角。故不妨设对 $1 \leqslant t, s \leqslant 2K-2$，顶点 A_{k_t} 和 A_{l_s} 都对 $A_i A_j$ 张成锐角。

我们证明，对 $1 \leqslant t, s \leqslant 2K-2$，有 $|A_{k_t} A_{l_s}| > d_K$。不然的话，由

$$|A_{k_t} A_{l_s}| \leqslant d_K \leqslant |A_i A_{k_t}|,$$

我们得到 $\angle A_{l_s} A_i A_{k_t}$ 是锐角，由

$$|A_{k_t} A_{l_s}| \leqslant d_K \leqslant |A_j A_{l_s}|,$$

我们得到 $\angle A_{k_t} A_j A_{l_s}$ 是锐角。由于凸四边形 $A_i A_{k_t} A_j A_{l_s}$ 的四个内角均是锐角，矛盾。

记 I 为以两个 A_{k_t} $(1 \leqslant t \leqslant 2K-2)$ 为底边端点，以 A_{l_s} $(1 \leqslant s \leqslant 2K-2)$ 为顶点的等腰三角形的个数。

一方面，从底边开始计算，我们得到

$$I \leqslant \binom{2K-2}{2} = (K-1)(2K-3).$$

另一方面，从顶点开始计算，由于每个 A_{l_s} $(1 \leqslant s \leqslant 2K-2)$ 与每个 A_{k_t} $(1 \leqslant t \leqslant 2K-2)$ 之间的距离至多只有 $K-1$ 个取值，故每个顶点至少对应 $K-1$ 个等腰三角形，我们得到

$$I \geqslant 2(K-1)^2,$$

由于 $K \geqslant 2$，矛盾。

故而有

$$\sum_{i=1}^{K} \mu_i = |\bigcup_{i=1}^{n} S_i| \leqslant \sum_{i=1}^{n} |S_i| \leqslant (3K-3)n.$$

$\square$

接下来,我们考虑证明二和证明三,其中证明二立足于定理 1 的解法一和命题 3,而证明三立足于定理 1 的解法二和命题 3. 这两种证明可以得到相同的结果,这并不是一种巧合,而是这是仅利用命题 3 可以得到的最佳的结果. 证明三可见于[4].

命题 5 对任意正整数 $K \leqslant m$,有
$$\sum_{i=1}^{K} \mu_i \leqslant (2K-1)n.$$

证明二 对每个顶点 A_i,若与 A_i 距离大于等于 d_K 的顶点的个数不多于 $2K-1$,记
$$S_i = \{\{A_i, A_j\}: |A_iA_j| \geqslant d_K\};$$

否则,记
$$S_i = \{\{A_i, A_j\}: j \text{ 取满足 } j > i \text{ 且 } |A_iA_j| \geqslant d_K \text{ 的最小的 } 2K-1 \text{ 个正整数}\}.$$

我们证明任何距离大于等于 d_K 的无序点对都属于 $\bigcup_{i=1}^{n} S_i$.

反之,设 $\{A_i, A_j\}$ 不属于 $S_i \cup S_j$ 且 $|A_iA_j| \geqslant d_K$,其中 $i < j < i+n$. 由定义,存在整数 k、l 使得 $i < k \leqslant j-2K+1$,$j < l \leqslant i+n-2K+1$,且 $|A_iA_k| \geqslant d_K$,$|A_jA_l| \geqslant d_K$. 对 A_k、A_j、A_l、A_i 利用命题 3,得到矛盾.

故而有
$$\sum_{i=1}^{K} \mu_i = |\bigcup_{i=1}^{n} S_i| \leqslant \sum_{i=1}^{n} |S_i| \leqslant (2K-1)n.$$

$\square$

证明三 对 $i = 1, 2, \cdots, n$,记 S_i 为所有满足 $|A_jA_k| \geqslant d_K$ 且 $j+k=i$ 的无序点对 $\{A_j, A_k\}$ 的集合. 我们证明 $|S_i| \leqslant 2K-1$.

反之,若存在 i,使得 $|S_i| \geqslant 2K$,由定义,存在整数 j、k、s、t 使得 $j < s < t < k < j+n$,$j+k = s+t = i$,$|A_jA_k| \geqslant d_K$,$|A_sA_t| \geqslant d_K$,且 $s-j = k-t \geqslant 2K-1$. 对 A_j、A_s、A_t、A_k 利用命题 3,得到矛盾.

故而有
$$\sum_{i=1}^{K} \mu_i = |\bigcup_{i=1}^{n} S_i| \leqslant \sum_{i=1}^{n} |S_i| \leqslant (2K-1)n.$$

$\square$

最后,我们要考虑的证明四其实严格来说还算不上对本文主要问题的证明,因为它的结论和原题还差了一个常倍数,但我们任性地将它与其他证明一视同仁.证明四立足于定理 1 的解法三和命题 3.

我们注意到命题 3 意味着两条距离大于等于 d_K 的弦不能相距过远.而根据定理 1 的解法三,即归纳法,我们希望找出一个顶点,使得从这个顶点引出的两条距离大于等于 d_K 的弦也不能相距过远.

命题 6 存在顶点 A_i,使得对任意整数 j、k,若有 $i < j < k < i + n$,且 $|A_iA_j| \geqslant d_K$,$|A_iA_k| \geqslant d_K$,则有 $k - j \leqslant 4K - 3$.

证明 反之,假设不存在这样的顶点.对顶点 A_0,设整数 j、k,满足 $0 < j < k < n$,$|A_0A_j| \geqslant d_K$,$|A_0A_k| \geqslant d_K$,且 $k - j \geqslant 4K - 2$.

对整数 l 满足 $j + 2K - n \leqslant l \leqslant -2K + 1$,对 A_l、A_0、A_j、A_{j+2K-1} 利用命题 3,得到 $|A_lA_{j+2K-1}| < d_K$.对整数 l 满足 $2K - 1 \leqslant l \leqslant j + 2K - 2$,对 A_0、A_l、A_{j+2K-1}、A_k 利用命题 3,得到 $|A_lA_{j+2K-1}| < d_K$.故而,顶点 A_{j+2K-1} 满足结论. □

命题 7 对任意正整数 $K \leqslant m$,有

$$\sum_{i=1}^{K} \mu_i \leqslant (4K - 2)n.$$

证明四 对 n 归纳,当 $n = 0$ 时结论成立.假设结论对 $n - 1$ 成立.由命题 6,存在一个顶点 A_i 与至多 $4K - 2$ 个顶点距离大于等于 d_K.我们可以通过删去顶点 A_i 并利用归纳假设得到结论. □

4. 第二次剥削

为了改进证明四中的系数使之成为对原题的一个真正的证明,我们需要对命题 3 第二次剥削.事实上,我们可以得到如下结论.

命题 8 设 A_i、A_j、A_k、A_l 满足 $i < j < k < l < i + n$.那么存在顶点 A_x,满足 $i \leqslant x \leqslant j$,使得

$$|A_iA_l| < |A_{i+1}A_l| < \cdots < |A_xA_l|$$

且

$$|A_jA_k| < |A_{j-1}A_k| < \cdots < |A_xA_k|,$$

或者存在顶点 A_y，满足 $k \leqslant y \leqslant l$，使得

$$| A_i A_l | < | A_i A_{l-1} | < \cdots < | A_i A_y |$$

且

$$| A_j A_k | < | A_j A_{k+1} | < \cdots < | A_j A_y |.$$

证明 对 $-i+j-k+l$ 归纳. 当 $j-i = l-k = 1$ 时，由命题 2，结论成立. 假设结论对 $-i+j-k+l-1$ 成立，现在考虑 $-i+j-k+l$ 的情况. 由命题 2，我们可以用 A_{i+1}、A_{j-1}、A_{k+1} 或者 A_{l-1} 来替代 A_i、A_j、A_k 或者 A_l，并利用归纳假设得到结论. 这里我们用到，如果

$$| A_i A_{l-1} | < | A_{i+1} A_{l-1} | < \cdots < | A_x A_{l-1} |,$$

那么

$$| A_i A_l | < | A_{i+1} A_l | < \cdots < | A_x A_l |,$$

其余三种情况也是类似的. □

根据命题 8 我们可以推得命题 3 和下面这个命题.

命题 9 设 A_i、A_j、A_k、A_l 满足 $i < j < k < l < i+n$，且 $| A_i A_l | = d_s$，$| A_j A_k | = d_t$. 如果 $| A_j A_k | \geqslant | A_j A_{k+1} |$，那么

$$\min\{j-i, \ l-k+t-1\} \leqslant s+t-2.$$

证明 对 A_i、A_j、A_k、A_l 利用命题 8. 若第一种情况成立，则 $s \geqslant x-i+1$ 且 $t \geqslant j-x+1$，故 $j-i \leqslant s+t-2$. 若第二种情况成立，则 $y=k$，于是 $s \geqslant l-y+1 = l-k+1$，故 $l-k+t-1 \leqslant s+t-2$. □

通过命题 9，我们可以将命题 6 改进到如下形式，从而得到证明五. 具体地说，在命题 6 的证明中，我们用命题 9 代替其中一次命题 3，用弦端点的下标差的极小性代替其中另一次命题 3. 证明五可见于 [1] 或者《走向 IMO：数学奥林匹克试题集锦（2014）》.

命题 10 存在顶点 A_i，使得对任意整数 j、k，若有 $i < j < k < i+n$，且 $| A_i A_j | \geqslant d_K$，$| A_i A_k | \geqslant d_K$，则有 $k-j \leqslant 3K-2$.

证明 记 k 为满足 $| A_i A_j | \geqslant d_K$ 的下标差 $|i-j|$ 的最小值. 不妨设 $| A_0 A_k | \geqslant d_K$. 设 k' 是最大的整数，使得 $| A_0 A_k | < | A_0 A_{k+1} | < \cdots < | A_0 A_{k'} |$. 那么我们有 $| A_0 A_k | \geqslant d_{K-k'+k}$.

对整数 l 满足 $k'+K-n+1 \leqslant l \leqslant -2K+k'-k+1$，对 A_l、A_0、$A_{k'}$、$A_{k'+K}$ 利用命题 9，得到 $|A_l A_{k'+K}| < d_K$. 对整数 l 满足 $k'+K-k+1 \leqslant l \leqslant k'+K-1$，由于下标差小于 k，我们得到 $|A_l A_{k'+K}| < d_K$. 故而，顶点 $A_{k'+K}$ 满足结论. $\qquad\square$

命题 11 对任意正整数 $K \leqslant m$，有

$$\sum_{i=1}^{K} \mu_i \leqslant (3K-1)n.$$

证明五 对 n 归纳，当 $n=0$ 时结论成立. 假设结论对 $n-1$ 成立. 由命题 10，存在一个顶点 A_i 与至多 $3K-1$ 个顶点距离大于等于 d_K. 我们可以通过删去顶点 A_i 并利用归纳假设得到结论. $\qquad\square$

对于这个竞赛题而言，相比起上一节的四个证明，证明五和定理 1 的常见解法相差是最大的，而其需要的思维长度也不短，所以这个标准答案既不自然也不简洁. 如果一个人不受其他文章的影响独立解这个题，在得出前四个证明之一之前首先得出了证明五，在我看来，是舍近求远到了匪夷所思的地步.

有人可能以为，解出初等难题靠的是灵光一闪或者幸运值之类的东西，但这不是事实. 解出一道难题，无论初等与否，靠的是通过不断探索对已知结论的推广和对过分推广的反例来深刻地理解这个题目. 这个探索过程越长，证明也就越深刻越有趣.

最后，我们给出一个新结果，这里的系数 $\frac{99}{52} \approx 1.904$ 比已知的最好的系数 $2^{[4]}$ 更接近猜想的系数 $1^{[1]}$. 该结果，即证明六，立足于定理 1 的解法二，第二节的第二个想法和第三个想法，以及命题 8.

首先，我们来证明如下命题.

命题 12 对于顶点 A_{i+1}，A_{i+2}，$\cdots$，$A_{i+\lceil\frac{3}{4}K\rceil}$，至多存在 $\frac{3}{8}K$ 个顶点 A_j，使得

$$|A_{i+\lceil\frac{3}{4}K\rceil} A_j| > \cdots > |A_{i+2} A_j| > |A_{i+1} A_j| \geqslant d_{K-1}.$$

证明 记 S 为这样的顶点 A_j 的集合. 记 I 为以 S 中的两个顶点为底边端点，以 $A_{i+k}\left(1 \leqslant k \leqslant \left\lceil\frac{3}{4}K\right\rceil\right)$ 之一为顶点的等腰三角形的个数.

一方面，从底边开始计算，我们得到

$$I \leqslant \binom{|S|}{2} = \frac{|S|}{2}(|S|-1).$$

另一方面,从顶点开始计算,由于每个固定的顶点 $A_{i+k}\left(1\leqslant k\leqslant\left\lceil\dfrac{3}{4}K\right\rceil\right)$ 与 S 中的顶点之间的距离至多只有 $K-\left\lceil\dfrac{3}{4}K\right\rceil$ 个取值,由柯西不等式,我们可以得到

$$I\geqslant\frac{\mid S\mid}{2}\left\lceil\frac{3}{4}K\right\rceil\left(\frac{\mid S\mid}{K-\left\lceil\dfrac{3}{4}K\right\rceil}-1\right)\geqslant\frac{\mid S\mid}{2}\left(3\mid S\mid-\frac{3}{4}K-1\right).$$

所以 $\mid S\mid\leqslant\dfrac{3}{8}K$. □

对 $i=1,2,\cdots,n$,记 S_i 为所有满足 $\mid A_jA_k\mid\geqslant d_K$ 且 $j+k=i$ 的无序点对 $\{A_j,A_k\}$ 的集合. 由证明三,我们知道 $\mid S_i\mid\leqslant 2K-1$.

现在我们来证明一个局部不等式.

命题 13　假设整数 j、k、k' 满足 $j<k<k'-\left\lceil\dfrac{3}{4}K\right\rceil+1\leqslant k'<j+n$ 且

$$\mid A_jA_{k'}\mid>\cdots>\mid A_jA_{k+1}\mid>\mid A_jA_k\mid\geqslant d_K,$$

那么

$$\sum_{i=1}^{4}\mid S_{j+k+i\lfloor\frac{1}{4}K\rfloor}\mid\leqslant\frac{99}{8}K-5k'+5k-5.$$

证明　不妨设 $j=-k$. 由定义 $\mid A_{-k}A_{k'}\mid\geqslant d_{K-k'+k}$.

对 $i=1,2,3,4$,令

$$T_i=\left\{\{A_l,A_{i\lfloor\frac{1}{4}K\rfloor-l}\}:k\leqslant l\leqslant k'-\left\lceil\frac{3}{4}K\right\rceil,l>i\left\lfloor\frac{1}{4}K\right\rfloor-l\right\}.$$

由于

$$k'-\left\lceil\frac{3}{4}K\right\rceil-k+1\leqslant K-\left\lceil\frac{3}{4}K\right\rceil=\left\lfloor\frac{1}{4}K\right\rfloor,$$

我们知道这些 $i\left\lfloor\dfrac{1}{4}K\right\rfloor-l$ 两两不同. 对任何

$$\{A_l,A_{i\lfloor\frac{1}{4}K\rfloor-l}\}\in S_{i\lfloor\frac{1}{4}K\rfloor}\bigcap T_i,$$

由于

$$-k \leqslant i\left\lfloor \frac{1}{4}K \right\rfloor - l < l \leqslant k' - \left\lceil \frac{3}{4}K \right\rceil$$

且 $|A_{i\lfloor \frac{1}{4}K \rfloor - l} A_l| \geqslant d_K$,我们有

$$|A_{i\lfloor \frac{1}{4}K \rfloor - l} A_{k'}| > |A_{i\lfloor \frac{1}{4}K \rfloor - l} A_{k'-1}| > \cdots > |A_{i\lfloor \frac{1}{4}K \rfloor - l} A_{k' - \lceil \frac{3}{4}K \rceil + 1}| \geqslant d_{K-1}.$$

由命题 12,我们得到

$$\sum_{i=1}^{4} |S_{i\lfloor \frac{1}{4}K \rfloor} \cap T_i| \leqslant \frac{3}{8}K.$$

对 $i = 1, 2, 3, 4$,令

$$T_i' = \{\{A_l, A_{i\lfloor \frac{1}{4}K \rfloor - l}\} : k > l > i\left\lfloor \frac{1}{4}K \right\rfloor - l\}.$$

如果 $S_{i\lfloor \frac{1}{4}K \rfloor} \cap T_i'$ 与 $S_{i\lfloor \frac{1}{4}K \rfloor} \backslash (T_i \cup T_i')$ 均非空,我们取出使 l 尽可能大和尽可能小的两个无序点对 $\{A_l, A_{i\lfloor \frac{1}{4}K \rfloor - l}\} \in S_{i\lfloor \frac{1}{4}K \rfloor}$,其中 $l > i\left\lfloor \frac{1}{4}K \right\rfloor - l > l - n$. 对这四个顶点利用命题 3,得到

$$|S_{i\lfloor \frac{1}{4}K \rfloor} \backslash T_i| \leqslant 2K - k' + k - 2 + \left\lceil \frac{3}{4}K \right\rceil.$$

若 $S_{i\lfloor \frac{1}{4}K \rfloor} \backslash (T_i \cup T_i')$ 是空集,取出使 l 尽可能小的无序点对 $\{A_l, A_{i\lfloor \frac{1}{4}K \rfloor - l}\} \in S_{i\lfloor \frac{1}{4}K \rfloor}$,其中 $l > i\left\lfloor \frac{1}{4}K \right\rfloor - l > l - n$. 对这两个顶点以及 A_{-k}、$A_{k'}$ 利用命题 3,得到

$$|S_{i\lfloor \frac{1}{4}K \rfloor} \backslash T_i| \leqslant \min\left\{0, k - \min\left\{k', i\left\lfloor \frac{1}{4}K \right\rfloor + k\right\} + (2K - k' + k - 2)\right\}$$

$$\leqslant 2K - k' + k - 2.$$

如果 $S_{i\lfloor \frac{1}{4}K \rfloor} \cap T_i'$ 是空集,我们取出使 l 尽可能大的无序点对 $\{A_l, A_{i\lfloor \frac{1}{4}K \rfloor - l}\} \in S_{i\lfloor \frac{1}{4}K \rfloor}$,其中 $l > i\left\lfloor \frac{1}{4}K \right\rfloor - l > l - n$. 对这两个顶点以及 A_{-k}、$A_{k'}$ 利用命题 3,得到

$$|S_{i\lfloor \frac{1}{4}K \rfloor} \backslash T_i| \leqslant \max\left\{k', i\lfloor \frac{1}{4}K \rfloor + k\right\} + (2K - k' + k - 2) - \left(k' - \left\lceil \frac{3}{4}K \right\rceil\right)$$

$$= \max\left\{0, i\lfloor \frac{1}{4}K \rfloor + k - k'\right\} + 2K - k' + k - 2 + \left\lceil \frac{3}{4}K \right\rceil$$

$$\leqslant \begin{cases} 2K - k' + k - 2 + \left\lceil \frac{3}{4}K \right\rceil, & \text{当 } i = 1, 2, 3 \text{ 时}, \\ 3K - 2k' + 2k - 2 + \left\lceil \frac{3}{4}K \right\rceil, & \text{当 } i = 4 \text{ 时}. \end{cases}$$

我们可以看到在第三种情况下得到的界是最弱的. 所以我们有

$$\sum_{i=1}^{4} |S_{i\lfloor\frac{1}{4}K\rfloor}| \leqslant \sum_{i=1}^{4} |S_{i\lfloor\frac{1}{4}K\rfloor} \backslash T_i| + \sum_{i=1}^{4} |S_{i\lfloor\frac{1}{4}K\rfloor} \cap T_i|$$

$$\leqslant 9K - 5k' + 5k - 8 + 4\left\lceil \frac{3}{4}K \right\rceil + \frac{3}{8}K$$

$$\leqslant \frac{99}{8}K - 5k' + 5k - 5.$$

$\square$

我们使用两次命题 13 来拼凑出另一个局部不等式.

命题 14 对任意整数 j, 我们有

$$4|S_j| + \sum_{i=-4}^{4} |S_{j+i\lfloor\frac{1}{4}K\rfloor}| \leqslant \frac{99}{4}K.$$

证明 不妨设 $j=0$. 若 S_0 的元素个数不大于 $\frac{7}{4}K+1$, 那么

$$4|S_j| + \sum_{i=-4}^{4} |S_{j+i\lfloor\frac{1}{4}K\rfloor}| \leqslant 5\left(\frac{7}{4}K+1\right) + 8(2K-1) < \frac{99}{4}K.$$

现在假设 S_0 的元素个数大于 $\frac{7}{4}K+1$.

令 $\{A_k, A_{-k}\}$ 和 $\{A_{k''}, A_{-k''}\}$ 是 S_0 中使 k 最小而 k'' 最大的两个元素, 这里 $0 < k < k'' < \frac{n}{2}$, 那么 $\frac{7}{4}K+1 < |S_0| \leqslant k'' - k + 1$. 由命题 8 及对称性, 不妨设整数 k' 满足 $k \leqslant k' \leqslant k''$, 且

$$d_K \leqslant |A_{-k}A_k| < |A_{-k}A_{k+1}| < \cdots < |A_{-k}A_{k'}|,$$

以及

$$d_K \leqslant |A_{-k''}A_{k''}| < |A_{-k''}A_{k''+1}| < \cdots < |A_{-k''}A_{k'}|.$$

由于 $k'' - k' \leqslant K-1$, 我们有 $k' - k > \frac{3}{4}K+1$, 由命题 13, 我们有

$$\sum_{i=1}^{4} |S_{i\lfloor\frac{1}{4}K\rfloor}| \leqslant \frac{99}{8}K - 5k' + 5k - 5.$$

对称地, 由命题 13, 我们有

$$\sum_{i=1}^{4} \mid S_{-i\lfloor \frac{1}{4}K \rfloor} \mid \leqslant \frac{99}{8}K - 5k'' + 5k' - 5.$$

所以有

$$4 \mid S_0 \mid + \sum_{i=-4}^{4} \mid S_{i\lfloor \frac{1}{4}K \rfloor} \mid$$

$$= 5 \mid S_0 \mid + \sum_{i=1}^{4} \mid S_{i\lfloor \frac{1}{4}K \rfloor} \mid + \sum_{i=1}^{4} \mid S_{-i\lfloor \frac{1}{4}K \rfloor} \mid$$

$$\leqslant 5(k'' - k + 1) + \left(\frac{99}{8}K - 5k' + 5k - 5\right) + \left(\frac{99}{8}K - 5k'' + 5k' - 5\right)$$

$$= \frac{99}{4}K - 5.$$

$\square$

累加这些局部不等式,我们得到证明六.

命题 15 对任意正整数 $K \leqslant m$,有

$$\sum_{i=1}^{K} \mu_i \leqslant \frac{99}{52}Kn.$$

证明六 由命题 14,我们有

$$\sum_{i=1}^{K} \mu_i = \mid \bigcup_{j=1}^{n} S_j \mid \leqslant \sum_{j=1}^{n} \mid S_j \mid$$

$$= \frac{1}{13} \sum_{j=1}^{n} \left(4 \mid S_j \mid + \sum_{i=-4}^{4} \mid S_{j+i\lfloor \frac{1}{4}K \rfloor} \mid \right)$$

$$\leqslant \frac{99}{52}Kn.$$

$\square$

参考文献

[1] Erdös, P. On some problems of elementary and combinatorial geometry. Annali di

Matematica pura ed applicata，103. 1(1975)：99 – 108.

［2］Erdös，P. ，Lovász，L. and Vesztergombi，K. On the graph of large distances. Discrete &. Computational Geometry，4. 6(1989)：541 – 549.

［3］Hopf，H. and Pannwitz E. Aufgabe Nr. 167. Jahresbericht Deutsch. Math. -Verein. 43 (1934)：114.

［4］Morić，F. and Pritchard，D. Counting large distances in convex polygons：a computational approach. Thirty Essays on Geometric Graph Theory. Springer，New York，NY，2013. 415 – 428.

［5］Moser，L. On the different distances determined by n points. The American Mathematical Monthly，59. 2(1952)：85 – 91.

最大根方法

——一段往事

聂子佩

（普林斯顿大学，znie@princeton.edu）

这是一个历史悠久的故事，从头讲起至少应该追溯到六十年前，但我们先从幂级数的定义开始说．

壹

幂级数是多项式的推广形式，指的是形如 $\sum\limits_{n=0}^{\infty} a_n t^n$ 的式子，我们可以认为这里的 t 和求和号都只是符号，那么幂级数的意义就只在于一个数列 $\{a_n\}$．不过我们不会满足于此．当幂级数作为一个级数在某些意义下收敛时，它又可以代表一个函数．我们可以对函数作各种运算，而泰勒公式提示我们，在一些时候运算得到的函数又可以写成幂级数的形式．如此一来，我们有时可以直接定义幂级数上的运算．比如加法，我们有

$$\sum_{n=0}^{\infty} a_n t^n + \sum_{n=0}^{\infty} b_n t^n = \sum_{n=0}^{\infty} (a_n + b_n) t^n,$$

看上去天经地义．

那么，乘法呢？

美国人发明了一个词"freshman's dream"，指代的是 $(x+y)^n = x^n + y^n$ 这个式子．在实践中，大一学生做得更多的事情是将矩阵中对应项相乘得到的矩阵当作矩阵的乘法．类似地，我们也可以定义幂级数的"乘法"为

$$\sum_{n=0}^{\infty} a_n t^n \circ \sum_{n=0}^{\infty} b_n t^n = \sum_{n=0}^{\infty} a_n b_n t^n,$$

简洁明了．然而这样的乘法却和幂级数对应的函数之间的乘法是不相容的．如果要相容，我们只能定义

$$\sum_{n=0}^{\infty} a_n t^n \cdot \sum_{n=0}^{\infty} b_n t^n = \sum_{n=0}^{\infty} \left(\sum_{k=0}^{n} a_k b_{n-k} \right) t^n.$$

为了区分这两种乘法,我们把第一种称为幂级数的哈达玛乘法,第二种称为幂级数的乘法.

那么幂级数的哈达玛乘法与幂级数对应的函数之间就没有多大联系了吗? 也不完全是. 至少,我们还可以有这样的命题:

命题 1 如果两个幂级数对应的函数是有理函数,那么它们的哈达玛乘积对应的函数也是有理函数.

有理函数指的是多项式的商,这与这些多项式的系数是不是有理数无关,请注意不要混淆.

设有理函数 $\dfrac{P(t)}{Q(t)}$ 对应的幂级数为 $\sum_{n=0}^{\infty} a_n t^n$,由于满足

$$Q(t) \cdot \sum_{n=0}^{\infty} a_n t^n = P(t),$$

由幂级数的乘法可知,数列 $\{a_n\}$ 自某项起形成一个常系数线性递推数列. 反之亦然. 由特征方程法或者考虑部分分式,我们可以推得,有理函数对应的幂级数系数自某项起有通项公式

$$a_n = \sum_{i=1}^{s} p_i(n) \alpha_i^n,$$

这里 α_i 是一些两两不同的复数,而 p_i 是一些非零复系数多项式.

注意:即使 a_n 全是实数,甚至全是正整数,我们也无法保证 p_i 的系数是实数或者 α_i 是实数,事实上,α_i 是 $Q(t)$ 的某些根.

因为两个有理函数对应的哈达玛乘积的幂级数系数的通项公式也有这样的形式,故我们可以反其道而行之,推得其幂级数系数自某项起也形成一个常系数线性递推数列,因而哈达玛乘积对应的函数也是有理函数,即命题 1 成立.

那么,除法呢?

我们定义哈达玛除法为哈达玛乘法的逆运算,即当 b_n 全不为零时,定义 $\sum_{n=0}^{\infty} a_n t^n$ 和 $\sum_{n=0}^{\infty} b_n t^n$ 的哈达玛商为 $\sum_{n=0}^{\infty} \dfrac{a_n}{b_n} t^n$.

那么两个有理函数对应的幂级数的哈达玛商对应的函数也是有理函数吗? 答案是否定的.

类似地,我们还可以定义 $\sum_{n=0}^{\infty} a_n t^n$ 的哈达玛 k 次方根为满足按哈达玛乘法自乘 k 次等于 $\sum_{n=0}^{\infty} a_n t^n$ 的所有幂级数. 然而,有理函数对应的幂级数未必有一个哈达玛 k 次方根,使得其对应的函数是有理函数.

一切就到此为止了吗? 不,让我们回到六十年前.

贰

1959 年,法国数学家皮索在前人的特例[1]的启发下提出了如下的猜想[2]:

命题 2 如果两个整系数幂级数对应的函数是有理函数,且它们的哈达玛商也是整系数幂级数,则它们的哈达玛商对应的函数也是有理函数.

命题 3 如果一个幂级数对应的函数是有理函数,且它的系数都是整数的 k 次方,则它有一个哈达玛 k 次方根,使得其对应的函数也是有理函数.

命题 2 解决于八十年代[3,4,5],命题 3 解决于 2000 年[6],对于这些证明,我们先放一放. 我们且来看看皮索是怎么处理这两个命题的.

皮索用了一种现在我们称为"最大根方法"的技巧. 他首先作了一些额外的假设:在命题 2 中,设除数 $\sum_{n=0}^{\infty} b_n t^n$ 的系数自某项起的通项公式

$$b_n = \sum_{i=1}^{s'} q_i(n)\beta_i^n$$

中,β_1 的模长大于任何 $\beta_i (2 \leqslant i \leqslant s')$ 的模长. 在命题 3 中,设幂级数 $\sum_{n=0}^{\infty} a_n t^n$ 的系数自某项起的通项公式

$$a_n = \sum_{i=1}^{s} p_i(n)\alpha_i^n$$

中,α_1 的模长大于任何 $\alpha_i (2 \leqslant i \leqslant s)$ 的模长. 这种条件被称为最大根条件.

我们首先来看命题 2.

设被除数 $\sum_{n=0}^{\infty} a_n t^n$ 的系数自某项起的通项公式为

$$a_n = \sum_{i=1}^{s} p_i(n)\alpha_i^n,$$

除数 $\sum_{n=0}^{\infty} b_n t^n$ 的系数自某项起的通项公式为

$$b_n = \sum_{i=1}^{s'} q_i(n)\beta_i^n,$$

那么哈达玛商的系数自某项起的通项公式则为

$$\frac{a_n}{b_n} = \frac{\sum\limits_{i=1}^{s} p_i(n)\alpha_i^n}{\sum\limits_{i=1}^{s'} q_i(n)\beta_i^n} = \frac{\sum\limits_{i=1}^{s} \frac{p_i(n)}{q_1(n)}\left(\frac{\alpha_i}{\beta_1}\right)^n}{1 + \sum\limits_{i=2}^{s'} \frac{q_i(n)}{q_1(n)}\left(\frac{\beta_i}{\beta_1}\right)^n}$$

$$= \left(\sum_{i=1}^{s} \frac{p_i(n)}{q_1(n)}\left(\frac{\alpha_i}{\beta_1}\right)^n\right) \sum_{j=0}^{\infty} \left(-\sum_{i=2}^{s'} \frac{q_i(n)}{q_1(n)}\left(\frac{\beta_i}{\beta_1}\right)^n\right)^j,$$

展开后可以写作

$$\frac{a_n}{b_n} = \sum_{i=1}^{\infty} r_i(n)\gamma_i^n,$$

这里 $\{r_i(n)\}$ 是一列非零有理函数，而 $\{\gamma_i\}$ 是模长不增的复数列. 估计每一项的大小，我们得到，存在正整数 l 和实数 $0 < \gamma < 1$，使得 $|r_i(n)\gamma_i^n| \ll n^{l_i}\gamma^{n_i}$.

设正整数 M 满足 $|\gamma_{M+1}| < 1$，并将 $\frac{a_n}{b_n}$ 写作

$$\frac{a_n}{b_n} = \sum_{i=1}^{M} r_i(n)\gamma_i^n + \sum_{i=M+1}^{\infty} r_i(n)\gamma_i^n,$$

则后一半当 n 趋于无穷时趋于零. 由条件 a_n、b_n 均为整数，故 p_i、q_i 的所有系数以及 α_i、β_j 均为代数数，故 r_i 的所有系数以及 γ_i 也均为代数数. 因为 r_i 的所有系数都是代数数，所以存在非零整系数多项式 R，使得所有 $R(n)r_i(n)$ $(1 \leqslant i \leqslant M)$ 均为多项式. 因为 γ_i 都是代数数，所以

$$\sum_{i=1}^{M} R(n)r_i(n)\gamma_i^n$$

形成一个整系数线性递推数列，即存在不全为零的整数 $c_1, \cdots, c_h$，使得

$$\sum_{k=1}^{h} c_k \left(\sum_{i=1}^{M} R(n+k)r_i(n+k)\gamma_i^{n+k}\right) = 0.$$

于是，我们有

$$\sum_{k=1}^{h} \frac{a_{n+k}}{b_{n+k}} c_k R(n+k) = \sum_{k=1}^{h} c_k \left(\sum_{i=M+1}^{\infty} R(n+k)r_i(n+k)\gamma_i^{n+k}\right).$$

由于左边是整数，右边当 n 趋于无穷时趋于零，我们知道当 n 足够大时，左右均等于零，即幂级数 $\sum\limits_{n=0}^{\infty} \frac{a_n}{b_n} R(n)t^n$ 的系数自某项起形成常系数线性递推数列，换句话说，幂级数 $\sum\limits_{n=0}^{\infty} \frac{a_n}{b_n} R(n)t^n$ 对应的函数是有理函数.

如果我们额外假设了 $q_1(n)$ 是常数，那么 $R(n)$ 也是常数，此时我们已经不需要再做什么了. 而在一般情况下，我们再回过头来看看命题 2 就会发现，我们已经把最大根条件下的命题 2，化归成了在除数 $\sum_{n=0}^{\infty} b_n t^n$ 的系数是整值多项式的条件下的命题 2. 换句话说，我们只需证明如下命题，这个命题的证明应该归功于皮索的后继者康托尔[7]：

命题 4 *如果整系数幂级数 $\sum_{i=0}^{\infty} a_n t^n$ 对应的函数是有理函数，且存在一个整值多项式 R，使得 $\dfrac{a_n}{R(n)}$ 总是整数，则幂级数 $\sum_{i=0}^{\infty} \dfrac{a_n}{R(n)} t^n$ 对应的函数也是有理函数.*

与之前一样，我们设 $\sum_{n=0}^{\infty} a_n t^n$ 的系数自某项起的通项公式为

$$a_n = \sum_{i=1}^{s} p_i(n) \alpha_i^n.$$

这时

$$\frac{a_n}{R(n)} = \sum_{i=1}^{s} \frac{p_i(n) \alpha_i^n}{R(n)},$$

其分母总是整数，而其分子在一般情况下却只是个代数数，看来我们在这里无论如何也得用一些代数数论的知识才能处理下去了. 世界就是如此，有的问题高等而肤浅，比如如何将一个初等数论的证明平行推广到代数数论中去，而有的问题却初等而深刻，比如生命的意义是什么. 为了让本文更可读，我决定只证明其初等的特例，而将完全版的证明留给了解一些代数数论或者对代数数论感兴趣的读者们. 我们假设，这里 p_i 的系数和 α_i 都是有理数.

我们不妨设 $R(n)$ 模任何素数 p 都不恒同余于零，不然我们用 $\dfrac{R(n)}{p}$ 代替 $R(n)$，而这样的操作只能作有限次，否则某个不为零的整值就会变成绝对值小于一的数. 取 N 为一大于所有 p_i 的系数的分母的绝对值，所有 α_i 的分子和分母的绝对值，所有 $\alpha_i - \alpha_j (i \neq j)$ 的分子和分母的绝对值，以及所有 $R(n)$ 的系数的分母的绝对值的正整数. 由中国剩余定理，存在无穷多个正整数 d，使得 $R(d)$ 的所有素因子都不小于 N.

取任意这样的 d. 对 $R(d)$ 的每个素因子 p，假设 p^h 恰好整除 $R(d)$，那么 p^h 整除 $R(d + kp^h)$，这里 $k = 0, \cdots, s-1$. 由条件，

$$0 \equiv a_{d+kp^h} = \sum_{i=1}^{s} p_i(d + kp^h) \alpha_i^{d+kp^h} \equiv \sum_{i=1}^{s} p_i(d) \alpha_i^{d+kp^h} \pmod{p^h},$$

对每个 $k=0,\cdots,s-1$. 把这 s 个式子想成关于 $p_1(d),\cdots,p_s(d)$ 的 s 元一次方程组. 由范德蒙行列式及费马小定理, 系数行列式等于

$$\prod_{i=1}^{s}\alpha_i^d\prod_{i>j}(\alpha_i^{p^h}-\alpha_j^{p^h})\equiv\prod_{i=1}^{s}\alpha_i^d\prod_{i>j}(\alpha_i-\alpha_j)(\bmod p),$$

不是 p 的倍数, 由克莱姆法则, 系数矩阵可逆, 所以这个方程组在模 p^h 意义下没有非零解, 故 p^h 整除每个 $p_i(d)$. 由 p 的任意性, 我们知道每个 $p_i(d)$ 的分子都是 $R(d)$ 的倍数. 由于这样的 d 可以任意大, 我们知道 R 作为多项式整除每个 p_i. 我们便得到了命题 4 的结论.

皮索对于命题 3 的处理是类似的, 只是把幂级数展开式

$$\frac{1}{1-x}=\sum_{i=0}^{\infty}x^i$$

换作

$$(1+x)^{\frac{1}{k}}=\sum_{i=0}^{\infty}\binom{\frac{1}{k}}{i}x^i.$$

如此他得到的结论是: 若最大根条件成立, 且 $p_1(n)$ 是常数, 则命题 4 成立. 如果想要摆脱 $p_1(n)$ 是常数这个条件, 我们需要[8, 9, 10]通过分析素因子来区分多项式里的 n 和指数上的 n 带来的影响.

也许我们应该在陷入更多对细枝末节的探讨前停止, 再回头看看什么是最大根方法, 为什么我们需要最大根来处理这些问题.

一言以蔽之, 最大根方法就是以渐进的手段分析整数序列, 由于绝对值小于一的整数只有零, 或者, 等价地, 依据代数数论的刘维尔不等式, 在不等式中得到等式. 至于为什么需要最大根, 这是为了让得到的级数收敛.

如果最大根不唯一的时候, 这个方法就失效了吗? 也不是.

我们至少还有两种普遍的方法在最大根不唯一的时候依然用最大根方法处理问题.

第一, 是从最大根到最小根的转变. 如果 $\{a_n\}(n\in\mathbf{N})$ 是我们的常系数线性递推数列, 那么我们可以依样画葫芦把其定义拓展到 $\{a_n\}(n\in\mathbf{Z})$, 把数列倒过来看, 最大根就变成了最小根, 最小根则变成了最大根, 这时我们需要考虑两个问题: 第一, $\{a_n\}(n\in\mathbf{Z})$ 这时未必是整数数列了, 我们需要对我们的命题作一点推广; 第二, 我们需要证明对于 $n\in\mathbf{N}$ 时题目给的整除条件或者 k 次方数条件可以推到对于所有 $n\in\mathbf{Z}$ 成立, 这通常需要分别考虑每个素因子得到.

第二, 是改变所在的度量空间. 级数 $\sum_{i=0}^{\infty}2^i$ 在通常意义下发散, 却在 2 进度量中收敛于 -1. 级数收敛条件的改变意味着最大根条件的改变.

叁

从方法到结论,我们都可以利用本文中讲述的东西更深入地了解一些竞赛题的背景. 比如下面这道题是 2000 年全国高中数学联赛加试题. 证明一个常系数线性递推式总是完全平方数,这种题目甚至已经成为了初中数学竞赛的套路.

问题 1 设数列 $\{a_n\}$ 和 $\{b_n\}$ 满足 $a_0 = 1$, $b_0 = 0$, 且 $\begin{cases} a_{n+1} = 7a_n + 6b_n - 3, \\ b_{n+1} = 8a_n + 7b_n - 4, \end{cases}$ 求证: a_n 是完全平方数.

如果你遇到类似的考题,记住本文的命题 3,求通项——开方/幂级数展开——算结果的线性递推式,必然能得到证明.

以下三道题直接按最大根方法作幂级数展开就可以得到:

问题 2 设 a、b 为整数,使得对所有 $n \in \mathbf{N}$ 都有 $2^n a + b$ 是完全平方数. 证明: $a = 0$.

(2001 年波兰数学奥林匹克第三轮)

问题 3 设 a、b 为大于一的整数,使得对所有 $n \in \mathbf{N}$ 都有 $a^n - 1$ 整除 $b^n - 1$. 证明: 存在正整数 k 使得 $b = a^k$.

(美国数学月刊问题 10674)

问题 4 设 a、b 为正整数,使得对所有 $n \in \mathbf{N}$ 都有 $b^n + n$ 是 $a^n + n$ 的倍数. 证明: $a = b$.

(2005 年 IMO 预选题 N6)

最后这个问题可以通过按最大根方法和系数比较得到,其中的多项式部分不是常数,这使得比较系数的过程大为简化:

问题 5 设 a_1、a_2、a_3、b_1、b_2、b_3 是两两不同的正整数,使得对所有 $n \in \mathbf{N}$ 都有

$$(n+1)a_1^n + na_2^n + (n-1)a_3^n \mid (n+1)b_1^n + nb_2^n + (n-1)b_3^n.$$

证明: 存在正整数 k,使得 $b_i = ka_i (i = 1, 2, 3)$.

(2010 年中国数学奥林匹克)

感谢阅读,希望大家能有所收获.

参考文献

［1］ Pólya，G. Arithmetische Eigenschaften der Reihenentwicklungen rationaler Funktionen. Journal für die reine und angewandte Mathematik 151(1921):1 - 31.

［2］ Pisot，C. Conférences données àl'Institut Fourier de Grenoble. 1959.

［3］ Pourchet，Yves. Solution du probleme arithmétique du quotient de Hadamard de deux fractions rationnelles. CR Acad. Sci. Paris288(1979):1055 - 1057.

［4］ van der Poorten，Alfred，J. Solution de la conjecture de Pisot sur le quotient de Hadamard de deux fractions rationnelles. CR Acad. Sci. Paris 306. 97(1988):102.

［5］ Rumely，Robert. Notes on Van der Poorten's proof of the Hadamard quotient teorem. Séminaire de Th. de Nombres de Paris(1986).

［6］ Zannier，Umberto. A proof of Pisot's d-th root conjecture. Annals of Mathematics 151. 1 (2000):375 - 383.

［7］ Cantor，David. On arithmetic properties of coefficients of rational functions. Pacific Journal of Mathematics 15. 1(1965):55 - 58.

［8］ Perelli，A. ，and Zannier，U. Arithmetic properties of certain recurrence sequences. Journal of the Australian Mathematical Society 37. 1(1984):4 - 16.

［9］ Bézivin，Jean-Paul. Factorisation de suites récurrentes linéaires. Groupe de travail d'analyse ultramétrique 7. 8(1979):1979 - 1981.

［10］ Rumely，Roberts，and Van der Poorten，Alfred J. A note on the Hadamard k th root of a rational function. Journal of the Australian Mathematical Society 43. 3(1987):314 - 327.